하버드에서 배우는
인생철학

Philosophy of Life Learned at Harvard

하버드에서 배우는
인생철학

허우수성 지음 | **정광훈** 옮김

Harvard

일빛

하버드에서 배우는 인생철학

펴낸곳 도서출판 일빛
펴낸이 이성우
지은이 허우수성
옮긴이 정광훈

등록일 1990년 4월 6일
등록번호 제10-1424호

초판 1쇄 인쇄일 2007년 3월 25일
초판 1쇄 발행일 2007년 3월 30일

주소 121-837 서울시 마포구 서교동 339-4 가나빌딩 2층
전화 02) 3142-1703~5 팩스 02) 3142-1706
E-mail ilbit@unitel.co.kr

값 15,000원
ISBN 978-89-5645-121-3 (03320)

자신의 탁월한 인생을 창조해내는 법을 배우는 것,
이것이 바로 하버드에서 가르치는 인생 교육의 핵심이다

2001년 3월부터 나는 하버드 대학에서 1년 동안 인문교육 분야
의 교환교수로 재직했는데, 나에게는 하버드 대학에서 공부하고 연
구할 수 있다는 게 큰 영광이었다. 1년은 대단히 짧은 시간이었지만
이 기간 동안 나는 하버드의 학술적인 분위기를 충분히 체감할 수 있
었고, 특히 하버드의 인문정신은 나에게 많은 것을 느끼게 해주었다.

진정한 하버드는 형체가 없습니다. 하버드가 낳은 훌륭한 자손들은
늘 진리의 영혼을 찾아 나선다는 말이지요. 그들의 사상은 소중한 씨
앗이고, 이 씨앗 덕분에 언제나 우리 교정은 잘 익은 열매가 주렁주렁
열린답니다.

하버드 대학의 유명한 심리학자인 윌리엄 토마스[Thomas, William Isaac]

교수의 말이다. 하버드에서 돌아온 후 몇 년이 지났지만 이 말은 항상 내 머릿속을 맴돌며 그때의 기억을 더욱 새롭게 해주고 있다.

인문교육 분야의 연구와 교육에 오랫동안 몸담아오면서 나는 이런 점을 절실히 느꼈다. '누군가에게 지식을 전달하고 어떤 학문적 성과를 내도록 가르치는 것은 어렵지 않다. 그러나 누군가에게 인생을 정확히 사고하고 인생의 이치를 깨닫게 하는 것은 결코 쉽지 않은 일이다.'

하버드에 오기 전에 나는 '무엇 때문에 하버드의 학생들은 대부분이 그처럼 뛰어날까?' 라는 궁금증을 가지고 있었는데, 하버드에 1년 동안 있으면서 그 해답을 찾을 수 있었다.

"하버드가 있고 나서야 미국이 있다." 1636년에 세워진 하버드 대학은 한 국가로서의 미국의 역사보다도 더 오랜 역사를 갖고 있다. 바로 이 점 때문에 하버드 대학은 미국 대학 교육의 시조라 일컬어진다. 지난 3백여 년을 거쳐 오면서 하버드는 대학 교육의 왕좌라는 영예를 누리고 세계 각국의 수많은 학생들이 찾아오는 성전이자 세계적인 기업의 CEO들을 배출하는 요람이 되었다.

통계에 따르면, 미국 역대 대통령 43명 중 7명이 하버드를 졸업했고 하버드 졸업생의 20% 가량이 미국의 500대 기업에서 요직을 맡고 있으며, 하버드 졸업생의 30%가 세계 각지 기업의 CEO와 대표이사를 맡고 있다고 한다. 이 외에도 사회 각계의 수많은 인사들이 끊임없이 하버드에서 배출되고 있다. 예를 들어 미국의 전 국무장관 헨리 키신저Kissinger, Henry Alfred, 전 백악관 비서실장 도널드 리건Donald T. Regan, 체이스 맨해튼은행의 회장 데이비드 록펠러David Rockefeller, 세계 최고의 갑부인 빌 게이츠William H. Gates 등이 모두 하버드 출신이다. 중국의 유명 인사들 중에도 하버드 출신이 많다. 학자들이 구름처럼 모여들고 수많은 인재들을 배출하는 하버드는 미국을 넘어서는 세계 초일류의 대학인 것이다.

　미국 매사추세츠 주에 위치한 하버드 대학의 아름다운 교정에는 담장이 없다. 하버드의 본 캠퍼스는 케임브리지에 있으며, 강을 건너면 세계적으로 유명한 하버드 비즈니스 스쿨이 매사추세츠 주의 중심 도시 보스턴에 자리를 잡고 있다. 하버드 교정의 400여 건물들은 마치 그림을 펼쳐놓은 듯 울창한 나무와 꽃밭들 사이에서 어우러져 있으며, 370만 평에 달하는 하버드의 숲과 32만 평의 식물원은 다른 대학에서는 찾아보기 힘든 것들이다.

　하버드 대학에는 세계 최고의 교수들과 각 분야의 세계적 석학들이 포진해 있다. 물론 미국 국적의 학자들이 다수이긴 하지만 그중 25~30% 정도는 세계 각국에서 온 일류 교수들이다. 이와 함께 각 연구 분야의 상당수 유명 학자들이 하버드에 머물고 있다. 하버드는 '새로움과 자신감'이 가득한 교육을 성공적으로 시행하였으며, 이를 위해 충분한 연구와 학습 환경을 만들어 주었다. 하버드 대학에 몸을 담은 사람이라면 누구나 학생들의 학구열과 학자들의 새로운 것에 대한 관심, 그리고 이를 통한 교학상장의 학습 분위기를 만끽할 것이다.

　내가 하버드에서 얻은 최대의 수확은 세계적 권위를 자랑하는 수많은 교수들의 인문 강좌를 들을 수 있었다는 것이다. 하버드 출신의 한 친구는 하버드에서 이런 강좌를 듣지 않는다는 것은 하버드의 가장 중요한 자원을 놓치는 것이며, 심지어 하버드에 오지 않은 것이나 마찬가지라고 했다. 나 역시 하버드에서 강의를 듣지 않는 행위는 바로 하늘이 내린 선물을 내던지는 것이라고 생각한다.

하버드 대학에서는 매 학기마다 각국 대통령이나 총리를 비롯한 정치인, 유명 학자와 예술가, 기업가 등 세계 각지의 저명 인사들이 찾아와 강연을 한다. 강연 하나하나를 통해 학생들은 이들의 사상적 매력에 푹 빠져들고 하버드 인생철학의 정수를 맛보게 된다.

하버드에 있으면서 나는 될 수 있는 한 모든 강연을 들으려고 했다. 강연 하나하나가 문화적 매력과 새로운 멋을 가져다주었을 뿐만 아니라 은은하게 사람을 감동시키는 하버드의 보이지 않는 인생철학을 한층 더 느끼게 해주었기 때문이다.

소양 교육 혹은 인재 교육이 내가 하버드에 있는 동안 공부하고 연구한 중심 과제였다. 인문교육 분야의 연구자로서 하버드에 있는 동안 나는 독창적 견해를 가진 해당 분야의 전문 교수 및 학자들과 활발히 교류하고, 또 다른 여러 나라의 학생들과도 폭넓게 대화하면서 다음과 같은 인식을 굳히게 되었다.

인재의 배양과 성장은 방법이 아닌 관념에 달려있으며 바지런함보다는 오히려 자신의 사상에 주로 의존한다. 사상이 일종의 과학적 의식에 의해 주도되고 이성적 관념에 의해 좌우되면 인생의 운명은 바로 이때부터 변화가 시작되어 그 궤적이 성공 쪽으로 차근차근 펼쳐지게 된다. 모든 인생은 자신의 의식과 관념에 따라 자신의 계획을 증명해가는 실천의 과정일 뿐이다.

하버드 학생들의 성공은 곧 하버드 인생철학 교육의 열매이자 하버드 교육 이념의 과학적 증거이다.

수백 년 동안 하버드가 세계 유명 대학 중에서도 최고의 자리를 잃지 않은 이유, 그리고 하버드의 졸업장이 부와 지위의 보증수표가 될 수 있었던 것은 하버드의 독특한 인생철학 교육에서 연유한다고 말할 수 있다.

많은 사람들이 하버드를 알고 있으나 그들 대부분은 비즈니스의 관점에서 하버드의 공헌을 평가하면서 하버드를 우수한 기업 관리자 양성 학교쯤으로 잘못 인식하고 있다. 하버드 대학에 두 개의 본과 학부와 10개의 대학원이 있음을 모르는 것이다. 비교적 잘 알려진 것으로는 하버드 비즈니스 스쿨, 하버드 인문자연과학 학부, 하버드 케네디 스쿨, 하버드 로 스쿨 등이 있다.

특히 하버드 비즈니스 스쿨은 뛰어난 CEO를 끊임없이 배출해내는 것으로 유명하다. 그렇지만 사실 하버드 출신의 유명 인사들은 거의 모든 분야에서 나오고 있으며, 세계 각지에서 하버드의 문하생들은 다른 출신들보다 훨씬 뛰어난 역량을 발휘하고 있다. 나는 하버드가 '새로움과 자신감'의 소양 교육을 성공적으로 시행하고 탁월함을 추구하는 인생철학을 오랜 기간에 걸쳐 다듬어왔음을 몸소 느낄 수 있었다. 하버드 비즈니스 스쿨의 학장 킴 클라크$^{Kim\ B.\ Clark}$는 이런 말을 했다.

지도자 양성의 사명이 하버드 경영의 큰 원동력입니다. 탁월함의 추구와 원대한 전략, 뛰어난 인재의 결합이 바로 하버드 교육의 성공의 핵심입니다.

귀국 후, 나는 하버드의 선진적인 교육 이념을 국내로 들여오고 하버드의 인생철학과 나의 느낌들을 더욱 많은 젊은이들에게 알려 줘야 한다고 생각해 왔다.

사실 젊은이들에게는 인생의 의미가 무엇인지 분명치 않다. 어떻게 자신의 인생을 설계하고 창조할 것인지에 대해 그들은 깊은 사고를 거의 해본 적이 없으며, 일단 현실에 맞닥뜨리면 본래 가졌던 생각도 금방 포기해버리곤 한다.

나는 하버드의 인생철학을 통해 이런 점을 느꼈다.

누구든 인생을 대하는 태도는 선택 아니면 창조라는 두 가지의 가치를 벗어나지 않는다. 인생을 선택하는 사람은 이미 존재하는 것에 적응하려 애쓰고, 인생을 창조하는 사람은 아직 존재하지 않는 것으로부터 무언가를 발견하려고 노력한다. 하버드의 인생교육에서 가장 핵심이 되는 기본 이념은 바로 학생들 각자가 자신의 탁월한 인생을 창조해내는 법을 배우도록 하는 데 있다.

인재의 성장과 인생의 성공은 결국 각자가 인생에 대해 어떤 태도를 가지며 또 어떤 의식과 관념으로 스스로의 인생을 창조하느냐에 달려있다. 특히 지금처럼 하루가 다르게 발전하는 사회에서는 끊임없이 사회에 적응을 해 나가는 동시에 계속해서 스스로의 인생을 발견하고 창조해내야 한다. 이를 위해서는 우리의 사상과 관념도 시대와 함께 발을 맞추고 국내외의 선진적이고 과학적인 사상과 생각들을 적극적으로 흡수하고 장악해야 한다. 하버드의 인생철학을 바탕에 두고 우리의 구체적 상황을 적용하면 수많은 젊은이들이 스스로 훌륭한 인생을 만들어가도록 이끌어줄 수 있을 것이다.

나는 하버드에서의 경험을 바탕으로 하버드의 인생철학을 총 10가지로 정리해 보았다.

· 도전의 과정에서 충분한 자신감을 쌓는다.
· 계속 앞서가면서도 적극적인 태도를 잃지 않는다.
· 자신의 장점을 인생의 밑천으로 삼는다.
· 흔들림 없이 인생의 목표를 추구한다.
· 신용은 성공으로 가는 통행증이다.
· 생각의 힘으로 세계를 바꾼다.
· 의미 있는 인생은 늘 스스로를 돌아본다.
· 핑계는 절대 금물이다.
· 사랑의 마음을 영원히 잃지 않는다.
· 항상 열정적으로 삶과 마주한다.

이 책에서는 하버드의 인생철학을 위주로 귀감이 될 만한 국내외의 여러 삶들을 소개하였다. 여기서 나는 많은 하버드 인사들의 명언을 인용하고 하버드의 강연에 담겨 있는 적극적인 사상과 실천의 방법들을 소개함으로써 독자들과 함께 동등한 입장에서 이야기를 나누고, 인생의 철학이 가득 담긴 말들을 통해 많은 젊은이들로 하여금 다음과 같은 삶의 이치를 깨닫게 하고자 한다.

우리는 환경을 바꿀 수 없다. 그러나 우리는 스스로를 바꿀 수 있다. 우리는 다른 사람을 좌지우지할 수 없다. 그러나 우리는 우리 스스로의 인생을 더욱 가치 있고 의미 있게 만들 수 있다.

차례

*1*장 자기 신뢰의 철학

당신이 생각하는 방향으로 자신 있게 나아가십시오! 스스로를 믿고 격려함으로써 인생의 법칙도 간단해지고 고독은 더 이상 고독이 아니고 빈곤은 더 이상 빈곤이 아니며, 나약함은 더 이상 나약함이 될 수 없습니다.

헨리 데이비드 소로(Henry David Thoreau)

2장 마음가짐의 철학

당신이 즐거울지 괴로울지는 당신이 무엇을 얻었는가보다는 무엇을 느꼈는가에
의해 더 크게 좌우됩니다.

헨리 호프만(Henry Hoffmann)

3장 장점의 철학

당신이 아무리 허약하고 가난하고 별 볼일 없다 해도 당신은 분명 다른 사람이 부러워할 장점을 가지고 있습니다. 성공을 꿈꾸면서도 그렇게 하지 못하는 것은 자신의 재능이 부족해서가 아니라 그 재능을 발견해서 인생의 가치를 계발하고 이용하는 방법을 모르기 때문입니다.

- 사무엘 하인만(Samuel Hahnemann)

4장 목표의 철학

무엇을 해야 할지 생각하다 보면 결국 내가 할 수 있는 일로 결정할 수밖에 없습니다. 그러나 목표를 정할 때는 더욱 원대한 이상을 품어야 합니다.

- 캐런 린지(Karen Lindsey)

5장 신용의 철학

신용은 보이지 않는 재산입니다. 시간이 지날수록 이 재산은 그 진가를 발휘하게 되지요. 그러나 거짓말은 당신의 재산을 깎아먹을 뿐입니다.

- 돌로레스 크리거(Dolores Krieger)

6장 사유의 철학

우리는 끊임없이 사고해야 합니다. 깊은 사고를 해야만 어리석은 생각들을 지울 수 있으며 적극적인 사고를 통해 용감하게 앞으로 나설 수 있습니다.

- 버지니아 존슨(Virginia Johnson)

7장 반성의 철학

의미 있는 인생은 수시로 자기 자신을 돌아보고 반성하는 과정에서 가치를 발견해 냅니다. 자기 반성이 없는 인생은 가치 없는 인생과 같습니다.

- 헬라 해미드(Hella Hammid)

8장 핑계 없음의 철학

사람들은 항상 어떤 구실을 찾아 자신의 나태함을 애써 변명하려 합니다. 사실 이런 변명은 아무런 쓸모없는 자기 기만에 불과합니다. 핑계를 찾는다는 것은 곧 실패를 의미합니다.

- 스필버그 기어(Spielberg Gere)

*9*장 사랑의 철학

남을 사랑하는 마음은 선량한 행동의 바탕이 됩니다. 이 마음은 사람들의 삶을 밝게
비춰줄 뿐만 아니라 인류의 영혼까지 훤히 비춰주지요.   - 홉스 릴(Hobbes Riehl)

*10*장 생활의 철학

열정적인 태도는 무슨 일을 하든 꼭 필요합니다. 열정이 있어야만 온몸을 던질 수
있고 그래야만 일을 제대로 해낼 수 있기 때문이지요.

- 오리슨 마덴(Orisen Marden)

자기 신뢰의 철학

당신은 할 수 있어요!

당신 가슴속에는 보물이 담겨 있으니까

당신이 생각하는 방향으로 자신 있게 나아가십시오!
스스로를 믿고 격려함으로써 인생의 법칙도 간단해지고 고독은 더 이상 고독이 아니고 빈곤은 더 이상 빈곤이 아니며, 나약함은 더 이상 나약함이 될 수 없습니다.

헨리 데이비드 소로(Henry David Thoreau)

실패하는 사람들을 보면 똑같은 잘못을 범하는 경우가 많습니다. 그것은 바로 자신이 가지고 있는 보물은 제대로 보지도 않고 어떻게든 다른 사람을 부러워하고 그 사람을 모방하려 한다는 것이지요. 사실 성공은 자기 자신의 길로 자신 있게 나아가는 것인데도 말입니다.

레이첼 카슨(Rachel Carson)

사람은 저마다 잠재력의 보물창고를 가지고 있다

아무리 써도 없어지지 않는 잠재력의 보물창고는 누구에게나 있다.
대부분의 사람들은 마음속의 거인이 깊은 잠에 빠져 있지만,
일단 이 거인이 깨어나 보물창고를 열고 나오기만 하면 당신 스스로도
깜짝 놀랄 일이 벌어진다.

자신감은 하버드 대학의 교수들이 말하는 인생철학 중에서 가장 중요한 덕목에 속한다. "당신이 어떤 일을 하고 있고 어떤 일을 하려고 하든지 스스로에게 자신감이 없고 심지어 자기 자신을 의심하기까지 한다면 그 결과는 절대 좋을 리가 없다." 우리의 잠재의식 속에 자리 잡은 자기 의심의 태도를 버리려 노력하고 눈앞의 일에 온 힘을 집중하며, 어두운 마음을 걷어버릴 때 스스로도 믿기 어려운 기적을 만들어낼 수 있다. 그러나 스스로를 의심하면 항상 그 의심은 현실이 되어 다가온다. 누구나 가지고 있는 이 거대한 잠재력이 스스로를 구원해주는 경우는 비일비재하다.

매서운 날씨에 땅은 얼어붙은 깊은 밤이었다. 캘리포니아 출신의 청년 티모시 갤웨이W. Timothy Gallwey는 혼자서 차를 몰고 메인 주 외곽의 숲 속을 지나고 있었다. 그런데 타이어가 갑자기 미끄러지면서 차가 길옆의 눈 더미를 들이받았다. 20분이 넘도록 기다렸지만 지나가는 차

가 한 대도 보이지 않았다. 더 이상 차 안에서 기다리는 건 아무 소용이 없다고 판단한 갤웨이는 걸어서라도 구원을 요청해야겠다고 생각했다. 그는 간단한 차림에 러닝셔츠만 걸친 채 왔던 길로 뛰기 시작했다. 그러나 매서운 날씨의 차가운 밤 공기로 인해 겨우 몇 분만에 숨이 차오르고 피로가 엄습해왔다. 어느새 몸이 마비되는가 싶더니 온몸의 힘이 스르르 빠져나가는 듯했다.

'내 운명은 결국 이 차가운 눈 속에서 끝나고 마는가!'

이런 두려운 생각이 들면서 갤웨이의 발걸음은 자기도 모르게 멈춰서고 말았다. 그렇게 얼마가 지나 이제는 현실을 인정하자 더 이상 두렵지도 않았다. 그는 스스로에게 말했다. '정말로 죽게 된다면 지금 슬퍼해 봐야 무슨 소용이 있겠어.' 이때 갑자기 그에게 주변의 모든 것들이 너무나 아름답게 보이기 시작했다. 적막한 밤, 반짝반짝 빛나는 별들, 눈 때문에 더욱 선명히 보이는 나무들. 이런 것들을 보면서 갤웨이는 자기 자신도 믿지 못할 정도로 체력이 점점 회복되는 느낌을 받았다. 그렇게 다시 일어나 단숨에 40분을 달린 그는 결국 마음씨 좋은 사람을 만나 도움을 받을 수 있었다.

갤웨이는 갑자기 솟아난 기적 같은 잠재력이 나중에 자신이 하게 될 일의 기초가 되고, 또 이를 계기로 실망과 두려움에 맞서 싸울 수 있는 '마음속 경기'의 이론을 만들어 내리라고는 전혀 생각하지 못했다. 그는 운동선수이자 교사로서 다년간의 활동을 하면서 당시 차가웠던 겨울밤에 자신을 구해준 것은 바로 모든 사람들이 가지고 있는 일종의 거대한 잠재력이며, 관건은 바로 사람들이 이 잠재력을 사용하느냐 그렇지 못하느냐에 있다고 생각하게 된 것이다.

하버드의 교수는 이렇게 말한다. "누구든 자신의 잠재력을 외면해서는 안 됩니다. 잠재력은 하늘이 부여한 능력에 실천을 통한 배움이 결합된 힘입니다." 결과에 대한 걱정을 덜 하면 덜 할수록 하는 일은 훨씬 더 성공적으로 나타나게 된다. 대부분의 운동선수들은 결과를 두려워하지 않고 끝까지 경기에 임해야 한다는 생각을 경험으로 체득하고 있는데, 모든 사람이 이러한 경지에 오른다면 항상 최고의 성과를 가져올 수 있을 것이다. 다음 사례는 사람들 앞에서 말하는 것이 '너무나 두려웠던' 어느 사람이 TV 사회자로 성공하게 된 이야기다.

갤웨이가 만든 잠재력 발휘를 위한 학습반에 사람들 앞에서 말하는 것을 두려워하는 여학생이 있었다. "당신은 스스로 두려워한다는 것을 어떻게 알 수 있죠?" 갤웨이는 말을 하면서 무릎을 쉴 새 없이 흔드는 그녀를 보며 이렇게 물었다.

0에서 9까지 표시된 자를 만들어 그녀에게 자기가 무릎을 어느 정도 높이까지 흔드는지 재보도록 한 다음 그녀를 설득해서 전체 반 학생들과 마주보도록 했다. 이 여학생은 점차 두려움에서 벗어날 수 있었다. 무릎을 떠는 높이가 0에 가까워졌을 때, 그녀는 같은 반 학생들에게 자신의 느낌을 말할 수 있을 정도가 되었다. 태어나서 처음으로 사람들 앞에서 떨지 않고 말을 하게 된 것이다. 이후 그녀는 TV 토크프로그램의 사회자로 맹활약하게 되었다.

아무리 사용해도 없어지지 않는 잠재력의 보고는 우리 누구에게나 존재하고 있다. 사람들의 마음속에 있는 거인은 깊은 잠에 빠져 있지만, 일단 이 거인이 깨어나 보물창고를 열고 나오기만 하면 스스로도 깜짝 놀랄 일이 벌어진다.

사람들의 생활은 90% 이상이 잠재의식 속에 있으며, 이 잠재의식의 깊은 곳에는 '영감'이라는 큰 힘이 숨어있다. 성공한 사람들에게 있어서 영감은 항상 기적을 불러오는 강력한 힘이 되었다. 많은 사람들이 이 오묘한 힘을 이용하지 못해서 지극히 작은 범위에서만 살아가곤 한다.

사람의 잠재의식은 무한한 지혜와 교류함으로써 삶을 더욱 눈부시게 만들어줄 뿐만 아니라, 고귀하고 위대한 포부, 영감, 생각, 상상력도 모두 잠재의식에서 나온다. 사람에게 있어 가장 깊은 신념은 이성으로는 판단할 수 없는 신념이다. 왜냐하면 이런 신념은 의식이 아닌 잠재의식에서 나오기 때문이다. 당신의 잠재의식은 직관, 격려, 감각, 암시, 관념 등의 방법으로 당신에게 말을 걸어 항상 힘을 쏟고 돌파하고 전진하고 이겨내고 더 높은 곳에 이르라고 말해준다. 그리고 타인의 삶을 사랑하고 도와주도록 하는 배려의 힘 역시 바로 당신의 잠재의식 깊은 곳에서 나온다.

사람의 잠재의식은 항상 생동적이고 건설적인 방향으로 나아간다. 잠재의식은 당신의 몸을 만들어 주며 당신 몸의 중요한 기능들을 유지해준다. 잠재의식은 잠시도 쉬지 않고 하루 24시간 꼬박 당신을 위해 일을 하며, 당신을 돕고 보호하고 당신이 상처를 입지 않도록 하는 방법을 늘 생각한다.

위대한 예술가, 음악가, 시인, 연설가, 작가 등은 태어나면서부터 재능을 가진 것이 아니다. 다만 활력으로 가득한 그들의 잠재의식이 끊임없이 영감을 분출해냈을 뿐이다.

스코틀랜드의 소설가이자 수필가인 스티븐슨Robert L. Stevenson은 잠을 자는 동안 잠재의식이 자신에게 어떤 이야기들을 만들어내도록 한다고 한다. 은행의 잔고가 점점 줄어들 때 그는 항상 자신의 잠재의식이 베스트셀러가 될 수 있는 멋진 이야기들을 공급한다는 것이다. 스티븐슨에 따르면 마음속 깊은 곳에 있는 지혜가 마치 연재소설처럼 차례차례 이야기를 들려준다고 한다. 스스로의 잠재의식이 어떻게 영감을 만들어내고 어떻게 고차원적이면서도 통찰력 있는 말들을 해주는지 그의 사례를 통해 알 수 있다. 그러나 당신의 의식은 이런 말들을 전혀 인식하지 못하고 있다.

마크 트웨인Mark Twain은 전 세계 사람들에게 솔직하게 털어놓았다. 특유의 익살스러운 이야기와 위대한 작품들은 모두 영원히 고갈되지 않는 잠재의식의 샘에서 찾은 것들이라고.

잠재력의 보물창고를 열어 다른 사람과는 다른 자신만의 영감을 찾는다면 당신은 성공에 더 가까이 다가갈 수 있다.

자신감은 마음속의 보물창고를 여는
황금 열쇠이다

자신의 보물창고를 열어줄 열쇠는 바로 자신의 손에 있으므로
충만한 자신감으로 성공적인 인생을 만들어내자.

저명한 심리학자인 아들러^{Alfred Adler} 박사는 어렸을 때 다음과 같
은 경험을 했다고 한다. 그의 경험을 통해 자신감이 사람의 행동이
나 능력에 얼마나 큰 영향을 주는지 알 수 있다.

아들러는 학교에 갓 입학했을 때 산수 실력이 형편없었다. 그래서
선생님은 그가 '수학적인 재능이 부족한' 아이로 판단했고, 이 사실을
부모에게 알리면서 아이에 대해 너무 큰 기대를 하지 않도록 당부했
다. 그의 부모 역시 선생님의 말이 사실이라고 믿었다. 아들러는 자신
에 대한 어른들의 평가를 그대로 받아들일 수밖에 없었고, 무엇보다도
산수 성적이 그들의 말이 틀리지 않았음을 증명해주었다.

그러던 어느 날, 그는 머릿속에 어떤 생각이 반짝 떠오르더니 선생
님이 칠판에 적어 놓은 어려운 문제를 풀 수 있을 것 같은 느낌이 들었
다. 다른 아이들은 아무도 풀지 못하는 문제였다. 자신의 생각을 선생
님께 말씀드리자 선생님과 반 아이들은 모두 웃음을 터뜨렸다. 하지만
그가 아이들의 비웃음 속에서 칠판에 있는 문제를 술술 풀자 모두들

멍하니 바라보기만 할 뿐 아무 말도 하지 못했다. 이 일이 있은 후 아들러는 자기도 산수를 잘 할 수 있다는 자신감을 갖게 되었고, 결국에는 수학 성적이 매우 뛰어난 학생이 되었다.

공개 연설을 준비하는 한 기업가가 있었다. 그는 자신이 어려운 분야에서 훌륭하게 성공했다는 사실을 연설로써 많은 사람들에게 알리고 싶었다. 그는 목소리도 좋았고 강연의 주제 역시 많은 사람들의 관심을 끄는 것이었으나 결정적으로 그는 낯선 사람 앞에서 입도 제대로 열지 못하는 소극적인 성격이었다. 그를 가로막는 장애물은 바로 자신감의 부족이었다. 그가 자기는 말도 잘 못하고 청중들에게 좋은 인상도 주지 못할 것이라고 생각한 이유는 바로 사람들의 주목을 끌만한 외모가 아니라는 것, 다시 말해 '성공한 기업가처럼 보이지 않는다'는 것이었다. 이런 좋지 못한 심리가 그의 마음속 깊이 박혀있었기 때문에 사람들 앞에서 말을 하기 시작하면 곧바로 마음속의 장애물이 그를 가로막아 버리는 것이다.

결국 그는 성형 수술을 해서 외모를 바꾼다면 그만큼 자신감이 생길 것이라는 어리석은 생각까지 가졌다. 그러나 성형 수술은 문제를 해결해주는 것이 아니며, 육체적인 변화가 자신의 개성을 변화시킨다는 보장 또한 없었다. 마침내 그는 자신의 소극적인 생각 때문에 그가 가지고 있는 중요한 정보들까지도 전달해주지 못한다고 믿었다. 일단 이렇게 생각하자 문제는 쉽게 해결되었다. 그는 소극적인 생각을 적극적이고 긍정적인 신념으로 바꾸어, 중요한 정보를 갖고 있는 사람은 자기 자신이며 외모가 어떻든 상관없이 자기가 아니면 이 정보를 사람들에게 알려줄 수 있는 방법은 없다고 생각했다. 이때부터 그는 경영자들

중에서 훌륭한 연설가 중 한 명이 되었다. 그렇게 되기까지 그가 유일하게 바꾼 한 가지는 스스로 자신감을 키웠다는 것뿐이다.

하버드의 교수는 학생들에게 "자신감은 잠재력의 보물창고를 열어 주는 황금열쇠"라고 말한다. 어떤 목표에 충분히 도달할 수 있다고 스스로 굳게 믿으면 다른 사람이 아무리 불가능하다고 말해도 당신은 쉽게 해낼 수 있다. 당신이 만약 당신이 있는 바로 그곳으로부터, 즉 선생님이나 부모님이나 친구나 광고 혹은 다른 어떤 통로를 통해 하나의 생각을 갖게 되고 그 생각이 사실이라고 굳게 믿는다면, 마치 최면술사의 말처럼 그 생각은 큰 위력을 발휘할 것이다.

반대로, 당신이 정한 목표가 그다지 어렵지 않은데도 그 목표를 스스로 이루어내지 못할 것이라 여긴다면 당신의 능력을 발휘하기가 대단히 힘들어진다. 이 역시 자신감의 결핍이 가져온 결과이다. 존 머피John D. Murphy는 『성공적인 판매의 비결』이라는 책에서 엘모어 휠러Elmore Wheeler가 어느 판매사원의 수입을 대폭 늘려준 방법을 소개하고 있다.

기업의 초빙을 받아 판매 자문을 맡게 된 엘모어 휠러는 판매 팀장의 말을 듣고 한 판매사원에게 큰 관심을 갖게 되었다. 팀장의 말에 의하면, 그 판매사원은 회사에서 그를 어느 곳으로 파견하든 또 수수료가 얼마이든 상관없이 항상 평균 5천 달러 정도만 번다는 것이었다.

이 판매사원이 규모가 작은 지역에서도 상당한 성과를 보이자 회사에서는 그를 좀 더 크고 판매가 잘 되는 지역으로 보냈다. 하지만 다음 해에 그가 받은 수수료는 작은 지역에서 일했던 것과 같은 5천 달러였다. 그 다음 해에는 회사가 모든 판매사원의 수수료 비율을 올려주었건만 이 사원은 여전히 5천 달러만 벌었다. 회사가 이번에는 가장 판매가 안 되는 지역으로 그를 파견했지만, 역시 그가 가져간 수수료는 5천 달러였다.

휠러는 이 사원과 이야기를 나눠본 후 문제는 바로 판매 지역이 아니라 자신에 대한 스스로의 평가에 있음을 알게 되었다. 그는 스스로를 '매년 5천 달러를 버는 사람'으로 규정하고 있었다. 이런 생각이 일단 자리를 잡자 외부 환경은 그에게 어떤 영향도 미칠 수 없었던 것이다.

판매가 부진한 지역으로 파견되었을 때는 5천 달러를 벌기 위해 열심히 일을 했고, 조건이 좋은 지역으로 파견되었을 때는 5천 달러를 벌고 나자 이런저런 핑계를 들어 더 이상 일 할 생각을 하지 않았다. 한번은 목표를 달성하고 나자 갑자기 몸이 아프다며 남은 해 동안 아무 일도 하지 않았다. 의사는 그가 병이 난 이유를 전혀 알 수 없었다. 그런데 신기하게도 다음 해가 시작되자마자 그는 다시 건강을 회복했다.

『영원한 청춘의 기적』이라는 책을 보면 라첼이라는 사람이 잘못된 신념 때문에 하룻밤에 어떻게 스무 살이나 늙어버렸는지, 그리고 그가 실상을 알고 난 후 어떻게 다시 청춘을 회복하게 되는지에 대해 소개하고 있다.

라첼은 항상 자기가 너무 못생겼고, 두꺼운 아랫입술 때문에 여자 친구가 자기를 좋아하지 않는다고 생각했다. 결국 그는 성형외과 의사를 찾아가 입술 수술을 하게 되었다. 의사는 수술비를 조금만 받는 대신 라첼에게 조건 하나를 걸었다. 그것은 여자 친구에게 이 수술을 받기 위해 전 재산을 털었다고 거짓말을 하라는 것이었다. 평소 그의 여자 친구는 자기를 위해 그가 돈을 쓰면 아주 좋아하며 사랑한다고 말하면서도 아랫입술이 너무 두꺼워서 결혼은 절대 할 수 없다고 애써 변명하곤 했다.

수술 후 라첼이 여자 친구에게 의사가 시킨 대로 말하면서 입술을 자랑하며 보여주자 여자 친구는 뜻밖의 반응을 보였다. 그녀는 불같이 화를 내면서 그런 곳에 돈을 다 써버리는 바보가 어디 있느냐며 자기는 지금까지 그를 사랑한 적도 없고 앞으로도 그럴 가능성은 전혀 없으며, 또 그가 자신에게 돈을 쓰게 한 것도 그저 기분 전환을 위한 것일 뿐이라고 했다. 그래도 분이 풀리지 않았는지 그녀는 부두교의 미신으로 그를 저주하겠다는 말까지 했다. 라첼과 그의 여자 친구는 모두 서인도제도에서 태어났으며 그곳에서는 많은 사람들이 부두교를 신봉하고 있었다. 라첼은 부유한 집안의 문화적 수준이 상당히 높은 대학 출신이었지만 여자 친구가 화를 내며 자기에게 쏟아 부었던 저주에 불안해하지 않을 수 없었다. 하지만 당시에는 그렇게 심각하게 생각하지는 않았다.

그런데 그로부터 얼마 지나지 않아 웬일인지 그의 잇몸 안에 물집이 딱딱하게 잡혀 있는 것이 느껴졌다. 부두교에 대해 해박한 한 친구는 빨리 의사에게 가서 치료를 받도록 했다. 의사는 입속의 물집이 그 무서운 '아프리카 갑충'이며, 이 갑충이 그의 몸을 서서히 갉아먹을 것이라고 했다. 이때부터 라첼은 근심과 불안에 싸이기 시작해 몸은 쇠약해지고 제대로 먹지도 자지도 못했다.

그러다가 라첼은 이전의 성형외과 의사를 다시 찾아가 그동안의 일을 모두 털어놓았다. 그가 진료실에 들어섰을 때 간호사들은 그를 전혀 알아보지 못했다. 전보다 적어도 스무 살 정도는 늙어 보였기 때문이다. 두 손은 나이 든 사람처럼 부들부들 떨었고 눈가와 뺨에는 주름이 깊게 파였으며 체중도 거의 30파운드 정도가 줄어든 상태였다. 흔히 말하는 노화의 특징을 그대로 보여준 것이다. 그가 처음 수술할 때는 입술이 조금 큰 것 외에는 아무런 이상도 없었다. 키는 6.4피트나 되고 체력이나 정신 모두 운동선수처럼 건강하고 피부도 탱탱했으며 행동이나 말하는 것도 상당히 절도가 있었다.

의사는 입술을 살펴보더니 30분이면 아프리카 갑충을 뽑아낼 수 있다고 장담하고는 곧바로 수술에 들어갔다. 사실 그를 불안하게 했던 그 딱딱한 덩어리는 지난번 수술 때 남은 작은 흉터일 뿐이었다. 의사는 그 덩어리를 파내 그에게 보여주었다. 두 눈으로 진상을 확인한 그는 금세 얼굴 표정과 행동이 바뀌었다.

몇 주일 후 라첼은 의사에게 정성이 가득 담긴 편지를 한 통 보냈다. 편지에는 신부와 함께 찍은 사진도 들어 있었다. 그는 고향에 돌아온 후 어렸을 때부터 마음속에 두고 있었던 친구와 결혼했다. 사진 속의 라첼은 처음 만났을 때의 바로 그 사람으로 돌아가 있었다. 그는 하룻밤 사이에 청춘의 빛을 다시 찾을 수 있었다. 결국 잘못된 믿음 하나 때문에 스무 살이나 늙어버렸다가, 사실을 깨달은 순간 마음속의 근심이 사라져 원래의 자신감을 회복했을 뿐만 아니라 노화의 과정까지 거꾸로 바꿔놓은 것이다.

라첼의 사례를 보고 당신은 자신감의 힘에 대해 결코 의심할 수 없을 것이며, 또 신념이 마음속에 자리를 잡으면 그 신념이 어디서 온 것이든 상관없이 마치 최면술처럼 큰 힘을 발휘한다는 사실도 알게 되었을 것이다.

당신이 어떤 사람이든 또 당신이 얼마나 실패를 많이 했든 상관없이 당신에게는 여전히 스스로를 즐겁게 하고 성공으로 이끌 수 있는 능력과 힘이 있다. 당신의 보물창고를 열어줄 황금 열쇠는 바로 당신 손에 있는 것이다. 바로 지금도 상상하지 못했던 일들을 해낼 수 있는 힘을 당신은 가지고 있다. 따라서 당신의 부정적 신념을 바꾸기만 하면 곧바로 그 힘을 얻을 수 있다. '나는 안 돼', '나는 적합하지 않아', '나는 그렇게 하지 못할 거야' 라는 식으로 스스로를 제한하는 부정적인 생각들에서 빨리 깨어나야 한다. 그러면 자신감이 가슴속에 꽉 차면서 당신의 인생은 성공으로 나아갈 것이다.

자신감의 충만은 성공의 보증수표이다

자신감은 자신의 현재 상황을 객관적으로 인식한 후에 갖게 되는 일종의 투지이며,
성공하는 사람들이 항상 의지하는 정신의 잠재력이다.

사람의 마음가짐과 성격에서 대단히 중요한 하나가 바로 어떻게 스스로를 판단하느냐이다. 만약 스스로에 대한 분명한 인식이 없다면 외부 세계에 대해서도 객관적으로 판단하기가 힘들어진다. 자신감은 자신의 현재 상황을 객관적으로 인식한 후에 갖는 투지이자 성공하는 사람들이 항상 의지하는 정신의 잠재력이다.

하버드에서 당대의 세계적 인사들의 성장 과정을 연구한 결과, 이들은 스스로에 대해 적극적인 인식과 평가를 내리고 상당한 자신감을 가지고 있었다는 사실을 발견했다. 그들은 먼저 스스로를 믿었기 때문에 자신의 선택을 확신하고 자신의 일이 성공할 수 있다는 가능성을 믿었으며, 그래서 일을 끝까지 밀고 나가 목표에까지 이를 수 있었던 것이다.

현대 사회에서 한 사람이 자신의 목표를 성취하기란 대단히 어렵다. 혼자서는 아무리 노력해도 안 되는 경우가 많으며, 그만큼 많은 사람의 지지와 힘이 필요할 때가 많다. 이때 자신감은 더없이 중요한 열쇠가 된다. 우선 스스로를 믿어야 다른 사람으로 하여금 자

기를 믿게 할 수 있기 때문이다. 스스로 자기를 믿지 못한다면 이는 곧 세상에서 의지할 수 있는 힘을 잃는 것이나 마찬가지다.

하버드의 교수들은 자신감이 있는 사람에게서는 항상 강한 자아의식을 볼 수 있다고 말한다. 이런 자아의식이 그들에게 열정과 의지 그리고 투지를 채워주는 것이다. 이들을 압도할 수 있는 어려움은 아무 것도 없으며, 이들의 신조는 바로 '나는 이길 거야! 나는 이길 수 있어!' 이다.

자신감은 다른 사람들을 불러모으는 깃발이 되어 그 깃발 아래로 많은 행운을 불러들인다. 자신감으로 충만한 사람 곁에는 항상 그에 동조하는 사람이 모여들어서 그와 같은 길을 걸으며 함께 사업을 개척해 간다.

당대의 수많은 세계적 인사들 중에는 때로 자신감이 지나쳐 큰소리만 치는 것 같은 느낌을 주는 사람도 있다. 이들에게는 이미 성공을 거둔 일도 있고, 또 지금도 열심히 노력중인 일도 있다. 하지만 상황이야 어떻든 자신감이 그들에게 전진의 동력을 주어 아무도 오르지 못한 높은 봉우리에 감히 오르도록 했다는 것만은 분명하다.

끝까지 책임감을 가지고 기꺼이 책임을 완수하는 사람만이 성공할 수 있으며, 말을 하면 반드시 실행에 옮기고 실행에 옮기면 꼭 열매를 맺는 사람만이 큰일을 해낼 수 있음은 의심의 여지가 없다. 어떤 일을 책임지려면 우선 강한 자신감이 있어야 하며, 끝까지 자신감을 가지고 있으면 무슨 일이든 성공할 수 있는 그야말로 절대적인 성공의 힘이라 할 수 있는 것이다.

많은 사람들이 지극히 작은 좌절에 금세 자신감을 잃고 의기소침해지곤 한다. 그들은 운명이 자신과 마주보고 있는 이상 아무리 발버둥을 쳐도 소용없는 일이라고 생각한다. 사실 조금만 주의 깊게 보면 성공한 많은 사람들도 실패를 경험했으며 심지어 완전히 파산에 이르기도 했음을 알 수 있다. 그러나 그들은 용기와 굳은 결심으로 실패해도 무너지지 않고 재기를 위해 끝까지 노력했다.

스스로에 대한 자신감은 결코 잃어서는 안 된다. 아무리 큰 어려움과 좌절이 닥쳐도 자신의 의지를 깊숙이 묻어버려서는 안 된다. 어떤 사람들은 분명한 견해 없이 우유부단하게 앞뒤 사정만 부지런히 재는 습관이 있는데, 이는 앞길을 가로막는 장애물과 같다. 이런 사람들은 죽은 물고기처럼 물 위를 이리저리 떠다닐 뿐이다. 살아 있는 물고기는 강을 거슬러 올라갈 줄도 안다는 것을 명심해야 한다.

사업에 실패한 사람들의 원인을 살펴보면 대부분이 경제적 손실보다는 자신감의 결핍 때문인 경우가 많다. 인생에 있어 최대의 손실은 인격의 상실 외에 자신감을 잃는 것이다. 자신감이 없다는 것은 마치 척추가 없는 사람이 영원히 일어날 수 없는 경우처럼 어떠한 일도 성공할 수 없다. 자신감으로 충만한 사람의 앞길을 막는 어려움과 장애는 이 세상에 없다.

버니언은 감옥에 들어간 후에 그 유명한 『천로역정』을 썼고, 밀튼은 시력을 잃고도 『실락원』을 썼으며, 파크만이 『캘리포니아와 오리건 산길』을 쓰면서 의지한 것은 흔들림 없는 결심이었다. 성공한 많은 대가들이 오늘의 위치에 오를 수 있었던 것은 스스로를 굳게 믿었기 때문이다.

사람의 잠재력이란 마치 수증기처럼 그 형체와 움직임에 아무런 구속이 없으며 누구도 이것을 정해진 틀 속에 담을 수 없다. 이런 잠재력을 충분히 발휘하기 위해서는 그만큼 흔들림 없는 자신감이 필요하다.

눈치가 빠른 사람이라면 주변에서 어떤 사람이 성공하는가를 금방 알 수 있을 것이다. 왜냐하면 이런 사람은 길을 걷는 모습이나 행동 하나하나에서 자신감이 듬뿍 배어 나오기 때문이다. 그의 말과 행동을 통해 어떤 일이든 자신감과 굳은 의지로써 주도적으로 일하는 사람임을 알 수 있다. 마찬가지로 어떤 사람이 실패하는지도 쉽게 알아차릴 수 있을 것이다. 길을 걷거나 말하는 것만 보고도 그가 자신감과 결단력이 부족한 사람임을 알 수 있다. 이런 사람은 행동 하나하나에 나약함과 소심함과 우유부단함이 그대로 드러나기 때문이다.

성공하는 사람은 자신감으로 꽉 차 있고 그 자신감은 오래 지속된다. 이런 자신감 때문에 그는 어떤 일을 하더라도 지지부진하거나 흐리멍덩하지 않을 수 있다. 그는 매력으로 가득하며 다른 사람에게 의지하지 않고 스스로 일을 해 나간다. 그러나 실패의 나락으로 떨어지는 사람은 자신감도 없을뿐더러 일을 할 수 있는 실제의 능력도 없다. 그는 항상 막다른 골목에 처한 듯 보이며, 그의 행동과 말과 실제 일하는 모습을 보면 마치 아무런 기력도 없이 그저 할 수 없이 운명에 따르기만 하는 것처럼 느껴진다.

자신감은 기적을 만들어내기도 한다. 자신감이 있는 사람은 재능을 아무리 써도 바닥을 드러내지 않는다. 그러나 자신감이 부족한 사람은 아무리 재능이 뛰어나도 재능을 발휘할 수 있는 기회를 잡지 못한다. 자신감이 없는 사람은 중요한 고비를 만날 때마다 자신의 재능을 마음껏 발휘하지 못하기 때문에 거의 100% 성공할 수 있는 일도 실패로 돌아가곤 한다.

어떤 일을 할 때 재능은 필요하다. 그러나 자신감은 재능보다 더 필수불가결한 것이다. 성공하려면 말과 행동과 마음가짐과 태도 등에 '자신감'이라는 세 글자를 항상 새겨두어야 한다. 이렇게 해야만 다른 사람들도 당신을 신임하기 시작하고 당신 스스로도 점차 내가 믿을 만한 사람임을 스스로 확신하게 된다.

존 모건은 미국의 대은행가이자 '자신감으로 성공하는 자신을 만들어가라'라는 하버드의 인생철학을 늘 실천해 온 사람이다.

모건이 어렸을 때 그의 아버지는 영세한 사업가였지만, 이후 아버지의 사업이 성공하면서 집안이 풍족해지자 그는 보스턴 중학교를 졸업한 후 독일로 유학을 떠났다.

모건이 귀국했을 때 그의 아버지는 이미 엄청난 거부였으므로 그는 아버지의 부를 바탕으로 사업을 시작해도 충분했다. 그러나 그는 혼자서 일어서려 했지 결코 아버지에게 의존하려 하지 않았다. 당시 겨우 스물 한 살이었던 모건은 늘 이런 말을 했다. "맞습니다. 저는 주니어스 모건의 아들입니다. 그러나 저는 이 사실을 빌어 세상에 맞서고 싶지 않습니다. 저는 한 사람의 독립된 남자로 살아갈 것입니다."

바로 이러한 자신감이 있었기 때문에, 그는 아버지의 후광에 기대지 않고 뉴욕 소재 은행의 말단 사원으로 시작해서 후에 복잡한 국제 무역관계와 세계 금융 시장의 미묘한 추이를 훤히 들여다볼 줄 아는 능력을 가질 수 있었다.

모건의 업적 중에서 가장 유명한 것이 바로 철강 트러스트이다. 그는 1900년 12월 12일에 찰스 슈왑^{Charles Schwab}의 건의를 받아들여 철강왕 카네기로 하여금 회사를 넘기도록 설득했다. 그런 다음 7개의 제강

회사와 합병계약을 맺음으로써 역사상 최대의 철강 회사를 탄생시켰다. 그는 무려 25만 명의 노동자를 이끌게 된 것이다.

자신감은 지도자가 갖추어야 할 필수적인 덕목이다. 많은 위인들의 발자취를 따라가 보면 마치 승리가 그들을 따라다니는 것처럼 어디를 가든 순탄하지 않았던 적이 없다. 그들은 만물의 주인이자 모든 행동의 명령자 같았다. 그들은 수많은 영웅들을 굽어보며 모든 것을 정복할 수 있었는데, 사실 이는 그들의 자신감에서 나오는 것이었다. 그들은 자기가 어떠한 어려움도 이길 수 있는 힘이 있다고 믿었고, 자신에게는 어디서나 승리할 수 있는 이점이 있다고 확신했다. 그들의 눈에는 생존을 위한 경쟁에서 승리하는 것이 너무나 쉽게 보였고, 좋지 않은 상황에 처하더라도 포기하지 않고 그 상황을 쉽게 바꿀 수 있을 듯했다. 그들은 또 자신이 할 수 없는 일은 없으며 어떤 일을 하더라도 마치 기중기가 작은 물건 하나를 드는 것처럼 가볍게 해낼 수 있음을 알고 있었다.

성공하는 사람들에게서 보통 사람들이 반드시 배워야 할 점은 낙관적인 사고와 주저하지 않는 결단력, 그리고 미래에 대한 두려움의 제거이다. 어떤 일이 자신에게 부여되면 세계적인 위인들이 그랬던 것처럼 반드시 자기 손으로 그 일을 훌륭하게 처리할 수 있다고 믿어야 한다. 이렇게 스스로를 철저하게 믿는 사람만이 전후 사정에 연연하지 않으며, 사업 도중에 어떤 난관을 만나더라도 결코 후퇴하지 않고 자신의 뛰어난 재능을 마음껏 발휘하며 힘차게 전진할 수 있는 것이다.

성공하는 사람들은 자신이 남보다 능력이 앞서고 똑똑하고 노련하며 모든 승리가 항상 자신으로부터 나온다고 믿는다. 의기소침하지 않고 언제나 용기로 가득하며 지금 하고 있는 일들을 완벽하게 해낼 수 있다고 스스로 자신한다. 실패하는 사람들의 가장 큰 이유는 자신의 능력을 확신하지 못하고 심지어 자신은 성공할 수 없는 사람이라고 단정해버리는 데에 있다.

사회에 공헌하고 업적을 남긴 사람들은 하나같이 자신이 충분히 성공할 수 있음을 가장 먼저 믿었다. 그들은 하늘이 자신에게 모든 것을 정복할 수 있는 힘을 주었기 때문에 성공은 자신이 누려야 할 권리라고 생각한다. 만약 남보다 뛰어나길 바란다면 이런 생각을 항상 자신의 머릿속에 담고 자신에게 성공할 수 있는 능력이 있음을 스스로 믿어야 한다. 그리고 대자연이 우리를 낳은 것은 우리를 세계에서 가장 위대한 나무로 기르기 위한 것임을 스스로 깨달아야 한다. 대자연은 우리에게 일을 성취하고 업적을 남기기에 충분할 만큼의 힘을 부여한다.

반드시 성공할 수 있다는 믿음은 스스로의 정신을 깨워주는 각성제나 다름없다. 이 각성제를 복용하면 의심, 두려움, 후퇴, 방황 등과 같은 악마는 당신에게서 멀어지고 그 자리는 희망과 기대로 채워져서 평범했던 당신을 원대한 꿈과 밝은 미래가 가득한 사람으로 만들어준다. 힘차게 솟아오르는 샘이 그 근원의 고도를 초과할 수 없듯이, 한 사람의 성공 역시 자신감이 미치는 고도 이상은 결코 넘을 수 없다.

승리는 기회를 확실히 잡는 사람에게 돌아가게 되어 있다. 기회가 와도 감히 잡지 못하고 스스로를 성공할 수 없다고 믿는 사람에게는 결국 실패만이 기다리고 있을 뿐이다. 자신감으로 가득하고 스스로의 생각을 우직하게 고집하며 용기 있게 싸우는 사람만이 자신의 큰 목표를 잃지 않고 성공할 수 있는 것이다.

마음속 깊이 숨어있는 자신감의 불을 댕겨라

마음속 깊은 곳의 자신감에 불을 붙이는 사람만이
밝고 찬란한 생명의 불을 타오르게 할 수 있다.

자신감은 모든 이들의 마음속 깊은 곳에 숨어있는 불씨다. 이 마음속의 자신감에 불을 댕겨야만 삶은 밝게 빛날 수 있다. 하버드의 인생철학은 자신감에 불을 붙일 수 있는 방법을 이렇게 가르쳐준다.

1. 이상과 출발 지점을 확실히 정하라

인생에서 성공하려면 가장 먼저 자신의 이상과 출발선을 분명히 해야 한다. 이는 성공에 있어 대단히 중요한 요소이다. 이상이 없으면 방향을 세울 수 없으며, 출발선이 없으면 자신의 여정을 어디서부터 계획해야 하는지 알 수 없다. 지도와 나침반이 있어도 길을 잃는 경우가 흔하다. 내가 지금 어디에 있는가를 먼저 알아야 지도와 나침반도 제 역할을 할 수 있다.

2. 목표를 분명하게 드러내라

모든 성공은 정확한 목표에서 시작된다. 당신 스스로를 이끌어줄 무언가를 인생에서 찾아 그 목표에 모든 정력을 집중할 수 있게 해야 한다. 이것은 당신 스스로 찾는 것이지 누군가 대신해 줄 수는 없다.

자신의 정력을 집중할 수 있는 가장 좋은 방법은 인생의 목표를 분명하게 밝히는 것이다. 사실 사람들은 누구나 인생의 목표가 실현되기를 희망하며 이 목표를 이루기 위해 살아간다. 따라서 인생의 목표를 분명히 해 두면 언제나 당신의 정력을 그곳에 집중시켜 큰 효과를 볼 수 있다. 인생의 목표를 정할 때는 당신의 꿈과 개인적인 신념을 기초로 해야 한다. 그러면 목표는 더욱 구체적으로 드러난다.

3. 지금 즉시 행동하라

인생의 목표를 각 시기별로 나누어 꼼꼼하게 계획을 세우도록 한다. 그러나 이런 계획도 행동에 옮기지 않는다면 소용없는 일이다. 지금 바로 행동하지 않으면 아무리 훌륭한 목표라도 현실화되지 못하는 것이다. 심사숙고해서 그럴싸한 계획을 세웠다고 해도 이것이 몸으로 하는 실천을 대신할 수는 없다. 행동이 없는 계획은 헛된 꿈에 불과하다.

4. 계획을 제대로 실천하고 있는지 정기적으로 평가하라

일의 진전 상황을 정기적으로 평가하는 것은 앞에서 말한 행동만큼이나 중요하다. 계획의 시행 과정을 평가함으로써 당신의 단기적 목표가 장기적 목표에 접근하고 있는지 그렇지 않은지를 알 수 있으며 당초의 목표가 현실적이지 않다는 사실도 발견할 수 있다.

혹은 당신의 장기적인 목표 안에 당신의 이상이나 인생의 최종 목표와 맞지 않는 무언가가 있음을 느낄 수 있을 것이다. 이 중 어떤 것에 해당하더라도 당신은 새로운 조정이 반드시 필요하다. 당신의 목표가 불명확할수록 잘못이 드러날 확률은 높으며, 그럴수록 당신의 목표를 새로이 평가하고 조정할 필요는 절실해진다.

사람들이 흔히 범하는 또 하나의 잘못은 하나의 길이 아닌 여러 갈래의 길로 들어선다는 것이다. 이런 사람들은 목표를 정하고 또 그것에 이르기 위해서 해야 할 일들을 적어 놓고도 그것들을 전부 잊어버린다. 이를 예방하기 위한 방법으로 당신의 책상 앞에 이렇게 적어놓는 것은 어떨까?

"내가 지금 하는 일이 내가 세운 목표에 다가가는 일인가?"

5. 이미 얻은 성과는 마음껏 축하하라

나폴레옹 힐Napoleon Hill은 이렇게 말했다.

"나는 칭찬의 힘을 믿는다. 나는 계획했던 일을 이루어내면 스스로를 축하하고 칭찬한다. 작은 성과를 내면 작게 축하하고 큰 성과를 내면 크게 축하한다. 예를 들어, 몇 시간 동안 쉬지 않고 해야 어떤 일을 완수할 수 있을 경우 나는 스스로에게 말한다. '이 일만 끝나면 마음껏 쉴 수 있어. 먹을 것도 마음대로 먹고 축구 경기도 실컷 볼 수 있지.' 그러나 나는 어떤 임무를 완수하기 전에는 절대로 스스로를 축하하지 않았다. 할 일을 다 하고 중대한 성과를 냈을 때만 평생토록 잊지 못할 큰일을 했다고 스스로 축하했다."

바로 이렇게 해야만 당신은 더욱 자신 있게 인생을 맞이할 수 있는 것이다.

스스로를 격려함으로써
당신의 잠재력을 끊임없이 일깨워라

사람은 적극적인 마음가짐으로 스스로 상상하고 믿는 것들을 이루어낼 수가 있다.
이는 스스로를 격려하는 방법 중의 하나이자 성공을 위한 마음속의 모토가 된다.

1. 마음속의 모토로 스스로를 격려하라

마음속의 모토는 당신을 격려하여 부지런히 노력하게 함으로써
성공의 언덕에 더욱 가까이 다가갈 수 있게 해준다. 그리고 마음속
의 모토는 그때 그때의 기억에 의지해서는 안 된다. 흰 종이에 검은
글씨로 분명하게 써 두어야 한다는 말이다. 해야 할 일을 적어놓는
것은 자기 컨트롤의 중요한 방법 중의 하나이자 이상을 실현하기 위
한 기초 단계이다. 이렇게 해야만 모호했던 부분들도 선명하게 드러
나는 것이다.

아침에 잠에서 깼을 때와 잠자리에 들기 전 하루 두 번씩 당신
의 목표를 마음속으로 되새기며 당신의 잠재의식과 최적의 상태로
소통할 수 있게 한다. 목표를 되새길 때는 정신을 집중해서 당신이
바라는 성공의 모습을 떠올리도록 한다.

기계적으로 스스로에게 암시를 주는 것도 효과가 있다. 물론 여
기에 당신의 감정을 불어넣으면 넣을수록 그만큼 더 효과는 좋아진
다. 당신의 몸과 마음이 함께 어떤 하나의 것을 갈구하면 당신의 꿈

이 실현되기는 그만큼 더 쉬워진다.

데일 카네기^{Dale Carnegie}는 마음속의 모토로 스스로에게 힘을 불어넣음으로써 성공한 사람이다. 그는 '마음속의 모토'를 다음과 같이 몇 단계로 나누어 실천했다.

1단계 : 마음속의 모토를 종이에 써서 눈앞에 두고 몸과 마음을 편안하게 한 상태로 잠재된 에너지를 불러오는 훈련을 한다.

2단계 : 당신의 마음속 모토를 천천히 읽는다. 읽는 속도를 더욱 늦추기 위해 소리내어 읽어도 좋다. 한 글자 한 글자를 또박또박 읽어내려 간다. 이 과정이 특히 중요하다.

3단계 : 마음속의 모토 중에서도 키워드는 최소한 두 번 이상 읽는다. 이렇게 함으로써 이 글자들이 잠재의식 속에서 마음속의 모토에 대한 연상 작용을 일으킨다.

4단계 : 외부의 간섭을 배제하고 자기 최면의 상태로 들어간다.

5단계 : 편안해진 느낌이 들면 그 키워드를 마음속으로 몇 차례 되뇐다. 큰 소리로 말해도 상관없다. 종이에 적어둔 모토를 볼 필요는 없다. 왜냐하면 키워드에 이미 그 의미가 다 들어가 있기 때문이다.

6단계 : 목표를 달성한 이후의 모습을 그리고 이상을 실현함으로써 얻게 될 기쁨을 상상한다. 이전의 소극적인 마음가짐은 지금의 적극적인 생각으로 덮어버린다. 이렇게 하면 잠재의식 속에서 창조력과 상상력은 활발히 움직이는 대신 소극적인 생각은 사라지게 된다.

7단계 : 당신의 머릿속이 상상으로 가득해지면 시간의 궤적을 잃어버릴 수도 있다. 따라서 잠재력을 기르는 훈련을 하기 전에 미리 알람시계를 맞춰두어도 된다. 사람은 자기 최면에 들 때 마치 잠을 자는 것처럼 지각이 사라진다고 한다. 스스로 느끼기에 거의 잠들었다 싶을 때 다시 한 번 마음속의 모토를 입으로 되뇌면서 앞의 과정을 반복한다.

8단계 : 눈을 크게 뜨고 최면에서 완전히 깨어난 상태로 돌아온다.

9단계 : 이제 당신이 선택한 키워드를 좀 더 구체적으로 사용하면 된다. 키워드를 작은 카드에 적어 욕실 거울 등 당신이 자주 지나는 곳에 놓아둔다. 가장 중요하다고 생각되는 마음속 모토는 다른 것들보다 더 큰 글자로 써 두면 특히 눈에 잘 들어올 것이다.

마음속의 모토는 당신에게 큰 힘을 준다. 물론 상상한다고 해서 반드시 성공한다는 말은 아니다. 당신이 어떻게 상상하고 얼마나 절실하게 상상하느냐가 성공의 열쇠인 것이다. 바라는 바가 희미하면 마음속 깊은 곳에서의 작용 역시 희미하고 약해질 수밖에 없다. 그러나 바라는 바가 절실하면 마음속에서 거대한 작용을 일으켜 그에 상응하는 효과를 끌어올릴 수 있다.

누구든지 암시를 통해 마음속의 모토가 작용하도록 만들 수 있다. 가장 효과적인 방법은 일부러 하나의 구절을 적어놓는 것이다. 그러면 필요할 때마다 이 말이 잠재의식에서 나와 자신의 생각으로 표출될 것이다. 이런 말이 있다. "사람은 적극적인 마음가짐으로 스스로 상상하고 믿는 것들을 이루어낼 수가 있다. 이는 스스로를 격려하는 방법 중 하나이자 성공을 위한 마음속의 모토가 된다."

2. 권위의 힘으로 잠재력을 불러일으켜라

권위의 힘으로 잠재력을 불러일으키는 것 역시 성공으로 가는 지름길이다. 권위 있는 사람이 전해주는 정보는 그 지위의 특수성으로 인해 다른 사람의 잠재력을 불러일으키고 그 사람이 성공으로 가는 것에 강한 영향을 미칠 수 있다.

이 힘은 바로 잠재의식이다. 어린아이들을 통해 이런 모습을 쉽게 볼 수 있으나, 이는 성인에게도 마찬가지로 적용된다. 권위 있는 사람, 예를 들어 지도자, 선생님, 부모, 사회적 명사, 전문가 등이 전해주는 정보는 다른 사람들의 잠재의식 속에서 '성지聖旨'로 받아들여지는 경우가 대단히 많다.

예를 들어, 초등학생들은 선생님의 말을 전적으로 믿는다. 이를 교육에 적용하면 학생들에게 긍정적인 영향을 준다. 그러나 한 학생이 선생님으로부터 '문제 학생'으로 낙인찍히면 이 학생은 더 이상 선생님의 말을 듣지 않을 것이다.

부모님이나 선생님으로부터 꾸지람을 들었던 사람이라면 그 말이 몇 년 동안 가슴에 남아있었다는 것을 기억할 것이다. 그러나 당신이 이미 성인이라면 이들의 권위가 당신의 잠재의식에 미치는 영향은 어렸을 때보다 분명 크지 않을 것이다. 당신의 부모가 성인이 된 당신을 매일 따라다닐 수도 없고, 이전의 선생님이 지금의 당신을 나무랄 수도 없기 때문이다. 그러나 아직도 어떤 일정한 상황 속에서 권위 있는 사람들이 당신에게 주는 영향력은 상당할 것이다.

사례를 하나 들어보자.

20년 이상 담배를 피워 온 사람이 있었다. 그는 담배를 끊으려고 여러 번 시도했지만 매번 실패로 돌아가자 결국 금연을 포기하기로 했다. 그러던 어느 날 그는 사무실에서 담배를 피우다가 갑자기 호흡 곤란이 와서 급히 병원으로 옮겨져 폐수술을 받았다. 수술이 끝나고 마취에서 깨어나자 의사가 다가와 말했다. "계속 담배를 피우면 6개월을 넘기지 못합니다!" 그의 잠재의식 속에 의사의 말은 깊숙이 박혔고 그때부터 바로 담배를 끊고 몇 년이 지난 지금도 건강하게 생활하고 있다.

물론 권위 있는 사람이 당신에게 옳지 않은 정보를 줄 수도 있으며, 우리의 잠재의식이 이들 정보의 옳고 그름을 판단하기가 쉽지만은 않다. 그러므로 당신의 잠재의식이 정보를 받아들일 때는 분명하고도 세밀하게 판단해야 한다.

당신의 생각을 바꿔야겠다고 결정했다면, 이는 당신이 어떤 원인에 의해 당신 본래의 모습을 보거나 의식했기 때문일 것이다. 당신이 뭔가 새로운 생각을 필요로 한다면, 이는 분명 이전의 자기 생각이 잘못된 것임을 확신할 수 있는 충분한 이유와 근거가 있기 때문이다. 당신은 당신의 상상만으로 스스로의 생각을 정확하게 파악하기 어렵기 때문에 권위 있는 인사들의 실질적이고도 현명한 판단을 빌리는 것이다.

콤플렉스 때문에
가슴속의 보물창고를 잠그지 마라

콤플렉스를 가지고 있는 사람은 좋은 기회를 놓치기가 쉽다.
인생에서 더없이 좋은 기회가 눈앞에 와도 스스로의 능력을 무시하며 감히 손 한번
뻗어보지 못하는 경우가 허다하다. 투지를 갖기도 전에 미리 겁부터 먹으니
좋은 기회를 잃게 되는 것이다.

　　　자기 비하의 심리와 콤플렉스를 가진 사람은 항상 '나는 안
돼.', '이 일을 내가 어떻게 할 수 있겠어.', '내 능력 밖의 일이야.'
라고 말한다. 사실 제대로 시도해 보지도 않고 스스로에게 사형선고
부터 내리는 것이다. 그러나 이런 일은 대부분 열심히 노력만 한다
면 충분히 할 수 있는 것들로서 다른 사람이 나보다 훨씬 낮고 나는
다른 사람보다 못하다는 생각은 일종의 병적 심리다.

　　　하버드의 교수들은 "자기 무시는 인생에 있어서 가장 위험한 독
이다. 자기 무시는 능력이 있는 한 사람을 쉽게 좌절시킨다. 누구든
자신의 생명에 대해 책임을 져야 할 한 사람으로서 자기 무시로 인해
가슴속의 보물창고를 닫아버려서는 결코 안 된다." 라고 경고한다.

　　　콤플렉스가 있는 사람은 좋은 기회를 놓치기 쉽다. 더없이 좋은
기회가 눈앞에 있어도 자신의 능력을 무시하며 손 한번 뻗어보지 못
하는 경우가 많다. 투지를 갖기도 전에 미리 겁을 내어 좋은 기회를
잃게 되는 것이다.

더욱 중요한 것은 스스로를 비하하는 사람은 성격이나 마음까지 비겁해져서 어떤 일에도 도전하지 못하고 원망하고 슬퍼만 한다는 것이다. 오랫동안 자기 비하와 콤플렉스라는 병을 쌓아온 사람은 이를 버리는 데도 그만큼 강한 의지가 필요하다.

그렇다면 어떻게 해야 자기 비하의 심리를 버리고 진정한 자신감을 찾을 수 있을까? 이런 자신감은 자기가 가지고 있는 각 측면의 장점들을 끊임없이 찾아줄 뿐만 아니라 주위 사람들에게도 내가 이 방면에 장점이 있다는 믿음을 심어준다. 바꿔 말해 주위의 믿음이 나의 심리를 떠받쳐줌으로써 내가 더욱 발전하게 되는 것이다. 자신의 상황이 어떠한가를 판단해서 스스로를 구속하고 있는 모든 자기 비하와 콤플렉스를 쓸어버려야 한다. 이 과정은 매우 중요하다. 아무리 위대한 사람일지라도 그 내면에는 분명히 콤플렉스가 있다. 이 콤플렉스를 어떻게 대하느냐에 따라 성공하는 사람과 그렇지 못한 사람, 인생을 완성시키는 사람과 그렇지 못한 사람으로 구별된다.

콤플렉스는 어떤 때는 거대한 동력이 될 수도 있고, 어떤 때는 대단히 부정적인 요소가 되기도 한다. 중요한 것은 콤플렉스를 대하는 자세이다. 생각이 변하면 콤플렉스는 자신감으로 바뀔 수도 있다.

심리적 장애와 결함으로 인해 스스로를 비하하는 사람에게는 이렇게 말해주면 된다. "심리적인 장애만 극복하면 당신은 다른 사람보다 훨씬 나아질 수 있습니다."

당신은 이미 심리적 체험을 다른 사람들보다 훨씬 깊게 해보았기 때문에 당신 자신의 심리도 이해할 수 있고 다른 사람의 심리도 이해할 수 있다. 콤플렉스를 극복하면 자신의 단점이 오히려 성공을 촉진하는 역할을 하게 된다.

성공학의 대가인 카네기는 많은 사람들에게 두 다리를 잃은 어느 사람의 인생에 대해 이야기를 해주었다. 그의 이름은 벤 포트슨^Ben W. Fortson이다. 카네기는 조지아 주 애틀랜타의 한 호텔 엘리베이터에서 그와 마주쳤다. 카네기가 엘리베이터 안으로 들어갔을 때 무척이나 활발해 보이는 이 사람은 두 다리를 쓰지 못하는 듯 휠체어를 타고 엘리베이터 한쪽 구석에 자리하고 있었다. 자신이 내리려는 층에 도착하자 그는 밝은 얼굴로 카네기에게 잠깐 옆으로 비켜달라고 부탁했다. "번거롭게 해드려 정말 죄송합니다." 이 말을 하는 그의 얼굴에는 온화한 미소가 비치고 있었다.

엘리베이터에서 내려 방으로 돌아온 카네기의 머릿속은 온통 다리를 쓰지 못하면서도 밝은 미소로 가득했던 그 사람 생각뿐이었다. 결국 카네기는 그 사람을 다시 찾아가 그의 과거를 들을 수 있었다.

"1929년의 일이었죠." 그는 미소 띤 얼굴로 카네기에게 말하기 시작했다.

"콩나무의 버팀목으로 쓸 호두나무 가지를 트럭에 싣고 집으로 돌아오던 길이었어요. 그런데 갑자기 가지 하나가 미끄러지면서 엔진 속에 낀 겁니다. 하필 커브를 돌고 있을 때였기 때문에 차가 길 밖으로 벗어나면서 저는 나무에 부딪혔지요. 그때 척추가 상해서 두 다리가 마비된 겁니다. 그때 제 나이는 겨우 스물넷이었고 그 이후로 다시는 걸어보지 못했습니다."

겨우 스물네 살에 평생토록 휠체어를 타고 살게 된 것이다. 카네기는 어떻게 현실을 그처럼 용감하게 받아들일 수 있었는지 묻자 그는 처음에는 울분과 원망으로 가득한 채 자신의 운명을 탓했다고 한다. 그러나 한 해 또 한 해가 지나면서 결국 그는 울분이나 원망은 자신에게 아무것도 해줄 수 없을 뿐더러 다른 사람에게 나쁜 면만 보여준다는 것을 깨달았다. "결국 저는 알게 되었죠. 다른 사람들은 모두 나에게 좋게 그리고 예의 있게 대해준다. 그러니 최소한 내가 할 일은 다른 사람을 예의 있게 대하는 것이다."

카네기는 오랜 세월이 지난 지금도 그가 만난 의외의 사고가 여전히 두렵고 불행한 일이라고 생각하는지 물었다. 그는 주저 없이 말했다. "전혀요. 저는 지금 그때의 일이 행운이라고까지 생각합니다." 그는 두려움과 회한을 이겨낸 다음부터는 완전히 다른 세상을 살게 되었다고 한다. 그때부터 책을 읽기 시작하여 14년 동안 천 4백여 권의 책을 읽었으며, 이 책들은 그에게 새로운 세계를 열어 주었고 그의 생활은 이전보다 훨씬 더 풍요해졌다. 또한 그는 수많은 음악을 듣기 시작하면서 이전에는 골치만 아프던 위대한 교향곡들이 지금은 대단한 감동을 주는 음악이 되었다고 한다. 하지만 무엇보다도 가장 큰 변화는 그에게 생각할 수 있는 시간이 주어졌다는 것이다. 그는 이렇게 말했다.

"태어난 이래 처음으로 제 스스로 세상을 자세히 들여다보고 진정한 가치관을 가질 수 있었습니다. 제가 이전에 추구했던 것들 대부분이 사실 아무런 가치도 없는 것들이었음을 알기 시작했지요."

책을 읽음으로써 그는 정치에도 관심을 갖게 되었다. 그는 공공사업과 관련된 문제를 연구해서 휠체어에 앉아 논문을 발표하고 연설을 하기도 했다. 이를 계기로 그는 많은 사람들을 알게 되었고 사람들은 그를 눈여겨보았다. 조지아 주 국무장관 벤 포트슨은 지금도 자신의 휠체어에 앉아있다.

대학 교육을 한 번도 받지 못한 것을 대단히 부끄러워하는 사람들이 많이 있다. 그들은 대학 교육을 받지 못한 것이 자신의 가장 큰 단점이라고 생각한다. 하지만 이들은 성공을 거둔 수많은 사람들 중에 중학교도 졸업하지 못한 사람도 많으며, 어떤 사람은 초등학교조차 졸업하지 못했음을 알지 못한다. 다음 사례를 보도록 하자.

그의 집은 너무나 가난해서 아버지가 돌아가셨을 때 아버지 친구들이 모아 준 돈으로 겨우 장례를 치렀다. 아버지가 돌아가신 후 그의 어머니는 우산 공장에서 하루 10시간씩 일을 하고 밤 11시에야 집으로 돌아왔다.

그는 이런 환경 속에서 교회에서 주관하는 연극 활동에 참여하게 되었다. 연극을 하면서 자신의 능력이 유감없이 드러나는 느낌을 받은 그는 연설을 배워보겠다는 결심까지 하였다. 그는 이런 능력 덕분에 정계에까지 진출하게 되었다. 서른 살에 뉴욕 주 의원에 당선된 그는 그 자리에 대해 어떤 대비도 하지 못했다. 심지어 그 자리가 무엇을 하는 자리인지도 모르고 있었다. 스스로 연구해서 투표하고 표결을 해야 할 복잡한 법안들이 그에게는 마치 인디언들이 사용하는 글자로 보였다. 삼림문제위원회 위원으로 선출되었을 때도 그 사실에 스스로 놀라면서 한편으로는 걱정이 앞섰다. 왜냐하면 그는 숲 속으로는 단 한 발자국도 들어가 본 적이 없기 때문이다. 주 의회 금융위원회 위원으로 선출되었을 때는 더욱 걱정스러웠다. 왜냐하면 그는 은행에서 통장 한 번 만들어본 적이 없기 때문이다. 너무나 긴장한 그는 빨리 의회에서 사퇴하고 부끄럽지만 어머니께 자신의 실패를 말씀드릴 생각도 했다. 하지만 그렇게 절망하면서도 그는 매일 10시간씩 책을 읽어 무지에서 벗어나겠다는 결심을 했다. 이러한 노력을 한 결과 그는 지역 사회의 작은 정치가에서 전국적인 유명인사가 될 수 있었다. 『뉴욕타임즈』에서는 그를 '뉴욕에서 가장 환영받는 시민'이라고 부르기까지 했다.

이 사람이 바로 앨 스미스Al Smith이다. 그는 뉴욕 주 정부의 모든 일에 대해 가장 권위 있는 사람이 되었으며 뉴욕 주지사를 네 번이나 역임했다. 이는 전무후무한 기록이다. 1918년에 그는 민주당 대통령 후보가 되었고, 콜롬비아와 하버드를 포함한 6개 대학에서는 초등학교도 졸업하지 못한 그에게 명예 박사학위를 수여했다.

성공한 사람들의 면면을 자세히 들여다보면 그들 중 상당수가 처음에는 자신의 성공과 발전을 가로막는 단점을 가지고 있었음을 알 수 있다. 하지만 그들은 이 단점을 자신의 콤플렉스로 여기지 않고 오히려 자신감으로 이용할 줄 알았다. 즉, 그만큼 노력을 배가하여 그보다 더 많은 보상을 받은 것이다. 윌리엄 토마스는 말했다. "우리의 단점은 우리에게 의외의 도움을 줍니다." 그리고 이 모든 것들은 바로 당신의 자신감에서 나온다는 것을 명심해야 한다.

'나는 안 돼'를 '나는 할 수 있어'로 바꿔라

인생을 살아가면서 좌절과 장애에 대처하는 능력을 끊임없이 기르고,
스스로를 조절하여 사회에 적응하는 힘을 키워야 한다.

현대를 살아가는 사람이라면 실패를 기꺼이 맞이할 준비를 해야 한다. 세상은 성공의 기회로 가득 차 있기도 하지만 그만큼 실패의 가능성도 크기 때문이다. 자신감이 없는 사람은 불분명한 앞날에 대해 두려워하다가 결국 기회를 잃고 실패하기가 쉽다. 그래서 하버드 대학에서는 모든 학생들에게 이런 신념을 불어넣어 준다.

"좌절과 장애에 대처하는 능력을 끊임없이 기르고, 사회에 적응하는 힘을 키워가야 한다. '나는 안 돼', '나는 할 수 없어' 라는 생각을 버리고, '나는 안 돼'를 '나는 할 수 있어'로 바꾸며, 성공은 바로 실패 속에 있음을 굳게 믿어야 한다."

실패할 때마다 그만큼의 '깨달음'을 얻고 실패를 경험할 때마다 성공의 전주곡으로 삼는다면, 소극적인 태도는 적극적으로 바뀌고 콤플렉스는 자신감으로 탈바꿈하며, 오히려 실패는 당신을 새로운 경지로 이끌 것이다.

오랜 전통의 인생 교육을 실천한 하버드는 자신감을 기를 수 있는 간편하고도 쉬운 방법을 내놓았다. 자신감이 없는 사람이라면,

아래의 방법으로 콤플렉스를 극복해 보기 바란다.

1. 앞자리에 앉아라

강의실이나 교회 등 사람이 많이 모이는 곳은 왜 뒤쪽 자리가 먼저 차는지 생각해 본 적이 있는가? 뒤쪽 자리에 앉는 사람들 대부분은 자신이 눈에 띄지 않기를 바란다. 이들이 다른 사람의 이목을 꺼리는 이유는 바로 자신감의 부족에서 나온다.

앞자리에 앉으면 없었던 자신감도 새로 생길 수 있다. 앞자리에 앉는 것을 자신만의 규칙으로 정해 놓고 바로 지금부터 어떻게든 앞자리에 앉으려고 노력해 보라. 앞에 앉으면 당연히 다른 사람들의 눈에 잘 띄게 된다. 자신감이 부족한 사람에게는 이런 상황이 상당히 부담스럽고 불편할 것이다. 그러나 성공과 관련된 모든 것이 다른 사람의 눈에 잘 띄는 것에서부터 라는 점을 명심하라.

2. 다른 사람을 똑바로 보라

사람의 눈을 보면 여러 가지 것들을 알 수 있다. 어떤 사람이 당신의 눈을 똑바로 쳐다보지 못한다면 당신은 이런 의문이 들 것이다. "나한테 뭘 숨기고 있나? 뭘 두려워하는 거지?"

다른 사람을 똑바로 보지 못하는 것은 대부분 '당신 옆에 있으면 내가 초라해진다.', '나는 당신만 못하다.', '나는 당신이 두렵다.' 라는 생각을 하기 때문이고, 다른 사람의 눈길을 피하는 것은 대부분 '당신에게 죄를 지은 것 같다.', '당신이 몰랐으면 하는 일을 내가 저질렀다거나 혹은 그런 일을 생각하고 있다.', '당신의 눈을 보면 당신이 나의 모든 것을 꿰뚫어볼 것 같다.' 라는 등의 이유 때문이다.

다른 사람을 똑바로 보는 것은 '나는 대단히 성실하며 믿을 만하다.'거나 '내가 당신에게 하는 말은 모두 진심이며 전혀 거짓이 없다.'라고 말하는 것과 같다.

당신의 눈이 당신을 위해 일할 수 있도록 하라. 즉, 당신의 눈이 다른 사람을 똑바로 응시할 수 있도록 하라는 것이다. 그렇게 함으로써 당신은 당신 스스로에게 자신감을 심어줄 뿐만 아니라 다른 사람의 신뢰까지 얻을 수 있다.

3. 더 빨리 걸어라

데이비드 슈와츠David Schwartz는 어렸을 때 어머니를 따라 읍내로 나가는 것을 좋아했다. 어머니는 볼일을 다 보고 차에 오르면 항상 말씀하셨다. "데이비드, 여기 잠깐 앉아서 지나가는 사람들을 좀 보자꾸나."

어머니는 관찰력이 뛰어난 분이셨다. 어머니는 이렇게 말씀하시곤 했다. "저 사람을 보렴. 왜 저렇게 곤혹스러워하는 것 같니?" "저 부인은 어디를 가고 있는 것 같니?" "저 사람은 아무래도 큰일을 당한 듯하구나."

다른 사람의 모습을 관찰하는 것은 상당히 재미있는 일이다. 영화를 보는 것보다 훨씬 저렴하고 쉬우면서도 더 많은 것을 느끼게 해준다.

하버드의 심리학자들은 해이한 자세와 느린 걸음을 자기 자신의 일과 다른 사람에 대한 유쾌하지 못한 감정과 연결시킨다. 그러면서 자세와 걷는 속도를 바꾸면 사람의 심리 상태까지 바꿀 수 있다고 말한다. 자세히 살펴보면 사람의 몸 동작이 자신의 심리 상태를 반영한 결과임을 알 수 있는데, 누군가로부터 심한 충격이나 배척을 받은 사람은 자신감이라고는 찾아볼 수 없을 정도로 질질 끌리는 듯 길을 걷는다. 그리고 보통 사람들은 그야말로 보통 사람들이 길을 걷듯이 '내 스스로를 그다지 자랑스러워하지 않는' 모습으로 길을 걷는다.

그러나 자신감에 넘치는 사람은 일단 길에 들어서면 마치 뛰는 것처럼 다른 사람들보다 더 빨리 걷는다. 그의 걸음걸이는 온 세상에 이런 말을 건넨다. "나는 지금 중요한 곳으로 가서 중요한 일을 할 것이며, 더욱 중요한 것은 나는 꼭 그 일을 해낸다는 것이다."

고개를 바짝 들고 가슴을 활짝 펴고 좀 더 빨리 걸어 보라. 자신감이 가득 차 옴을 느끼게 될 것이다.

4. 대중 앞에서 말하는 것을 꺼리지 말라

생각이 무척이나 예리하고 자질이 풍부한 사람인데도 자신의 장점을 발휘하여 토론에 참여하지 못하는 경우가 적지 않음을 하버드의 인생철학은 지적한다. 이는 그들이 토론에 참여하고 싶지 않아서가 아니라 스스로에 대한 믿음이 부족하기 때문이라는 것을 알아야 한다.

회의에서 아무 말 없이 침묵하고 있는 사람은 보통 이런 생각을 한다. '내 의견은 아무런 가치가 없을 거야. 이런 의견을 말해봐야 다른 사람의 웃음거리만 되겠지. 차라리 아무 말도 하지 않는 것이 좋아. 게다가 다른 사람들이 나보다 훨씬 똑똑한 것 같은데 내가 이렇게 무식하다는 것을 다른 사람들이 알게 해서는 안 되지.' 그러면서 항상 스스로에게 막연한 약속만 해둔다. '다음에 얘기하지 뭐.' 하지만 다음에도 이 약속은 지켜지지 않을 것임을 스스로가 잘 안다.

침묵은 자신감을 없애는 독소이기 때문에 침묵하면 할수록 자신감은 더욱 줄어든다. 그러나 태도를 바꾸어 어떻게든 발언을 하려고 하면 그만큼 자신감은 늘어나고 다음 번에는 말하기가 더 쉬워진다. 발언을 자주 하는 것, 이것은 자신감에 힘을 불어넣는 비타민이 된다.

어떤 성격의 회의든 자신의 관점과 의견을 밝혀야 할 때는 항상 주도적으로 발언을 해야 한다. 그것이 비평이든 건의든 문제 제기든 상관없다. 그리고 또 하나, 항상 마지막이 되어서야 발언을 하는 것은 안 된다. 얼음을 깨고 나가는 쇄빙선처럼 가장 먼저 침묵을 깨뜨리는 사람이 되어야 한다.

당신이 정말 '무식하게 보이지 않을까?' 라는 따위의 걱정은 하지 않아도 된다. 절대로 그렇지 않다. 어떤 회의든 당신의 의견에 동의하는 사람은 반드시 있을 것이다. 따라서 스스로에게 이런 말을 하는 것은 절대 금물이다. "정말 이런 말을 해도 될까?"

자신감을 키우는 좋은 방법 중의 하나는 스스로 발언의 기회를 갖도록 용기 있게 노력하는 것이다.

5. 가슴을 열고 큰 소리로 웃어라

웃음이 스스로에게 대단히 실질적인 추진력이 되고 자신감 부족에 명약이 될 수 있음을 대부분의 사람들은 알고 있다. 그러나 여전히 많은 사람들이 웃음의 힘을 의심한다. 그 이유는 바로 그들이 두려운 상황에 처했을 때 단 한 번도 웃어보려고 하지 않았기 때문이다.

솔직한 웃음은 자신의 좋지 않은 감정을 치유할 수 있을 뿐만 아니라 다른 사람의 적대적인 감정까지도 풀어버릴 수 있다. 만약 당신이 어떤 사람에게 진심에서 우러나오는 미소를 보여준다면 그는 당신에게 화를 내지 못할 것이다.

어느 날 나폴레옹 힐이 차를 몰고 가다가 신호등 앞에서 멈추었을 때 갑자기 '쿵' 하는 소리가 났다. 뒤차의 운전자가 브레이크를 잘못 밟아 힐의 자동차 범퍼를 들이받은 것이다. 백미러로 운전자가 차에서 내리는 것을 본 힐은 호되게 욕을 해줄 생각으로 차에서 내렸다.

하지만 힐이 미처 화를 내기도 전에 상대방이 먼저 다가와 상냥한 미소와 함께 너무나 진실한 어투로 이렇게 말하는 것이었다. "죄송합니다. 정말 고의가 아니었습니다." 그의 웃는 얼굴과 솔직한 말은 힐의 화를 완전히 누그러뜨렸다. 힐은 정중하게 고개를 숙이며 이렇게 말할 수밖에 없었다. "괜찮습니다. 늘 있는 일이잖아요." 순식간에 적의가 선의로 바뀐 것이다.

입을 크게 벌리고 큰 소리로 웃어보면 세상이 아름답게 보인다는 느낌을 받을 것이다. 반드시 '크게' 웃어야지, 웃는 둥 마는 둥 하면 아무 소용이 없다. 이를 훤히 드러내고 큰 소리로 웃어보기 바란다.

우리는 항상 이렇게 말한다. "그건 그래. 하지만 무섭거나 화가 날 때는 정말로 웃고 싶지 않아."

그렇다. 그런 상황에서 쉽게 웃을 수 있는 사람은 아무도 없을 것이다. 하지만 비결은 있다. 그것은 바로 "나는 이제 웃기 시작해야겠어."라고 스스로에게 억지로라도 다짐을 한 다음 웃는 것이다. 이 방법이 사람들에게 똑같은 경험과 결과를 가져다 주지는 않겠지만 이것만은 확실하다. 진지하게 이 방법을 써 본다면 당신은 자신감이

조금씩 생기면서 명랑하고 대범하며 다른 사람에게 존중과 환영을
받는 사람으로 바뀌어 가고 있는 자기 자신을 발견하게 될 것이다.
이렇게 되면 당신은 이미 당신의 목표에 매우 가깝게 다가간 것이다.

스스로에게 도전하여
'마음속의 경쟁'에서 승리하라

스스로에 대한 도전은 자신감과 잠재력을 불러일으키는 지름길이다.
스스로에게 도전하는 것은 실패와 비난을 두려워하지 않고
자신의 목표를 향해 부지런히 나아가는 것이다.

하버드의 오랜 전통을 만들어 온 교수들은 이렇게 말한다. "사람에게 있어 가장 넘기 힘든 상대는 바로 자기 자신이다. 왜냐하면 사람들은 대부분 자기 스스로 좌절하고 무너지는 경우가 허다하기 때문이다." 자신감을 가지고 무슨 일이든 '나는 할 수 있다'라고 믿는 사람은 끊임없이 스스로에게 도전하고 스스로를 넘어서는 사람이다.

스스로에 대한 도전은 자신감과 잠재력을 불러일으키는 지름길이다. 성공을 거둔 수많은 사람들은 지극히 평범한 지혜와 능력을 가지고 있을 뿐이다. 하지만 그들은 어떤 일을 하면서 중대한 어려움에 처하게 되거나 일이 너무 복잡하고 힘들 때 보통사람 이상의 의지, 인내와 믿음, 즉 스스로에 대한 도전 정신을 가지고 있다. 이러한 정신을 키워나간다면 당신도 분명히 성공할 수 있다.

스스로에 대한 도전은 실패와 비난을 두려워하지 않고 자신의 목표를 향해 부지런히 나아가는 것이다. 이렇게 하면 당신의 정신은 마치 심장이 뛰고 숨을 쉬는 것처럼 활발히 움직일 것이며, 당신 자

신의 성격과 목표에 맞추어 결심하고 행동으로 옮긴다면 당신은 성공의 높은 봉우리에 오를 수 있게 된다.

하버드는 오랜 전통을 통해 마음속 경쟁을 위한 다섯 가지 기본 규칙을 다음과 같이 정리했다. 사실 이것은 모든 사람에게 적용될 수 있다. '마음속의 경쟁'은 곧 스스로에게 도전하고 자신감을 키우고 잠재력을 계발하는 과정이다.

1. 눈동자를 자신의 목표에 고정시켜라

이 규칙은 어떤 구체적인 일을 완성하라는 의미뿐만 아니라 무슨 일이든 가장 중요한 부분에 주의력을 집중하라는 말이기도 하다. 집중이란 것은 단지 바람이 아니라 정신이 몰입된 상태를 의미한다고 하버드의 인생철학은 말한다.

진정한 집중의 대상이 없다면, 우선 이 '대상'이 무엇이 되어야 하는가를 판단해야 한다. 여기서 '대상'은 곧 당신의 목표가 될 것이다. 모든 힘과 정성을 기울여 이 목표를 향해 나아간다면 설사 지금은 성공하지 못했더라도 굳은 신념 덕분에 결국은 목표를 실현하게 될 것이다.

2. 스스로를 믿어라

어떻게 해야 스스로를 믿을 수 있을까? 당연히 실천을 통해서이다. "앞뒤 사정은 너무 재지 마라." 이것은 하버드의 교수들이 항상 하는 말이다. 어떤 특수한 상황, 예를 들어 스키에서 굴곡을 돌아야 할 때, 골프에서 신중히 한 타를 쳐야 할 때, 혹은 베토벤 소나타 중 고난도의 악장을 연주해야 하는 상황에서도 그것이 맞는지 틀리는지 상관하지 말고 우선은 스스로를 철저히 믿어야 한다는 것이다.

그때 그때의 노력이 쌓이면 자기도 모르게 옳은 방향으로 나아가게 되고, 그만큼 목표에 점점 가까워지는 경험을 하게 된다.

3. 좋지 않은 결과를 미리 걱정하지 마라

바로 현재의 일에 집중해야지 당신이 걱정하는 일, 혹은 일어나기를 바라는 일에 집중해서는 안 된다. 예컨대, 당신이 눈썰매를 타려고 한다면 발의 느낌이 어떤가를 보아야 하며 넘어질 것을 먼저 생각해서는 안 된다. 앞으로의 일을 걱정하다 보면 흔히 불안한 상태에서 두려움만 생기게 된다. 바로 지금 해야 할 일에 당신의 주의력을 집중하는 것이 성공의 가능성을 높이는 일이다.

앞으로 직면하게 될 모든 상황에 대해 객관적으로 판단할 줄 알아야 한다. 스키를 탈 때 당신은 항상 미끄러질 것을 걱정하고 앞에 언덕이라도 보이면 이런 생각을 할 것이다. '저 언덕은 뭔가 느낌이 좋지 않아. 지난번에 찰리가 바로 저기서 넘어졌잖아.' 그러나 사실 언덕 자체에는 운이 좋고 나쁘고의 구분이 전혀 없다. 그저 언덕마다의 특징이 있을 뿐이다.

4. 승패를 미리 걱정하지 마라

하버드의 인생철학에서는 성공하는 많은 이들을 보고 이런 점을 발견했다. 결과에 대한 걱정을 덜 하면 덜 할수록 일의 성과는 더욱 훌륭했다. 배포가 크다는 것은 사람에 대한 최고의 평가 중 하나이다. 이는 자기 자신이 어떤 것도 잃지 않을 것임을 스스로 느끼는 것이기 때문이다. 이런 사람은 결과를 미리 걱정하지 않고 다만 현재의 일에 최선을 다한다는 생각을 한다. 결국엔 의외로 이런 사람들의 결과가 가장 좋은 경우가 많다.

5. 자신의 잠재력을 의심하지 마라

스스로를 의심하면 거의 항상 그 의심이 현실이 되어버리곤 한다. 사명감을 가진 사람이 스스로 자신감이 부족하다고 느끼는 경우는 거의 없다. 왜냐하면 마음속의 경쟁에서 이긴 사람은 누구나 자신이 맡은 임무를 더 잘 수행해낼 자격이 있기 때문이다. 대부분의 성공한 사람들을 보면 이 사실을 쉽게 알 수 있다.

2장

Harvard

마음가짐의 철학

가슴속에 밝은 빛이 가득하다면

삶은 곧 가치 있는 것이다

대자연의 힘을 두려워하지 않는 생물은 없습니다. 그러나 당신의 삶에 희망을 가득 채우고 밝은 빛을 비춰준다면 생명의 여정은 빛의 길로 바뀌고 그 어떤 것도 당신에게 두려움을 주지 못할 것입니다.

데이비드 클라크(David B. Clark)

당신이 즐거울지 괴로울지는 당신이 무엇을 얻었는가보다는 무엇을 느꼈는가에 의해 더 크게 좌우됩니다.

헨리 호프만(Henry Hoffmann)

마음가짐이 확실하다면
당신의 세계 역시 확실한 것이다

사람은 우선 적극적인 마음가짐을 가지고 분명히 성공할 것임을
스스로 확신해야 한다. 이런 마음가짐만 있으면 성공은 그다지 멀지 않다.

마음가짐은 신비한 힘을 가지고 있다. 이것은 흐리멍덩하게 있
는 사람을 분연히 일으켜 세울 수도 있고 한 사람을 나태와 부패와
타락으로 빠지게 할 수도 있다. 당신이 미래에 어떤 길을 걸을 것인
가는 바로 당신의 마음가짐에 따라, 즉 당신이 즐거운 마음가짐으로
사는지 아니면 낙심하여 우울한 마음가짐으로 사는가에 달려있다.
사람들은 저마다 다른 마음가짐을 가지고 살아간다. 하버드의 인생
철학에서는 이렇게 말한다.

"당신은 당신 스스로를 믿어야 한다. 자신이 바닥에서 파닥거리
기만 하는 오리가 아니라 큰 날개를 펴고 수천 수만 리를 날아다니
는 독수리임을 믿어야 한다."

어느 토요일 이른 아침, 미국 유타 주에 사는 한 목사는 다음날 해야
할 기도 내용을 고심하고 있었다. 그의 아내는 물건을 사러 나갔고 밖
에는 비가 부슬부슬 내리고 있었으며 아들 자니는 할 일 없이 불안하
게 집안을 서성였다. 아들의 행동을 지켜본 목사는 잡지를 한 권 가져

오더니 화려한 빛깔의 세계지도를 한 장 오려내 작은 조각으로 찢고는 거실 바닥에 던졌다.

"자니! 이것을 원래대로 다 붙이면 초콜릿을 하나 주마."

목사는 그 일이 최소한 반나절 이상은 걸릴 것이라 예상하고 그 시간에 자기는 조용하게 내일의 기도를 준비하면 될 것으로 생각했다. 하지만 웬일인지 불과 10분 만에 아들이 그의 서재 문을 두드리는 것이었다. 지도는 이미 다 맞춘 후였다. 어떻게 그렇게 빨리 맞췄는지 놀라울 따름이었다. 자니는 완벽하게 원래의 지도를 그대로 복원시켜 놓았다.

"자니! 어떻게 이렇게 빨리 맞췄니?"

자니가 대답했다. "아주 쉬워요! 지도 뒤에 초상화가 한 장 그려져 있거든요. 먼저 종이 한 장을 아래에 깔고 이 그림을 맞췄어요. 그런 다음 다시 종이 한 장을 위에 대고 뒤집었지요. 초상화가 잘 맞으면 지도도 분명 맞을 거라고 생각했어요."

목사는 너무나 기분이 좋아 아들에게 초콜릿 한 통을 모두 주며 말했다. "너는 지도만 다 맞춘 것이 아니라 이 아빠에게 내일 해야 할 기도의 내용까지 알려주었구나."

그가 생각한 기도의 내용은 바로 사람이 올바르면 그의 세계 역시 올바르다는 것이었다.

이 이야기는 대단히 깊은 의미를 담고 있다. 만약 당신이 현실에 만족하지 못해 어떻게든 상황을 바꾸기를 원한다면 가장 먼저 할 일은 자기 자신을 바꾸는 것이다. 즉 당신이 옳으면 당신의 세계 역시 옳게 되는 것이다. 당신이 적극적인 마음가짐을 갖는다면 주변의 모든 문제들은 얼었던 눈이 녹듯 쉽게 해결될 것이다.

일본 기업가 니시무라 긴조는 본래 무일푼의 빈털터리였다. 하지만 그는 언젠가는 큰 부자가 될 것이라는 믿음을 한 번도 잃지 않았다. 이런 적극적인 마음가짐 덕분에 그는 어려운 현실에도 낙담하거나 실망하지 않고 오히려 힘든 상황을 바꾸기 위해 더 노력했다. 그를 성공으로 이끈 것은 바로 이러한 마음가짐이었다.

그는 먼저 빌린 돈으로 모래시계 장난감을 만드는 작은 공장을 세웠다. 모래시계는 일종의 장난감이었으나 시계가 발명되기 전에는 시간을 재는 도구로 쓰였다. 시계가 세상에 나오면서 모래시계는 이미 그 역사적 사명을 다했지만 그는 이것을 완구의 개념으로 생산하고 판매한 것이다.

그러나 모래시계는 장난감으로서 그다지 인기를 끌지 못했다. 아이들은 모래시계를 별로 좋아하지 않았고 그만큼 판매량도 미미했다. 그렇다고 다른 일을 시작할 상황이 아니었기 때문에 그는 계속 이 사업을 끌고 갈 수밖에 없었다. 모래시계의 수요가 갈수록 줄어들자 그는 결국 공장 가동을 멈춰야 했지만 그는 전혀 낙심하지 않았다. 그는 자기가 분명 이 어려움을 이겨낼 것이라 굳게 믿고서 잠시 쉬기로 했다.

그는 쉬는 동안 야구도 보고 책도 읽고 음악도 듣고 아내와 아이들을 데리고 여행을 떠나는 등 하루하루를 즐겁게 보냈다. 하지만 그의 머리만은 끊임없이 새로운 사고를 멈추지 않고 있었다. 그러던 어느 날 결국 기회가 왔다. 하루는 그가 경마에 관한 책을 읽는데 책에 이런 말이 쓰여 있었다. '현대 사회에서 말은 이미 운송수단으로서의 기능을 잃었지만 높은 오락적 가치로 사람들에게 다시 돌아왔다.' 별것도 아닌 이 구절이 그에게는 마치 하느님의 계시처럼 느껴졌다. "경마용 말이 운송용 말보다 훨씬 비싸지. 그래! 새로운 용도의 모래시계를 만드는 거야."

책 속에서 우연히 얻은 영감으로 완전히 새로운 생각을 갖게 된 그는 그때부터 온 정신을 모래시계에 쏟아 부었다. 며칠간의 고심 끝에 그는 이런 구상을 했다. "3분짜리 모래시계를 만드는 거야. 3분 안에 모래가 다 떨어지는 모래시계를 만들어서 전화기 옆에 부착하는 거지. 이렇게 하면 시외전화를 할 때 3분을 넘지 않으려고 애쓸 것이고 그만큼 전화요금을 줄일 수 있겠지."

그는 즉시 제작에 들어갔다. 디자인은 아주 간단했다. 모래시계의 양끝을 나무판으로 막은 다음 고리를 하나 달고 이것을 다시 전화기 옆쪽에 달아 나사로 조이기만 하면 끝이었다. 통화를 하지 않을 때는 장식품의 역할도 했다. 쉼 없이 떨어지는 모래를 보노라면 마치 현대인의 긴장된 삶의 모습을 보는 듯도 했다.

많은 사람들이 전화요금을 걱정하던 차에 통화 시간도 조절할 수 있고 가격도 저렴한 새로운 모래시계가 등장한 것이다. 모래시계가 시장에 나오자 소비자의 인기를 얻으면서 한 달에 평균 3만 개 정도가 판매되었다. 이처럼 새로운 생각이 아무런 전망도 보이지 않던 모래시계를 순식간에 유익한 생활용품으로 바꾸어 놓은 것이다. 그는 파산 직전에 있던 작은 공장주에서 엄청난 부자가 되었다. 그러나 만약 그에게 적극적인 마음가짐이 없었다면, 만약 그가 잠깐의 어려움에 스스로 무너져버렸다면 그는 결코 재기하지 못했을 것이다.

이와 같이 가장 먼저 가져야 할 것은 적극적인 마음가짐이다.

이런 마음가짐을 가지면 성공은 그다지 멀지 않은 곳에 있기 마련이다. 그러나 소극적인 마음가짐은 자신감을 꺾고 희망을 없애버린다. 소극적인 마음가짐은 서서히 스며드는 독약과 같아서 이 약을 먹는 사람은 의지가 점점 약해지고 앞으로 나아갈 힘을 잃어 결국은 미래에 대한 희망까지 상실하게 된다.

하버드의 교수는 이렇게 말했다. "어떤 마음가짐을 갖느냐에 따라 사람은 곧 그 어떤 사람이 된다." 당신이 어떤 결과가 생길 것이라고 믿으면 실제로 그런 결과를 얻게 되는 경우가 흔하다는 말이다. 만약 당신이 적극적인 마음가짐을 갖는다면 생명의 밝은 빛이 당신의 앞길을 환하게 비춰줄 것이다. 당신은 이때부터 어둠, 두려움, 낙담 등으로부터 멀어지고 곧 '세상은 이토록 아름다운 것임을, 삶은 이토록 소중한 것임을' 발견하게 된다.

따라서 어떤 때 어떤 현실과 맞닥뜨리든 항상 적극적이고 올바른 마음가짐을 갖는 것이 무엇보다도 중요하다.

마음가짐이 성공과 실패를 좌우한다

적극적 마음가짐은 성공으로 매진하기 위한 필수 조건이자
인생의 성공을 위한 가장 중요한 전제 조건이다.
적극적 마음가짐으로 일단 시도해 보면 무슨 일이든 상상 외의 좋은 결과가 나올 것이다.

마음가짐은 두 가지 놀라운 힘을 가지고 있다. 즉, 마음가짐에 따라 당신은 부자가 될 수도 행복해질 수도 건강하게 장수할 수도 있지만, 반면 이 마음가짐이 당신에게 의미 있는 모든 것들을 빼앗아버릴 수도 있다. 전자는 적극적 마음가짐으로서 이는 당신의 인생을 정상에 올려놓고 성공의 기쁨과 아름다움을 마음껏 누릴 수 있게 할 것이다. 후자는 소극적 마음가짐으로서 이는 당신의 인생을 고독과 암울 속에 빠뜨려 불행한 삶을 살게 할 것이다. 더욱 두려운 것은 설령 당신이 이미 정상에 올라있다 해도 이런 소극적 마음가짐이 당신을 그 자리에서 끌어내려 나락의 길에 빠지게 할 수 있다는 것이다.

마음가짐은 아무리 강조해도 지나치지 않는 성공의 요소이다. 살아가면서 항상 적극적 마음가짐을 잃지 않고 목표의 실현을 위해 이를 사용한다면 행복한 인생이 당신을 기다릴 것이다. 몸과 마음의 건강, 경제적 독립, 당신이 좋아하고 자신 있게 표현할 수 있는 일, 편안한 마음, 두려움 없는 자신감, 변하지 않는 우정, 어느 하나 기울어짐 없는 생활, 자신과 타인을 이해할 수 있는 지혜 등을 모두 갖

출 수 있게 된다.

　그러나 소극적 마음가짐으로 인생을 대한다면 스스로의 생각뿐만 아니라 일과 생활에도 그대로 전염되어 가난하고 처량한 삶, 몸과 마음의 병, 두려움과 자신 없음, 스스로를 도울 수 있는 방법의 소멸, 많은 적과 적은 친구, 각종 번뇌의 엄습, 모든 부정적 영향의 희생물, 다른 사람에의 굴복, 아무 의미 없는 나태한 생활 등을 초래하게 된다.

　적극적 마음가짐을 택하느냐 소극적 마음가짐을 택하느냐는 인생의 성패에 있어 관건이 된다. 이 두 가지 사이에 절충이나 타협은 없으며 누구나 두 가지 중 한 가지를 선택해야 한다.

　어떤 사람은 이렇게 반박할 것이다. "정말로 그럴까요? 저는 살아오면서 수많은 어려움과 좌절을 겪었어요. 그때마다 저 역시 적극적 마음가짐을 키워준다는 여러 책들을 보았지요. 하지만 문제는 내 자신이 그대로였다는 거예요." 누구는 이렇게 말할 수도 있다. "맞아요, 그런 것은 소용이 없어요. 저도 사업이 뜻대로 되지 않아 풀이 죽어 있을 때 적극적인 마음가짐을 가져보려고 꽤나 애를 썼죠. 하지만 제 삶은 회복될 기미를 보이지 않았어요. 마음가짐이 아무리 적극적이라 해도 현실을 바꿀 수는 없어요. 그렇지 않다면 저는 절대 실패하지 않았겠죠."

　만약 당신도 이와 같이 적극적 마음가짐에 대해 부정적인 생각을 가지고 있다면 이는 적극적 마음가짐이 가진 힘의 본질을 제대로 이해하지 못한 것이다. 적극적 마음가짐을 가진 사람도 자기 안에 소극적인 태도가 존재함을 결코 부인하지는 않는다. 하지만 그들은 스스로 그 안에 빠져들지 않을 줄 아는 것이다. 적극적 마음가짐은 어떤 때 어떤 일을 하든 항상 적극적으로 생각하도록 한다. 적극적인 생각은 아무리 열악한 상황에 처해 있더라도 가장 좋고 가장 유리한 결과를 찾으려 하는 것이다. 다시 말해 어떤 목표를 추구하는 과정에서 매우 어려운 난관에 당면하더라도 여전히 희망을 잃지 않는다는 말이다. 적극적 생각은 심사숙고의 한 과정이자 일종의 주관적 선택이다.

적극적 마음가짐이란 구체적으로 무엇일까? 다음 사례를 보자.

한스는 해고되었다. 사장은 이에 대해 아무런 해명도 없었고 그저 회사의 정책에 변화가 생겨 그가 필요 없게 되었다는 것뿐이었다. 더욱 받아들이기 힘든 사실은 불과 몇 개월 전에 다른 회사에서 그를 좋은 조건으로 채용하려고 했다는 것이다. 당시 한스가 이 사실을 사장에게 알리자 사장은 극구 만류하며 이렇게 말했다. "한스, 자네가 정말 필요한 쪽은 바로 우리네. 우리는 자네에게 더 좋은 앞날을 보장해줄 수 있네." 그러나 이제 한스는 너무나 흔해서 어디에도 필요 없는 존재가 돼버린 듯했다.

한스가 얼마나 힘든 상황에 처했는지 충분히 이해할 것이다. 자신이 이 세상에서 필요 없는 존재, 다른 사람들에게 거부당하는 존재라는 생각이 들자 자존심에 큰 상처를 입고 방황할 수밖에 없었다. 능력 많고 생기발랄했던 한스는 낙심에 빠지고 불합리한 세상을 혐오하게 되었다. 그러니 어떻게 새로운 일을 찾을 수 있겠는가?

이런 상황에서 한스가 자신을 되찾을 수 있게 된 것은 바로 적극적인 마음가짐 때문이었다. 한스는 스스로를 되돌아보며 지금 상황에도 자신에게 적극적인 요소가 있는가를 생각해 보았다. 그는 이에 대해서는 확신할 수 없었지만 대신 소극적이고 부정적인 생각이 너무 많고 이런 부정적 요소가 자신을 일어서지 못하게 하는 주요 원인임을 알 수 있었다. 그래서 적극적인 생각의 힘을 발휘하려면 우선 소극적인 생각부터 없애는 것이 급선무라고 생각했다.

그래서 한스가 착수한 일은 생각의 방식을 바꾸는 것이었다. 소극적인 생각에서 적극적인 생각으로 바꾸어 스스로의 영혼이 다시 깨어나도록 했다. 그는 다짐했다. "모든 것은 다 원인이 있게 마련이다. 내가 해고된 것도 마찬가지다. 다시는 나의 불행을 원망하지 않고 무엇 때문에 이런 결과가 나오게 되었는가만 생각해야지." 일단 무엇이든 다 이유가 있게 마련이라고 생각하자 더 이상 사장에게 불만을 갖지 않게 되었다. 만약 내가 사장이었어도 그렇게 할 수밖에 없었을 것이라고 생각되었다. 이렇게 생각한 후부터 그의 마음가짐은 완전히 바뀌었고, 곧 그는 자신의 일을 찾아 인생의 새로운 즐거움을 누릴 수 있었다.

이것이 바로 적극적 마음가짐의 힘이다. 사실 적극적 마음가짐은 스스로를 정신적으로 컨트롤하는 것일 뿐이지 무엇이든 다 할 수 있는 것도, 무에서 유를 창조할 수 있는 것도 아니다. 웃음 한 번으로 인생의 번뇌가 사라지는 그런 단순한 원리는 더욱 아니다. 모든 것은 순리가 있으며 결국 의존해야 하는 것은 자기 자신인 것이다. 자신의 뜻대로 되지 않는다고 불만과 원망으로 가득하다면 어떻게 인생에 대해 전력을 기울일 수 있겠는가? 하늘을 탓하고 남을 원망하며 가슴속에 불평불만만 쌓아간다면 어떻게 새로운 인생의 전환기를 찾을 수 있겠는가? 한스는 자신의 마음가짐을 제 때에 바꾸고 자신의 생각과 행동방식까지 고친 후 객관적으로 현실을 봤을 뿐이다.

따라서 적극적 마음가짐이란 인생에는 좋은 측면과 나쁜 측면
이 둘 다 있음을 생각하되 그중에서 좋은 측면을 더 강조해서 자신
이 바라는 결과를 만들어낼 수 있는 것을 말한다. 좋은 측면을 생각
하면 그만큼 좋은 운이 따르게 된다. 적극적 마음가짐은 모든 사물
과 상황과 환경에 대해 정확하고 성실하고 건설적인 사고와 행동
및 반응을 하는 것이다. 적극적 마음가짐은 당신의 희망을 넓게 펼
쳐주고 모든 소극적인 마음가짐을 극복해주며, 당신이 어떤 도전을
하더라도 '나는 괜찮아. 그리고 나는 할 수 있어'라는 마음을 갖게
해준다.

　　적극적 마음가짐을 갖도록 하는 것이 하버드의 인생철학에서
가장 중점을 두는 부분이다. 이런 마음가짐이 바로 성공을 위한 필
수 요소이자 전제 조건이기 때문이다. 무슨 일이든 적극적 마음가짐
으로 일단 시도해 보면 누구나 상상 외의 좋은 결과를 얻을 수 있다.

가슴속의 밝은 빛으로
자기 자신과 다른 사람을 비추어라

적극적 마음가짐으로 자신과 남을 대할 때
비로소 그 생명의 가치가 더욱 훌륭하게 체현되고 승화될 수 있다.

마음가짐은 자신뿐만 아니라 타인의 생각까지 움직여서 자신과 타인의 인생을 바꿀 수 있을 정도로 중요하다. 그러나 이러한 적극적 마음가짐이 선천적으로만 주어지는 것이 아니라, 오히려 후천적인 배양과 유지, 보호와 강화가 훨씬 중요하다. 자기 혼자만의 힘으로만 이런 마음가짐의 효과를 기대하기는 힘들고, 그보다는 인간의 상호 관계 속에서 인생의 즐거움을 맛보게 되는 것이다. 따라서 적극적인 마음가짐으로 자신과 타인을 대할 때 비로소 그 생명의 가치가 더욱 훌륭하게 체현되고 승화된다. 다음 내용은 적극적 마음가짐을 이용해서 자신과 타인을 대하는 방법을 소개한 것이다. 이는 하버드의 오랜 전통이 일관되게 주장해 온 방법이다.

1. 가장 좋은 생각, 가장 새로운 생각을 적극적으로 찾아 나서라

적극적 마음가짐을 가진 사람은 가장 좋으면서도 가장 새로운 생각을 찾으려 애쓴다. 이러한 새로운 생각은 성공의 잠재력을 배가시켜준다. 프랑스 작가 빅토르 위고의 말처럼 '그 어떤 것도 적시적

소의 생각만큼 큰 힘을 발휘하지는 못한다'는 것이다.

누구는 천부적인 재능이 있어야 좋은 생각을 가질 수 있다고 말하지만, 사실 좋은 생각을 찾도록 해주는 것은 자신의 태도이지 능력이 아니다. 개방적이고 창조적인 사고를 가진 사람은 좋은 생각이 있는 곳이라면 어디든 달려간다. 이런 사람은 좋은 생각을 찾는 과정에서 나온 하나의 생각을 쉽게 버리지 않고 이 생각이 불러올 장점과 단점들을 철저하게 파악한 후에 결정한다. 위대한 발명가 에디슨의 발명품 중에는 이미 실패로 돌아간 발명들의 다른 용도를 생각하다가 탄생한 것들이 많다고 한다.

2. 되고 싶은 사람처럼 말하고 행동하라

적극적 마음가짐이 들어서기를 기다렸다가 행동에 옮기는 사람이 대단히 많은데, 사실 이는 거꾸로 된 것이다. 적극적 행동이 적극적 생각으로 이어지고, 적극적 생각이 적극적인 삶의 마음가짐을 불러오기 때문이다. 마음가짐은 행동과 긴밀하게 연결되어 있다. 만약 누군가가 소극적인 태도로 시작해서 스스로를 움직이게 할 어떤 느낌이 와 주기만을 기다린다면, 그는 영원히 그가 원하는 적극적 마음가짐을 가진 사람이 되지 못한다.

3. 스스로를 성공한 사람으로 간주하라

미국의 억만장자이자 사업가인 카네기는 이렇게 말했다. "자신의 생각을 완전히 지배할 수 있는 사람이라면 자신이 얻을 수 있는 다른 어떤 것들도 철저히 지배할 능력이 있다." 적극적 마음가짐으로 스스로를 성공한 사람으로 간주하기 시작한다면 그는 곧 성공하기 시작한 것이다.

　인생에서 풍성한 수확을 바란다면 그만큼의 자격이 있는 농부가 되는 게 우선이다. 그저 적극적이고 낙관적인 씨 몇 알을 뿌렸다고 해서 노력 없이 열매를 거둘 수 있는 것은 결코 아니다. 끊임없이 물도 주고 비료도 주는 수고가 필요한 것이다. 이를 소홀히 한다면 그 땅에 소극적 마음가짐의 잡초가 자라나 양분을 모두 빼앗아가고 커가던 농작물은 모두 말라죽고 만다.

　튼튼하게 잘 자라는 농작물은 더 보살펴주고, 잡초는 뽑아 버려야 한다.『성경』빌립보서 4장 8절에서는 이렇게 말했다. "무엇에든지 참되며, 무엇에든지 경건하며, 무엇에든지 옳으며, 무엇에든지 순수하며, 무엇에든지 사랑할 만하며, 무엇에든지 칭찬할 만하며, 무슨 덕이 있든지 무슨 기림이 있든지 이것들을 생각하라."

4. 희생 정신을 길러라

　일찍이 아프리카에서 의사이자 선교사로 활동했던 앨버트 슈바이처Albert Schweitzer 박사는 이렇게 말했다. "인생의 목적은 다른 사람에게 봉사하고 남을 돕는 열정과 희망을 표현하는 데 있다." 그는 적극적 마음가짐이 할 수 있는 가장 큰 공헌은 바로 다른 사람에게 무언가를 주는 것이라고 보았다.

　제너럴 밀스General Mills사의 전 회장 해리 벌리스Harry Bullis는 판매사원들에게 이런 충고를 했다. "판매한다는 생각을 버리고 항상 남에게 봉사한다는 생각을 가지십시오." 그는 사람이 일단 다른 사람에게 봉사한다는 생각을 가지면 더 과감해지고 더 힘이 넘치기 때문에 그 사람을 거절하기가 힘들어짐을 잘 알고 있었다. 나의 문제를 해결하기 위해 전심전력으로 도와주는데 이런 사람을 어떻게 모르는 체 하겠는가?

벌리스는 이렇게 말했다. "저는 판매사원들에게 이런 얘기를 했어요. 만약 그들이 매일 아침 일을 하기 전에 '나는 오늘 최대한 많은 물건을 팔아야지'가 아니라 '나는 오늘 최대한 많은 사람들에게 도움을 주어야지'라고 생각한다면 그들은 물건을 사려는 사람과 더욱 쉽고 솔직하게 얘기할 수 있을 것이고 그만큼 판매 실적도 좋아질 거라고 말이죠. 최선을 다해 다른 사람을 도와주면서 더 즐겁고 더 멋있게 사는 사람은 누구든지 최고의 판매사원이 될 수 있습니다."

다른 사람에게 뭔가를 주는 게 일종의 생활방식이 되었다 하더라도 지금 당장은 이런 생활방식이 가져올 적극적인 결과를 예측하기가 어렵다.

어느 날 선다 싱이라는 사람이 동료 한 명과 함께 히말라야 산맥의 높은 산마루를 넘다가 눈 위에 숨이 곧 끊어질 듯 쓰러져 있는 사람을 발견했다. 싱은 곧바로 그 사람을 도우려 했지만 동료는 이렇게 말했다. "이 사람을 데리고 가면 우리 목숨까지 잃을지도 모르네."

그러나 싱에게는 그를 눈 덮인 산 위에 죽게 내버려두는 것은 상상할 수 없는 일이었다. 동료가 그를 버리고 먼저 떠나자 싱은 곧 쓰러져 있는 사람을 일으켜 들쳐 업고는 사력을 다해 발걸음을 옮겼다. 쓰러져 있던 사람의 꽁꽁 얼었던 몸은 싱의 체온으로 점점 따뜻해졌고, 얼마 지나지 않아 두 사람은 서로 어깨를 부축하며 걸어갔다. 그렇게 가다보니 먼저 떠났던 동료를 따라잡을 수 있었다. 그러나 동료는 이미 얼어 죽어 있었다.

싱은 자신의 모든 것, 그것이 목숨일지라도 기꺼이 다른 사람에게 줌으로써 오히려 자신의 생명도 보존할 수 있었지만, 무정한 그의 동료는 자신만을 돌보다가 결국 목숨을 잃고 만 것이다.

5. 좋은 생각과 자신감으로 다른 사람에게 영향을 주어라

당신의 행동과 마음가짐이 날이 갈수록 적극적이 되면 당신의 삶은 좋은 생각으로 가득 차고 자신감도 더 확고해지며 목표를 이루겠다는 각오도 갈수록 강렬해진다. 그렇게 되면 다른 사람이 당신을 지지하고 좋아하게 될 것이다. 왜냐하면 사람들은 항상 적극적이고 낙관적인 사람과 함께 하기를 바라기 때문이다. 이때는 다른 사람의 이런 적극적인 호응을 상호간의 적극적인 관계로 발전시켜 다른 사람도 이런 적극적인 태도를 가질 수 있도록 도와주어야 한다.

6. 다른 사람이 당신을 중요하고 필요한 존재로 느끼게 하라

사람이라면 누구나 자신의 중요성을 느끼고 다른 사람에게도 필요한 사람이 되고 싶어 한다. 이는 보통 사람들이 가진 자아의식의 핵심이다. 만약 당신이 다른 사람의 마음속에 있는 이런 욕망을 만족시켜 주면 그들은 스스로에게 뿐만 아니라 당신에게도 적극적인 태도를 보일 것이며, 그럼으로써 당신도 좋고 그들도 좋고 모두가 좋은 상황이 만들어질 것이다.

19세기 미국의 철학자 겸 시인인 랠프 에머슨Emerson, Ralph Waldo은 "인생에서 가장 아름다운 보답 중 하나는 내가 다른 사람을 진심으로 도와줌으로써 나 스스로에게도 도움이 되는 것이다."라고 말했다. 다른 사람에게 스스로의 중요성을 느끼게 해줌으로써 얻는 또

하나의 좋은 점은 역으로 자신도 중요한 존재임을 느끼게 된다는 것
이다. 당신이 다른 사람을 대하는 만큼 다른 사람도 당신을 대하게
마련이다. 다음은 미국 서부의 어느 마을에서 있었던 이야기다.

한 여행객이 교외의 주유소에 차를 세우고는 주유원에게 물었다.
"이 마을 사람들은 어떤가요?"

주유원이 되물었다. "앞에 들렀던 마을 사람들은 어땠는데요?"

여행객이 답했다. "말도 말아요. 정말 불친절하더군요."

그러자 주유원이 말했다. "여기 사람들도 마찬가집니다."

잠시 후 또 한 사람이 차를 몰고 주유소로 들어와 같은 질문을 했다.
"이 마을 사람들은 어떤가요?"

그 주유원은 이번에도 똑같이 되물었다. "앞에 들렀던 마을 사람들
은 어땠나요?"

그가 답했다. "정말 좋은 사람들이었어요. 그렇게 친절할 수가 없었
죠."

그러자 주유원도 말했다. "우리 마을 사람들도 마찬가지라는 것을
금방 알게 될 겁니다."

인생도 이와 같다. 당신이 다른 사람에게 대하는 태도는 다른
사람이 당신에게 대하는 태도와 같은 것이다.

7. 다른 사람의 상황에 공감하고 그를 이해하라

소극적 마음가짐을 가진 사람은 매일 매일의 생활에서 항상 원
망만 한다. 부모는 아이가 말을 듣지 않는다고 원망하고 아이는 부
모님이 자기를 이해하지 못한다고 원망하며, 남자 친구는 여자 친구

가 좀 더 사근사근하지 못하다고 원망하고 여자 친구는 남자 친구가 너무 무뚝뚝하다고 원망한다. 상사는 부하직원이 열심히 일하지 않는다고 원망하고 부하직원은 상사가 자기를 몰라주니 재능을 발휘할 수가 없다고 원망한다. 이들의 생활은 온통 원망으로 가득해서 서로에 대한 감동 같은 것은 기대하기가 힘들다. 나폴레옹 힐은 "항상 눈물만 흘리면 별빛도 보지 못하고 인생과 대자연의 아름다움도 볼 수 없으므로 언제나 감동할 마음의 준비가 되어 있어야 인생에서 수많은 아름다움들을 볼 수 있다."고 말한다.

이런 말이 있다. "한 여자아이가 신발이 없다고 울다가 아예 발이 없는 사람을 보게 되었다." 세상의 많은 일들에 대해 우리는 항상 우리가 가지고 있는 것을 소중하게 보지 못하다가 막상 그것을 잃어버리고 나서야 후회하게 된다.

적극적 마음가짐이 인생에 있어 얼마나 중요한지 알 수 있을 것이다. 마음속의 밝은 빛으로 스스로를 비출 수 있는 사람만이 다른 사람까지 비춰줄 수 있으며, 이렇게 해야만 당신의 생각은 바른 생각이 되고 당신의 인생은 의미 있는 인생이 된다.

적극적이고 낙관적인 생각을 길러라

인생에서 어떤 상황에 처하더라도 스스로를 궁지로 몰아서는 안 된다.
자신이 만든 새장을 뚫고 나와 하늘을 가르는 한 마리의 매가 되어야 한다.

적극적 마음가짐은 생활에 대한 낙관적인 생각에서 비롯된다. 하버드의 오랜 전통 중에는 비관적이고 절망적으로 생각하면 눈앞의 세계가 어두워질 수밖에 없다는 말이 있다. 이 말은 자신의 삶에 대해 낙관적이고 자신 있는 태도를 가져야 한다는 것을 강조한 것이다.

그렇다면 낙관적인 생각은 어떻게 해야 기를 수 있을까? 하버드의 인생철학이 말하는 낙관적인 생각을 기르는 방법은 다음과 같다.

1. 하늘을 가르는 한 마리 매가 되라

어떤 상황에 처하더라도 스스로를 궁지로 몰아서는 안 된다. 스스로 만든 새장을 뚫고 나와 하늘을 가르는 한 마리 매가 되어야 한다.

낙관적인 생각을 가진 사람은 분명 현실주의자이기도 할 것이다. 낙관주의와 현실주의라는 두 가지 마음가짐은 문제를 해결해주는 쌍둥이와도 같다. 친구를 사귈 때 비관주의자와 다른 사람을 비웃기만 하는 사람은 멀리해야 한다. 진정한 친구는 '대단한 것을 그 저 약간 불편할 뿐' 이라고 생각하는 사람이다. 친구를 도울 때는 소용없는 위로의 말에만 신경을 써서는 안 된다. 진정으로 친한 관계가 되고 싶다면 인생의 가치와 목표를 함께 가져야 하는 것이다.

2. 환경을 바꿈으로써 기분을 바꿔보라

마음이 울적하고 의욕이 없을 때는 일부러 고아원이나 양로원, 병원 등을 찾아가 세상에 자기보다 불행한 사람이 얼마나 많은가를 본다. 그래도 별 효과가 없으면 이런 사람들과 직접 접촉을 해 본다. 아이들과 함께 산책도 하고 놀다 보면 내가 남을 도울 수 있다는 자신감이 생기고 스스로 의욕도 북돋울 수 있게 된다. 환경을 바꾸기만 해도 자신의 마음가짐과 기분을 얼마든지 바꿀 수 있는 것이다.

3. 용기를 북돋아주는 즐거운 음악을 들어라

아침에 TV 뉴스는 신경 쓰지 말고 믿을만한 신문의 1면만 살펴보면 충분하다. 그것으로도 당신의 생활에 영향을 줄 만한 국내외 뉴스는 대부분 알 수 있다. 대신 당신의 일이나 가정생활과 관련된 뉴스는 꼼꼼하게 살피고 다른 사람의 비참함을 상세히 다룬 뉴스에 쓸데없는 시간 낭비는 하지 않도록 한다. 학교에 가거나 출근하는 차 안에서 흘러나오는 음악이나 자신이 즐기는 음악을 듣는다. 그리고 가능하면 적극적 마음가짐을 가진 사람과 함께 식사를 하며, 밤에는 TV 앞에 앉는 것이 아니라 당신이 좋아하는 사람과 이야기를 나누는 시간을 가져 본다.

4. 습관적으로 내뱉는 말을 바꿔 보자

"피곤해 죽겠네."라고 말하던 것을 "바쁜 하루였어. 이제야 좀 여유가 생기는군."이라고 하거나, "저들은 왜 해결책을 못 내놓는 거야?"를 "이제 어떻게 해야 할지 알게 될 거야."라고 말하도록 한다. 자기가 속한 단체에 끊임없이 불평만 늘어놓지 말고 그 단체 내의 어떤 한 사람에 대해 칭찬을 해 본다. "하늘은 왜 꼭 나만 못 살게 구는 거지?"라고 생각하지 말고 "마음껏 저를 시험해 보십시오, 하느님." 이라고 생각해 보라. "정말 엉망진창인 세상이야."라고 생각하지 말고 "우선 내 자신과 집안부터 잘 가꾸어 나가야지."라고 생각하라.

5. 상황을 피하지 말고 용감하게 맞서라

새우는 성장 과정에서 보호막 역할을 하는 껍질을 스스로 벗음으로써 주위의 공격을 쉽게 받게 된다. 이는 새로운 껍질이 생길 때까지 계속된다. 이렇듯 삶에 있어서의 변화는 지극히 정상적인 것이며, 이런 변화가 있을 때마다 예상치 못한 의외의 일에 직면하기 마련이다. 이럴 때 자신을 숨김으로써 스스로를 더 나약하게 만들어서는 안 된다. 위험한 상황에 과감히 나서 아직 겪어보지 못한 일에 용감히 맞섬으로써 자신감을 길러나가야 한다.

6. 자신의 생명을 소중하게 여겨라

'독약 한 모금이면 모든 것에서 해방될 수 있을 텐데.'라는 생각을 버리고, '의지와 마음가짐이 나를 어려움으로부터 극복하게 해준다'는 생각을 가진다. 당신이 사귀는 친구, 당신이 찾아가는 곳, 당신이 보고 듣는 사물 등 모든 것을 당신의 기억 속에 기록해 두고 삶을 소중하게 생각한다. 행동을 주관하는 것은 두뇌이기 때문에 일부라도 단순하지 않으면서도 가장 낙관적인 사고를 하려고 끊임없이 노력하며, 사람들이 "당신은 어떻게 해서 그토록 낙관적인가?"라고 물어 오면 그저 기분이 좋아지는 약을 먹고 그렇게 되었다고 말해준다.

7. 유익한 오락과 교육 활동을 즐겨라

자연의 아름다움과 건강한 가정의 모습과 문화 활동이 담긴 비디오를 본다. TV 프로그램을 고를 때는 프로그램의 질과 가치를 보고 결정해야지 상업적인 유혹에 빠져들어서는 안 된다.

8. 몸 상태에 지나치게 신경을 쓰지 마라

항상 건전하게 생각하고 사람들과 이야기를 나눌 때는 자신의 건강 상태가 좋다고 여긴다. 이처럼 매일 스스로에 대해 적극적인 생각과 말을 해야 한다. 감기, 두통, 작은 상처 같은 사소한 병에 대한 이야기만 늘어놓고 이것에 너무 신경을 쓰다보면 결국 당신의 몸은 머릿속으로 생각한 상태로 되어가고 결국 병들게 된다. 아이를 기르고 가르칠 때 이러한 생각은 더욱 중요해진다. 좋은 집안 분위기를 만들고 주변의 환경이 밝고 건강하도록 신경을 써야 하며, 오로지 아이의 사소한 육체적 건강과 안전에만 관심을 기울인다면 오히려 정신적으로 문제가 생기는 아이들이 많아지게 된다.

9. 도움을 필요로 하는 사람에게는 기꺼이 도움을 줘라

살아가면서 나의 도움이 필요한 사람에게는 편지, 전화 혹은 직접 방문해서라도 기꺼이 도움을 준다. 당신의 적극적인 마음을 보여 줌으로써 그 마음가짐이 다른 사람에게도 전염될 수 있게 한다.

10. 휴일은 적극적 마음가짐을 기르는 날로 이용하라

성공한 사람들의 삶을 보면 대개 신앙과 화목한 가정 환경, 자존심이라는 세 가지 버팀목이 있다.

낙관적인 생각을 기르는 위의 열 가지 방법을 항상 머릿속에 두고 행동으로 옮겨야 한다. 그렇게 함으로써 당신의 성격은 낙관적으로 변화되고, 정신적·물질적으로 큰 부자가 될 것이다.

진취적인 정신으로
당신의 잠재력을 최대한 발휘하라

성공을 쟁취하는 과정에서 진취 정신의 중요성을 낮게 보아서는 절대 안 된다.
진취 정신은 희망을 가지고 있는 한 반드시 길러야 하는 마음가짐 중의 하나이다.
진취 정신으로 당신의 잠재력은 최대한 발휘될 수 있다.

오랜 전통의 하버드 인생철학에서는 진취 정신을 대단히 얻기 힘든 하나의 미덕으로 간주하고 누가 시켜서 무슨 일을 하기 전에 먼저 주도적으로 일을 실천하게 하는 정신으로서 "이 세상에서 무언가에 대해 금전과 영예를 포함한 큰 상을 내린다면, 그것은 바로 '진취 정신'이 되어야 한다."라고 말한다.

미국의 성공학 대가인 나폴레옹 힐은 미국에서 성공을 거둔 5백 인의 생애를 연구하면서 그중 상당수의 사람들과 교류를 가졌다. 그는 이들의 성공 이야기에서 빠지지 않는 하나의 요소를 발견했는데 그것은 바로 진취 정신이다. 이들은 실패를 거듭할 때도 끝까지 포기하지 않고 노력했으며, 생각지 못한 장애와 크나큰 실망을 극복해 낸 결과 큰 성공을 거두었음을 알 수 있었다. 그의 이런 생각은 미국의 발명가 부커 워싱턴^{Booker T. Washington}의 말과 일치한다. "나는 알게 되었다. 성공의 크기는 그 사람이 인생에서 얼마나 높은 곳에 이르렀느냐가 아니라 성공의 과정에서 얼마만큼의 장애를 극복했느냐에 따라 결정되는 것임을."

해롤드 셔먼Harold Sherman은 『실패를 성공으로 만드는 방법』이라는 책에서 8가지 진취 정신을 다음과 같이 제시했다.

- 내 자신이 옳다고 굳게 믿고 포기하지 않는다.
- 무언이든 마지막까지 하면 모든 것이 순조롭게 해결되리라 확신한다.
- 역경 속에서도 항상 용기를 갖고 낙담하거나 실망하지 않는다.
- 누구도 내가 목표를 포기하도록 강요하거나 위협하지 않게 한다.
- 최선을 다하면 인생에서 겪게 되는 장애와 좌절쯤은 충분히 극복할 수 있다.
- 한 번으로 안 되면 두 번, 두 번으로 안 되면 세 번에 걸쳐 내가 하고 싶은 일을 해낸다.
- 모든 성공한 사람들은 실패와 역경을 딛고 일어섰음을 상기하면, 새로운 자신감과 결심을 가질 수 있다.
- 어떤 장애에 부딪히더라도 절망하지 않는다.

성공을 쟁취하는 과정에서 진취 정신의 중요성을 낮게 평가해서는 절대 안 된다. 진취 정신은 희망을 버리지 않는 한 반드시 길러야 하는 마음가짐 중의 하나이며 이는 당신의 잠재력을 최대한 발휘할 수 있도록 한다.

'바로 이거다' 라고 생각되면 곧바로 결심하고 최선을 다한다. 미국의 전설적인 풋볼 감독 빈스 롬바르디Vince Lombardi는 선수들에게 다음과 같은 아주 간단하면서도 열정 가득한 말을 했다.

"관중들의 환호성이 사라지고 운동장의 사람들도 모두 떠났으며 신문의 헤드라인은 이미 인쇄가 된 후 여러분은 조용한 방으로 돌아와 슈퍼볼의 트로피를 책상 위에 놓는 순간, 힘들고 복잡했던 과정은 모두 사라지고 '최고를 위해 승리를 위해 온 힘을 다하여 결국 세상을 더욱 아름답게 만들었다'는 사실 하나만 기억하게 될 것이다."

삶을 살아가는 우리는 다음과 같은 불변의 진리를 알아야 한다. "생각은 조각가와 같아서 당신이 생각하는 대로 당신을 만들어준다. 진취 정신은 마치 마술사와 같아서 당신의 잠재력을 최대한으로 끌어올려 준다."

진취 정신은 인생에서 승리하기 위한 적극적 마음가짐 중의 하나이다. 이런 마음가짐을 가지려면 먼저 다음 세 가지를 맹세하고 매일 한 번 이상 되새기도록 한다.

첫째, 나는 나의 생명과 타고난 재능에 맞춰 온 힘을 다 할 가치가 있다고 생각하는 일을 하겠노라 맹세한다.

둘째, 일체의 대가를 생각하지 않고 나의 목표에 이르겠노라 맹세한다.

셋째, 나의 잠재력을 최대한 발휘하겠노라 맹세한다.

인생을 살면서 수없이 겪었던 찬란하거나 혹은 처참했던 기억들은 잊어버려도 된다. 그러나 올바르게, 두려움 없이 즐겁게 살겠다는 정신만은 잊어버리지 않아야 한다. 당신의 인생에서 중요한 것은 당신이 얼마나 살았느냐가 아니라 어떻게 살았느냐 라는 것이다.

하버드의 오랜 전통이 주는 인생의 교훈을 기억하기 바란다.

"당신의 잠재력을 최대한으로 끌어올려 주는 것은 바로 당신의 진취적인 정신이다."

마음속에 타성이 들어설 자리를 만들지 않도록 하라

인생의 전진과 성공은 진취 정신과 의지력에 달려있으며,
쉬지 않는 추진력이 있어야 자신의 목표에 다다를 수 있다.

진취 정신은 운명에 저항할 수 있게 해주는 힘이자 숭고한 사명을 이루어주고 위대한 성취를 가져다 주는 동력이다. 진취 정신을 가지고 있는 사람은 나침반의 바늘처럼 변하지 않는 신비한 힘을 보여줄 것이다.

자성이 생기기 전의 나침반은 일정한 방향 없이 여기저기 다른 곳을 가리키다가 일단 자성이 생기기만 하면 마치 어떤 신비한 힘이 더해지기라도 한 듯 전혀 새로운 물건이 된다. 자성이 있기 전에는 지구의 자극이 나침반에 아무런 영향을 주지 못하지만, 자성이 생기면 나침반은 곧바로 북극을 향하고 이후로는 계속 그 방향을 가리키게 된다.

수많은 사람들이 마치 자성이 없는 나침반처럼 방향을 잃은 채 현재의 자리에 머무는 것이 습관화되어 있다. 이처럼 사람들은 진취 정신이 발휘되기 전에는 어떤 자극에도 반응하지 않는다.

그러나 인생의 전진과 성공은 진취 정신과 의지력에 달려있는 것으로서 이것은 쉼 없는 추진력이 생기도록 자극을 주고, 이 자극

은 당신이 목표에 다다를 수 있게 한다. 인생의 버팀목이 되어줄 이런 요소들을 얻기 위해서는 기꺼이 편한 것을 버리고 스스로를 희생할 줄도 알아야 한다.

위로 향하는 힘은 생명을 가진 모든 것들의 본능이다. 곤충이나 동물뿐만이 아니라 땅 속에 묻힌 씨앗 또한 이 힘을 가지고 있으며, 이 힘이 씨앗을 자극함으로써 비로소 씨앗은 땅을 뚫고 나와 하늘을 향해 자라면서 세상에 아름다운 향기를 내뿜는다.

이러한 자극은 우리 인간에게도 존재해서 우리가 스스로를 완전하게 하고 완벽한 인생을 추구하도록 해준다. 그러나 본능적으로 가지고 있는 이 추진력은 그만큼 사라지기도 쉽다. 일단 나태한 습관에 젖어버리면 단 한 발짝도 앞으로 나아갈 수 없게 되는 것이다.

만약 우리가 이 위대한 추진력의 길을 그대로 따라갈 수만 있다면 우리는 금세 꽃을 피우고 또 열매를 맺을 수 있을 것이다. 그러나 이런 힘의 존재를 아예 무시하거나 아주 가끔씩만 힘의 존재를 깨닫고 따른다면 우리는 성공과는 거리가 먼 별 볼일 없는 사람으로 전락하고 말 것이다.

진취 정신은 조금도 우리를 쉬도록 내버려 두지 않으며 우리가 아름다운 내일을 위해 싸우도록 더욱 더 끊임없이 격려해준다. 인류는 끊임없이 성장하기 때문에 우리의 진취 정신과 희망 역시 충분히 만족될 수는 없다. 역사적으로 보면 현재 도달한 높이가 대단할지 모르나 우리가 지금 있는 위치는 결국 어제의 위치와 같아서 100% 만족하기는 어려우며, 또한 더 높은 이상과 목표가 계속해서 우리를 부르고 있음을 곧 알게 될 것이다.

하버드의 인생철학에서는 이렇게 말한다. "믿음과 이상은 사람들이 행복과 더 나은 내일을 추구할 때 가장 큰 추진력이 된다."

이런 사람을 본 적이 있는가? '있는 힘을 다하여 하나의 목표를 향해 노력했으나 아무 성과가 없는 사람, 항상 희망을 버리지 않고 끊임없이 스스로를 격려했는데도 결국은 나아진 게 없는 사람, 과감한 시도와 넓은 가슴 그리고 진실한 신념과 이상을 좇는 굳은 마음으로 세상을 살았지만 아무 것도 얻지 못한 사람.' 이러한 노력들이 정말로 아무런 소용이 없을까?

결코 그렇지 않다. 진취 정신은 결국 위대한 추진력이 되어 인생을 더욱 숭고하게 해준다. 끊임없이 스스로에게 힘을 불어넣고 더욱 높고 훌륭한 목표를 향해 매진하는 습관을 갖게 되면 우리 몸에 쌓였던 모든 나쁜 습관과 품성들은 점차 사라질 것이다. 왜냐하면 그러한 악습들이 자랄 수 있는 환경과 토양 자체가 없어져 버리기 때문이다.

더 높고 더 훌륭한 목표에 대한 갈구는 나태의 씨앗을 뿌리째 뽑아버리는 가장 좋은 방법이다. 설사 진취 정신이 아주 미약하더라도 이를 천국의 씨앗처럼 소중히 돌봐주면 튼튼하게 잘 자라서 꽃을 피우고 열매를 맺을 수 있지만 어떠한 양분도 주지 않은 채 내버려두면 씨앗의 성장은커녕 잡초와 가시, 독초들만이 무성하게 번식할 것이다.

사람들은 보통 진취 정신이 자신의 영혼을 열어 줄 대문임을 진작부터 알게 된다. 그러나 잠재력을 계발시키지 않고 진취 정신에 불을 붙이지 않으면 그 자리를 타성이 차지하면서 진취 정신은 점점 제자리를 잃게 된다. 그렇게 되면 마음속의 큰 뜻은 제구실을 못하고 결국 흔적도 없이 사라져버린다.

자연의 진화 법칙이 이를 증명해준다. 세상의 모든 생명은 더 높은 곳에 이르기 위해 끊임없이 노력하며 만물은 진화의 과정에서 항상 발전의 방향을 향한다. 송충이가 나비로는 변해도 나비가 송충이로 퇴화하는 경우는 없다. 왜냐하면 그것은 진화의 법칙이 아니기 때문이다.

하버드 대학의 교수는 이렇게 충고했다. "자신의 진취 정신을 기르거나 계발하려는 노력을 하지 않고 위로 향하려는 마음속의 힘을 스스로 거부하면, 이것이 곧 퇴화이다. 왜냐하면 당신을 앞으로 나아가게 해주는 잠재력이 갈수록 약해지다가 결국에는 사라지고 말 것이기 때문이다. 그때는 당신의 진취 정신 역시 고갈되고 만다. 따라서 당신의 마음속에서 흘러나오는, 당신을 더 훌륭하게 만들어주는 그런 소리가 귓가에 맴돈다면 곧바로 귀를 기울여야 한다. 당신의 인생에서 진취 정신만큼 좋은 친구는 없다. 왜냐하면 이것이 바로 당신을 빛과 행복의 세계로 이끌어주기 때문이다.

가슴속의 불타는 희망이
실패의 먹구름을 걷어버리도록 하라

실패는 가장 귀중한 재산 중 하나로서
우리에게 독특한 배움의 기회를 제공해준다. 물론 성공이 좋은 것이지만
우리가 가진 약점을 더욱 분명하게 볼 수 있는 것은 실패를 통해서이다.

누구든지 인생에서 좌절과 실패를 거치지 않기는 힘들다. 이때 가장 필요한 것은 역시 적극적인 마음가짐과 굽히지 않는 진취 정신이다. 이것이 없으면 한 번의 좌절로 다시는 일어서지 못하고 실패는 당신을 헤어나기 힘든 나락으로 빠뜨리고 만다.

사업에서 가장 큰 좌절이자 실패는 바로 파산이다. 그러나 미국의 비즈니스계에는 이런 말이 유행한다. "한 번도 망해 본 적이 없다면 그는 작은 인물에 불과하고, 한 번 망해 봤다면 그는 아마 실패한 사람일 것이며, 세 번을 망해 봤다면 그는 무엇을 하든 성공할 것이다." 싸움에 매번 지더라도 다시 전쟁에 나서는 사람이 결국은 성공한다는 말이다.

"이긴 자는 왕이 되고 패한 자는 도적이 된다." 이 말은 거의 만고불변의 진리라 할 수 있지만, 실제로는 실패가 승리의 원동력이 되는 경우가 많다. 인생에서 작은 좌절을 겪을 때는 흔히 이를 경험이라 생각하고 다시 시작하곤 한다. 그러나 막상 큰 좌절이 우리에게 닥쳐오면 어쩔 줄 모르다가 결국 다시는 일어서지 못하는 경우가

비일비재하다. 이때 실패의 경험은 인생에 새로움을 불어넣어 주는 동력이 되며, 실패를 현명하게 이용하는 사람은 다시 일어설 뿐만 아니라 훨씬 높은 곳까지 오를 수 있게 된다.

실패는 가장 귀중한 재산 중의 하나로서 우리에게 독특한 배움의 기회를 제공해준다. 성공은 물론 좋은 것이지만, 우리가 가진 약점을 더욱 분명하게 볼 수 있는 것은 실패를 통해서이다.

타성에 젖은 사람은 흔히 거친 파도를 회피하고 좌절을 멀리하며, 그로 인해 인생에서 가장 중요한 때에 다시는 일어서지 못하기도 한다. 그러나 사실 실패의 시기는 의지를 새롭게 다져주는 중요한 시기가 된다. 한 번의 실패가 오히려 우리에게 삶을 계속 이어갈 수 있는 선택권을 주는 것이다.

아이아코카Iacocca, Lido Anthony가 포드 자동차에서 해임되었을 당시, 사람들은 이것이 아이아코카의 인생에서 하나의 실패가 되었다고 생각했다. 그러나 실상은 포드가 아이아코카를 해고하긴 했지만 이는 아이아코카를 새롭게 만들어 준 계기가 되었다. 만약 그때 해임되지 않았다면 아이아코카는 포드의 사장 자리를 너무 오래 차지하고 있어서 그만큼 부패하고 말았을 것이다. 이 실패가 아니었다면 아이아코카는 그저 우수한 경영자 중의 한 사람으로 역사에 남을 수는 있었겠지만 미국의 '가장 훌륭한 경영자'로서 전 세계에 이름을 알리지는 못했을 것이다.

실패를 두려워해서는 안 된다. 실패한 후에 이 실패를 자신의 경험으로 승화하고 인생의 중요한 가치로 만들지 못하는 것, 이것을 두려워해야 한다. 따라서 가슴속의 불타는 희망으로 끊임없이 실패의 먹구름을 걷어버려야 한다. 실패를 통해 교훈을 얻고 자신을 새롭게 만드는 것이 바로 실패한 사람이 다시 일어서는 비결이다. 이를 위해 하버드의 인생철학에서는 실패에 맞닥뜨렸을 때에도 진취정신을 잃지 않을 수 있는 여섯 가지 방법을 소개하고 있다.

1. 실패의 원인을 찾는다

실패의 원인은 대단히 많다. 이 원인들의 기본 유형을 정리해 보면 스스로를 정확하게 분석하여 실패와 좌절을 극복하는 데 도움이 될 것이다.

• 사교 능력의 부족 : 사람들과 잘 사귀지를 못해서 실패한 것인데도 자기가 '다른 사람의 음모에 휘말렸다'고 원망하는 사람이 많다. 이때는 실패의 원인이 무엇인지, 자신의 사교 능력이 부족한 것은 아닌지 진지하게 생각해 보아야 한다. 사교 능력에는 '다른 사람을 냉담하게 대하지 않는다.' '말 속에 담긴 말의 뜻을 잘 듣는다.' '비판은 하기도 받아들이기도 잘 한다.' '안정적인 정서를 갖는다' 등이 포함된다.

• 부조화 : 개인의 능력, 개성, 스타일, 가치관이 하는 일과 잘 맞아떨어져야 크게 성공할 수 있다. 개성이나 가치관 등이 맞지 않아서 일에 나쁜 영향을 주는 경우는 비일비재하다. 이러한 부조화는 대체로 '환경이 맞지 않음', '가치 체계가 서로 어울리지 않음', '동료와 서로 맞지 않음'의 세 가지로 나눌 수 있다.

• 전력을 기울이지 못함 : 실패를 두려워하는 사람은 실패의 그림자가 항상 뒤따라 온 힘을 다해 과감하게 나서지 못한다. 그렇게 되

면 사실 실패의 가능성이 더 커진다. 이런 상황에 이르는 근본 원인은 자신감의 부족이다. 성공을 바란다면 마음속에 성공한 자신을 먼저 그려라. 그러면 마음속의 형상이 당신을 성공의 길로 안내해줄 것이다.

• 불운 : 그렇다. 아무런 이유도 없이 불운이 닥칠 때도 있다. 다만 이 불운을 실패의 구실로만 삼지 않으면 된다.

• 스스로를 망치는 행동 : 수많은 사람들이 자신의 행동이 실패를 자초할 수 있다는 것을 알면서도 스스로를 제어하지 못하고 반복하게 되는 경우가 있다. 이런 행동은 단지 나쁜 습관의 하나로 보일 뿐이지만 대부분의 상황에서 이런 행동의 배후에는 어떤 심리적 요소가 숨어있다. 즉, 성공을 원하면서도 도리어 이것이 실현되지 못할까 두려워 미리 발을 빼고 물러날 구실을 찾는 것이다. 이렇게 스스로를 망치는 행위를 없애려면 우선 자신의 행위를 정확하게 인식하고 그렇게 행동하는 심리적 동기가 무엇인지 똑바로 알아야 한다.

• 산만함 : 이는 똑똑하다는 사람들의 치명적인 약점이다. 그들은 이거저것 여러 일을 동시에 함으로써 결국 하나도 제대로 끝내지 못하는 경우가 많다. 이는 또한 무모한 사람들의 고질병이기도 하다. 그들은 일단 한 가지 일을 성공하면 스스로를 과신하고는 별다른 준비 없이 다른 일에 뛰어들었다가 결국 실패를 맛보기도 한다.

• 성별과 나이의 차별 : 남녀와 나이에 대한 차별이 실패의 원인이 되는 경우도 많다. 차별을 받는 사람은 희생양이 되어 모든 일에 제약을 받게 된다. 이런 문제는 미리 인지하여 적절한 대응 방안을 마련해야 한다.

• 잘못된 관리 : 사람들은 보통 작은 일로 시작해서 어느 정도 성

공을 거두면 다른 사람을 관리해야 하는 위치에 서게 되는데, 관건은 이러한 변화를 제때에 인식해야 한다는 것이다. 이때 어떤 사람은 다른 사람에게 관리를 부탁하기도 하고 어떤 사람은 스스로 관리방법을 배우기도 한다. 실패한 사람들의 대부분이 제때에 자신의 위치를 인식하지 못하고 이미 습관화된 방식만 고수하기도 한다.

• 우유부단 : 당연히 움직여야할 때 단 한 발자국도 내딛지 못하는 경우가 많다. 당신은 자신이 이미 더 나아졌다고 느낄 수도, 또 상황이 더 악화되었다고 느낄 수도 있을 것이다. 이때 당신의 이성은 이제 스스로를 변화시켜야 한다고 알려주는데도 당신은 꿈쩍도 하지 않는다. 이는 대다수 실패자들의 공통된 약점이다. 우유부단은 곧 주위의 환경이 당신을 마음대로 조정한다는 의미이다. 해결책은 명확한 목표를 가지고 아무리 어려운 일도 기꺼이 받아들이겠다는 각오로 과감하게 맞서는 것뿐이다.

2. 자신의 과거를 새롭게 인식한다

실패의 원인을 찾는 것은 우리가 실패로부터 배워야 할 가장 기본적인 자세로 실패가 우리에게 주는 가장 큰 선물은 새롭게 선택하고 새롭게 자기를 만들어 갈 수 있는 기회를 준다는 것이다.

실패는 일에 대한 판가름이자 어떤 의미에 있어서는 일의 결과에 대한 당신 자신과 사회와 타인의 해석이기도 하다. 실패를 발판으로 삼아 자신의 삶을 새롭게 꾸려가기 위해서는 실패의 원인을 객관적으로 찾는 것도 중요하지만, 더욱 중요한 것은 적극적인 자세로 실패를 대하고 그 속에서 성공의 실마리를 찾는 것이다.

한 유명 테니스 선수가 이런 말을 한 적이 있다. "왜 그런지는 모르지만, 게임에서 졌을 때의 느낌이 이겼을 때보다 훨씬 더 격해집니다." 운동선수라면 누구나 공감하는 것으로 어떻게든 이런 느낌을 갖지 않으려고 애쓸 것이다. 당신이 만약 열 개의 공을 잘 치고 나머지 한 개의 공을 놓쳤다면 당신의 뇌리에 남는 건 잘 친 공들이 아니라 마지막 공 하나이다. 마지막 공을 칠 때의 상황이 당신의 머릿속에 반복해서 떠오르고 그럴수록 당신의 마음은 더 무거워질 것이다. 이처럼 우리에게는 승리보다 패배가 마음속 깊이 남는다. 성공을 위한 좋은 방법은 바로 당신의 마음속 과거의 일들을 새롭게 인식해서 동등한 기회를 주는 것이다.

미국의 유명한 신문 발행인인 알렉시스는 몇 년 동안 실패를 거듭하다가 건강과 환경 문제를 전문적으로 다루는 전국 규모의 잡지를 창간하겠다는 결심을 한다. 이를 위해 그녀는 모든 재산을 털어 수년 동안 정성을 기울였다. 하지만 돌아온 것은 결국 끝없는 좌절뿐이었다. 그녀가 이렇게 어려움에 빠져 있을 때 어느 대형 신문사에서 그녀의 계획을 검토하게 되었고, 결국 그녀에게 자금을 지원하기로 결정했다. 그녀의 기쁨은 이루 말할 수 없었다. 그러나 신문사의 이사들은 그녀의 잡지 견본을 두 차례 살펴보았고, 그녀와도 여러 차례 만나서 이야기를 나누었지만, 고심 끝에 결국 그 계획을 받아들이지 않았다.

하지만 알렉시스는 오히려 이를 담담하게 받아들였을 뿐만 아니라 어려운 선택을 해준 이사들에게 감사해하기까지 했다. 그녀는 이렇게 생각했다.

"회의실의 문이 닫히는 순간 모든 것이 분명해지더군요. 전혀 실망하지 않았어요. 이것이 오히려 좋은 기회라고 확신했기 때문이죠. 이후로 저는 다시는 단기간에 꿈을 이루겠다는 환상을 갖지 않았죠. 성공을 위해 최선을 다했기 때문에 이것을 실패로 생각하지 않았어요. 다만 잡지 일은 여기서 끝낸다는 생각만 했죠."

그녀는 취직을 위해 이력서를 돌렸고, 그 결과 그녀의 잡지를 거부했던 바로 그 신문사에서 그녀를 판매담당 부사장으로 임명했다. 신문사에서는 그녀에게 남다른 열정과 통찰력이 있음을 알고서 그녀의 잡지가 아니라 그녀 자신을 데려오려 한 것이다.

그녀는 잡지 일에 투자한 2년의 시간을 실패로 간주하지 않았다.

"저는 그 2년 동안을 운동선수의 훈련 기간이라고 생각했어요. 훈련을 통해 강한 선수가 되면 그 다음부터는 어떤 장애물도 쉽게 넘을 수 있을 테니까요. 그리고 실패를 거듭하는 동안에도 머릿속은 항상 성공한 내 모습을 생각하고 있었어요. 이런 생각을 하니 사람 사귀는 범위도 넓어져서 많은 이들과 접촉할 수 있었죠. 돌이켜보면 그때 제가 배웠던 모든 것들이 지금 하는 일에 튼튼한 기초가 된 것 같아요."

3. 사업의 목표를 다시 생각한다

인생이란 끊임없는 탐색의 과정이다. 실패의 원인이 당신의 능력이나 지식의 부족인 탓도 있겠지만 때로는 목표 설정이 잘못된 경우일 수도 있다. 그래서 실패는 오히려 당신이 새로운 사고를 통해 잘못된 길에서 벗어날 수 있도록 해주는 좋은 기회이기도 하다.

유명한 부동산 중개인인 앤드류의 첫 직업은 포도주 판매원이었다. 이 일 외에 할 줄 아는 게 없었기 때문에 그는 포도주를 판매하는 일이 자신의 천직이라고 생각했다. 처음에는 포도주를 파는 친구의 일을 도와주다가 이후 포도주 수입상 밑에서 일을 했고, 결국 다른 사람과 합작해서 포도주 수입 회사를 설립하게 되었다. 하지만 이 일은 어떤 열정에서 출발한 것이라기보다는 늘 그랬던 것처럼 "안 될 게 뭐 있어? 나는 지금까지 쭉 포도주만 팔아왔는데."라는 안일한 생각에서 시작한 것이었다.

날이 갈수록 매출이 떨어졌지만 앤드류는 지푸라기라도 잡는 심정으로 계속 경영하다가 결국 파산에 이르고 말았다. 그가 업종을 바꾸지 못한 것은 특별히 할 수 있는 일이 없었기 때문이다.

사업 실패 후 그는 창업에 대한 수업을 듣게 되었고, 은행가와 예술가, 자동차 수리공 등 다양한 사람들이 그와 함께 공부를 했다. 그런데 수업을 들으면서 그는 점차 이 사람들이 자기를 '포도주 장수'로 보는 게 아니라 '재능 있는 사람', '모든 것에 능한 사람'으로 본다는 것을 알게 되었다. 그들이 자기를 보는 눈빛 덕분에 그는 본래의 목표를 버리고, 이때부터 다른 사업을 열심히 찾고 분석했으며 도대체 자기가 어떤 일을 하고 싶어하는가를 생각했다. 결국 그는 아내와 함께 부동산업을 시작하기로 결심했고, 이로써 계속 포도주를 팔았으면 영원히 이루지 못할 성공을 거두게 되었다.

많은 직업 전문가들은 한 사람의 일생에서 적어도 두세 번은 직업을 바꾸어야 자신에게 가장 잘 맞는 직업을 찾게 된다고 말한다. 자신에게 맞는 목표를 찾으려면 적어도 이 정도의 시간이 걸린다는 말이다. 인생은 흔히 실패의 손을 빌려 자신에게 맞는 목표를 하나하나 찾도록 해준다.

4. 굴레를 벗어던지고 선택의 범위를 넓힌다

실패는 우리를 새로운 전환점으로 이끌어주며 이때 우리가 해야 할 일은 다음 단계의 계획이다. 만약 과거의 생각에 얽매인 채 미래를 맞이한다면 이 임무를 완수하기가 매우 힘들어진다. 미지의 세계를 찾아 나설 때 필요한 것은 신선한 사고이다. 새로운 사고는 선택의 기회를 주고, 이러한 선택의 범위를 넓혀 새로운 기회를 얻고자 한다면 다음과 같은 방법을 써볼 만하다.

• 자신의 재능을 차례대로 써본다 : 많은 사람들이 자신의 일을 마치 무거운 가구처럼 결코 움직일 수 없는 것으로 간주한다. 그러나 사실 당신이 이전에 했던 일은 여러 가지 기술과 경험이 합해진 것이기 때문에 다른 곳에서도 이전의 일을 새롭게 이용할 수 있다.

20세기 폭스사의 영화 제작자인 릴은 직장을 잃은 후 자신이 할 수 있는 일은 이제 다 끝났다고 생각했다. 그는 자기가 할 수 있는 유일한 일이 영화를 찍는 것이라고 믿어왔기 때문이다. 어느 날 옛 동료를 우연히 만난 릴은 그로부터 자신에 대한 아주 진지한 분석을 듣게 되었다. "자네는 밑천이 아주 많아. 우선 자네는 여러 해 동안 줄곧 영화 제작 플랜을 내놓고 판로를 확장해왔지. 게다가 자네는 기막힌 카피로 영화를 홍보했어. 핵심적인 부분을 잘 끄집어내는 작가적 기질이 있단 말이네. 그 밖에도 훌륭한 영화 제작자로서 사람들을 조직하는 능력도 매우 뛰어나지." 그 후 릴은 유명한 영화 홍보 작가가 되었다.

• 오락을 직업으로 : 대부분의 사람들은 일을 아주 엄숙한 것으로 받아들여서 자신의 일을 선택할 때 흔히 재미나 기호 등을 무시

하는 경우가 많다. 그러나 일은 하나의 창조적 오락이어야 한다. 만약 당신이 여가 활동에서 어떤 창조성을 느끼곤 한다면 그것은 당신에게 당신이 좋아하는 것과 일을 결합시킬 기회를 주는 것이다.

• **훌훌 털어 버리고 새로운 나를 만든다** : 사람은 생사의 갈림길에서 자신의 잠재력을 최대로 발휘한다. 사업에 실패했을 때는 모든 근심을 벗어던지고 손을 떼버리는 것이 오히려 위대한 성취를 이끌어내는 계기가 될 수 있다.

5. 새로운 지식을 배운다

실패 이후의 반성이 자기 인생에 대한 가장 투철한 분석이 된다. 그러나 단순히 과거를 반성하는 것만으로는 부족하다. 이 기회를 통해 자기가 접하지 못했던 새로운 지식을 공부해서 시야를 넓히고 지식을 채워나간다면 자신에게 어떤 선택의 여지가 있는지 분명히 보고 시대의 변화에 맞는 새로운 기술을 장악할 수 있다.

6. 솔직하게 도움을 청한다

순풍에 돛단 듯 잘나가던 사람이 실패를 맛보면 흔히 다른 사람의 동정이나 도움을 거절하곤 한다. 그러나 실패를 했더라도 과감하게 현실에 맞서고 호의적인 도움을 솔직히 받아들이며, 오히려 더 주도적으로 사람들을 만나고 앞으로의 방향에 대한 조언을 듣고 새로운 영역을 다시 찾아야 한다. 다시 일어서고 싶다면 반드시 그래야 한다.

마음가짐의 힘은 실로 엄청나다. 그것은 당신을 실패에서 다시 성공의 길로 인도할 수도 있고, 반대로 성공에서 실패의 나락으로 떨어뜨릴 수도 있다. 하버드의 인생철학에서는 실패에 대해 이렇게 말한다. "실패는 두려운 것이 아니며 좌절은 사실 별 것도 아니다. 관건은 당신의 마음가짐이다. 어떤 마음가짐을 갖느냐에 따라 당신은 바로 그 어떤 사람이 된다."

스스로를 넘어서서 삶의 전체를 바라보라

성공의 동력은 끊임없이 자신을 이겨내는 목표를 가지고
삶의 참뜻을 찾아나서는 데 있다.

현대를 살아가는 사람은 지식이 넓을수록 얻는 정보도 많아지고 그만큼 인생을 보는 시야도 더욱 폭넓어진다. 좁은 식견으로는 오늘날을 살아가기 힘든 것이다. 자기를 넘어서지 못하면 남도 넘어서지 못한다. 이렇게 되면 자신의 일을 제대로 해내지 못할 뿐만 아니라 격렬한 경쟁 사회에서 살아남기조차 힘들어진다.

크리스트라는 작은 마을에 예순 가까이 된 의사가 한 명 있었다. 그의 이름은 이웃마을에까지 잘 알려져 있었지만 의대를 졸업한 이후 그의 의료 방법은 변함이 없었다. 진찰과 처방은 모두 구식이었고, 새로운 의료 방법을 전혀 사용하지 않았다. 새로 개발된 의료 기구나 최근 출시된 특효약 같은 데에 돈을 쓰려 하지 않았고, 새로 출판된 관련 잡지를 볼 정도의 시간도 내지 않았으며, 최신 임상요법 같은 건 더더욱 시도하려 하지 않았다. 그의 치료법이나 그가 지어준 약은 별 효과도 없고 다시는 쓰고 싶지 않은 그런 약이었다.

그러던 어느 날 그의 병원 부근에 젊은 의사가 개원을 했다. 하지만 그는 별 신경을 쓰지 않았다. 젊은 의사는 최신 의료 설비와 기계들을 갖추고 처방 역시 최근에 개발된 약으로 했으며 최근 출판된 의학 관련 잡지들을 부지런히 읽었다. 그러자 환자들은 하나하나 젊은 의사의 병원으로 발길을 옮길 수밖에 없었다. 늙은 의사가 상황을 깨닫고 후회했을 때 그의 병원을 찾아오는 사람은 아무도 없었다. 그는 앞으로 나아갈 생각을 하지 않아서 결국 실패한 것이다.

성공의 동력은 끊임없이 스스로를 넘어서는 목표를 가지고 삶의 참뜻을 찾아나서는 데 있다. 삶의 목표가 없는 사람은 삶의 범위가 대단히 협소하다. 그들의 관심사는 자기 자신뿐이며 눈앞의 이익에만 얽매인다. 이런 사람은 우물 안 개구리나 마찬가지다. 가슴에 큰 뜻을 품은 사람들의 특징은 과감하게 스스로를 넘어서서 온 힘을 다해 자신의 꿈을 이루려한다는 것이다.

스스로를 넘어서고자 하는 사람은 1분 1초라도 헛되게 보내지 않으려 한다. 그들은 인생에서 일과 돈이 전부가 아니고 또 다른 중요한 의미를 부여한다. 지위가 높고 돈이 많아도 삶의 즐거움을 찾지 못한다면 뭔가 허전하고 부족한 듯한 인생을 살게 될 것이다.

인생이란 싸움터의 진정한 승자는 목표가 원대하고 명확하며 삶의 참뜻을 찾고 스스로를 넘어서기 위해 노력하는 자이다. 그들은 인생의 즐거움을 마음껏 누리기 위해 삶의 여러 측면을 살펴 보다 넓은 관점에서 인생의 전모를 바라본다.

옛날 사람이든 현재 이 시대를 살고 있는 사람이든 모두가 삶에 막대한 공헌을 했고, 또 하고 있다. 따라서 우리도 스스로를 넘어서는 자기 극복을 통해 전 인류가 더욱 아름다운 삶을 살아가도록 있는 힘을 다해야 한다.

진취 정신은 간절한 바람에서 시작된다. 만약 당신이 꿈의 실현을 갈망한다면 진취 정신은 자연스럽게 생겨날 것이다. 당신이 삶의 모습을 개선할 수 있다고 굳게 믿을 때 진취 정신은 크게 자라날 것이다. 갈망, 즉 진취 정신은 우리 마음속의 원동력으로서 상상을 통해 만들어지는 하나의 관념이다. 당신이 어떤 물건을 갖고 싶고 어떤 일을 하고 싶을 때 마음속의 이 원동력이 당신을 그렇게 하도록 이끌어준다. 진취적인 정신을 통해서 목표를 향해 매진할 수 있으며, 이를 가진 사람은 과감하게 앞으로 나아가고 7전 8기의 정신으로 꿈을 실현하기 위해 노력한다. 이것이 바로 하버드의 오랜 전통이 주는 인생 교훈이다.

삶을 살아가는 과정에서
생명의 가치를 높여가라

진취적인 정신은 자동차의 엔진과 같다.
이 엔진을 적극적으로 가동해야 생명의 가치를 끊임없이 높일 수 있다.

　살다보면 평생토록 단순하고 별 볼일 없는 일만 하는 사람들을 자주 만나게 된다. 그들은 이런 일에 만족하는 듯하지만 사실 그들에게는 좀 더 훌륭하고 대단한 일을 해낼 능력이 충분히 있다. 그들은 능력이 부족한 것이 아니라 뭔가를 찾으려는 노력과 진취적인 정신이 없을 뿐이다.

　수많은 사람들이 위대한 일을 시도할 만한 진취적인 정신을 가지고 있지 못하다. 바라는 수준이 너무 낮음으로 인해서 큰일의 시도 자체를 막고 있으며 인생의 목표가 너무 작아서 그 이상의 것을 하겠다는 진취적인 정신을 스스로 눌러버린다.

　하버드의 교수들이 요즘 젊은이들에게 항상 해주는 말은 "더욱 뛰어난 사람이 되십시오."이다. 모든 젊은이들이 이 말을 마음속 깊이 새기고, 어디든 쉽게 눈에 띄는 곳에 적어두길 바란다. 항상 이 말을 명심하고 스스로를 반성하면 삶의 의미가 더욱 넓고 깊게 바뀔 것이다.

　만약 인류에게 세계를 창조하고 스스로를 발전시키겠다는 원대한 이상이 없다면 세상은 여전히 혼돈 상태에 머물렀을 것이다. 원대한 이상과 뜻을 이루기 위한 끊임없는 노력만큼 우리의 의지를 굳건하게 만들어주는 것은 없다. 이 덕분에 우리는 더욱 높은 경지로 올라설 수 있었고 좀 더 나은 것들을 우리의 삶 속으로 가져올 수 있었다.

무일푼의 어느 젊은 미국 이민자가 말했다. "나는 반드시 생명의 참된 가치를 찾을 거야." 이것은 대단히 의미 있는 결심이다. 왜냐하면 그는 원대한 이상을 기초로 삼아서 그 자신이 인류에 유용한 사람이 되겠다는 것을 목표로 가졌기 때문이다. 그는 낮에는 열심히 일하고 밤에는 늦도록 공부하면서 틈나는 대로 자신의 수준을 높이려는 최선의 노력을 다했다.

생명의 가치를 추구하는 것보다 더 고상한 이상이 어디 있겠는가? 원대한 이상이 버티고 있는 한 실패는 찾아올 수 없다. 젊은이들의 문제는 바로 명확한 계획도 없고 가치 있는 목표도 세우지 않은 채 성공의 꿈 앞에서 주저하고 있다는 것이다. 그들은 사회에서 그저 주어진 일을 하기만 할 뿐 그 일이 자신에게 적합한지 그렇지 않은지 관심도 없으며, 더 높은 목표를 추구하는 어떤 이상이나 포부도 갖고 있지 않다.

인생의 성공은 뛰어난 재능, 높은 수준의 교육, 그리고 건강한 신체만으로는 부족하다. 이 세 가지 조건을 모두 갖추고도 성공을 쟁취하겠다는 적극적인 태도가 없다면 인생에서 실패하거나 그저 평범하게 살아가게 되는 것이다. 강한 원동력과 숭고한 이상의 격려가 없다면 그들의 능력을 충분하게 펼칠 수 없다. 하버드의 교수들은 일생에서 가장 중요한 것이 원대한 목표를 세워서 자신이 가진 재능과 굳건한 인내력으로 그 목표를 실현하는 것이라고 말한다.

경쟁에서 패한 이유가 자신에게 있지 않은데도 좌절한 채 다시 시도하려고 하지 않는 사람들은 대부분 목표와 의지가 뚜렷하지 못하거나 결단력과 용기가 없는 사람들이다. 이런 불행을 한 번 겪어본 사람은 마음을 다스리고 다시 한 번 시도한다면 성공할 가능성이 매우 높다.

당신이 어떤 원대한 이상을 가지고 있다면 절대로 주저하지 말고 그것의 실현을 위해 모든 정력을 집중해야 한다. 스스로에게 배수진을 쳐 오로지 이상을 위해서만 싸워야 한다. 힘을 집중해야만 자신이 바라는 성공을 얻을 수 있기 때문이다.

정원사는 나무의 양분을 빼앗아가는 쓸모없는 잔가지를 잘라주어야 한다는 사실을 잘 안다. 당신 역시 당신의 힘을 갉아먹는 나쁜 습관은 쳐내고 중요한 일들에 전력을 다해야만 한다. 그렇지 못하면 당신은 성공의 기회에 다가갈 수 없을 것이다.

성공은 선택과 포기의 과정이다. 즉, 가치 있음과 가치 없음 사이에서 일종의 선택 행위라는 말이다. 가치 있는 일의 추구를 위해 가치 없는 일을 과감히 포기하면 그만큼 당신은 많은 시간을 벌 수 있게 된다. 형형색색의 진수성찬이 펼쳐져 있더라도 당신의 몸에 가장 유용한 음식을 찾아 먹어야 건강할 수 있다. 다른 것들은 먹으면 해만 되는 쓰레기나 다름없다.

원대한 목표를 통해 스스로를 격려해야만 흔들림 없이 의미 있는 인생을 추구할 수 있고, 끊임없이 나아가야만 어디에나 내세울만한 큰 성과를 얻을 수 있다. 당신에게 아직 진취적인 정신과 판단력이 충분히 갖추어져 있지 않다면 지금부터라도 이들을 키우기 위해 노력해야 한다. 그렇지 않으면 당신은 어떠한 것도 이룰 수 없다.

진취적인 정신은 엔진과도 같다. 이 엔진을 적극적으로 가동해야 생명의 가치가 끊임없이 높아질 수 있는 것이다.

장점의 철학

자신의 장점을

성공의 밑천으로 삼아라

'나는 누구일까?' '나는 무엇을 할 수 있을까?' '내가 다른 사람과 다른 점은 대체 무엇일까?' 이에 대한 답은 삶 속에 있습니다. 니체의 말을 귀담아들을 만합니다. "삶은 거울과 같다. 우리가 가장 갈망해야 할 것은 바로 그 삶 속에서 스스로를 알아보는 것이다."

조이스 깁스(Joys Gibbs)

당신이 아무리 허약하고 가난하고 별 볼일 없다 해도 당신은 분명 다른 사람이 부러워할 장점을 가지고 있습니다. 성공을 꿈꾸면서도 그렇게 하지 못하는 것은 자신의 재능이 부족해서가 아니라 그 재능을 발견해서 인생의 가치를 계발하고 이용하는 방법을 모르기 때문입니다.

사무엘 하인만(Samuel Hahnemann)

장점은 자신을 강하게 만들어 주는 힘이다

우리가 스스로의 장점을 발견해서 집중적으로 키워나간다면
그것은 금세 발전하여 항상 우리에게 성공을 가져다 줄 것이다.

장점은 곧 힘이며, 자신감의 근원이자 인생의 방향을 선택하기 위한 바탕이다. 만약 당신이 관찰력이나 문장력을 전혀 갖추지 않았는데도 작가가 되겠다고 한다면 당신은 평생토록 실패만 하게 될 것이다. 당신은 당신 스스로의 장점을 마음껏 발휘해야만 성공할 수 있는 것이다.

아름답고 푸른 초원에 오리, 물고기, 매, 부엉이, 다람쥐, 토끼가 한 마리씩 있었다. 그들은 사람들처럼 똑똑해지려고 학교를 하나 짓기로 했다. 나이가 많고 경험이 풍부한 동물들이 각기 교과목을 정해 가르치면 똑똑하고 훌륭한 동물을 만들어낼 수 있을 것이라고 믿었다. 과목은 달리기, 헤엄치기, 나무타기, 뛰어오르기, 날기로 정해졌다.

수업 첫 날, 토끼는 귓가의 털을 예쁘게 손질한 다음 깡총깡총 학교로 뛰어갔다.

달리기 수업시간에 토끼는 반에서 스타나 다름없었다. 힘껏 발을 뻗어 언덕까지 뛰어갔다가 돌아와서는 기쁜 얼굴로 스스로에게 말했다.

"정말 믿을 수 없어! 내가 학교에서 가장 잘할 수 있는 일이 있다니!"

선생님이 말했다. "토끼야, 하늘에서 네게 달리는 재주를 주셨나보구나. 네 뒷다리는 누구보다도 튼튼하니 거기에 훈련을 하면 더 빨리 뛸 수 있을 거야."

토끼가 말했다. "학교 다니는 게 이렇게 즐겁다니! 내가 좋아하는 일을 하는 데다 배워서 더 잘하게 될 수도 있잖아."

다음 과목은 수영이었다. 토끼는 물소리가 나자 이렇게 말했다. "잠깐만요! 토끼는 헤엄치기를 싫어하는데요."

선생님이 말했다. "지금은 싫어도 앞으로 5년만 지나면 수영을 배운 게 얼마나 다행인지 알게 될 거야."

나무타기 수업에서는 나무의 경사를 30도로 맞춰두었다. 그래야 다들 나무에 오르기가 쉬울 것이기 때문이다. 토끼는 열심히 하다가 다리를 다쳤다.

뛰어오르기 수업에서도 토끼는 상당히 좋은 성적이었지만 날기 수업에서는 어쩔 줄을 몰랐다. 선생님은 토끼의 심리를 파악해 비행을 위한 기초 훈련이 필요하다고 생각했다. 기초 훈련은 높은 언덕에서 아래로 뛰어내리는 것이었다. 선생님은 노력만 하면 분명히 성공할 수 있을 것이라고 격려해주었다.

다음날 아침 헤엄치기 수업에서 선생님은 이렇게 말했다. "오늘은 다이빙을 하겠습니다."

그러자 토끼가 말했다. "잠깐만요. 어제 부모님과 수영 수업에 대해 이야기를 나누었어요. 부모님도 수영을 배운 적이 없고 우리 토끼들은 본래 몸에 물이 닿는 걸 싫어하니 저는 이 수업을 그만두겠습니다."

선생님이 말했다. "이제 와서 수업을 그만둘 수는 없어. 수업 신청과 취소 기간은 이미 끝났거든. 지금 네가 선택할 수 있는 것은 스스로 뛰어내리느냐 아니면 강제로 뛰어내려지느냐 밖에 없어!"

토끼는 어쩔 수 없이 뛰어내렸다. '풍덩' 소리가 나더니 물속에서 거품이 보글보글 올라왔다. 선생님은 토끼가 익사할까봐 얼른 물 밖으로 끌어냈다. 다른 동물들은 물에 빠진 토끼를 보고 배를 움켜지고 이리저리 뒹굴며 큰소리로 웃었다. 토끼의 모습이 너무 우스워 마치 꼬리 잘린 생쥐처럼 보였기 때문이다. 토끼는 너무 창피해서 어서 빨리 수업이 끝나기만을 바랐다.

수업을 마친 토끼는 부모님이 분명히 자기를 이해하고 위로해줄 것이라 믿고는 집에 돌아가자마자 부모님께 말했다. "학교에 가기 싫어요. 제 마음대로 할 수 있는 게 하나도 없어요."

"우리 토끼의 영광을 위해서는 반드시 졸업장을 받아와야 해!" 부모님은 굳은 얼굴로 말했다.

"저는 졸업장 같은 건 필요 없어요."

부모님이 다시 말했다. "네가 바라든 바라지 않든 꼭 졸업장을 받아와야 한다니까."

옥신각신하다가 부모님은 토끼를 잠자리에 들게 했다. 다음날 아침 학교로 향하는 토끼의 발걸음은 어느 때보다 무거웠다. 그때 토끼는 예전에 교장 선생님이 말씀했던 얘기가 생각났다. 무슨 문제가 생기면 보충수업 선생님께 도움을 청하라는 것이었다.

학교에 도착하자마자 토끼는 보충수업 선생님을 찾아 옆 의자에 펄쩍 뛰어올라 큰소리로 말했다. "저는 학교 다니기가 싫어요!"

선생님이 물었다. "왜지?"

토끼가 그동안의 일을 모두 말씀드리자 선생님이 다시 말했다.

"토끼야, 네가 무슨 말을 하는지 충분히 알겠다. 네가 학교를 다니기 싫은 것은 단지 수영을 좋아하지 않기 때문이지. 그렇지? 그럼 방법을 알려주마. 넌 달리기를 아주 잘하니 달리기 연습은 필요 없어. 네가 연습해야 할 건 수영이야. 내가 달리기 수업은 빼고 그 시간에 수영 수업을 할 수 있도록 시간표를 다시 짜 주마."

토끼는 선생님의 이야기를 듣고 놀라 쓰러질 뻔했다.

선생님과 헤어진 토끼는 친구인 부엉이를 만났다. 현명한 부엉이는 이렇게 말했다. "토끼야! 꼭 그렇게 해야만 하는 것은 아니야. 우리가 새로운 학교와 회사를 세워서 모두들 자기가 잘하는 일을 마음껏 하면 되는 거야."

부엉이의 말에 감동을 받은 토끼는 졸업 후에 새로운 일을 시작하겠다는 결심을 했다. 그래서 토끼는 마음껏 뛸 수 있고, 다람쥐는 마음껏 나무에 오를 수 있고, 물고기만 수영에 신경 쓰면 되는 학교를 만들겠다고 다짐했다. 그는 초원을 누비면서 스스로에게 말했다. "정말 멋진 곳이 될 거야!"

우리 주변을 돌아보면 이와 같은 상황이 허다하다. 대부분의 회사, 학교, 가정에서는 흔히 다음과 같이 말하곤 한다. '어떻게든 장점을 발휘할 수 있도록 해주어야지 결점에까지 신경을 쓸 필요는 없다.' 그러나 실제로는 마치 쥐덫처럼 그 사람의 약점만을 파고들지 그의 장점이나 우수함을 키워주려 하지는 않는다.

• 회사를 경영하는 사람은 대부분의 시간을 업무 능력이 가장 떨어지는 사원에게 할애하며 그가 어떻게든 실수를 줄이도록 애

쓴다.

- 부모와 선생님이 신경을 쓰는 것은 당신이 가장 못하는 과목이지 당신이 가장 잘하는 과목이 아니다.
- 은행원과 신용회사의 직원은 오로지 신용 불량의 전력으로만 사람의 신용을 판단한다.
- 거의 모든 공무원은 문제의 해결에만 힘을 쏟을 뿐 사람들이 스스로 일어설 수 있도록 도와주지는 않는다.

사람들은 대부분 이런 생각을 가지고 있다. '누군가의 결점을 고쳐주기만 하면 그 사람은 분명 더 나아질 것이다.' '어떤 회사의 결점을 고쳐줄 수만 있다면 회사가 더욱 성장할 것이다.' 어쨌든 결점만 고치면 '만사 O.K.'라는 말이다. 그러나 안타깝게도 이것은 완전히 잘못된 생각이다. 한 사람 혹은 한 기업의 결점을 고쳐줌으로써 얻을 수 있는 것은 평범한 한 사람, 평범한 한 기업일 뿐이다.

예를 들어 어떤 글의 문법과 맞춤법이 하나도 틀리지 않았다고 해서 훌륭한 글은 아니다. 당신이 틀린 글자 하나 없이 글을 썼다고 해서 그것이 뛰어난 문장이 되는 것은 아니라는 말이다. 헤밍웨이, 포크너 같은 대문호들도 맞춤법과 문법이 항상 틀리곤 했다. 위대한 작품은 그 사람의 위대한 사상을 문자로 나타낸 것이다. 일단 분명하고도 조리 있는 형식으로 자신의 생각을 문자로 바꾸어 주면 글자와 문법의 문제는 편집부로 넘기면 된다. 자신의 힘을 자신의 장점에 집중할 때 좋은 결과가 나타나지 무턱대고 결점만 없앤다고 해서 뛰어난 역량을 발휘하는 것은 아니다.

흔히 사람들은 진정으로 나아지고 싶다면 당신이 잘하는 것에 시간을 낭비하지 말고 당신의 약점을 고치기 위해 노력하라고 말한다. 혹시 이런 말을 들어본 적이 있는가? "수학은 너한테 문제가 안돼. 하지만 역사와 영어는 좀 더 분발해야겠는데." 역사와 영어에 중점을 둔 말이지만 정말로 발전의 잠재력을 가진 건 뭘까? 바로 당신의 장점인 수학이다. 즉, 역사와 영어가 아닌 수학이라는 말이다. 한가지 예를 들어보자.

네브래스카 주의 교육위원회는 네브래스카 대학에 의뢰하여 3년 계획으로 가장 효과적인 속독 지도의 방법을 연구토록 했다. 이 연구에서는 학생 천여 명을 대상으로 하여 독서 속도와 이해의 정도를 파악했다. 시험 결과는 상당히 흥미로웠다. 책 읽는 능력이 떨어지는 학생은 분당 90자에서 시작하여 평균 150자까지 올라갔으나, 가장 뛰어났던 학생은 350자에서 시작하여 2,900자까지 빨라진 것이다. 많은 연구경험을 갖고 있던 연구원들도 이런 결과에 크게 놀라지 않을 수 없었다. 왜냐하면 그들이 가장 많이 향상될 것이라 기대한 학생은 분명 가장 능력이 떨어졌던 학생일 것이라고 생각했기 때문이다. 하지만 결과는 정반대로 속도가 가장 빨랐던 학생이 오히려 훈련을 통해 가장 큰효과를 보게 된 것이다.

우리가 자신의 장점을 발견해서 전력을 다해 키운다면 그 장점이 일취월장해서 해내지 못하는 일이 없게 될 것이다. 인생의 성공을 위한 가장 기본은 자신의 장점을 최대한 발휘하는 것이다.

장점을 발휘하면 성공의 가능성이 열린다

어떤 난관을 이겨내겠다고 결심했을 때
가장 먼저 해야 할 일은 스스로 인식하는 것이다. 그런 다음에 기꺼운 마음으로
꾸준히 그 일을 해 가야만 목적한 바에 다다를 수 있다.

열심히 노력하면 누구든 성공할 수 있다는 것은 분명한 사실이다. 그러면서도 현대의 성공학자들은 이렇게 말한다. "가장 중요한 것은 자신이 잘하는 것을 마음껏 하는 것이다. 그러면 큰 힘을 들이지 않고 더욱 쉽게 성공에 이를 수 있다."

자신이 처한 환경 속에서 자신의 장점을 잘 발휘한다면 해당 조건 아래에서 최대의 성공을 얻을 수 있다. 당신이 이상을 가지고 어떤 분야에서 두각을 나타내고자 할 때 당신의 장점을 최대한 활용해 맞선다면 못 오를 나무 없고, 이루지 못할 뜻이 없게 된다.

직원이 만 명이 넘는 기업을 책임지고 있든 아니면 당신 자신만을 책임지든 당신은 당신 가족들의 삶, 상사의 삶, 동료의 삶, 친구의 삶에 적극적으로 영향을 미칠 수 있다. 하지만 더욱 중요한 것은 당신은 자신의 삶을 주도적으로 결정할 수 있다는 것이다.

만약 당신이 한쪽 다리만 가지고 있는데 억지로 달리기 선수가 될 수는 없으며, 용모가 그다지 예쁘지 않은데 미인 선발 대회에 억지로 참가할 필요는 없다. 장점이 없는 분야에서 굳이 다른 사람과

경쟁할 필요는 없다.

왜소한 사람이 우람한 체격을 갖겠다는 것은 어리석은 생각이며, 몸집이 크고 튼튼한 여자가 애써 연약하게 보이려 꾸미는 것도 소용없는 짓이다. 할 수 없는 일이 분명하다면 그 일을 하느라 정력을 낭비할 필요가 없다. 당신은 이런 자신에게 불만을 가질 수도 있겠지만, 이것이 어떤 가치 있는 일을 하는 데 장애가 되지는 않는다. 왜소한 체격과 조급한 성격이 미국의 유명한 정치가 프랭클린이 2차 대전 당시 가장 영향력 있는 인물이 되는 데 장애가 되지 않은 것처럼 말이다. 프랭클린은 이처럼 불리한 조건에서 어떻게 성공을 거두었을까?

프랭클린은 왜소한 체격으로 인해 군인이나 경찰이 되겠다는 꿈을 일찌감치 포기했다. 왜냐하면 그런 일은 건장한 체격이 필수 조건이기 때문이다. 그래서 이런 외모에 의존할 수 없음을 깨달은 프랭클린은 친구들을 사귀는 쪽으로 방법을 바꾸기 시작했다. 좋은 친구들을 사귀는 것은 곧 그의 버릇이 되었다.

그는 윌슨이 가장 신임하는 고문이 되었지만 그와 윌슨의 관계는 우정의 관계 그 이상도 이하도 아니었다.

프랭클린이 연설을 잘 못한다는 것을 스스로 인정한 것 역시 그가 위대한 인물이 된 이유다. 그는 말했다. "나는 연설을 아주 못합니다. 어떤 말로 사람들을 감동시켜 보지도 못했고, 어떤 말을 할 것인지 한참을 주저하다가 결국 적당한 말을 찾지 못하지요. 그래도 저는 제 의사를 충분히 표현할 수 있습니다."

그는 다른 방법으로 사람들이 자신을 믿게 함으로써 연설에 대한 약점을 채워나갔다. 그는 대부분 간접적이고도 온건한 방법으로 의안을 제출했고, 그가 발표한 의견은 항상 평화적이었다. 그는 자신의 잘못을 스스로 인정할 줄도 알았다. 자신의 약점이 오히려 '말만 잘해서는 결코 승리할 수 없다'는 중요한 교훈을 깨닫게 한 것이다. 만약 그가 연설에 능했다면 결코 이런 귀중한 교훈을 얻지 못했을 것이다.

만약 당신이 어떤 어려움을 극복하겠다고 결심했다면 가장 먼저 당신 자신을 인식하고, 그 다음 결심한 바를 꾸준히 최선을 다해 실천함으로써 목표에 이를 수 있을 것이다.

많든 적든 사람은 누구나 결점을 가지고 있다. 그런데도 이것 때문에 스스로를 비하할 필요가 있을까? 위대한 인물은 사람들이 우러러본다. 얼핏 보기에 그들은 슈퍼맨 같고 천부적인 재능을 가진 듯하며 남다른 기회까지 주어져 성공할 수밖에 없는 조건을 가진 것처럼 보인다. 그러나 사람은 누구나 성공할 수 있고 당신 역시 성공할 수 있다. 당신은 장차 당신의 분야에서 가장 뛰어난 사람이 되어 돈과 명예와 권력과 지혜를 모두 얻을 수 있다. 당신이 얻고 싶은 것만 생각하면 바로 그것을 얻을 수 있다. 관건은 당신이 자신의 장점을 얼마만큼 파악해서 그것을 효과적으로 활용하느냐 그렇지 못하느냐에 달려있다.

자신의 장점을 버리는 사람은
아무 것도 이룰 수 없다

만약 당신이 성공할 수 있다는 믿음을 가지고 실제로 성공했다면,
그것은 당신에게 원래 능력과 장점이 있었기 때문이다.

예전에 돼지에 관한 어느 만화책 표지에 이런 말이 쓰여 있었
다. "돼지에게 노래를 가르칠 생각은 마십시오. 당신에게는 시간 낭
비이고 돼지에게는 스트레스입니다." 대단히 일리가 있는 말이다.
하지만 교육 분야든 비즈니스 분야든 어디든지 돼지에게 노래를 가
르치려는 모습을 쉽게 볼 수 있다. 우리는 능력이 뛰어난 직원을 활
용하지 못하고 그가 하루 종일 전화만 붙들고 씨름하게 한다거나,
또 업무에 아무런 흥미도 느끼지 못하는 직원을 외부로 파견하여 교
육까지 받도록 하고 뛰어난 엔지니어를 관리직으로 승진시키기도
한다. 모두들 돼지에게 노래를 가르치는 꼴이다. 학교에서도 자기가
가장 잘하는 과목에 전념하도록 격려하지 않고 모든 과목에서 좋은
성적을 내도록 다그친다. 이 역시 돼지에게 음악 수업을 들으라고
하는 것이나 마찬가지다.

물론 돼지도 잘하는 것이 있다. 하지만 노래가 돼지의 특기가 아
님은 분명하다. 마찬가지로 누구나 잘하는 것이 있지만 그들이 모두
단점이 없는 전지전능한 이들은 결코 아니다. 성공하고 싶다면 우리

는 우리의 능력을 가장 잘 발휘할 수 있는 일을 먼저 선택해야 한다. 만약 돼지가 노래를 부르는 것처럼 자신의 장점을 버리고 결점을 고치려는 데에만 몰두한다면 결국 아무 것도 이루지 못하게 된다.

이런 말을 들어봤을 것이다. "뜻이 있는 사람은 세상에 어려울 것이 없다." 이 말은 흔히 다음과 같은 몇 가지로 잘못 이해되곤 한다.

- 첫 번째 시도에서 성공하지 못했다면 다시 시도하고 또 시도하면 분명히 될 것이다. 부단히 연습하면 반드시 완벽에 이른다.
- 자신감만 있으면 반드시 그 일은 성공할 수 있다.
- 내가 할 수 있는 것은 당신도 반드시 할 수 있다.

이런 교훈은 '적극적 사고의 힘'에 속하며 그 배후에는 '노력만 하면 반드시 성공할 수 있다'는 생각이 깔려 있다. 오늘날 똑똑하면서 뭔가를 이루겠다는 포부를 가진 수많은 사람들이 이 인생의 철학을 믿고 끊임없이 성공을 향해 매진하고 있지만, 그들 중의 상당수가 실패와 좌절의 운명에서 벗어나지 못한다. "어떤 일도 사람의 앞 길을 막을 수 없다"는 생각은 모든 사람이 비슷한 능력과 장점을 가지고 있다는 가정 하에서만 성립될 수 있다. 따라서 이것은 이치에 맞지 않은 말이다.

사람은 누구나 자신만의 특별한 재능과 장점을 가지고 있다. 우리가 기계가 아닌 이상 적절한 훈련만 하면 어떤 동작도 할 수 있다고 한다. 그러나 하버드 대학의 심리학자인 게덴 앨버트 박사의 연구 보고서와 논문에서는 사람들에게 널리 퍼진 이런 말이 사실은 '순진한 신화'에 불과하다고 말한다. 우리는 분명 우리가 하고 싶은 일을 얼마든지 시도해 볼 수 있다. 그러나 우리의 기본적인 재능이 어느 방면에 있고 우리의 장점이 어떤 것인지 최대한 빨리 판단하지 않으면 진정한 성공은 우리의 어깨를 스쳐갈 뿐이다. 따라서 앞에서 소개한 몇 가지 교훈들은 이렇게 바뀌어야 한다.

- 당신은 장점이 성취할 수 있는 만큼 성공할 수 있다.
- 첫 번째 시도에서 성공하지 못했다면 그 시도가 자신의 장점에 기초한 것인지 그렇지 않은지를 먼저 살펴본다.
- 자신의 장점을 발휘할 수 있도록 끊임없이 연습하면 분명히 완벽에 이르게 된다.
- 만약 당신이 성공할 수 있다는 믿음을 가지고 실제로 성공했다면, 그것은 당신에게 그러한 능력과 특기가 있어서이다.
- 내가 할 수 있다면 나와 같은 장점을 가진 다른 사람 역시 해낼 수 있다.

자신의 결점이나 자신이 잘 못하는 것을 통해서 성공에 이르고자 하는 사람은 흔히 스스로에 대해 부정적인 인식을 갖게 된다.

올해 나이 서른의 메리는 복사기 제조 회사에서 일하고 있다. 그녀는 관리부에서 몇 년을 일한 후 상품에 대한 전문 지식을 영업에 이용하리라 결심하였다. 물론 그만큼 판매 성적에 대한 기대도 높았다. 그러나 6개월 후 그녀는 최고의 판매 성적을 올릴 것이라는 기대와 달리 겨우 5등에 머물고 말았다. 그녀는 상품에 대한 설명은 아주 잘했지만 결정적으로 거래를 성사시킬 용기가 부족했던 것이다. 성적이 발표되기 전까지 그녀는 항상 자신감이 넘쳤지만 나중에는 자기 스스로 확신이 없어지고 팀에서도 점차 주도적인 역할을 잃어갔으며, 이런 좌절은 그녀의 사생활까지 영향을 미쳤다. 자신의 약점에만 신경을 쓰면서 계속 같은 실수를 반복하다 보니 스스로를 보는 눈 역시 점점 부정적으로 변하게 된 것이다.

자신의 약점에만 집중하게 되면 결국 장점까지 잃고 만다. 우리는 다른 사람의 결점을 보면 그 사람을 동정하고 어떤 철학적인 조언까지 해주려고 한다. 아마 당신은 그를 위로하면서 이렇게 말할 것이다. "자신이 실패자라고 느껴진다면 당신보다 훨씬 더 비참한 수많은 이들을 생각하십시오." 그러나 실패에만 신경을 쓰다보면 그는 더욱 헤어나기 힘들며, 오히려 그가 가지고 있는 장점까지 잃을 수 있다. 자신이 원래 가지고 있는 장점을 찾아내어 마음속 깊이 새겨야 성공의 가능성이 훨씬 높아지며, 자신의 결점에 대처하는 방법을 찾은 다음에는 자신의 장점을 발휘하기 위한 다음 단계로 최대한 빨리 전진해야 한다.

단점을 피해서 자신의 장점을
최대한 활용하라

성공한 사람들을 보면 하나같이 자신의 장점을 바탕으로
인생의 방향을 정하고 그 방향을 끝까지 잃지 않았다.

삶의 예술을 이해하려면 가장 중요한 것이 자신의 장점은 최대한 이용하고 자신의 단점은 피하는 방법을 찾는 것이다. 인생의 비결은 바로 자신의 장점을 이용하는 것이다. 만약 어떤 사람이 자신의 장점으로 삶을 꾸려나가지 않고 단점을 사용함으로써 인생의 좌표에서 잘못된 지점에 서 있다면 그는 영원히 자신을 비하하며 깊은 낙담에 빠지고 말 것이다. 자신의 장점을 꼭 붙들고 마음껏 써먹어야 성공에 이를 수 있다.

살아가면서 우리는 학문적 소양이 많고 관직에는 어울리지 않는 사람이 애써 정치를 하거나 어쩔 수 없이 지도자의 위치에 섰다가 관료 사회에서도 뜻을 이루지 못하고 학문적인 역량까지 낭비하는 경우를 흔히 본다. 로렌스 피터Laurence J. Peter에 따르면 이런 사람들은 '자기 자신을 잃은' 사람들이다. 이들이 실패한 이유는 자신의 위치를 정확히 찾지 못한 채 자신의 장점은 무시하고 자신의 단점만을 사용했기 때문이다.

성공한 사람들을 보면 하나같이 자신의 장점을 바탕으로 인생의 방향을 결정하고 그 방향을 끝까지 잃지 않았다. 자신의 장점에 근거해서 인생의 방향을 굳게 지켜나가면 어떠한 유혹도 이겨내고 아무리 센 파도가 밀려와도 휩쓸리지 않을 수 있다.

마크 트웨인은 작가이자 연설가로서 세계적으로 명성을 날린 인물이다. 하지만 그가 사업가가 되려다가 크게 실패한 적이 있음을 아는 사람은 많지 않을 것이다. 그는 타자기 개발에 투자했다가 결국 5만 달러의 손해를 봤다. 그는 또 자신의 작품으로 출판사가 많은 돈을 벌어들이자 이를 못 마땅히 여겨 스스로 출판사를 설립했다. 그러나 사업과 글쓰기는 아무 상관이 없는 것이라 출판사는 곧 경영난에 빠졌고, 결국 파산과 동시에 그는 빚더미에 앉게 되었다.

두 차례의 고난을 겪고 나서야 그는 자신에게 사업적 재능이 없음을 깨달았고, 결국 사업에 대한 생각을 접고 전국으로 순회 연설을 다니기 시작했다. 재치가 넘치면서도 민첩한 사고를 가진 그는 사업 실패의 쓴맛은 잊어버리고 이전의 감각을 금방 되찾았으며, 결국 자신의 글과 연설을 통해 사업으로 진 빚을 모두 갚을 수 있었다.

사람은 저마다 장단점이 있다. 당신은 여러 가지에 흥미를 느끼고 많은 것들을 잘할 수도 있겠지만 그중에서도 특히 자신 있는 분야가 있을 것이다. 성공하는 사람들이 직업을 선택하는 원칙은 '온 힘을 쏟아 부을 수 있고 자신의 성격에 맞으며 자신의 장점을 충분히 발휘할 수 있는 직업'이다. 자신의 장점을 이용하는 사람은 인생을 가치 있게 만드는 반면, 자신의 단점을 이용하는 사람은 인생의 가치를 떨어뜨리기 때문이다. 미국의 정치가 프랭클린이 말한 그대로이다. "보물도 잘못 방치하면 쓰레기에 불과하다."

　사람은 장점도 있고 단점도 있는 복잡하고 다중적인 존재이다. 자신의 장점을 어떻게 발휘할 것인가는 성공을 위해서 반드시 풀어야 할 숙제이다. 현명한 사람들은 자신의 재능과 장점을 마음껏 사용해서 스스로를 항상 매력 있는 존재로 만든다. 그렇다면 어떻게 해야 자신의 장점을 최대한 발휘할 수 있을까? 그것은 바로 '진선진미盡善盡美' 더할 수 없이 훌륭하고 아름답다는 의미의 네 글자를 잊지 않는 것이다. 일의 대소를 막론하고 어떤 일을 할 때는 항상 전력을 다해 가장 훌륭하고 아름다운 결과를 찾고자 하는 것이 성공하는 사람들의 특징이다.

가장 쉬운 성공 방법은
가장 잘할 수 있는 일을 하는 것이다

한 사람의 성공은 자신이 잘할 수 있는 일에 대해
얼마만큼의 정력을 쏟아 붓느냐에 달려있다. 후회 없이 원망 없이
그 일에 모든 힘을 바쳐야 비로소 달콤한 열매를 맛볼 수 있다.

대부분의 사람들은 다른 사람을 선망하거나 그저 따라할 줄만 안다. 자신의 장점을 확실히 캐내고 자신의 능력을 파악한 후 다음 목표를 정해 전력을 기울이는 사람은 대단히 적다. 통계에 따르면 조사 대상의 28%만이 자신이 가장 잘할 수 있는 직업을 찾아 자신의 운명을 손에 쥐고 자신의 장점을 마음껏 발휘했다고 한다. 이들은 당연히 약자의 문턱을 넘어 성공을 향해 매진할 수 있었다. 반면 72%의 사람들은 자신에게 가장 잘 맞는 직업이 무엇인지도 모른 채 항상 잘 하지도 못하는 일을 억지로 했다고 한다. 이런 사람들은 자신의 재능을 발휘하지 못하기 때문에 어떤 큰일을 이룬다는 것은 생각조차 할 수 없다.

사실 대부분의 사람들이 지극히 평범하면서도 자신은 결코 평범하지 않은 사람이 되고 싶어 한다. 자신의 재능과 능력을 인정받아 꿈속에 그리던 일을 이루고 부와 명예와 지위를 갖고 싶은 것이다. 그러나 유감스럽게도 이런 사람은 많지 않다.

성공한 사람들을 유심히 살펴보면 다음과 같은 공통점을 발견

할 수 있다. 머리가 좋든 나쁘든 재주가 많든 적든 또 어떤 일에 종사하고 어떤 자리에 있든, 그들은 항상 자신이 가장 잘하는 일을 한다는 것이다. 그리고 한 사람의 성공은 자신이 잘할 수 있는 일에 대해 얼마만큼의 정력을 쏟아 붓느냐에 달려있음은 여러 사례를 통해 확인할 수 있다.

어느 유명한 경제학 교수가 세 가지 경제 원칙을 인용하여 적절한 비유를 한 적이 있다. 그는 한 국가가 경제 발전의 전략을 선택하는 것과 마찬가지로 누구나 스스로 가장 잘하는 일을 선택해야 그 일을 유쾌하게 해낼 수 있다고 말한다. 다시 말해, 다른 사람과 비교해서 당신이 가장 잘하는 일이 바로 당신에게 가장 득이 되는 일이라는 것이다. 이는 경제학에서 강조하는 '비교 우위의 원칙'이다.

두 번째는 '기회 비용의 원칙'이다. 일단 스스로 선택한 이후에는 다른 선택은 접어야 한다. 양자 간의 취사 선택은 바로 일의 기회 비용을 반영한 것이다. 따라서 당신은 선택한 일에 전력을 다하고 그 일을 훨씬 더 진지하게 받아들여야 한다.

세 번째는 '효율의 원칙'이다. 일의 성과는 당신이 그 일을 얼마나 오랫동안 했느냐가 아니라 그 일을 얼마나 효과적으로 해서 어느 정도 가치를 올렸느냐에 달려있다. 이렇게 했을 때 스스로의 노력은 헛수고가 되지 않고 적당한 보상을 받을 수 있는 것이다.

환경은 스스로 개척하고 성공은 자기 자신이 만드는 것이다. 자신을 무시해서는 안 된다. 당신의 능력은 유일무이하며, 지금 당신은 대단한 일을 하고 있고, 언젠가는 범상치 않은 인물이 되어 많은 이들이 당신의 성공을 흠모할 것이라고 믿어야 한다.

자신이 가장 잘하는 일을 착실하게 해 나가는 것은 성공을 위한 또 하나의 귀중한 보물이다. 젊었을 때 사람들은 누구나 뜻을 세운다. 과학자가 되려는 이도 있고, 발명가나 위대한 문학가가 되려는 이도 있다. 젊은이들은 흔히 우상을 찾아 자기도 그렇게 되고자 하나 모든 사람들이 과학자나 발명가가 될 수는 없다. 자신의 장점을 키우고 자신만의 능력을 차곡차곡 쌓아 나가야 성공의 길로 들어설 수 있다.

즉, 자신이 열과 성을 다해야 할 곳에 다하고 자신이 걸어야 할 길을 걷는 것이 바로 성공에 이르는 길이다. 수많은 변수로 가득한 인생에서 성공하느냐 그렇지 못하느냐는 자신의 자질을 충실히 키웠는지, 그리고 그만큼의 의지를 가지고 있는가에 달려있다. 목표와 방향을 잃지 않기 위해 꿈을 가지고, 성공을 위한 조건을 하루하루 쉬지 않고 쌓아 가야 한다. 당신은 훌륭한 사업가가 되고 위대한 문학가가 되리라는 꿈을 가질 수 있다. 하지만 그 꿈에만 머물러 있어서는 결코 안 된다는 말이다.

자신의 장점을 분명히 알아야
자신의 운명을 손에 쥘 수 있다

자신의 진면목을 모르고 있으면 자신이 어떤 곳에 장점이 있는지 알 수가 없다.
이럴 경우 스스로의 운명은 손에 쥘 수 없고 성공의 길은 멀어진다.

자신의 장점을 마음껏 발휘하고 싶다면 먼저 자신의 진짜 모습
이 어떠한가를 신중하게 살펴야 한다. 자신이 잘할 수 있는 것이 무
엇인가를 알아야 어떤 일을 하고 어떤 방향으로 노력할 것인가를 결
정할 수 있는 것이다. 미국의 성공학 대가 데일 카네기는 강의에서
다음과 같은 이야기를 한 적이 있다.

하루는 어떤 부랑자가 사무실로 들어와서 나와 이야기를 나누고 싶
다고 했습니다. 그는 본래 어제 오후에 미시간 호에 뛰어들어 여생을
마감할 결심을 했다더군요. 그런데 어쩌면 운명의 여신일지도 모를 누
군가가 제가 몇 년 전에 썼던 책을 그의 주머니 속에 넣어 주더랍니다.
이 책이 그에게 용기와 희망을 주어 어젯밤을 무사히 넘길 수 있었다
고 했습니다. 그는 또 그 책의 저자만 만날 수 있다면 분명히 자신이
다시 일어서는 데 큰 도움이 되리라 생각했답니다. 저는 제가 그를 위
해 어떤 일을 할 수 있겠느냐고 물었지요.
저는 그의 말을 들으면서 머리끝에서 발끝까지 그를 쭉 훑어보았습

니다. 솔직히 말씀드려 그때 저는 내가 과연 저 사람에게 무엇을 해줄 수 있을지 의심이 들더군요. 그는 얼굴에 주름이 깊이 패어있고 눈은 멍했습니다. 최소한 열흘은 깎지 않은 수염에 뭔가 불안에 떠는 듯 힘 없는 모습을 보며 어떤 도움을 주기에는 너무 늦은 것 같았지요. 그래서 저는 그를 자리에 앉히고 처음부터 끝까지 차분하게 그간의 사정을 얘기하라고 권하자, 그는 아주 자세하게 이야기했습니다. 대강의 내용은 이렇습니다.

그는 전 재산을 투자해서 작은 공장을 하나 세웠는데, 1914년에 세계대전이 발발하면서 생산에 필요한 원료를 구할 수 없어 결국 파산하고 말았습니다. 전 재산을 날리자 그는 모든 희망을 잃고 아내와 자식들까지 떠나보내고 이렇게 부랑자 신세가 된 것입니다. 그는 지난 일들을 도저히 잊을 수 없었고 그럴수록 이 세상에서 버티기가 힘들었지요. 그러다가 결국 자살까지 결심하게 되었답니다. 그의 이야기를 모두 들은 후에 저는 이렇게 말했습니다.

"아주 잘 들었습니다. 제가 당신에게 뭔가를 해줄 수 있으면 더할 나위 없이 좋겠지만, 사실 저 역시 당신을 도울 능력은 없는 것 같군요."

그는 갑자기 얼굴이 창백해지더니 고개를 푹 떨어뜨리고 속삭이더군요. "이 세상은 이제 마지막이구나."

저는 잠시 침묵하고 있다가 다시 말을 건넸지요. "저는 당신을 도울 방법이 없지만 같은 빌딩 안에 있는 어떤 사람을 소개해줄 수는 있습니다. 혹시 그 사람이라면 당신이 재기하는 데 도움이 될지도 모르겠군요." 그는 이 말을 듣고 너무 기뻐하며 제 손을 잡고 말하더군요. "그분을 꼭 뵙게 해주세요."

그의 말을 듣고 저는 그가 아직도 희망을 가지고 있음을 느낄 수 있었지요. 그래서 저는 그와 함께 제 실험실로 가서 커튼 앞에 섰습니다. 커튼을 걷자 큰 거울이 하나 나왔고 그는 거울을 통해 자신의 모습을 보았습니다. 제가 손가락으로 거울을 가리키며 말했지요.

"제가 당신께 소개하려는 사람이 바로 이 사람입니다. 이 세상에서 당신을 다시 일으킬 수 있는 사람은 이 사람뿐입니다. 이 사람을 확실히 알지 못하면 당신이 갈 곳은 결국 미시간 호뿐입니다. 왜냐하면 당신 스스로 자신에 대해 충분히 알기 전에는 당신 자신이나 이 세상에게 당신은 그저 아무런 가치도 없는 쓰레기에 불과하기 때문입니다."

그는 거울 쪽으로 몇 걸음 다가가 길게 수염이 자란 얼굴을 어루만지고 몇 분 동안 거울 속 자신을 머리끝부터 발끝까지 살펴본 다음 다시 물러섰습니다. 그러더니 고개를 떨구고 눈물을 흘리기 시작하더군요. 저는 어느 정도 효과를 보았다고 판단하고는 그와 작별 인사를 했지요.

며칠 후 저는 길에서 우연히 그를 만났습니다. 처음에는 누군지 몰라볼 정도로 그의 발걸음은 경쾌하고도 힘이 넘쳤고 어깨는 활짝 펴져 있었어요. 그는 마치 큰 성공을 거둔 사람처럼 머리끝에서 발끝까지 완전히 새롭게 단장을 했더군요. 그가 말했습니다.

"마침 좋은 소식을 알려드리려고 선생님 사무실로 가던 길이었어요. 그날 사무실에서 나올 때까지도 저는 그저 부랑자에 불과했지요. 하지만 그런 모습을 하고서도 저는 연봉 3천 달러짜리 일을 찾았답니다. 오, 하느님! 1년에 3천 달러라니요. 게다가 사장님은 미리 가불까지 해줘서 새 옷을 사 입고 집에도 돈을 보내도록 배려해주셨어요. 저는 이제 다시 성공의 길로 들어설 겁니다. 나중에 다시 한 번 선생님을 찾아가 뵙겠습니다. 그때는 제가 꼭 백지수표를 한 장 드릴 테니 선생님은 그 수표에 금액만 적으십시오. 선생님은 저에게 제 자신을 소개시켜주신, 거울을 통해 저의 진정한 모습을 보게 해주신 분이잖아요."

그는 말을 마친 후 사람들로 북적대는 시카고 거리로 향했습니다. 그때 저는 알 수 있었지요. '스스로의 가치'를 발견하지 못한 사람들의 의식 속에도 본래는 위대한 힘과 수많은 잠재력이 숨어있다고 말입니다.

좋아하고 관심 있는 것에서
자신의 장점을 발견하라

자기가 좋아하는 것을 근거로 일의 목표를 정한다면
그만큼 더 적극적이 될 수 있다.

우리는 자신의 장점을 충분히 발휘해야 목표를 향해 평생토록
나아갈 수 있음을 이미 알고 있다. 그러나 여기에는 전제 조건이 하
나 붙는데, 그것은 바로 내가 과연 어떤 것에 흥미를 느끼는지 스스
로에게 물어야 한다는 것이다. 여기서 '흥미'란 어떤 것을 알고 싶고
어떤 것을 즐기고 싶은 심리를 말한다. "나는 무엇을 좋아하지?"
"내가 가장 잘 할 수 있는 것은 뭐지?" 이렇게 자기가 좋아하는 것을
근거로 일의 목표를 정한다면 그만큼 더 적극적이 될 수 있다. 아무
리 피곤하고 힘들어도 항상 즐겁고 유쾌하게 일을 할 수 있으며, 끊
임없이 장애에 부딪혀도 결코 낙담하지 않고 어떻게든 방법을 찾아
내어 그것을 극복하며 심지어는 먹고 자는 일까지 잊고 그 일에 푹
빠질 수 있다. 에디슨이 대표적인 예이다. 그는 거의 매일 실험실에
서 열 몇 시간씩 연구하면서 생활했지만 조금도 힘들어하지 않았다.
그는 이렇게 말했다. "저는 하루하루가 너무 즐거웠습니다." 이것은
그가 그토록 위대한 발명품들을 세상에 내놓을 수 있었던 이유다.
　대부분의 사람들은 자기가 어떤 것에 흥미를 느끼고 있으며, 어

떤 것을 잘하는지 모르고 있다. 그것은 현실의 실천 속에서 발견할 수 있다. 실천을 통해 자신을 인식하고 자기가 무엇을 잘하고 무엇을 못하는지 알아야만 장점은 취하고 단점은 피해감으로써 성공에 이를 수 있는 것이다.

작가 스퍼크는 자신이 작가가 될 것이라고는 꿈에도 생각지 못하고 여러 가지 일을 전전했다. 처음에는 190센티미터가 넘는 키 때문에 농구를 시작해서 시 대표선수까지 되었다. 하지만 실력도 그저 그렇고 나이까지 많아지면서 그는 화가로 전업했다. 그러나 그림 실력 역시 특출나지 않았다. 그러다가 어느 잡지에 우연히 그림과 함께 짧은 글을 하나 싣게 되면서 자신의 글쓰기 능력을 발견하게 되었고, 이때부터 문학 창작의 길에 들어섰다.

자기가 어떤 것에 흥미를 가지고 있는가는 자신의 지난날을 돌아봄으로써 알 수 있다. 그것을 바탕으로 자신이 어떤 것들에 관심이 있는가를 알아내고 그에 상응하는 직업을 대비시키면 자신에게 가장 적합한 직업을 찾을 수 있을 것이다. 자신이 흥미를 느끼는 것과 직업의 관계에 대해서 하버드의 학자들은 『캐나다 직업 분류 사전』에 근거하여 다음과 같이 분류했다.

유형 A : 사물과 소통하고 싶어하는 사람
이 유형은 구체적인 사물과 소통하면서 조용히 한 가지 일에 몰두하고 싶어하는 사람이다. 어울리는 직업으로는 제도사, 지질 탐사원, 건축 설계사, 기계 설계사, 컴퓨터 기사, 회계사 등이다.

유형 B : 사람들과의 접촉을 좋아하는 사람

이 유형은 항상 사람들과 만나고 친구 사귀기를 좋아하여 판매나 인터뷰, 상담, 정보 전달 같은 활동에서 즐거움을 찾는 부류이다. 어울리는 직업으로는 판매원, 기자, 상담원, 교사, 가이드, 서비스업 등이다.

유형 C : 규칙적인 업무를 좋아하는 사람

이런 사람들은 규율에 따라 항상 규칙적이고 반복적인 활동을 좋아하며 어떤 일을 꼼꼼하게 안배하는 것에 익숙하다. 어울리는 직업으로는 도서관 사서, 비서, 통계원, 공무원, 우편 배달부, 문서 관리직 등이다.

유형 D : 남을 돕는 것을 좋아하는 사람

이런 사람들은 다른 사람의 어려운 사정을 돌봐주고 고민을 듣고 함께 해결함으로써 흥미를 찾는다. 어울리는 직업으로는 복지 업무, 자선 사업, 의사, 변호사, 보험 설계사, 간호사, 경찰 등이다.

유형 E : 사람들을 이끌고 조직하기 좋아하는 사람

이 유형은 어떤 일을 자기가 책임져서 사람들의 존경이나 인정을 받고 싶어하는 사람들로서 이들은 일을 할 때 항상 중심이 된다. 어울리는 직업으로는 정치가, 기업가, 사회 운동가, 행정 관리 등이다.

유형 F : 다른 사람을 유심히 관찰하기 좋아하는 사람

이 유형은 다른 사람의 행동이나 심리 상태에 대해 관심을 가지

고 그 문제에 대해 이야기하는 것을 좋아한다. 사회학, 심리학, 인류학, 조직행동학, 교육학, 정치학 등의 현지 조사원이나 연구원이 적당한 직업이다.

유형 G : 과학기술에 대해 깊이 파고드는 것을 좋아하는 사람

이 유형은 분석적, 추론적이고 실험적인 활동에 큰 흥미를 느끼며 이론적 분석에 능하다. 자기만의 일을 가지고 문제를 해결하고자 하며 실험을 통해 뭔가를 새롭게 발견하기 위해 애쓴다. 어울리는 직업으로는 기상학 · 물리학 · 천문학 · 생물학 · 화학 · 지질학 등의 연구직이다.

유형 H : 추상적이고 창조적인 일을 좋아하는 사람

이런 사람들은 상상력과 창조력이 필요한 일에 흥미를 느낀다. 혼자서 뭔가를 하기 좋아하며 탐구 정신을 가지고 주로 추상적인 문제를 해결하고자 한다. 철학 연구, 과학기술, 경제 분석, 문학 창작, 수리 연구 등과 관련된 직업이 어울린다.

유형 I : 기계의 조작을 좋아하는 사람

이 유형은 특정 기술을 사용하거나 각종 기계를 조작하여 상품을 만들어내고 임무를 완성함으로써 즐거움을 찾는 유형이다. 이들은 기계, 특히 큰 효율을 지닌 첨단 기계에 관심이 많다. 어울리는 직업으로는 비행기 · 기차 · 배의 조종사, 자동차 운전사, 제어계측기사, 건축 시공자, 석유나 가스 발굴 기사 등이다.

유형 J : 구체적인 성과를 좋아하는 사람

이런 사람들은 자신이 노력한 결과를 빨리 보고 싶어하며 어떤 구체적 형상을 지닌 상품을 만들고 싶어한다. 어울리는 직업으로는 인테리어 디자이너, 패션 디자이너, 사진작가, 조각가, 화가, 헤어 디자이너, 요리사, 수공품 전문 제작자, 증권관리 전문가 등이다.

유형 K : 뭔가를 표현하고 변화가 많은 일을 좋아하는 사람

이런 유형은 공연이나 운동 혹은 놀랍고 자극적인 일에 흥미를 느끼며 일정한 틀 없이 항상 변화하고 승부욕을 불러일으키는 일을 좋아한다. 어울리는 직업으로는 배우, 운동선수, 작곡가, 여행가, 탐험가, 스턴트맨, 선원, 직업 군인, 경찰 등이다.

자신의 장점을 충분히 발휘하고 싶다면 자신이 정말 좋아하는 것이 무엇인가에 맞춰 알맞은 직업을 선택해야 한다. 그래야만 당신의 일은 순풍에 돛을 단 듯 순조롭게 성공의 세계로 향할 수 있다.

자신만의 장점을 살릴 수 있는
방법을 생각해내라

다른 사람은 결코 대신할 수 없는 인물이 되고 싶다면
자기만의 독특한 장기가 있어야 한다.

내가 남보다 나은 것은 성격일 수도 있고, 정신 자세일 수도 있고, 능력일 수도 있고, 혹은 독특한 기술일 수도 있다. 자기만의 장점이 없는 사람이 오늘날과 같은 치열한 경쟁 사회를 헤쳐 나가기란 결코 쉽지 않다. 다시 말해, 다른 사람은 결코 대신할 수 없는 인물이 되고 싶다면 자기만의 독특한 장기가 있어야 한다는 것이다.

하버드의 인생철학에서의 장점은 어떤 손재주일 수도 있고, 어떤 기능일 수도 있으며, 학문이나 특수한 지각 능력일 수도 있다. 당신은 요리사, 목수, 재봉사, 수제화 장인, 수리공일 수도 있고 또 엔지니어, 프로그램 기사, 패션 디자이너, 변호사, 카피라이터, 건축가, 작가, 비즈니스 컨설턴트, 기업가 혹은 정치 지도자일 수도 있다. 그러나 "만약 당신이 성공을 하고 싶다면, 만약 당신이 사회에서 어떤 역할을 맡고 싶다면, 당신은 반드시 다른 사람과는 다른 장점을 가지고 있어야 한다."라고 말한다. 성공한 사람들의 보편적인 특징 중 하나는 남보다 앞서는 자기만의 장점을 가지고 일정한 범주 내에서 결코 없어서는 안 되는 인물이 되었다는 것이다.

포드의 장기는 자동차 제조이고 에디슨의 장기는 놀랄만한 물건의 발명이며, 피에르 가르뎅의 장기는 패션 디자인이고 아디 다슬러의 장기는 신발 제작이며, 디즈니의 장기는 동화 제작이고 빌 게이츠의 장기는 프로그램의 제작과 관리라는 것은 누구든 알고 있다. 이들은 분명 처음부터 대단한 인물은 아니었다. 그러나 자신의 장점을 끊임없이 발전시키고 거기에 다른 조건들을 더해감으로써 큰 성공을 이룰 수 있었다.

사람들은 각자 자신의 능력으로 다른 사람에게 봉사하거나 서로 협력함으로써 삶을 이어 나가야 하며 그만큼 장점을 잘 살리기만 하면 삶은 더욱 가치 있게 된다. 따라서 아직 장점을 발견하지 못했다면 바로 지금부터 방향을 정하고 투자를 해야 한다. 시간과 정력과 땀을 아낌없이 쏟으면 당신은 그 분야에서 뛰어난 사람이 될 것이다. 만약 당신이 어떤 장점을 가지고 있음에도 불구하고 아직 그 방면에 정통하지 못하다고 생각된다면 좀 더 아낌없는 투자를 하고 전력을 기울여야만 다른 사람과 달라질 수 있다.

생각해 보라. 만약 당신에게 아무런 장기도 없다면 얼마나 두렵겠는가! 목수가 세 시간이면 만들 수 있는 탁자를 당신은 사흘에 걸쳐 만들어야 하고, 재봉사가 하루면 만들 수 있는 옷을 당신은 일주일도 넘게 붙들고 있을 것이다. 또 당신은 복잡한 자료들을 동원해 사업 관련 계약서를 작성하겠지만 변호사는 단 한 시간이면 초고를 완성할 것이다. 상담의 기교와 관련 분야에 대한 지식이 없다면 당신은 상품을 쉽게 팔 수 없다. 이런 일에 능한 당신의 동료는 당신이 보름 동안 판매한 상품을 단 하루만에 해치울 것이다. 만약 상사가 임금 관리 프로그램을 만들어보라고 하면 당신은 기초 단계부터 배워야 할 것이다. 이처럼 잘 하는 게 아무 것도 없는 사람이 극심한 경쟁 사회에서 어떻게 두각을 나타내겠는가? 당신의 경쟁 우위는 어디에 있는가? 다른 사람이 아닌 바로 당신을 찾는 이유는 무엇인가? 무슨 근거로 당신은 상사에게 다른 사람이 아닌 당신을 뽑아달라고 하겠는가?

성공한 많은 사람들이 이런 신념을 가지고 있다. 다른 사람들보다 뛰어난 자신만의 능력에 의지해야 성공할 수 있다. 따라서 성공하고 싶으면 단순히 자신의 장점을 갖는 것에 그치지 않고 그 장점을 갈고 닦음으로써 그 분야에서 주위 사람들을 압도할 수 있어야 한다. 노력 없이 늘 그 자리에 머물러 있는 사람이 하루아침에 남들을 앞서기란 불가능하다.

자신의 장점을 기르기 위해 바로 오늘부터 가능한 모든 기회를 이용하여 자기 분야의 지식과 기술을 습득해야 한다. 그래서 더욱 입맛에 맞는 요리를 만들고, 훨씬 우수한 품질의 제품을 만들고, 더 실용적인 프로그램을 만들고, 더욱 아름다운 글을 쓸 수 있도록 노력하고 또 노력해야 한다. 이렇게 해야만 당신은 풍성한 수확을 거둘 수 있다.

인생에서 성공한 많은 이들에 대한 연구를 통해 하버드의 학자들은 이런 사실을 발견했다. 즉, 성공한 사람들을 보면 처음에는 어떤 한 방면에서 약간 뛰어난 능력을 보이다가 점차 여러 조건들과 결합하면서 한 분야의 전문가를 넘어 하나의 완벽한 성공 인사가 되는 경우가 많다는 것이다. 맨손으로 시작해서 성공한 사람들 중에 이런 경우가 특히 많다.

직업은 부지기수다. 그리고 직업마다 가장 우수한 사람이 있게 마련이다. 사람의 전문성은 분업 생산에 의해 생겨난 것으로서 인류 문화의 발전과 문명의 표지라 할 수 있다. 이로 인해 사람의 능력 역시 일반 능력과 특수 능력의 두 가지로 나눠진다. 일반 능력은 비교적 넓은 범위의 여러 가지 활동에 적용될 수 있는 기본 능력을 말한다. 관찰력, 기억력, 사고력, 상상력, 판단력 등이 이 범주에 속한다. 특수 능력은 좁은 범위 안에서의 특수한 활동 분야에 적용될 수 있는 능력으로서 화가의 색감 판별력과 공간 상상력, 수학자의 계산 능력, 문학가의 언어 표현 능력 등이 이에 속한다. 이 특수 능력은 보통 전문적인 분야나 특정 직업에서 표현된다.

일반 능력은 특수 능력의 발전을 위해 일정한 조건을 마련해주며, 특수 능력은 곧 일반 능력이 특정 분야에서 독특하게 발전한 것이다. 특수 능력의 발전 역시 일반 능력의 발전을 촉진시킬 수 있다. 특수 능력은 곧 전문적인 능력이기도 하다.

이러한 전문 능력은 지식 구조와 결합하면서 전문적 소질의 중요한 내용을 구성한다. 물론 그 소질에는 전문적인 것에 대한 흥미, 기호, 정감이나 전문적인 일을 통해 표출되는 의지, 기술 등과 같은 여타의 요소들이 포함된다. 그리고 각 분야의 전문 인재들은 거대한 인류 사회를 만들어 왔으며 마치 오색의 찬란한 꽃들처럼 인류 사회에 화려한 색채를 더해 주었다.

사람의 전문적 소질은 신체적 · 심리적 · 외재적 · 문화적 소질 등의 다양한 요소가 서로 다른 전문 분야에 따라 유기적으로 결합하면서 형성된다. 전문적 소질이 우수하면 우수할수록 해당 분야에서 더욱 두드러진 역할을 하고 더욱 새로운 창조력을 발휘한다. 그렇다면 어떻게 해야 자신의 전문 분야에서 최고의 소질을 갖출 수 있을까?

우선 자신의 주된 특성이나 기호, 흥미 등을 사회의 객관적 수요와 긴밀히 결합하는 것이다. 이는 자신의 전문적 소질을 수준 높게 만들기 위한 기본 전제이다. 사람의 소질은 천차만별이며 모두들 저마다의 장점과 단점들을 가지고 있다. 자신을 정확하게 이해하고 분석해서 자신에 대한 정확한 평가를 내린 후, 자신의 특성에 맞는 장점을 찾아내어 독자적인 지능 구조를 만들고 자신의 장점이 효과적으로 발휘될 수 있도록 하는 것, 이것이 가장 근본이다. 따라서 최적의 지능 구조는 사람마다 다르므로 남의 것을 그대로 옮겨 억지로 가져다 쓸 수는 없다. 만약 자신의 특성을 파악하지 못하여 단점만을 앞세우고 장점을 살리지 못한다면 허송세월을 보낼 수밖에 없는 것이다.

　　또 한 가지, 자기가 하는 일에 대해서는 깊은 흥미를 가져야 한다. 어떤 일에 빠져들면 곧 그 일에 온 힘을 쏟고 어떤 문제에 봉착하더라도 심혈을 기울여 그것을 해결하려 한다. 이렇게 해서 지능과 재능을 최대로 발휘하고 몸속 깊이 묻혀 있던 모든 잠재력을 끄집어내도록 한다.

　　일본의 유명한 교육학자 기무라 이치木一는 이렇게 말했다. "소위 천재란 어떤 일에 대해 강한 흥미를 느끼고 그 일에 푹 빠져드는 사람을 말한다." 사람은 보통 자기가 좋아하는 일을 할 때 전력을 다하게 된다. 이때는 일에 대한 필요성, 동기, 주의력, 의지, 지능 등이 하나의 목표에 집중되면서 시너지 효과를 일으키고 아무리 힘들고 어려운 일이라도 기꺼이 받아들이게 된다.

　　결국 어떤 일이나 사업의 필요성에 따라 자신의 지능 구조와 기호, 흥미 등을 조절하여 그 일을 실행에 옮기고 사랑하며 그 일에 푹 빠져드는 게 무엇보다도 중요하다.

성공으로 이끌 장점을
부지런히 배우고 익혀라

아름다운 내일을 기대한다면 당신이 마음대로 사용할 수 있는 시간을
바로 오늘 일의 효율을 증대시킬 수 있고 실제적인 가치가 있는 일에 쏟아 부어라.

배움은 장점을 통해서 성공으로 가는 첫 번째 단계이다. 성공한
사람들은 늘 뭔가를 배우고자 하며 그럼으로써 자신의 장점을 키워
나간다. 이 세상에서 헨리 브라이튼^{Henley Brighton}보다 더 바쁜 사람은
없는 것 같다.

헨리 브라이튼은 쉬지 않고 열심히 배운 덕분에 겨우 서른 남짓 나
이에 이미 미국 SERVO 사의 CEO이자 미국 최고의 탄도미사일 전문
가 중의 한 사람이 되었다. 하지만 그와 같은 위치에 있으면서도 배움
에 소홀하지 않고 매일 업무가 끝나는 대로 야간 대학으로 가서 공부
를 계속했다.

그가 선택한 과목은 소묘였다. 왜 그는 소묘를 배우려 했을까? 헨리
의 대답은 매우 현명했다. "소묘를 통해 제가 가지고 있는 새로운 생각
을 회사의 기술자들에게 좀 더 효과적으로 알려줄 수 있을 테니까요."

이미 성공했지만 그는 이것이 인생에서 해야 할 노력까지 끝났음을
의미하지는 않는다고 보았다. 지구는 항상 돌고 있고 세상은 끊임없이

변하는 만큼, 시대의 조류를 쫓아가려면 부단히 배워야 한다는 게 그의 생각이다.

소묘 외에도 그는 저녁 시간에 타자, 레이더 기술, 스페인어, 경영학, 연설법 등 회사 경영에 도움이 되는 것이라면 무엇이든 배웠다. 이렇듯 그는 배우고 또 그것을 실제 활용함으로써 배움의 효과를 훌륭하게 나타내고 있었다.

진정으로 성공하는 사람은 일이 아무리 많고 힘들더라도 결코 원망하지 않으며 오히려 시간을 내서 공부를 계속하고 스스로 엄격하게 자신을 대한다. 이러한 최고의 인재들은 인생은 잠시이며, 하루 중 스스로 사고할 수 있는 시간은 대단히 제한적이라는 사실을 잘 알고 있다. 그렇기 때문에 그들은 그 짧은 시간을 일분일초라도 아껴가며 가장 효율적으로 이용하는 것이다.

노력이 성공을 부른다는 것은 분명하지만 한 번의 노력과 성공이 결코 종점은 아니다. 다음의 성공을 위해서 더욱 예리한 칼날을 갈아야 한다는 말이다. 예나 지금이나 성공한 사람들을 보면 현재 상황에 안주하지 않고 좀 더 나은 내일을 위한 준비를 소홀히 하지 않는다.

당신은 남는 시간에 일의 효율을 높일 수 있는 유익한 뭔가를 기꺼이 배워야 한다. 바로 지금 자유롭게 생각할 수 있는 시간을 효율적으로 이용하면 당신은 미래의 성공을 보장받을 수 있다. 이것은 투자이자 보험이다.

당신이 어떤 일을 하고 있든 실제 일하는 시간을 계산해 보면 일주일의 절반 정도가 될 것이다(일반적인 회사의 업무 시간은 하루 8시간, 일주일에 40시간 정도이다. 일주일 전체의 1/3도 안 된다). 나머지

반에 당신은 무엇을 하고 있는가?

하루 업무가 끝난 후의 여가와 최소한 하루나 이틀의 휴일이 포함되는 이 시간은 당신의 자유 시간이 된다. 여가 시간은 누구에게나 있지만 문제는 이 시간을 어떻게 이용하느냐이다. 따라서 당신은 귀중한 시간을 어떻게 아끼며 보낼 것인지 고민해야 한다. 예를 들어, 매일 출퇴근 버스나 지하철에서 전문 지식과 관련된 서적을 읽어도 될 것이며, 혹은 주말을 어떻게 의미 있게 보낼 것인지 계획을 세워보는 것도 좋다.

헨리 브라이튼은 말했다. "인류의 두뇌는 신비로운 존재입니다. 그런데도 이것을 쓸데없는 일에 낭비한다면 얼마나 안타깝겠습니까!"

아름다운 내일을 기대한다면 당신에게 주어진 자유 시간을 바로 오늘 일의 효율을 높여주고 실제적인 가치를 채워주는 일에 쏟아부어야 한다. 이처럼 시간을 아껴서 얻은 새로운 지식은 당신의 마음속 깊은 곳에서 새로운 잠재력으로 자리 잡고, 이 잠재력은 기회가 왔을 때 언제든지 사용할 수 있는 도구가 된다.

부지런히 배우고 익힌 지식은 당신의 머릿속에 차곡차곡 쌓여서 다른 사람은 절대로 훔쳐갈 수 없는 온전한 당신만의 소유물이 된다.

자신을 완벽하게 함으로써
자신의 장점을 연마하라

자신을 완벽하게 만든다는 것은
끊임없이 더 나아질 수 있다는 희망을 품고 있다는 것이다.
희망을 품었다면 자기 자신(물질적인 생활과 즐거움만을 추구하는 자신)을
이겨내어 완벽이라는 목표에 이르도록 노력해야 한다.

사람이라면 누구나 단점을 가지고 있다는 것은 부인할 수 없는 사실이다. 그러나 사람이 사람다운 이유는 자신의 단점이 무엇이든 그 단점을 고쳐서 스스로를 완벽하게 할 줄 안다는 것이다.

자신을 완벽하게 한다는 것은 '끊임없이 더 나아질 수 있다는 희망'을 품고 있다는 것이다. 희망을 품었다면 자기 자신 - 물질적인 생활과 즐거움만을 추구하는 자신 - 을 극복하여 완벽이라는 목표에 이르도록 노력해야 한다. 소설, 카드놀이, 당구, 잡담 등은 모두 그만두고 짧은 시간도 낭비하지 않아야 한다. 완벽을 추구하는 모든 사람들은 '방종'이라는 장애물과 맞닥뜨리게 되는데, 이것을 물리쳐야 큰 발전을 가져올 수 있다.

한 젊은이가 밤 시간을 어떻게 보내고 또 자투리 시간을 어떻게 이용하는가를 알면 우리는 곧 그의 미래를 예견할 수 있다. 그는 시간을 황금처럼 여겨서 한시도 낭비하지 않을 수 있고, 어쩌면 여가라는 것을 그저 즐겁게 보내면 되는 가벼운 시간으로 여길 수도 있을 것이다.

다시 말해, 여가 시간을 활용하는 방식은 곧 그 사람이 진지하게 삶을 대하는가 놀면서 인생을 허비하는가의 생활 태도를 결정한다. 후자에 해당하는 사람은 이런 두려운 결과를 미처 생각하지 못할 것이다. 남는 시간을 마음대로 낭비함으로써 자신의 재능과 품성이 점점 퇴화하며 이런 퇴화를 몸으로 느끼기란 쉽지 않다는 것을……

젊은 사람들은 흔히 자기가 경쟁 상대에 이미 뒤떨어져 있음을 발견하고서 놀라곤 한다. 그러나 일단 자신을 한번 돌아보기만 하면 그렇게 된 이유가 바로 변하는 시대에 발맞추는 것을 게을리 했고, 폭넓은 독서를 하지 않았으며, 삶을 충실히 하려는 노력을 소홀히 했음을 알 수 있을 것이다.

대부분의 젊은이들은 일에 몸과 마음을 다 바치고 싶어하지 않으며 그저 적게 일하고 많이 놀고 싶어한다. 그들은 항상 시간이 남으면 어떻게 놀 것인가를 생각하기 때문에 스스로를 이겨낼 줄도 모르고 인생을 준비하는 방법에 대해서도 중요하게 생각하지 않는다.

흔히 직원들은 사장을 동경하며 자기도 경영자가 되는 꿈을 갖는다. 하지만 한편으로는 회사를 경영하기 위해 필요한 너무나 많은 일들에 대해서는 회의를 느낀다. 그들은 유유자적의 삶을 그리면서, 더 높은 자리에 오르고 더 많은 돈을 벌기 위해 노력하고 공부하는 것이 과연 가치가 있는가를 항상 되묻는다.

대부분의 사람들은 더욱 크고 많은 이익을 위해 눈앞의 작은 이익을 버리는 것을 원치 않는다. 그들은 삶을 가볍고 느긋하게 살고 싶지 끊임없이 스스로를 완벽하게 하는 데 세월을 보내려 하지 않는다. 좀 더 먼 곳을 내다보고 미래를 계획하는 사람은 매우 드물다. 인생이라는 빌딩의 초석을 다지기 위해 오랜 세월을 묵묵히 노력하는 사람은 너무나 적다. 그럼에도 불구하고 대부분의 사람들은 아무런 노력 없이 위대한 희망을 이루려고 한다. 그러나 그 희망은 허망일 뿐이다. 왜냐하면 그 목표를 위해 대가를 지불하고 희생을 치르려 하지 않기 때문이다. 그들은 본래 더 높은 층으로 올라갈 능력이 있다. 하지만 그들은 의지가 부족하고, 해야 할 노력은 하고 싶지 않고, 더 높은 목표는 바라지도 않은 채 그저 인생을 편하게만 보내고 싶은 마음이 훨씬 크다. 그들은 자기가 쟁취할 수 있는 모든 것들에 전력을 다할 생각이 없다. 그래서 그들의 인생은 지극히 평범할 뿐이다.

만약 누군가가 끊임없이 발전하여 스스로 완벽해지기를 바란다면 그는 분명 남보다 앞설 기회를 만나게 될 것이며, 혹 기회를 만나지 못하더라도 그 기회를 스스로 만들어낼 것이다.

안타까운 것은 천부적인 재능을 가진 수많은 사람들이 스스로를 완벽하게 할 수 있는 기회를 잡지 못한 채 오히려 다른 사람보다도 재능이 떨어지는 지경에 이른다는 것이다. 자기가 탁월한 능력을 가지고 있음을 알면서도 그 능력에 맞는 훈련을 받지 못해서 그저 평범하게 살아가는 사람이 그렇다.

사람은 본래 자기 잠재력의 80~90% 정도까지 발휘할 수 있는데, 능력에 알맞은 교육과 훈련의 부족으로 잠재력의 20%도 써먹지 못하는 경우가 많다고 한다. 단지 교육이 부족해서 제대로 능력을 발휘할 수 없다면 그 사람에게는 정말 안타까운 일이 아닐 수 없다.

어느 천재 과학자가 있었다. 그는 젊었을 때 주위에서 자신의 뜻을 알아주지도 않았고 그만큼 교육도 제대로 받지 못했다. 나중에 그는 자연에 관해 동시대의 그 어떤 사람들보다 많은 지식을 갖게 되었지만 제대로 된 문장 하나 쓰지 못하는 터라 자신의 지식을 글로 옮기고 책으로 전할 수가 없었다. 가장 기초적인 교육도 받아본 적이 없는 그는 아는 단어가 너무나 적었고, 언어에 관한 지식도 한참 모자랐기 때문에 자신의 생각을 표현할 때 무척이나 힘들어했다.

이런 천재의 고통을 상상해 보라. 그는 자신이 수많은 과학적 지식을 가지고 있음을 이미 알고 있지만 자신의 생각을 표현할 방법에는 속수무책이었던 것이다.

어떤 젊은이가 지도자가 될 재능을 타고났는데도 적절한 훈련을 받지 못해서 자기보다 능력은 한참 아래지만 충분한 교육을 받은 사람을 위해 일해야 한다면 이 역시 얼마나 안타까운 일인가.

우리는 충분한 교육을 받지 못해서 자신의 천부적인 재능을 썩히는 사람을 곳곳에서 보게 된다. 이들은 자신의 장점을 정확하게 표현하지 못하기 때문에 그 장점이 빛을 보지 못하고 묻혀버리게 된다.

자신을 완벽하게 할 도구를 손에 쥐고 쉼 없이 그것을 사용해야 한다. 도끼날이 무디면 나무를 벨 때 힘이 훨씬 더 들며, 기회가 적으면 많은 정력을 필요로 하고 그만큼 더 힘들어진다. 자신을 완벽하게 하는 과정이 처음은 그 속도가 대단히 느리지만 포기하지 않고 계속 유지해나간다면 이것이 곧 성공으로 가는 길이 된다.

장점에 또 다른
한 측면이 있음을 잊지 마라

인생은 바람도 맞고 비도 맞고 진창에도 빠지는 여정과 같으며,
우리 모두는 그런 여정을 밟는 나그네이다. 많은 순간 우리는 스스로의
단점에서가 아니라 오히려 장점에서 허우적거리곤 한다.

세 여행객이 한 여관에 묵었다. 다음 날 아침, 한 사람은 우산을 들고 다른 한 사람은 지팡이를 들고 또 다른 한 사람은 아무것도 챙기지 않은 채 여관을 나섰다. 저녁에 돌아올 때 보니, 우산을 가지고 나간 사람은 온몸이 물에 젖어있었고, 지팡이를 든 사람은 넘어져서 온몸이 상처투성이였으나, 세 번째 사람은 멀쩡했다. 이상히 여긴 두 사람이 그에게 물었다. "당신은 어떻게 해서 아무렇지도 않죠?"

세 번째 사람은 대답은 하지 않고 오히려 우산을 든 여행객에게 되물었다. "당신은 왜 비에는 흠뻑 젖고 넘어지지는 않았나요?"

우산을 든 여행객이 답했다. "비가 쏟아지기 시작했지만 저는 우산을 준비한 터라 대담하게 빗속을 걸었지요. 이렇게 많이 젖으리라고는 생각지 못했습니다. 그리고 지팡이가 없어서 진흙길을 걸을 때는 좀 더 단단한 땅을 찾아 조심히 걸었지요. 그래서 넘어지지 않았답니다."

이번에는 지팡이를 가지고 나갔던 사람에게 물었다. "비에는 젖지 않고 미끄러져서 다치게 된 이유는 뭔가요?"

지팡이를 쥔 여행객이 말했다. "비가 세차게 내릴 때 저는 우산이 없

었기 때문에 비를 피해 걸어 다녔지요. 그래서 젖지는 않았답니다. 그런데 진흙길을 걸을 때는 지팡이를 쥐고 있었는데도 왜 자꾸 넘어졌는지 모르겠어요."

세 번째 여행객은 두 사람의 말을 듣고 미소를 지으며 말했다. "제가 이렇게 아무 일도 없는 이유와 같군요. 저는 비가 내리자 비를 피해 걸어 다녔고, 진흙길을 만나면 조심히 걸어 다녔답니다. 그래서 비에도 젖지 않고 진흙길에 넘어지지도 않았지요. 두 분이 그렇게 된 것은 자신의 장점을 너무 과신한 탓에 조심하지 않았기 때문이지요."

인생은 바람도 맞고 비도 맞고 진창에도 빠지는 여정과 같으며, 우리 모두는 그 여정을 밟는 나그네이다. 많은 순간 우리는 자신의 단점에서가 아니라 오히려 장점 때문에 허우적거리곤 한다. 단점은 항상 우리에게 주의를 일깨우지만 장점은 오히려 모든 것을 잊게 만들기 쉽다. 그야말로 '물에 빠져 죽는 사람은 모두 수영을 할 줄 아는 사람들이다' 라는 말 그대로이다.

생활 속에서의 장점 역시 이로움과 해로움의 두 측면을 가지고 있다. '새옹지마' 의 이야기를 보면 변방의 노인은 말을 얻음으로써 오히려 자기 아들이 말을 타다가 떨어지는 사고를 당한다. 생활 속에서 자신의 장점은 분명 더 나은 삶을 위한 발판이 되지만 때로는 장점 때문에 더 나태해지고 의지력이 약해지는 경우도 흔하다.

한 도시 근교의 호수에 백조 몇 마리가 살고 있었다. 많은 사람들이 백조의 우아한 자태를 보기 위해 차를 몰고 호수로 갔다.

"백조는 철새라서 겨울에는 남쪽으로 이동해야 하는데, 왜 이 백조들은 사시사철 똑같은 자리에 있는 거죠? 게다가 저는 이 백조들이 날아다니는 모습을 한 번도 보지 못했어요."

어떤 사람이 호숫가에서 낚시를 하고 있는 노인에게 물었다.

"그거야 당연하지 않소? 사람들이 계속해서 먹을 것을 주니 먹이를 찾아 이동할 필요도 없고, 그걸 먹고 살이 쪄서 날아갈 수도 없게 된 거라오."

세인트 존 대학 입구 주차장에서는 회색 빛의 새 떼가 무리지어 날고 있는 모습을 항상 볼 수 있다. 이 새들은 하늘에 떠 있다가 사람들이 음식물을 버리기만 하면 금방 땅을 향해 날아온다.

좁은 날개와 긴 부리에 발에는 물갈퀴가 있는 이 새는 '검은 갈매기'로서 본래는 바다에 서식하는 새다. 그러나 도시의 쓰레기를 찾는 일이 훨씬 쉬워 원래 있어야 할 바다를 버리고 기꺼이 거리의 청소부가 된 것이다.

호수의 백조는 분명 아름다운 자태를 가지고 있고, 도시의 갈매기 역시 우아하게 하늘을 가른다. 그러나 높은 하늘에서 오르락내리락하는 음표처럼 줄지어 날아가는 기러기 떼와 하늘에 파문을 그리듯 바람을 타고 오르는 바닷가 갈매기를 보면 호수의 백조와 도시 갈매기의 운명이 얼마나 슬픈지 느낄 수 있을 것이다.

토끼와 거북이 이야기를 모르는 사람은 없을 것이다. 거북이보다 한참 앞서게 되자 토끼는 자신의 달리기 실력만 믿고 한숨 늘어지게 자다가 결국 자기보다 훨씬 불리한 조건을 가진 거북이에게 지고 만다. 장점은 결코 나쁜 것이 아니다. 하지만 토끼가 보지 못한 장점의 또 다른 측면이 있다는 것을 간과해서는 안 된다.

목표의 철학

인생의 목표가 분명하다면

하늘도 당신을 도울 것이다

인류의 가장 큰 보물은 희망입니다. 희망은 우리의 고뇌를 줄여주고, 현재의 즐거움을 누리면서 먼 미래의 모습까지 볼 수 있게 해줍니다.

랠프 네이더(Ralph Nader)

무엇을 해야 할지 생각하다 보면 결국 내가 할 수 있는 일로 결정할 수밖에 없습니다. 그러나 목표를 정할 때는 더욱 원대한 이상을 품어야 합니다.

캐런 린지(Karen Lindsey)

원대한 목표는
성공을 끌어당기는 자석이다

원대한 이상은 당신의 위대한 목표이며, 원대한 목표는 성공을 끌어당기는
자석이다. 이상이 있다고 해서 성공을 보장받는 것은 아니다.
그러나 목표마저 없다면 성공을 입에 담을 수조차 없다.

하버드의 인생철학에서는 '목표가 높고 클수록 더욱 큰 성공을
거둘 수 있다'고 말한다. 이런 느낌을 모두 가져봤을 것이다. 10킬로
미터를 걸어야 하는 길에서는 7~8킬로미터쯤 걸었을 때 다리가 풀
리면서 갑자기 피곤해진다. 곧 목표에 닿기 때문이다. 그러나 20킬
로미터를 가야 하는 길이라면 7~8킬로미터 지점은 아직도 힘이 넘
칠 때이다. 원대한 목표를 가져야만 더욱 멀리 내다보고 더 큰 성공
과 행복을 추구할 수 있다는 말이다.

한 건설 현장에서 세 명의 인부가 벽돌로 담을 쌓고 있었다. 어떤 사
람이 그들에게 다가와 물었다. "여러분은 지금 무슨 일을 하는 거죠?"
첫 번째 사람이 퉁명스레 답했다. "보면 모르오? 담장을 쌓고 있잖소."
두 번째 사람이 고개를 들더니 미소를 지으며 말했다. "우리는 지금
높은 건물을 짓고 있다오."
노래를 흥얼거리며 일하던 세 번째 사람이 말했다. "우리는 지금 도

시를 하나 만들고 있다오." 그의 얼굴은 환하게 웃고 있었다.

10년 후, 첫 번째 사람은 다른 건설 현장에서 여전히 벽돌을 쌓았고, 두 번째 사람은 설계사가 되어 사무실에서 설계도를 그렸으며, 세 번째 사람은 두 사람의 사장이 되었다.

세 사람은 본래 같은 처지에 있었다. 그러나 같은 질문에 대한 세 가지 다른 답을 통해 그들의 서로 다른 인생의 목표를 알 수 있다. 10년 후에도 여전히 벽돌을 쌓고 있던 사람은 가슴에 품은 뜻이라고는 전혀 없었고, 설계사가 된 사람은 비교적 현실적인 이상을 가지고 있었으며, 사장이 된 사람은 높고도 큰 뜻을 품고 있었던 것이다. 결국 서로 다른 인생의 목표가 서로 다른 운명을 결정지어, 가장 멀리 생각한 사람은 가장 멀리까지 가고 아무런 생각도 하지 않은 사람은 원래의 자리에 머물고 말았다.

이상은 사람만이 가지고 있는 정신 현상이자 실현 가능한 상상이다. 이상은 아름다운 미래에 대한 희망을 반영한 것으로서 사람에게는 인생의 목표이자 힘의 원천이며 정신적 지주가 된다. 한 국가와 한 민족에도 대다수의 사람들에게 믿음을 주는 원대한 이상과 목표가 있어야 한다. 그렇지 않으면 사람들은 중심을 잃고 모래알처럼 흩어지고 만다. 이런 상황에서 어떻게 나라의 부강과 민족의 발전을 이야기할 수 있겠는가? 마찬가지로 한 개인 역시 이상과 목표가 없으면 정신적인 동력을 잃어버려 높은 소질을 지닌 우수한 인재가 될 수 없다.

이상과 목표는 개인의 바람과 관련되는 것으로서 사람들이 미래에 거는 일종의 기대이자 희망이다. 그래서 흔히 현재의 행동과 직접적인 관련이 없기도 하다. 그러나 이상과 목표는 현실의 생활을 벗어날 수 없는 것이기도 하다. 현실 생활 중 어떤 모습이 자신의 요구에 부합되고 자신의 세계관과 일치한다면 이러한 현실의 요소가 이상이라는 형식으로 표출되기 때문이다. 이상은 결국 현실 생활에 대한 새로운 가공이다. 객관적 인식을 기초로 한 가공의 과정을 통해서 현실 생활의 어떤 요소는 버리고 또 어떤 요소는 더욱 키워나가는 것이다.

자신의 이상과 목표를 실현할 수 있는 사람은 성공한 사람이자 행복한 사람이다. 원대하고 아름다운 인생의 목표 자체가 그것의 실현을 위해 끊임없이 싸워나갈 수 있게 해준다. 당신이 나태하고 게을러질 때 그것은 마치 이른 아침의 자명종처럼 당신을 몽롱한 꿈속에서 깨워주고, 당신이 피곤하고 발걸음이 무거워질 때 사막의 오아시스처럼 갈증을 해소시켜 줄 것이며, 당신이 좌절과 낙담에 빠져있을 때 새벽을 깨우는 아침 해처럼 어두운 하늘을 밝게 비춰 줄 것이다.

인생의 목표를 향해 나아감으로써 사람은 항상 스스로를 격려하고 정신적인 힘을 얻고 강한 투지를 발산한다. 자신의 이상과 목표에 전력으로 투구하는 사람을 이길 방법은 없다. 하버드의 인생철학에서는 이렇게 말한다.

"원대한 이상은 당신의 위대한 목표이며, 원대한 목표는 성공을 끌어당기는 자석이다. 이상이 있다고 해서 성공을 보장받는 것은 아니다. 그러나 목표마저 없다면 성공을 입에 담을 수조차 없다."

바로 지금,
목표의 씨앗을 뿌려라

일정한 목표를 향해 정진하는 것이 인생의 의지이며, 여세를 몰아 쉬지 않고
나아가는 것이 패기이다. 모든 일의 성패는 이 두 가지에서 결정된다.

인생에서 성공하길 바라는 사람이라면 바로 오늘부터 목표의
씨앗을 뿌려야 한다. 목표가 있어야 내면의 힘이 방향을 찾을 수 있
기 때문이다. 목표가 없이 떠돌면 길을 잃게 되며, 당신의 내면에 있
는 무한한 잠재력 또한 사그라진다. 수많은 사람들이 자신의 이상을
실현하지 못하는 이유는 진정으로 삶의 목표를 정하지 않았기 때문
이다.

한 아버지가 세 아들을 데리고 사막으로 낙타 사냥을 떠났다. 목적
지에 도착하자 아버지가 큰아들에게 물었다.
"너는 무엇을 보았니?"
"낙타랑 사냥총이랑 끝도 없는 사막을 보았죠."
아버지는 고개를 저으며 말했다. "그렇지 않아."
아버지는 같은 질문을 둘째에게도 했다.
둘째아들의 답은 이랬다.
"아버지, 형, 동생, 사냥총, 낙타 그리고 사막을 보았어요."

이번에도 아버지는 고개를 저었다. "틀렸어."

마지막으로 아버지는 막내아들에게 물었다.

막내아들은 이렇게 답했다. "낙타밖에 보지 못했어요."

아버지는 기쁜 얼굴로 말했다. "바로 그거야."

일정한 목표를 향해 정진하는 것이 인생의 의지이며, 여세를 몰아 쉬지 않고 나아가는 것이 패기이다. 모든 일의 성패는 이 두 가지에서 결정된다. 목표의 씨앗을 뿌려 당신이 추구하고자 하는 이상과 목표를 분명하고 상세하게 정해야 한다. 목표가 없거나 목표를 확정짓지 못한 사람은 실패자가 되기 쉽다.

마음에 품은 뜻이 없고 제자리걸음만 하는 사람을 도와줄 방법은 거의 없다. 그들은 뭔가 새롭게 해보겠다는 진취 정신이 부족하며, 설사 어떤 일을 시작했더라도 사흘 고기를 잡고 이틀은 그물을 말리듯 일을 계속 해 나가는 끈기가 없으며 좀 더 상세하고 확실한 인생의 목표도 가지고 있지 못하다.

자신을 물결치는 대로 내버려두며 단조롭고 안일한 생활에 빠져 있는 젊은이에게 그럴싸한 업적을 기대할 수는 없다. 그들은 현실에 안주하며 자신의 잠재력 중 극히 일부만을 쓰고 있고, 자신의 힘이 갖가지 방식으로 낭비되고 있음을 누구보다 잘 알면서도 아무 일 없는 듯 태연자약하고 움직일 줄을 모른다.

마찬가지로 포부가 없고 패기도 없으며 항상 소심함과 침울함 속에 빠져 있는 젊은이에게 어떤 대단한 성과를 기대하기란 어렵다. 그들은 이미 정해진 삶의 궤도만을 따라가면서 평범한 삶을 원하고 책임을 회피하며 그날그날을 별 탈 없이 살아가려는 소극적 자세로 세상을 대한다. 그들의 삶은 뿌리 없는 부평초처럼 목표도 없이 떠다니고 흩날리는 꽃가루처럼 기댈 곳 없이 이리저리 날아다닌다. 설사 처음에는 그들의 몸속에 어떤 잠재력이 있었다 하더라도 오랫동안 이를 방치함으로써 그 능력은 점차 사라지고 만다.

스스로 목표를 정해서 매진하지 못하는, 즉 스스로가 명확한 목표를 결정하지 못한 사람은 결코 성공할 수 없다. 현재의 상황에 만족하지 않고 어떻게든 상황을 바꾸고 항상 더 높은 지점으로 오르고자 갈망하며 이를 위해 자신의 모든 잠재력을 끌어내는 젊은이만이 성공의 높은 봉우리까지 오를 수 있다.

야마다는 판매 실적이 우수한 사원이면서도 항상 자신의 판매 실적이 최고이기를 바랐다. 그러나 처음에는 이 목표가 그야말로 목표로만 그쳤지 도무지 최고의 성적을 낼 수가 없었다. 그렇게 3년이 지난 어느 날 그는 이렇게 다짐했다. "만약 목표가 더 명확하다면 반드시 실현할 수 있을 거야."

그는 곧 자기가 원하는 총 판매량을 설정한 다음 점차 이를 늘려가서 고객 수를 20% 이상 올려놓았다. 이때부터 야마다의 열정은 새롭게 피어나기 시작했고, 이후 그는 어떤 상황에서 무슨 거래를 하든 항상 확실한 숫자를 목표로 세운 다음 이를 한두 달 내에 달성해냈다.

야마다는 말했다. "제 생각에는 목표가 명확하면 명확할수록 그 목표에 대해 강한 자신감과 결심이 생기는 것 같아요." 그는 자신의 계획 속에 '내가 앉고 싶은 자리, 내가 얻고 싶은 수입, 내가 가지고 싶은 능력'을 포함시킨 다음 누구를 방문하든 간에 그와 관련된 분야의 지식을 충분히 숙지하고 다방면의 노력을 통한 철저한 준비를 했다. 결국 그해 연말에 그의 판매 실적은 최고의 기록을 달성했으며 그 후에도 매해 자신의 기록을 스스로 깨 나갔다.

야마다는 이런 결론을 내렸다. "이전에도 나는 분명 판매 실적을 높이고 내 업무에 최선을 다하겠다는 생각을 했다. 그러나 나는 생각에 그치고 이를 행동으로 옮기지 못해서 항상 목표를 이루지 못하곤 했다. 그런데 목표를 확실히 정한 다음 그것의 실현을 위해 구체적인 숫자와 기한을 정하고 나자 비로소 강한 추진력이 내게 채찍질을 하고 있음을 느낄 수 있었다."

승자는 인생의 목표가 분명한 사람이다. 패배자는 물론 그 반대이다. 지금 이 순간 어디로 가고 있는지를 모르는데 어떻게 목적지에 이르기를 기대하겠는가? 어떤 일을 시작할 때는 매 과정마다 명확한 목표를 세우는 것이 무엇보다 중요하다. 이룰 수 없을 만큼 큰 꿈은 없고, 세울 가치가 없을 만큼 작은 목표는 없음을 명심하고, 목표를 확실히 세워 그에 따라 행동해야만 성공의 희망을 볼 수 있다.

하버드의 오랜 전통이 말하는 인생철학을 귀담아듣기 바란다.

"뜻을 세우는 것은 무엇보다 중요하다. 모든 일은 그 뜻에 따라 움직이고 성공은 목표를 따라 다가오기 마련이다. 뜻을 세우고 그것을 추구하고 그것을 이루는 것이 인생의 3대 요소이다."

현실에 맞는 목표와 계획을 세워라

현실에 맞지 않는 목표와 꿈은 당신을 실패로 이끈다.
정말로 날고 싶다면 실행에 옮길 수 있는 방법을 찾아야 한다.

목표를 설정할 때 주의할 점은 모든 계획과 꿈이 현실에 부합되는가를 생각해야 한다. 당신이 세운 목표는 정말 실현 가능한가? 만약 그 목표가 현실과 거리가 있다면 타협점을 찾아 새롭게 꿈을 정해야만 그 꿈을 실현할 수 있다.

현실에 맞지 않는 목표와 꿈은 당신을 실패로 이끌 뿐이다. 당신이 정말로 날고 싶다면 실행에 옮길 수 있는 방법을 찾아야 한다. 당신은 비행의 원리를 연구할 수도 있고 글라이더를 타고 날고자 하는 욕망을 만족할 수도 있다. 혹은 새로운 비행 방법을 개발할 수도 있다. 그러나 당신의 몸에 날개를 돋게 하는 것만은 절대 불가능하다.

큰 뜻을 품은 사람이 큰 업적을 이루는 것은 당연하다. 지금 시점에서 어떤 목표는 대단히 멀게만 느껴지고 어떤 꿈들은 실현하기 힘들어 보일 수 있다. 목표 달성을 위해 실패와 어려움은 불가피하지만 이 모든 것들은 큰 가치가 있다. 당신이 사용한 시간, 당신이 했던 연구, 당신이 겪은 좌절 등은 모두가 필연적인 과정으로 당신이 수많은 장애에 부딪히고 여러 번의 실패를 겪은 덕분에 당신은 비로소 성공에 더 가까이 다가갈 수 있는 것이다.

단번에 성공하는 인생은 드물다. 목표의 실현을 위해서는 수천 수만의 시험을 거쳐야 할지도 모른다. 실패는 인생의 가장 위대한 스승이다. 실패한 후에는 반드시 그 원인을 찾아내서 방법이 잘못되었다면 수정하고 새로운 방법을 모색해야 한다. 이는 포기가 아니라 현실과 맞춰보면서 성공의 가능성을 찾는 과정인 것이다.

하버드의 교수는 이렇게 말했다. "사람은 요행만 믿고 하루아침에 성공하기를 바라거나 행운이 자기에게 떨어질 날만 기다려서는 안 된다. 오직 실현 가능한 목표를 향해 땀 흘리는 자만이 꿈을 현실로 바꿀 수 있다."

당신이 어떤 계획을 세우든 꼭 이렇게 말하는 사람들이 있을 것이다. "그건 현실과는 전혀 맞지 않아." 물론 그들에게는 당신의 계획이 비현실적으로 보일 수도 있지만 그들은 당신을 모르고 당신이 어떻게 꿈을 이루어나갈 것인지도 모른 채 하는 이야기일 뿐이다. 당신이 이미 그 꿈을 현실로 옮길 수 있다고 판단하고 또 그에 맞는 계획을 세웠다면 다른 사람은 신경 쓰지 말고 그대로 추진하면 된다.

그러나 노력만 한다고 모두가 기적을 창조할 수는 없다. 박자감이라고는 전혀 없는 음치가 유명 성악가가 되겠다고 결심한 후 평생토록 뛰어난 성악가와 음악 선생님을 찾아 헤맨다고 해서 꿈이 이루어지는 것은 아니다. 객관적인 조건이 근본적으로 제한된 상태이므로 그는 분명 실패하게 될 것이다.

물론 성공은 목표를 정하고 그 목표를 향해 매진하며 더 새롭고 더 높은 목표를 끊임없이 세워 가는 것이다. 그러나 당신이 세운 목표가 현실과 동떨어진 것이라면 당신은 오히려 목표에 다가가지도 못한 채 좌절과 실패를 계속 맛보아야 할 것이다. 하버드의 교수는 사람들에게 이런 신념을 갖도록 권한다.

"목표 설정의 중요성을 굳게 믿고 실현 가능한 목표를 자세하게 써 두어 항상 이를 위해 전력투구하도록 스스로를 일깨우고 격려하라. 어떤 때는 목표에 도달하지 못하기도 하겠지만, 그때마다 목표를 돌아보고 평가하여 실패의 원인이 무엇인지 찾아내어 다시 힘써야 한다. 이런 사람이라면 그 어떤 것도 성공의 앞길을 가로막지 못한다."

대부분의 사람들이 실패하는 이유 중의 하나가 목표를 너무 공허하게 세우거나 너무 크게 세우기 때문이다. 과욕은 곧 실패를 초래한다. 목표를 달성하는 방법은 사실 거미가 그물을 치는 것과 같다. 한 가닥 한 가닥 정성스럽고 튼튼하게 그물을 쳐야 비로소 먹이를 잡을 수 있듯이 우리도 하나하나 기초를 쌓고 다시 그 기초를 서로 연결해야만 우리가 세운 목표에 확실히 도달할 수 있다.

이는 마치 교사가 한 학기 수업 목표를 완성하려면 많은 주제에 대해 공부해야 하는 것과 같다. 그는 한 번의 수업으로 한 학기 강의를 끝낼 수도 없고 매일매일 수업 진도를 빨리 할 수도 없다. 수업의 목표를 완성하기 위해서는 반드시 계획표를 짜고 여러 가지 주제를 매달 매주 단위로 안배하는 수밖에 없다. 여기서 실천의 기초가 되는 것은 바로 수업 계획표이다.

어떤 사람들은 목표를 이렇게 설정하곤 한다. "나는 최고의 사원이 될 거야." "나는 전 세계를 모두 돌아볼 거야." "나는 2년 내에 2백만 달러를 벌어야지." 이런 목표는 그 자체로 타당하지 않은 바는 없다. 그러나 막상 이를 실천하려고 하면 너무나 막막하다는 것을 깨닫게 될 것이다.

당신은 최종 목표에 이르기 위해 매월, 매주, 매일 단위로 목표를 세분하여 단계별로 완성해 나가도록 해야 한다. 이는 상당한 인내심과 끈기가 필요한 힘든 과정이다. 그러나 매번 작은 목표를 하나하나 성취해 나갈 때마다 다음 단계로 나아갈 수 있는 자신감은 더욱 강해짐을 느낄 것이다.

우리는 피곤할 때면 어떻게든 쉬려고 한다. 그러나 이런 때일수록 문밖으로 나가고, 전화기를 들고, 편지를 쓰고, 약속을 정하고, 새로운 일을 시도해야 한다. 해이하고 나태해지지 않을 수 있는 일이라면 어떤 일이든 좋다.

물론 힘과 시간이 충분할 때는 최대한 많은 일들을 해 두어야한다. 그렇지 않으면 시간이 지날수록 우리의 마음이 초조해지는 것은 자명한 이치이다. 따라서 우리는 어떤 일을 해야겠다는 생각이들 때 곧바로 행동에 옮기고 끈기 있게 이를 지켜나가야 한다. 그렇게 하면 어느새 인생의 정상에 올라서 있는 자신을 발견하게 될 것이다.

목표는 20분 내에 세워라

이렇게 하면 아주 짧은 시간 내에 당신의 인생에 큰 변화가 오고,
이 세상은 이미 나의 것이라고 느끼게 될 것이다.

     일단 자기가 무엇을 하고 싶은가를 알면 목표 설정은 사실 어려운 일이 아니지만, 대부분의 사람들이 이 문제로 골치를 썩고 있다. 하지만 당신에게 무엇이 가장 중요한 목표인지 결정하도록 도와주고 그 목표를 완수할 수 있도록 이끌어줄 몇 가지 방법이 여기 있다. 이것은 하버드의 인생철학에서 주장하는 최단시간 내에 자신의 목표를 정하고 즉시 행동화하는 방법이다. 지금 당신에게 가장 중요한 것은 하버드의 오랜 인생철학이 소개하는 아래의 몇 가지 방법을 직접 실천해 보는 것이다.

     먼저 연필 한 자루와 종이 한 장을 준비한다. 아래의 내용을 읽은 다음에는 새로운 생각을 빨리 실행에 옮기는 습관을 가지면 된다. 왜냐하면 하루를 미루어 다시 행동에 나서겠다고 하면 영원히 실천하지 못할 확률이 높기 때문이다. 가장 우려되는 것은 이 방법이 생각만 하고 실행에 옮기지 않는 나쁜 습관을 길러줄 수도 있다는 것이다.

• 첫 번째 단계 : 앞으로 1년 안에 이루고 싶은 목표를 종이에 적는다. 진급, 결혼, 다이어트, 재테크, 좋은 차로 바꾸기, 전직, 사람들과의 관계 개선, 해외 여행 등 무엇이든 상관없다. 일단 적기만 하면 된다.

당신이 적은 그 목표들이 당신을 변화시킬 것이며, 목표를 적음으로써 당신은 당신이 속한 사회에서 3%에 포함되는 인물이 될 수 있다. 통계에 따르면 미국 사람 중에서 3%만이 자신의 목표를 쓸 수 있었기 때문이다. 만약 당신이 정말로 목표를 종이에 썼다면, 1년 후 당신은 대부분의 목표를 이미 실현한 자신을 보고 놀랄 것이다. 그때 자기가 어떤 목표들을 적었는지 기억 못할 수도 있지만 그것과는 상관없이 당신은 어느새 그 목표를 이루어냈을 것이다.

• 두 번째 단계 : 당신이 적은 몇 가지 목표들 중에 가장 중요한 하나를 고른다. 스스로에게 이렇게 물어서 고르면 된다. "어떤 목표를 실현하는 것이 내 인생에 가장 큰 영향을 줄까?" 해답을 얻었다면 맨 첫 줄에 그 목표를 적는다. 예를 들어, 첫 번째 목표가 부서 내에서 팀장이 되는 것이라면 다시 "어떻게 해야 팀장의 자리에 오를 수 있지?"라는 질문을 종이에 쓴다. 이 질문은 자세할수록 좋다. 이렇게 하면 당신의 잠재의식이 이 문제에 대해 상세하게 분석하고 당신의 행동 역시 여기에 맞게 조정될 것이기 때문이다.

• 세 번째 단계 : 가장 중요한 목표에 맞춰서 그 목표를 달성할 수 있는 자기만의 방법들을 생각해내서 기록한다. 이 방법은 많을수록 그리고 구체적일수록 좋다.

처음에는 생각이 잘 나겠지만 뒤로 갈수록 상당히 힘들어져서 다 쓰고 나면 머리가 지끈거리고 피곤할 것이다. 하지만 여기서 머물지 말고 그중에서 당신의 눈에 가장 잘 보이고, 당신이 가장 마음에 드는 방법을 골라 즉시 실행에 옮겨야 한다.

이러한 세 가지 과정은 대략 20분 정도면 되지만, 당신이 종이에 적은 대로 행동하면 이후의 1년은 몰라보게 달라져 있을 것이다. 당신은 이전보다 더 자신감 넘치고 유쾌해질 것이며, 미래를 손에 쥐고 있는 더 강해진 자신을 느끼게 될 것이다. 그에 따라 돈도 더 많이 들어오고 사업은 순조로우며 사람들과의 관계도 훨씬 더 좋아질 것이다.

이 연습은 스스로에 대한 시험으로서 돈도 시간도 들지 않는 방법이다. 당신은 그저 몇 가지 목표를 종이에 적어 가장 영향력이 큰 하나를 고른 다음, 목표를 달성할 수 있는 방법들을 생각해내고 즉시 행동에 옮기면 된다. 이렇게만 할 수 있다면 당신의 인생은 아주 짧은 시간 내에 큰 변화가 올 것이고 '이 세계는 이미 나의 것'이라는 느낌을 받게 될 것이다.

목표 설정의 변함없는 원칙

인생의 많은 목표들을 하나의 피라미드라고 생각할 때
피라미드의 꼭대기는 총체적인 목표가 된다. 당신이 매일 정하는 목표와
이를 위한 행동 하나하나는 결국 최종의 목표를 향해 있어야 한다.

인생은 긴 여정이다. 누구든 한걸음에 이 긴 여정의 목적지에 이를 수는 없으며 그 사이에서 수많은 반복과 오르내림을 맛보기 마련이다. 마치 인생이라는 하나의 피라미드를 세우는 것처럼 말이다.

인생의 많은 목표들을 하나의 피라미드라고 생각할 때 그 꼭대기는 총체적인 목표가 된다. 당신이 매일 정하는 목표와 이를 위한 행동 하나하나는 최종의 목표를 향해 있어야 한다. 이 피라미드가 5층으로 구성된다고 할 때 가장 높은 층은 가장 작지만 가장 큰 핵심이 된다. 이 층은 당신 인생의 모든 목표들을 포함하고 있다. 아래의 각 층들은 바로 위층의 좀 더 큰 목표를 위해 도달해야 하는 작은 목표들이다. 이 다섯 층을 맨 꼭대기부터 살펴보면 대체로 다음과 같다.

5층 : 총체적 목표

여기에는 모든 활동에서 달성해야 할 구체적인 목표들이 모두 포함된다. 만약 이 목표들에 도달하거나 가까이 갈 수 있다면, 당신이 정한 최종 목표를 향해 힘차게 나아간 것이다.

4층 : 장기적 목표

총체적 목표의 실현을 위해 달성해야 할 목표들이다. 보통 이 목표의 달성을 위해서는 10년 정도의 계획이 필요하다. 물론 10년 이상으로 계획을 세울 수도 있지만 이런 시간 안배는 그다지 현명하지 못하다. 밤이 길면 꿈이 많아지듯이 목표는 멀리 있을수록 구체성이 떨어진다. 그러나 장기적인 목표를 정하는 것은 대단히 중요한 것으로서 장기적인 목표가 없으면 단기적인 실패만을 맛볼 가능성이 크다.

3층 : 중기적 목표

장기적 목표의 달성을 위해 정하는 목표들이다. 일반적으로 5~10년 단위로 계획한다.

2층 : 단기적 목표

중기적 목표의 달성을 위해 정하는 목표들이다. 이 목표를 실현하는 데는 보통 1~5년이 걸린다.

1층 : 일상의 계획

단기적인 목표의 달성을 위해 정하는 매일, 매주, 매월의 임무이다. 이 임무는 물론 당신이 스스로 시간을 안배하여 정하는 것이다.

성공하는 사람은 인생의 목표를 이처럼 낮은 곳에서 높은 곳으로, 작은 것에서 큰 것으로, 평범한 것에서 위대한 것으로 단계를 밟아 실현한다. 이 원리를 이해해야 우리는 원대한 목표를 구체적인 현실의 목표로 나눌 수 있다. 작은 것, 가까운 곳에서 시작하는 것은 최종 목표의 실현을 위한 필수 과정이다. 이것이 바로 하버드의 인생철학에서 제시하는 '피라미드의 법칙'이다.

화낙FANUC 사는 일본에서 유명한 로봇 제작사이다. 이 회사에서 생산하는 디지털 기계 설비와 로봇 역시 높은 가치를 지닌 세계적 명품으로서 일본 국내에서는 시장의 75%를, 세계적으로는 절반 가까이를 점유하고 있다. 1994년에 화낙 사의 총 매출액은 106억 엔이었고, 총자산은 4,700억 엔을 넘어섰다. 이는 이미 고희가 넘은 이나바 사장의 평생에 걸친 노력의 결과였다.

화낙이 후지 사의 한 계열사였기에 당시 이나바의 직위는 전무이사였지만 실제로는 최고 책임자나 다름없었다. 유럽의 기업가들은 그를 '일본의 나폴레옹'이라 부르며 불가능을 모르는 인물, 불요불굴의 정신을 가진 인물로 찬사를 아끼지 않았다. 그는 무슨 일을 하든 정해진 목표에 도달할 때까지 절대로 멈추지 않았다. 40년 가까이 일하며 기술 개발자 중 한 명에서 경영자의 자리에까지 오른 그는 다음과 같은 신조를 한시도 잊지 않았다.

"독특함이 없는 상품은 최고의 상품이 될 수 없다."

1946년, 이나바는 동경대학 공학부의 병기제조과를 졸업하고 후지통신제조공사(현재의 후지)에 들어갔다. 1950년대 초에는 미국의 IBM이 컴퓨터 기술을 개발하기 시작했고, 1952년에는 미국의 매사추세츠공과대학MIT에서 세계 최초로 디지털 기계설비 제조에 성공했다. 후지통신은 이러한 새로운 기술의 발전 전망을 민감하게 바라보며 즉시 기계설비 팀을 구성했다. 팀의 과제는 디지털 기계설비의 개발이었고 이나바는 팀장을 맡았다.

1972년, 26년 동안 쉬지 않고 노력한 끝에 컴퓨터를 사용하는 디지털 기계설비를 성공적으로 만들어냈다. 같은 해 후지사의 이사회에서는 기계설비 분야를 분리한 후 '후지화낙공사'를 창립하고 이나바를 책임자 자리에 임명하기로 결정했다. 이때부터 이나바는 디지털 설비 전문가 겸 하이테크 기업의 경영자가 되었다. 그의 경영 방침은 "발은 지금의 자리에 디디고 눈은 일본 열도를 향하며 가슴은 전 세계를 품는다."였다.

그는 세계 시장을 정복하려면 먼저 국내 시장과 현재의 지역 시장을 정복해야 된다고 보았다. 세계 시장을 전장에 비유한다면, 일본은 곧 이전장의 격전지이고 지역 시장은 전투를 위한 돌파구라고 그는 생각했다.

이나바의 경영 방침을 보면 하버드의 인생철학이 말하는 피라미드의 법칙 그대로이다. 이러한 이론적 뒷받침을 따른다면 최종적인 성공은 너무나 당연한 것이다.

융통성 있는 목표와 계획

우리는 언제 터질지 모르는 의외의 상황에 항상 대처해야 한다.
성공으로 가는 길은 흔히 곧게 뻗어있지 않으므로
예견치 못한 험한 길에도 미리 대비할 줄 알아야 한다.

하버드의 인생철학에서는 이렇게 말한다. "당신이 세운 목표와
계획은 반드시 탄력성이 있어야 한다." 고지식하게 뻣뻣이 굳어버린
목표는 쓸모가 없다. 이런 목표와 계획은 없느니만 못하다. 우리는
계획을 상황에 맞게 조정해 가는 능력도 갖추어야 한다.

유럽 격언 중에 이런 말이 있다. "수정할 수 없는 계획은 나쁜
계획이다." 인생에는 어쩔 수 없는 일이 상당히 많다. 사람들은 새로
운 여정에 나설 때 자신이 어디로 가게 될지, 어떤 과정을 거쳐 목표
에 이르게 될지 알 수가 없다. 그렇기 때문에 우리는 한편으로 발걸
음을 옮기면서 한편으로는 끊임없이 배우고 익혀 새로운 정보를 습
득해 가야 한다. 언젠가 방향을 틀어야 할 상황이 된다면 새롭게 알
게 된 이 정보들이 인생 여정의 장애물을 통과하는 과정에서 밝은
빛으로 작용하기 때문이다.

우리는 꿈을 향해 매진할 때 이런 새로운 정보를 통해서 새로운
기회가 어떤 것인지 판단하게 된다. 멀리서 볼 때는 대단한 듯하지
만 가까이 가서 보면 시시한 것일 수 있고, 또 그 반대의 경우도 있

다. 인생이라는 여정은 늘 새로운 모습으로 다가온다. 앞으로 한 발 다가서면 처음과는 다른 광경이 눈에 들어오고, 다시 한 발 다가서면 또 다른 광경이 드러나기도 한다. 그러므로 인생의 목표가 어느 쪽으로 어디쯤 가고 있는지 수시로 파악하려면 부지런함과 인내심 모두가 필요하다.

사람의 집중력은 분산되기 쉬운 데다 삶을 둘러싼 여러 문제들로 인해 정신을 집중하기가 힘들다. 그래서 내가 도대체 어디쯤 도달해 있는지 확실히 알 때까지 기다리는 동안 우리 인생의 목표는 이미 잊혀지고 꿈은 산산조각 날지도 모른다.

매일, 매주 혹은 매달에 한 번씩 자신의 일을 되돌아보고 확인한다면 정확한 방향을 유지하는 데 큰 도움이 될 것이다. 자신의 일을 되돌아본다는 것은 당신이 이미 성공을 거둔 수많은 사람들과 교류하고 그들에게서 뭔가를 배운다는 것을 의미한다.

당신보다 좀 더 많은 성취감을 맛보고 어떤 일에 당신보다 더 나은 능력을 가진 사람을 찾아 모델로 삼아야 한다. 서점에는 사람들이 어떻게 새로운 지식과 기술을 익히고 위대한 성과를 이루었는가에 대한 책이 널려 있을 것이다. 이런 책을 참고해도 좋다. 항상 불만이 가득하고 머릿속은 온통 부정적인 생각으로 꽉 찬 사람은 목표에 도달할 수 없다. 머릿속에서 부정적인 생각을 몰아내려면 당신은 그보다 더 적극적이고 긍정적인 생각을 해야 한다.

자신의 목표를 한 쪽 방향에만 국한시켜서는 결코 안 된다. 변화와 개선의 여지를 두고 여러 방향을 선택하여 그 변화 속에서 새로운 경험과 이로움을 취해야 한다. 물론 부차적인 목표가 당신의 최종적인 인생의 목표에 영향을 주거나 이를 바꾸게 해서는 안 된다. 그런 목표는 인생의 목표에 좀 더 일찍 다다를 수 있도록 도와주기 위함이지 인생의 방향 자체를 바꾸기 위해 존재하는 것은 아니다. 인생의 긴 여정에서 부차적인 목표는 시간이 지나면서 더 확대될 수도 있고 방향이 바뀔 수도 있으며, 새로운 목표를 창조함으로써 이전의 목표는 버려질 수도 있다. 그러나 이 역시 최종적인 인생의 목표에 이르기 위함이라는 사실에는 변함이 없다. 바로 그렇기 때문에 인생의 여정은 방향 조정의 탄력성이 필요한 것이다.

하버드의 인생철학에서는 현대의 인물들을 연구하면서 이런 사실을 발견했다. 즉 현대사에서 상당한 성공을 거둔 유태인들 중에는 2차 세계대전 중 나치에게 잡혔다가 생존한 사람들이 많다는 것이다. 전쟁 전에 미국으로 이주한 같은 연령대의 유태인과 비교해 보니, 이 생존자들은 이주민들보다 교육 수준이 훨씬 낮았지만 사업에 있어서는 훨씬 큰 성공을 거두었고 그만큼 경제적으로도 성공했다. 뿐만 아니라 이들은 사회 봉사도 더욱 적극적이었다. 연구 결과 이렇게 힘겨운 과거를 가진 사람들이 성공한 경우에는 몇 가지 공통된 특징을 보였다. 그중에 가장 중요한 두 가지는 다음과 같다.

우선 그들은 새로운 임무에 대한 준비를 게을리하지 않고 주도적으로 그 임무를 수행하며, 환경이 바뀌면 수시로 그 변화에 맞춰 스스로를 조절했다는 점이다. 20세기 인류 생존의 법칙은 우리에게 이렇게 말한다. '적응이 곧 생존이고 생존이 곧 적응이다. 적극적인 쪽으로 고쳐 나가는 것을 부끄럽게 생각해서는 안 된다.'

대부분의 사람들은 새로운 정보를 접하고도 그에 따라 기존의 계획을 수정하는 것에 어려움을 느낀다. 그들은 기존의 방법이 잘못되었음을 쉽게 인정하지 못하고, 본래의 목표와 계획을 재고하지 않으며 그저 체면을 잃지 않으려고 잘못된 계획을 계속 고집한다. 그러나 성공은 조금만 지체해도 당신 곁을 떠나버리므로 잘못은 빨리 고치면 고칠수록 당신에게 이롭다.

다른 하나는 항상 계획과 방법들을 새로이 검토하고 이것을 고쳐 가는 과정에서 자신의 목표에 한 발 한 발 다가섰다는 것이다. 현명한 사람은 만반의 준비가 되지 않은 상황에서 세우는 계획이 가장 좋은 계획임을 잘 알고 있다. 민첩한 사람은 한편으로는 계획에 맞추어 실천하면서 다른 한편으로는 정보의 수집에 더욱 힘을 쏟는다.

결국 유태인의 성공 이유는 살면서 끊임없이 겪게 되는 일들에 따라 어떻게든 인생의 목표와 계획에 올바른 수정을 가하려고 노력했다는 데 있다. 꿈을 실현하는 과정은 목표 혹은 방법을 부단히 고쳐 가는 과정이기도 하다.

"예상 밖의 일을 예상하라."라는 말은 하버드의 인생철학에서 강조하는 삶의 격언이다. 우리가 살고 있는 세상은 항상 움직이고 변화한다. 살면서 의외의 일들이 일어나지 않는다면 그것이 오히려 이상한 일이다.

우리는 예상 밖의 상황, 즉 계획하지 않았던 곳으로 이끌 수도 있는 의외의 상황에 수시로 대비해야 한다. 성공으로 가는 길은 보통 곧게 뻗어있지 않으므로 예견치 못한 길에도 미리 대비할 줄 알아야 한다. 출발점 A에서 종점 Z까지가 온전한 직선일 확률은 거의 없으며 때로는 왼쪽으로 때로는 오른쪽으로 방향이 바뀌기도 할 것이다. 목표를 어느 정도 확실히 세웠다면 실제 상황에 맞추어 예상

밖의 상황까지 자신의 계획 속으로 집어넣을 줄 알아야 한다. 만약 머릿속에 확실한 청사진과 믿음이 있고 계획도 주도면밀한 데다 이를 수시로 조절할 수 있는 탄력까지 갖춘다면 인생에서 어떤 상황에 닥치더라도 어렵지 않게 대처할 수 있다.

기다리지도 미루지도 말고
지금 바로 시작하라

일단 결정한 일은 곧바로 시작한다.
미루지도 말고 나중을 기약하지도 말고 바로 지금 행동에 옮겨야 한다.

인생에는 수많은 이상과 동경의 대상이 있다. 당신이 품었던 이상을 모두 실현하고 동경하던 것을 모두 이루고 계획한 모든 것들을 실천에 옮길 경우, 당신이 얼마나 많은 것을 성취하고 또 당신의 삶이 얼마나 위대해질 것인가는 당신도 예상하지 못한다. 그러나 수많은 사람들이 동경은 하면서도 손에 넣으려 하지 않고 이상이 있으면서도 실현하려 하지 않고 계획이 있으면서도 행동에 옮기지 않아서 소중한 이상과 동경, 계획들을 물거품으로 만들어버리곤 한다.

성공하는 사람들은 어떤 일에 대한 열정이 충만하면 곧바로 실행에 옮긴다. 기다림과 미룸이 성공의 적임을 잘 알기 때문이다. 하루하루는 그날의 해야 할 일이 있게 마련이다. 오늘의 일은 어제와 다른 새로운 일이고 내일은 또 내일의 일이 있다. 뭔가를 미루는 습관은 일을 할 때 큰 장애가 된다. 지나친 신중함과 자신감의 부족 역시 피해야 할 것들이다. 한창 흥미를 느낄 때와 흥미를 이미 잃고 나서 하는 일은 차이가 크다. 흥미가 있을 때 하는 일은 기쁨이고 흥미를 잃은 후에 하는 일은 고통일 수밖에 없다.

오늘의 일을 내일로 미루는 것은 의미가 없으며 그렇게 하루를 기다리는 시간과 정력으로도 그 일은 충분히 해낼 수 있다. 미뤄놓은 일을 하는 것은 결코 달갑지 않다. 애초에는 즐겁고 쉽게 할 수 있었던 일도 며칠이 지나면 무료하고 힘든 일이 되기 십상이다.

인생에서는 많은 기회가 찾아오지만 그만큼 조금만 지체해도 금방 사라져버린다. 찾아온 순간 잡지 않으면 그 기회는 영원히 잃어버리는 것이다.

계획을 세워놓고 이를 실천하지 않으면 우리의 행동 양식이나 성격에도 악영향을 미치지만 계획을 성실히 수행하면 더욱 긍정적인 행동 양식과 성격을 가질 수 있다. 사실 계획 자체로는 의미가 없고 실천에 옮겼을 때, 비로소 가치 있는 계획이 된다.

살아 움직이는 어떤 강렬한 느낌이나 생각이 뇌리에 번쩍일 때 작가는 펜을 들어야 한다는 거부할 수 없는 충동에 휩싸여 그것들을 기록한다. 그러나 불가피한 이유로 바로 기록을 못했을 경우 그런 느낌들은 머릿속에서 끊임없이 꿈틀거리다가 힘없이 멈춰 서고 점차 희미해지다가 결국 완전히 사라지고 만다. 어떤 신비하고도 아름다운 이미지가 섬광처럼 화가의 가슴속을 파고들었다 해도 곧바로 화폭에 옮기지 않는다면 이 역시 그의 가슴속에서 점점 멀어지고 만다.

성공한 많은 이들이 성공을 거둘 수 있었던 이유는 생각하는 바를 곧바로 행동에 옮겼기 때문이다. 일단 결정한 일은 미루지도 나중을 기약하지도 말고 바로 지금 시작해야 한다.

집요하고 끈질기게 목표에 매달려라

목표를 세우고 기한을 정해 일의 순서를 결정했다면
당신은 자연스럽게 일 자체에서 일의 성과로 중심을 옮기게 될 것이다.

목표의 추구는 백마 탄 왕자가 콧대 높은 공주를 쟁취하듯 집요
해야 한다. 그러나 성공하지 못하는 사람은 항상 일 자체와 일의 성
과를 혼동하기도 한다. 그들은 많은 일, 그것도 힘든 일을 많이 하면
성공은 자연스럽게 따라온다고 믿지만 행동 자체만으로 성공을 보
장받는 것은 아니며 그 행동이 반드시 자신에게 득이 된다고도 할
수 없다. 어떤 행동이 가치가 있으려면 명확한 목표를 향하고 있어
야 한다. 다시 말해, 성공의 척도는 일을 얼마나 했느냐가 아니라 어
느 정도의 성과를 거두었느냐는 것이다.

어떤 사람들은 일생을 자신의 본능, 습관, 전통, 과거의 경험이
나 관례 등에 얽매어 산다. 그래서 힘껏 일하며 살아가는데도 성과
가 전혀 없기도 하다. 단순히 바쁜 것 자체를 성공으로, 일 자체를
성공으로 봄으로써 실패하는 사람들이 대단히 많다. 이런 상황에 빠
지지 않게 해주는 것이 바로 목표이다. 목표를 세우고 또 기한을 정
해 일의 순서를 결정했다면 당신은 자연스럽게 일 자체에서 일의 성
과로 중심을 옮기게 될 것이다. 단순히 일만으로 하루하루를 채워

가는 것이 아니라 충분한 성과를 내서 목표를 이루어야만 성과의 많고 적음을 판단할 수 있다.

목표를 실현해 가다보면 당신은 어떤 목표를 달성하는 데 어느 정도의 힘이 드는지 파악할 수 있게 된다. 그러다 보면 적절한 시간 활용으로 좀 더 많은 가치를 창조할 수 있게 되고, 이를 통해 당신은 더 높은 목표를 세우고 더 높은 이상을 실현할 수 있게 된다.

하버드에서 '인생의 교과서'라고 부르는 미국의 석유왕 아만드 해머Ammand Hammer는 한번 설정한 목표는 반드시 해내고야 마는 전형적인 사업가였다.

사업가 해머는 한번 마음먹은 일은 끝까지 해낸다는 정신으로 목표를 추구했으며, 이런 정신이 그에게 사업의 성공과 엄청난 부를 가져다주었다. 한번은 해외의 시추 현장에서 세 곳이나 굴착을 했는데도 기름 한 방울 보이지 않은 때가 있었다. 주변에서는 철수를 종용했지만 그는 분명히 석유가 있을 것이라 자신하며 작업을 멈추지 않았고, 결국 여덟 곳의 유전을 찾아냈다. 좀 더 자세한 내막은 이렇다.

1969년에 해머는 리비아로 날아갔다. 국왕 이드리스 1세는 왕궁의 연회에서 그에게 말했다. "알라신께서 당신을 우리 리비아로 보내셨군요." 하얀 수염의 사누시 교단 지도자가 세계적 인사에게 건네는 존경과 믿음의 표시였다.

해머는 리비아에 도착하고 나서야 미국이 전투기 기지의 유지를 위해 지불하는 비용 외에 리비아가 외부의 어떤 재정적 도움도 받지 않고 있음을 알았다. 이전의 이탈리아 점령기 때에 무솔리니는 석유를 찾기 위해 천만 달러를 쓰기도 했으나 아무 것도 건지지 못했다. 엣소 석유사 역시 수백만 달러를 투자했으나 몇 군데 구멍만 팠을 뿐 석유 한 방울 구경하지 못했다. 그 외에도 쉘 사가 5천만 달러를 날렸고 프랑스의 회사 역시 성과가 없기는 마찬가지였다. 그러던중 엣소 석유가 철수 직전에 유전을 발견함으로써 수많은 사람들이 다시 리비아라는 땅에 유혹을 느끼게 되었다.

해머가 리비아에 도착했을 때 리비아 정부는 토지 임대에 관한 2차 회담이 진행 중이었다. 여기서 논의된 지역은 대부분 이전의 회사들이 포기한 땅이었다. 리비아의 법률에 따르면, 각국의 유전 개발 공사는 최대한 빨리 해당 지역을 개발하고 만약 유전을 찾지 못할 때는 임대한 토지를 즉시 리비아 정부로 귀속시켜야 했다.

회담이 시작된 후 9개 나라의 40여 회사들이 투표에 참가했다. 이들 회사는 대체로 세 가지 부류로 나뉘었다. 첫째 부류는 자금이 풍부하고 막강한 힘을 지닌 국제적 석유 대기업들로 엣소, 모빌, 쉘 등이 해당된다. 둘째 부류는 해머가 속한 옥시덴탈 같은 중간 그룹의 회사들이었다. 이들은 규모는 크지 않지만 경험이 풍부해서 리비아 정부가 그들의 참여를 희망했다. 셋째 부류는 투기성 외주 회사로서, 이들은 낙찰을 받은 후 다시 이를 팔아 넘기는 방법으로 수익을 올린다.

물론 해머는 이드리스 국왕과 개인적으로 신뢰하는 사이였지만 회사의 힘은 여전히 충분치 않았다. 해머는 급히 리비아로 날아온 사장과 2차 협상의 상황을 분석하고는 네 곳에 입찰을 했고, 그중 두 곳이 낙찰되었다. 한 곳은 쉘 등의 9개 회사로 구성된 '사막의 오아시스' 재단이 도저히 가망이 없다고 포기한 곳이었고, 다른 한 곳은 모빌 사가 백만 달러만 날리고 철수한 땅이었다.

해머는 낙찰 결과가 그다지 마음에 들지 않았지만 대규모 자금을 투입하여 굴착에 들어갔다. 시작하자마자 첫 번째 땅에 연달아 세 곳을 팠으나 단 한 방울의 기름도 보이지 않았다. 옥시덴탈의 2대 주주인 리드는 리비아에서 철수할 것을 종용하며 이렇게 말했다. "여기는 우리 같은 작은 회사가 머물 곳이 아니오. 벌써 500만 달러를 날렸는데 그것도 부족하단 말이오?"

이전의 경험에서 나온 말이었다. 작은 회사가 많은 돈을 들여 이런 미지의 땅을 개척하는 것은 거의 불가능했기 때문이다. 그러나 해머는 석유가 있음을 육감으로 확신하고는 마지막 순간까지 노력을 게을리하지 않으리라 다짐했다.

그렇게 몇 주가 흘렀고, 그러던 어느 날 옥시덴탈의 굴착기 중 한 대가 다른 대기업이 버리고 간 땅에서 기름을 파내더니 연속해서 여덟 곳의 유전을 찾아냈다. 더구나 이 원유는 유황 함유량도 아주 낮은 최고급 원유였으며 생산량도 하루 10만 배럴에 달했다. 더욱 중요한 것은 이 유전이 수에즈 운하 서쪽에 위치해 지중해와 지브롤터 해협을 통하면 10일 안에 기름이 부족한 유럽의 여러 국가로 대량의 석유를 운반할 수 있다는 점이었다. 수에즈 운하를 통하지 않으면 두 달 이상이 걸려야 할 판이었다.

거의 같은 시간에 두 번째 땅에서도 반가운 소식이 날아들었다. 옥시덴탈이 새로운 지진 탐사 기술을 이용해 거의 100만 달러를 쏟아 부어 대규모 산호초 유전을 발견한 것이다. 여기서는 기름 펌프를 이용하지 않고도 석유가 끊임없이 분출되었다.

이렇게 해서 규모도 크지 않았던 해머의 석유 회사는 순식간에 리비아 최대의 유전을 갖게 되었고, 이후 벡텔 사의 지원을 받아 개발비가 1억 5천만 달러에 달하는 유전 개발 계획에 착수했다. 전체 길이가

130마일로 하루 100만 배럴을 운반할 수 있는 리비아 최대의 송유관을 부설하기 위해서였다.

'목표의 추구를 위해 마지막까지 있는 힘을 다한다'는 해머의 정신을 우리 모두 배워야 한다. 조금 시도하다가 금방 그만두고 조금만 힘들어도 바로 포기해버린다면 할 수 있는 일은 하나도 없다.

신용의 철학

신용은 평생 사용할 재산이므로

수시로 쌓아두어야 한다

신용은 인격의 체현으로서 인류 사회를 평온히 하는 요소이자 공존의 근거이며 가장 소중한 인성입니다. 거짓되고 허황된 말만 하는 사람은 신용과는 무관합니다.

로레타 레비츠(Loretta levitz)

신용은 보이지 않는 재산입니다. 시간이 지날수록 이 재산은 그 진가를 발휘하게 되지요. 그러나 거짓말은 당신의 재산을 깎아먹을 뿐입니다.

돌로레스 크리거(Dolores Krieger)

신용은 성공으로 가는 특별 통행증이다

현명한 사람은 신용으로 스스로의 가치를 높일 줄 안다.
세상을 사는 지혜와 능력뿐만 아니라 타인에 대한 성실함과
솔직함도 갖추어야 하는 것이다.

신용은 서로간의 약속이자 구속력 있는 마음속의 계약으로서
형체가 없으면서도 어떤 법률 조항보다도 강한 행위 규범을 갖는다.
현대의 극심한 경쟁 사회에서 신용은 다른 무엇보다도 중요한 성공
의 요소가 되었다. 만약 세계적으로 이름을 날리고 싶다면 가장 먼
저 해야 할 일은 다른 사람들의 신임을 얻는 것이다. 만약 누군가가
다른 사람의 신임을 얻는 방법을 터득했다면 그는 백만장자보다 더
자랑스러워해도 된다.

그러나 진정으로 다른 이의 신임을 받을 줄 아는 사람은 극히
드물다. 대다수 사람들이 무의식중에 자신의 인생에 장애물을 쌓아
좋은 관계를 갖고 싶어하는 사람에게 실망을 안겨주곤 한다. 사람의
신용이 돈을 기반으로 만들어진다는 잘못된 생각을 가지고 있는 사
람들이 있다. 그러나 돈과 권력을 가졌다고 해서 신용이 있는 것은
아니다. 백만장자보다는 훌륭한 인품과 현명한 생각으로 어려움을
감내하는 정신을 가진 이가 훨씬 소중하다.

인생의 성공을 바란다면 먼저 자신의 신뢰부터 쌓아야 한다. 그

래야만 다른 사람들이 진심으로 당신과 사귀고 힘껏 당신을 도와주려 한다. 현명한 사람은 신용으로 스스로의 가치를 높일 줄 안다. 세상을 사는 지혜와 능력뿐만 아니라 타인에 대한 성실함과 솔직함도 갖추어야 하는 것이다.

은행가들의 눈은 예리해서 돈은 많으나 인품은 형편없고 믿을 만하지 못한 사람에게는 단 한 푼도 대출을 해주지 않는다. 반면 돈은 많지 않으나 힘든 일을 마다 않고 인내할 줄 알며 자기에게 오는 사업의 기회를 진지하게 대하는 사람에게는 도움을 아끼지 않는다. 그들은 대출을 해줄 때 반드시 대출자의 신용에 대해 꼼꼼히 살펴본 다음 믿을 만하고 아무 문제가 없는 사람에게만 돈을 내주는 것이다.

인격이 최고의 자산임은 누구나 인정한다. 여기에 한 가지 더! 자신의 신용을 스스로 깎아먹는 행위는 자신의 인격을 팔아먹는 행위나 마찬가지라는 것도 알아야 한다.

1835년, 모건은 '애트나 화재'라는 작은 보험 회사의 주주가 되었다. 이 회사는 당장 현금을 마련할 필요 없이 주주 명부에 서명만 하면 주주가 될 수 있었기 때문에 모건처럼 현금은 없으면서도 투자하고 싶은 사람에게 안성맞춤이었다.

그런데 얼마 지나지 않아 이 보험 회사에 보험을 든 한 회사가 큰 화재를 당해 규정에 따라 보험금을 전액 지급하면 회사가 파산할 지경이었다. 주주들은 허둥지둥 주식을 팔아치우느라 정신이 없었다. 그러나 모건은 심사숙고 끝에 자신의 신용과 명예가 돈보다 더 중요하다고 생각하고는 곳곳에서 돈을 조달하고 자기 집까지 팔아서 주식을 저가로 매입했다. 이후 그는 보험금 전액을 그 회사에 지불했고, 이 일이 있은 후 애트나 보험사는 신용의 보증수표가 되었다.

수중에 돈 한 푼 남지 않은 모건은 보험 회사의 소유자가 되기는 했지만 회사는 이미 파산 위기에 몰렸다. 그는 궁여지책으로 광고를 내서 애트나 화재에 재가입하는 고객은 보험금을 두 배로 늘려주겠다고 공언했다. 그런데 뜻밖에도 고객들이 벌떼처럼 몰려들었다. 수많은 사람들의 마음속에 애트나 화재는 이미 신뢰도 높은 회사가 되어 있었고, 바로 이 점 때문에 다른 큰 보험 회사들보다 오히려 더 환영을 받은 것이다. 애트나 화재가 이때부터 급속한 발전을 이룬 것은 말할 것도 없다.

그 후 여러 해가 흘러 모건의 회사는 어느덧 월가를 좌지우지하는 대기업이 되었다. 이 모건이 바로 미국의 억만장자인 모건 가문을 탄생시킨 사람이다. 당시를 돌이켜보면 사실 모건 가문을 만든 것은 한 건의 화재가 아니라 돈보다 소중한 신용이었다. 다른 사람이 당신을 믿게 하는 것보다 더 소중한 것이 있겠는가?

사람은 훌륭한 신용으로 역사를 창조하고 성패를 바꾸기도 하며 심지어는 죽을 고비에서 살아남을 수도 있다.

기원전 4세기 이탈리아에 피시아스라는 젊은이가 있었다. 그는 국왕의 명을 어긴 죄로 사형 선고를 받았다. 효자인 피시아스는 죽기 전에 마지막으로 고향에 계신 어머니를 꼭 한 번 뵙고 용서를 빌게 해달라고 청했다. 국왕은 그의 효심을 가상히 여겨 그의 청을 들어주었다. 그러나 그가 돌아올 때까지 그를 대신해 감옥에 들어가 있을 사람을 구해야 한다는 조건을 붙였다. 얼핏 간단한 듯 보여도 현실적으로는 불가능한 조건이었다. 감히 누가 죽음을 무릅쓰고 다른 사람 대신 감옥으로 들어가겠는가? 그러나 죽음도 두려워 않고 진정으로 그를 위해 희생하겠노라고 나선 이가 있었으니 그가 바로 피시아스의 친구 다몬이었다.

다몬이 감옥에 대신 들어감으로써 피시아스는 고향에 돌아가 어머니를 뵐 수 있었다. 사람들은 사태가 어떻게 돌아가는지 묵묵히 지켜봤다. 하루가 지나고 이틀이 지나고 사형 집행일이 코앞으로 다가왔건만 피시아스는 돌아오지 않았고 사람들은 다몬이 친구에게 속았다고 말했다. 사형을 집행하는 날은 비가 추적추적 내렸다. 다몬이 끌려나오자 형장에 모인 사람들은 바보짓을 했다며 혀를 찼다. 그러나 형틀 위에 선 다몬은 기꺼이 죽음을 맞으려는 듯 두려운 기색이 전혀 없었다.

죽은 혼을 달래는 불이 댕겨지고 밧줄이 다몬의 목을 감았다. 사람들은 마음속으로 다몬의 죽음을 안타까워하며 친구를 팔아먹은 나쁜 피시아스를 욕했다. 그러나 막 밧줄이 당겨지려는 순간 빗속을 뚫고 피시아스가 큰 소리로 외치며 뛰어왔다. "왔습니다! 제가 왔어요!"

사람들은 감동했고, 이 소식은 바로 국왕의 귀에까지 전해졌다. 국왕은 이 소식을 듣고 쉽게 믿어지지 않아 직접 형장으로 가서 자신의 훌륭한 백성들을 두 눈으로 보고 확인했다. 결국 국왕은 얼굴 가득 기쁜 빛을 보이며 피시아스를 사면한다는 명을 내렸다.

현실의 이익이 신용보다 더 중요하다고 말하는 사람들도 있지만 일단 신용을 잃으면 현실의 이익을 얻을 방법이 사라진다는 것을 명심해야 한다. 신용은 성공으로 가는 특별 통행증이다.

신용이라는 보검에
녹이 슬도록 해서는 안 된다

신용은 날카로운 보검과 같다.
기나긴 인생의 여정에서 다른 사람의 신임과 존중, 협력을 얻고 싶다면
자신의 보검을 높이 들어야 한다. 이 보검에 대적할 무기는 없다.

진실과 믿음으로 상대를 대해야 그 사람도 당신을 존중하며, 스스로를 신뢰할 수 있는 존재로 만들어야 성공에 이를 수 있다.

유명한 자물쇠 장인이 있었다. 그는 평생 무수한 자물쇠를 만들었으며 최고의 기술에 가격까지 적당해서 사람들의 존경을 받았다. 이 노장 장인을 더욱 빛나게 해주는 것은 바로 그의 정직함이었다. 자물쇠를 하나 만들어 줄 때마다 그는 꼭 자신의 이름과 주소를 알려주었다. "이 자물쇠를 채웠는데 열쇠로 문을 열고 도둑이 침입한다면 바로 저를 찾아오십시오."

그가 점차 늙어가자 사람들은 그의 기술을 보존하기 위해 제자를 물색해주었다. 결국 장인은 두 명의 괜찮은 젊은이를 골라 자신의 모든 기술을 그중 한 명에게 전수하리라 마음먹었다. 시간이 흘러 두 젊은이는 많은 것을 배우게 되었다. 그러나 두 사람 중 한 명만이 모든 것을 전수받을 수 있는 터라 장인은 그들 둘을 놓고 시험을 치르기로 했다.

장인은 금고를 두 개 준비해서 각각 다른 방에 두고는 제자들에게 열

도록 했다. 물론 먼저 여는 사람이 이기는 것이었다. 시험 결과 나이가
더 많은 제자는 10분도 안 돼 금고를 열었지만 다른 제자는 30분이나
걸렸다. 사람들은 모두들 먼저 금고를 연 제자가 이겼다고 생각했다.
장인이 그 제자에게 물었다. "금고 안에 무엇이 있었지?" 제자는 눈을
반짝이며 말했다. "네, 안에는 많은 돈이 있었습니다. 전부 만 원짜리
지폐들이었습니다." 나머지 제자에게 같은 질문을 던졌다. 제자는 한참
을 머뭇거리더니 "저는 아무 것도 보지 못했습니다. 스승님께서는 저에
게 금고만 열라고 하셔서 저는 그렇게만 했습니다."라고 대답했다.

　　장인은 만면에 희색을 띠며 두 번째 제자가 그의 기술을 정식으로
전수받을 제자임을 정중하게 선포했다. 금고를 먼저 연 제자가 이해할
수 없다는 표정을 짓자 장인이 말했다. "어떤 일을 하든 신용을 절대
잊어서는 안 된다. 특히 우리 같이 자물쇠를 다루는 사람은 더욱 철저
하게 이런 생각을 가지고 있어야 해. 나는 제자에게 내가 가진 모든 기
술을 전수해주겠지만, 더욱 중요한 것은 그의 마음속에 자물쇠 외에
다른 것이 들어있어서는 안 된다는 것이다. 그렇지 않으면 사심이 들
고 욕심이 생겨 손바닥 뒤집듯 쉽게 금고를 열어 돈을 가져갈지도 모
른다. 그게 바로 남을 해치는 일이 아니고 무엇이겠느냐? 우리 같은
사람은 아무도 열 수 없는 자물쇠를 만든다는 생각을 해야 한다."

　　우리 사회가 경쟁 시대로 접어들면서 많은 사람들이 신용의 중요
성을 망각하고 있다. 사람들은 잔머리를 굴리고 정당하지 못한 수단
만 배우려 하며, 음모를 꾸미길 좋아하고 거짓말을 쉽게 하며, 원칙도
없이 남에게 아첨한다. 언젠가부터 거리는 온통 모략으로 가득하고,
학교에서는 세상을 사는 잔꾀를 심각하게 가르치며, 기업들은 규모를

막론하고 남을 속이고 기만하는 쪽으로만 머리를 굴리려 한다. 신용의 가치가 함부로 짓밟히고 버려지고 있지만 사람들은 수수방관하고 있다. 이로 인해 오늘날 신용의 가치는 날로 그 중요성을 더해간다.

신용은 인생의 '보검'과도 같다. 이것만 있으면 사람들과의 관계에서 거칠 것이 없기 때문이다. 신용은 당신 앞을 가로막는 가시덤불을 헤쳐 길을 열어주고 위험에 처한 당신을 구해줄 수도 있다. 그러나 지금은 갈수록 많은 사람들이 이 보검을 진흙탕에 버리고 녹이 슬도록 방치하고 있다.

사실 그렇지 않은가? 우리는 이미 이해하지 못할 일들을 경험하고 있다. 당신이 어떤 단체의 상관이라면 당신은 부하직원들이 당신의 뜻을 잘 따라주고 빼어난 능력을 키워 함께 당신의 고민과 어려움을 해결해주길 바랄 것이다. 그러나 이전보다 훨씬 개성이 강해지고 말도 듣지 않는 그들을 보면서 당신은 그저 당황스러울 뿐이다. 반대로 당신이 부하직원이라면 어떤가? 상관이 당신 같은 부하직원들에게 좀 더 잘 대해주고 복지 혜택도 향상되길 바란다. 하지만 한 번도 '예스!'라고 시원하게 외치지 않는 상관을 보면서 불만만 쌓여간다. 또 당신이 만약 고객이라면 가장 적은 돈으로 가장 좋은 제품을 사고 싶어할 것이다. 하지만 당신은 피땀 흘려 번 돈으로 쓰레기 같은 제품을 사고는 큰소리로 욕만 할 것이다. 당신이 만약 기업의 입장이라면 어떻겠는가? 당신은 소비자들이 너무 많은 요구를 하지 않기를 바랄 것이다. 왜냐하면 당신 역시 또 다른 생산 분야의 소비자이기 때문이다.

우리 사회는 지금 무슨 병을 앓고 있는가? 믿음이 없는 말과 진실하지 못한 인간됨으로 어떤 일을 해낼 수 있겠는가? 예로부터 장사에는 장사의 규율이 있고 여행에는 여행의 규칙이 있으며 사람에게는 사람됨의 척도가 있고, 또 세상에는 세상을 사는 원칙이 있게 마련이다. 그런데 지금에 와서 우리의 신용을 헌신짝처럼 내버려도 되는 것인가? 사실 신용이 더욱 절실한 때는 바로 지금이다. 시장 경제는 법적인 경제 체제이자 신용의 경제이기도 하다. 신용이 없는 사람이 시장 경제에서 발붙이겠다는 것은 어리석은 몽상일 뿐이다.

신용을 중시하지 않는 사람이 가장 먼저 잃는 것은 인심이다. 사람들과의 관계에서, 비즈니스 시장에서, 동료와 친구들 사이에서, 부부 사이에서 신용은 항상 인격을 가늠하는 잣대가 된다. 신용을 중시하는 사람은 다른 사람의 환영과 존경을 받을 뿐만 아니라 사업도 순풍에 돛을 단 듯 잘 풀린다. 그러나 신용이 없는 사람은 다른 사람의 비난만 받다가 쓸쓸히 무대에서 퇴장하고 만다.

신용을 지키려면 때로는 자신의 시간과 자유, 그리고 좋아하는 바를 과감히 희생할 줄 알아야 한다. 심지어 피를 흘리고 목숨을 담보할 수도 있다. 우리가 살고 있는 이 세계에 신용이 없어진다면 이 세상은 과연 어떻게 되겠는가?

성실과 신용은 평생토록
행운을 가져다준다

성실하지 않은 사람은 이 세상에 발을 디딜 수가 없으며 어떤 일도 이룰 수가 없다.
성공한 사람들의 가장 큰 성공 요인은 바로 성실함이다.

사람이라면 누구나 성실해야 한다. 남을 속이며 요행만 바라는
것은 스스로를 참패의 나락으로 빠뜨리는 것이다. 성실은 곧 사람됨
의 기본 성품이고 사회에 발을 담그고 성공을 거두기 위한 중요한
전제 중의 하나이다.

일본 야마이치 증권의 창립자인 고이케 다코小池田子 씨는 이렇게 말
했다. "사업에 성공한 사람들의 첫 번째 비결은 성실이다. 성실은 뿌리
와 같다. 뿌리가 없으면 나무는 금방 말라버린다." 고이케 다코 씨가
이처럼 힘주어 말할 수 있었던 것은 그 자신이 성실에 기반을 두고 성
공을 거둔 사람이기 때문이다. 그는 21세에 고이케 상점을 여는 동시
에 기계 제조 회사의 판매사원이 되었다. 그는 영업 수완이 좋아 단 보
름 만에 33명의 고객과 계약을 하고 계약금까지 받았다. 그런데 얼마
후 자신이 판매한 기계가 동일한 성능의 다른 회사 기계보다 비싸다는
것을 알게 되었다. 그는 즉시 계약서와 계약금을 들고 사흘 밤낮에 걸
쳐 고객들을 하나하나 찾아가 자기가 판 물건이 다른 물건보다 비싸니

계약을 취소해달라고 정중하게 부탁했다. 감동한 고객들은 단 한 명도 계약을 취소하지 않고 오히려 고이케 전자를 더욱 신뢰하게 되었다. 이 일을 통해 그의 성실함이 사람들에게 알려지게 되면서 그의 상점에는 물건을 사려는 사람들로 붐볐고 기계 구매 계약도 모두들 그와 맺으려 했다. 이렇게 해서 고이케 다코 씨는 많은 재원을 확보하여 대기업가로 성장할 수 있었다.

사람들은 흔히 '손해를 보는 것은 성실한 쪽'이고 '성실은 곧 쓸모없음을 의미한다'라고 말한다. 이는 완전히 잘못된 편견이다. '성실한 인간이 되고, 성실히 일을 하고, 진실된 말을 하라'는 성실의 3대 원칙은 오늘날 중요한 교훈이 된다. 성실한 사람이 손해를 보지 않는 예는 무수히 많다.

나라를 대단히 현명하고도 질서 있게 다스려서 백성들의 추앙을 받는 국왕이 있었다. 그는 나이가 점점 많아졌지만 슬하에 자식을 두지 못했다. 결국 국왕은 나라 안에서 아이를 한 명 뽑아 양아들로 삼고 미래의 국왕으로 키우리라 결심했다.

국왕이 아들을 뽑는 기준은 대단히 독특했다. 아이들에게 각자 꽃씨를 조금씩 나눠주며 이 꽃씨를 가장 아름다운 꽃으로 키우는 아이를 자기 아들로 삼겠다는 것이었다. 꽃씨를 들고 집으로 돌아온 아이들은 정성스레 꽃을 가꾸기 시작했다. 물을 주고 거름을 주고 흙을 골라주며 모두들 자기가 행운아가 될 것이라 자신했다.

웅일이라는 이름의 남자아이 역시 하루 종일 정성껏 꽃씨를 돌보았다. 그러나 열흘이 지나고 보름이 지났건만 화분의 꽃씨는 싹도 나지 않았다. 어느새 국왕이 정한 기한이 되었다. 예쁜 옷을 차려입은 수많은 아이들이 거리를 가득 메웠다. 그들은 활짝 꽃을 피운 화분을 하나씩 들고, 그들의 꽃을 살펴보는 국왕을 기대에 찬 눈빛으로 바라보았다. 그러나 국왕은 울긋불긋한 꽃들과 예쁘게 꾸민 아이들을 보고도 전혀 즐거운 표정이 아니었다.

그러던 중 국왕의 눈에 빈 화분을 들고 있는 웅일의 모습이 들어왔다. 국왕은 우두커니 서 있는 그를 불러 물어보았다. "너는 왜 빈 화분을 들고 있지?" 웅일은 훌쩍훌쩍 울며, 정성껏 꽃씨를 돌보았지만 아무리 해도 싹이 트지 않았다고 솔직히 말했다. 그러자 뜻밖에도 국왕은 활짝 웃으며 웅일을 번쩍 들어 안고는 큰 소리로 외쳤다. "내가 찾던 아이는 바로 너란다!"

사람들이 의아해 하자 국왕이 말했다. "내가 나눠준 꽃씨는 전부 물에 삶았던 것들이다. 원래 싹을 틔우지 못할 씨앗이었다." 꽃을 들고 있던 아이들은 모두 고개를 떨궜다. 그들은 모두 다른 씨앗을 심었던 것이다.

세상에는 가짜가 참 많다. 이것들은 한동안 많은 사람들을 현혹시킬 수 있을 것이다. 그러나 가짜는 결국 가짜일 뿐 결코 진짜로 평가받지 못한다. 우리가 어떤 일을 할 때도 마찬가지다. 거짓말과 속임수를 쓰면 한순간은 효과를 볼 수 있겠지만 진실과 성실함이 가져오는 효과에는 결코 미치지 못한다.

미국의 한 시골 마을에 아무도 찾아가지 않는 버려진 자전거들로 인해 골치를 앓던 경찰은 이것들을 경매에 넘기기로 했다.

첫 번째 자전거의 경매가 시작되자 맨 앞줄에 앉아있던 열 살쯤 되어 보이는 꼬마가 말했다. "5달러요." 경매인은 진행도중 가끔씩 그 아이를 돌아보았지만 아이는 더 이상 값을 올리려 하지 않았다. 다른 자전거들도 계속 경매를 붙이는데 그 아이는 계속 5달러 이상은 부르지 않았다. 사실 5달러는 터무니없이 작은 액수였다. 대부분의 자전거들이 결국 대당 30~40달러에 낙찰되었기 때문이다.

사람들은 점점 그 아이를 이상한 눈으로 보기 시작했다. 쉬는 시간에 경매인이 아이에게 왜 값을 올려 부르지 않느냐고 물었다. 아이의 답은 간단했다. "5달러밖에 없으니까요."

경매는 끝나가고 이제 남은 것은 그중에서 제일 좋은 자전거 한 대뿐이었다. 경매인이 물었다. "누가 먼저 시작하시겠습니까?" 그 아이가 희망을 잃은 듯 작은 목소리로 말했다. "5달러요." 그러자 경매인은 곧 경매를 멈추었고 사람들도 조용히 앉아있을 뿐 누구도 더 높은 가격을 부르지 않았다. 결국 아이는 작은 손에서 꼬깃꼬깃 땀에 젖은 5달러를 내고 이번 경매에서 가장 좋은 자전거를 낙찰 받았다. 그러자 현장의 관중들에게서 일제히 박수가 쏟아졌다. 그렇게 솔직하고 당당하게 경매에 임하는 사람은 없었기 때문에 모두들 그 어린아이로부터 감동을 받은 것이다.

정직하고 성실한 사람은 손해를 보지 않는다. 스스로 똑똑하고 잘났다고 내세우며 걸핏하면 남을 속이는 사람이 결국에는 실패하게 되어 있다. 성실하지 않은 사람은 이 세상에 발을 디딜 수가 없으며 어떤 일도 이룰 수가 없다. 성공한 사람들의 가장 큰 성공 요인은 바로 성실함이다.

성실함으로 살아온 인생은
값으로 따질 수가 없다

사람이 정직하고 성실하면 자연스레 다른 사람의 신임과 존경을 받게 된다.
이는 억만금으로도 바꿀 수 없는 것이다.

정직하고 성실한 사람은 다른 사람의 신임과 존중을 한 몸에 받지만 그렇지 못한 사람은 자기도 모르는 사이에 그런 모습이 겉으로 드러나 다른 사람의 비난을 받게 된다. 하버드 대학의 교수들로부터 큰 존경을 받는 로빈 선생이 아래의 경험담을 이야기한 적이 있다.

나는 수많은 결혼식 중 2년 전에 참석했던 한 결혼식의 광경이 지금도 머릿속에 깊이 남아 있습니다. 신부는 아름다운 용모에 사람들과의 관계도 썩 좋은 고등학교 선생님이었습니다. 식장은 하객들로 가득했고 내빈을 대표해서 같은 학교에 근무하는 외국인 여교사가 축사를 겸해 하객들에게 일화를 하나 소개했습니다.

한번은 그녀가 신부와 함께 일본 선생님을 전송하러 공항에 간 적이 있었는데, 짐 검사를 하던 중 어떤 사람의 주머니에서 동전 하나가 떨어지는 것이었습니다. 별 것 아닌 동전 하나라고 생각했는지 그는 동전을 줍지 않았고 결국 뒤에 있는 사람이 그것을 밟고 말았습니다. 신부는 허리를 굽혀 동전을 줍고 손으로 먼지까지 닦은 다음 앞으로 가서 동전 주인에게 건네주었습니다. 상대방은 동전을 받을 생각도 않고 심지어는 화를 내는 기색까지 보였습니다. 그녀가 그 사람에게 말했습니다. "당신이 이 동전에 신경을 안 쓰는 것은 상관없어요. 그렇다고 동전 위에 그려진 우리의 국기가 밟혀서야 되겠어요?"

이야기를 마친 후 외국인 교사는 하객들에게 말했습니다.

"그때 저는 국가에 대한 신부의 정직함과 성실성에 감동했습니다. 저는 신부가 앞으로도 계속 이런 모습으로 사랑하는 신랑과 함께 행복한 가정을 꾸릴 것이라 확신합니다."

사람이 정직하고 성실하면 자연스레 다른 사람의 신임과 존경을 받게 된다. 이는 억만금으로도 바꿀 수 없는 것이다. 정직과 성실은 가치를 헤아릴 수 없으며 한 사람의 삶에 무궁한 이득을 가져다준다. 그러나 정직하지도 성실하지도 않은 사람은 자기도 모르는 사이에 그런 모습이 겉으로 드러나 다른 사람의 비난을 받게 되고 신용을 잃을 뿐만 아니라 결국에는 인생의 실패에까지 이르게 된다. 정직과 성실의 중요성은 국경과 피부색을 따지지 않는다.

외국의 한 항공사에서 본국과 시카고 간 항공 노선을 개설하고 미국에서 스튜어디스를 모집했다. 그중에 모든 조건에서 우수한 한 지원자가 있어 항공 회사의 인사부에서는 그녀를 스튜어디스 조장으로 삼고자 했다. 면접 시험이 막 끝나갈 무렵 면접관이 그녀에게 가벼운 질문을 하나 던졌다. "회사에서는 이번에 합격한 스튜어디스 전원에 대해 3개월 동안 본국 연수를 준비하고 있습니다. 친지들을 떠나 먼 외국에서 생활하게 될 텐데 가능하시겠어요?" 그녀가 답했다. "저는 고향을 떠나서 산 지가 벌써 몇 년째라 혼자 사는 것에 익숙합니다. 그리고 외국에 나가는 것도 아무런 문제가 없습니다. 사실 저는 진작부터 이곳을 떠나고 싶었습니다. 외국으로 나가면 더욱 많은 것을 배울 수 있지 않나요?" 이 말을 듣고는 면접관의 얼굴에서 웃음빛이 사라졌고 그녀가 나가자마자 면접 결과 난에 'NO' 라고 썼다. 의아해 하는 다른 면접관들에게 이렇게 말했다. "자기 나라를 사랑할 줄도 모르는데 하물며 외국의 회사는 어떻겠어요?"

사람들의 마음과 세상의 모습이 어떻게 변하든 정직과 성실이라는 품성은 영원히 빛을 잃지 않으며 더욱더 중요한 가치로 평가되고 있다. 우리의 삶과 일, 그리고 사랑은 모두 이 품성의 양분을 받아 더욱 행복하고 성공적이며 아름다워질 수 있다.

한번 승낙했다면
절대로 번복하지 마라

신용이 좋을수록 당신의 삶에서 또는 일을 하는 데 있어서
긍정적인 상황을 이끌어낸다. 그럴수록 당신이 상대해야 할 고객은 더 많아지고
따라서 당신의 사업은 더욱 번창하게 된다.

　　신용은 돈으로 살 수 없으며 금전적인 가치를 매길 수도 없다. 이는 하버드의 전통으로 이어지고 있는 인생철학의 핵심이다.

　　한번 '예스!' 라고 답했으면 그 일은 반드시 해야 한다. 어떤 일에 대해 승낙을 할 때는 신중해야 한다. 천금으로도 바꿀 수 없는 게 당신이 뱉은 말이기 때문이다. 이는 어른이든 아이이든 아내든 남편이든 동료든 친구든 상사든 부하직원이든 유명한 사람이든 평범한 사람이든 선생이든 학생이든 모든 사람에게 똑같이 적용된다. 또 큰 소리로 '예스!' 를 했든 작은 소리로 했든 바로 하겠다고 승낙을 했든 나중에 하겠다고 했든 일단 승낙을 했다면 어느 때건 그렇게 해야 한다.

　　승낙을 하기 전에 먼저 의미와 가치를 따져보고 아무런 의미나 가치도 없는 승낙이라면 아예 입 밖으로 내뱉지 않아야 한다. 그리고 당신이 그것을 책임질 수 있는 시간과 정력과 능력이 있는가를 살펴서 충분치 않다면 결코 '예스!' 라고 말해서는 안 된다. 또 그 일이 다른 부수적인 조건을 얼마나 필요로 하며 당신이 그 조건을 갖

추고 있는지를 여러 모로 살펴봐야 한다. 이렇게 해서 그 일을 제대로 해내지 못할 것 같으면 '예스!'라고 말하지 않는 것이 가장 현명한 선택이다.

물론 이처럼 앞뒤를 재가며 지나치게 신중한 것이 싫어서 때로는 대담하게 '예스!'라고 말할 수도 있을 것이다. 그러나 이때는 승낙을 함과 동시에 상대방에게 일이 성사되지 않을 수도 있음을 미리 말해주어야 한다. 그렇게 되면 상대는 어느 정도 잘못될 것을 예상하고 막상 일이 성사되지 않더라도 당신에 대한 신임을 버리지 않을 것이다.

그러나 어떤 여지도 두지 않고 승낙을 해버렸다면 어떻게든 그 일을 이루어낼 방법을 찾아야지 나중에 가서 변명을 해봐야 통하지 않는다. 사전에 말해 두지 않았다면, 나중에 일을 성사시키지 못한 것에 대해 아무리 타당한 이유를 들어도 사람들은 믿지 않는다. 입으로는 당신을 이해하고 용서해줄 수 있겠지만 마음속으로는 당신에 대한 불신이 쌓여간다. 이런 식으로 두세 번만 반복하다 보면 다시는 당신을 이해하지도 신임하지도 않을 것이다.

살면서 말한 바를 지키고 약속을 어기지 않는 것이 참 쉬운 듯하지만 이것을 실천하기는 상당히 힘들다. 조금이라도 소홀하다 보면 약속은 이미 과거의 일이 돼버리기 때문이다. '사람들은 내가 꼭 적극적으로 나설 필요는 없다고 생각했을 거야'라는 근거 없는 판단을 내리기도 하는데, 만약 이런 생각을 다른 사람이 알게 되면 그 사람은 당신을 게으른 사람으로 판단할 것이다. 또한 다른 사람이 자기를 이해해줄 것이라는 요행을 바라기도 하는데 이런 안일한 생각은 금세 바닥을 보이기 마련이다.

따라서 당신은 다른 사람을 대할 때 절대 경솔하게 '예스!' 라고 해서는 안 되며, 이미 그렇게 했다면 반드시 이를 지켜야 한다. 그러면 사람들은 당신의 태도에 감동하여 당신을 믿을 만한 사람이라 보고 이후에도 계속 당신을 찾고 의지할 것이다.

신용이 좋을수록 당신의 삶에서 또는 일을 하는 데 있어서 긍정적인 상황을 이끌어낸다. 그럴수록 당신이 상대해야 할 고객은 더 많아지고 따라서 당신의 사업은 더욱 번창하게 된다. 그러므로 당신은 한 마디 한 마디를 신중하게 말해야 한다. 사람들은 자기가 한 말에 책임지는 사람을 믿을 수밖에 없다. 반면 식언食言은 매우 좋지 않은 습관 중 하나이다. 인생에서 성공하려면 이러한 치명적인 결점을 반드시 고쳐야 한다. 당신의 신용이 당신을 대표하고 당신의 이름이 당신과 교류하는 사람들의 마음속에 각인된다는 사실을 명심하여 사람들이 당신을 믿을만한 사람으로 여기도록 해야 한다.

한 사람의 성공에 있어 외부의 객관적 요소는 단지 보조적인 역할을 할 뿐 가장 중요한 것은 자신의 투지와 노력이다. 신용 역시 자신의 노력으로 얻어지는 것이지 누가 공짜로 주는 것이 결코 아니다.

'예스!'의 힘은 대단히 크다. 당신이 '예스' 라고 말한 것을 지키고 실천하면 당신은 어려움에 처했을 때 진정한 도움을 받고 외로울 때 따뜻한 온정을 느낄 수 있다. 왜냐하면 말한 것을 반드시 지키는 성실함으로 인해 당신은 믿을 수 있는 사람으로 인정받았기 때문이다. 또한 그렇게 됨으로써 당신은 사업, 결혼, 가정 생활 등 모든 일에서 성공할 수 있다.

공허한 말들 같지만 수많은 사례들이 이를 증명해주고 있다. 사람들의 존경을 받는 이들 중에 신용 없는 사람은 없으며, 반대로 걸핏하면 사람들에게 공수표를 남발하는 사람은 곧 부도가 나버려 무엇을 해도 결국 성공에 이르지 못하는 것이다.

여기 하버드의 오랜 전통으로 이어지고 있는 신뢰에 관한 인생의 지혜가 있다. 먼저, 당신은 어떤 일에 대해 승낙을 할 때 '내가 정말로 이것을 해낼 수 있을까?' 라고 스스로에게 물어야 한다. 만약 당신이 자신을 정확히 안다면, 즉 자신의 능력에 대해 정확한 평가를 내릴 줄 안다면 쉽게 답할 수 있을 것이다. 만약 불가능하다고 생각되면 경솔하게 '예스!' 라고 말하지 않아야 한다. 이렇게 하면 다른 사람은 당신에게 유감을 표시하겠지만 당신을 무책임하거나 못 믿을 사람으로 보지는 않을 것이다.

다음으로, 만약 당신이 이미 '예스!' 라고 말을 했다면 그 일을 진지하게 대하고 어떻게든 해내려고 노력해야 한다. "책은 내일 돌려줄게." 같은 사소한 말로도 이 약속을 지키지 못했을 경우에는 이것 하나로도 당신의 성실성이 크게 깎일 수 있는 것이다.

마지막으로, 이미 승낙한 일을 해내지 못했을 때는 즉시 상대방에게 충분한 이유와 함께 사과를 표시해야만 당신은 상대방의 이해를 얻을 수 있고, 동시에 불필요한 오해를 받거나 신용을 잃지 않게 된다.

성실과 정직은
영원토록 명예를 밝혀준다

지혜는 행동을 하면서 자연스럽게 나타나는 지식이자
성실함이 누적된 결과이기도 하다.

무슨 일을 하든 진실해야 한다. 우리는 흔히 진실한 사람이나 사물을 추구하는데 그것은 바로 진실이 가장 숭고한 미덕인 성실과 정직을 대표하기 때문이다.

하버드 대학의 교수들은 '성실과 지식, 경험이 한데 어우러진 것이 인생의 지혜이다'라고 말한다. 따라서 지혜는 행동하면서 자연스럽게 나타나는 지식이자 성실함이 누적된 결과이기도 하다. 자기 자신을 성실하게 대하지 못하는 사람은 진정으로 성공할 수가 없다. 밀랍으로 만든 인형이 온도가 높아지면 녹아버리듯이 정직하거나 진실하지 못한 사람은 결국 자신의 실체가 드러나면서 신용이라는 성공의 요소를 잃고 만다.

오늘날은 서로의 이해관계가 성실과 정직보다 더 중요한 고려 사항이 되었다. 돈이 있고 적당한 관계만 있으면 당신은 어떤 물건도 살 수 있다. 그러나 존경이나 신용, 명예까지 살 수 있는 것은 아니다. 이것들은 비매품으로 성실을 통해서만 가질 수 있다.

당신은 자신이 실패한 이유를 다른 사람이 나에게 성실하지 않앉거나 혹은 내가 다른 사람을 너무 정직하게 대했기 때문이라고 생각할지도 모른다. 그러면서 "내가 어떻게 그 사람을 계속 믿을 수 있겠어?" "덫이 있을 줄 뻔히 알면서도 깊숙이 발을 담글 수는 없잖아?"라고 말할 것이다. 당신의 말도 일리가 있지만 이 사회에서 성실한 사람과 그렇지 못한 사람의 대접의 차이가 얼마인지 생각해 본다면 그 결과는 자명하다. 사람들은 그래도 성실하고 정직한 사람을 찾지 '그 속을 알 수 없는' 사람을 찾지는 않는다. 다른 사람을 너무 쉽게 믿는 것도 문제지만 다른 사람에게 거짓으로 대해서는 더욱 안 된다는 말이다. 이런 상황에서 성실하고 정직한 모습을 따르지 않을 수 있겠는가? 물론 그 과정에서 당신은 사기와 거짓의 상황에 당면할 수도 있겠지만, 확언하건대 그보다 훨씬 더 자주 접하게 되는 것은 성실함이다.

이탈리아인 아이가 한 명 있었다. 그의 아버지는 사업가로서 평생토록 신용과 명예를 중시했다. 그러나 죽기 몇 년 전부터 사업이 기울다가 결국 큰 빚만 지고 세상을 뜨게 되었다. 그때 아이는 겨우 12세였다. 법률적으로 본다면 아버지의 빚을 갚을 의무가 없었지만 아이는 발만 동동 구르며 후회하고 있는 채권자들을 한 명 한 명 찾아가 20년만 기다려 주면 아버지의 빚을 모두 갚겠노라고 말했다. 20년! 아이는 이 긴 시간을 꼭 갚지 않아도 되는 빚을 갚기 위해 쓰겠다는 것이었다. 채권자들은 아이의 말에 위로가 될 리 없었지만 그렇다고 마땅한 해결책도 없어 그저 마음대로 하도록 내버려두었다. 이렇게 해서 빚을 갚기 위한 아이의 노력은 시작되었고, 약속한 기간보다 5년이나 빠른 27세에 모든 빚을 청산했다. 아이가 기간을 단축시킬 수 있었던 이유는 간단했다. 하나는 자기가 말한 바를 강력한 원동력으로 삼아서 그 목표를 향해 부단히 노력했기 때문이고, 다른 하나는 자기가 한 말을 끊임없이 확인시켜 줌으로써 채권자들에게 신뢰를 얻을 수 있었기 때문이다. 그의 성실함과 신용이 사람들에게 소문나면서 그에게 도움을 주는 사람도 많아지고 사업도 날로 번창해 짧은 기간 내에 그토록 많은 돈을 벌 수 있었던 것이다. 그 자신도 이런 신용이 자신의 평생 재산이 될 줄은 미처 몰랐을 것이다. 자신이 진 빚도 아닌 것을 갚기 위해 15년을 보냈다는 사실은 사람들로부터 그가 얼마나 믿을 만한가를 깨닫게 했고, 그 신뢰는 누구나 그와 거래를 원하도록 만들었다. 성실한 인격과 철저한 신용이 그를 부자로 만든 것이다.

사람들을 상대하면서 아이는 거짓말에 속기도 하고, 사기를 당하기도 했을 것이다. '전쟁터 같은 시장', '속이지 않는 장사꾼은 없다'는 말들에서도 알 수 있듯이 아이가 사업을 해오는 동안 수많은 거짓과 사기에 당면했겠지만, 결국 아이를 엄청난 부자로 만들어 준 것은 역시 성실과 신용이었다.

6장

Harvard

사유의 철학

생각의 힘으로 세상을 바꿔라

■ 하버드 대학 교수가 이야기하는 인생 철학

       우리는 끊임없이 사고해야 합니다. 깊은 사고를 해야만 어리석은 생각들을 지울 수 있으며 적극적인 사고를 통해 용감하게 앞으로 나설 수 있습니다.

버지니아 존슨(Virginia Johnson)

       대부분의 실패는 사고의 부족에서 오는 필연적 결과입니다. 미지의 영역을 탐구하면서 사고할 줄 모른다는 것은 위험한 일입니다. 무지한 이가 성공의 기적을 창조할 수는 없습니다.

로빈 블라트(Robin Blatt)

생각은 한 사람의 운명을 바꿀 수 있다

적극적인 사고는 심사숙고의 과정이자
주관적 선택이며 진취 정신의 상징이다.

하버드의 교육철학에 유명한 말이 있다. "하루를 생각하는 것이 무턱대고 1주일을 행동하는 것보다 낫다." 적극적인 사고는 일종의 사유 모델이 된다. 사고를 함으로써 우리는 위기에 몰렸을 때 가장 최선의 결과를 찾아낼 수 있다. 바꿔 말하면 목표를 추구하는 과정에서 어떤 어려움에 처하더라도 극복될 가능성이 있다는 것이며, 그것은 제대로 된 사고의 과정만 거치면 일을 성사시키는 능력을 얻을 수 있다는 것이다. 적극적인 사고는 심사숙고의 과정이자 주관적 선택인 동시에 진취 정신의 상징이다.

적극적인 사고가 어떻게 이처럼 큰 힘을 발휘할 수 있을까? 물론 적극적인 사고가 무에서 유를 창조해내는 신기한 마력을 지니지는 않았다. 아무리 훌륭한 생각을 한다 해도 최종적으로 의지해야 하는 것은 자신의 행동이다. 평범한 사람이 위대해지는 방법은 별다른 게 아니라 단지 다른 사람이 미처 관찰하고 생각하지 못할 때, 사고의 각도를 바꾸고 생각과 행동의 방식을 달리하여 그것을 실천했을 따름이다.

적극적 사고의 의미는 사물을 대할 때 그것의 좋은 점과 나쁜 점을 모두 고려하면서도 좋은 점을 더욱 강조함으로써 더 나은 결과를 만들어 낸다는 것이다. 적극적인 사고는 어떤 상황에서든 정확하고 성실하며 건설적인 인생의 태도를 견지하는 동시에 진취적인 생각과 행동을 유발한다. 또한 희망의 폭을 넓혀주고 소극적인 생각을 없애는 데 도움을 주어 자신이 마음속으로 바라고 믿는 것을 현실로 옮겨준다.

이렇게 반문할지도 모른다. "현실이 과연 그런가? 나는 평생 수많은 어려움과 좌절을 겪었지. 그럴 때마다 적극적인 사고의 힘을 예찬하는 책들을 읽었지만 결국 구체적인 문제에 들어가서는 소용이 없었어." 이렇게 말하는 사람도 있을 것이다. "맞아. 나도 그런 뻔한 이야기들은 아무 쓸모도 없다고 생각해. 나도 사업이 내리막길을 걸을 때 적극적 사고를 하려고 노력했어. 하지만 사업은 회복될 기미가 보이지 않더군. 적극적 사고가 현실을 바꾸지는 못해. 만약 그렇다면 실패할 사람이 누가 있겠어? 이 점을 인정하지 못하는 사람은 타조나 다를 바 없어. 머리를 모래 속에 파묻고 현실을 직시하지 않는 거야." 이처럼 부정적인 생각으로 적극적인 사고의 힘을 배척하는 사람은 여전히 그 본질을 이해하지 못하는 사람이다. 적극적으로 사고한다고 해서 소극적 요소들의 존재를 완전히 부인할 수는 없다. 그러나 적극적 사고를 통해 허약한 자아에 지배당하지 않는 법을 배울 수 있다. 적극적 사고는 삶의 매순간마다 진취적이고 도전적인 정신을 요구하기 때문이다.

성공을 위해 사유는 너무나도 중요하다. 적극적인 사고로 자신의 생각을 무장하고 그것으로서 커다란 목표를 향해 나아가야 비로소 원했던 결과를 얻을 수 있다.

　　윌리엄 댄포스$^{William Danforth}$는 브레나^{Brehna} 사의 전 회장이다. 어릴 때부터 몹시 허약했던 그는 친구들에게 자신의 이상은 그리 원대하지 않다고 이야기하곤 했다. 숫기가 없는 데다 몸까지 허약하자 그는 더욱 의기소침해졌다. 그러나 얼마 안 있어 그는 학교에서 한 선생님을 만난 후로 모든 것이 변했다. 어느 날 선생님은 그에게 이렇게 말했다. "윌리엄, 네 생각은 완전히 틀렸어! 네 스스로 허약하다고 생각하면 할수록 정말 그런 사람이 되어 간단다. 하지만 그렇게 되지 않을 수도 있단다. 나는 네가 얼마나 강인한 아이인지 알고 있으니까."

　　"그게 무슨 말씀이세요?" 윌리엄이 물었다. "자기가 강하다고 허풍을 떨라는 얘긴가요?"

　　"물론이지! 자, 내 앞에 와서 서 보거라."

　　윌리엄은 선생님 앞에 섰다. "지금 네 자세를 예로 들어보자. 네가 서 있는 모습은 너 스스로 허약함에 빠져있음을 보여주는구나. 나는 네가 너의 강한 면을 생각하면서 배는 집어넣고 가슴은 활짝 폈으면 좋겠어. 자, 내가 말한 대로 해보렴. 네 자신이 아주 강하다고 상상하면서 뭐든 할 수 있다고 믿어봐. 그러면 정말로 그렇게 될 수 있단다. 두 다리로 세상에 우뚝 서서 진정한 사내대장부로 살아가는 거야."

　　윌리엄은 선생님의 말을 그대로 따랐고, 85세의 그는 여전히 기운이 넘치고 건강하다. 그는 사람들에게 항상 말한다. "자세를 똑바로 유지하세요, 사내대장부처럼!"

중요한 것은 마음속에 자신을 위한 청사진을 똑바로 그리는 것이다. 청사진의 좋고 나쁨과 강하고 약함이 성공과 실패의 여부를 현실에서 가름한다. 하버드의 교수는 이렇게 말했다. "사람의 본성에는 이런 특징이 있다. 자기 자신을 어떤 모습으로 상상하면 정말로 그런 사람이 된다는 것이다."

사유의 힘은 인류의 역사에 어떻게 공헌을 했을까? 인류의 삶이 더욱 의미 있어지고 인류가 수많은 곤경을 이길 수 있었던 이유는 바로 생각하는 사람이 있었기 때문이다. 인류의 역사에서 생각하는 사람이 존재하지 않는다면 역사는 참으로 무미건조해질 것이다. 생각하는 사람은 인류를 이끄는 지도자로서 구부러진 등에 비 오듯 땀을 흘리면서도 모든 고통을 감내하며 사람들을 위해 길을 닦아주는 고난의 삶을 살아간다. 오늘의 세계는 지난 모든 시대의 생각하는 사람들의 상상력이 한데 뭉치고 꿈이 현실화된 결과물이다. 아마도 서부 아메리카의 개척자가 없었다면 미국인들은 여전히 대서양 연안에서 맴돌고 있을 것이다.

세상에서 가장 큰 공헌을 하는 사람은 넓은 시야와 선견지명을 가진 사람이다. 그들은 생각의 힘과 지식으로 인류에게 행복을 안겨준다. 얕은 생각에 얽매이고 미신에 사로잡힌 사람들을 해방시키는 것도 그들이다. 생각하는 사람은 보통 사람이 하지 못하는 일들을 하나하나 현실로 이루어낸다. 사고력이 음악가나 시인 등 예술 분야에나 유용하지 실제 생활에 무슨 소용이 있겠냐고 반론할 수도 있겠지만, 사실 모든 분야의 최고는 상상력의 대가들이다. 그들은 하나같이 위대한 상상력과 확고한 신념의 소유자로서 뭔가를 위해 분투할 줄 아는 사람들이다.

성공하는 사람의 수많은 능력 중에서 가장 신기한 것은 바로 사고의 능력이다. 현재보다 미래가 더욱 아름다우리라 믿는다면 지금의 고통은 이겨낼 수 있다. 위대한 사고로 성공하는 사람은 어떤 역경에 처하더라도 전진의 발걸음을 늦추지 않는다.

번뇌와 고통으로 가득 찬 힘든 상황에서도 유쾌하고 느긋하고 긍정적인 생각을 할 수 있는 힘은 값을 매길 수 없는 보석과도 같다. 인생에서 사고의 능력을 잃어버린다면 어느 누가 확고한 신념과 가득 찬 희망, 넘쳐흐르는 용기로 성공을 향해 나아갈 수 있겠는가?

성공하는 사람은 생각하는 힘을 가지고 있다. 그들은 어떤 고난과 역경에 처하더라도 운명에 굴복하지 않고 언젠가는 이상이 실현되리라 반드시 믿는다. 상점의 점원은 자기 가게를 열 날을 꿈꾸고, 공장의 여공은 행복한 가정을 꾸밀 날을 상상한다. 지금은 부족함이 많아도 상상 속에서는 천하를 호령하는 큰 꿈을 세울 수도 있다.

자신의 약점을 고치려 하면서도 그렇게 하지 못하는 사람들은 항상 힘들다는 소리를 입에 달고 산다. 그들에게는 남들만큼의 사고력이 없으며 자신을 위해 생각의 스케치를 하여 그 안에 과거와는 완전히 다른 새로운 색깔을 칠해 진정한 스스로의 힘을 찾아낼 줄도 모른다. 결국 원하는 뜻을 이루지 못해 언제나 우울해한다. 결국 꿈을 꿀 줄 아는 사람만이 원대한 희망을 가질 수 있고, 이러한 희망을 통해 잠재된 사고력을 깨우고 스스로의 노력을 더해야만 비로소 찬란한 미래가 펼쳐지는 것이다.

여기서 성공을 꿈꾸는 사람들이 꼭 알아야 할 것이 있다. 바로 생각만으로는 부족하다는 것이다. 생각을 실천에 옮길 수 있는 굳은 결심이 중요하지 희망을 실현시켜 줄 실천의 힘을 끄집어내지 못하는 사고는 아무 의미가 없다. 실질적인 사고, 즉 생각하는 동시에 수고를 감내하고 부단히 노력하는 사고만이 진정한 가치를 지니는 것이다.

　다른 능력들과 마찬가지로 사고의 능력 역시 남용되거나 오용될 수 있다. 다른 일은 아무 것도 하지 않은 채 하루 종일 생각만 하는 사람이 있다고 치자. 그렇다면 그는 자신의 모든 생명력을 허공에 날려버리는 셈이 된다. 실천 없는 사고는 소모적일 뿐이다. 현실에 부합하지 못하는 공상가는 원래 가지고 있던 천부적인 재능까지 소모하고 만다.

　생각을 현실로 옮기는 것은 오로지 자신의 노력에 달려있다. 생각했다면 그 다음은 노력을 게을리 하지 않아야 그 생각을 현실화할 수 있다.

　"생각은 한 사람의 운명을 바꿀 수 있다." 미국의 유명한 자기계발 연구가 나폴레옹 힐이 한 말이다. 의기소침해질 때 생각을 통해 기분을 바꾸고 방향을 조정하는 것은 스스로를 안심시키는 유일한 방법이다. 적극적인 사고를 통해 소극적 심리를 극복할 수 있다면 자신의 성장에 커다란 도움이 되며, 생각하는 것이 힘들고 괴로워도 깊은 사고 없이는 함부로 일을 벌이지 않는 것이 바로 성공하는 사람의 습관이다.

사실을 직시해야
사고의 방법도 정확해진다

정확한 사고방식은 때로는 간섭을 받을 수도 유혹에 빠질 수도 있으며
심지어 처벌을 받을 수도 있다. 그러나 잘못된 결론을 피하고
실수의 위험에서 벗어날 수 있게 해주는 것 역시 정확한 사고방식이다.

아무 것도 생각하지 않는 사람은 영원히 혼돈 속에 머물 것이다. 그러나 사고 자체의 중요성만을 강조한 채 사고방식의 정확성에 주의를 기울이지 않는다면 오히려 더 위험한 행동을 불러올 수 있다. 사고 대상의 객관적 사실을 이해하지 못한다면 왜곡된 결론밖에 얻을 수 없으며 그에 따른 행동 역시 위험과 실수로 가득하게 된다. 수많은 경험에서 알 수 있듯이 정확한 사고방식을 위해서는 사실을 명확하게 볼 줄 알아야 한다.

법률의 판단은 '증거법'을 원칙으로 한다. 이는 명확한 사실을 얻기 위함이다. 법관은 오로지 사실에만 근거하여 판결을 내린다. 그래야 재판에 관련된 모든 이들을 공평하게 대할 수 있기 때문이다. 만약 법관이 '증거법'을 외면하고 사실무근의 정보들로 판결을 내린다면 결국 무고한 사람들에게 억울한 누명을 씌우게 될 것이다.

'증거법'은 사용 대상과 상황에 따라 달라진다. 증거로 삼을 사실들이 부족해서 가설을 세웠다고 할 때 이 가설에 적용되는 증거들이 자기에게 유리한 것들로만 채워질 수도 있다. 그러나 이런 증거

들 역시 어느 누구에게도 손해를 끼쳐서는 안 된다. 그래야 비로소 사실에 기초한 증거라고 할 수 있으며, 이런 증거를 통해 판단을 내려야 실수를 범하지 않는다.

그러나 많은 사람들이 자기가 인식하든 그렇지 않든 사건의 이해관계만을 사실로 여기는 실수를 범하곤 한다. 어떤 일을 할 것인가 말 것인가의 결정은 오로지 자기 이익에 부합되는가의 여부에 달려 있지 다른 사람에게 어떤 해를 미칠 것인가는 고려하지 않는다.

유감스러운 것은 오늘날 대다수 사람들의 생각이 이렇다는 것이다. 상황이 자신에게 유리하게 돌아가면 그들은 매우 성실해지지만 반대일 경우 그들은 바로 불성실한 태도를 보이며 그것을 합리화하기 위한 구실을 찾는다.

반면 사고의 방법이 정확한 사람은 그렇지 않다. 그들은 하나의 기준을 정해 마음의 중심에 두고 자기에게 이득인지 손실인지 따지지 않고 자신을 기준에 맞춘다. 이처럼 사실에 기초한 사고를 통해야 비로소 인생의 성공이라는 최고봉에 이를 수 있음을 알기 때문이다.

정확한 사고방식은 때로는 간섭을 받을 수도 유혹에 빠질 수도 있으며 심지어는 이 때문에 처벌을 받을 수도 있다. 그러나 정확한 사고방식은 잘못된 결론을 피하고 실수의 위험에서 벗어나게 해주며 결국에는 충분한 보상을 받게 한다. 따라서 정확하게 사고할 줄 아는 사람은 잠시의 고통은 얼마든지 감내할 수 있다.

사실을 파악하는 과정에서는 다른 사람의 지식과 경험을 빌려야 하는 경우가 흔하다. 이런 과정을 거쳐 사실을 획득한 후에는 사실이 제공하는 증거와 그 증거를 제공한 사람을 조심스럽게 판단해야 한다. 증거가 그것을 제공한 증인의 이익과 연관이 있을 때는 더욱 상세히 살펴야 한다. 이해관계에 얽힌 증인은 쉽사리 유혹에 넘어가 증거를 은폐할 수도 있기 때문이다. 사실을 중시하는 태도를 가진 사람이라면 어떤 상황에서든 객관적인 조건에 근거해서 정확하게 분석하는 사고방식을 보인다. 진실을 파악하기까지 고된 과정을 거쳐야 하지만 그는 적극적으로 그것을 찾아 나선다. 이는 사람이면 누구나 가져야 할 양심이자 세상을 살아가는 원칙이다.

사실에 근거해 일을 처리하다 보면 자신감을 얻게 되고 자신감을 얻은 사람은 더 이상 주저하거나 기다리지 않는다. 그는 자신의 노력이 어떤 결과를 가져올지 이미 예상하고 있으므로 일의 효율이 다른 사람보다 높을 수밖에 없으며 성취도 역시 뛰어나다. 그러나 지금 하고 있는 일이 사실에 부합하는지의 여부를 확신하지 못하는 사람은 모든 일에 주저하고 결정을 내리지 못한다. 물론 이 중에서 성공하는 사람은 항상 전자이다.

긍정적으로 사고하는 방법을 배워라

사람의 생각은 부정적인 쪽으로 흘러가기 쉽다. 그래서 긍정적인 사고의
가치가 더욱 중요한 것이다. 부정적인 생각은 인생의 성공에 있어 걸림돌이다.

배우되 생각하지 않으면 어두워진다고 한다. 그러나 여기서 한
걸음 나아가 생각하는 방법에도 정확한 습관을 들여야 한다. 핵심에
서 한참 벗어난 허튼 망상이 아니라 정곡을 찌르는 숙고의 방법을
배워야 하는 것이다. 부정적인 의심만 하며 망설이느냐 아니면 의문
점들을 늘어놓고 난제들을 해결하느냐에 따라 전혀 다른 인생의 태
도와 결과가 나오게 된다. 이에 대해 하버드의 인생철학에서는 긍정
적으로 사고하는 방법을 배우라고 조언한다. 머릿속으로 언제나 이
렇게 반문하는 습관을 들여라. "위대한 사람은 이렇게 하지 않았을
까?" 스스로 이런 질문을 통해 성공적인 인물이 될 수 있다.

어떻게 성공의 규칙을 자기 자신의 것으로 만들 수 있는가? 방
법은 간단하다. 사물을 긍정적으로 보는 습관을 기르면 된다. 이렇
게 하지 않으면 잠재의식이 아무리 좋은 역할을 해도 원하는 바를
이룰 수 없다.

긍정적 사고의 반대는 당연히 부정적 사고이다. 적극적인 대처
가 긍정적 사고라면 소극적인 대처는 부정적 사고다. 사람의 생각은

부정적인 쪽으로 흘러가기 쉽다. 그래서 긍정적인 사고의 가치가 더욱 중요한 것이다. 부정적인 생각은 인생의 성공에 있어 걸림돌이다. 부정적인 생각은 벌써 그 사람의 잠재의식에 나쁜 영향을 끼치고 있는 것이다.

많은 사람들이 이렇게 말한다. "나는 제대로 하는 일이 하나도 없어." "인생은 무의미하고 세상은 그저 어두울 뿐이야." "줄곧 실패만 했으니 이번에도 보나마나 뻔하지." "누가 나 같은 사람과 결혼하겠어?" "나는 남들과 어울리지 못하는 사람이야." 이런 사람들의 삶은 즐거울 수 없다.

그들에게 왜 그런 생각을 하느냐고 물으면 대부분 이렇게 대답한다. "사실이 그러니까요." 특히 우울증 환자들은 이구동성으로 말한다. "불안하고 우울하니까 그런 생각이 들죠! 저도 어쩔 수 없어요." 그러나 생각의 방향을 바꾸면 현실은 그들이 생각하는 것처럼 그렇게 나쁘지만은 않다. 예를 들어, "제대로 된 것은 하나도 없지만 나름대로 만족할 수 있는 부분도 있어. 그렇지 않아?"라고 생각해보자. 스스로를 긍정하며 낙관적이고 적극적인 생각을 가지면 인생은 새로워질 수 있다.

실연이나 실업 같은 암울한 현실은 미처 피할 겨를도 없이 닥쳐오곤 한다. 그러나 그것 때문에 절망하고 자기 자신을 부정해서는 안 된다. 모든 것은 순간의 생각에 달려 있다. 그래서 긍정적인 사고가 중요한 것이다. 긍정적인 사고는 거창한 관념이나 지혜에서 나오는 것이 아니라 오로지 사고의 방향에 의해 결정될 뿐이다.

절망적인 상황에서는 긍정적인 사고가 더욱 절실해진다. 인생에서 가장 비참한 순간을 맞았다고 생각될 때 스스로에게 이렇게 말해

보라. "한숨만 쉬고 절망만 하느니 차라리 적극적으로 당당히 맞서는 편이 낫겠어!" 그러면 자신도 믿을 수 없는 기적이 찾아오기도 한다.

하버드의 교수는 이렇게 말했다. "모든 사물은 양면성을 가지고 있으며, 우리가 알고 또 바라는 모든 것은 우리 스스로가 잠재의식 속에 새겨둔 염원에 기초한다. 무엇을 해야 할지 모른 채 슬퍼만 한다면 눈앞의 현실을 바꿀 수도 없고 행복으로 충만한 미래를 기약할 수도 없다. 그러니 최악의 상황에 처하더라도 긍정적인 사고와 태도를 지키는 것이 중요하다." 운명을 바꾸고자 한다면 다음처럼 긍정적으로 사고하는 습관부터 배워보자.

첫째, 적극적이고 유쾌한 말로 자신의 기분을 묘사한다. 누군가 나에게 오늘 기분이 어떠냐고 물으면 "너무 피곤해." "머리가 지끈지끈해." "썩 기분이 좋지 않아." 등으로 대답할 때가 많다. 그러나 이런 대답은 자신의 기분을 더 나쁘게 한다. 그럴 땐 이렇게 해보자. 이 방법은 매우 간단하지만 효과만큼은 최고다. 누가 인사를 하거나 안부를 물으면 "아주 좋아." "괜찮은 편이야." 아니면 최소한 "나쁘지는 않아." 정도로 얘기하는 것이다. 이렇게만 해도 정말로 기분이 좋아진다는 느낌을 받게 될 것이다. 다른 사람에게 유쾌한 인상을 줌으로써 친구도 쉽게 얻을 수 있다.

둘째, 적극적인 말로 다른 사람을 격려하고 사소한 일에도 남을 칭찬한다. 사람들은 항상 칭찬에 목말라 있다. 매일 아내나 남편에게 감동적인 말을 해보자. 동료에게 신경을 써주고 칭찬하는 말을 해보자. 마음에서 우러난 칭찬은 성공으로 가는 지름길이다. 다른 사람의 외모와 일과 가정에 대해 칭찬의 말을 아끼지 않아야 한다.

셋째, 밝고 재미있고 듣기 좋은 단어로 다른 사람을 묘사한다. 항상 적극적이고 좋은 말로 친구와 동료들을 대한다. 자리에 없는 사람에 대해 이야기할 때도 좋은 말로 그를 표현한다. 예를 들면 이런 식이다. "그 사람은 모두가 좋아할 만한 친구지." "사람들이 그러더군, 그가 일을 잘 해냈다고 말이야." 남에게 상처를 주는 말을 쓰게 되면 그 말은 곧 자신을 해치는 말로 돌아오기 마련이다.

넷째, 적극적인 말투로 사람들에게 자신의 계획을 소개한다.

긍정적인 사고는 복잡하고 험난한 인생과 어려운 상황에서도 희망과 적극성을 잃지 않는, 현실에 대한 적극적 반응을 의미한다. 긍정적 사고의 습관을 기르면 인생은 순조로워지고 성공은 점점 더 가까워진다.

중요한 것부터 생각하는
습관을 길러라

중요한 사실을 먼저 생각하는 습관을 기르고
그것에 기초하여 성공의 기반을 닦는다면 강한 창조의 힘을 갖출 수 있다.

　　정확한 사고방식을 가지려면 사실을 중요한 것과 중요하지 않은 것, 혹은 관계 있는 것과 관계 없는 것으로 나누어 중요한 것부터 먼저 생각하는 습관을 길러야 한다. '길을 서두르는 장군이 작은 토끼 한 마리에 연연하지 않는다'는 말처럼 성공적인 인생을 창조하는 사람은 사실에 부합하는 가장 중요한 문제만을 생각한다.

　　목표를 달성하는 과정에서 활용하게 되는 모든 사실은 반드시 목적과 밀접한 관계가 있는 중요한 것들이어야 한다. 중요하지도 않고 관계가 없는 사실들까지 전부 고려하게 되면 비슷한 기회와 능력을 부여받았더라도 그들과는 아주 다른 결과를 만들게 되는 것이다.

　　하버드의 오랜 전통으로 만들어진 인생철학의 이론과 연구가 보여주듯 성공하는 사람은 자기 일에 영향을 끼치는 중요한 사실들을 종합하여 활용하는 습관을 가지고 있다. 이런 방법으로 그들은 일반 사람들보다 훨씬 수월하게 일을 해내고, 또 일반적인 사실에서 중요한 사실을 이끌어내기도 한다. 그들은 자신의 지렛대에서 중심이 되는 지렛목을 찾아내어 그것을 활용할 줄 아는 것이다. 따라서 그들은 약간의 노력으로도 엄청난 양의 일을 감당해낸다.

중요한 사실을 먼저 생각하는 습관을 기르고 그것에 기초하여 성공의 기반을 닦는다면 강한 창조의 힘을 갖출 수 있다. **중요한 것부터 생각하는 습관을 통해 인생의 성공을 이루어낸 사례는 무수히 많다. 스웨덴의 경영 귀재 얀 칼슨**Jan Carlzon**도 그런 사람들 중의 한 명이다.**

칼슨은 학생 시절부터 뛰어난 수완을 보였다. 공무원 집안에서 태어난 그는 스웨덴 스톡홀름 경제학원에 다니면서 학내의 모든 사교 모임을 주관하곤 했다. 1968년에 학교를 졸업한 후에는 휘티어 여행사에 들어가 시장 조사 업무를 맡았다. 1971년에 북유럽 항공연합은 출자를 통해서 이 회사를 사들였고 칼슨은 그곳에서 시장조사부 부장과 사장까지 역임했다. 중요한 것부터 생각하는 습관을 가지고 있던 칼슨은 경영상의 난제들을 하나하나 해결해냈고 덕분에 중소 규모의 여행사를 스웨덴 최고의 여행사로 발전시킬 수 있었다. 북유럽 항공연합은 칼슨의 경영 기술을 주목하면서 그에게 중책을 맡기기로 결정했다. 북유럽 항공연합에 속한 스웨덴 민항은 탑승객의 저조로 제트 여객기를 구입한 후에 대금을 지불할 수가 없었다. 1978년에 이 회사의 사장이 된 칼슨은 자신의 재능을 마음껏 발휘하기 시작했다. 사장으로 임명된 지 얼마 지나지 않아 그는 회사가 고전을 면치 못하는 이유를 밝혀냈다. 그것은 바로 비효율적인 요금 체계였던 것이다. 승객이 많이 몰리는 아침, 저녁 시간의 가격과 상대적으로 한가한 정오의 가격이 모두 똑같았다. 칼슨은 정오에 출발하는 항공기의 요금을 절반 이상 할인하여 스웨덴의 호수와 산악 지대로 스키나 등산을 즐기러 가는 여행객들을 끌어들였고, 승객들은 공항 밖에 진을 치고 빈 좌석을 기다릴 정도로 늘어났다. 칼슨이 경영을 맡은 첫 해에 스웨덴 민항은 적자에서 흑자로 돌아서 상당한 이익을 낼 수 있었다.

칼슨은 대부분의 승객들이 직항을 선호하는 점에 착안해 코펜하겐에서 대형 '에어버스'로 갈아타는 불편을 없애려고 했다. 그래서 전세 용도를 제외한 '에어버스'를 노선에서 모두 빼버리고 오슬로-파리 간 직행 노선을 신설했다. 좌석이 적은 DC-9 기종으로 스칸디나비아에서 런던이나 파리로 직접 운항하자 돈도 훨씬 절약할 수 있었다.

칼슨이 가장 중점을 둔 조치는 바로 옛것을 고쳐 새것처럼 만드는 것이었다. 시장에 나온 신형 여객기는 칼슨의 관심을 끌지 못했다. 승객의 만족도만 놓고 본다면 DC-2 여객기가 세상에 나온 후로 여객기 자체에는 그다지 큰 개선이 없었다. 이에 칼슨은 새로운 여객기를 구입하는 방법 대신 비행기 객실의 구조를 새롭게 고쳤다. 바닥을 비워 가운데 통로를 넓힘으로써 승객들이 마음 놓고 소지품을 휴대할 수 있도록 했다. 회사가 보유하고 있는 14년이나 된 여객기의 객실 구조를 변경함으로써 승객들이 새 비행기의 느낌을 갖도록 한 것이다. 북유럽 항공연합은 1,500만 달러(DC-2 기종을 새로 구입하는 비용의 65%)를 들여 기존의 여객기를 수리하고 기내 설비를 바꾸었으며 승무원 복장도 유행에 맞게 새 디자인으로 교체했다.

이후 칼슨은 전체 회사를 규모가 서로 다른 여러 개의 분야로 나누어, 규모가 큰 곳은 민항의 모든 여객 운수 업무와 연결이 되게 하고 규모가 작은 곳은 단거리의 직항 노선만 맡도록 했다. 그런 다음 각 노선의 담당자에게 독립적인 경영권을 주어 운항 시간과 횟수를 자유롭게 정하도록 했다. 아울러 회사 내 각 부문에 더욱 힘을 실어주기 위해 좋은 거래를 성사시킬 수만 있다면 어느 부서든 북유럽 항공연합의 테두리를 벗어난 독자적인 업무 처리라도 허용하겠다고 선언했다. 이에 고무된 각 부서는 이익 증대를 위한 곳이라면 어디든 찾아나섰고, 결국 칼슨은 16,000명이나 되는 전체 직원에게 금시계를 돌릴 수 있는 경제적 부를 누리게 되었다.

흔히 사람들은 여러 가지 복잡한 일들에 직면하게 되면 방법을 찾지 못하고 혼란스러워 한다. 그러나 일단 가장 중요한 일이 무엇인가를 생각하고 거기에 힘을 집중하면 생각보다 쉽고 간단하게 문제가 해결된다는 것을 알 수 있다.

주의력을 집중하여 전면적인 사고를 하라

전면적인 사고를 하면 평범한 일상에서도 기회를 발견하기 쉽다.
성공하는 사람은 이런 기회를 놓치지 않는다.

사람들은 사고를 하는 데에 있어 너무 협소하게 판단하는 경향
이 있다. 어떤 사람들은 마치 쥐구멍에서 볕을 보듯 어떤 문제에 대
해 숲 전체가 아닌 나무만을 본다. 이들은 부족한 경험에서 나오는
단편적인 판단에만 근거하여 문제를 대하고, 시야가 넓지 못해 흔히
한 편만 보다가 맞은 편은 놓쳐버림으로써 어떤 일을 제대로 해내기
가 상당히 힘들다. 그래서 하버드의 인생철학에서는 이렇게 말한다.
"전면적인 사유만이 성공을 보장할 수 있다."

미국의 유명한 교육가이자 철학자, 심리학자, 과학자, 발명가인 엠
마 게이츠Emma Gates 박사는 전면적인 사고를 하면 이 세상을 더욱 이상
적인 삶의 터전으로 만들 수 있다고 주장한다. 그는 평생에 걸쳐 예술
과 과학 분야에서 수많은 발명과 발견을 이루어냈으며, 모든 문제에
대해 항상 전면적인 사고를 잊지 않았다.
한번은 역시 유명한 학자이자 성공학의 대가인 나폴레옹 힐이 추천
장을 가지고 게이츠 박사의 실험실로 찾아간 적이 있었다. 하지만 실험

실에 도착한 힐은 게이츠 박사의 비서로부터 이런 말을 들어야 했다.

"죄송합니다. 지금은 게이츠 박사를 만날 수 없는 시간입니다."

"얼마나 기다려야 만날 수 있을까요?"

"정확하게 말씀드릴 수는 없지만, 아마 3시간은 족히 걸릴 겁니다."

"실례지만 지금 만날 수 없는 이유를 여쭤봐도 될까요?"

비서는 조금 뜸을 들인 후 말했다. "정좌명상(靜坐冥想) 중이시거든요."

힐이 자기도 모르게 웃으며 말했다. "정좌명상? 그건 또 무슨 의미인가요?"

그녀 역시 웃으며 답했다. "게이츠 박사님께 직접 말씀을 듣는 게 좋을 겁니다. 시간이 얼마나 걸릴지는 모르지만 어쨌든 여기서 기다리셔도 좋고, 나중에 다시 오시려면 미리 시간 약속을 하시는 게 좋겠습니다."

힐은 기다리기로 했고 이 결정은 너무나 잘한 것이었다. 그를 기다림으로써 얻은 결과가 힐에게 너무나 많은 것을 느끼게 해주었기 때문이다.

마침내 게이츠 박사가 명상을 마치고 방으로 들어오자 힐은 비서가 해주었던 말을 농담 삼아 건넸다. 게이츠 박사는 추천서를 읽은 후 기쁜 얼굴로 말했다. "제가 정좌명상을 하는 곳에 가보겠습니까? 어떻게 하는 것인지 궁금하지요?"

그는 곧 힐을 방음이 되는 방으로 데리고 갔다. 방 안에는 소박한 탁자와 의자가 하나씩 있었고 탁자 위에는 빈 수첩 몇 권과 연필 몇 자루, 전등 스위치가 있었다.

게이츠 박사는 풀리지 않는 문제가 있을 때 이 방에 들어와 방문을 닫고 앉아서 전등을 끄고 온 정신을 하나로 집중한다고 했다. 이처럼 '주의력 집중'이라는 방법을 통해 자신의 잠재의식에서 해답을 끌어 내면 안 풀리는 문제가 없다고 했다. 어떤 때는 한꺼번에 영감이 쏟아 져 나올 때도 있고 어떤 때는 최소한 두세 시간이 지나야 영감이 떠오 르기도 하는데, 어쨌든 이런 영감들이 머릿속에서 확실히 보이면 즉시 불을 켜고 그것을 수첩에 적는다고 했다.

　게이츠 박사는 다른 발명가들과 함께 이전에 발명한 것들을 완벽하 게 재구성하는 작업을 끊임없이 했으며, 이렇게 해서 200개가 넘는 특 허권을 갖게 되었다. 이처럼 그는 여러 각도에서 다양한 사고를 함으 로써 새로운 발명과 함께 삶을 성공으로 이끌 수 있었다.

이처럼 정신을 집중하여 전면적 사고를 하게 되면 평범한 일상 에서도 기회를 찾기가 쉽다. 성공하는 사람은 이런 기회를 놓치지 않는 법이다.

깊게 생각하고 조금만 더 생각하라

한 걸음 더 생각하고 좀 더 멀리 내다보면 우리의 삶은
그만큼 가치 있게 될 것이다.

사람들은 누구나 생각할 줄 안다. 그러나 어떤 문제에 있어 더 멀리, 더 깊이, 더 철저하게 사물의 본질을 꿰뚫는 사람은 결코 많지 않다.

아일러와 블러는 비슷한 시기에 같은 대형 마트에 취직했다. 대부분이 그렇듯 그들도 가장 낮은 직급부터 시작했다. 얼마 지나지 않아 아일러는 사장의 눈에 들어 반장에서 부장까지 진급을 했지만 블러는 여전히 가장 낮은 직급에 머물러 있었다. 결국 참다못한 블러는 어느 날 사장을 찾아가 사표를 내면서 왜 직원들을 닭 보듯 무시하고 열심히 일하는 사람은 신경도 안 쓰며 허풍에 거짓말을 하는 사람만 진급시키냐고 항의했다.

사장은 블러가 매우 열심히 일한다는 것을 알고 있었지만 그에게는 말로 정확하게 표현하기 힘든 부족한 것이 있었다. 그것을 분명히 말해준다 해도 블러는 인정하지 않을 것 같아 묵묵히 그의 얘기를 듣고만 있었다. 그러던 중 사장은 좋은 방법이 하나 생각났다.

"이보게 블러, 지금 당장 농산물 시장으로 가서 오늘은 어떤 야채들을 팔고 있는지 알아보게."

블러는 금방 시장에 갔다 와서는 농민 한 사람만이 트럭에 감자를 싣고 와서 팔고 있다고 말했다.

"트럭에 실린 자루가 몇 개나 되던가? 무게는 얼마나 나가던가?"

블러는 다시 시장에 다녀와서 열 자루라고 말했다.

"가격은 어땠나?" 블러는 다시 시장으로 향했다.

사장은 숨을 헐떡거리며 돌아온 그를 보고 말했다. "됐네. 이제 여기서 좀 쉬면서 아일러는 어떻게 하는지 보게나." 사장은 곧 아일러를 불러 똑같은 일을 시켰다. "아일러, 당장 농산물 시장으로 가서 오늘 어떤 야채들을 팔고 있는지 알아보게."

아일러 역시 금방 시장에 갔다 돌아왔다. 하지만 그는 한 농민이 총 10자루의 감자를 팔고 있었는데 가격도 적당하고 신선해서 사장에게 보여주려고 몇 개를 가져왔다고 말했다. 게다가 이 농민이 토마토도 몇 상자를 가져왔는데 가격이 합리적이고 품질도 좋아 거래를 할 만하다고 생각되어 토마토 샘플도 챙겨 오고 농민도 데리고 와서 농민은 지금 밖에서 기다리고 있다는 말까지 했다.

사장은 고개를 푹 숙이고 있는 블러에게 말했다. "가서 농부를 불러 오게."

이처럼 아일러는 블러보다 몇 걸음 더 생각했기 때문에 업무에서 항상 어떤 성취가 가능했던 것이다.

어떤 문제를 생각할 때 당신은 얼마나 먼 곳까지 내다보는가? 한 걸음 더 생각하고 좀 더 멀리 내다보면 우리의 삶은 그만큼 가치 있게 된다.

캐서린 로건$^{Katharine Rogan}$이 말했다. "멀리 내다보면 우리는 어떤 것을 얻게 될지, 어떤 행동을 해야 하는지 알 수 있게 된다. 마음속에 원대한 계획이 있으면 먼저 하나를 성취한 후 그 다음의 성취를 향해 나아갈 수 있고, 우리가 가진 물질적 조건을 발판으로 삼아 더 높고 더 좋고 더 즐겁고 편안한 곳으로 갈 수 있다. 이렇게 해서 우리는 헤아릴 수 없는 영원한 가치를 갖게 되는 것이다."

이와 관련하여 하버드의 교수는 아래의 두 가지 조언을 주었다.

첫째, 더 깊고 더 멀리 생각하는 만큼 성공의 가능성은 더 높아진다. 깊은 사고는 막대한 이익을 가져다주며 생각지 못한 기회의 문을 열어줄 수 있다. 또한 사람의 잠재력을 더욱 강하게 만들어준다.

• 깊은 사고는 일을 더욱 쉽고 유쾌하게 해준다 : 성취감은 인생을 더욱 즐겁게 만든다. 당신이 노력해서 어떤 일을 해냈을 때의 느낌보다 더 유쾌한 것은 없다. 이것이 바로 성취감이고 즐거움이다. 작은 성취를 통해 더 큰 목표를 이루게 되면 사람은 더욱 고무되게 마련이다. 예를 들어, 자기가 어떤 것을 깊이 생각했는데 그 생각이 현실로 옮겨졌을 때의 느낌이 바로 그것이다. 그리고 각 단계에서의 성취는 더 큰 청사진의 중요한 한 부분이 된다.

• 깊은 사고는 가치를 더해준다 : 마찬가지로 지금 내가 하는 일이 미래의 청사진을 실현하기 위한 일부분이 된다면 어떤 일이든 나름의 가치를 갖는다. 아무리 단순한 일이라도 당신은 만족감을 느낄 것이다. 왜냐하면 그와 동시에 더 큰 목표가 실현되고 있음을 알기 때문이다.

• 깊은 사고는 당신의 미래를 예언한다 : 깊은 사고가 부족한 사람은 미래를 대비하지 못한다. 변화의 회오리에 쓸려가 어떤 일이 그들 앞에 닥칠지 모르게 된다. 이런 사람들은 그저 요행을 바랄 수밖에 없다. 하지만 만약 당신이 깊이 사고하고 부지런히 노력한다면 목표를 실현할 가능성은 훨씬 높아진다. 반드시 목표를 달성하게 된다고 보증할 수는 없지만 성공의 기회가 훨씬 더 많아진다는 것은 분명한 사실이다.

둘째, 깊은 사고에 악영향을 주는 요소들을 극복해야 한다. 깊은 사고는 이처럼 중요하므로 성공적인 인생을 만들어 가는 과정에서 결코 빠뜨려서는 안 된다. 다음 세 가지는 깊은 사고에 악영향을 미치는 요소들이다.

• 과거의 경험이 깊은 사고에 영향을 줄 수 있다 : 과거의 경험은 원대한 미래를 바라보는 눈을 가로막는 가장 심각한 장애 요소이다. 우리는 항상 과거의 성패에 근거하여 미래의 기회를 본다. 만약 과거에 너무나 힘들고 고통스러웠고 성공하지 못했다면 당신은 몇 배의 노력을 들여야 비로소 미래의 길이 눈에 들어올 것이다.

먼저 벼룩서커스의 예를 들어보자. 벼룩서커스에서 이 작은 벼룩은 놀랄 만큼 높이 뛰어오른다. 하지만 이상하게도 정해진 한도를 결코 넘어서지는 못한다. 마치 모든 벼룩들이 눈에 보이지도 않는 한계를 속으로 다 알고 있는 듯하다. 왜 이 벼룩들은 뛰어오르는 높이에 한계가 있을까? 처음 훈련을 받을 때 벼룩들은 일정한 높이의 유리 덮개 아래 갇힌다. 벼룩들은 밖으로 나가려고 힘껏 뛰어오르지만 그때마다 유리에 부딪힌다. 이런 식으로 몇 번을 반복하다가 포기하고는 결국

엔 유리 덮개를 치워도 뛰어서 밖으로 나갈 수 없게 된다. 과거의 경험이 벼룩들 스스로를 밖으로 나가지 못하게 만든 것이다. 결국 벼룩은 스스로를 한계지음으로써 자신을 희생시키고 말았다.

사람도 마찬가지다. 만약 당신이 스스로를 성공하지 못하는 사람이라고 규정해버리면, 이런 제한 때문에 당신은 먼 곳을 바라보지 못하게 된다. 그러지 않기 위해서 머리는 활발히 움직이고 가슴에는 큰 꿈을 품어 당신의 능력을 마음껏 펼쳐보아야 한다. 자신의 잠재력을 닫아버려서는 결코 안 된다.

• 주변의 스트레스가 깊은 사고의 장애가 될 수 있다 : 아버지와 아들이 나귀를 타고 시장에 먹을 것을 사러 갔다. 처음에 아버지가 나귀를 타고 아들은 걸어가는 모습을 본 어떤 사람이 이렇게 말했다. "참 매정한 사람이구먼. 힘이 넘칠 젊은 사람은 나귀를 타고 불쌍한 아들은 걸어가고 있으니……."

이 말을 들은 아버지는 아들을 나귀에 태우고 자기는 걸어갔다. 그러자 사람들이 손가락질하며 말했다. "저런 불효자식 같으니! 아버지는 힘들게 걸어가고 자기는 나귀를 타고 가다니……."

이번에는 아버지와 아들이 함께 나귀를 타고 갔다. 그러자 어떤 사람이 말했다. "저런 잔인한 사람들을 봤나! 아니 두 사람이 같이 나귀를 타면 나귀가 얼마나 힘들겠어?"

이번에는 두 사람 모두 나귀에서 내려 함께 걸어갔다. 그러자 또 다른 사람이 말했다. "아버지나 아들이나 참 바보 같군. 저 힘센 나귀를 가만 놀리고 있다니."

결국 그들은 하루나 늦게 겨우 시장에 도착했고, 사람들은 그들을 보고 깜짝 놀랐다. 아버지와 아들이 함께 그 나귀를 메고 시장으로 온 것이 아닌가!

이 이야기처럼 우리는 주위에서 주는 압력에 너무 민감하게 반응하여 방향을 잃고 자기의 목표를 잊어버릴 수도 있다. 아주 사소한 일이나 별 것 아닌 비판이 우리 머리에 꽉 들어차면 먼 곳을 바라보지 못하게 할 수 있음을 명심하기 바란다.

• 통찰력의 부족이 깊은 사고를 가로막을 수 있다 : 깊은 사고에 있어 통찰력은 대단히 중요한 역할을 한다. 결국 깊은 사고는 인생이라는 긴 여정 속에서 현재를 바라보고 미래를 생각하는 것이다. 그러나 통찰력이 없으면 낭패를 보기 쉽다. 이런 얘기를 들어본 적이 있는가? 19세기에 미국의 특허청 내에서 어떤 사람이 특허청의 폐쇄를 건의했다고 한다. 그가 보기에 이후로는 어떤 가치 있는 새로운 것이 나오지 않을 것 같았기 때문이다. 1900년 이후에 과학기술이 얼마나 발전했는가를 생각해 보면 이런 건의를 했다는 자체가 믿기지 않을 것이다.

당신의 통찰력으로 안 되면 다른 각도에서 문제를 살펴보기 바란다. 지난 역사도 살펴보고 다른 민족의 문화도 연구한 다음 현재의 문제를 분석하면서 미래까지 유심히 생각해 보는 것이다. 이런 태도와 관련하여 프랭크 게인Frank Gane 하버드대 교수는 이렇게 말했다. "다른 사람이 보지 못하는 것을 보는 사람만이 다른 사람이 하지 못하는 일을 할 수 있다."

굳게 닫힌 상상력의 문을 활짝 열어라

성공하고 싶다면 먼저 성공을 절실히 원하고
굳게 닫힌 상상력의 문을 열어야 한다.

누구나 성공의 기회는 있다. 그러나 성공을 상상하고 자신을 믿는 사람만이 그 기회를 성공으로 이끌 수 있다. **상상력의 문을 활짝 열어 상상하는 훈련을 해야 한다.** 상상 훈련을 할 때에는 먼저 미래를 미리 상상하는 능력을 기르도록 한다. 즉 과학적인 상상을 통해 미래의 일에 대해 정확한 예견을 할 수 있는 능력을 기르는 것이다. 경영 분야에서의 상상 훈련법은 다음과 같다.

첫째, 현재의 시장 상황에 대한 종합적인 분석을 기초로 하여 시장에 어떤 변화가 올 것인가를 예견한다. 모든 사물에 있어 불변은 상대적이고 변화는 절대적임을 명심해야 한다.

둘째, 시장에 어떤 변화가 올 것인가를 예견할 때 머릿속에 더욱 분명한 장면을 떠올리도록 노력하고, 이때 자기는 무엇을 하고 있는지 잘 본다.

셋째, 성공의 과정으로 가는 단계마다 자신이 알고 있는 정보를 통해 시장의 상황과 자기가 맞닥뜨리게 될 상황, 머릿속에서 떠올렸던 적절한 상황들을 결합시킨다.

상상을 통한 예견이 사업이나 생활의 성패에 얼마나 큰 영향을 주는가는 두말할 나위도 없다. 잘못된 결정은 흔히 미래를 내다보는 능력의 부족과 관련이 있으며, 그만큼 정확한 예견은 성공의 지름길로 가는 데 중요한 역할을 한다. 전 유럽을 놀라게 했던 독일의 '컴퓨터 황제' 하인츠 닉스도르프Heinz Nixdorf는 미래를 상상하는 남다른 능력으로 성공을 거둔 인물이다.

하인츠는 본래 컴퓨터 회사의 기사로 있으면서 남는 시간을 이용해서 연구를 했다. 하지만 연구를 통해 어떤 건의를 내놓았지만 한 번도 채택되지 않자 회사를 나왔다. 그러던 중 라인 베스트팔렌 발전 회사가 그의 능력을 알아보고는 3만 마르크를 먼저 주면서 회사 지하실에서 회계용 컴퓨터를 연구하도록 했다. 얼마 지나지 않아 그는 간편하고도 생산비가 적게 드는 820형 소형 컴퓨터를 만들어냈다. 당시 컴퓨터는 대단히 큰 물건이라 대기업에서나 가질 수 있었다. 그런 상황에서 이렇게 작은 컴퓨터가 나왔으니 엄청난 인기를 끌 수밖에 없었다. 그는 왜 이런 소형 컴퓨터를 만들려고 했을까? 그의 답은 이랬다. "컴퓨터가 보급되는 경향을 보고 시장을 유심히 관찰하니 가정으로 들어갈 수 있는 것은 소형 컴퓨터 밖에 없다고 생각했지요." 풍부한 상상력으로 심지어 그는 각 책상마다 컴퓨터가 한 대씩 있는 모습을 상상했다고 한다. 이처럼 그를 거부로 만들어 준 것은 바로 미래를 보는 뛰어난 힘과 상상력이었다.

상상력을 통한 예견은 성공적인 인생의 길을 만들어 준다. 여기에 사람들이 아직 잘 알지 못하는 예견의 방법이 있다. 주목해 보기 바란다.

첫째, 얻을 수 있는 모든 정보를 소홀히 여기지 않고, 정확하고 종합적인 분석과 판단으로 정보의 상업적인 가치를 생각한다.

둘째, 실제로 이 정보가 믿을만한 것인지 알아보고 성공에 대해 어느 정도 영향을 미칠 수 있을지 가늠해 본다.

셋째, 위 과정을 통해 미래에 대한 확신이 서면 즉시 계획을 마련해서 실천에 들어간다.

결국 대량의 정보를 통해서 과학적이고 정확하게 각종 상황을 파악하고 이용하라는 말이다. 그러나 단순히 상상력을 통한 예견만으로는 부족하다. 반드시 논리적 상상력에 의지해야만 성공의 기회를 꿰뚫어볼 수 있는 것이다. 소위 논리적 상상력이란 논리의 변환을 통해 이미 알고 있는 것으로부터 아직 알지 못하는 것을 유추하고 현재 시점에서 미래를 내다보는 것이다. 유명한 시의 한 구절인 "겨울은 이미 왔는데 봄은 아직 멀었는가?"가 전형적인 논리적 상상이다.

현대의 삶 속에서 논리적 상상력을 운용한 사례는 수도 없이 많다. 다음 사례는 보통 사람들이 성공적인 인생을 만들어 가는 데 좋은 본보기가 될 것이다.

독일의 농부인 한스는 머리 쓰기를 좋아해서 항상 다른 사람들보다 힘을 덜 들이고도 더 많은 수확을 얻곤 했다. 지역 사람들은 그를 아주 똑똑한 농민이라고 칭찬했다. 1년 중 가장 바쁜 감자 수확기가 되면 독일의 농민들은 밭에서 감자를 캐서 부근의 도시에 가서 팔아야 했다. 값을 제대로 받기 위해 사람들은 먼저 감자를 대, 중, 소의 세 가지로 나누어야 했다. 사람들은 새벽부터 밤까지 쉬지 않고 감자를 골라서 빨리 도시로 가져가 시장에 내다 팔고자 했지만 한스는 달랐다. 그는 감자를 크기에 따라 나누는 작업을 하지 않고 바로 자루에 담아 시장으로 가져갔다. 당연히 한스의 감자는 가장 먼저 시장에 나왔고 그만큼 돈도 다른 사람들보다 많이 벌게 되었다.

한스의 비법은 이랬다. 그는 도시로 감자를 싣고 갈 때마다 평탄한 도로를 이용하지 않고 감자 자루가 흔들릴 만큼 울퉁불퉁한 산길을 이용했다. 2마일의 산길을 차가 계속 요동치고 가면서 작은 감자는 자루의 맨 아래로 빠지고 큰 것은 자연히 가장 위에 남았다. 그러니 감자를 팔 때는 이미 크기가 다 나누어진 상태가 되었다. 시간을 절약함으로써 한스의 감자는 가장 먼저 시장에 출시되었고 그만큼 가장 좋은 값에 팔 수 있었던 것이다.

단지 지리 조건을 이용한 한스의 논리적 상상은 얼핏 보기에는 별 것 아닌 듯하지만 사실 우리의 뇌에 상당한 영감을 가져다준다. 당신도 한스처럼 논리적 상상력을 가진다면 성공의 과정은 좀 더 쉬워질 수 있다.

비판력이라는 끈을
항상 손에 쥐고 있어라

모든 문제에 대해 '왜?'라는 의문을 갖지 않고
케케묵은 습관이나 행동 방식에 사로잡혀 있다면 인생의 길을 걷는 속도가
갈수록 느려지고 심지어는 막다른 골목에 이르기도 한다.

비판력이란 완전하지 못한, 수정이 필요한 뭔가를 찾아 새로운 것을 구상하는 힘이다. 지식 경제 시대가 되면서 원래 완벽했던 것도 더욱 더 완벽을 추구해간다. 이런 틈새에서 비판적 상상은 절묘한 아이템을 개발하고 자기만의 장점을 확실히 하고 더욱 큰 시장을 개척할 때 막중한 역할을 할 수 있다.

마음껏 깨도 되는 도자기의 출시가 바로 비판적 상상력을 차용한 산물이었다. 일상생활에서 사람들은 도자기를 비롯한 여러 가재도구를 실수로 깨뜨리곤 하며, 심지어 어떤 사람들은 분풀이용으로 그릇이나 접시를 깨기도 한다. 프랑스의 한 도자기 회사는 비판적 상상을 통해 사람들이 마음껏 깨도 되는 도자기 주전자와 찻잔 등의 기발한 상품을 출시했다. 이 도자기 그릇들은 디자인도 새롭고 가격도 저렴했다. 상품의 광고 문구 역시 남달랐다. "괴로워하지 마십시오. 화를 참지도 마십시오! 부부싸움에서 스트레스를 풀 가장 좋은 방법은 접시를 깨버리는 것입니다. 가정의 화목과 행복을 위해 과감히 깨뜨리십시오! 절대 아까워하지 마시고!" 비판적 상상을 통한 기

발한 상품에 독특한 광고 문구가 더해지면서 이 상품은 엄청난 인기를 끌게 되었다.

사유의 과정뿐만 아니라 실제적인 적용의 과정에서도 많은 역할을 하는 비판력은 종합, 이식, 변형, 재조직, 의심 등의 방법으로 키워질 수 있다.

• 종합

'뒤섞음'이라 해도 된다. 현재 이 방법은 기술 발전을 위한 하나의 방향이 되었다. 유명한 마쓰시타 TV의 개발은 바로 세계 각국의 400여 가지 기술을 종합 발전시킨 것이다. 종합은 상품의 시장 경쟁력을 높일 수 있다. 예를 들어, 유선 전화의 무선 전화로의 전환은 기술적인 면에서 보자면 전화와 무선 수신이라는 두 가지 발명의 합작품이다. 완전히 새로운 기술의 개발은 아니지만 시장 수요에 더욱 부응할 수 있는 것이다. 위 사례를 통해 '종합'이 얼마나 매력적인지 충분히 알 수 있을 것이다. 사람들은 이전의 관념이나 계획, 기술 등을 종합하여 새로운 화합물을 만들고, 바로 이 화합물이 성공의 첫 모습이 된다.

• 이식

다른 물건이 당신이 만든 물건과 서로 비슷하면서도 우수한 점이 발견될 때는 과감히 차용할 줄 알아야 한다.

• 변형

겉모습과 형식에 변화를 주는 것으로서, 예를 들어 카세트의 수직형과 수평형의 변화, 냉장고의 선반과 손잡이 위치의 변화 등은 사람들에게 서로 다른 느낌을 주어 각 제품들은 나름의 소비군을 형성하게 된다.

• 재조합

아직 결합해 보지 않은 물체의 특성이나 부속품들을 결합하는 것이다. 탱크와 배를 조합하여 수륙 양용 장갑차를 만들고, 피아노와 오르간을 조합하여 아코디언을 만든 것 등이 예가 될 수 있다.

• 의심

비판력의 핵심으로서 의심의 끈을 놓지 않는 사람은 새로운 창조의 과정에서 끊임없는 희열을 느끼게 될 것이다.

비판력을 가진 사람은 권위 있는 전문가의 이론이라고 무조건 믿어버리지는 않는다. 항상 예리한 눈빛으로 의문을 갖고 문제를 대하면서 과학적인 사실에 부합하는 답안을 찾으려고 노력한다. 대부분의 사람들이 사물의 기존 모습과 형식에 이미 익숙해져 있어 많은 것들을 쉽게 놓쳐버리곤 하지만, 만약 당신이 당신 주변을 조금만 더 세심한 눈으로 관찰한다면 개선되어야 할 많은 것들이 눈에 들어올 것이다.

의심을 통해 깊은 사고를 할 수 있는 사람은 불행하고 열악한 삶의 환경에도 우울해하거나 괴로워하지 않는다. 그들은 '의심은 개선의 어머니'라는 말의 진정한 의미를 이미 알고 있기 때문이다. 반면에 모든 문제에 대해 '왜?'라는 의문을 갖지 않고 케케묵은 습관이나 행동 방식에 사로잡혀 있다면 인생의 길을 걷는 속도가 갈수록 느려지고 심지어는 막다른 골목에 이르기도 한다.

창조적인 생각의 힘을 마음껏 발휘하라

성공에 있어 가장 중요한 것은 창조적 사고이다.
창조적 사고를 가져야만 인생의 진정한 가치와 진정한 행복을 느낄 수 있다.

비판적 사고가 창조적 사고를 유발한다면 창조적 사고는 한 사람의 역량을 나타내는 기준이라고 할 수 있다. 보수적이고 진부한 사고 습관은 과거를 답습하기만 할 뿐 개선점을 찾아주지 못한다. 성공하는 사람들의 습관을 보면 바로 창조적 사고의 힘이 발휘되는 것을 알 수 있다.

자신의 한계를 극복하지 못하는 사람은 어떤 상황에서도 두각을 보이지 못한다. 이런 사람은 정해진 사고만을 고집하며 스스로 큰일을 이루지 못할 사람으로 규정해 버리기 때문이다. 이미 갖추어진 일정한 방법만을 따르는 제한된 사유에는 융통성이 없다. 창조적 사고의 핵심은 새로운 돌파이지 과거의 재현이나 중복이 아니다. 창조적 사유에는 본받을 만한 성공의 경험도 없고 적용할 만한 효과적 방법도 없다. 다만 아무도 생각해 본 적이 없는 새로운 길을 가려고 노력한다.

따라서 창조적 사유의 결과가 매번 성공한다는 보장은 없다. 어떤 때는 전혀 효과를 보지 못할 수도 있고 또 어떤 때는 잘못된 결론을 도출해낼 수도 있다. 그러나 결과의 좋고 나쁨을 떠나 나름대로 의미는 충분하다. 비록 창조적 사고가 성공적인 결과로 이어지지 못했다 하더라도 이후에 다른 길을 생각할 수 있다는 교훈으로 작용하기 때문이다. 이미 정해진 사고가 안정적인 것은 사실이지만 그것의 근본적인 결함은 새로운 영감을 제공해주지 못한다는 것이다.

성공을 원하는 사람이라면 미지의 사물에 대해 이전의 사람들이 써보지 않았던 사유의 방법을 찾고 선례가 없는 방법과 조치들로 대상을 분석하고, 이를 통해 새로운 인식의 방법을 장악해서 스스로의 인식 능력을 높여야 한다는 사실을 반드시 명심해야 한다. 창조적 사고를 통해 만들어진 관념 하나하나, 새로운 이론 하나하나, 새로운 발명과 창조 하나하나가 성공을 향해 가는 인간의 능력을 높여 준다.

창조적 사고는 이미 갖고 있는 지식의 경험에 새로운 생각들을 차곡차곡 채워주어 미지의 세계를 탐색하고 새로운 활동 국면을 활짝 열어준다. 창조적 사고가 없으면 과감한 도전과 창조의 정신도 없다. 이런 사람은 원래의 수준에서 한 발짝도 내딛지 못한 채 새로움 속에서 발전을 이루지도 못하고 개척을 통한 전진도 모르며 그 자리에 정체되고 심지어는 도태 상태에까지 이른다.

하버드의 교수는 성공에 있어 가장 중요한 요소는 창조적 사고이며, 창조적 사고를 가져야만 인생의 진정한 가치와 진정한 행복을 느낄 수 있다고 했다. 창조적 사고를 성공적으로 실천에 옮김으로써 인생의 가장 큰 행복을 맛볼 수 있고, 이에 고무되어 더욱 열정적으로 창조적 활동에 임하고 다시 이 활동을 성공의 기초로 삼음으로써 진정한 인생의 가치를 실현할 수 있다는 말이다.

'창조적'이라는 말 자체로는 그저 막연하게 느껴질지 모르나 창조적 활동은 이미 과학자나 발명가만의 전유물을 넘어서 보통 사람들의 삶 속 깊은 곳까지 들어와 있다. 수많은 사람들이 일과 생활의 여러 가지 측면에서 창조성을 발휘하고 있는 것이다. 성공을 이룬 사람들은 자신의 사업에서 새로운 이상과 목표를 끊임없이 만들어내고, 새로운 사업을 위한 창조적 노력의 과정에서 자신의 이상과 목표를 실현하며 새로운 행복을 맛볼 수 있었다.

성공한 사람에게 창조와 행복은 무슨 관계가 있을까? 영국의 유명한 철학자 루소는 창조를 즐거운 생활이자 근본적인 즐거움으로 보았다. 구소련의 교육가인 스홈린스키는 "창조는 삶의 가장 큰 즐거움이며 행복은 새로운 창조 속에 깃든다."라고 말했다. 그는 「아들에게 주는 편지」에서 이렇게 말했다. "삶에 있어 가장 큰 즐거움은 무엇일까? 나는 이 즐거움이 마치 예술과 같은 창조적 노동 속에 깃든다고 생각한다. 만약 어떤 사람이 자신의 노동을 진심으로 사랑하면 그는 분명히 자신의 온 힘을 그 노동에 바침으로써 수많은 성과들을 만들어낼 것이다. 삶의 위대함과 행복은 이런 노동 속에 깃드는 것이다." 이 말은 창조와 행복의 관계를 잘 보여주고 창조가 곧 새로운 행복의 근원임을 말하고 있다.

그렇다면 왜 창조가 새로운 행복을 얻기 위한 원천이자 동력이 될까? 행복이 목표를 추구하는 과정에서 얻게 되는 정신적 만족임은 누구나 알 것이다. 그러나 사람들이 원하는 바는 항상 발전하고 그 수준 역시 끊임없이 높아져 이전의 욕구가 만족되면 다시 새로운 욕구가 생기고 낮은 수준의 욕구가 채워지면 다시 좀 더 높은 욕구가 생기게 된다. 이러한 끊임없는 욕구를 만족시켜 사람들에게 행복을 가져다 주는 것이 바로 새로운 창조이다. 즉, 사람의 행복과 성공의 여부가 창조력에 달려 있는 것이다. 실제로 창조적 사고를 통해서 성공한 사람은 수도 없이 많다.

프랑스의 화장품 제조상인 입센 로랑은 본래 화훼 사업을 통해 성공한 사람이었다. 그는 기자 회견 자리에서 감동어린 목소리로 이렇게 말했다.

"오늘이 있기까지 저는 아주 당연시되는 하나의 비결을 잊지 않았습니다. 이것은 항상 제 곁에 있었지만 이전에는 대수롭지 않게 생각하고 전혀 관심을 두지 않았습니다. 하지만 지금은 확실히 말할 수 있습니다. 이것은 아름다운 기적이고, 나를 성공으로 올려 준 지렛대였다고 말입니다. 이것은 바로 창조 정신입니다."

입센 로랑은 1960년에 화장품 생산을 시작해 1985년에는 분점이 960곳에 이르렀으며 현재 그의 회사는 세계 각지에 두루 퍼져 있다. 현재 입센 로랑의 화장품과 피부 보호 제품은 세계에서 가장 많이 팔리는 인기 상품이 되었으며, 그의 기업은 프랑스 최대의 화장품 회사인 '로레알'이 두려워하는 유일한 맞수이다.

입센 로랑 스스로가 말했듯이 그의 성공은 창조적 정신에 기반을 둔 것이다. "성공의 비결은 대단히 단순하다. 그것은 바로 끝까지 현실과 타협하지 않고 끊임없이 새로움을 찾는 반역자가 되는 것이다." 창조적 사고는 하버드의 오랜 전통으로 이어지고 있는 인생철학 중의 하나이다.

잠재의식을 일깨워라,
사고는 성공을 이끌어내는 보물이다

잠재의식은 거대한 창고이자 은행이다.
살면서 얻게 되는 모든 인식과 사상과 감정을 이 속에 보관할 수 있다.

잠재의식은 글자 그대로 눈에 보이지 않는, 밖으로 드러나지 않는 대뇌의 의식 활동을 말한다. 잠재의식은 사고의 과정에서 전혀 예상하지 못했던 돌파구로서의 역할을 하기도 한다.

정신분석학자 프로이트는 빙산을 가지고 잠재의식을 설명하였다. 의식은 바다 위에 떠 있는 빙산의 일각일 뿐이며, 수면 아래에 감춰진 훨씬 더 큰 빙산이 바로 잠재의식이라는 것이다. 잠재의식은 거대한 창고이자 은행이다. 살면서 얻게 되는 모든 인식, 사상과 감정들을 이 속에 보관할 수 있다.

사람들은 태어나서 죽을 때까지 보고 듣고 느끼고 생각한 모든 것들을 잠재의식 속에 넣어 보관할 수 있다. 익숙한 사물, 예를 들어 오랫동안 길들고 보아 온 습관, 관념, 사람의 형상, 다른 사람의 사유 방식이나 행동의 특징 등은 항상 명확한 의식을 통해 기억된 것이 아니라 자기도 모르게 자신의 잠재의식 속으로 깊이 들어가서 보존된 것들이다. 소위 말하는 '근주자적, 근묵자흑近朱者赤, 近墨者黑'이 바로 잠재의식에 의해 흡수되고 변화된 결과이다.

잠재의식에 보존된 복잡다단한 의식들은 자동으로 조합되고 분류되어 필요할 때마다 수시로 표출된다. 예를 들어, 우리가 어린 시절의 어떤 일을 회상한다고 하면 우리는 잠재의식에 특정한 지령을 내려 이와 관련된 기억들이 빨리 소환되도록 한다. 그런 다음 의식의 번역 과정을 통해 이 의식은 생생하게 밖으로 표출된다.

어떤 특별한 자극을 받을 때 이 자극에 대응하는 잠재의식이 자동으로 표출되는 경우도 흔하다. 예를 들어, 어떤 영화에서 키스 장면을 보면 당신의 잠재의식 속의 관련 기억들이 떠올라 영화의 장면과 겹치면서 그 장면이 더욱 아름답게 보이게 된다. 이는 잠재의식의 암호가 신속하게 환기되면서 의식의 번역이 재빨리 이루어진 결과이다.

습관적인 동작이나 행동 혹은 자기도 예상하지 못했던 행위들이 실제로는 잠재의식 때문인 것일 때도 많다. 난관에 부딪혔을 때 어떤 사람들은 도전과 해결의 방법을 생각하고 그에 따라 바로 행동에 나서는 반면 어떤 사람들은 그 상황에서 자기도 모르게 후퇴와 실패에 대한 생각만 떠오를 수도 있다. 이는 서로 다른 과거의 경험이 잠재의식 속에 있기 때문이다.

우리는 어떤 문제에 대해 아무리 고민을 해도 해결 방법이 떠오르지 않을 때 잠시 고민을 멈추고 다른 일을 하기도 한다. 그러다가 어느 날 갑자기 문제의 실마리가 풀리고 해결 방안이 생각나기도 한다. 이 역시 잠재의식이 당신 대신 사유를 해서 문제를 해결해준 것이다. 소위 '영감'이란 잠재의식의 자동적인 사고 기능이다.

어떤 인디안 원주민들은 말굽이 땅에 찍힌 모양을 보고 그 말이 얼마나 먼 길을 왔는지 알 수 있다고 한다. 이런 초감각과 직감은 사실 오랫동안 말과 말굽의 흔적을 보면서 형성된 잠재의식의 표출이라 할 수 있다. 갓난아이에 대한 어머니의 직감 역시 오랫동안 아이와 생활하면서 갖게 된 잠재의식이 직접적으로 반영된 결과이다.

따라서 잠재의식은 우리 마음속의 바다라고도 할 수 있다. 모든 생각과 느낌의 물줄기들을 한데 모으고 수많은 관념과 마음가짐의 강들을 받아들여 모든 사유와 의식의 원천을 형성하는 것이다. 만약 누군가가 자신의 잠재의식이 빠르게 반응하도록 노력한다면 그만큼 초감각과 직관의 능력은 더 강해질 것이다. 잠재의식의 가장 중요한 기능은 문제 해결의 방법을 자동으로 제시해주는 사유의 기능이다.

어머니의 뱃속에서 나오자마자 잠재의식은 형성되기 시작한다. 부모의 기대, 가정 환경, 학교 교육, 성인이 될 때까지의 체험 모두가 당신의 외적인 사상과 의식 그리고 당신 내부에 형성되는 의식과 감정들에 영향을 주며, 긍정적인 것과 부정적인 것을 포괄하는 이 모든 영향들이 당신의 잠재의식 속에 보존되어 풍부한 내적 세계와 영혼을 형성한다. 결국 잠재의식은 우리가 새로운 사상이나 마음가짐, 지식을 얻음에 있어 아무리 써도 닳지 않는 정보의 원천이 된다.

하버드의 교수는 이렇게 말한다. "성공의 인생을 창조하는 과정에서 잠재의식을 효과적으로 이용하는 사람일수록 성공에 이를 가능성은 높아진다."

수많은 사람들이 잠재의식이라는 순간의 영감을 통해 성공을 이루었다. 따라서 자신의 잠재의식을 제대로만 이용한다면 자기도 모르는 사이에 성공의 인생으로 가는 지름길이 자신의 눈앞에 나타날 수 있다.

7장

Harvard

반성의 철학

반성은 인생의 거울이다

■ 하버드 대학 교수가 이야기하는 인생 철학

　　반성은 거울과 같아서 우리의 잘못을 비추어 고칠 수 있는 기회를 제공해줍니다. 이 거울을 잃어버리면 몸이 더럽혀져도 깨끗하게 씻기가 힘듭니다.

　　　　　　　　　　　　　　　　　　에드워드 핀카스(Edward Pincas)

　　의미 있는 인생은 수시로 자기 자신을 돌아보고 반성하는 과정에서 가치를 발견해냅니다. 자기 반성이 없는 인생은 가치 없는 인생과 같습니다.

　　　　　　　　　　　　　　　　　　헬라 해미드(Hella Hammid)

반성은 자신의 실체를 보여 주는 거울이다

시선이 항상 다른 사람에게만 가 있어서는 안 된다.
중요한 것은 자신을 먼저 인식하는 것이다.
반성의 거울을 통해 자신의 실체를 보아야 한다.

어떤 사람이 하버드의 룬 교수에게 원망 섞인 목소리로 말했다.
"저는 매일 매일을 죽도록 일만 합니다. 잠시도 쉬지 않아요. 그런데
도 왜 저는 항상 성공과는 거리가 멀죠?"

성공이 대부분 내적 요인에서 비롯되는 것과 마찬가지로 실패
역시 대부분 자기 자신에게 원인이 있다. 누구나 끊임없이 자신을
돌아보고 잘못을 고침으로써 제자리에서 맴돌거나 똑같은 실수를
저지르는 어리석음에서 빠져나올 수 있다. 즉, 반성을 통해 수시로
자신을 살펴야만 실패에서 벗어나 성공의 지점에 안착할 수 있다.
반성이란 말 그대로 자신을 되돌아보는 것이다. 이를 통해 자신의
언행을 살피고 자기가 어떤 잘못을 했는지 찾아내고 고쳐야 할 곳은
없는지 확인한다.

사람은 왜 반성을 해야 할까? 두 가지 이유가 있다. 100% 완전
한 사람은 세상에 없다는 것이 그 첫째 이유이다. 누구나 성격상의
결함이나 지식의 부족함이 있고, 특히 젊은 사람의 경우는 사회 경
험이 충분하지 못해서 말실수를 하고 잘못을 범하는 경우가 흔하다.

다른 하나는 주위를 보면 상대방에게 싫은 소리를 하지 않으려는 사람이 너무 많기 때문에 상대방의 잘못을 보고도 지적해줄 사람이 없다. 따라서 반성을 통해 스스로의 행동을 돌아봐야 하는 것이다.

어떤 사람이 자신의 일에 불만만 가득해 틈만 나면 친구에게 신세타령을 했다. "우리 사장은 나 같은 사람은 신경 쓰지도 않아. 언젠가는 사장 앞에서 보기 좋게 사표를 던지고 나올 거야."

"너는 네가 다니는 무역 회사에 대해 얼마나 알고 있니? 너희 회사가 가지고 있는 국제 무역의 장점과 노하우를 완벽히 알고 있니?" 친구가 되물었다.

"아니!"

"그럼 이렇게 해보는 게 어떨까? 너희 회사의 남다른 비책과 노하우를 알아내고 거래 문서와 회사의 조직까지 훤히 꿰뚫어버리는 거야. 골칫덩어리 복사기를 수리하는 방법도 배워두면 좋겠지. 그런 다음 시원하게 사표를 던지는 거야. 너는 회사를 무료 학원으로 이용해서 모든 것을 다 배운 다음 그만두는 거지. 그럼 분풀이도 되고 나름대로 수확도 많지 않겠니?"

그는 친구의 조언을 받아들여 사람들 몰래 회사에 대해 배워가기 시작했다. 심지어 퇴근한 후에도 사무실에 남아 복잡한 문서들을 파고들었다.

1년 후 친구가 그를 만난 자리에서 물었다.

"이제 거의 다 배웠겠네. 사표 던질 준비는 끝난 거지?"

"그게 말야, 6개월 전부터 사장이 나를 다른 눈으로 보기 시작했어. 최근에는 아주 중요한 임무까지 맡기고, 거기다가 승진에 봉급도 올랐지. 나는 이제 회사에 없어서는 안 될 직원이 됐어."

"그렇게 될 줄 알았지!" 친구가 웃으면서 말했다. "예전에 사장이 너를 눈여겨보지 않은 건 네가 능력이 부족하면서도 뭔가 배울 생각을 하지 않았기 때문이야. 하지만 네가 열심히 노력해서 예전보다 훨씬 나아진 모습을 보여주니 사장도 너를 다르게 볼 수밖에 없게 된 거지."

사람들은 실패를 하면 스스로 원인을 찾아볼 생각을 하지 않고 흔히 하늘을 원망하거나 다른 사람 핑계를 댄다. 사실 실패의 원인은 한 사람, 한 가지 일로 귀결될 수는 없다. 여러 측면을 살펴보고 실패의 원인을 찾아 그에 맞게 잘못을 수정해 가야 한다. 물론 자기반성 역시 다음처럼 다방면에서 이루어져야 한다.

- 지나치게 우쭐대거나 자만하지 않았는가?
- 어려움에 과감하게 맞섰는가?
- 목표 선정이 적당했는가?
- 잠재력을 최대한 이끌어냈는가?
- 모두에게 이익이 되도록 협조는 잘 이루어졌는가?
- 낡은 틀을 과감히 부쉈는가?
- 곳곳에 도사리고 있는 함정을 유심히 살폈는가?

물론 위의 7가지 외에도 여러 가지를 생각해낼 수 있을 것이다. 그럼 어떤 식으로 자신을 반성하면 될까?

우선 '자신의 실체를 알려주는' 거울로 스스로를 비춰본다. 이렇게 하면 자신의 행위가 어떤 이로움과 해로움을 가져오는지 알 수 있다. 반성은 밝은 거울과 같아서 반성의 거울 속에는 자신의 본모습이 숨김없이 드러난다. 시선이 항상 다른 사람에게만 가 있어서는 안 된다. 중요한 것은 자신을 먼저 인식하는 것이다. 반성의 거울을 통해 자신의 실체를 보아야 한다.

다음으로는 스스로 뉘우치는 용기가 필요하다. 실수 자체는 잘못된 게 아니다. 고치면 그만이다. 잘못이 있는데도 고치려 하지 않는 것이 진정한 잘못이다. 체면 때문에 잘못을 인정하지 않으려는 사람들이 있는데 그런 생각을 버리면 자신을 새롭게 만들 수 있는 용기가 생긴다. 항상 자신을 돌아보고 잘못된 점을 찾아 즉시 고침으로써 성실하고도 올바르게 일에 임할 수 있다. 맹장염에 걸리면 아예 맹장을 떼어 버려야 후환이 없다. 마찬가지로 어떤 잘못이 있다면 반성을 통해 예리한 칼로 그것을 도려내야 한다.

오늘 잘못을 했는데도 반성하지 않으면 내일 똑같은 잘못을 범한다. 반면 제때에 자신을 돌아보고 잘못의 원인을 파악해서 바로 고치면 다시는 같은 잘못을 범할 일은 없다.

잘못에 대한 올바른 태도는 그 잘못으로부터 교훈을 얻어 경험으로 쌓아두는 것이다. 하지만 지나치게 스스로를 탓하거나 비난해서는 안 된다. 이런 영국 격언이 있다. "엎질러진 우유를 보고 울지 말라." 이미 되돌릴 수 없는 일을 안타까워하며 괜히 힘만 낭비하지 말라는 말이다. 현명한 사람은 잘못을 반성한 후 그것을 교훈으로 삼아 더 큰 열정을 가지고 실수를 만회하기 위해 노력하며, 하루 종일 자신을 탓하는 어리석음을 범하지 않는다.

반성을 모르는 사람은
스스로를 패배자로 만든다

정말로 성숙한 사람은 솔직하게 반성하고
정확하게 고쳐나갈 줄 아는 사람이다.

하버드의 저명한 교수인 로들리는 이렇게 말했다. "정말로 성숙한 사람은 솔직하게 반성하고 정확하게 고쳐나갈 줄 아는 사람이다."

'사서 고생이다', '스스로 죽을 길을 찾는다', '도끼로 제발 찍기' 등과 같은 말들은 모두 자기가 어떤 잘못을 범해서 자기 자신에게 해를 입힌다는 의미이다. 가만히 생각해 보면 모든 사람들은 정도의 차이만 있을 뿐 이와 같은 잘못을 항상 범한다. 살아가면서 갖은 방법으로 끊임없이 우리 스스로를 박해하는 것을 보면 '가장 큰 적은 바로 자기 자신이다'라는 말이 결코 틀리지 않음을 알 수 있다.

사실 우리 각자의 내심 깊은 곳에는 스스로를 해치는 경향이 어느 정도 숨어있으며, 이런 감정적 충동 때문에 흔히 자신을 더 곤경에 빠뜨리곤 한다. 예를 들어, 어떤 사람은 하루 종일 이러쿵저러쿵 불만만 늘어놓고 마치 모든 사람들이 자기에게 잘못이라도 한 양 걸핏하면 볼멘소리를 한다. 또 어떤 사람은 인생의 목표도 없이 하루 종일 빈둥대면서 다른 사람 잘 되는 꼴은 보기 싫어하고 왜 자기에게는 운이 따라주지 않느냐고 한탄한다.

우리는 항상 실패의 이유를 다른 사람에게 떠넘기지만 사실 실패의 원인은 대부분 자기 자신에게 있다. 대부분의 사람들이 실패의 원인을 자신에게 두지 않으려고 하는 것은 남에게 지고 싶지 않은 방어 심리 때문이다. 이는 충분히 이해가 가지만 자신의 결점에 대해 눈감아버리고 반성할 줄 모른다면 우리는 영원히 패배자의 역할만 맡게 될 것이다. 다음은 이와 같은 심리적 결함을 가진 사람들의 몇 가지 유형이다.

- 자기 기만 속에 사는 사람 : 과거에 멈춰서 이전의 일과 이전의 생활 방식에 연연하고 지금 현재의 일에 대해서는 주의를 기울이지 않는다.
- 실패를 인정하지 않는 사람 : 오로지 마음속의 자괴감을 극복하기 위해 다른 사람의 박수소리와 칭찬만 듣기를 바란다.
- 끝을 맺지 못하는 사람 : 어떤 일을 집중해서 끝까지 하지 못하고 항상 책임을 회피할 핑계만 찾는다.
- 쉽게 믿음을 저버리는 사람 : 일을 잘 하다가도 걸핏하면 손을 놔버려서 꼭 다른 사람이 뒷수습을 해야 한다.
- 혼자 나서는 사람 : 자기만 공을 독차지하려 한다. 따라서 여러 사람들과 협력해야 할 때는 전혀 어울리지 못하고 불만만 가득하다.
- 질투만 하는 사람 : 다른 사람이 나보다 나은 건 참을 수 없는 일이라 여기며 걸핏하면 시기하고 질투한다.
- 자제력이 부족한 사람 : 충동을 이겨내지 못하고 항상 나쁜 습

성이 되살아난다.

- **도망갈 구멍만 찾는 사람** : 타조가 급하면 머리를 모래에 처박듯 무슨 일만 생기면 못 보고 못 들은 척한다.
- **자기 자신만 아는 사람** : 다른 사람이 자기를 좋아해주기를 바라고 아무런 대가 없이 그저 다른 사람의 호감만 사려한다.
- **은혜를 원수로 갚는 사람** : 자기에게 도움을 준 이에게 감사할 줄 모르고 심지어는 뒤통수까지 친다.

"인생의 각본은 연출자의 주관적 의지에 따라 바뀔 수 있다." 누구나 본래의 천성이 사람의 행동 방식에 영향을 준다고 생각할 것이다. 그러나 설령 패배의 각본이 천성과 깊이 관련된다 하더라도 다시는 그 각본에 따라 살아가지 않으리라 결심하는 사람 역시 바로 당신이다. 문제는 당신에게 결점을 직시하고 자신을 해치는 행동을 개선할 의지가 있느냐 그렇지 않느냐이다.

권해주고 싶은 자기 성찰의 본보기

자신에게 힘을 북돋아 주기 위한 매일 매일의 자기 반성표를 만들어 보라.
그날그날 자신의 행동을 되돌아보면 잠재력이 최대한 발휘되어
더없는 이로움과 무한한 즐거움을 얻을 수 있을 것이다.

프랭클린이 성공한 사람이라는 것은 누구도 부인하지 않을 것이다. 그의 타고난 부지런함과 철저함 외에도 우리는 『프랭클린 자서전』에서 그가 성공할 수 있었던 또 하나의 비결을 찾을 수 있다. 그 비결은 바로 '하루에 세 번씩 자신을 반성하는' 것이다. 그는 13가지 자기 반성의 기준을 정해 놓고 매일 자신을 반성했다. 그래서 자신에게 암시를 던지고, 새롭게 일깨우고, 꾸짖고, 용기를 북돋아 주면서 끊임없이 인생의 성공을 위해 노력했다. 프랭클린이 말한 13가지 자기 반성의 덕목과 내용은 다음과 같다.

1. 절제 : 너무 배부르게 먹지 않고, 술은 취할 정도로 마시지 않는다.
2. 침묵 : 나와 다른 사람 모두에게 득이 되는 말을 하고 쓸데없는 잡담은 피한다.
3. 질서 있는 생활 : 물건은 항상 일정한 곳에 두고 모든 일상의 사무 역시 정해진 시간에 한다.

4. 결단 : 해야 할 것은 반드시 하고, 결심한 일은 게으름을 피우지 않고 끝까지 한다.

5. 절약 : 모두에게 득이 되는 곳에 돈을 쓴다. 즉, 낭비를 하지 않는다.

6. 근면 : 시간을 낭비하지 않는다. 순간순간을 유용한 일들로 채우고 불필요한 행동은 일절 하지 않는다.

7. 성실 : 다른 사람을 속이지 않으며 정직하고 올바른 사고를 한다. 행동 역시 마찬가지다.

8. 정의 : 자기에게만 득이 되는 일은 하지 않는다. 다른 사람에게 득이 되는 일을 하는 것 역시 당신의 의무임을 잊지 않는다.

9. 중용 : 다른 사람이 당신에게 합당한 벌을 주면 순순히 받아들인다.

10. 청결 : 몸이나 옷이나 집안 등을 항상 깨끗이 유지한다.

11. 평정 : 작은 사고 혹은 어쩔 수 없이 겪게 되는 흔한 사고에 지나치게 당황하지 않는다.

12. 순결 : 건강 혹은 2세를 위한 목적 외에는 지나친 섹스를 삼간다. 몸도 상하고 자기 자신이나 다른 사람의 행복과 명예에도 해가 될 수 있다.

13. 겸손 : 예수와 소크라테스를 본받는다.

프랭클린의 자기 반성표는 아래와 같다(* 표시는 잘못을 범했음을 의미한다).

〈프랭클린의 자기 반성표〉

	항 목	일요일	월요일	화요일	수요일	목요일	금요일	토요일
1	결 제							
2	침 묵	*	*		*		*	
3	질서 있는 생활	* *	*	*		*	* *	*
4	결 단			*			*	
5	절 약		*		*			
6	근 면		*					
7	성 실							
8	정 의							
9	중 용							
10	청 결							
11	평 정							
12	순 결							
13	겸 손							

프랭클린은 항상 자신에게 힘을 주는 데 노력한다고 자서전에서 밝혔다. 그의 말은 이렇다.

"나의 목적은 위와 같은 모든 아름다운 덕목들을 기르는 것이다. 내가 생각하기에 가장 좋은 방법은 한꺼번에 모든 것을 시도하는 것이 아니다. 그렇게 하면 주의력이 분산되기 때문에 한 시기를 두고 하나의 덕목에 집중하는 것이 가장 좋은 방법이라고 본다. 하나의 덕목을 완수하면 다음 덕목으로 넘어가는 식으로 13번째 덕목까지 완전히 자기 것으로 만든다. 먼저 완수한 덕목들이 그 다음 덕목을 기르는 데 큰 도움이 되기 때문에 나는 위에 보이는 것처럼 순서대로 배열한 것이다……"

이처럼 스스로에게 힘을 주는 방법을 시도할 때는 주의해야 할 점이 있다. 우선, 1주일 동안 역량을 집중할 하나의 원칙 혹은 덕목을 정하고 적당한 시기가 되면 그에 맞는 행동을 보여준다.

계속해서 둘째 주에는 두 번째 원칙 혹은 덕목에 집중을 하되, 첫 번째 원칙은 당신의 의식 속에서 자연스럽게 받아들여지도록 한다. 이렇게 매 주마다 새로운 원칙에 집중하고 이전의 원칙들은 습관화한다. 13가지 덕목들에 대한 집중 과정이 끝나면 같은 과정을 반복한다. 1년이면 총 4번의 과정을 거칠 수 있다.

프랭클린처럼 스스로에게 힘을 주는 매일 매일의 자기 반성표를 만들어 보기 바란다. 바로 지금 말이다. 이런 식으로 당신의 행동을 매일 살펴보면 당신의 잠재력이 최대한 발휘되어 더없는 이로움과 무한한 즐거움을 얻을 수 있을 것이다.

실수보다 두려운 것은
같은 실수의 반복이다

실수는 스스로를 돌아보게 해준다. 하늘을 원망하거나 남을 탓하지 않고
실패 속에서 경험과 교훈을 이끌어내는 사람만이 같은 실수를 반복하지 않는다.

긴 인생의 여정에서 성공하는 사람이 되고 싶다면 학교에서 배운 지식만으로는 절대 부족하다. 즉 사회생활의 지혜가 필요하다는 말이다. 가장 엄격한 선생님은 생활 자체이며 이는 교과서 중심의 학교 교육과는 전혀 다르다. 생활의 교육은 먼저 실수를 범한 다음 거기서 교훈을 끄집어내는 방식이다. 대부분의 사람들은 실수로부터 어떤 이치를 끄집어내지 못하고 실수 자체를 외면해 버리곤 한다. 그들은 이런 태도가 큰 잘못인 줄도 모르며, 어떤 사람들은 실수를 하고도 거기서 교훈을 이끌어낼 능력이 아예 없다. 그토록 많은 사람들이 계속 같은 실수를 반복하는 이유가 바로 여기에 있다. 학교에서는 실수를 하지 않으면 매우 총명한 학생이라고 인정받는다. 그러나 실제 삶에서는 실수 후에 거기서 가르침을 얻어야 정말로 지혜로운 사람으로 인정받는다.

실수 자체는 결코 두렵지 않다. 정말로 두려운 것은 실수를 전혀 가치 없게 만드는 것이다. 만약 어떤 잘못을 범한 다음 이를 통해 실패의 교훈을 얻고 자기가 왜 그랬는가를 터득하면 앞으로 더 큰

잘못을 범하는 일은 없을 것이다. 사실 실패는 성공의 경험보다 오히려 더 소중하다.

누군가가 실수를 어떻게 효과적으로 이용하는가의 여부에 따라 사람을 네 가지 부류로 나눈 적이 있다. 첫 번째 부류는 실수에서 교훈을 얻지 못해 항상 같은 실수를 반복하는 유형이다. 이런 사람들은 그야말로 방법이 없다. 두 번째 부류는 실수로부터 교훈을 찾아냄으로써 같은 실수를 반복하지는 않지만, 일정한 실수의 규칙을 찾지 못해서 다른 실수를 범하는 부류이다. 이런 사람들 역시 구제하기가 쉽지 않다. 세 번째 부류는 자신의 실수에서 어떤 교훈과 규칙을 도출해낼 수 있는 사람으로서 상당히 현명한 사람으로 인정된다. 그러나 자신의 실패를 통해서만 교훈과 규칙들을 정리해내므로, 비록 자신이 범했던 똑같은 실수는 범하지 않더라도 다른 사람이 범했던 실수는 피하지 못한다. 네 번째 부류는 자신의 실수도 범하지 않을뿐더러 남이 했던 실수도 범하지 않는 부류이다. 이들은 다른 사람의 경험도 자신의 경험으로 만들고, 다른 사람의 교훈도 자신의 교훈으로 만든다. 이 네 번째 부류만이 실패의 참된 가치를 제대로 활용하는 사람들이라 할 수 있겠다.

하버드의 인생철학에서는 이렇게 말한다. "사람이 성공을 하면 꼭 자신의 능력을 치켜세우지 운으로 돌리는 경우는 매우 드물다. 그러나 잘못을 저질렀을 때는 항상 나쁜 운만 탓하며 실수를 인정하거나 분석하기를 꺼린다. 그래서 같은 실수를 반복하게 되는 것이다."

진정으로 현명한 사람은 결코 같은 실수를 반복하지 않는다. 같은 실수를 반복하지 않는 것 자체가 하나의 발전이다. 고양이와 개도 우연히 만나 싸우다가 서로 상처를 입히면 다음에는 서로 피하게 된다. 고양이와 개도 그러한데 하물며 사람이 그렇게 못하겠는가?

GM모터스의 사장 알프레드 슬론은 이렇게 말했다. "인생은 본래 시험과 실수로 가득한 하나의 과정입니다. 일생 동안 실수를 한 번도 저지르지 않는 사람은 분명히 아무 것도 성취하지 못한 사람일 것입니다."

하버드의 인생철학에서는 실수로부터 교훈을 얻는 방법을 다음과 같이 정리했다.

- 솔직하고 객관적으로 주위 상황을 살핀다. 다른 사람을 탓하지 말고 자기 자신에게서 잘못의 원인을 찾는다.
- 실패의 과정과 원인을 분석한다. 계획을 다시 검토하고 필요한 조치를 취해서 수정한다.
- 다시 시도해 보기 전에 자기가 원만하게 일을 처리하거나 적절하게 고객을 대했을 때의 상황을 상상해 본다.
- 자신감에 영향을 줄 수 있는 실패의 기억은 하나하나 묻어버린다. 이 기억들은 이미 당신에게는 성공의 밑거름이 된 상태이다.
- 새롭게 출발한다.
- 실패로부터 교훈을 얻어 성공하고자 하는 사람은 이상의 과정을 반복 실천한 다음에야 원하는 목표에 이를 수 있다. 중요한 것은 한 번 시도할 때마다 그만큼의 수확을 얻음으로써 목표에 더욱 가까워진다는 것이다.

사람들은 누구나 실수하지 않기를 바라며 실수를 두려워한다. 어려서부터 실수는 좋지 않은 것이고 실수를 하면 주위 사람들을 잃게 될 것이라고 배워왔다. 하지만 바로 이런 교육 때문에 실수에 대해 제대로 대처하지 못하고 실수에 대한 비판을 받아들이지 못하는 것이다. 사정이 이러니 당연히 실수를 고치기도 힘들고 실수에서 교훈을 얻을 수도 없는 것이다.

비판을 받았다고 해서 결코 실망하거나 화낼 필요는 없다. 그럴 힘으로 더 정확한 계획을 마련해서 다시 시작해야 하며, 관련된 사람과 당신의 계획을 함께 연구함으로써 서로를 원망하는 데 시간과 정력을 낭비하지 않도록 해야 한다.

가끔씩 우리는 지나치게 모든 것을 자기 탓으로 돌리곤 한다. "그것은 모두 제 잘못입니다." "저는 제대로 한 게 아무 것도 없어요." 만약 그 잘못이 정말로 자기 탓이라면 이렇게 말해도 무방하나 분명히 내 잘못이 아닌데도 억지로 스스로를 탓한다면 이는 상당히 위험한 행동이다. 자기 탓으로 돌리기를 좋아하는 사람은 마음속에 항상 이런 생각을 가지고 있다. "나는 바보야. 나는 실패한 사람이야." 이런 생각으로는 똑같은 잘못을 반복하게 되거나 어떤 일을 아예 시도조차 하지 않게 된다.

신기하게도 우리는 실패에 안주하는 것에 익숙해져 있다. 스스로를 불쌍하게 여기며 뭔가를 해결할 생각도 하지 않는 것이 어떻게든 스스로를 분석해서 성공의 계획을 세우는 것보다 훨씬 편하기 때문이다. 하버드에서 말하는 인생의 격언을 기억하기 바란다. "인생에서 실수는 두렵지 않다. 정말로 두려운 것은 아무런 가치도 없는 실수이다."

좌절을 경험의 축적으로 생각하라

끈기가 있으면 좌절은 하나의 도전이 된다.
좌절을 새로운 각오로 전진할 원동력으로 삼아야 한다.

    살아가면서 좌절을 맛보지 않기란 힘들다. 좌절을 맛본 사람이
라면 누구나 기가 꺾이고 좌절의 시기에는 마치 자기가 권투 시합의
패배자처럼 느껴질 것이다. 쇠뭉치 같은 상대의 펀치를 맞고 쓰러져
머리는 어지럽고 눈은 흐릿흐릿한데 귓가에서는 관중들의 야유 소
리가 들려온다. 이제 다시 일어설 힘은 전혀 없다. 그러나 그의 마음
속에 아직 희망이 있고 살아갈 용기가 있고 꿈이 있다면 그는 다시
일어설 수 있다. 카운트를 열까지 다 셌든 그렇지 않든 상관없다. 체
력이 회복되면 상처도 나을 것이고 눈도 다시 선명해져서 밝은 앞길
을 볼 수 있을 것이다.

    여유로운 마음가짐을 가진 사람은 항상 이렇게 생각한다. "깊은
산중으로 길을 잘못 든 것이다. 사람들은 내가 위험한 상황에 빠졌
다고 걱정하지만, 나는 진귀한 열매도 딸 수 있고 다른 사람이 보지
못한 기막힌 경치도 볼 수 있으며, 새로운 길도 알아내고 끈기와 담
력까지 함께 키울 수 있다."

    끈기가 있으면 좌절은 하나의 도전이 된다. 좌절을 새로운 각오

로 전진할 수 있는 원동력으로 삼아야 할 것이다. 실패도 성공으로 충분히 승화시킬 수 있는데 하물며 수시로 겪게 되는 순간의 좌절은 어떻겠는가? 보통 좌절을 겪으면 노력도 하지 않고 다시 일어설 생각 자체를 포기하곤 하는데, 그것은 대부분 "그것은 불가능해" 혹은 "나도 내 자신을 바꿀 수가 없어" 같은 설득력 없는 잘못된 생각들에서 나온다. 하지만 사실 우리는 충분히 우리 스스로를 바꿀 수 있다.

일본의 어느 유명 기업에서 직원을 채용하는 과정에서 있었던 일이다. 항상 성적이 최상이었고 미래에 대한 자신감으로 충만했던 대학 졸업생이 시험에 떨어졌다고 자살을 해버렸다. 그런데 채용이 완료되고 인사 담당자가 컴퓨터 파일을 정리하면서 놀라운 사실을 발견했다. 사실은 자살한 지원자의 점수가 가장 높았으나 프로그램의 오류로 불합격 처리된 것이었다.

너무 안타깝고 불행한 사건이었다. 하지만 그 인사 담당자는 진상을 모두 공개한 후 오히려 이렇게 말했다. "컴퓨터 착오로 젊은 학생이 목숨을 잃게 되어 너무나 죄송스럽고 안타깝습니다. 그러나 기업 발전의 측면에서 보면 저는 이번 사건과 채용 시험의 결과에 감사해야 할 것입니다. 우리 회사에는 행운이라고 생각합니다."

그의 말은 충분히 일리가 있다. 좌절을 극복하지 못하는 사람은 어떤 일도 제대로 해낼 수 없으며, 결코 성공하는 사람이 될 수 없기 때문이다. 사람들은 너무나도 평범한 일상생활 속에서도 여러 가지 좌절을 맛보게 된다. 그중 어떤 것은 짧게 끝나고 어떤 것은 상당히 오래 가며, 어떤 것은 심각하고 어떤 것은 가볍게 넘길 수 있다. 좌절에 대한 사람들의 대응 역시 서로 다르다. 어떤 사람은 과감히 도전해서 어떤 좌절이 와도 이겨내고, 또 어떤 사람은 의욕을 잃고 회복이 불가능할 정도로 정신적인 타격을 입기도 한다.

서로 다른 반응과 태도는 각자가 좌절을 받아들이는 태도의 차이라고 볼 수 있다. 우리는 좌절을 하나의 충격으로 받아들여 좌절에 무릎을 꿇을 것이 아니라, 좌절을 경험의 축적으로 보고 두려워하지 않아야 한다. 발견되지 않은 길을 새롭게 찾은 것은 성공에 큰 도움이 된다. 주어진 무대에서만 활동하지 않고 새로운 방향과 새로운 길을 모색하면 성공의 가능성은 더욱 커지며, 혹여 성공하지 못하더라도 실패를 부끄러워하지 않고 기꺼이 현실을 받아들일 수 있게 된다.

좌절을 맛보았을 때 하버드의 인생철학에서는 이렇게 권한다. "좌절을 당장 일기에 기록하라. 앞으로의 인생에서 더없는 재산이 된다." 바로 이러한 귀중한 재산이 있어야 우리는 새로운 용기와 힘을 가지고 새로운 앞길을 개척할 수 있는 것이다.

순풍에 돛단 듯 배가 운항되는 것은 좋은 일이다. 그러나 하늘은 항상 행운을 주지 않으며 언젠가는 역풍을 만나게 되어 있다. 이때 믿을 수 있는 것은 자기 마음속의 나침반뿐이다. 당신이 얼마나 먼 곳까지 돌아가고 얼마나 큰 어려움에 부딪혔든 당신의 마음속 방향만 잃지 않으면 언젠가는 목표에 다다를 날이 있을 것이다.

실패의 원인을 찾아
다음 일의 경계로 삼아라

실패의 원인과 결과를 꼼꼼히 살피는 것은 대단히 중요하다.
실패를 직시해서 다시는 같은 전철을 밟지 않아야 하기 때문이다.

무슨 일이든 실패는 할 수 있다. 실패하지 않고 살아가는 유일한
방법은 애초에 성공을 좇지 않고 현재에 만족하며 사는 것뿐이다. 그
러나 실패에서 교훈을 얻어 잘못이 어디에 있는지 찾아내고 그것을
올바르게 고친다면 당신은 이전과는 비교도 할 수 없는 큰 힘을 갖게
될 것이다.

베이커는 20세기의 가장 뛰어난 극작가 중 한 명이다. 하지만 그
렇게 성공한 사람도 이런 말을 했다. "실패는 일상의 다반사라고 생각
합니다. 실패의 열악한 공기 속에서 심호흡을 하면 정신이 확 깨죠."

좌절의 원인과 결과를 꼼꼼히 살피는 것은 대단히 중요하다. 실
패를 직시해서 다시는 같은 전철을 밟지 않아야 하기 때문이다. 하
버드 대학의 한 심리학 교수는 사업에서 좌절을 겪었다가 재기에 성
공한 사람들에 대해 연구한 결과, 그들은 실패의 원인을 찾아 그것
을 조심하고 경계했다는 공통된 특징을 발견했다. 그리고 그들이 실
패하게 된 가장 보편적인 이유로 다음 6가지를 들었다. 당신도 비슷
한 이유로 좌절을 겪어봤을 것이다. 핵심은 이런 원인을 찾아 고쳐

나가느냐 그렇지 못하느냐이다.

1. 처세술의 부족

처세를 잘못해서 실패한 사람의 대부분은 회사 내의 권모술수가 자기를 해쳤다고 원망할 것이다. 그러나 소위 권모술수란 어쩌면 지극히 정상적인 인간 관계일지도 모른다. 만약 당신이 회사 내의 권모술수에 능하지 못하다면 당신은 다른 사람과 함께 지내는 방법을 모르는 사람일 가능성이 크다. 당신은 나름의 능력으로 얼마 간은 버틸 수 있지만 결국에는 대부분의 일을 혼자서 처리해야 하는 상황이 올 것이다. 또 당신이 학교에서 배운 지식은 깊고 풍부할지 몰라도 남의 말에 귀를 기울이고 타인을 먼저 생각하며 비판을 겸허하게 받아들일 줄 아는 사회적 지식이 부족한 것일지도 모른다. 사회적 지식이 높은 사람은 잘못을 인정하고 비판을 감사히 받아들일 줄 알며 자신에 대해 전체적인 지지를 이끌어낼 줄 안다.

만약 당신이 처세에 능하지 못하다면 무슨 일을 하든 성공보다는 실패의 확률이 높다. 그러나 처세의 도만 잘 알고 있으면 큰 실수를 범해도 타격이 크지 않다. 별달리 특별한 능력도 없는 사람들이 인사 이동의 회오리바람을 무사히 피하는 것은 그들이 인간 관계의 법칙을 알고 그만큼 사리에 밝기 때문이다. 그들은 잘못이 있어도 그들을 지지하는 사람들이 잘못을 만회할 수 있도록 도와준다. 실수를 범한 후 능수능란하게 잘못을 수습하고 처리하는 모습을 사장에게 보인다면 오히려 더 깊은 인상을 심어줄 수도 있다.

처세의 도는 후천적으로 키워지는 하나의 기술로서 닦으면 닦을수록 더 완벽해진다. 예절을 배우듯 처세의 도 역시 충분히 배울 수 있다.

2. 잘못된 길의 선택

당신은 완전히 실패했다고 말할 수 없다. 당신은 그저 길을 잘못 택했을 뿐인지도 모른다. 그래서 자기에게 맞지 않는 일을 하다 보니 자신의 모든 재능을 발휘할 방법이 없었는지도 모른다. 하버드의 인생철학에서는 이렇게 말한다. "성공은 당신의 재능과 관심, 개성과 가치관이 당신의 일과 맞아떨어지느냐 그렇지 않느냐에 달려있다."

데이비드 브라운David Brown은 미국에서 가장 성공한 영화 제작자 중의 한 명이다. 그는 세 번이나 직장에서 쫓겨난 후 회사의 조직 생활이 자기와 맞지 않음을 깨달았다. 먼저 그는 할리우드의 20세기 폭스 사에서 두 번째로 높은 자리까지 올랐으나, 자신이 제작을 건의한 '클레오파트라'가 흥행에 참패하고 이어진 감원 태풍에 직장을 잃고 말았다.

이후 그는 뉴욕에서 뉴아메리칸 문고의 부사장을 맡았지만 몇몇 자본주가 초빙한 국외 인사와 의견이 맞지 않아 역시 직장을 잃게 되었다.

캘리포니아로 돌아온 그는 다시 20세기 폭스 사로 들어가 6년 동안 고위직에 있었다. 그러나 이사회에서 그가 제작 건의한 영화들을 마음에 들어 하지 않으면서 그는 다시 한번 해직되었다.

브라운은 자신의 지난 업무 태도를 유심히 되돌아보았다. 그는 일을 할 때 항상 과감히 추진하고 모험을 즐기며 직관에 의존해 일을 처리하곤 했다. 사실 이는 사장에게나 어울리는 태도였다. 그는 이사회를 통한 회사의 운영을 못마땅해했으며 기업의 생태 자체를 좋아하지 않았다. 실패의 원인을 분석한 그는 직접 영화 제작소를 설립했고, 이후

'죠스', '스팅', '코쿤' 같은 성공적인 영화들을 다수 제작했다.

그는 직원으로서 확실히 실패했다. 하지만 이는 천생 기업가였던 그가 자기에게 맞지 않는 일을 함으로써 한동안 자신의 잠재력을 발휘하지 못한 것뿐이다.

3. 전력투구하지 못함

그다지 성공하지 못한 어느 변호사가 솔직하게 말했다. "나는 내가 바라던 바를 온 힘을 다해 추구하지 않았다." 사실 이것이 그를 탓할 수 있는 충분한 이유는 못 된다. 그는 실패할까 두려워 한 번도 진지하게 뭔가를 시도해 본 적이 없다. 전력투구하지 못하고 굳게 결심하지 못할 때 자신에게 이렇게 말하면 그만이었다. "어쨌든 나에게는 이 일이 별로 중요하지 않아."

이 변호사는 유명한 로스쿨을 졸업한 후 미국 서부의 한 대기업에 들어가 엔터테인먼트 사업 분야의 전문 변호사가 되고자 했다. 그러나 결과는 희망대로 되지 않았고, 그는 이렇게 말했다. "나는 그저 적당한 수준으로 일을 해줬을 뿐이야. 주주들의 뜻을 저버리지 않을 정도였지 정말로 일을 열심히 한 것은 아니야."

그는 이번에는 동부의 한 법률사무소에 들어갔다. 하지만 6개월 후 그는 상부로부터 해고 통지를 받았다. 그가 일을 적극적이고 열심히 하지 않는다는 이유였다. 그는 말했다. "뭐 괜찮아. 사실 나는 이 법률사무소가 원래 마음에 안 들었거든." 지금 그는 다시 엔터테인먼트 분야에서 법률 분야의 일을 하고 있지만 항상 불만으로 가득하다. 그는 이렇게 말한다. "사실, 이 일은 작은 비즈니스에 불과해."

스스로를 낮추어 보는 것 역시 실패의 주요 원인이다. 만약 어떤 일에 뜻을 두고 성공을 원한다면 먼저 그 일을 할 수 있다고 스스로 믿어야 한다. 이런 자신 있는 태도는 직원을 채용할 때 가장 중요하게 보는 항목이기도 하다.

스스로의 자존심은 강하게 표현할수록 더 좋다. 내심으로는 자신에 대해 그렇게 높이 평가하지 않더라도 말이다. 마치 배우처럼 목소리와 동작에 신경을 씀으로써 다른 사람들이 당신의 말을 듣고 자신 있는 사람으로 느끼게 해야 한다. 녹음기에 가상의 면접 시험 상황을 녹음해서 들어보는 것도 좋은 방법이다.

4. 산만한 목표

한꺼번에 너무 많은 일을 하고자 하면 하나도 제대로 해내지 못한다.

자기가 도대체 얼마만큼의 거래를 하고 있는지 모를 정도로 많은 거래를 하는 부동산 중개상이 있었다. 그는 처음에 한 건물만 거래하다가 점점 거래량이 늘어나고 신용도가 높아지면서 다른 분야까지 사업을 늘려갔다. 그는 이렇게 회고했다. "저에게는 큰 자극이었어요. 저는 제 한계를 시험하고 있었습니다." 그러던 어느 날 은행에서 연락이 왔다. 그가 너무 위험하고 지나치게 사업을 확장해서 더 이상 대출을 해줄 수 없다는 것이었다. 결국 그는 사업에 실패하고 말았다.

처음에는 하늘을 탓하고 은행을 원망하고 경제 환경을 불평하고 직원들을 나무랐다. 하지만 결국 그에게 다시 힘을 준 것은 위대한 자기

반성이었다. 그는 이렇게 말했다. "나는 그럴만한 힘도 안 되면서 밀어 부친 거야. 남보다 빨리 가려다 오히려 목적지에 닿지 못한 꼴이지."

해답은 다시 목표를 세워서 그가 가장 잘할 수 있는 사업인 부동산 일을 하는 것이었다. 그는 몇 년 동안 각고의 노력 끝에 사업을 서서히 일으키기 시작했으며, 지금은 다시 성공한 사업가가 되었다.

자신에 대해 잘 알고, 일의 경중과 완급을 구분하고, 실패하면 먼저 스스로를 반성하는 태도 등이 모두 성공으로 가는 지름길이다.

5. 무형의 걸림돌

사람들은 흔히 나이, 성별, 또는 인종을 실패의 이유로 보기도 한다. 하지만 그러한 사실보다는 이런 생각 자체가 실패의 원인이 되는 경우가 많다.

뉴욕에 한 조각가가 있었다. 그녀의 작품은 어느 유명 미술관에 여러 해 동안 전시되고 있었으나, 미술관의 주인이 세상을 뜨면서 미술관도 문을 닫게 되었다. 작품을 전시할 다른 미술관을 알아보던 조각가는 자신의 작품을 원하는 곳이 아무 데도 없다는 사실에 큰 충격을 받았다. 그러던 중 한 미술품 거래상으로부터 그 이유를 듣게 되었다. 그는 말했다. "당신은 나이가 너무 많아요."

그녀는 자신의 귀를 의심했다. 당시 그녀는 40세였던 것이다. 그 상인의 말은, 미술계에서 원하는 것은 비평가들의 눈을 끌 수 있는 참신한 신예들이거나 아니면 아예 유명한 대가들의 작품이라는 것이다. 그녀는 나이가 적지도 그렇다고 아주 유명하지도 않기 때문에 미술품 시장에서 인기가 없다는 것이었다. 그녀는 이 말을 듣고 매우 불쾌했지만 그만큼 깨닫는 바가 컸다. 이때부터 그녀는 맹목적으로 유명한 미술상만을 찾아다니지 않고 자기가 직접 작품의 판로를 뚫기 시작했다. 물론 결과는 대성공이었다.

사실 무형의 걸림돌을 극복한다는 것은 쉽지 않다. 위의 경우처럼 많은 사람들은 이런 장애를 만난 후 자기가 직접 사업에 뛰어드는 것을 고려한다. 삶이 자기 뜻대로 흘러가지 않을 때 새로움을 모색하지 않고 그저 예전의 습관만을 반복하는 것만큼 쉬운 태도는 없다. 그러나 이런 태도는 결코 옳지 않다. 자신의 처지를 철저히 분석한 후 어떻게든 다른 방법을 찾아 새로운 인생의 길을 가야 하는 것이다.

6. 불운

가끔씩 정말로 어쩔 수 없는 일이 발생할 때도 있다. 고위직의 인사 이동에서 당신과는 잘 모르는 사람이 당신의 상사가 되었다고 하자. 그 사람이 자기 사람을 끌어들이면서 당신은 하루아침에 자리를 옮기거나 회사를 그만두게 될지도 모른다. 이런 경우에 당신은 어떻게 해야 할까? 우선 일은 이미 터진 것이므로 스스로를 원망한다고 해결될 일은 아니다. 당신에게는 다른 선택의 길이 있음을 명심해야 한다. 그 길이 아직까지 분명히 눈에 들어오지는 않더라도 말이다.

전투기 조종사였던 토마스는 제대 후 필라델피아에 있는 한 보험 회사에 취직했다. 8년이 흐르는 동안 회사에서는 진급 약속을 한 번도 지키지 않았다. 그는 결국 직장을 그만두고 더 작은 보험 회사의 팀장으로 자리를 옮겼다. 하지만 여기서도 9년 만에 해직되고 말았다.

그 후 재정 컨설턴트 사업을 시작했으나 자금 부족으로 금방 문을 닫고 말았다. 그는 말했다. "내 나이 벌써 마흔일곱. 가진 것도 없고 앞날도 보이지 않는구나. 실패한 인생을 살고 말았어."

천주교 신자인 토마스의 부인은 매일 하느님께 기도를 올렸다. "매일 아침 저는 성당에 가서 기도를 올렸어요. 그러던 어느 날 어디선가 계속 같은 말이 들려오는 거예요. 작년에 세상을 뜨신 시어머니 목소리 같았어요. 그 말은 바로 '겨잣가루를 만들어라!' 였어요. 그녀의 집에는 러시아에서 전해내려 온 겨잣가루 제작법에 관한 요리책이 있었다. 매년 크리스마스가 되면 토마스 부부는 겨잣가루를 만들어 가까운 친지들에게 보내주곤 했다.

부인은 토마스에게 어머님이 새로운 사업을 시작하라는 계시를 내려주신 것이라고 말했다. 토마스는 처음에 부인이 헛소리를 한다고 생각했으나 곰곰이 생각해 보니 상당히 그럴듯한 사업인 것 같았다. 그는 말했다. "어머님의 뜻을 저버릴 순 없지. 한번 해 봅시다." 그는 곧 치즈 판매점에 겨잣가루를 들고 갔다. 그것의 맛을 본 가게 주인은 겨잣가루 전부를 사겠다고 했다. 지금 미국 거의 모든 지역에서 판매되고 있는 겨잣가루는 바로 이 부부가 원조이다.

다른 방법이 정말 없을 때 우리는 깊은 영혼의 소리에 귀를 기울여 볼 만하다. 어쩌면 바로 그 소리에서 새로운 생각이 움틀지도 모른다. 기회란 종잡을 수 없는 것이라서 당신이 처음에 세운 목표를 중간에 바꿔야 할 때도 있게 마련이다. 그러나 당신이 실패의 원인을 분명히 알아내고 이를 통해 스스로에게 선택의 여지가 남아있다고 확신한다면 당신은 이미 무한한 가치의 교훈을 얻은 것이다.

실패에서 교훈을 얻으면
세상도 바꿀 수 있다

비록 연이은 실패로 일이 풀리지 않는다 하더라도 당신은 영원히 사라지지 않는 두 가지 가치를 얻을 수 있다. 그것은 바로 영혼의 힘과 그것을 사용할 수 있는 자유이다.

실패의 원인이 파악되면 곧 새로운 계획을 세울 수 있다. 실패로 인해 금전상의 손해를 볼 수도 있고 고생하며 가꾼 성과를 잃어버릴 수도 있다. 하지만 당신은 이를 통해 경험을 쌓고 다시는 같은 실수를 되풀이하지 않을 지혜를 얻게 된다. 실패를 겪었을 때 사람들은 대체로 세 부류로 나뉜다.

첫 번째 부류는 실패의 충격을 받고 그대로 무너져 버리는 사람이다. 이들은 한 번의 실패로 다시는 일어서지 못하는 나약한 사람들로서 용기도 지혜도 갖추지 못한 이들이다.

두 번째 부류는 실패에 부딪히고도 스스로 반성하거나 실패를 경험으로 이끌어내지 못한 채 혈기만 믿고 무조건 앞으로 나아가는 사람들이다. 이런 사람들은 많은 공을 들이고도 성과는 적다. 그들이 어쩌다 성공을 거둔다 하더라도 그것은 아주 잠시 뿐이다. 용기는 있으나 지혜는 없는 사람들이다.

마지막 세 번째 부류는 실패에 부딪히더라도 재빨리 상황을 살펴 자신을 돌아본 후 능력이 겸비되면 알맞은 시기에 새롭게 출발하는 사람들이다. 이런 사람들은 지혜와 용기 모두를 갖추고 있으며, 성공은 항상 이런 사람들에게 먼저 다가오는 법이다.

실패에 직면한 사람들 모두가 성공적으로 재기하는 것은 아니다. 더구나 실패를 두려워하지 않고 쓰러진 후에도 다시 일어나 있는 힘을 다해 노력하는데도 계속 좋지 않은 결과만 나오는 사람도 적지 않다. 그 이유는 뭘까? 하늘이 너무 불공평해서일까? 만약 당신이 이런 생각을 갖고 세상에 대해 원망만 하고 있다면 당신을 기다리는 것은 실패뿐이다.

연이은 실패로 일이 풀리지 않는다 하더라도 당신은 영원히 사라지지 않는 두 가지의 가치를 얻을 수 있다. 그것은 바로 영혼의 힘과 그것을 사용할 수 있는 자유이다. 따라서 시도하는 일마다 성공하지 못하는 사람들에 대한 처방은 바로 여러 번의 실패를 진지하게 생각해 보라는 것이다. 호된 실패 후 진지한 반성을 통해 실패의 원인을 찾아낸다면 다음 번에는 이를 거울로 삼을 수 있다. 물론 상처가 나았다고 해서 고통을 잊어서는 안 된다. 어떤 사람은 선혈이 낭자한데도 고통을 느끼지 못하는 경우가 있다. 그런 경우엔 상처가 커지고 출혈이 심해져 결국 다시 일어설 힘까지 모두 잃고 만다.

현대는 극심한 경쟁 사회이므로 성공하는 사람이 있으면 반드시 실패하는 사람도 있게 마련이다. 그러나 정말로 중요한 것은 당신 자신과의 경쟁이다. 당신 스스로 가장 잘 할 수 있는 기준을 정하고 그 기준에 맞게 실천해 간다면 당신은 경쟁에서 낙오할 일이 없으며 끝없는 전진만을 기다리면 될 것이다.

어떤 일에 대해 반성하는 습관을 길러 결과가 이상적이지 못하다고 생각되면 당시의 상황을 되돌아보고 스스로에게 이렇게 물어본다. "그때 좀 더 완벽할 수는 없었을까?" 만약 그때 상황에서 내가 할 수 있는 모든 것을 다 했다고 생각하면 다시는 결과에 연연하며 시간을 낭비하지 말아야 한다.

하버드의 인생철학에서는 좌절과 실패가 완성된 결과물을 가져다주는 것은 아니라고 강조한다. 단지 하나의 씨앗을 제공해줄 뿐, 당신 스스로 이 씨앗을 얻어 명확한 목표를 가지고 그것을 키워가야만 한다는 것이다. 그렇지 않으면 아름다운 꽃을 피울 수가 없다.

남을 비판할 때도 자신에 대한
반성을 소홀히 하지 마라

자신의 잘못을 인정하고 다른 사람의 비판을 흔쾌히 받아들이며
반성할 줄 아는 사람은 타인의 존중을 받는 동시에
스스로 끊임없이 발전을 이루어 간다.

　　다른 사람이 나의 잘못에 대해 비판하고 나무랄 때 내가 취해야 할 유일한 태도는 바로 솔직하고 시원스럽게 나의 잘못을 인정하는 것이다. 이는 다른 사람의 용서를 구할 수 있는 가장 좋은 방법일 뿐만 아니라 자신의 결점을 고치기 위해서도 꼭 필요한 방법이다. 비판을 통해 자신을 반성함으로써 당신은 더욱 발전할 수 있다.

　　카네기는 자신의 사냥개인 루이스를 데리고 근처 공원으로 산책을 나가곤 했다. 루이스는 애교가 많고 사람을 물지 않는 데다 공원에는 사람들도 몇 명 없었으므로 카네기는 루이스에게 목줄이나 마스크를 채우지 않았다.
　　그러던 어느 날 루이스를 데리고 산책을 하던 중 말을 탄 경찰과 마주쳤다. 경찰은 근엄한 표정으로 내려다보며 물었다.
　　"왜 개가 마음대로 뛰어다니도록 내버려둡니까? 목줄도 하지 않고 마스크도 씌우지 않았군요. 설마 이게 불법이라는 사실을 모르는 것은 아니겠죠?"

"당연히 알고 있습니다." 카네기가 대답했다. "하지만 우리 개는 사람을 물지 않습니다."

"물지 않을 거라고 하셨나요? 하지만 법은 당신의 생각과는 무관하게 적용됩니다. 이 개가 여기서 다람쥐를 물어 죽일지 아이들에게 상처를 입힐지는 모르는 일이지요. 이번에는 그냥 넘어갑니다만 다음에도 목줄과 마스크를 하지 않은 채 공원을 활보하면 즉시 체포할 겁니다."

카네기는 경찰에게 꼭 그렇게 하겠다고 약속했다.

하지만 그 이후에도 카네기는 루이스가 마스크 차는 걸 싫어하고 개에게 그런 불편을 주고 싶지 않아 그냥 운에 맡기기로 했다. 며칠을 이렇게 보내었다. 그러나 역시 행운은 오래 가지 못했다. 어느 날 오후, 카네기는 루이스와 함께 뒷산에서 달리기를 하다가 다른 경찰과 맞닥뜨렸다.

카네기는 경찰이 먼저 말을 꺼내기 전에 사죄를 해야겠다고 생각했다. "경관님, 제가 죄를 지었으니 바로 저를 체포해 가십시오. 면목 없습니다. 사실 지난주에도 어떤 경찰 한 분이 제게 경고를 했었거든요. 다시 한 번 개에게 마스크를 씌우지 않고 공공장소에 나타나면 바로 체포하겠다고요."

"괜찮습니다, 괜찮아요." 경관이 말했다. "사람들이 없을 때 자기 강아지를 마음껏 뛰어놀게 하고 싶은 주인들의 마음을 저도 잘 압니다."

"그렇긴 합니다만, 이것은 엄연한 불법 행위지요."

"이런 작은 개가 어떻게 사람을 물겠어요?" 어찌된 일인지 그 경관은 오히려 그를 두둔해주었다.

"아닙니다. 아무리 작아도 다람쥐를 물 정도는 충분히 되지요." 카네기가 말했다.

'너무 심각하게 받아들이는 것 같군요." 경관이 카네기에게 말했다.

"그럼 이렇게 합시다. 강아지를 제 눈에 안 보이는 곳으로 데리고 가세요. 그것으로 끝내죠."

카네기가 위기 상황에 대처한 방법은 경관에게 맞서는 것이 아니라, 잘못은 바로 자기에게 있음을 솔직하고 시원스럽게 인정한 것이다. 즉 카네기가 상대방의 입장에서 이야기를 하자 오히려 상대방은 카네기의 입장을 두둔해줌으로써 사건이 이처럼 화기애애하게 마무리된 것이다.

이렇게 자신의 잘못을 인정하고 다른 사람의 비판을 흔쾌히 받아들여 반성할 줄 아는 사람은 타인의 존중을 받는 동시에 자기 스스로도 끊임없이 발전하게 된다. 내가 옳다면 다른 사람을 설득할 수 있어야 하고, 내가 옳지 않다면 다른 사람의 비판을 있는 그대로 수용할 수 있어야 한다.

위대한 인물들을 통해 스스로를 돌아보고 완벽한 나로 만들어라

위대한 인물들의 에너지를 통해 끊임없이 자신을 반성하고
스스로에게 힘을 불어넣어야 한다. 그들의 지칠 줄 모르는 에너지를
원동력으로 삼아 자신도 성공을 향해 전진할 수 있도록 해야 한다.

한 사람의 품성이나 역량은 다른 사람의 품성이나 역량까지 키워줄 수 있다. 열정으로 가득찬 사람은 자신도 모르게 주변 사람들을 끌어모으는 흡인력이 있다. 이들의 에너지는 하나하나의 센스를 통해 다른 사람들에게 전달되어 그들의 가슴속 불꽃을 태우도록 작용한다.

방 안에 자신이 존경하는 사람의 사진이나 초상화를 걸어두자. 그렇게 하면 그는 당신에게 더욱 친근하게 다가올 것이고, 항상 그를 보고 있으면 당신은 그에 대해 더욱 깊이 알아가고 있다는 느낌을 가지게 될 것이다. 그 초상이 당신을 당신보다 더 훌륭한 사람들과 연결시켜 줄 것이다. 비록 당신이 그의 수준에 훨씬 못 미친다 하더라도, 그의 초상이 바로 당신 앞에 있음으로써 당신은 어느 정도 그에 가깝도록 스스로를 만들려고 노력할 것이다.

폭스는 벡이라는 친구의 말과 행동이 자신에게 미친 영향에 대해 자랑스럽게 얘기한 적이 있다. "지금까지 내가 책에서 배운 정치 관련 지식, 자연과학을 통해 배운 지식, 일상에서 얻은 지식을 모두

합한 것과 벡이 준 가르침을 나누어 저울의 양 쪽에 올려놓는다면 저울은 벡 쪽으로 훨씬 더 기울 것이다."

아놀드 박사의 전기에서는 위대한 인물들이 젊은이들에게 미치는 영향력에 대해 이렇게 말하고 있다. "젊은이들의 영혼을 움직이고 그들이 이처럼 열렬하게 한 인물을 숭배하도록 만드는 것은 그 인물의 천재성도 박학한 지식도 능수능란한 말솜씨도 아니다. 그것은 바로 젊은이들에게 공감대를 만들어주는 그가 지닌 에너지이다."

위대한 인물들이 만들어내는 이런 에너지를 느끼면서 사람들은 더욱 용감하고 더욱 열정적이고 더욱 성실해질 수 있는 것이다. 위대한 인물들의 에너지를 통해 끊임없이 자신을 반성하고 스스로에게 힘을 불어넣으며, 다른 사람의 지칠 줄 모르는 에너지를 원동력으로 삼아 자신도 성공을 향해 끊임없이 전진해야 한다. 좋은 본보기 하나는 수많은 사람들에게 힘을 줄 수 있다. 이 본보기는 불꽃과 같아서, 한 사람 한 사람을 거치는 동안 걷잡을 수 없는 불길이 된다.

훌륭한 본보기가 되는 인물은 밝게 빛나는 화성처럼 온 세상을 비추며 많은 이들에게 영향을 미친다. 새뮤얼 트웨인은 벤자민 프랭클린의 감동적인 전기를 읽고 자신의 생활 습관, 특히 사업 습관을 형성했다. 이로써 우리는 어떤 본보기의 역할이 특정 영역에 한정되지 않으며 그 본보기를 단순히 책에서만 찾을 수 있는 것이 아님을 알 수 있다. 우리는 반드시 좋은 책을 읽고 좋은 모범을 따르고자 하며 부단히 자기를 완성시켜 나가야 한다.

루터 두들리는 이렇게 말했다. "문학적으로 나는 언제나 좋은 친구와 사귀었으며 그들은 오랜 시간을 두고 선택한 벗들이다. 그

벗들(좋은 문학)과 함께 있으면 나는 더 노력하게 되고 창작의 열망이 강해지는 것을 느낄 수 있었다. 나는 그 벗들로부터 80~90%는 그런 '이점'을 얻었다. 벗들과 함께 있지 않을 때는 전에 읽었던 책을 읽고 또 읽었다. 그렇게 하면 새 책을 읽는 것보다 더 즐겁고 얻는 것도 많았다."

하버드대의 교수들은 노력이 모든 기적의 근원이며, 천재란 하늘에서 어느 날 갑자기 뚝 떨어지는 것이 아니라 어디까지나 고된 땀의 결실로써만 가능하다고 이야기한다.

핑계 없음의 철학

인생에는 변명의 권한이 없다

■ 하버드 대학 교수가 이야기하는 인생 철학

사람들은 항상 어떤 구실을 찾아 자신의 나태함을 애써 변명하려 합니다. 사실 이런 변명은 아무런 쓸모없는 자기 기만에 불과합니다. 핑계를 찾는다는 것은 곧 실패를 의미합니다.

스필버그 기어(Spielberg Gere)

어떤 말도 실천을 대신할 수는 없습니다. 아무리 작은 발걸음도 자신의 두 다리로 나아가야 하지요. 그러나 힘차게 첫발을 내딛을 때는 만 길이나 되는 낭떠러지가 눈앞에 있다고 가정하는 것은 금물입니다.

로저 브레이크(Rodger Blake)

자신의 실패를 변명하지 마라

최대, 그리고 최초의 성공은 바로 자기 자신을 정복하는 것이다.
가장 치욕스러운 실패는 자기 자신에게 패배하는 것이다.

스스로 계획을 세우고 첫발을 내딛으면 목표가 이미 우리에게
손짓을 하기 시작한다. 그러나 그 과정에서 만나는 무수한 어려움과
장애들을 통해 우리의 능력과 의지, 지혜는 여러 가지 시험을 거치
게 된다. 그럴 때 당신은 어떤 핑계를 대면서 그 계획을 미루거나 심
지어 폐기해 버릴지도 모른다. 그러나 성공을 원한다면 결코 그래서
는 안 된다. 왜냐하면 성공에 이르는 길은 어떤 핑계도 용납되지 않
기 때문이다.

성공하지 못한 사람들을 보면 공통된 특징이 있다. 실패의 이유
가 무엇인지 뻔히 알면서 자기가 생각하기에도 핑계거리밖에 되지
않는 이유를 들어 변명을 한다. 그중에는 정말 단순한 핑계들이 있
고 어느 정도 일리가 있는 것들도 있다. 그러나 결국 핑계는 핑계에
불과할 뿐 사람들은 그저 당신이 성공을 했느냐 못했느냐만 물을 것
이다.

이런 변명의 습관은 오랜 세월 인류와 함께 공존해 온 성공의
치명타이다. 왜 핑계를 귀여운 강아지를 안듯 꼭 껴안고 놓지 못하

는 것일까? 답은 간단하다. 자기 스스로 만들었기 때문이다. 모든 핑계는 자신의 상상력에서 나온 것으로, 자신으로부터의 산물을 잃지 않으려는 것은 인류의 본성이다.

습관은 쉽게 고쳐지지 않으며 핑계는 그중에서도 더욱 고치기 힘든 습관이다. 가끔 핑계가 어떤 일에 대한 합리적 해석이 되는 경우가 있기 때문이다. 플라톤은 이렇게 말했다. "최대 그리고 최초의 성공은 자기 자신을 정복하는 것이다. 가장 치욕스러운 실패는 자기 자신에게 패배하는 것이다."

또 어떤 철학자는 이렇게 말했다. "다른 사람에게서 본 추악함이 실은 내 본성의 반영에 불과하다는 것을 알았을 때 나는 놀라지 않을 수 없었다. 나에게 이 문제는 늘 의문사항이었다." 엘버트 허바드Elbert Hubbard는 이렇게 말했다. "왜 사람들은 그토록 많은 시간을 허비하며 핑계거리를 만들고 자신의 약점을 가리고 스스로를 속일까? 차라리 그 시간을 자신의 약점을 고치는 데 쓴다면 핑계를 댈 필요도 없을 텐데 말야."

다음은 핑계를 없애는 게 얼마나 자신에게 이로움을 주는지 보여주는 사례이다.

미국의 유명한 성공학자 데일 카네기의 부인 도로시 카네기가 사람들의 이름을 기억하는 방법에 대해 수업을 마친 후였다. 한 여학생이 그녀에게 뛰어오더니 이렇게 말했다.

"카네기 부인, 부인께서는 제가 사람들의 이름을 기억할 수 있으리라는 희망을 아예 버리셨으면 합니다. 그건 절대 불가능한 일이거든요."

"왜 불가능하죠?" 부인이 놀란 얼굴로 물었다.

"유전이니까요." 학생이 말했다. "우리 집안 식구들 모두가 기억력이 형편없어요. 부모님은 그것을 제게 물려주셨지요. 그래서 저는 기억력과 관련된 그 어떤 것도 제대로 할 수 없어요. 누구보다도 저는 제 자신을 잘 압니다."

카네기 부인이 말했다. "사실 학생의 문제는 유전이 아니라 나태함이에요. 집안의 유전을 탓하는 게 기억력을 개선하려는 노력보다 쉽다고 느끼는 것이지요. 앞으로 제가 증명해 보이지요."

이후 카네기 부인은 여학생의 기억력 강화 훈련을 열성적으로 도와주었고 학생 역시 연습을 게을리 하지 않아 큰 효과를 보게 되었다. 카네기 부인은 부모의 기억력보다 나을 리가 없다는 여학생의 생각을 완전히 고쳐준 것이다. 그 학생은 다른 사람을 탓하거나 핑계거리를 찾지 않고 스스로의 약점을 고쳐 가는 방법에 대해 배울 수 있었다.

'핑계는 대지 않겠다'는 말을
버릇처럼 달고 다녀라

핑계는 성공의 걸림돌이다. 우리는 이 걸림돌을 제거해야만
용감하게 앞으로 나아갈 수 있다.

하버드의 심리학 교수인 에릭 칸터Eric Kanter는 이렇게 말했다. "만약 어떤 사람이 핑계를 대면서 뒤로 물러서려 한다면 그는 어떤 일을 하든 전력을 기울이지 않을 것이다." 핑계는 성공의 걸림돌에 불과하고, 우리는 이 걸림돌을 제거해야만 용감하게 앞으로 나아갈 수 있다.

미국 육군사관학교에는 오랜 전통이 하나 있다. 신입생은 선배나 장교를 만났을 때 반드시 네 가지 대답만 할 수 있다는 것이다.

"네, 그렇습니다." / "아닙니다."

"핑계는 없습니다." / "모르겠습니다."

이 외에는 어떤 말도 할 수 없다. 예를 들어 당신의 더러운 구두를 보고 선배가 "지금 네 구두가 제대로 닦였다고 생각하는가?"라고 물으면 당신은 아마 "방금 줄을 설 때 앞사람이 제 구두를 밟아서 그렇습니다."와 같은 답이 먼저 생각날 것이다. 그러나 여기서는 반드시 '정해진 대답' 내에서 말을 해야 하므로 이 경우에는 "아닙니다!"라고만 대답해야 한다. 선배가 다시 "왜 그렇게 됐지?"라고 물어도 "핑계는 없

습니다."라는 대답 외에는 도리가 없다.

또, 예를 들어 장교가 한 신입생에게 기간을 정해 어떤 임무를 주었다고 할 경우, 신입생은 여러 가지 이유로 기간 내에 임무를 완수하지 못할 수도 있다. 그러나 장교는 결과만 묻지 왜 못하게 되었는지는 아예 들으려 하지 않는다. 이때도 대답은 "핑계는 없습니다."라고만 해야 한다. 따라서 신입생은 임무를 완성하고자 일분일초를 아낌으로써 핑계를 대야 하는 상황을 만들지 않으려고 노력한다.

우리는 핑계가 일을 해내지 못한, 또는 일을 잘못한 것에 대한 방패막이이자, 다른 사람에게 이유를 설명하고 자기를 이해해줄 것을 바라는 부적이며, 그림자처럼 따라다니며 우리의 약점을 감춰주는 도구이고, 책임을 피할 수 있게 해주는 특효약쯤으로 알고 있다. 만약 당신이 어떤 일을 제대로 하지 못해서 변명하기 위한 수많은 핑계거리를 찾고 이해해달라며 동정을 구한다면 일시적으로는 잘못을 덮고 책임을 미룸으로써 잠시 동안 마음이 편해질 수 있을 것이다. 하지만 이런 식으로 하다보면 큰일은 말할 것도 없고 사소한 일도 제대로 하지 못해서 결국은 아무 것도 이룰 수 없게 된다. 핑계를 대고 변명하는 것이 습관화되면 어떤 일을 하든 온 힘을 다해 열성적으로 하지 않기 때문이다. 그러나 '핑계를 대지 않겠다'는 신념을 가지고 있으면, 배수의 진을 치고 적과 맞서는 것처럼 자신에게 너무나 가혹한 듯 보일 수 있지만 사실 그렇게 함으로써 당신의 의지는 더 강해지고 어떤 일이든 있는 힘을 다 쏟게 된다. 이것이 바로 우리가 '어떤 핑계도 대지 않는다'는 말을 입버릇처럼 달고 다녀야 하는 이유이다.

스스로를 구할 수 있는 것은 자신뿐이다

지혜와 능력은 항상 우리의 삶 속에 숨어있다.
우리가 스스로를 믿고 스스로를 도와야만 이런 지혜와 능력이
한데 모여 힘을 발휘할 수 있다.

자신의 운명을 누구에게도 맡겨서는 안 된다. 성공을 위해서는
먼저 스스로 책임질 줄 알아야 한다.

어떤 사람이 처마 밑에서 비를 피하고 있다가 한 스님이 우산을 들
고 가는 모습을 보았다.

그가 말했다. "스님, 불쌍한 중생을 구하는 셈치고 우산을 같이 쓰면
안 될까요?"

스님이 말했다. "나는 빗속에 있고 당신은 처마 밑에 있소. 처마 밑
은 비가 들이치지 않으니 내가 당신을 구해줄 필요는 없겠구려."

그는 즉시 처마 밑에서 나와 비를 맞으며 섰다. "이제는 저도 빗속에
있으니 저를 구원해주시겠습니까?"

승려가 말했다. "나도 빗속에 있고 당신도 빗속에 있소. 내가 젖지
않는 건 우산이 있기 때문이고 당신이 젖는 건 우산이 없기 때문이오.
그러니 나를 구한 건 내가 아니라 우산이오. 당신도 구원을 받고 싶으
면 나를 찾을 것이 아니라 스스로 우산을 찾아보도록 하시오!" 승려는

말을 마치고 가버렸다.

하늘은 스스로 돕는 자를 돕는다고 했다. 자신의 운명은 자기가 책임지는 것이지 다른 사람이 어찌 할 수 있는 것이 아니다. 남에게 의존하지 않고 핑계를 대지 않으며 넘어져도 다시 일어나 우직하게 앞을 보고 걷는 자만이 그에 합당한 보상을 받는다. 성공에는 별다른 비결이 없고 진리는 지극히 평범한 것이다. 결국은 노력하느냐 노력하지 않느냐에 달려있을 뿐이다. 다음의 이야기는 좋은 사례가 될 것이다.

27세가 되던 그해, 로비타는 인생의 전환점을 맞았다. 두 아이가 다니는 학교에 방문했을 때 그녀는 교장의 말에 가슴이 찢어지는 듯했다. "두 아드님이 사물에 대한 반응이 너무 느립니다."

그녀는 자신도 어린 시절 지능이 떨어져 학교를 중간에 그만두어야 했고, 그 후 열여섯의 나이에 결혼해서 남자 아이 둘과 여자 아이 하나를 낳았다. 그런데 지금 두 아들도 저능아라고 하니 그녀의 마음이 너무나 괴로운 것이다. 하지만 그녀는 좌절하지 않고 아이들의 교과서를 자기가 먼저 배워 직접 아이들을 가르치겠다는 결심을 했다. 그때부터 로비타는 집안 일을 하면서 학교를 다니게 되었다. 학교를 다닌 첫해 말, 로비타는 지식을 쌓아간다는 새로운 세상을 알게 되었다. 그녀는 자신의 능력이 다른 이들보다 떨어지지 않음에 스스로 놀라며 공부에 더욱 열중하게 되었다.

1974년에 로비타는 문학석사 학위를 받고, 1997년에는 박사 학위까지 받아 명망 있는 미국 교육위원회의 회원이 될 수 있었다. 그리고 두 아들 역시 그녀의 가르침을 통해 우수한 성적으로 학교를 졸업했다.

인생이 우리에게 풀기 어려운 문제를 낼 때는 그 문제를 해결할 수 있는 지혜와 능력까지 함께 준다. 그러나 이런 지혜와 능력은 항상 우리의 삶 속 깊은 곳에 숨어있다. 우리가 스스로를 믿고 스스로를 도와야만 지혜와 능력을 발휘하게 된다.

일을 미룬 것에 대해 핑계를 찾지 마라

일단 해야 할 일을 결정했으면 어떤 어려움에도 굴하지 않고
끝까지 해보려고 노력해야지 마음대로 목표를 바꾸어서는 안 된다.
할 일을 미루고 핑계를 대면 계획은 뒤틀어지기 마련이다.

아침 자명종에 잠이 깨면 꿈속에서 헤어나지 못한 채 오늘 할
일을 생각한다. 하지만 여전히 포근한 이불의 유혹을 떨쳐버리지 못
하며 속으로는 '일어나야지, 일어나야지' 하면서도 이런저런 구실
을 찾아 조금이라도 더 누워 있으려고 한다. 그렇게 5분, 10분 아니
그 이상을 몽롱한 상태로 보낸다. 그것은 많은 사람들이 경험해 봤
을 것이다.

우리는 살면서 뭔가를 항상 미룬다. 하루를 정해 그날의 일과를
모두 기록해 보면 미루어 둔 일이 우리의 시간을 그토록 많이 갉아
먹는 사실에 크게 놀랄 것이다. '미룸'은 버릇이다. 힘든 일을 해야
할 때 혹은 어떤 중요한 결정을 내려야 할 때 우리는 흔히 핑계와 변
명거리를 찾아 어떻게든 쉽고 편해질 생각만을 한다. 어떤 사람은
이런 타성을 단호하게 버리고 적극적이고 주도적으로 도전에 맞서
기도 하지만, 어떤 사람은 수동성과 타성에 좌지우지되어 무엇을 해
야 할 것인가를 모른 채 머뭇거리기만 하다가 시간을 허비한다. 미
룸은 타성을 방조하는 것이며, 타성에게 기회까지 주는 것이다. 이

런 습관이 생기면 의지는 약해지고 스스로에 대한 믿음은 갈수록 희미해지면서 자신의 목표마저 의심하게 되고 심지어는 성격까지 우유부단하게 된다.

흔히 일을 미루게 되는 이유는 생각을 너무 지나치게 해서 결정을 내리지 못하기 때문이다. 예를 들어, 어떤 한 안건이 회의에서 이미 통과되었는데도 부장은 직원들이 혹시 찬성하지 않으면 어떻게 해야할까, 혹은 위에서는 다른 생각을 가지고 있으면 어떻게 해야 하는가를 걱정하다가 시간을 허비하곤 한다. 이런 경우는 우리 주변에 흔하다.

적당한 신중함은 당연히 필요하지만 지나친 신중함은 우유부단으로 이어진다. 심지어는 매일 아침 잠에서 깨는 일처럼 전혀 고려할 필요가 없는 일마저도 결정을 내리지 못하는 경우가 생긴다. 따라서 우리는 처음부터 일을 미루지 못하게 하는 방법을 생각해야 한다. 가장 좋은 것은 스스로에게 압박을 가하는 것이다. 다시 말해, 당장 어떤 일을 해야 한다고 생각되면 타성이 스며들지 않도록 사고의 여지를 일분일초도 남겨두지 않는 것이다. 일을 시작할 때 적극적인 생각을 가지고 있더라도 일단 머릿속에 "내가 이 일을 할 수 있을까, 그리고……"라는 생각이 들면 타성이 득달같이 달려오고 이때부터 전쟁은 시작된다. 물론 결과는 뻔하다. 따라서 어떤 적극적인 생각을 가졌다면 바로 행동에 옮겨야 타성이 침투할 기회가 없어진다.

인생의 성공을 위해서는 하나하나 기초를 다져야 한다. 먼저 실현 가능한 목표를 세우고, 이를 달성한 다음에는 다시 한 단계 높은 목표를 향해 발을 내딛는 것이다. 무슨 일을 하든 성공의 여부는 우리가 행동하기 전에 스스로에 대해 어떤 기대를 가지고 어떤 목표를 세우느냐에 달려 있다. 비록 결과가 100% 완벽할 수는 없어도 어쨌든 우리는 목표를 이루기 위해 최선을 다해야 한다. 그 과정에서 우리는 하나하나 배우고 참아가며 자신이 확립한 목표를 향해 전진해 가는 것이다.

일단 무엇을 할 것인지 결정했으면 어떤 어려움에도 굴하지 않고 끝까지 해보려고 노력해야지 마음대로 목표를 바꾸어서는 안 된다. 할 일을 미루고 핑계를 대면 계획은 뒤틀어지기 마련이다.

미국의 위대한 대통령 링컨은 어렸을 때부터 외딴 시골마을의 숲 근처에 살았다. 그의 집은 창문도 대문도 없는 누추한 나무집이었다. 게다가 학교, 교회, 철도와도 한참 떨어져 있었고 신문이나 책도 없었고, 심지어 일용품들도 매우 부족했다. 그러니 삶을 즐긴다는 것은 그저 배부른 소리에 불과했다. 매일 그는 몇 시간을 걸어서야 도착하는 학교를 가야 했고, 들판을 몇 십리나 걸어야 보고 싶은 책을 빌릴 수 있었다. 책을 빌린 후에는 고생스러운 것을 생각할 겨를도 없이 책을 읽을 수 있도록 땔감을 구하러 나서야 했다. 링컨은 이런 적극적인 성격 때문에 악조건 속에서도 미국의 가장 위대한 대통령으로 탄생할 수 있었다.

소극적으로 기다리기만 해서는 기회가 오지 않는다. 만약 당신이 기다림에 희망을 걸고 운에 인생을 맡긴다면, 당신이 처음 가졌던 열정과 지금까지 행한 노력은 기다리는 과정에서 모두 소진되고 만다. 기다림은 인생을 낭비하는 것이고 미룸은 인생을 더럽히는 것이다. 하늘은 끝까지 노력하는 사람에게 기회를 준다. 걸핏하면 일을 미루고 핑계를 찾는 사람은 영원히 그 기회를 얻을 수 없다.

핑계를 없애는 것은 자신의 태도를
바꾸는 것에서 시작된다

앞날이 걱정되어 미리 회피하고 핑계만 찾는다면
평생 후회만 하게 된다.

핑계는 우리의 귓전에 대고 우리가 일을 해내지 못한 이유를 속삭인다. 어떤 사람들에게 그 소리는 '이성의 소리'로 둔갑하기도 한다. 하버드 대학의 스필버그 교수는 이렇게 말했다. "지나치게 이성적인 사람은 말을 해 놓고도 생쥐처럼 겁이 많아 행동으로 옮기지 못합니다. 어떤 일도 실천을 통하지 않고는 성공할 수 없습니다. 실천하지 않는 사람은 자기 나름대로 합리적인 이유를 대지요. 하지만 그런 태도라면 무슨 일에든 합리적인 핑계를 찾지 못하겠습니까?"

성공하는 사람들은 이렇게 생각한다. 앞날이 걱정되어 미리 회피하고 핑계만 찾는다면 평생토록 후회만 할 것이라고.

핑계를 찾는 가장 흔한 이유는 두려움이다. 만약 당신이 어떤 일을 할 때 계속해서 핑계만 찾는다면 당신은 그 일을 결코 해내지 못한다. 이러한 핑계를 없애기는 쉽다. 태도를 바꾸면 되는 것이다.

일단 지금 당신이 생각하고 있는 여러 가지 목표 중에서 하나를 고른다. 일기장의 한 페이지를 두 면으로 나누어 중간에 선을 긋는다. 이 페이지의 맨 위에는 골라둔 목표를 적는다. 다음으로 왼쪽에는 목표를 이루지 못하게 되는 이유들을 적고 오른쪽에는 목표를 이룰 수 있게 하는 이유들을 적는다. 이를테면 다음과 같다.

목표 : 회사에서 진급하기

• 내가 감당하지 못할 업무이다	• 업무를 완벽히 해낼 자신이 있다
• 요구하는 자격이 되지 않는다	• 필요한 자격증을 꼭 따리라
• 나는 경쟁력 있는 후보자가 못 된다	• 나는 의지가 강한 후보이다

왼쪽에서 오른쪽으로 태도를 바꾼다면 당신에게 성공은 멀지 않다. 핑계를 버리고 행동을 시작할 수 있기 때문이다. 자신의 결점을 숨기거나 탓하지 말고, 적극적인 태도와 노력으로 당신의 단점을 장점으로 바꾸어 나가도록 한다.

앨런에게는 톰이라는 고객이 한 명 있다. 그 고객의 목표는 결혼이지만, 한 가지 이유 때문에 여자 친구에게 청혼을 하지 못하고 있다. 그의 말을 빌리면 여자 친구가 너무 일찍 결혼의 책임을 지고 싶지 않으려 한다는 것이다. 그래서 톰은 그토록 결혼을 원하면서도 지금까지 한 번도 청혼을 하지 않았다고 한다.

"사실 저는 여자 친구가 거절할까 봐 두렵습니다." 톰이 앨런에게 말했다. "그렇게 되면 그녀와의 관계도 다 끝나버릴 거예요. 저는 정말 결혼을 하고 싶은데…… 정말 여자 친구의 확답을 들어야 할지 말아야 할지 모르겠어요." 청혼을 하면 어떤 결과가 나타날지 자신도 모른다. 그러나 원인이 여자 친구에게 있다고 단정짓고 청혼을 해보지도 못한다면 결혼이라는 그의 목표는 거의 실현 불가능해진다.

앨런의 도움으로 톰은 목표(결혼)에 대해 골똘히 생각해 볼 수 있었고 자신의 목표가 어떤 중요한 의미를 갖는지 깨달았다. 그러자 확실하게 태도를 잡을 수 있었고, 거절을 두려워했던 심리를 되돌아보면서 자신의 행동을 막았던 모든 핑계들을 하나하나 제거하기 시작했다.

톰이 얻은 결론은 이렇다. 즉 그녀가 거절을 해도 '결혼'이라는 목표를 이루지 못하겠지만, 지금 목표가 보이지 않는 것은 바로 자기가 청혼을 하지 않았기 때문이라는 것이다. 결국 어떤 문제든 자기가 실천을 하지 않으면 해결되는 것은 하나도 없다는 사실을 깨달았다. 가장 단순한 방법이 정확한 해결이라는 것은 결코 아니다. 그러나 최소한 이 방법은 당신이 어떤 결정도 내리지 못한 채 우유부단한 태도를 갖게 하지는 않을 것이다. 결국 톰은 여자 친구에게 아내가 되어 달라는 말을 건넸다.

톰이 전화를 걸어왔을 때 앨런은 좋은 소식이 있음을 직감했다. "그녀가 받아들였어요. 저랑 결혼하겠다고 말했다니까요." 톰은 흥분한 목소리로 말했다. "앨런, 더욱 재미있는 것은 뭔지 아세요? 그녀는 제가 청혼을 하지 않은 이유가 바로 제가 결혼을 할 마음이 없어서, 제 자신이 결혼의 부담을 지고 싶지 않아서라고 생각했다는군요."

물론 당신의 문제도 톰처럼 원만하게 해결되리라고는 장담할 수 없다. 그러나 당신이 스스로를 위한 핑계에만 머물러 있는 한 진실은 영원히 드러나지 않는다는 것은 장담할 수 있다.

무의식중에 핑계를 대는 일이 없도록 하라

당신이 시도하는 모든 일이 성공하리라고는 누구도 보장할 수 없다.
그러나 확실히 말할 수 있는 것은 시도하지 않으면 반드시 실패한다는 것이다.

그림 그리기를 좋아하는 한 친구가 자기는 창작열을 불태우고
싶은데 가난 때문에 그렇게 하지 못하고 있다며 안타까워했다. 사실
이것은 뻔히 보이는 핑계에 불과하다. 우리는 살면서 이런 핑계를
수도 없이 듣고 또 자신도 그렇게 핑계를 대곤 한다. 다음은 우리가
입에 달고 다니는 대표적인 핑계들이다.

1. "경쟁이 너무 치열했다"

겉으로 봐서는 나와 다른 사람의 상황이 별반 다르지 않고 이르
고자 하는 목표 역시 비슷한 것 같다. 그러나 사람들마다 사정이 완
전히 같을 수는 없다. 이렇게 경쟁이 치열할 때는 당신이 특별히 잘
하는 것을 보여줘야 한다. 당신만의 장점을 내세워서 다른 이들과의
차이를 분명히 해야만 두각을 나타낼 수 있다.

그렇지만 결국 진정한 경쟁자는 바로 자기 자신이다. 당신은 예
전보다 더 잘 할 수 있는가? 당신은 이전의 당신 기록을 깰 수 있는
가? 다른 사람을 신경 쓰며 시시콜콜 따지고 있을 때 성공의 기회는

이미 당신의 곁을 떠나고 있다.

2. "시간이 없다"

틈만 나면 시간이 없다고 말하면서 사실 자기가 얼마나 많은 시간을 허비하고 있는가를 생각하지 않는다. 당신은 하루에 몇 시간이나 TV를 보고, 또 전화를 하는가? 쉬는 게 잘못된 것은 아니지만 만약 앞으로 1년 밖에 살지 못하는 사람에게 "당신은 하루에 TV를 얼마나 보시나요?"라고 물으면, 그는 분명 "아주 조금이요." 혹은 "전혀요."라고 대답할 것이다. 스스로 "시간이 없어"라는 말을 많이 한다고 생각되면 지금 바로 당신이 시간을 어떻게 사용하는지 종이에 써 보도록 하라. 쓸 수 있는 시간이 많이 남아있음을 발견하고는 크게 놀랄 것이다.

사실 목표의 완성을 위해 꼭 큰 단위의 시간을 할애할 필요는 없다. 흔히 사람들은 이런 긴 시간을 제대로 관리하지 못하고 시간을 허비하는 경우가 많기 때문이다. 대신 이 시간을 짧게 쪼개어 본다. 하루를 15분씩, 일주일을 한 시간씩, 한 달을 하루씩 등등 어떻게든 상관없다. 만약 당신이 정말로 목표에 이르고 싶다면 시간을 늘리는 자신만의 방법을 찾을 수 있을 것이다.

성공은 희생이 따르기 마련이다. 하나를 희생하면 다른 하나를 이룰 수 있다. 그 희생은 가족들과 함께 하는 시간일 수도 있고 주말 혹은 휴일일 수도 있다.

3. "나는 나이가 너무 많아"

미국의 전 대통령 부시는 72세에 처음으로 낙하산을 타 봤다.

주위에서는 나이가 많으니 무리하지 말도록 권했으나 부시는 뜻을 굽히지 않았다. 사실 부시 외에도 60~70세가 넘어서 새로운 일을 찾아 최고가 되는 경우를 볼 수 있다.

안타까운 것은 많은 사람들이 "나는 나이가 들어서 금방 까먹어." "나는 너무 늙어서 학습 능력이 떨어져." "누가 나 같은 늙은이를 써 주겠어?"라며 미리 포기해 버린다는 것이다. 맞는 말이다. 사람들은 젊은이들을 쓰려고 한다. 그들은 뭔가를 가르치기도 쉽고 월급도 상대적으로 적기 때문이다. 하지만 그때 당신은 이런 장점을 내세우기 바란다. "나는 나이가 많지만 그만큼 삶의 경험과 지혜가 풍부하답니다."

4. "나는 나이가 너무 어려"

젊은 사람들이 맞닥뜨리는 문제는 앞의 경우와 정반대이다. 그들은 항상 자기가 충분한 지식과 경험이 없다고 생각한다. 그래서 스스로에 대해 불안해 하고 자신감을 갖지 못한다.

사실 젊은이의 순수함과 열정은 성공을 위한 큰 무기이다. 사람들은 흔히 새로운 이들에게 손을 뻗으려 한다. 자기가 젊었을 때 누군가가 자기에게 손을 한번 뻗어주기를 간절히 원했기 때문이다. 맥케인은 10년 전 회사를 설립할 때의 힘든 과정을 소개하면서 이런 말을 했다. "내가 지금 알고 있는 것들을 그때 이미 알았다면 오히려 많은 일들을 해내지 못했을 것이다. 그러나 다행히 그때 나는 바보나 다름없었다. 실수에 실수를 반복하다보니 경험이 쌓였고 그 경험으로 인해 지금의 성공이 가능한 것이다."

5. "내게 맡겨진 짐이 너무 많아"

수많은 사람들이 이렇게 말한다. "나는 내 꿈을 정말 이루고 싶
거든. 그런데 내가 지고 있는 짐들이 너무 많아. 생활비도 벌어야 하
고 애들 학비도 책임져야 하고 대출금도 아직 다 못 갚았고……" 맞
다! 그들은 정말 많은 짐을 짊어졌다. 그러나 중요한 것은 그들이 꿈
을 완전히 버려야 한다고도 말하지 않는다는 것이다.

사실 조금만 유심히 살펴보면 성공한 많은 사람들이 당신이 강
조하는 바로 이런 상황 속에서 자신의 일을 새로이 시작했음을 알
수 있다. 우리는 실천을 미루면서 너무나 많은 시간을 허비하고 상
황이 좋지 않다고 스스로를 위로하면서 또 많은 시간을 낭비한다.
그러나 그런 상황이 자신에게 가장 좋은 때가 될 수 있음을 알아야
한다. 중요한 것은 당신이 몸과 마음을 실제로 움직이는 것이다.

6. "내가 못하는 일이야"

우리는 항상 '내 능력으로는 안 돼' 라는 말로 자신을 비하한다.
성공한 사람들도 누군가의 말에 흔히 '저는 힘들겠습니다.' 라는 말
을 먼저 하곤 한다. 하지만 그들은 상대방의 말을 생각해 본 후 목표
를 정해 과감히 행동에 나선다. 당신이라고 이렇게 하지 못하란 법
은 없다.

이상의 몇 가지 경우를 통해 볼 때, 모든 핑계는 내재적 두려움
에 대한 외재적 반응임을 알 수 있다. 만약 이런 핑계가 우리의 생각
을 지배하도록 방치한다면, 핑계는 우리의 행동까지 지배하고 결국
에는 아무 것도 할 수 없도록 만든다. 행동이 늦어질수록 두려움과

핑계는 더욱 많아진다. 당신이 시도하는 모든 일이 성공하리라고는 누구도 보장할 수 없다. 그러나 확실하게 말할 수 있는 것은 시도하지 않으면 반드시 실패한다는 것이다.

두려움을 없애는 방법은 그 두려움에 용감하게 맞서는 것이다. 톰 피터스Tom Peters는 이렇게 말했다. "두려움을 극복하며 사기를 잃지 않고 타성을 없애려면 어떻게든 행동에 나서야 합니다. 다시는 주저하지 마십시오. 장거리 경주를 하든, 스포츠 게임을 하든, 계약을 맺든 결코 말로써 행동을 대신하지는 마십시오."

사랑의 철학

사랑의 마음으로 친구를 만들어라

남을 사랑하는 마음은 선량한 행동의 바탕이 됩니다. 이 마음은 사람들의 삶을 밝게 비춰줄 뿐만 아니라 인류의 영혼까지 훤히 비춰주지요.

홉스 릴(Hobbes Riehl)

누구나 좋은 일을 할 때면 마음속으로 희열을 느끼지요. 사실 이는 사랑의 마음과 선한 행동이 우리에게 주는 보답입니다. 이런 보답이야말로 가장 소중한 인생의 보물이지요.

제니 마틸드(Jenny Mathilde)

사랑의 마음은 크나큰 재산이다

사랑과 동정과 격려와 도움은 다른 사람에게 아무리 많이 주더라도 줄지 않는다.
오히려 많이 주면 줄수록 우리 스스로도 더 많은 것을 얻게 된다.

사랑 없이 세상은 존재할 수 없다. 사랑은 우리에게 공기와 빛과 물과 같다. 사랑은 크나큰 재산이자 소중한 자원이다. 이 재산과 자원을 가지고 있으면 인생은 더욱 행복해지고 성공으로 향하는 발걸음도 가벼워진다. 이런 이야기가 있다.

옛날 어떤 국왕에게 아들이 하나 있었다. 왕은 아들을 무척이나 아끼고 사랑했다. 아들은 아버지의 권력으로 갖고 싶은 것은 뭐든지 가질 수 있었지만 오히려 그래서 어떤 것에도 만족하지 못했다. 항상 눈살을 찌푸리고 어두운 얼굴을 하는 것도 이 때문이었다.

하루는 한 마술사가 왕궁으로 들어와 국왕에게 말했다. "왕자님의 얼굴에 웃음이 가득하게 만들 방법이 있습니다." 국왕이 기대에 찬 눈빛으로 말했다. "그렇게만 할 수 있다면 원하는 것을 모두 주겠노라."

마술사는 왕자를 방으로 데려와서 하얀 가루를 종이에 뿌려 뭔가를 썼다. 그런 다음 이 종이를 왕자에게 건네며 어두운 방으로 들어가 촛

불을 켜서 종이를 유심히 살펴보라고 했다.

왕자는 어두운 방으로 들어가 촛불을 켜고 종이를 보았다. 그러자 하얀 가루가 고운 녹색 가루로 변하더니 이내 이런 글자가 나왔다. "매일 다른 사람들에게 사랑의 마음을 보여주십시오!" 왕자는 마술사의 말을 따랐고, 곧 왕국에서 가장 쾌활한 소년이 되었다.

다른 사람을 도움으로써 인생은 기쁨과 즐거움이 가득해지고 삶의 가치와 의미도 풍부해진다. 사람들에게 사랑을 베푸는 습관을 통해 기쁨과 희열을 느껴야 진정으로 성공하고 진정으로 행복한 사람이라 할 수 있다. 누군가에게 '주는 것'이 곧 '얻는 것'이며 그래야 우리의 삶도 풍요로워진다.

한 철학자가 학생들에게 물었다. "인생에서 가장 필요한 것은 무엇일까요?" 여러 가지 답들이 나왔지만 그중 맨 마지막 학생은 이렇게 답했다. "사랑입니다!" 철학자가 말했다. "사랑이라는 두 글자에 다른 학생들이 말한 모든 것들이 포함되어 있군요. 사랑이 있으면 스스로에게 만족할 줄도 알고 자기에게 맞는 일들을 찾을 수도 있지요. 또 사랑을 가진 이는 사람들에게 좋은 인생의 반려자이자 믿을만한 친구가 된답니다."

좋은 마음씨와 사랑, 솔직함, 성실함, 넓은 아량 등은 하나하나가 소중한 재산이다. 백만장자의 돈도 이런 소중한 재산에는 비할 수 없다. 훌륭한 마음씨와 정신을 가진 사람이라면 비록 다른 사람에게 경제적 도움은 줄 수 없다 하더라도 백만장자보다 훨씬 많은 선행을 베풀 수 있다.

누군가가 다른 사람을 위해 정성을 다하고 사랑의 마음을 보여준다면 그의 삶은 분명 큰 발전이 있을 것이다. 더욱 가치 있는 인생을 보여주고 싶다면 어렸을 때부터 사랑의 마음을 가지고 사람을 이해하는 습관을 길러주어야 한다. 사랑과 동정, 격려와 도움은 다른 사람에게 아무리 많이 주어도 줄지 않는다. 오히려 많이 주면 줄수록 우리 스스로도 더 많은 것을 얻게 된다.

평생을 살면서 얻은 열매가 너무나 미미할 때가 많다. 그 이유 중 하나는 사랑의 마음을 과감히 펼쳐 보이지 않았기 때문이다. 내가 다른 사람에게 사랑과 도움을 기꺼이 주지 않아서 다른 사람도 나에게 쉽게 사랑과 도움을 주지 못하는 것이다.

다른 사람에게 친근한 말을 건네고 그의 장점을 주목하고 칭찬하는 습관은 스스로에게도 큰 득이 된다. 사람들은 보통 서로를 오해하고 질책하고 시기하면서 항상 다른 사람의 단점과 실수를 꼬집어 비판하는 나쁜 습관을 가지고 있다. 만약 사람들이 이런 오해, 질책과 시기를 줄이거나 극복해서 서로 사랑하고 이해하고 도울 수 있다면 꿈에 그리던 유토피아는 멀지 않을 것이다.

언젠가부터 우리는 냉혹한 현실에서 자기만 알고 자기 것만 챙기려는 욕심에 다른 사람의 장점을 보는 눈빛은 흐려지고 단점을 보는 눈만 밝아지게 되었다. 만약 태도를 바꾸어 다른 사람의 장점만 보고 주의를 기울인다면 우리 모두에게 득이 될 것이다. 내가 상대의 장점을 발견함으로써 상대는 자신의 장점을 자각해서 스스로에게 자신감을 갖고 더욱 노력할 것이기 때문이다. 사람들이 서로 아끼고 사랑하는 마음을 갖는다면 세상은 사랑과 행복의 빛으로 가득할 것이다.

다른 이에게 장미를 선물하면
당신의 손에서는 오래도록 그 향기가 남는다

당신의 마음속에 따뜻한 등불이 있다면, 그 빛은 당신의 어두운
영혼을 비춰줄 것이며, 당신은 그 온기로 차가운 겨울도 이겨낼 수 있다.

행복을 만들어낼 수 있는지 여부는 사람의 마음에 달려있다. 선량한 마음과 사랑은 행복을 불러올 만큼 큰 힘을 가지고 있다. 이 세상에서 행복의 빛을 받을 수 있는 곳은 사랑이 충만한 곳뿐이다.

세계적으로 유명한 정신과 의사인 알프레드 아들러Alfred Adler는 항상 외로움을 느끼고 우울증에 걸린 환자들에게 이렇게 말했다고 한다. "제가 알려주는 처방만 따르면 14일 안에 당신의 우울증은 모두 치유될 것입니다. 그 방법은 바로 매일 '어떻게 하면 다른 사람들을 즐겁게 해줄 수 있을까?'를 생각해서 그 사람이 세상에 가득한 사랑의 힘을 느끼도록 하는 것입니다."

50세의 한 여인이 있었다. 그녀는 남편이 죽은 지 얼마 되지 않아 아들까지 비행기 사고로 죽고 말았다. 그녀는 한없이 슬퍼하다가 결국 우울증에 걸렸고 심지어 자살 충동까지 느꼈다. 이를 안타깝게 지켜보던 한 이웃이 그녀를 아들러에게 소개했다. 아들러는 진찰을 마친 후 그녀에게 아무 일이나 다른 사람을 즐겁게 할 수 있는 일을 해보도록

권했다. 쉰 살의 여자가 할 수 있는 일이 뭐가 있을까? 사실 그녀는 예전부터 꽃가꾸기를 좋아했으나 남편과 아들이 세상을 떠난 후로는 정원에 전혀 신경을 쓰지 않았다. 그녀는 아들러의 권유를 받아들여 정원을 다시 단장하기 시작했다. 거름과 물을 주고 씨를 뿌리자 금세 예쁜 꽃들이 자라났다. 그녀는 병원의 환자들에게 꽃을 선물해주었다. 그러자 모두들 '감사합니다!' 라고 답해주었고, 이 아름다운 말은 그녀의 마음속으로 스며들어 우울증을 치유해주었다. 게다가 그녀는 수시로 환자들로부터 카드와 감사의 편지까지 받았다. 이 감사 카드와 편지들은 그녀의 남은 외로움마저 말끔히 씻어주어 그녀는 새로운 인생의 기쁨을 느낄 수 있었다.

자신의 삶이 아무리 보잘 것 없어도 또 자신이 아무리 많은 단점들을 가지고 있다 하더라도 항상 정신적인 처방, 즉 '어떻게 하면 다른 사람을 즐겁게 해줄 수 있을까?' 를 생각하기 바란다.

밤길을 걸을 때면 꼭 밝은 등불을 들고 다니는 한 시각 장애인이 있었다. 어떤 사람이 이를 이상하게 여기며 물었다. "어차피 보이지도 않는데 등불은 왜 들고 다니나요?"
그는 유쾌한 목소리로 답했다. "간단해요. 제가 아니라 다른 사람들에게 빛을 보여주는 겁니다. 제가 등불을 들고 있으면 다른 사람들은 저를 쉽게 발견할 것이고, 그래야 부딪치지 않을 테니까요. 제 몸도 보호하고 다른 사람도 돕는 겁니다."

기나긴 인생에서 고독과 적막감을 느끼거나 길이 너무 험하다고 생각될 때 아들러의 말처럼 해보기 바란다. 가슴속에 따뜻한 등불만 있으면 그 빛은 당신의 어두운 영혼을 비춰줄 것이며, 당신은 그 온기로 차가운 겨울을 이겨낼 수 있다. 사랑의 표현은 무조건적이지만 결국에는 자기도 그에 대한 보답을 받게 마련이다. 누군가에게 장미를 선물하면 그 향기가 오래도록 당신 손에 남아있는 것처럼 말이다.

자신을 사랑해야 다른 사람을 더욱 사랑할 줄 안다

만약 당신이 자신을 사랑하지도 믿지도 못한다면 당신은
다른 사람 역시 사랑하지도 믿지도 못할 것이다.
자신에 대한 사랑과 남을 사랑하는 마음은 같은 것이다.

자신을 사랑하면 사랑할수록 다른 사람도 더 사랑할 수 있게 된다. 물론 반대로 자신에 대한 사랑이 적으면 적을수록 다른 사람에 대한 사랑도 적어진다. 다른 사람과의 관계를 좀 더 적극적이고 활발하게 만들고 싶다면 먼저 자신과의 관계를 적극적이고 활발하게 만들어야 한다.

'이기적인' 것과 '자신을 사랑하는' 것은 다르다. 이기심은 자신에 대한 사랑이 부족해서 생긴다. 만약 당신이 자신에 대한 사랑을 무시하고 전혀 가치 없는 것으로 본다면 당연히 당신은 다른 사람의 이익을 희생시켜 자신의 절망적인 공허감과 좌절감을 채우려 할 것이다. 이것이 바로 이기적인 행위이다. 그러나 만약 당신이 자신에 대한 사랑을 소중히 여긴다면 당신은 편안함과 안정감을 느끼며 삶을 살아가게 되고, 또 스스로에게 자신감을 갖고 다른 사람의 가치까지도 아끼고 중시할 수 있게 된다.

『성경』에 이런 구절이 있다. "네 이웃을 네 몸과 같이 사랑하라." 인도주의 심리학자인 에리히 프롬Erich Fromm은 이렇게 주장했다.

"자신의 정직과 개성을 존중하고 자신을 사랑하는 것은 다른 사람을 사랑하고 존중하는 것과 불가분의 관계에 있다. 사랑하는 사람의 발전과 행복을 위해 노력한다면 역으로 당신은 사랑의 힘을 더 키울 수 있다."

왜 서로간의 친밀한 관계를 건강하고 지속적으로 발전시키는 게 그토록 어려울까? 수많은 사람들이 고독감을 떨쳐버리지 못하면서도 항상 자기만을 생각하는 이유는 뭘까? 이는 오늘의 세계가 직면한 심각한 문제이다. 지금은 과학기술의 급격한 발전으로 하루가 다르게 정보가 쏟아져 나오는 시대이다. 그러나 친밀한 인간관계와 자기만의 평온한 삶은 찾아보기 힘들며 사람들의 생활은 갈수록 피폐해지고 공허하며 절망적으로 변해간다. 인간의 소외 문제는 20세기 문학과 철학, 대중문화의 끊임없는 주제가 되어 왔다. 만약 자신을 사랑하는 마음과 서로간의 친밀함이 없다면 현대사회에서는 사랑의 결핍과 상실로 인해 사람들은 자신감을 잃어버린 채 사는 것 자체가 두려움과 우울함으로 다가올 것이다. 심리요법 전문가 스테파니 데렉Stephanie Derek이 『친밀과 고독』이라는 책에서 지적한 것처럼, 수많은 감정상의 문제에서 핵심이 되는 것은 우리 모두가 타인과 내가 친밀해질 필요성을 의식하지 못한다는 것이다.

"우리가 어떻게 자신을 사랑하는가는 우리가 타인을 어떻게 사랑하는가를 통해 드러나며, 우리가 우리 자신을 이해하거나 믿지 못하면 다른 사람도 이해하거나 믿지 못한다."

따라서 당신이 지금 해야 할 일은 당신 자신과 사랑의 관계를 만드는 것이다. 이 관계에는 믿음, 성실, 존중, 융통성, 낙관, 관용, 창조성 등이 충만해 있어야 한다. 왜냐하면 이 관계는 당신이 타인을 사랑하고 타인과 좋은 관계를 맺기 위한 필수 요소이기 때문이다.

항상 누군가에게
무엇을 해줄 수 있는가를 생각하라

어느 누구도 진정으로 다른 사람에게 힘을 불어넣지는 못한다.
다만 스스로에게 힘을 불어넣어 이것이
다른 사람에게 영향을 미치도록 하는 것이다.

더욱 친절하고 더욱 풍부한 사랑의 마음을 가지고 싶다면 지금
바로 행동에 나서야 한다. 그러나 안타깝게도 당신을 움직이게 하는
특별한 처방은 없다. 진심어린 행동은 대부분 마음속에서 저절로 우
러나오는 것이다.

한 철학자가 하루를 시작하기 전에 이런 질문을 해 보도록 제안
했다. "내가 다른 사람을 위해 무슨 일을 할 수 있을까?" 생각의 과
정에서 당신은 남을 도울 방법이 얼마나 많은지 문득 깨닫게 될 것
이다. 아마 하루 종일 답을 말할 수도 있을 것이다.

당신의 목표 중 하나가 남을 돕는 것이라면 이를 위한 가장 적
당한 방법을 찾아야 한다. 다른 사람을 도울 기회는 아주 많다. 지하
철에서 연세가 많은 분께 자리를 양보하거나, 어린 아이가 안전하게
길을 건널 수 있도록 도와주거나, 딸아이의 학교에 가서 봉사를 하
거나, 자선단체에 기부를 하거나 혹은 길에 떨어진 쓰레기를 주울
수도 있다. 중요한 것은 이런 봉사의 삶이 단번에 이루어지지 않음
을 명심하는 것이다. 이런 삶은 도움을 준 사람에게 결코 보답을 바

라는 삶이 아니다. 남을 돕는 것은 평생의 일이자 하나의 인생관이
다. 쓰레기통을 비울 때가 되었는가? 그렇다면 지금 바로 당신이 비
워라. 내 차례가 아니더라도 상관없다. 주변에 당신을 귀찮게 하는
사람이 있는가? 그렇다면 그는 보살핌이 필요하거나 귀를 기울여주
어야 할 사람일 수도 있다. 재정난과 인력난에 허덕이는 자선단체가
있는가? 그렇다면 이번 달에는 짬을 내서 봉사 활동을 하거나 월급
의 일부를 기부하는 것은 어떨까?

당신의 삶에 봉사라는 요소를 더하면 당신은 스스로 선택한 삶
의 방식에 더욱 만족하게 되고, 다른 사람을 도울 때마다 자신의 가
치가 오르는 것을 느낄 것이다.

누군가가 이런 말을 했다. "아무도 진정으로 다른 사람에게 힘
을 불어넣지는 못한다. 다만 스스로에게 힘을 불어넣어 이것이 다른
사람에게도 영향을 미치기를 바라는 것이다." 자신의 행위가 다른
사람에게 얼마나 영향을 미치는지 우리는 알지 못한다. 그러나 끊임
없이 자신을 격려하다 보면 친구, 가족, 동료 심지어 상사에게까지
영향을 미쳐 그들이 이전보다 더욱 유쾌하고 더욱 열정적인 사람으
로 변하게 할 수 있다. 이렇게 다른 이들의 성공을 이끌어주는 사람
이 진정으로 소중한 사람이다.

반면에 잘못을 남에게 떠넘기고 양심을 팔아먹는 것은 너무나
도 비겁하고 나약한 행동이다. 에머슨은 이렇게 말했다. "이 세상을
조용히 평범하게 사는 것은 쉬운 일이며, 사람들을 멀리 떠나 사는
것 역시 어렵지 않다. 그러나 진정으로 위대한 사람은 시끌벅적한
사람들 틈에 살면서도 혼자 생활할 때의 독립적인 정신을 잃지 않는
이들이다." 사회 생활을 하는 우리들로서는 사람들이 가는 길을 따

라가는 것이 가장 쉬울 수 있다. 그러나 자기가 세운 기준에 맞추어 인격을 유지하면서 다른 사람들에 휩쓸리지 않는다면 우리는 분명 상당한 성과를 볼 수 있을 것이다.

당신이 다른 사람을 위해 어떤 일을 하면 그 사람 역시 당신이 지고 있는 짐의 일부를 맡게 된다는 사실을 잊지 않기 바란다. 당신이 누군가에게 어떤 행동을 하면, 그 행동이 좋든 나쁘든 사람들은 항상 같은 방식으로 되돌려 준다. 만약 당신이 상대방을 아끼고 예의바르게 대한다면, 상대방 역시 그렇게 당신을 대할 것이고, 당신이 개인의 이익을 위해 다른 사람을 이용한다면 그들로부터 좋은 보답을 기대할 수 없다. 사람은 누구나 적극적이고 다른 사람의 마음을 잘 이해하는 사람들과 함께 일하고 싶어한다. 바로 지금부터 다른 사람을 위하는 습관을 길러보기 바란다.

사회적 가치의 실현을 위해 돈을 써라

돈은 당신의 생명을 움직여주는 또 다른 형식의 에너지다. 이 에너지를 손에 꽉 쥐고
놓지 않으면 자연적인 에너지의 흐름을 막는 것이다. 그러나 이 에너지를 많이 쓰면
쓸수록 오히려 더 많은 에너지가 당신의 삶으로 들어온다.

　다른 사람을 도움으로써 인생은 더 큰 기쁨과 즐거움으로 넘쳐
난다. 사람들에게 선의와 친근함과 사랑을 보여줌으로써 얻는 기쁨
과 즐거움이 있어야 비로소 성공과 행복을 말할 수 있다. 누군가에
게 뭔가를 주면 그만큼 다시 되돌려 받게 되고 그만큼 삶도 성장할
수 있다. 더욱 즐거운 삶을 누리고 싶다면 당신의 돈이 사회적 가치
를 실현할 수 있도록 하라. 나폴레옹 힐은 "돈은 영원히 돈일 뿐이
다. 이것은 기쁨도 아닐뿐더러 행복은 더더욱 아니다."라고 말했다.
다음은 대부호 록펠러에 관한 이야기다.

　펜실베이니아 주에서 록펠러는 한동안 사람들이 가장 원망하는 사
람이었다. 그와의 경쟁에서 패한 사람들은 그의 인형을 나무에 걸어놓
고 저주를 퍼붓기도 했으며, 화약 냄새가 가득한 편지를 그의 사무실
로 던져 넣기도 했다. 심지어 살인 위협까지 받았기 때문에 그는 많은
경호원들을 고용해서 신변을 보호해야 했다. 그는 이런 살벌한 분위기
를 애써 무시하려고 한번은 비웃는 투로 이렇게 말하기도 했다. "마음

대로 발로 차고 욕해 보십시오. 그래도 나는 내 방식대로 합니다."

그러나 결국은 그도 평범한 한 사람에 불과했다. 사람들의 원한에 찬 눈빛과 근심스런 얼굴을 도저히 감당할 수 없었던 것이다. 마음이 불안해지면서 몸도 점차 힘들어져 갔다. 처음에는 아무렇지 않은 듯 무심히 지내려 했으나 불면증에 소화 불량, 탈모, 두통까지 겹치니 도저히 어쩔 도리가 없었다. 의사는 지금 일을 그만두지 않으면 생명을 잃을 수 있으니 은퇴와 죽음 중에서 하나를 선택하도록 했다. 결국 그는 은퇴를 선택했으나 그때는 이미 일에 대한 욕심과 스트레스, 두려움이 철저하게 그의 건강을 해친 후였다.

미국의 유명한 전기 작가 이다 다비[Eda Darby]는 그를 보고 깜짝 놀라지 않을 수 없었다. 그녀는 이렇게 썼다. "그의 얼굴은 너무나 약해 보였다. 나는 그렇게 늙은 그의 모습을 본 적이 없었다." 의사들은 록펠러에게 건강을 회복하려면 아래의 세 가지 규칙을 지켜야 한다고 말했다. 이는 록펠러가 이후에도 끝까지 신봉했던 규칙들이기도 하다.

- 스트레스를 피할 것 : 어떤 상황에서도 어떤 일에 대해서도 스트레스를 받지 말 것
- 운동 : 마음을 편히 갖고 적당한 실외 운동을 즐길 것
- 소식 : 항상 배가 반쯤 고픈 상태로 지낼 것

록펠러는 이 규칙을 지킴으로써 자신의 생명을 구할 수 있었다. 은퇴 후 그는 골프를 배우고 정원을 가꾸고 이웃들과 담소를 나누며 카드를 치고 노래를 부르는 것으로 하루하루를 보냈다. 그리고 그와 동시에 고통을 견뎌내며 스스로를 반성하는 시간을 가진 것이다. 이후 그는 다른 사람에게 관심을 갖는 것은 물론, 돈을 얼마나 벌 수 있을

까가 아닌 그 돈으로 얼마나 많은 사람들이 행복해질 수 있을까를 고민하기 시작했다. 그때 록펠러는 엄청난 돈을 기부할 생각을 하기 시작한 것이다. 그러나 세상 일이 그렇게 쉽지만은 않았다. 그가 한 교회에 헌금을 하려 하자 전국 각지의 선교사들은 썩은 돈은 받을 수 없다며 목소리를 높였다.

그래도 록펠러는 헌금을 멈추지 않았고, 재정상의 이유로 문을 닫게 된 미시간 호 연안의 한 학교에 선뜻 수백만 달러를 기부했다. 이후 이 학교는 세계적으로 유명한 시카고 대학이 되었다. 그는 흑인을 돕는 데도 앞장서서 흑인 교육가인 워싱턴 캘빈Washington Calvin의 소망을 이루어주었다. 유명한 십이지장충 전문가인 스타일러 박사는 말했다. "십이지장충을 없애는 약은 한 사람당 10센트 정도면 됩니다. 하지만 누가 이 돈을 낼까요?" 록펠러는 십이지장충을 없애는 기금으로 수백만 달러를 내놓았다. 이후에는 한걸음 더 나아가 대규모 국제 재단인 록펠러 재단을 설립하여 전 세계의 질병과 문맹을 퇴치하는 데 앞장섰다. 록펠러의 선행은 그에 대한 사람들의 원망을 불식시켰을 뿐만 아니라 놀랍게도 수많은 사람들이 그를 찬양하고 존경하게 되었고, 그의 도움을 받은 사람들은 고마움의 눈물을 흘리기도 했다.

사실 우리 모두 존 록펠러John D. Rockefeller에게 감사해야 한다. 그의 재정적 지원 아래 페니실린을 비롯한 많은 신약들이 발명되었기 때문이다. 그 덕분에 우리 아이들이 뇌막염에 걸려 세상을 뜨는 일도 없게 되었고, 말라리아, 폐결핵, 유행성 독감, 디프테리아 같이 지금도 세계 각지에서 피해를 주는 질병들을 이겨낼 수 있게 되었다. 록펠러는 이처럼 수많은 기부를 하면서 더없는 만족감을 느꼈다고 한다.

록펠러는 너무나 즐거웠다. 이전과는 완전히 다른 삶을 살게 되었고 이제는 스트레스를 받지 않아도 되었다. 돈은 영원히 돈일 뿐, 즐거움도 아니고 행복은 더욱 아님을 스스로 깨달았기 때문이다. 그는 올바른 태도와 방법으로 돈을 썼고, 이로 인해 진정으로 행복한 대부호가 될 수 있었다.

나폴레옹 힐은 25년 동안 거부들의 인생에 대해 연구했다. 그가 돈에 대해 한 말은 귀담아들을 만하다. "돈을 버는 가장 확실한 방법은 먼저 돈을 기부하는 것이다. 이 진리를 깨달은 사람이야말로 행복한 사람이다." 미국의 역사를 보면 상당히 많은 부자들이 일찍이 거금의 돈을 기부해왔음을 알 수 있다. 경제적 여건이 아직 넉넉하지 않을 때부터 그들은 이미 기부의 습관을 들였던 것이다. 켈로그, 카네기, 왓슨, 템플턴 등이 바로 그런 인물들이다.

돈은 기부됨과 동시에 엄청난 사회적 가치를 실현하게 된다. 오랜 옛날부터 이스라엘은 수입의 10분의 1을 기부하는 전통이 있었다. 농부도 예외가 아니어서 그들은 땅이 황폐해지는 것을 막기 위해 수확의 10분의 1을 다시 흙에 묻었다. 그런 다음에는 내년의 파종을 위해 다시 수확의 10분의 1을 남겨두었다. 이 밖에도 그들은 땅이 숨을 쉴 수 있도록 10년에 한 번씩 휴경을 하였다. 이런 전통은 나중에 부자들의 습관이 되어 그들은 수입의 10분의 1을 수입이 적은 사람들에게 나누어주었다.

당신은 사업에 성공한 사람들이 직장에서는 매몰차고 몰인정한 냉혈한처럼 보이지만 도움이 필요한 사람들 앞에서는 부드러운 마음을 보여주는 모습을 접하곤 했을 것이다. 물론 어떤 사람들은 순수한 동기와 진심어린 마음으로 기부를 하고, 또 어떤 사람은 광고 효과를 위해 드러내놓고 기부를 하기도 한다. 그러나 도움이 필요한 사람에게는 이런 구별이 별 의미가 없다. 도움을 받은 사람이 이렇게 말하지는 않을 것이다. "이것은 부자가 자기 과시용으로 기부한 돈이야."

타인을 도와줌으로써 나의 즐거움을 찾아라

지금과 같은 황금만능 시대에 사람들에게 필요한 새로운 가치는
물질적 이득이 아닌 타인에 대한 관심과 사회에 대한 책임감이다.

어려움에 빠진 이들을 도와주는 것은 인류 사회의 가장 아름다운 모습이다. 남을 도와주고 행복을 주는 이들은 스스로도 정신적인 위안과 심리적인 만족감을 얻게 된다. 이것이야말로 가장 큰 영혼의 행복이라 할 수 있다.

많은 부자들이 선한 일을 하고 베풀기를 좋아한다. 그들은 항상 공익 활동과 자선 사업에 열심이며 유아원, 고아원, 양로원, 장애인 복지 시설 등을 짓는 데 많은 돈을 기부하곤 한다. 각종 자선 활동과 재난의연금을 모으는 행사에서 수시로 그들의 모습을 볼 수 있으며, 어떤 부자들은 시원하게 주머니를 열어 거금을 쾌척하기도 한다. 이런 부자들은 우리가 흔히 생각해 온 부자들의 모습과는 전혀 다르다. 흔히 부자라고 하면 발자크의 소설 「인간희극」에서 묘사되는 먹고 입고 쓰는 일 어느 것 하나 인색하지 않음이 없고 머리는 돈 생각으로 가득 찬 그런 모습이 그려지는 것이다.

사실 현대 사회에서 부자들의 행동은 충분히 합리적이다. 돈을 세심히 관리하는 것과 누군가에게 뭔가를 베푸는 것은 서로 유기적

으로 연결된 훌륭한 품성이다. 전자는 부자가 되는 능력 면에서의 품성이고, 후자는 돈을 사용하는 방법과 관련된 품성이다. 전자는 후자를 결정할 수 없지만, 후자를 위해 재정상의 지원을 해줄 수 있다. 그리고 후자는 일종의 사랑의 마음을 표현하는 것으로서, 전자를 위해 돈을 쓰는 가장 훌륭한 방법을 찾아준다. 물론 우리는 남을 전혀 돕지 않는 부자도 많이 보게 되지만 이는 개별적인 현상일 뿐이다.

스탠리 박사는 백만장자 733명이 1년 동안 하는 활동을 30항목으로 나누어 살펴보았는데, 그중에서 '사회 활동 참가'와 '자선 사업을 위한 기부'가 세 번째와 다섯 번째 항목에 올라와 있었다. 이것은 무엇을 의미할까? 공익 활동과 자선 사업이 그들의 삶에서 차지하는 비중이 그만큼 크다는 것이다.

한국의 현대그룹 전 명예회장 정주영은 가난한 집안의 아들로 태어나 빈손으로 사업을 시작해 일약 세계적으로 주목을 받는 재계의 거물이 되었다. 하지만 그는 일상생활에서만큼은 유별난 구두쇠여서 바지 하나를 몇 년 동안 입고 셔츠는 깃과 소매가 다 해지고 나서야 새 것을 입었다. 또 여행 가방 하나를 십수 년 동안 쓰다가 손잡이가 완전히 부서지고 난 다음에야 바꿨다고 한다. 그는 항상 구내식당에서 직원들과 함께 식사를 했고, 사무실도 전혀 화려하지 않은 소박함 그 자체여서 벽에 걸린 것이라곤 무궁화 그림 한 폭과 '담박이명지淡泊以明志'라고 쓰인 족자 하나뿐이었다. 그는 여섯 형제와 아홉 자녀들에 대해서도 매우 엄격하여 모두들 자신처럼 검소한 생활을 하도록 가르쳤다.

그러나 이렇게 엄격한 규율을 지키고 소박한 삶을 신봉하다시피 한 억만장자도 공익 사업과 자선 사업에 있어서만큼은 시원스럽게 돈을 썼다. 1977년에 그는 자기가 소유한 '현대건설'의 지분 중 50%를 내놓아 '아산복지재단'을 설립하고 병원과 유아원 등의 복지 시설을 만들어 사랑의 마음을 보여주었다.

어떤 사람은 이렇게 말할 것이다. "돈의 많고 적음을 가지고 사랑을 평가할 수는 없다. 부자가 아니면서도 남을 사랑할 줄 아는 사람들은 얼마든지 있다. 그들은 자신의 적은 돈으로 남을 돕는 것이다." 이 말은 100% 옳으며 사랑의 마음에 상하의 구별이 있는 것은 결코 아니다. 보통 사람들의 사랑은 부자들의 그것과 다를 바 없으며 모두들 칭찬받을 만하다. 그러나 많은 사람들을 돕기 위해 일정한 규모와 조직을 갖추려면 그만큼의 돈이 필요하다는 것은 인정해야 한다. 바로 이 점에서는 일반 사람들보다 재산이 많은 사람이 유리한 것이다. 이는 금전적 측면에서 유리하다는 말이다. 많은 돈을 가지고 있으면 그만큼 더 많은 공익 사업과 자선 사업을 벌일 수 있고, 이런 측면에서 부자들은 충분히 스스로를 자랑스럽게 여길 자격이 있다.

공익 사업에 열심인 부자들이 공공의 목적에서 이런 행동을 한 것인지 아니면 이런 행동을 하다 보니 공공의 이익이 된 것인지는 논의의 핵심이 아니다. 사실 세상에는 의(義)와 리(利)가 불분명한 경우가 대단히 많다. 사리에 밝은 사업가라면 한쪽에만 치우치지 않고 이 두 가지를 적절하게 결합할 줄 알아야 한다. 어느 한쪽만 취한다면 사업가로서 결코 성공하기 힘들 것이기 때문이다.

이 이치는 많은 사업가들이 알고 있다. 그래서 큰 사업가들은 큰 자선 사업가이기도 하다. 그들은 수시로 돈을 기부해서 무의탁 노인과 고아들을 도와주고 학교를 세워 사회적으로 좋은 평가를 받음으로써 그 기업의 상품도 더욱 많은 사람들의 인정을 받곤 한다.

한 다국적 기업의 경영자가 이런 말을 한 적이 있다. "우리는 광고부를 없앨 수는 있어도 자선 사업을 멈출 수는 없습니다. 광고를 보고 사람들은 저 회사가 내 돈을 가져가려 한다고 느낍니다. 그러나 자선 사업을 하는 모습은 그들이 마음을 열어 저절로 그들의 돈을 지불하게 합니다."

확실히 지금과 같은 황금만능의 시대에 사람들에게 필요한 새로운 가치는 물질적 이득이 아닌 타인에 대한 관심과 사회에 대한 책임감이다. 만약 당신이 부자라면 바로 이런 이치에 따라 공공의 지지도 얻고 개인적 이익도 취할 수 있는 투자의 방향을 설정해야 할 것이다.

원수의 불꽃이 나를 태우지 않도록 하라

적을 사랑하지는 못하더라도 최소한 나 자신을 사랑할 줄은 알아야 한다.
우리는 자신을 사랑함으로써 적이 나의 마음과
나의 건강, 나의 모습을 통제하지 못하도록 해야 한다.

관용과 박애는 사람의 마음을 더없이 넓게 해준다. 그러나 증오와 원한은 사람을 분노의 그림자 속에 영원히 가둠으로써 다른 사람뿐만 아니라 자기 자신에게도 해를 입힌다. 증오라는 이 약점을 극복하지 못한 사람은 마치 족쇄를 차고 험난한 산을 오르는 것과 같다. 그럴 경우 산을 제대로 올라가지 못하는 것은 물론 끝없는 심연으로 떨어져 버릴 수도 있다.

우리가 적에게 증오의 마음을 품는 것은 적에게 우리를 압박할더 큰 힘을 주는 것이다. 그럼으로써 그는 우리의 잠과 입맛, 그리고혈압과 건강, 심지어는 우리의 마음까지 통제할 기회를 갖게 된다. 당신의 적은 당신이 증오 때문에 얼마나 큰 스트레스를 받고 있는가를 알고서 무척이나 기뻐할 것이다. 증오는 상대방에게 조금도 상처를 입히지 못하며 자신만 피폐하게 만들 뿐이다. 다음 말을 누가 했을지 한번 생각해 보라.

"만약 어떤 이기적인 사람이 당신의 이익을 빼앗아버렸다면 그 사람을 친구 이름에서 지워라. 단 절대 그 사람에게 원한을 갖거나 보복을 해서는 안 된다. 일단 보복의 마음을 가지면 상대방보다 내가 스스로 당하는 피해가 훨씬 더 크기 때문이다."

이 말은 이상주의자의 주장이 아닌, 바로 뉴욕 경찰국의 게시판에 쓰여 있는 말이다.

보복은 자신에게 어떻게 해를 입힐까? 『라이프』지의 보도에 따르면 보복은 오히려 보복을 하는 사람의 건강을 해친다고 한다. 고혈압 환자의 주된 특징은 증오심이 심하다는 것이고 오랫동안 화가 쌓여서 만성 고혈압이 되고 심장병까지 일으킨다는 주장이 있다.

예수는 말했다. "원수를 사랑하라." 그의 설교는 곧 오늘날의 의술이 되었다. "일곱 번씩 일흔 번이라도 용서하라."라고 예수가 말했을 때, 그는 우리에게 증오심을 없앰으로써 고혈압과 심장병, 위궤양 등의 과민성 질병까지 어떻게 예방할 수 있는지를 알려준 것이다.

한 부인이 심각한 심장병에 걸렸다. 의사는 그녀에게 편안히 쉬면서 어떤 상황에서도 화를 내서는 안 된다고 당부했다. 심장이 약하면 조금만 화를 내도 위험해질 수 있다는 것은 상식이다. 몇 년 전, 워싱턴의 한 커피숍 사장이 화를 참지 못하다가 사망했다. 그때 경찰의 발표는 이러했다. "윌리엄 파크는 한 커피숍의 주인으로 요리사가 늘 접시에다 커피를 마시자 이에 격분하다가 사망했다. 그는 화가 치민 상태에서 요리사에게 총을 겨누다가 심장마비로 쓰러진 것이다. 부검 결과 심장마비의 원인은 지나친 화 때문이었다."

예수가 "원수를 사랑하라."라고 말했을 때, 이는 우리에게 어떻게 우리의 얼굴을 관리할 것인가를 가르쳐준 것이기도 하다. 걸핏하면 화를 내고 남을 미워해 얼굴이 주름살로 가득해진 사람을 주위에서 흔히 보게 된다. 이런 사람은 아무리 성형술이 발달해도 치유될 수 없으며, 더구나 부드러움과 너그러움, 사랑이 만들어낸 얼굴은 절대로 가질 수 없다.

만약 우리의 적이 우리의 정력을 소진시키고, 우리의 정신을 피곤하게 하고, 우리의 얼굴을 추하게 만들고, 우리가 심장병에 걸려 일찍 세상을 떠나게 할 방법을 알고 있다면 그는 뒤에서 손뼉을 치며 얼마나 기뻐하겠는가? 적을 사랑하지는 못하더라도 최소한 나 자신을 사랑할 줄은 알아야 한다. 우리는 자신을 사랑함으로써 적이 우리의 마음과 우리의 건강, 우리의 얼굴을 통제하지 못하도록 해야 한다. 셰익스피어는 말했다. "원한과 분노는 결국 당신 자신을 해친다."

스웨덴 출신의 로나는 몇 년 동안 비엔나에서 변호사 일을 하다가 2차 대전이 시작되고 나서야 비로소 스웨덴으로 돌아오게 되었다. 당시 무일푼이었던 그는 직장을 구하러 다녔고, 몇 가지 언어를 구사할 줄 알았기에 수출 관련 회사에서 문서 담당자로 일하기를 바랐다. 대부분의 회사들은 전쟁 때문에 지금 당장은 고용하지 못하지만 어쨌든 서류는 잘 보관하고 있겠다는 답신을 전해왔다. 그중 한 회사는 로나에게 이런 답신을 보냈다. "당신은 우리 회사를 완전히 잘못 생각하셨군요. 게다가 당신은 어리석기까지 한 것 같습니다. 우리는 문서 관리원을 필요로 하지 않습니다. 설사 필요로 한다 해도 당신을 고용하지 않을 것입니다. 당신은 스웨덴어도 제대로 쓰지 못하니까요. 당신 편지는 온통 오류 투성이입니다."

로나는 편지를 읽다가 불같이 화를 냈다. "감히 내 스웨덴어를 탓해? 그러는 자기는? 자기 편지도 이렇게 틀린 곳이 수두룩한데." 이에 로나는 그에 대한 욕이 가득한 편지를 한 통 썼다. 하지만 문득 이런 생각이 들었다. "가만 가만, 내가 그 사람이 틀렸다고 장담할 수 있을까? 스웨덴어를 배우긴 했지만 완벽하다고 할 순 없지. 만일 내가 정말 틀렸다면 좀 더 공부를 한 다음에 일을 찾아야겠군. 그러고 보니 내가 그의 도움을 받은 셈이 되었네. 아무래도 감사의 편지를 보내야겠어."

로나는 방금 써 두었던 편지를 버리고 다시 편지를 썼다. "문서 관리원이 필요하지 않으면서도 저에게 답신까지 해주셔서 정말 감사합니다. 제가 귀 회사를 잘못 생각한 것에 대해 진심으로 사과드립니다. 귀사에 편지를 보낸 것은 귀사의 명성에 대해 익히 들어왔기 때문입니다. 그리고 저는 제 편지에 어떤 문법적 오류가 있는지 지금도 알지 못합니다. 정말 부끄럽고 죄송하며 이제 스웨덴어를 더 열심히 배울 생각입니다. 제가 한 단계 더 성장할 수 있도록 도와주신 귀사에 진심으로 감사드립니다."

며칠 후, 로나는 다시 편지 한 통을 받았다. 그 회사에서 고용하겠다는 내용이었다. 이렇게 해서 로나는 새로운 일을 시작하게 되었다. 로나는 다음과 같은 성공의 방법을 스스로 터득한 것이다. "너그러움과 부드러움으로 증오와 원한을 몰아내라."

기꺼이 희생한다면 인생에 후회는 없다

다른 사람을 위해 자신을 바치면 사랑은 저절로 자신에게 돌아온다.
당신의 사랑을 다른 사람에게 주면 당신은 더 많은 사랑을 받을 수 있다.

이 신념이 틀리지 않다는 사례를 하나 살펴보자. 다음의 이야기는 상당히 감동적이면서도 설득력 있는 이야기이다.

미국에 린다라는 젊은 여성이 있었다. 그녀는 교사이면서 틈나는 대로 이런저런 창작 활동에 종사했다. 28세가 되던 해에 그녀는 머릿속에 큰 종양이 있는 것을 알게 되었으나 수술을 해도 생존율이 2%밖에 되지 않아 의사의 권고대로 반 년 정도 경과를 지켜보기로 했다.

자신의 운명을 알아버린 그녀는 6개월의 시간 동안 미친 듯이 시를 쓰고 그림을 그렸다. 그녀가 지은 시는 한 작품만 빼고 모두 잡지에 실렸고, 그녀가 그린 그림 역시 한 작품만 빼고 모두 유명한 화랑에 전시되어 높은 가격에 팔렸다.

6개월 후 그녀는 수술을 받았으며 수술 전날 밤 장기 기증 유서까지 썼다. 불행히도 린다의 수술은 실패하고 말았다. 그리하여 그녀의 각막은 메릴랜드 주의 한 각막 은행으로 급히 보내졌고, 다시 캘리포니아의 한 환자에게 전해졌다. 덕분에 28세의 젊은 남성 환자가 다시 세상의 빛을 볼 수 있게 되었다. 그는 너무나 감사한 나머지 각막 은행으로 감사의 편지를 썼고 나아가 각막 기증자의 부모님을 찾아가 감사의 마음을 전하겠다고 말했다. 그는 린다 부모님의 이름과 주소를 알아내어 집으로 찾아갔다. 린다의 어머니는 그가 온 뜻을 알고 나서 그를 가슴에 꼭 안아주고는 말했다. "오늘밤에 돌아가지 않아도 된다면 린다 아버지와 저와 함께 이번 주말을 즐겁게 보내는 게 어떻겠어요?" 그는 고개를 끄덕였다.

집으로 들어온 그는 린다의 방을 둘러보다가 린다가 이전에 읽었던 플라톤의 책을 발견했다. 그 역시 이전에 점자로 플라톤의 책을 읽은 적이 있었다. 그는 린다가 읽었던 헤겔 책도 볼 수 있었다. 그 역시 점자로 헤겔의 책을 읽었었다.

다음날 아침, 린다의 어머니가 그를 보며 말했다. "아무래도 어디선가 젊은이의 얼굴을 꼭 본 것 같은데 도무지 생각이 나지 않는군요." 그러다가 갑자기 그녀는 뭔가 떠오른 듯 2층으로 올라가더니 린다가 죽기 전에 마지막으로 그렸던 그림을 꺼내왔다. 그건 바로 린다가 자신의 이상형을 그린 것이었다. 그림 속의 남자는 그 젊은이와 너무나 닮아 있었다. 그 후 어머니는 린다가 죽기 전에 마지막으로 쓴 시도 그에게 들려주었다.

어두운 밤하늘을 떠돌던 두 마음
사랑의 강으로 함께 떨어지네
영원히 잡히지 않는 그대의 눈빛

가장 아름답고 가장 순수한 사랑이 물질 세계를 초월한 정신 세계에서 린다에게 영원한 삶을 준 것이다.

생활의 철학

마음속 가득한 열정으로 삶을 대하라

■ 하버드 대학 교수가 이야기하는 인생 철학

열정으로 삶을 대하면 생활의 나태함은 모두 잊게 될 것이다.

존 F. 케네디(John F. Kennedy)

열정적인 태도는 무슨 일을 하든 꼭 필요합니다. 열정이 있어야만
온몸을 던질 수 있고 그래야만 일을 제대로 해낼 수 있기 때문이지요.

오리슨 마덴(Orisen Marden)

열정은 성공의 요소 중에서
가장 뜨거운 힘이다

성공의 요소는 아주 많다.
그러나 그중에서도 가장 중요한 것은 열정이다. 열정이 없으면
당신이 무슨 능력을 가지고 있든 그 능력은 발휘될 수 없다.

여러 가지 성공 요소 중 가장 중요한 것은 역시 열정이다. 열정
이 있는 사람은 어떤 신이 그의 마음속에 들어있는 것이나 마찬가지
다.

오하이오 주 클리블랜드에 스탐 노박이라는 사람이 살고 있었다. 하
루는 퇴근하고 집으로 돌아와 보니 막내아들 팀이 울면서 거실 벽을
부서져라 걷어차고 있었다. 팀은 내일부터 나가야 할 유치원에 가기
싫어 항의를 하는 중이었다. 평소 같았으면 스탐은 아이를 침실로 데
려가 혼자 방에 가두고는 꼭 유치원에 가야 한다고 나무랐을 것이다.
하지만 이런 방법으로는 아이를 즐겁게 유치원으로 보낼 수 없음을 알
고 있는 터라 얼마 전에 배운 교훈, 즉 '가장 강한 힘은 열정이다'라는
말을 현실에 적용해 보기로 했다.

그는 의자에 앉아 생각했다. "내가 만약 팀이라면 어떻게 해야 즐거
운 마음으로 유치원에 갈까?" 그는 아내와 함께 팀이 유치원에서 할
수 있는 몇 가지 재미있는 일들을 생각해냈다. 그림 그리기, 노래 부르

기, 친구 사귀기 등이 바로 그런 일이었다. 다음으로는 직접 행동으로 옮기기 시작했다. 스탐은 상황을 자세히 얘기해 주었다. "저는 아내와 또 다른 아들 포프와 함께 즐겁게 그림을 그리기 시작했어요. 그런데 얼마 지나지 않아 팀이 슬금슬금 와서는 우리가 하는 일을 몰래 지켜보는 게 아니겠어요? 그러더니 자기도 그려보겠다고 하더군요. 저는 "안 돼! 그림 그리는 것은 유치원에 가서 배워야 해."라고 얘기해줬죠. 다음 날 아침 저는 잠자리에서 일어나 아래층으로 내려갔다가 신기한 광경을 목격했어요. 글쎄 팀이 거실 의자에 앉아서 잠을 자고 있지 않겠어요? "왜 여기서 잠을 자고 있니?" 제가 물었어요. "유치원에 가려고 기다리고 있어요. 늦으면 안 되니까요." 결국 우리 가족들은 팀의 마음속 열정을 불러일으켜 준 거죠. 이런 문제는 설득해도 소용없고 강요나 위협을 한다고 해서 되는 것이 아니지요.

개인이든 회사든 스포츠 팀이든 상관없이 열정을 키워준 것에 대한 보상은 적극적 행동과 성공 그리고 행복으로 찾아온다. 스포츠 경기를 한 예로 들어보자. 빈스 롬바르디는 미국의 풋볼 역사상 가장 위대한 감독으로 칭송을 받는다. 페르 박사는 『열정은 당신에게 무엇을 가져다주는가?』라는 책에서 롬바르디에 관한 일화를 소개했다.

롬바르디가 그린베이에 도착했을 때 그를 맞이한 것은 거듭되는 패배에 투지를 잃은 선수들뿐이었다. 그는 선수들 앞에 서서 묵묵히 그들을 바라보았다. 그렇게 한참이 지난 후 그는 조용하면서도 힘이 넘치는 목소리로 말했다.

"여러분! 우리는 위대한 팀이 될 것입니다. 우리는 결코 패배하지 않습니다. 알겠습니까? 여러분은 상대를 막는 기술을 배우고, 힘차게 뛰는 법을 배우고, 터치다운하는 법을 배워야 합니다. 그러면 여러분은 여러분의 상대를 이길 것입니다. 알겠습니까?"

"그러려면 어떻게 해야 할까요?" 롬바르디는 계속 말을 이었다.

"저를 믿으십시오. 제가 지시하는 방법에 열중하십시오. 모든 비밀은 바로 저에게 있습니다."

롬바르디는 자신의 얼굴을 가리키며 말했다.

"이제부터 여러분은 세 가지 생각만 해야 합니다. 여러분의 집, 여러분의 종교, 그리고 그린베이 패커스 팀. 그러면 여러분은 온몸이 열정으로 가득해질 것입니다!"

그해에 팀은 7승을 거두었다. 작년에는 같은 선수들로 10패를 기록했었다. 이듬해에 그들은 지역 우승을 차지했고, 그 다음 해에는 월드 챔피언에 올랐다. 어떻게 이런 일이 가능했을까? 그 이유는 선수들의 피나는 훈련과 운동에 대한 사랑 그리고 뜨거운 열정이 있었기 때문이다.

페르 박사는 열정에 대해 이렇게 말했다. "그린베이 패커스 팀에서 일어난 상황은 교실, 회사, 국가 혹은 한 개인에게도 충분히 일어날 수 있다. 머릿속에서 무엇을 원한다면 그것은 실현 가능한 것이다. 누군가가 진정으로 열정이 충만하다면 당신은 그의 눈에서도 열정을 보고 사람들을 감동시키는 그의 인간됨에서도 열정을 보고 그의 발걸음에서도 열정을 보고 온몸에서 우러나오는 그의 활력을 통해서도 열정을 볼 수 있을 것이다. 열정은 일과 사람, 세상의 모든 것들에 대한 태도를 바꿀 수 있다. 열정을 통해 인생을 더욱 사랑할 줄 알게 되는 것이다."

　뉴욕 중앙철도공사의 전 회장 윌리엄슨은 이런 말을 했다. "나는 나이가 들수록 열정이 성공의 비결임을 더욱 확신하게 되었다. 성공한 사람과 실패한 사람의 차이는 기술이나 능력, 지식이 아니라 열정의 유무이다. 능력은 부족해도 열정이 넘치는 사람이 능력은 많으면서도 열정이 부족한 사람을 이기게 되어 있다."

　그렇다. 성공의 요소는 대단히 많다. 그러나 그중에서도 가장 중요한 것은 열정이다. 열정이 없으면 당신이 무슨 능력을 가지고 있든 그 능력은 발휘될 수 없기 때문이다.

열정은 실패한 자에게
다시 일어설 수 있는 힘을 준다

사람은 꿈을 잃어서는 안 된다. 그리고 열정을 잃어서도 안 된다.

콘래드 힐튼Conrad N. Hilton이 텍사스 주 시스코에서 처음으로 '모블리'라는 호텔을 경영하기 시작한 것은 그의 나이 31세 때였다. 1887년 뉴멕시코 주 세인트 안토니에서 태어난 그는 노동자, 상인, 광산 투자자, 식목 사업 등 여러 가지 일을 경험하고 정치와 은행에 관련된 일에도 참여하다가 결국은 아버지의 사업 실패 때문에 뉴멕시코의 고향으로 돌아왔다. 이후 그는 석유 개발이 한창이던 텍사스로 가서 사업을 벌일 생각을 했고, 그래서 전 재산을 팔아 5천 달러를 마련해서 홀몸으로 텍사스로 갔다. 처음에 그는 은행업을 해보려고 했으나 갑자기 호텔업에 흥미를 갖게 되어 모블리라는 작은 호텔을 샀고, 이때부터 호텔업에 첫발을 내딛게 된 것이다.

힐튼의 성공 비결은, 우선 호텔업에 열정을 바쳤다는 것이고 다음으로는 그가 호텔 경영에 대해 마치 일반 기업처럼 명확한 경영 관념을 가지고 있었다는 것이다. 물론 그는 많은 손님들을 불러들여 이윤을 창출하는 데에도 전력을 쏟았다. 그러나 그는 폐업 직전의 호텔을 저가로 사들여 화려한 장식과 우수한 시설로 리모델링하여 경영을 호전시켜 놓고 적당한 기회에 다시 원래의 몇 배 가격으로 되팔아 큰 자금을 마련하는 사업수완도 뛰어났다.

그는 항상 가장 결정적인 때에 채무를 떠맡아서 호텔을 하나하나 인수해 갔고, 은행이나 개인 자본가에게 거액의 자금을 빌리거나 주주를 끌어들여 호텔을 늘려갔다. 수많은 투자자들은 힐튼에게 혀를 내두르면서도 그의 수완만큼은 가히 천재적임을 인정하지 않을 수 없었다.

젊은 시절의 힐튼은 두려움도 없었고 또 상당히 유머러스한 기질이 있었다. 그는 고향 뉴멕시코 주에서 아버지와 작은 은행을 하나 매입한 적이 있었다. 그의 은행업은 결국 성공하지 못했지만 그는 '부행장'의 직함을 고급스러운 명함에 새겨두고 길을 걸으면서 사람들에게 나눠주곤 했다. 명함에는 이렇게 쓰여 있었다. "콘래드 힐튼. 열정적인 창업자, 사랑이 넘치는 에이전트, 키스와 포옹은 천하제일의 고수"

매일 오후 6시가 되면 그는 모든 업무를 끝내고 마음껏 여가를 즐겼다. 그가 가장 좋아하는 것은 댄스였다. 그는 호방한 성격으로 항상 사람들과 유쾌한 이야기를 나누었다. 사실 그에게 댄스를 권한 사람은 바로 의사였다고 한다. 젊은 여자가 짝이 되지 않으면 절대 춤을 추지 않겠다는 원칙도 세웠다. 이처럼 그는 항상 즐겁고 유쾌하게 무도장을 출입하곤 했다.

그의 시원스런 모습과 호방한 성격 때문에 투자자들은 그에게 푹 빠져들었고, 그 역시 이런 인연을 훌륭하게 써먹었던 것이다. 그러나 '도쿄 힐튼 호텔'의 개업일에는 미국에서 많은 여자들을 데리고 참석한 힐튼이 어찌 된 일인지 본래의 그 유쾌하고 호방한 모습은 싹 거두고 개업식장에 모인 사람들에게 아주 딱딱한 인상만 남겼다. 사실 그는 사업과 관계된 일에는 마치 마법사처럼 완전히 다른 사람이 되어 평상시의 유머러스하고 자유분방한 플레이보이의 모습이 아닌 냉정하고 열정적으로 일에 빠져드는 모습을 보여주었다.

1969년에 힐튼 호텔의 분점은 미국 국내에 33곳, 해외 31개국 42곳으로 총 75곳이 되었다. 그 외에도 미국 내에 8곳의 소형 호텔을 소유하고 힐튼 신용카드사와 5곳의 예약센터도 만들었다. 이때 이미 힐튼은 자본금 4억 달러에 총 4만 5천여 개의 객실에 매일 밤 4만여 명이 투숙하는 세계 최대의 호텔을 소유한 사업가가 된 것이다.

도대체 힐튼은 왜 이처럼 활발하게 국내외로 호텔업을 개척해 갔을까? 힐튼의 답은 간단했다.

"사람은 꿈을 잃어서는 안 됩니다. 그리고 열정을 잃어서도 안 됩니다."

어떤 것에도 열정이 없는 사람은
무엇을 하든 성공할 수 없다

큰 연구 성과를 내고 싶은 과학자가 있다면
그에게는 지식보다 열정적인 태도가 훨씬 중요하다.

열정을 통해 사람은 성공으로 향할 수 있고 난제를 극복해 나갈 수 있다. 역으로 열정이 없다면 아무 것도 이룰 수 없다. '10센트 연쇄점'의 창시자인 찰스 울워스Charles Woolworth는 이렇게 말했다. "일에 대해 아무런 열정이 없는 사람은 어디를 가든 벽에 부딪힐 것이다." 찰스 스왑Charles Schwab은 말했다. "어떤 것에도 열정이 없는 사람은 어떤 일을 해도 성공할 수 없다."

물론 이 말을 일률적으로 적용할 수는 없다. 예를 들어, 음악에 전혀 재능이 없는 사람은 아무리 열정을 기울이고 노력한다 해도 유명한 음악가가 되기는 힘들 것이다. 그러나 꼭 필요한 재능이 있고 실현 가능한 목표가 있으며 거기에 열정까지 가득하다면 물질적인 것이든 정신적인 것이든 상관없이 어떤 일을 해도 큰 성과를 얻게 될 것이다.

고도의 기술을 요하는 전문적인 일에서도 이런 열정은 반드시 필요하다. 에드워드 애플턴Edward Appleton은 유명한 물리학자로서 무선전보와 레이더의 발명으로 노벨상까지 받은 인물이다. 『타임』지에서는 다음과 같이 그의 말을 인용한 적이 있다. "저는 이렇게 생각합니다. 만약 어떤 과학자가 큰 연구 성과를 내고 싶다면 그에게는 지식보다 열정적인 태도가 훨씬 중요하다고 말이죠."

이 말이 만약 보통사람의 입에서 나왔다면 그저 무시해 버렸겠지만 애플턴이라는 위대한 과학자의 입을 통해 나오자 그 의미는 상당히 깊게 인식되었다. 과학 연구에서도 열정이 그토록 중요하다면 일반 직장인들에게는 열정이 훨씬 더 많은 부분을 차지하지 않을까? 미국의 유명한 생명보험 세일즈맨인 프랭크 베트거Frank Bettger의 사례를 들어보자. 다음은 베트거가 자신의 책에서 소개한 경험이다.

1907년이었다. 그때 나는 프로야구 선수가 된 지 얼마 지나지 않아 인생에서 가장 큰 어려움에 직면했다. 구단주는 내가 너무 맥없이 움직인다며 나를 방출시키려 했던 것이다. 그는 나에게 말했다. "그렇게 흐물흐물 느려 터져서 어떻게 야구장에서 버텼는지 모르겠군. 프랭크! 여기를 떠나 어디를 가서 무슨 일을 하더라도 그 정신 상태는 꼭 고치기 바라네. 그러지 않고선 앞날이 밝지 못할 것이네."

본래 내 월급은 175달러였는데 이전 팀에서 방출되어 세인트루이스 카디널스 팀으로 가면서 월급이 25달러로 깎였다. 월급이 이렇게 적다보니 힘이 더는 나지 않았다. 하지만 나는 어쨌든 해보겠노라고 결심했다. 그렇게 열흘이 흐른 후 팀의 한 노장 선수가 나에게 새로운 포지션인 3루를 맡아보라고 권했다. 3루에서의 첫 날, 나는 인생에서 중요한 전환기를 맞았다.

사실 그곳 사람들은 나에 대해 아는 바가 거의 없었기 때문에 오히려 나는 그곳에서 가장 열정적인 선수가 되리라 결심했고, 그러기 위해서는 당연히 행동으로 보여주어야 했다. 운동장에 들어선 나는 온몸에 전기가 흐르는 듯 움직였다. 나는 일단 공을 잡으면 1루수의 두 손이 얼얼해질 정도로 세차게 공을 던졌다. 한번은 내가 3루로 돌진하자 놀란 상대편 3루수가 엉겁결에 공을 흘리는 바람에 도루에 성공하기도 했다. 당시 기온은 섭씨 35도가 넘었지만 나는 더위에 쓰러질 정도로 열심히 운동장을 누볐다.

열정이 가져다준 결과는 참으로 놀라웠다. 내 마음속의 공포는 모두 사라지고 전혀 생각지도 못했던 기술까지 발휘된 것이다. 내가 이렇게 열심히 뛰자 다른 선수들도 덩달아 열성적이 되었다. 그때 나는 최상의 컨디션으로 경기를 치렀다.

다음날 아침 신문을 본 나는 흥분을 감추지 못했다. 신문에는 이렇게 쓰여 있었다. "새로 들어온 베트거가 번개처럼 공을 뿌려대자 선수들 전체가 그 모습에 고무되어 활력이 넘쳐났다. 그들은 단순히 승리만 한 것이 아니라 이번 시즌에서 가장 훌륭한 경기를 보여주었다."

이런 열정적인 태도 때문에 내 월급은 25달러에서 185달러로 무려 7배가 올랐다. 그 후 2년 동안 나는 줄곧 3루수를 맡았고 월급은 30배가 되었다. 그 이유는 무엇이었을까? 별다른 이유가 없다. 바로 열정 때문이다.

이후 베트거는 팔에 부상을 입어 선수 생활을 접을 수밖에 없었다. 그가 다음으로 선택한 직업은 피델리티 보험 회사의 보험 세일즈맨이었다. 그는 1년 동안 별다른 실적을 올리지 못해 맥이 빠졌지만 야구장에서와 마찬가지로 열정이 그를 다시 일으켜주었다.

나중에 그는 보험 세일즈계의 최고 사원이 되었다. 어떤 사람들은 그에게 원고를 부탁하고 어떤 사람들은 그의 경험에 대한 강연을 부탁했다. 그는 말했다. "제가 세일즈에 몸담은 지 30년이 되었습니다. 그동안 저는 수많은 세일즈맨들을 만났지요. 어떤 이들은 열정적인 태도로 일을 해서 수입이 몇 배로 오르기도 했지만, 어떤 사람들은 열정이 부족해서 오갈 곳 없는 신세가 되기도 했지요. 저는 깊이 깨달았습니다. 성공적인 세일즈를 위한 가장 중요한 요소는 바로 열정이라는 것을."

만약 열정이 어떤 사람에게 놀라운 결과를 가져다주었다면, 바로 당신도 마찬가지의 효과를 볼 수 있다. 따라서 다음과 같은 결론을 내릴 수 있다. "열정적인 태도는 어떤 일에서건 꼭 필요한 조건이다." 누구나 이 조건만 제대로 갖춘다면 그가 하는 모든 일은 성공의 길로 향할 것이다.

열정을 키우는 것은 생각만큼 어렵지 않다

열정을 키우는 것은 열정에 감염되는 것과는 다르다.
열정을 키우면 당신이 모든 것을 장악하게 되고, 그 열정은 당신이 가진 모든 동력을
스스로 만들어내어 당신의 가장 소중한 꿈을 이루게 한다.

　　오프라 윈프리 토크쇼는 미국에서 대단한 인기를 누리고 있다. 한번
은 바바라라는 여기자가 오프라에게 물었다. "오프라, 흑인 여자아이가
남부에서 자라면 어떻게 될까요? 엄청난 모멸감을 견디며 살아야겠죠?"
　　오프라의 대답은 간단했다. 그녀의 말을 듣고 여기자는 놀라고 곤혹
스러우면서도 오프라에 대한 존경심이 자연스럽게 우러나왔다. "바바
라! 저는 아주 어렸을 때부터 느껴왔는데요. 내가 완벽하면 누구에게
도 무시를 받지 않아요." 오! 바바라는 벌떡 일어나 박수를 치면서 너
무나 뜻밖이라 잠시 할 말을 잊었다. 사실 그녀는 이 문제와 관련되어
몇 가지 질문을 더 준비해왔는데 오프라의 대답에 더 이상 말을 잇지
못한 것이다.
　　바바라는 오프라가 어렸을 때부터 많은 멸시를 받아 왔고 이런 상처
가 그녀의 삶에 어떤 심각한 영향을 주었으리라 생각하고 있었다. 그
러나 오프라와 만난 후 바바라는 이 문제가 별로 중요하지 않다는 것
을 깨달았다. 왜냐하면 오프라는 이미 그녀 자신과 자신의 삶의 태도
에 대해 완전히 책임을 지고 있었기 때문이다. 오프라는 예전에 자기

에게 상처를 준 이들을 탓하지 않는다고 공언했다. 동시에 그녀는 다른 사람들의 좋지 못한 행동에 대한 대처 방안을 알고 있었기에 누군가가 아무리 심하게 자신에게 해를 끼친다 하더라도 그럴수록 자신의 삶과 일과 인생은 열정으로 충만해진다고 말했다.

그녀의 대답은 다른 두 가지 각도로 이해될 수 있다. 만약 정말로 그녀가 참기 힘든 멸시를 전혀 받아보지 않았다면 이는 그녀가 탁월한 인생을 추구하는 과정에서 쏟은 열정으로 인해 그런 공격에 조금도 동요하지 않을 수 있었다는 의미이다. 혹은 그녀의 대답을 듣고서 사실 그녀가 어떤 공격도 받지 않았던 것으로 판단한다면, 이는 곧 그녀의 탁월한 인생에 대한 추구와 실현이 사람들을 격려하고 고무시켜 그녀에게 해를 끼치고 싶어했던 이들도 오히려 그녀에게 호감을 느꼈음을 의미한다. 이 중에서 어떤 게 맞는 해석이든 바바라는 오프라에 대해 존경과 감탄의 느낌을 가질 수밖에 없었던 것이다. 오프라를 존경하게 된 바바라는 그녀 개인과 일에 있어서의 성취에 대해서도 남다른 관심을 갖게 되었다.

얼마 후 게리 스몰리를 비롯한 바바라의 절친한 친구 몇 명이 오프라의 초청으로 토크쇼에 출연한 적이 있었다. 오프라가 친구들의 생각을 그토록 빨리 파악해 그것을 수백만 시청자들이 모두 이해할 수 있는 방식으로 전달하는 모습을 본 바바라는 다시 한번 오프라의 능력에 감탄할 수밖에 없었다. 바바라의 친구들 역시 오프라는 다른 사람에게 관심이 많고 또 매우 친절한 사회자라며 칭찬을 아끼지 않았다. 그러나 바바라가 오프라에게서 받은 가장 인상 깊은 점은 역시 그녀의 열정이었다. 삶에 대한 열정, 일에 대한 열정, 타인에 대한 열정, 훌륭한 인생에 대한 열정 그 모든 것이 감동적이었다.

하버드의 유명한 철학 교수인 가브리엘은 말했다. "열정을 키우는 것은 열정에 감염되는 것과는 다릅니다. 열정을 키우면 당신이 모든 것을 장악하게 되고 그 열정은 당신이 가진 모든 동력을 스스로 만들어내어 당신의 가장 소중한 꿈을 이룰 수 있습니다." 열정을 키우는 것이 비록 열정에 감염되는 것보다 훨씬 많은 노력을 필요로 하지만, 일단 열정을 키우는 과정을 이해하고 배우게 되면 생각했던 것만큼 그리 어렵지 않다는 것을 알게 될 것이다.

몰입하면 몰입할수록
상황은 더욱 명확해진다

열정은 힘이다. 열정과 믿음은 역경과 실패, 좌절을 딛고
새롭게 움직일 수 있도록 해준다.

당신이 처한 환경이 아무리 열악하고 당신이 맡은 짐이 아무리 무거워도, 당신은 분명 상황을 역전시킬 수 있는 능력을 가지고 있다. 당신의 아름다운 꿈 역시 언젠가는 이룰 수 있다. 그럼 어떻게 하면 꿈을 실현할 수 있을까? 모든 일을 열정적으로 대하고 당신 안에 숨겨진 능력을 전부 끄집어내면 어떤 열악한 상황도 바꿀 수 있다.

몰입하면 몰입할수록 상황은 더욱 명확해진다. 당신이 진정으로 뭔가를 추구하면 모든 것에 대한 가능성이 열리면서 번거로움이나 어려움은 사라지게 된다. 힘든 일이 닥치면 육상 경기의 허들처럼 뛰어넘으면 그만이라 생각하고, 외부의 간섭도 학습의 기회로 간주하며 계속 전진할 수 있도록 스스로를 격려한다.

반대로 몰입하지 않으면 어떤 일을 하든 항상 위험이 닥친다. 모든 일이 힘들고 고통스럽게 느껴지면서 힘과 열정까지 모두 수그러든다. 꿈쩍 않는 벽을 움직이려면 두 손 모두가 필요하듯 어떤 일을 하려면 반드시 있는 힘을 다 해야 한다.

몰입의 정도가 강할수록 일은 더욱 순조로워지고 자신감도 더

강해진다. 따라서 열정을 가진 사람과 그렇지 않은 사람은 같은 일도 전혀 다르게 본다. 열정을 가진 사람은 기회를 보고 그렇지 않은 사람은 장애물을 본다. 열정을 가지고 힘껏 실천하는 사람은 적극적이고 긍정적인 면을 보지만, 그렇지 못한 사람은 이겨내기 힘든 난관만 보며 금방 용기를 잃고 의기소침해진다.

열정과 적극적 태도가 당신의 성공 과정에서 차지하는 비중은 엔진에서 연료가 차지하는 비중과 같다. 열정은 실천의 동력인 것이다. 열정은 힘이다. 열정과 믿음은 역경과 실패, 좌절을 딛고 새롭게 움직일 수 있는 힘을 준다. 열정을 컨트롤함으로써 당신은 지금까지의 모든 소극적 태도와 경험들을 적극적인 것으로 바꿀 수 있다.

열정으로 가득한 삶은 당신에게 다음과 같은 것을 가져다준다.

생각하고 상상하는 수준을 더욱 높여주고,

유쾌하면서도 설득력 있는 말솜씨를 갖게 해주고,

일이 더 이상 힘들지 않게 해주고,

더욱 매력적인 개성을 부여해주고,

자신감을 가질 수 있고,

몸과 마음이 모두 건강해지고,

항상 진취적인 마음을 갖도록 하고,

심신의 피로를 가볍게 이길 수 있고,

다른 사람에게 당신의 열정을 감염시킨다.

열정은 마치 기름과도 같다. 제대로 쓰면 대단히 유용하지만, 제대로 쓰지 못하면 반대로 두려운 결과를 초래할 수도 있다. 예를 들어, 다른 사람과 회의를 할 때 열정을 통제하지 못하면 당신은 회의의 내용을 독단하고 당신 혼자서만 계속 얘기하려 할 것이다. 그렇게 되면 다른 사람들은 당신과 이야기할 마음이 싹 가시고 당신이 어떤 도움을 구하거나 제안을 해도 들어주지 않을 것이다.

당신의 열정이 당신의 판단력까지 덮어버려서는 안 된다. 어떤 계획이 아주 좋다고 해서 그것을 당신의 경쟁상대에게 발설하는 잘못을 범하지 말라는 것이다. 당신이 그것의 가치를 알아본다면 상대방 역시 그 가치를 판단할 수 있기 때문이다. 필요한 자원과 여건이 마련될 때까지는 섣불리 계획을 실행에 옮기지 않아야 한다.

당신의 열정이 방향을 잘못 잡도록 방치해서도 안 된다. 당신은 여러 가지 취미를 가질 수 있으나 모든 열정을 이런 취미활동에만 쏟아버린다면 당신의 진정한 목표를 실현할 열정을 모두 소진해버려 결국 당신은 취미활동마저 못하는 형편이 될 것이다. 열정을 불러일으키는 방법은 많다. 다음의 순서대로 해 보면 상당히 도움이 될 것이다.

1. 명확한 목표를 하나 세운다.
2. 당신의 목표와 목표 달성의 계획 그리고 목표를 이루기 위해 당신이 할 일을 분명하게 기록해 둔다.
3. 강렬한 욕망을 목표 달성의 기초로 삼고 이 욕망이 더욱 격렬해져서 당신의 머릿속에서 가장 중요한 요소가 되도록 한다.
4. 즉시 당신의 계획을 실행에 옮긴다.
5. 정확하고 꾸준하게 목표에 맞춰 실천한다.
6. 실패를 맛보게 되면 다시 한번 계획을 꼼꼼히 살펴보고, 필요

하면 수정을 가한다. 실패했다고 해서 꼭 계획을 변경하라는 건 아니다.

7. 당신이 도움 받을 수 있는 사람과 브레인트러스트를 조직한다.

8. 당신의 즐거움을 앗아가고 당신과 입장이 반대인 사람과는 관계를 끊고 항상 낙관적인 생각을 갖도록 한다.

9. 겨우 하루를 보내고서 그날 하루의 수확을 바라지 마라. 열정을 키우는 것을 습관화해서 그 습관을 끊임없이 밀고 나간다.

10. 목표가 아무리 멀어도 그 목표에 반드시 이를 수 있다고 자신한다. 자기암시는 열정을 키우는 큰 힘이다.

11. 적극적 마음가짐을 잃지 않는다. 공포, 질투, 탐욕, 의심, 복수, 원한, 초조, 게으름이 가득한 세계에서는 열정을 찾을 수가 없다. 적극적 생각과 행동에서 뜨거운 열정이 나오는 것이다.

당신이 목표 달성을 위해 매일 어떤 과정을 밟아야 하는지 잘 알고 있고, 또 당신이 가진 열정이 그 일에 어떤 도움을 주는지 알고 있다면, 당신은 앞으로 그 열정을 다른 곳에서도 나타낼 수 있는 멋진 능력을 갖게 되는 것이다.

열정을 키워주는 좋은 방법들

어떤 사람에게 '당신은 아주 중요한 사람이다'라고
인식시켜주면 그 사람은 더욱 열정적이 된다.

가장 열악하고 불리한 상황에서도 꼭 승리하고 싶다면 배수의 진을 쳐야 한다. 그래야만 '필승'에 대한 열정과 각오를 잃지 않기 때문이다. 다음은 당신의 열정을 키워줄 확실한 방법들이다.

1. '당신은 아주 중요한 사람이다'라는 태도를 보여준다

사람은 어떤 때 어떤 곳에 있든, 세상에 잘 알려져 있든 그렇지 않든, 문명인이든 야만인이든, 젊은이든 노인이든 누구나 중요한 인물이 되고 싶어한다. 이런 바람은 가장 강렬하면서도 절박한 인류의 목표이기도 하다.

현명한 기업은 '사람들은 누구나 명예와 지위를 갖고 다른 사람에게 인정받고 싶어한다'는 사실을 잘 안다. 그래서 흔히 광고에서는 이런 문구가 자주 등장한다. '현명한 부인들의 선택' '안목 있는 분들은 항상⋯⋯' '당신을 새롭게 만들어줄⋯⋯' '모든 여자들이 부러워하고 모든 남자들의 눈길을 받고 싶다면⋯⋯' 이런 문구들은 사람들에게 '이 물건을 구입하면 당신은 꿈에 그리던 상류사회로 들어

갈 수 있다' 는 인식을 끊임없이 심어준다.

　다른 사람의 이런 바람을 만족시켜 그들로 하여금 자신의 중요
성을 느끼게 해주면 당신은 금세 성공의 길에 오를 수 있다. 이 방법
은 매우 쉽고 간단해 보이는데 실제로 이를 알고 적용하는 사람은
매우 드물다.

　그렇다면 이를 위해 어떻게 생활해야 하는지 살펴보자. 대부분
의 사람들은 이론적으로 '개인의 중요성' 을 인식하면서도 실제 생활
에서는 이를 깡그리 잊어버리곤 한다. 이런 태도로 흔히 "당신은 이
름 없는 병사에 불과해." "당신이 뭘 할 수 있지?" "당신의 말은 쓸모
가 없어. 나한테는 아무런 도움이 안 돼."라는 말을 남발한다.

　왜 이처럼 상대방을 우습게 보는 걸까? 그건 바로 대부분의 사
람들이 다른 사람에 대해 '당신은 내 대신 아무 것도 할 수 없어. 그
래서 당신은 중요치 않아' 라는 생각을 하기 때문이다.

　하지만 그들의 신분과 지위, 연봉이 어떻든 간에 그들은 당신에
게 아주 중요한 사람들이다. 그들은 자신을 중요한 사람으로 인식해
주면 다른 누구보다도 열심히 일할 사람들이다.

　나폴레옹 힐은 디트로이트에서 살 때 매일 아침 버스를 타고 출
근했다. 그 버스기사들 중에 성질이 급하고 거친 사람이 한 명 있었
다. 그는 승객들이 승차하는 단 2초 정도의 시간을 기다려주지 않고
항상 가속페달을 밟으며 서둘렀다. 그런 그가 나폴레옹 힐에게만은
안전하게 승차할 때까지 조용히 기다려주었다.

　왜 그랬을까? 그건 바로 나폴레옹 힐이 그 기사에게 스스로 중
요한 사람임을 인식시켜주었기 때문이다. 그는 매일 아침 기사에게
"기사님, 안녕하세요"라고 인사했다. 때로는 기사 옆에 앉아서 이런

저런 이야기를 건네기도 했는데 기사는 그런 이야기들을 듣고 스스로를 중요한 사람으로 느끼게 된 것이다.

상대에게 '당신은 아주 중요한 사람이다'라고 인식시켜주면 그 사람은 더욱 열정적으로 된다.

2. 희망의 '마법'을 걸어 스스로에게 힘을 준다

희망은 어떤 동기를 부여해 바로 행동에 나서도록 해주는 마법이다. 또한 희망은 원하는 바를 이루겠다는 욕망에 할 수 있다는 믿음이 더해진 것이다. 희망과 욕망에 확실한 믿음을 가지고 있는 사람은 원하는 바를 현실로 바꿀 수 있으며, 희망이 충만하고 욕망이 강렬하며 믿음이 충만한 사람은 강한 열정을 갖고 있는 사람임에 틀림없다.

3. 스스로에게 과감히 도전한다

나폴레옹 힐은 말했다. "스스로에게 도전하십시오. 매번 일을 할 때마다 지난번보다 더 훌륭하고 신속하게 결과를 내도록 해 보십시오. 당신은 당신의 동료들보다 훨씬 앞서 있을 것입니다."

나약함에 도전하십시오. 나약함은 용기로 바뀝니다. 불행에 도전하십시오. 불행은 행운으로 바뀝니다. 실패에 도전하십시오. 실패는 성공이 됩니다. 가난한 환경에 도전하십시오. 가난은 부유함으로 바뀝니다. 만족스럽지 못한 모든 일에 도전하면 스스로의 운명이 바뀌고 스스로의 세상이 바뀌게 됩니다.

어떤 문제에 부딪치셨나요? 그렇다면 '괜찮아! 대단한 것도 아니네'라고 생각하십시오. 해결의 방법은 바로 문제 속에 이미 들어

있으니까요.

　어떤 불행한 일을 만나셨나요? 적극적 마음을 가진 사람에게는 불행이 더 큰 행운으로 자라는 씨앗과 같습니다.

　어떤 장애와 맞닥뜨렸나요? 삶이 우리에게 어떤 난관을 주었다면, 이는 곧 우리에게 그 난관을 극복할 수 있는 능력까지 준 것입니다. 사람들은 누구나 자신에게 닥친 난관을 이겨낼 능력이 있습니다.

열정은 당신을 삶의 주인공으로 만들어 준다

진정한 열정은 당신이 행하는 모든 일에 목적이 있다고
당신 스스로 믿는 것을 의미한다. 열정이 있음으로써
당신은 조금도 주저하지 않고 당신의 목표를 향해 달려갈 수 있다.

하나의 목표가 있고 그 목표의 실현을 위해 노력할 때면 당신의
가슴속은 성공에 대한 희망으로 가득할 것이다. 이때 당신은 열정이
생기고 마음속은 유쾌해지고 앞날은 자신감으로 충만하게 된다. 돌
리 파튼의 삶을 살펴보면 열정을 가지고 어떻게 자신의 목표로 나아
가며 열정을 가짐으로써 어떻게 삶의 주인이 될 수 있는가를 알 수
있다.

돌리 파튼은 테네시 주 세비어의 작은 오두막에서 12명의 아이 중
넷째로 태어났다. 가족들은 아버지가 산에서 힘들게 일해서 번 돈으로
겨우 먹고 살았다. 그녀는 어렸을 때부터 가난하고 힘든 생활을 겪어
왔지만 스스로 어떤 특별한 재능을 가지려고 애썼다. 산속에서 수많은
자식들을 낳고 기르는 평범한 여자가 되고 싶진 않았고, 자신의 삶에
대한 열정을 가지려고 노력했다.

그녀는 일찍부터 노래를 배우기 시작해서 5살 때는 직접 작사까지
해 그녀의 어머니가 노랫말을 받아 적어 주었다. 7살 때는 부서진 옛

날 악기로 기타를 만들어 연주하다가 다음 해에 삼촌이 사준 진짜 기타로 노래 연습을 열심히 했다.

고등학교에 입학한 그녀는 다른 아이들처럼 예쁜 옷은 없었지만 꿈과 열정만은 항상 간직했다. 그녀의 여동생은 이렇게 회고했다. "돌리 언니는 사람들에게 자신의 꿈을 꼭 얘기했어요. 전혀 수줍어하지도 않으면서요. 우리가 살았던 산동네에서 그런 생각을 가진 사람은 아무도 없었어요. 아이들 모두 언니를 비웃었죠."

그렇게 평생을 노래와 함께 보낸 돌리 파튼은 밀리언셀러 음반을 낸 최초의 여가수가 되었다. 물론 그녀의 열정은 지금도 식지 않았다.

하루 종일 웃기만 하라는 것도, 주위의 모든 것들에 만족하라는 얘기도 아니다. 그건 열정이 아니라 맹목적인 낙관에 불과하므로 오래가지 못한다. 그렇지만 열정을 가진다면 당신의 눈에 모든 사물의 긍정적인 부분이 더 잘 들어오게 된다. 당신은 모든 사람, 모든 일에 빛나는 부분이 있음을 발견하게 된다.

진정한 열정이 있으면 당신이 하는 모든 것에 목적이 있다고 스스로 믿고, 그 열정으로써 당신은 조금도 주저하지 않고 목표를 향해 달려갈 수 있다. 열정이 있는 사람은 스스로 뭔가를 해내겠다고 다짐하지 도망갈 핑계를 찾지 않는다. 열정이 있는 사람은 활기 넘치는 매일 매일을 기대하며 여유 있게 일을 처리하고 다른 사람을 돕는 것을 큰 즐거움으로 여긴다. 중간에 포기하고 싶은 유혹이 있을 때도 당신을 다시 일으켜 주는 건 열정이다. 당신이 의심과 두려움, 걱정에 쌓여있다면 열정은 그것들을 흔적도 없이 쫓아버릴 것이다.

열정이 있는 사람은 모든 일이 순조롭게 풀리는 것만은 아니라는 것도, 어쩌면 영원히 꿈을 이루지 못할 수 있다는 것도 안다. 그러나 그는 스스로에게 힘을 북돋우고 자신의 일에 대해 한 번 더 심사숙고해서 다시 한번 도전할 줄을 안다. 이럴 경우 그는 이전보다 훨씬 더 좋은 결과를 갖게 된다.

사업에 성공하고 자신의 목표를 이룬 사람들을 보면 엄청난 고통과 장애를 극복한 경우가 많다. 몇 가지 감동적인 예를 들어보자.

미국 캘리포니아에서 부동산업을 하고 있는 밥 페인은 비록 고등학교를 졸업하진 못했지만 부동산업으로 거액의 돈을 벌어들였다. 더군다나 그는 시각장애인이다. 브레이즈 워록은 열대어에 관한 책을 쓰면서 편안한 생활을 보내고 있다. 그는 아마 미국에서 열대어에 관해 가장 풍부한 지식을 갖고 있을 것이다. 그는 19살 때 소아마비를 앓아 지금도 침대에 누워서 생활하고, 호흡도 기계의 도움이 있어야만 가능하다. 또한 글 쓰는 작업은 특수 장비에 의존해서 그가 유일하게 움직일 수 있는 부분인 '혀'로 하고 있다.

파일럿이었던 제임스 오언은 비행기사고로 두 다리를 잃고 턱이 산산조각 났으며 대뇌 손상으로 기억력까지 잃었다. 2년의 재활치료를 통해 기억을 되살린 그는 다시 파일럿이 되고자 신청서를 냈지만 받아들여지지 않았다. 그러나 오언은 파일럿에 대한 열정을 잃지 않고 계속해서 신청서를 냈고, 네 번의 거절을 당하고 다섯 번째 결국 허가를 받아냈다. 후에 그는 달에 발을 디딘 여덟 번째 사람이 되었다.

당신의 삶을 열정으로 가득 채우고 그 열정이 마음껏 활개를 펼치도록 하라. 열정을 가지면 당신은 당신 삶의 주인이 될 수 있다.

브리튼과 아일랜드의 지형도

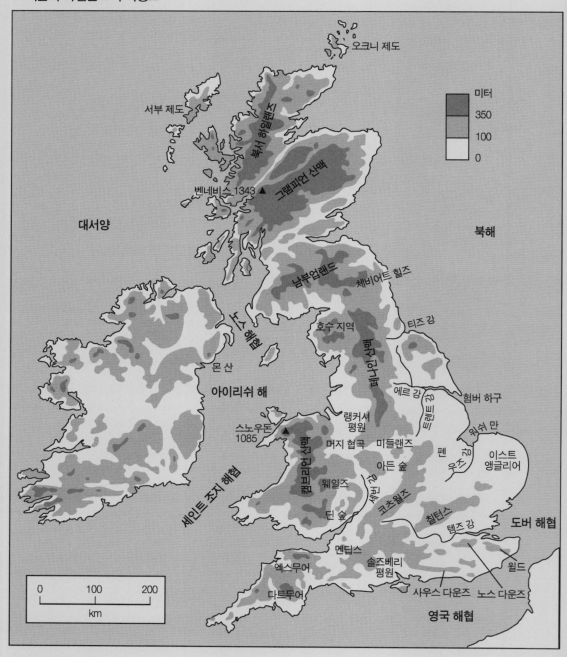

오크니 제도

서부 제도

북서 하일랜즈

벤네비스 1343 ▲ 그램피언 산맥

대서양

북해

남부업랜드 체비어트 힐즈

호수 지역 티즈 강

노스 해협

몬 산

에르 강 험버 하구

아이리쉬 해

페나인 산맥 워쉬 만

스노우돈
1085

랭커셔
평원

머지 협곡 미들랜즈

트렌트 강 펜

우즈

이스트
앵글리어

웨일즈

아든 숲

캠브리언 산맥

세번 강

딘 숲

코츠월즈

칠턴스

세인트 조지 해협

텐즈 강

도버 해협

멘딥스

솔즈베리
평원

월드

엑스무어

사우스 다운즈 노스 다운즈

다트무어

영국 해협

미터
350
100
0

0   100   200
km

1974년 이후의 잉글랜드와 웨일즈의 주

스코틀랜드

노섬벌런드

타인 앤드 위어

더럼

클리블런드

컴브리어

노스 요크셔

만 섬

랭커셔

웨스트 요크셔

험버사이드

머지사이드

그레이터 맨체스터

사우스 요크셔

클루어드

체셔

다비셔

노팅엄셔

링컨셔

그위네드

스태퍼드셔

슈럽셔

웨스트 미들랜즈

레스터셔

노퍽

포위스

헤리퍼드 앤드 우스터

워리크셔

노샘턴셔

케임브리지셔

서퍽

더버드

그웬트

글로스터셔

옥스퍼드셔

베드퍼드셔

버킹엄셔

하트퍼드셔

에식스

웨스트 글러모르건

미드 글러모르건

사우스 글러모르건

에이번

윌트셔

버크셔

그레이터 런던

서리

켄트

서머세트

햄프셔

웨스트 서식스

이스트 서식스

데번

도시트

콘월

와이트 섬

영국의 역사

나종일·송규범 지음   하

영국의 역사

한울
아카데미

일러두기

1) 외래어 표기는 원칙적으로 현행 외래어 표기법에 따랐다. 그러나 인명과 지명 표기는 그동안 관행적으로 잘못 표기된 것들을 바로잡았다(보기: Arthur를 '아더'가 아니라 '아서'로, Thatcher를 '대처'가 아니라 '새처'로 표기함). 또한 미국 영어의 발음이 아니라 영국 영어의 발음에 따라 표기했으며, 특히 잘못된 일본식 표기를 바로잡는 데 힘썼다(보기: Newcastle을 '뉴캐슬' 대신 '뉴카슬'로, Richard를 '리차드'가 아니라 '리처드'로 표기함).

2) 영국 이외의 인명과 지명은 각기 그 나라의 발음과 표기에 따르는 것을 원칙으로 했다. 다만 영국과 외국 양쪽에 걸치는 인명은 영어명에 따랐다[보기: 노르망디의 로베르 2세(Robert II)는 로버트 2세로 표기함].

3) 역사적 사건명이나 관직명 또는 법률 명칭도 잘못된 일본식 번역을 시정하는 데 주력했으나, 적절한 번역어를 찾기 어려운 경우에는 원어를 그대로 사용했다(보기: Act of Supremacy는 '수장령'이 아니라 '수장법'으로, Stamp Act는 '인지조례'가 아니라 '인지법'으로 표기함).

4) 그동안 Sir와 Lord를 구분하지 않고 모두 '경(卿)'으로 옮겨왔는데, 이 책에서는 Sir는 그대로 '써'로, Lord는 '경'으로 옮겨 양자를 구분했다.

5) 왕명과 함께 표기된 연도는 재위 기간을 나타낸다.

6) 지도는 부록으로 따로 모으지 않고 본문의 관련 부분에 두어 독자의 이해 증진과 편리를 도모했다.

7) 본문에서 다룬 인명, 지명, 사건, 법 등 모든 사항을 찾아보기에 수록했다.

8) 각주에 본문의 관련 쪽수를 기재하여 참조할 수 있도록 했다. 더불어 관련된 연표, 지도, 찾아보기 항목을 연계하면 더욱 도움이 될 것이다.

머리말

영국사 책을 써봐야겠다고 처음 마음먹은 것은 20여 년 전의 일이다. 그 무렵에 영국사 강의를 맡게 되었는데, 막상 학생들에게 권할 만한 우리말 책이 별로 없었기 때문이다. 번역서가 두어 가지 나와있기는 했다. 그중 앙드레 모로아의 『영국사』는 꽤 재미있게 읽히는 책이었지만, 워낙 오래된 데다가 번역한 술어도 마음에 들지 않는 부분이 적지 않았다. 그런 가운데 1990년대 초반에 국내 영국사 전공자들의 공동번역으로 『옥스퍼드 영국사』가 출간되었는데, 이 책은 또 너무 어렵다는 느낌이 들었다. 몇 년 뒤 마침내 국내 학자들이 쓴 영국사가 잇따라 출간되었다. 그중 박지향 교수의 『영국사』(1997)는 몇 가지 주요 주제들을 집중적으로 다룬 개설서로 영국의 정치제도, 사회경제 체제, 문화 등의 특질을 이해하는 데 좋은 길잡이가 되었다. 다만 통시대적 서술이 너무 간략하다는 점이 아쉬웠으며, 뒤이어 출간된 김현수 교수의 『영국사』 등 다른 책들 역시 비슷한 아쉬움을 남겼다.

10여 년 전에 정년퇴임을 하고 나서야 그동안 생각만 해오던 일을 시작하게 되었지만, 주로 16, 17세기 역사를 공부해 온 터라 영국사 전체를 개관하는 작업은 생각보다 힘에 부쳤다. 집필은 지지부진한 채 해만 거듭하다가, 마침내 송규범 교수에게 공저를 제의했는데, 그가 흔쾌히 받아들여 작업은 새로운 활력을 얻어 진척하게 되었다. 그나마 애초에는 반반씩 나누어 집필하기로 했지만, 결국 내가 맡은 부분까지 송 교수가 일부 떠맡아주어서 겨우 일을 마무리할 수 있었다. 송 교수의 이런 전폭적인 협조와 동참이 없었다면 이 책은 끝내 빛을 보지 못했을지 모른다.

역시 20여 년 전 영국사 강의를 맡았을 때의 일이다. 수강생은 주로 서양사학과와 영문학과 학생들이었는데, 첫 시간에 영국이란 나라의 정식 명칭을 아느냐고 물어봤더니 제대로 대답하는 학생이 한 사람도 없었다. 아마 미국의 정식 명칭을 물었더라면 오히려 모르는 학생이 한 사람도 없었을 것 같다. 영국에 대해 웬만큼 관심이 있을 법한 학생들이 그 정도이니, 일반 대중이야 더 말할 것도 없을 것이다. 지금 우리나라에서 U.S.를 모르는 사람은 별로 없을 테지만, U.K.라 하면 머리를 갸우뚱하는 사람이 꽤 많을 듯싶다. 20세기 전반기까지만 하더라도 영국은 곳곳에 유니언 잭의 깃발을 휘날리면서 전 세계에 막강한 영향력을 행사해 온 대제국이었으나, 제2차세계대전을 고비로 주도권을 미국에 넘겨주고, 이후 경제 침체와 제국의 해체로 유럽에서조차 선두 국가의 지위를 지키는 데 급급한 지경에 이르렀다. 사정이 이렇다 보니 미국에 비해 영국에 대한 관심이 적은 것도 무리는 아니라는 생각이 든다.

하지만 의회제도와 법치주의, 국민국가의 통합, 산업혁명과 자본주의, 노동운동과 복지사회 등, 오늘날 세계 여러 나라가 따르고 있거나 따르려고 하는 정치제도와 사회경제 체제는 대개 지난 수세기에 걸쳐 주로 영국인들이 만들어내고 발전시켜 온 것들이다. 게다가 오늘날 전 세계에 절대적인 위세를 떨치고 있는 미국의 여러 제도와 문화만 하더라도 그 전통의 뿌리와 기반은 바로 영국에 있다. 그 단적인 보기가 바로 언어인데, 미국은 유럽계, 아프리카계, 아시아계 등 여러 종족들로 구성된 이른바 다인종 국가이자만, 그 언어는 바로 영어이다. 그런데 오늘날 이 영어는 미국의 세력 팽창에 따라 사실상 세계 공용어의 지위를 굳혀가고 있다. 영국인들은 영어라는 이 문화유산 하나만으로도 세계 모든 사람들의 삶에 커다란 영향을 미치고 있으며, 그 힘은 미국을 통해 날로 더 강해지고 있다. 한 세기 전, 해가 지지 않는 정치적·경제적 제국주의 국가로서의 영광과 번영은 이제 사라졌지만,

문화적 제국주의 국가로서 영국의 힘은 오히려 더욱 커지고 있다 해도 과언이 아니다. 그러므로 영국의 실체를 바로 보려는 노력은 오늘날 우리에게 여전히 의미 있는 일이며, 그 나라의 역사에 대해 올바로 이해하는 것은 우리에게 막강한 영향력을 행사하고 있는 미국의 실체를 알기 위해서도 절실히 필요한 일이다.

이 책은 이렇듯 우리에게 여전히 중요한 의미를 지니고 있는 영국과 그 나라 역사에 대해 이해의 폭과 깊이를 늘리려는 대학생이나 일반 교양인을 위한 영국 통사로서, 지난 2,000여 년에 걸친 영국의 정치적 발전, 사회경제적 변화, 문화적 성취 등을 골고루 다룬, 말하자면 종합적인 영국사이다. 이런 취지로 저자들은 가능한 한 최근의 연구 성과까지 반영하되 비교적 쉽게 읽을 수 있으며, 웬만큼 중요한 인물이나 사건 등을 빠뜨리지 않고 다루는 좀더 자상한 영국의 역사 쓰기에 주력했다. 10여 년 전 『옥스퍼드 영국사』의 옮긴이 서문에서 언급한 대로, 영국사를 좀더 깊이 공부하려는 사람들에게 이 책이 『옥스퍼드 영국사』에 앞서, 또는 그에 곁들여서 읽기에 알맞은 책이 된다면 더 바랄 것이 없겠다.

책을 쓰면서 유념한 사항이 몇 가지 있다. 첫째, 모든 역사는 결국 사람들에 관한 이야기라는 생각에서, 될 수 있는 대로 많은 인물들을 언급하되 특히 중요한 인물들에 대해서는 비교적 자세하게 그리고 생동감 있게 서술하려고 노력했다. 둘째, 엄정한 가치중립은 아니더라도 가능한 한 선입견을 배제하고 제3자로서의 객관적 자세를 지킨다는 원칙 아래 세계사에 대한 영국인들의 여러 공헌에 주목하는 한편 그들의 과오나 실패, 심지어 해악에 대해서도 눈을 돌리지 않았다. 셋째, 우리나라에서 관용적으로 쓰이고 있는 영국과 영국사에 관한 각종 술어 가운데 잘못된 것이나 부적절한 것들(그중에는 특히 일본을 통해 들어온 번역이나 표기에서 비롯된 것이 많다)을 바로잡는 데 힘썼다.

제6장까지의 초고는 나종일이, 제7장부터는 송규범이 집필했다. 작성된 초고를 서로 바꾸어 보면서 오류나 착오를 시정하고 용어와 문체의 통일을 기했으며, 이를 다시 성백용 박사가 읽으면서 여러 잘못을 바로잡고 문장을 다듬어주었다.

끝으로, 출판계의 어려운 사정을 무릅쓰고 이 책의 출판을 맡아준 한울의 김종수 사장에게 감사드리며, 저자의 지지부진한 작업을 무던히 참아주고 여러 까다로운 요구들을 기꺼이 받아들여 꼼꼼하고 깔끔하게 일을 마쳐준 서영의 씨를 비롯한 한울 직원 여러분에게도 진심으로 감사드린다.

2005년 5월

저자를 대표하여 나종일 씀

차 례 [하]

차 례 [상]

지도 차례

10

입헌군주정의 길

1. 복고왕정 체제

찰스 2세와 공회

런던은 쫓겨난 지 10여 년 만에 되돌아오는 찰스 2세를 열광적으로 환영했다. 종소리가 요란하게 울려 퍼지고 길은 꽃으로 덮이고 술은 샘처럼 넘쳐흘렀다. 거리에 면한 창문과 발코니는 돌아오는 왕의 모습을 보려는 사람들로 발 디딜 틈이 없었다. 이 광경을 본 찰스는 시종을 돌아보고 웃으면서 이렇게 말했다고 한다. "내가 그토록 오랫동안 자리를 비운 것은 전적으로 내 잘못이었다. 내가 돌아오기를 바라지 않은 자는 아무도 없는 것 같구나." 그는 부친의 고상하고 수심에 찬 얼굴과는 달리, 육감적인 두툼한 입술, 우뚝한 코, 웃음기 도는 눈으로 오히려 외조부인 프랑스의 앙리 4세를 생각나게 하는 용모를 지니고 있었다. 게다가 외조부에게서 쾌활하고 기지에 차고 여색을 탐하는 기질까지도 물려받은 찰스는 곧 여러 후궁들에 둘러싸여 지냈다. 그는 망명 시절의 의논 상대였던 써 에드워드 하이드(Hyde)를 클래런던(Clarendon) 백작으로 서임하고, 그에게 정치의 실권을 맡긴 채 자신은 하느님이 내려준 새로운 왕위가 허용하는 쾌락을 누림으로써 궁중을 방탕과 환락의 장소로 만들었다.[1] 하지만 그런 가운데서도 마음속 깊이 간직하고 있던 한

---

1) 찰스는 수많은 정부들을 통해서 14명의 서자를 두었다. 그는 또한 코트와 조끼를 처음 입고 나타남으로써 새로운 의복을 유행시키고, 강아지를 좋아하고, 경마, 요트 놀이, 연극, 심지어 화학 실험 등을

가지 결심은 다시는 이전과 같은 방랑의 길을 떠나지 않겠다는 것이었다. 오직 쾌락만을 위해, 혹은 여자를 유혹하기 위해서만 사는 것처럼 보였지만, 또한 기지에 차고 쾌활한 성격에 영리하고 현실적인 판단력을 가지고 있던 그는 고지식하고 굽힐 줄 몰랐던 부왕과 달리 왕위를 유지하고 왕권을 장악하기 위해 타협하고 양보하는 융통성을 지니고 있었다. 그는 가족에게 충실하고 사람들을 편안하고 상냥하게 대함으로써 그들의 환심을 사려고 노력했다. 그 밖에도 그는 교역에 대한 관심이 많아서 바다와 해군을 사랑하고 육성했으며, 연극과 과학에 대한 후원과 장려에도 힘을 기울였다.

복고왕정 초기의 국정은 클래런던의 주도 아래 비교적 순조롭고 현명하게 운영되었다. 공회는 먼저 찰스 2세의 치세가 그의 부왕이 처형당한 순간부터 시작된 것이라고 선언했다. 이는 곧 공화정 시대의 정통성을 부인하는 것이었으며, 그래서 공화정 시대에 제정된 모든 법은 그 효력을 잃게 되었다. 하지만 그러면서도 찰스 1세의 동의를 얻어 장기의회가 폐지한 성실청, 고등 종교 법정, 북부 자문회의 등 각종 대권 법정들은 부활되지 않았다. 이것은 클래런던이 바란 복고왕정이 1630년대의 일인통치와 같은 대권적(Prerogative) 군주정이 아니라 왕의 권위와 국민의 자유가 적절하게 균형을 이룬 이른바 '혼합 왕국(mixed monarchy)'이었음을 보여준다.

국왕이 소집한 정식 의회가 아직 열리지 못하고 있는 상황에서 이를 대신한 공회가 우선 처리해야 할 일은 브레다 선언에서 약속된 사항들을 실행하는 것이었다. 찰스와 클래런던은 의회가 규정하는 대로 전반적인 사면령을 내리겠다는 약속을 지키려고 노력했다. 찰스는 왕정의 적들을 엄벌하려는 극렬한 왕당파들의 요구를 물리쳤다. 찰스 1세의 재판과 처형에 직접적으로 관여한 50명가량만이 사면에서 제외되었으며, 이들 중에서도 실제로 처형당한 사람은 대역죄인 13명에 지나지 않았다.[2] 사면과 밀접하게 관련된 사안은 공화정 시대에 주인이 바뀐 토지에 대한 처리 문제였다. 왕령지와 교회령, 그리고 공화정에 의해서 강제로 몰수된 토지는

즐겼다.

[2] 왕에 대한 반역을 무자비하게 처벌한 잔혹한 시대에 이 정도의 처형자 수는 그다지 많은 것이 아니었다. 한편 이미 죽은 크롬웰과 다른 몇 명의 묘가 파헤쳐져 사체가 효수되었다.

원래의 소유자에게 되돌려졌다. 그러나 부과된 벌금을 물기 위해 토지를 팔 수밖에 없었던 왕당파의 토지는 원래의 주인에게 되돌려지지 않았다. 토지를 되돌려 받지 못한 왕당파들의 고통과 불만은 매우 컸다. 그들은 왕의 적들에 대한 사면과 토지 문제를 규정한 '보상과 망각의 법(Act of Indemnity and Oblivion)'을 '왕의 적에 대한 보상과 왕의 친구에 대한 망각의 법'이라고 비꼬았다. 사면과 토지 문제에서의 이와 같은 유화정책은 고난을 견뎌온 일부 왕당파를 격분시켰으나, 반면 올리버 크롬웰(Oliver Cromwell)의 지지자였던 젠트리들을 복고왕정의 편으로 흡수하는 데 큰 도움이 되었다. 일부 종교적 급진파의 사소한 반란 기도를 제외하고 새로운 군주에 대한 저항의 움직임은 거의 없었던 것이다.

찰스 2세

　공회가 긴급히 처리해야 할 또 하나의 문제는 언제 어떤 일을 저지를지 모르는 군대를 해산하는 일이었다. 그동안에 밀린 병사들의 봉급을 지불하기 위해 공회는 서둘러 각 지방에 직접세를 부과했으며, 이렇게 마련한 재원으로 소수의 국왕 호위 병력만 남기고 나머지 군대를 해산했다. 5만의 제대병들은 이제까지 밀린 봉급 전액을 지불받고 말썽 없이 흩어졌다.[3] 군대 해산을 위한 임시 재원 이외에 정부의 경상비 지출을 위한 항구적 재원을 국왕에게 마련해 주어야 했던 공회는 관세(턴 세와 파운드 세)와 물품세(맥주, 차, 커피 등에 대한 소비세) 수입을 찰스에게 인정해 주었다. 이 수입은 연 120만 파운드로 책정되었으나 실제 수입은 으레 그에 미치지 못했다. 게다가 찰스는 후견권이나 기사 서임료 등과 같은 봉건적 부수입을 포기해야 했다.

---

3) 이후 의회는 공공질서를 유지하는 데 민병대를 이용하려 했으나, 찰스는 소수의 친위 병력으로 만족하지 않고 꾸준히 상비군의 증강을 꾀했다. 그 결과 치세 말기에는 거의 2만에 가까운 잘 훈련된 상비 병력을 보유했다.

기사의회와 클래런던 법전

클래런던 백, 에드워드 하이드

브레다 선언의 약속 가운데 가장 골치 아픈 종교 문제를 미결로 남겨둔 채 새로운 체제를 수립하기 위한 과도적 의회였던 공회가 연말에 해산하고 이듬해인 1661년 봄에 찰스 2세의 첫 의회가 소집되었는데, 이 의회 역시 공회와 마찬가지로 거의 왕당파 의원들 일색이었다. 그들은 국왕보다 더 군주주의적이고 주교보다 더 국교회적이며 토지 재산의 이해관계에 충실한 인물들이었다. 의원들은 또 젊은 사람들이 많았다. 찰스는 그들을 수염이 날 때까지 데리고 있어야겠다고 말했는데, 실제로 이 '기사의회(Cavalier Parliament)'는 무려 18년 동안이나 존속했다.

찰스는 종교 문제를 해결하는 데에서도 가급적이면 포용 정책을 쓰고자 했다. 공화정 시대에 폐지된 잉글랜드 국교회는 제도적으로 매우 허약해져 있었다. 성당들은 설교 장소로 바뀌거나 세속적인 집회 장소로 이용되었다. 금지령에도 불구하고 많은 교구에서 여전히 옛 예배 의식과 축일들이 준수되고 있기는 했지만, 주교들은 도망가 몸을 숨긴 채 침묵을 지키고 있었다. 주교가 사망할 경우 새로운 주교가 임명되지 않았으며, 왕정이 복고될 무렵까지 살아남은 이들은 모두 칠순이 넘어서 국교회 주교들은 자취를 감출 위기에 직면해 있었다. 찰스는 종교적 관용을 받아들이려 했으며 클래런던 역시 온건한 개혁을 바라고 있었다. 국왕은 쇠퇴한 국교회를 되살리되 온건한 퓨리턴들도 받아들일 수 있을 정도로 그것을 개혁하려고 했으며, 심지어 좀더 급진적인 퓨리턴의 소수파와 가톨릭교도에게도 신앙의 자유를 허용하려고 했다. 특히 프랑스의 군주정이 가톨릭교회로부터 도움과 지원을 받고 있는 것을 잘 아는 찰스는 영국의 충성스러운 가톨릭교도에 대해서 내심 호감을 가지고 있었다.

그러나 기사의회의 완고한 국교도들, 퓨리턴 지배하에서 고통을 겪어온 이들 지방의 젠트리들은 찰스의 의도를 좌절시켰다. 클래런던 자신과는 별 관계가 없음에도 불구하고 클래런던 법전(Clarendon Code)으로 알려진 일련의 비관용적인 법률들이 의회에서 통과되어 준엄한 국교 신봉이 강제되었다. 1661년의 자치단체법(Corporation Act)에 의하여 지방자치단체의 모든 공직자는 국교회의 의식에 따라 성체성사를 받아야 하며, 이를 거부하면 공직에서 숙청되었다. 이어 1662년의 통일법은 모든 성직자들에게 국교회 기도서와 예배 의식을 강요했는데, 전체 성직자의 5분의 1 정도가 이에 불응하여 결국 2,000명가량의 성직자가 성직에서 쫓겨났다. 그 뒤 1664년에는 비밀집회법(Conventicle Act)으로 4인 이상의 비국교도들(Non-conformists)의 모임에 대해 가혹한 처벌이 내려졌으며, 다시 1665년의 5마일법(Five Mile Act)은 쫓겨난 성직자들이 이전에 그가 설교한 교구나 도시에서 5마일 이내로 들어오는 것조차 금지했다.

이런 법률들은 영국인의 생활에 심대한 영향을 미쳤다. 국교회는 좀더 포용력 있는 교회로 거듭나기를 거부함으로써 전체 국민의 자발적인 충성을 확보할 기회를 스스로 포기했는데, 이것은 복고왕정 체제가 지닌 커다란 약점이었다. 당시의 영국에는 약 10만 명가량의 가톨릭교도와 50만 명 정도의 개신교계 비국교도들이 있었던 것으로 추정되는데, 이들은 정치나 공직에 참여할 수 없었을 뿐만 아니라, 그중 수천 명은 숨어 살거나 투옥되기도 했다. 이리하여 클래런던 법전은 결국 자신의 신앙을 고수하기 위해 정치적 권리를 포기한 사람들을 소외시킴으로써 영국 역사상 중요한 구실을 담당한 비국교도라는 유형의 사람들을 만들어냈다. 자신의 원칙을 지키기 위해서는 기성 체제와 투쟁할 수밖에 없다는 것을 자각한 이들은 지배적 여론에 거스르는 것조차도 두려워하지 않았다. 한편 이와 같은 철저한 국교회 옹호 정책으로 농촌 젠트리와 국교회 성직자 간의 전통적인 유대 관계가 형성되었으며, 복고왕정은 바로 이들에게 의존하게 되었다. 젠트리들은 경제·사회·정치 부문에서의 세력을 기반으로 지역사회를 지배했으며, 교구 교회 역시 그들의 영향 아래 들어감으로써 국교회는 확고하게 지주계급의 종교가 되었던 것이다. 반면에 비국교는 주로 상인과 상점주 혹은 장인들의 종교가 되었다.

영국 교회의 성직자들 대부분은 너무 가난했고 소수는 또 지나치게 부유했지만,

이 악폐를 시정할 어떤 조치도 취해지지 않았다. 반면 성직자에 대한 과세 제도는 큰 변화를 겪었다. 성직자에 대한 과세는 지난 수세기 동안 그들 자신의 의회, 즉 캔터베리와 요크의 두 성직자 회의에 의해 결정되었으며, 과세액은 130년 전인 1535년에 사정된 과표에 따라 책정되어 왔다. 이제 새로운 과표의 설정이 긴급히 요구되었지만, 그것은 모든 계층의 수많은 성직자를 괴롭히게 될 것이었다. 1664년에 클래런던과 길버트 셸던(Gilbert Sheldon) 대주교가 사적인 합의로 문제를 해결했다. 즉, 앞으로 성직자에 대한 과세는 성직자 회의가 아니라 의회에서 다루기로 결정되었으며, 그래서 이제 정부는 재정 문제에서 더 이상 교회의 협조를 구할 필요가 없게 되었다. 이에 따라 성직자 회의 자체도 점차 정기적인 모임을 갖지 않게 되고 이내 쇠퇴의 길로 접어들었다.

복고왕정의 대외 관계와 제2차 네덜란드 전쟁

복고왕정 체제는 스코틀랜드와 아일랜드에서도 안정을 누렸다. 스코틀랜드에서는 왕정복고와 더불어 크롬웰이 폐지했던 의회가 다시 복구되었으나, 이 의회는 에든버러에 있는 국왕의 추밀원에 보조적인 것에 불과했다. 찰스는 런던에서 이 추밀원을 마음대로 통제할 수 있었다. 종교 문제에 관해서는 클래런던 법전보다 더욱 억압적인 법들이 강제되었다. 찰스는 감독제를 회복시키고, 장로파들에게 국민맹약을 부인하도록 강요했으며, 이를 거부한 국민맹약파 성직자들이 외딴 산기슭이나 깊은 숲 속에서 예배를 보자 이를 무력으로 탄압했다. 맹약파들은 이에 맞서 1666년 펜틀랜드(Pentland)에서 봉기했으나 무장과 훈련이 제대로 안 된 반란자들은 쉽게 분쇄되고 말았다.

아일랜드에서도 새 체제는 별다른 저항을 받지 않았다. 크롬웰 시대의 가혹한 탄압에 대한 반감 덕택으로 복고왕정은 복잡한 토지 문제를 처리하는 데 별다른 저항을 받지 않았다.[4] 찰스 2세 통치의 전 기간 동안 유일한 반란 기도는 1666년

---

4) 1662년의 토지조치법(Act of Settlement)의 결과 개신교도들의 토지 소유가 오히려 더 늘어났으며, 이것은 수많은 아일랜드인들의 삶을 더 어렵게 만들었음에도 불구하고 이에 대한 저항은 별로 일어나지 않았다.

의 소위 롱퍼드 봉기(Longford Rising)였는데, 하찮은 기마 행진 정도에 불과했던 이 기도는 반란 지도자 단 한 사람의 희생만으로 끝났다.

한편 왕정복고는 영국의 식민사에 아무런 중단도 가져오지 않았다. 1660년 여름 카리브 해의 심장부에 위치한 상업 및 해군 기지인 자메이카의 정복이 완수되었으며, 찰스의 몇몇 유능한 신하들은 호국경 체제하에서 전개된 해외 모험 활동에 대한 열정을 한층 더 북돋았다. 항해법이 다시 제정되어 다른 보호주의적 조치들로 보강되었으며, 네덜란드와의 치열한 경쟁이 동인도 해상과 대서양 해상에서 계속되었다. 네덜란드와의 관계와 복잡하게 얽혀있던 다른 유럽 나라들과의 외교 관계는 클래런던의 영향으로 반에스파냐, 친프랑스 정책을 중심으로 추구되었다. 1662년에 찰스와 포르투갈의 공주인 브라간자(Braganza)의 카트린의 결혼으로 포르투갈과 동맹을 맺었는데, 포르투갈은 찰스에게 인도의 봄베이[Bombay: 오늘날의 뭄바이(Mumbai)]와 지중해의 관문인 북아프리카의 탕헤르(Tanger)와 함께 80만 파운드가 넘는 지참금을 제공했다.[5] 그러나 결혼동맹의 결과는 실망스러웠다. 봄베이와 탕헤르는 유지하는 데 드는 많은 비용에 비해서 당시로서는 별 쓸모가 없었다. 게다가 땅딸막한 몸매에 볼품없는 신부는 아이까지 갖지 못했다. 이렇게 인기 없는 결혼정책으로 욕을 먹은 클래런던은 같은 해에 크롬웰이 에스파냐로부터 빼앗은 됭케르크를 프랑스에 팔아넘김으로써 또다시 비난을 샀다. 됭케르크는 대륙에 대한 무력 개입 정책의 자랑스러운 성취의 상징으로 여겨지고 있었기 때문이다. 한편 블레이크 시절의 승리의 기억에 고무된 더욱 진취적인 사람들은 아프리카 서해안과 북아메리카 등지에서 네덜란드와 군사적 충돌을 일으킨 끝에 마침내는 전면전에 돌입했다.

1665년 초에 시작해서 2년 반 동안 지속된 이 제2차 네덜란드 전쟁은 치열한 무역 전쟁으로서, 대부분 브리튼과 대륙 사이의 바다에서 해상 전투로 치러졌다. 두 나라의 세력과 장비가 엇비슷하여 전세가 일진일퇴를 거듭한 끝에 이듬해가 되

---

5) 오랫동안 에스파냐와 적대 관계에 있던 프랑스는 에스파냐에 대해 독립 전쟁을 치르고 있던 포르투갈의 힘을 강화시키는 이 결혼동맹을 환영한 반면, 포르투갈의 해외 식민지를 노리고 있던 네덜란드는 이에 대해 분개했다.

런던의 대화재를 묘사한 당대의 그림

자 두 나라 모두 싸움에 지치게 되었다. 네덜란드는 전쟁 비용이 바닥났으며, 영국은 두 가지 큰 재앙을 겪어야 했다. 첫 번째 재앙은 대역병이었다. 전쟁이 일어난 지 얼마 후인 5월에 발생한 역병은 이듬해 말까지 런던을 휩쓸었다. 궁정이 햄프턴 코트로, 다시 솔즈베리로 옮아가고, 부자들은 가난한 사람들을 빈민가에서 죽게 내버려 둔 채 런던을 빠져나갔다. 그동안 7만 명 가까운 런던 시민들이 사망했다. 흑사병이 수그러들고 부자들이 되돌아오자 두 번째 재앙이 엄습했다. 1666년 9월 런던브리지 근처에서 일어난 화재가 강한 동풍을 타고 서쪽으로 번져 도시 전체를 잿더미로 만들었다. 화염은 닷새나 타올랐는데, 인명 피해는 별로 없었지만 1만 3,000채의 가옥과 수많은 교회와 공공건물을 삼켜버렸다. 사람들은 불이 가톨릭 성당, 프랑스인, 그리고 클래런던의 집에서 일어났다고 수군거렸다. 퓨리턴적 윤리의 붕괴에 분개하던 퓨리턴들에게 이런 재난은 영국인들의 사악함에 대한 신의 징벌로 여겨졌다.

재앙이 겹치면서 영국 정부는 평화 협상을 시도하기로 작정했다. 영국이 수세로 돌아서자 네덜란드는 1667년 6월 방어망을 뚫고 템즈 강을 거슬러 올라와 선박을 불태우고 영국 함대 가운데 가장 큰 함선인 '로열 찰스(Royal Charles)'호를 끌고 갔다. 이 사건은 아직 흑사병과 대화재의 공포에서 헤어나지 못한 국민들에게 커다란 공포와 깊은 굴욕감을 안겨주었다. 그러나 그것이 네덜란드의 확실한 승리를 의미하는 것은 아니었다. 재정적 곤경에 빠져있던 네덜란드 역시 평화를 갈망하고 있었고, 그래서 7월 말에 브레다 조약이 맺어졌다. 이 조약으로 영국은 뉴암스테르담(New Amsterdam)을 포함한 북아메리카의 뉴네덜란즈(New Netherlands)를 양도받았는데, 뉴암스테르담은 왕의 동생이자 해군 제독인 요크 공 제임스의 이름을 따라 뉴요크(New York)로 개칭되었다. 반면 영국은 남아메리카의 수리남(Surinam)을 네덜란드에 양도하고, 동남아시아의 향료 제도(Spice Islands: Moluccas)에 대한 권리를 포기했다.

커밸과 제3차 네덜란드 전쟁

내정의 면에서 그 전쟁은 모든 잠재적인 어려움들을 노출시켰다. 전쟁 중에 일어난 스코틀랜드와 아일랜드에서의 소요들은 그런 현상의 하나였다. 흉흉한 민심을 달래기 위해서는 정치적 희생양이 필요했다. 그리하여 사실 전쟁에 대한 일차적 책임이 없었는데도 하원은 클래런던을 탄핵했고, 왕은 그를 지켜주지 않았다. 그는 결국 대륙으로 망명했고, 거기서 『대반란의 역사(*History of the Great Rebellion*)』(1702~1704)를 저술했다.[6] 클래런던의 실각을 계기로 국무를 직접 관장하기로 결심한 찰스는 이제 한 사람의 대신이 아니라 다섯 명의 심복 정신(廷臣)을 자문관으로 삼았다. 그들 각자 이름의 머리글자를 따서 흔히 커밸(CABAL)[7]이라고 불린 이들은 어떤 내적 동질성을 지닌 집단이 아니라 찰스가 임의로 발탁한 비공식적인 자문 집단에 지나지 않았다. 그러나 추밀원이 비대하고 방만하여 효율적인 자문 기구 구실을 제대로 하지 못하고 있던 차에, 커밸은 소수 주요 대신들의 위원회로서 국정을 관장하는 전례가 됨으로써 역사가들에게 간혹 내각(cabinet)의 전신으로 여겨지기도 한다.

커밸의 도움을 받으며 찰스는 이제 영국을 형식적으로 통치할 뿐 아니라 실질적

---

6) 이 책의 원제목은 *True Historical Narrative of the Rebellion and Civil Wars in England*인데, 보통 *History of the (Great) Rebellion*으로 약칭된다.

7) 커밸은 재무상인 써 토머스 클리퍼드(**C**lifford), 수석국무상인 알링턴(**A**rlington) 백 헨리 베네트(Bennet), 제2대 버킹엄(**B**uckingham) 공인 조지 빌리어즈(Villiers), 나중에 초대 새프츠베리(Shaftsbury) 백이 된 앤서니 애쉴리 쿠퍼(**A**shley Cooper) 경, 그리고 로더데일(**L**auderdale) 백 존 메이틀런드(Maitland) 등 다섯 명이었다.

으로 지배했다. 그는 겉으로는 여전히 애완견이나 애첩들과 놀아나는 듯이 보였으나 물밑으로는 나름대로 목적을 달성하려고 노력했다. 그는 은밀하게 프랑스와 동맹하여 영국의 가톨릭화를 도모하고, 외사촌 형인 프랑스의 루이 14세가 누리는 것과 같은 전제적 권력을 획득하고자 했다. 그러나 바로 이 가톨릭교와 프랑스와 전제적 권력이야말로 당시의 영국인들이 가장 두려워하고 싫어한 것들이었다. 지난날 영국민들의 눈에는 에스파냐가 박해의 상징처럼 비쳐졌으나, 이제는 몰락하는 에스파냐를 뒤이어 유럽 최강국으로 부상하는 프랑스가 절대왕정의 상징이자 국민의 자유를 억압하는 원흉으로 보였다.

찰스 2세는 1670년 그와 같은 프랑스와 도버 조약(Treaty of Dover)을 체결하여, 프랑스의 재정 지원을 받는 대신에 프랑스 편에 가담하여 네덜란드를 침공하기로 약정했다. 그 조약에는 찰스가 가톨릭 신앙으로 개종하고 때를 봐서 그 사실을 공표할 것과, 그 대가로 루이 14세는 그에게 상당한 재정을 지원하고 또 반란이 일어나면 이를 진압하기 위해 6,000명의 병력을 제공할 것을 규정한 비밀 조항이 들어 있었다. 크롬웰 치하에서 자주적이었던 영국의 외교정책이 이제는 루이 14세의 도움에 대한 보답으로 프랑스의 이해관계에 동조하는 굴종적인 상태로 전락한 것이다. 1672년 3월 네덜란드와 전쟁에 들어가기 직전에 찰스는 관용령(Declaration of Indulgence)을 공포했다. 이것은 비국교도와 가톨릭교도에 대해 적용된 모든 형법의 효력을 정지시키고 그들의 종교의식을 허용하는 것이었으나, 왕의 참다운 속셈은 가톨릭교에 대한 관용에 있었다.

그러나 찰스의 시도는 좌절되었다. 의회는 관용령을 법의 지배에 대한, 그리고 의회의 입법 우위권에 대한 도전으로 받아들여 이를 완강하게 반대했고, 전쟁 비용의 조달이라는 짐을 안고 있던 찰스는 결국 굴복하고 왕령을 취소했다. 의회는 이에 만족하지 않고 이듬해에 한 걸음 더 나아가 심사법(Test Act)을 제정했다. 이 법은 모든 공직자에게 국교회의 성체성사를 받을 것, 화체설을 부인할 것, 그리고 국가와 교회의 수장으로서의 군주에게 충성을 서약할 것 등을 요구했는데, 이는 신실한 가톨릭교도라면 거부할 수밖에 없는 조건들이었다. 이 조치로 많은 충성스러운 가톨릭교도들이 공직에서 밀려났으며, 왕위계승권자인 요크 공도 예외일 수 없었다. 그 후 오랫동안 가톨릭교도의 공직 진출 기회를 박탈한 이 법은 1829년에 가서야 폐지되었다.

1672년에 시작된 네덜란드와의 세 번째 전쟁에서 주역을 맡은 것은 프랑스였고 영국은 조역에 불과했다. 게다가 전쟁은 영국의 뜻대로 전개되지 않았다. 1673년 8월 네덜란드 해안에 상륙을 기도한 영국 함대는 텍셀(Texel) 해전에서 큰 손실을 입고 상륙을 포기했으며, 네덜란드 항구들에 대한 봉쇄를 풀 수밖에 없었다. 한편 네덜란드는 해상전과는 달리 지상전에서는 강력한 프랑스군의 침입으로 어려움을 겪었지만, 때마침 정적인 얀 드 위트(Jan de Witt)를 물리치고 총독(Stadtholder)의 지위를 되찾은 오렌지(Orange; 오란예: Oranje) 공 윌리엄(빌렘: Willem)의 주도 아래 완강하게 저항을 계속했다. 윌리엄은 외숙인 찰스 2세의 설득에도 불구하고 끝까지 싸울 결의를 굽히지 않아, 전쟁은 수년 동안 지루하게 계속되었다. 의회가 반대하는 인기 없는 이 전쟁을 무작정 끌고 갈 수

오렌지 공, 윌리엄

없었던 찰스는 마침내 1674년 단독으로 강화하여 전쟁에서 발을 빼고, 3년 뒤에는 동생 제임스의 딸 메리를 윌리엄과 결혼시켰다. 영국은 이 전쟁에 많은 인명을 바치고 거액의 돈을 쏟아 부었으나 얻은 것은 별로 없었다. 다만 지난번의 전쟁이 클래런던의 몰락을 가져왔듯이 이번 전쟁은 커벨의 종말을 몰고 왔다.

댄비와 '교황의 음모'

전쟁이 끝난 다음 권력을 장악한 사람은 곧 댄비(Danby) 백이 될 써 토머스 오즈번(Osborne)이었다. 요크셔의 젠트리 출신인 그는 상당한 재정적 능력과 정치적 안목을 가지고 있었다. 이 무렵에는 그동안 왕에게 우호적이던 의회가 왕의 친프랑스, 친가톨릭 정책에 대한 적대적 비판자로 바뀌어있었다. 왕은 댄비를 통해 의회

타이터스 오트스

를 통제하고자 했는데, 댄비의 전략은 의회 내에 궁정당(Court Party)을 만들어 이를 통해 통치하는 것이었다. 그는 주교들과 제휴하여 국교회 정책을 추진하고, 또한 공직 임명권을 적절하게 활용하여 많은 의원들에게 궁정의 관직을 부여함으로써 의회를 장악하려고 노력했다. 그러나 댄비의 이런 노력은 그에 대항하는 세력의 형성을 불러일으키기도 했는데, 특히 커벨 가운데 한 사람이었던 제1대 섀프츠베리(Shaftesbury) 백 앤서니 애쉴리 쿠퍼(Cooper)가 지방당(Country Party)을 결성하여 궁정과 대립하면서 개신교계 비국교도의 대의를 대변했다.

그러나 찰스 2세는 댄비의 충고를 거스르면서 계속 친프랑스 정책을 추구하고 또 가톨릭교도들을 궁정에 끌어들임으로써 영국인들 사이에 로마 교회와 프랑스에 대한 두려움을 증폭시켰다. 게다가 찰스는 런던 외곽에 새로 창설된 대규모 군대를 배치하여 전제적인 권력에 대한 공포까지 불러일으켰다. 1678년 가을 드디어 한 고발자의 거짓 폭로가 이 모든 공포에 불을 댕겨 온 국민을 히스테리 상태에 빠뜨렸다. 이 희대의 히스테리에 불을 붙인 자는 타이터스 오트스(Titus Oates)라는 인물이었는데, 그는 가톨릭교도들이 국왕을 시해하고 개신교도들을 학살한 다음 요크 공을 왕위에 즉위시키려는 음모를 꾸미고 있다는 낭설을 퍼뜨렸다. 오트스는 평소 아주 평판이 나쁜 자였고, 이른바 '교황의 음모(Popish Plot)'라고 불린 이 이야기는 황당무계한 것이었음에도 불구하고 런던은 순식간에 흥분에 휩싸였다. 프랑스의 지원을 받고 있는 가톨릭교도 왕위계승권자에 대한 공포는 사람들로 하여금 날조된 이 이야기를 사실로 믿게 했다. 도처에서 무장한 예수회파가 나타났다는 소문이 돌고, 부녀자들은 외출할 때 칼을 지니고 다녔다. 가톨릭교도들에 대한 그릇된 비난의 물결이 뒤따랐고 많은 무고한 사람들이 처형되었다.

2. 명예혁명

왕위계승 배제 투쟁과 정당의 형성

새프츠베리와 그의 추종자들은 타이터스 오트스 사건이 야기한 공포 분위기를 이용하여 의회에서 왕을 압박했다. 의회가 심사법의 조항을 강화하는 법안을 통과시키자 왕은 이에 굴복했다. 그러나 찰스는 근래 창설된 군대를 해체하고 민병대로 하여금 치안을 유지케 하라는 의회의 요구를 거부했으며, 댄비에 대한 탄핵도 용인하지 않았다. 그는 부왕이 스트래퍼드를 희생시켰듯이 댄비를 희생시킨다면 그때처럼 더 나쁜 사태가 뒤따를지 모른다고 우려했다. 그래서 그는 1679년에 17년 동안 존속해 온 그의 첫 의회를 해산했으나, 그해 봄에 곧바로 실시된 총선거는 왕의 뜻대로 되지 않았다. 댄비파와 새프츠베리파는 서로 치열한 선거운동을 벌였는데, 결과는 새프츠베리파가 타이터스 오트스 사건의 여파에 힘입어 대승을 거두었다. 결국 댄비는 실각하고 수년 동안 런던탑에 갇혀있게 되었다. 한편 이 의회가 가톨릭교도인 요크 공 제임스의 왕위계승권을 박탈하는 왕위계승배제법안(Exclusion Bill)을 추진하자, 왕은 다시 의회를 해산함으로써 법안을 봉쇄했다. 새프츠베리 추종자들은 1680년 가을과 1681년 봄에 소집된 의회에서 계속 배제법안을 관철시키려 했지만, 찰스는 동생을 왕좌에서 배제하려는 이 모든 시도를 끝내 좌절시켰다. 찰스는 십여 명의 서자를 두었지만 왕비에게서는 아무 자식도 얻지 못했다. 새프츠베리는 서자들 가운데 장남인 먼머스(Monmouth) 공 제임스 스코트(Scott)를 옹립하려 했으나 동생인 요크 공에 대한 찰스의 지지는 확고했다.

결국 1679년에서 1681년 사이에 소집된 세 차례의 의회는, 그 첫 의회가 해산 직전에 인신보호개정법(Habeas Corpus Amending Act)[8]을 통과시킨 것 말고는 별로 중요한 성과가 없었다. 그러나 이 정치적 위기와 소란스러운 선거 과정에서 의회 정치의 주요 발전이 이루어졌다. 대략 이즈음부터 궁정당과 지방당이라는 옛 이름

---

8) 이 법은 국왕의 대권의 일부를 포기하는 것으로서, 국왕이 신민을 사전에 법정에 출두시키지 않고 자의로 구금할 수 없게 하는 것이었다. 이것이 자유의 참다운 기반인지 아닌지는 분명치 않을지라도 최소한 자유라는 대원칙을 상징하는 것이었다.

을 토리(Tories)와 휘그(Whigs)라는 명칭이 대신하면서 초보적 형태의 정당 조직이 결성된 것이다. 댄비의 추종자들을 반대파들이 얕잡아 부른 토리라는 명칭은 본래 아일랜드의 가톨릭 도적 떼를 가리키는 말이었다. 한편 이들은 새프츠베리의 추종 자들을 스코틀랜드의 장로파 폭도들을 지칭한 휘거모어(Whigamores)에 빗대어 휘그 라고 불렀다. 국왕의 대권을 지지한 토리가 대체로 지주층과 국교회를 대표한 반 면에 왕권의 제약을 추구한 휘그는 주로 상인층과 가톨릭을 제외한 비국교를 대표 했다.

1681년 의회를 해산한 후 찰스는 그의 치세 마지막 4년을 부왕처럼 의회 없이 통치했다. 그가 그럴 수 있었던 것은 재정적으로 독립할 수 있었기 때문이다. 무역 의 호조가 세수의 증대를 가져다준 데다 비밀리에 루이 14세로부터 보조금을 받고 있었으므로 돈 때문에 의회에 매달리지 않아도 되었던 것이다. 국왕과 토리의 승 리는 휘그에 대한 탄압으로 이어졌다. 새프츠베리 백은 대역죄로 기소되었다가 배 심원의 무죄 평결로 풀려난 뒤 네덜란드로 망명하여 그곳에서 죽음을 맞이했다. 1683년에는 국왕과 요크 공을 암살하려는 이른바 '라이하우스 음모(Rye House Plot)'가 탄로 나서 여러 휘그파 사람들이 처형되거나 투옥되었다. 런던탑에 갇힌 에식스 백 아서 캐펄(Capel)은 자살했으며, 윌리엄 러슬 경은 처형되었다. 군주에게 저항하는 것이 정당한 경우도 있다고 주장했다는 이유로 앨저넌 시드니(Algernon Sidney)도 목숨을 잃었다. 먼머스 공도 체포되었다가 보석으로 풀려난 뒤 네덜란드 로 도피했다. 휘그파의 기반이 된 자치도시의 자유와 특권들도 상당 부분 무너졌 다. 세습 군주제에 대한 휘그의 공공연한 도전은 오히려 반발을 샀으며, 민중은 그 들의 과격한 행동에 등을 돌렸다. 국교회는 전제군주의 신수권과 그에 대한 순종 을 설교했으며, 국왕에 대한 충성심의 물결이 전국을 휩쓸었다. 휘그파는 이제 철 저하게 와해되었고, 그래서 1685년에 죽은 찰스 2세는 확고한 왕권을 동생에게 물 려줄 수 있었다.

제임스 2세

제임스 2세의 즉위는 순조롭게 이루어졌다. 그의 왕위계승에 대한 유일한 반대는 먼머스 공으로부터 나왔다. 네덜란드에 망명해 있던 그는 남서부 해안의 라임 레지스(Lyme Regis)에 상륙하여 군대를 일으키는 데는 성공했으나, 이 모험에 동조한 것은 무장과 훈련이 제대로 안 된 수천의 농민과 수공업 장인들뿐이었다. 한 달도 못 되어 그는 왕군에 붙잡혀 결국 처형되었고, 조지 제프리즈(Jeffreys) 판사의 악명 높은 '피의 순회재판(Bloody Assize)'을 통해 이삼백 명이 처형되고 팔구백 명이 서인도제도의 식민지에 노예로 추방되었다. 스코틀랜드에서도 아가일(Argyll) 백 아치볼드 캠벌(Archibald Campbell)이 먼머스에 호응하기 위해 소수의 추종자를 이끌고 반란을 일으켰으나 먼머스보다 더 비참한 실패를 겪고는 처형되었다. 제임스 2세의 입지는 여러모로 탄탄해 보였다. 국고는 든든했고, 군대는 강력했으며, 교회는 충성스럽고, 의회는 온순했다. 게다가 정적인 휘그는 형편없이 무너져 있었다. 그럼에도 불구하고 그는 불과 3년 만에 그 모든 것을 내던지고 망명 길에 나서야만 했다.

제임스 2세의 치명적인 실책은 가장 확실한, 어쩌면 유일한 왕권의 지지자였던 국교회와의 동맹을 깨뜨린 것이었다. 제임스는 어떤 면에서는 형보다 더 적합한 왕의 자질을 갖추고 있었지만 정치적 감각이 전혀 없었다. 그는 진지하고 성실한 반면, 오만하고 편협했으며, 타협할 줄을 몰랐다. 그는 고지식할 정도로 극단적인 군주권의 관념을 견지하고 있었다. 무엇보다 그는 열렬한 가톨릭교도였고, 가톨릭 신앙의 전파를 자신의 사명으로 생각했다. 그리하여 그는 심사법의 폐지를 의회에 요구했다. 그러나 토리파가 지배하여 국왕에 우호적이던 의회도 이 요구를 거절했을 뿐만 아니라, 한 걸음 더 나아가 가톨릭교도의 장교 임용을 금지하는 결의안을 추진하기에 이르렀다. 이에 국왕은 의회를 해산하고 대권을 발동하여 특정 사안에 대한 심사법의 적용을 면제했다. 그는 '종교위원회(Ecclesiastical Commission)'라는 이름으로 고등 종교 법정을 부활시키고, 심사법 위반자에 대한 재판에서 비협조적인 판사들을 해임하면서 가톨릭교도를 궁정의 고위 관직, 상비군의 장교, 함대 사령관, 여러 지역의 국교회 주교로 임명했다. 베네딕트회 수도사에 대한 학위 수여를 거부한 케임브리지 대학의 부총장이 파면되는가 하면 옥스퍼드 대학에서는 가톨릭 주교를 모들린(Magdalen) 컬리지의 학장으로 강요하면서 이를 반대한 대학 평의원

25명을 축출했다. 제임스는 더 나아가 1687년 4월 더욱 철저한 새 관용령을 선포하여 아예 클래런던 법전과 심사법의 효력을 정지시키고 가톨릭과 개신교계 비국교도들 모두에게 예배의 자유를 허용했다. 이것은 법의 지배 자체에 대한 직접적인 도전이었다. 특정 사안에 대해 법의 적용을 면제하는 것(dispensation)과 법의 효력 자체를 정지시키는 것(suspension)은 현격한 차이가 있었으며, 후자는 곧 의회에서 제정된 법의 실질적인 폐지나 다름없었기 때문이다.

제임스는 또한 그의 종교 정책에 반대하는 세력을 제거하기 위해 지방정부를 대대적으로 개편했다. 그는 토리파 지주층을 지방정부에서 축출하고 가톨릭과 개신교계 비국교도의 동맹으로 새로운 권력 기반을 다지려 했다. 그리하여 전체 치안판사의 4분의 3이 주지사들과 더불어 쫓겨났는데, 이것은 내전과 혁명기에 지방정부에서 시도된 것보다 훨씬 더 큰 사회혁명을 가져왔다. 그는 또 대부분의 도시들의 특허장을 폐기하고, 비국교도들이 통제권을 장악할 수 있도록 도시 정부를 재조직했다. 더욱이 제임스는 먼머스의 반란 이후 2만 명 가까운 상비군을 유지하면서, 하계 훈련을 위해 매년 런던 근교에 이들을 숙영시킴으로써 런던에 은근한 압박을 가했다. 그러나 가톨릭 왕국을 추구하는 그의 이런 무분별한 정책은 자의적이고 전제적인 통치의 길로 너무 멀리 나아가고 있었다. 국교회와 사이가 나빠진 왕이 개신교계 비국교도들에게 신앙의 자유를 허용함으로써 그들의 지지를 얻으려한 책략 역시 실효를 거두지 못했다. 자기들을 회유하기 위한 제임스의 일시적 선물을 믿지 않았던 비국교도들은 오히려 국교회에 가담하여 국왕의 가톨릭 전제정치에 반대했다.

무혈의 혁명

국왕이 1688년 5월 관용령을 재공포하고 모든 성직자가 두 일요일에 걸쳐 그것을 낭독하도록 명령했을 때, 마침내 영국 교회는 비록 악한 군주일지라도 그가 군주인 한 저항하지 말고 복종해야 한다는 이른바 순종(passive obedience)의 신념을 버릴 수밖에 없었다. 국교회의 특권에 대한 잇따른 침해에도 국교도들은 그동안 잠자코 있었다. 왕은 연로했고, 그가 죽으면 개신교도인 딸 메리가 왕위를 계승할 것으로 기대했기 때문이다.9) 그런데 6월에 전혀 예상치 못한 일이 일어났다. 결혼한 지 10년도 넘게 자식을 갖지 못했던 새 왕비 모데나(Modena)의 메리에게서 왕자가 태어난 것이다.10) 그는 필시 가톨릭교도 어머니 아래에서 가톨릭교도로 양육될 것이고, 그러면 앞으로 가톨릭교도 국왕의 치세가 계속 이어질 것이었다. 그리고 그것은 현재의 불만들이 오래도록 사라지지 않으리라는 것을 의미했다. 이런 상황에서 로마에 대한 혐오와 국교회에 대한 충성이 국왕에 대한 충성보다 크다는 점이 사실로 드러났다. 캔터베리 대주교인 윌리엄 샌크로프트(Sancroft)와 다른 6명의 주교가 관용령의 낭독을 강요하지 말도록 청원하고 그 내용을 공표했다. 국왕은 이를 중상적 비방으로 몰아 7인의 주교를 런던탑에 가두었다. 이들은 국왕 법정에 회부되었으나 배심원들은 무죄 평결을 내렸다. 6월 30일 군중은 환호하고, 종을 울리고, 총을 쏘고, 화톳불을 밝히면서 이들의 석방을 환영했다. 일곱 주교의 대의는 곧 전 국민의 대의가 되었다.

바로 그날 밤, 한 밀사가 오렌지 공 윌리엄에게 전달할 초대장을 지니고 런던을 떠났다. 그것은 토리와 휘그의 두 정파 및 종교계를 대표하는 7인의 지도자가 서명한 것으로, 윌리엄에게 군대를 이끌고 영국으로 들어와 달라고 요청하는 내용이었다. 찰스 1세의 외손자이자 제임스 2세의 사위이기도 한 윌리엄은 그동안 점점 더 세력이 커져가는 프랑스와 싸우는 데 온 힘을 쏟아왔다. 그런 그로서는 영국으로 군대를 이동하는 것이 하나의 큰 도박이었지만, 때마침 루이 14세는 라인 강 상류의 팔츠를 공격하는 데 주력하고 있었기 때문에 윌리엄에게는 얼마 동안의 여유가 생겼다. 그는 영국 침공을 신중하게 준비하는 한편 영국민에게 자유로운 의회를 약속하는 선언서를 보냈다. 다급해진 제임스는 그때서야 여러 가지 양보안을 내놓았으나 이미 때늦은 일이었다. 초청을 받은 지 넉 달 만인 11월 초에 윌리엄은 약 1만 2,000명의 보병과 4,000명의 기병을 이끌고 잉글랜드 남서부의 토베이(Torbay)에 상륙했다.

---

9) 메리는 제임스의 첫 왕비 앤 하이드(Hyde)의 소생으로 오렌지 공 윌리엄과 결혼했다.

10) 많은 토리파들은 그가 가짜 왕자이며 난상기(暖床器, warming-pan: 침대를 데우는 데 쓰이는 냄비 모양의 화로) 속에 감추어 궁중에 들어왔다는 소문을 한사코 믿으려 했다.

제임스는 이를 훨씬 능가하는 상비군을 보유하고 있었지만 그다지 미덥지가 않았다. 군의 사기는 떨어져 있었고 지휘관들은 제임스를 위해 싸울 의사가 없었다. 무엇보다도 제임스 자신이 맞서 싸울 결연한 의지가 없었다. 그는 군과 함께 솔즈베리로 나아갔지만, 이리저리 재고 망설이다가 결국 런던으로 되돌아왔다. 그러자 군사령관 존 처칠(Churchill) 경을 위시하여 수백 명의 장교들이 왕군을 이탈하여 윌리엄 쪽에 가담했다. 귀족들이 먼저 윌리엄 측에 동조하자 대부분의 국민들도 그 뒤를 따랐다. 양보도 저항도 않고 머뭇거린 제임스는 마침내 도망가는 길을 택했다. 그는 채텀(Chatham) 근처에서 배를 탔으나 바다에서 어부들에게 붙잡혀 런던으로 되돌아왔다. 그러나 자기의 장인이자 외삼촌인 제임스의 희생을 바라지 않았던 윌리엄은 감시병 없이 그를 놓아둠으로써 프랑스로 도망가도록 눈감아주었다. 제임스는 도중에 바다에 국새를 내던져 버리는 것으로 쫓겨나는 데 대한 분을 삭였다.

명예혁명의 성취

1689년 1월에 혁명적 사태에 대한 입헌적 조치를 매듭짓기 위해 공회가 소집되었다. 공회가 당면한 첫째 현안은 왕위계승 문제였다. 토리파는 세습군주제의 원칙에 강하게 집착하면서도 구체적 방법에서는 의견이 분분했다. 일부는 권력을 제한하는 조건부로 제임스의 복귀를, 다른 일부는 제임스 치하에서의 섭정 체제를, 또 다른 일부는 윌리엄을 부군으로 하는 메리의 왕위계승을 주장했다. 휘그파는 이 모든 해결책을 비판했다. 그들은 군주제가 국민과 군주의 계약인 만큼 국민은 계약을 파기한 제임스를 제거하고 윌리엄을 군주로 초빙할 권리가 있다고 주장했다. 한편 윌리엄은 자신이 원하는 것은 왕위이지 여왕의 부군이라는 지위가 아니며, 여의치 않으면 네덜란드로 돌아가겠다고 경고했다. 상하 양원은 2월로 넘어간 긴 토론 끝에 마침내 제임스 2세가 국왕과 국민 간의 원초적인 계약을 파기함으로써 헌정 체제를 전복하려 했고, 국외로 도피함으로써 퇴위했으며, 따라서 왕위가 비어 있는 상태라는 데 의견을 모았다. 그리하여 그들은 메리와 윌리엄에게 공동으로 왕관을 부여하고 국정을 윌리엄의 수중에 맡길 것을 가결했다.

그러나 이 왕관은 조건부였다. 의회는 왕관을 바치는 대신 공동왕으로부터 권리선언(Declaration of Rights)에 대한 동의를 받아냈다. 이것은 의회의 동의 없이 법률의 적용을 유보하거나 효력을 정지하는 것, 대권에 의해 세금을 징수하는 것, 평화 시에 상비군을 유지하는 것, 의원 선거에 개입하는 것, 배심원을 매수하는 것, 과다한 벌금이나 보석금을 부과하는 것 등을 불법이라고 선언하고, 의회의 잦은 소집과 원내에서의 토론의 자유 등을 규정했다. 그 뒤 의회는 이 선언에 가톨릭교도는 왕위를 계승할 수 없으며, 다음 왕위는 공동왕의 자녀, 그 다음은 메리의 동생 앤(Anne), 다시 그 다음은 앤의 자녀 순서로 계승된다는 조항을 첨가하여 이를 권리장전(Bill of Rights)으로 법률화했다. 대헌장이나 권리

메리 2세

청원과 마찬가지로 권리장전 역시 추상적인 원칙을 천명한 문서가 아니었다. 그것은 제임스 2세의 전제적 통치행위를 열거하고 그것을 불법이라 규정한 것이었다. 아울러 그것은 국왕은 어떤 이유로도 국가의 기본법을 침해할 수 없다는 원칙을 확인하고, 윌리엄 3세와 메리 2세의 즉위를 정당화했으며, 또한 의회 우위의 원칙을 천명했다.

권리장전은 정치 및 사회 구조를 혁명적으로 변혁하려 하지 않았다. 오히려 이를 제정한 '보수적' 혁명 지도자들은 제임스 2세가 위험에 빠뜨렸다고 단정한 국가와 교회의 기존 질서를 그대로 보전하기를 원했다. 그러나 이제 주권이 국왕으로부터 의회로 넘어갔기 때문에 사실상 근본적 변화가 일어난 것이다. 새로운 공동 군주는 신의 뜻이나 엄밀한 세습제에 의해서가 아니라 의회의 법률에 의해 세

워진 군주였다. 따라서 앞으로 왕권신수설 같은 주장은 영국에서 더 이상 거론할 수 없게 되었다. 만일 의회가 법률로 군주를 즉위시킬 수 있다면 또한 그를 폐위시킬 수도 있는 것이었다. 이렇게 하여 영국은 전제군주정에서 입헌군주정으로 나아가는 길을 더욱 확고히 다지게 되었다. 게다가 영국인들은 그 일을 유혈의 참극을 겪지 않고 성취할 수 있었던 것이다.

새로운 체제를 수립하는 와중에서 영국 교회는 상당한 진통을 겪어야 했다. 국교회 안에는 아직도 왕권신수설을 믿고 군주에 대한 무저항을 설교하는 성직자들이 많았다. 그들에게는 아직도 제임스가 합법적인 왕이었으며, 따라서 의회가 선택한 왕을 위해 그들의 충절을 바꿀 수는 없는 노릇이었다. 몇몇 주교와 400명가량의 하위 성직자가 새로운 국왕에 대한 충성 서약을 거부했다. '선서거부자(non-jurors)'라고 불린 이들은 파면되고, 좀더 자유로운 교리를 따르는 광교파(latitudinarian) 성직자들이 그 자리를 메웠다. 그러나 좀더 포괄적인 국가교회의 설립에 대한 기대는 이내 꺾이고 말았다. 국교회파 지주 계층은 계서제적인 감독제(Episcopalian) 교회 구조가 약화되는 것을 용인하지 않았으며, 비국교도들과 진심으로 화해하려는 움직임은 곧 사라지고 말았다.

비국교도들에게 부여된 신앙의 자유는 매우 인색했다. 1689년에 제정된 관용법(Toleration Act)은 개신교파 비국교도들에게 예배의 자유를 허용해 주었지만, 그것은 그들이 국교회의 기본교리를 받아들이고 국교회 주교의 허가를 받은 경우에 한해서였다. 가톨릭교도에게는 그나마 그런 관용마저도 주어지지 않았다. 그들에게는 여전히 박해하는 형법의 올가미가 씌워져 있었다.[11] 그러나 비록 그처럼 까다로운 조건이 붙은 최소한의 것이라 할지라도 비국교도들에게 그러한 신앙의 자유가 허용되었다는 사실은 결코 과소평가될 일이 아니었다. 1680년대 초까지도 혹심한 박해를 받아오던 그들에게 관용법은 전례 없는 법적 보장을 제공했다. 많은 비국교도들은 해마다 한두 번 국교회의 의식에 따른 성사에 참가하여 최소한의 법적 요구를 충족시키기만 하면 그들 자신의 종교 집회에서 마음대로 예배를 볼 수 있었

---

11) 그러나 그것이 차츰 사문화하고 그들에 대한 편견도 사그라지면서, 가톨릭교도들도 점차 자신의 신앙을 공개적으로 말할 수 있게 되었다.

다. 이렇게 예배의 자유를 법적으로 인정한 것은 유럽의 여러 나라보다 크게 앞선 것이었으며, 이것은 영국을 자유로운 사회로 발전시키는 데 중요한 요인이 되었다. 게다가 1690년대와 1700년대에는 신학적 사변과 이신론적(理神論的) 사조가 활발하게 논의되었다. 개신교도들 사이에 삼위일체설을 부정하는 단성론(單性論)이 논의되기까지 했다. 존 톨런드(Toland)의 『신비하지 않은 그리스도교(*Christianity not Mysterious*)』(1696)는 '계시(revealed)' 종교에 맞서 '자연(natural)' 종교를 설파하려는 최초의 체계적 시도 가운데 하나였다.

스코틀랜드와 아일랜드

1688년의 혁명이 잉글랜드에서는 유혈의 비극을 겪지 않고 '명예롭게' 수행되었지만, 스코틀랜드와 아일랜드에서는 그렇지 못했다. 이 두 나라에서 새로운 체제는 내란을 겪고서야 비로소 정착되었다. 스코틀랜드는 그나마 비교적 가벼운 진통을 겪는 것으로 끝났다. 제임스 2세의 강압적 통치에 분개한 스코틀랜드 교회와 로울랜드인들(Lowlanders)은 네덜란드의 개신교도를 환영했고, 잉글랜드의 공회에 함께 참여하여 새로운 왕을 인정했다. 그러나 전통적으로 스튜어트 왕조의 지지자였던 북부 하일랜드인들(Highlanders)은 그들의 충성을 바꾸지 않았다. 오랫동안 왕군을 지휘해 온 던디(Dundee) 자작 존 그레이엄 어브 클래버하우스(Graham of Claverhouse)는 이들 하일랜드인들을 규합하여 윌리엄에 맞섰으며, 1689년 7월 그는 한때 킬리크랭키(Killiecrankie)에서 정부군에 승리하기도 했으나, 그가 전사하면서 저항 세력도 무너졌다. 윌리엄은 장로교회를 다시 수립하고 또 왕이 의회를 통제하던 기구인 '입법위원회(Lords of the Articles)'를 폐지했다.[12] 스코틀랜드인들은 아주 오랜만에 종교적·정치적 자유를 누리게 되었다.

아일랜드에서의 명예혁명은 훨씬 더 격렬했다. 아일랜드인들은 그들의 종교를 옹호해 준 제임스를 지지하기도 했지만, 사실 크롬웰이 강탈해 간 땅을 되찾는 데 더 관심이 많았다. 그들은 잉글랜드의 혁명 상황을 이용하여 개신교도의 토지를

---

12) 입법을 비롯한 의회의 업무를 준비하기 위해 각 신분의 구성원들로 이루어진 위원회로서 15세기에 처음 구성되고, 1641년에 폐지되었다가 1660년에 부활했다.

보인의 전투

몰수했다. 이에 제임스는 1689년 3월 루이 14세의 군사적·재정적 지원을 받아 아일랜드에 상륙했다. 이곳을 잉글랜드 탈환을 위한 디딤돌로 삼으려 했던 것이다. 런던데리와 다른 일부를 제외한 모든 아일랜드가 그를 국왕으로 인정했다. 수많은 개신교도들이 잉글랜드로 도망갔지만, 런던데리의 장로교도들은 완강하게 아일랜드의 가톨릭 군대에 저항했다. 런던데리는 100일이 넘도록 가톨릭 군대의 포위 공격을 견디어내고, 가톨릭 군대는 8월에 마침내 런던데리에서 물러났다. 윌리엄 3세는 이듬해 6월에 직접 군을 지휘하러 아일랜드로 건너왔다. 7월 초 윌리엄이 보인(Boyne) 강의 전투에서 제임스의 군대를 격파하고 더블린을 장악하자, 제임스는 다시 프랑스로 도망갔다. 일부 세력의 저항으로 전쟁은 이듬해 가을까지 끌었지만, 이 전투를 고비로 아일랜드는 다시금 개신교도들의 지배 아래 들어가게 되었다.

전쟁이 끝난 다음 잉글랜드는 아일랜드인들을 사실상의 노예 상태로 떨어뜨렸다. 윌리엄에 대항하여 싸운 사람들은 자신의 영지를 빼앗겼다. 인구의 5분의 4를 차지하는 가톨릭교도들의 소유 토지는 이제 겨우 전체 토지의 7분의 1에 불과하게 되었다. 그들은 또한 모든 공적 생활을 금지당했다. 공직자는 말할 것도 없고, 의회 의원도, 배심원도, 법관도, 심지어 학교 교사도 될 수 없었다. 그뿐만 아니라 잉글랜드 의회는 아일랜드의 무역과 산업을 파괴하는 억압적 법률을 제정했다. 조너선 스위프트(Jonathan Swift)의 말을 빌리면, 아일랜드인은 잉글랜드의 정복자들을

위한 '나무꾼과 물 긷는 사람'이 될 뿐, 그 이외의 아무 일도 할
수 없었다.

존 로크

명예혁명의 의의와 로크

토머스 머콜리(Macaulay) 경과 같은 휘그 사가들에게 자유주의
적이며 민주적인 정신의 결정적 승리라고 찬양받은 명예혁명은
실상 이기적인 과두정의 보수적 반동에 불과하다고 폄하할 만한
요소 또한 없지 않았다. 근대의 여러 혁명과 견주어볼 때 명예혁
명은 사회적·정치적 권력의 참다운 전환이라기보다는 오히려 궁
정 쿠데타와 같은 모습을 보여주었다. 특히 그것은 혁명의 가장
뚜렷한 특징이라고 할 수 있는 물리적 폭력과 유혈 없이 비교적
평화롭게 진행되었다는 점에서 혁명이라 부르기가 주저되는 것
도 사실이다. 그렇지만 그것이 하나의 획기적인 변혁을 가져온 것은 틀림없는 사
실이었다. 그것은 의회적 군주제를 확립함으로써 왕과 의회 사이의 오랜 투쟁에
종지부를 찍었다. 이제 영국은 선출된 의회가 협동의 원리에 따라 국왕과 함께 통
치 과업에 동참하는 세계 유일의 국가가 된 것이다. 이 체제의 진정한 중요성이
당장에는 명백하게 인식되지 못했고, 더욱이 "국왕과 의회의 협동이 구체적으로
어떻게 이루어질 수 있는가" 하는 문제는 장차의 과제로 남아있었다. 그러나 서유
럽에서 절대주의가 강화되고 있던 시기에 이런 변화는 매우 중요한 의미를 지니고
있었다. 18~19세기의 휘그들이 1689년의 성과를 과장한 측면이 없지 않지만, 명
예혁명이 정부에 관한 종래의 개념을 뒤엎은 하나의 역사적 전환점이었던 것은 부
인하기 어렵다.

영국인들은 이렇듯 새로운 정치체제를 수립했을 뿐만 아니라 또한 그것을 정당
화하는 정치철학을 탄생시켰는데, 이 과업은 바로 존 로크(Locke)의 몫이었다. 그의
저술들은 사람들이 새로운 체제를 이해하고 받아들이도록 하는 데 크게 이바지했
다. 특히 그의 『정부론(*Two Treatises on Government*)』(1690)은 널리 받아들여져 18세기
에는 정치 학설의 교범이 되었다. 로크가 『정부론』을 저술한 것은 이른바 '왕위계

승 배제 위기(Exclusion crisis)'의 와중이었다. 그는 철학과 교육 등을 포함한 다양한 주제에 대해 저술했지만, 정치학과 신학에서 그의 사상은 시대적 문제와 긴밀하게 결부되어 있었다. 그는 생명, 자유 및 재산에 대한 권리를 정치사회가 생기기 이전에 존재했던 것, 즉 자연법에 의해 보장된 것으로 규정하고 정부의 목적을 엄격하게 이들 권리를 보호하는 일에 국한시켰다. 그에 따르면 이 목적은 절대군주정 아래서는 성취될 수 없고, 오직 최고의 입법권을 가진 의회와 한정된 권력을 위임받은 행정부 아래에서만 가능하다는 것이었다. 그리고 그는 만일 정부가 이와 같은 고유의 목적을 저버린다면, 국민은 그에게 위임했던 권한을 회수하고 그에 저항할 권리를 보유하고 있다고 주장했다. 혁명은 로크에게는 국민이 자신의 권리를 지킬 최후의 수단이었다. 이와 같은 그의 논의는 영국인이 17세기 내내 추구해 왔고, 1689년에야 마침내 획득했던 두 개의 이상, 즉 법이 보장한 개인의 자유라는 이상과 의회를 통해 표현된 대의 정부라는 이상을 위한 고전적 변론을 제공했다.

3. 전쟁과 정치

아우크스부르크 동맹전쟁

영국의 대외 관계에서도 명예혁명은 하나의 중대한 고비였다. 크롬웰, 찰스 2세, 제임스 2세 등 이제까지의 통치자들은 대체로 친프랑스적이자 반네덜란드적이었는데, 1688년 이후에는 프랑스가 항구적인 적이 되고, 해외에서의 주도권 다툼에서 주요 경쟁 상대가 되었다. 상업계의 이해관계에서도 이전에는 네덜란드인의 경제활동에 맞서는 보호가 요구되었으나, 이제는 프랑스의 도전에 대한 공격이 주장되었다. 1689년 5월 영국은 드디어 프랑스에 대한 전쟁을 선포했다. 그것은 1815년 나폴레옹(Napoleon) 전쟁이 끝날 때까지 한 세기 이상이나 계속된 이른바 제2차 백년전쟁의 시작이었다.

영국은 프랑스와의 전쟁을 피할 수 없었다. 윌리엄이 영국인들의 초청을 받아들여 영국에 들어와 메리와 함께 공동왕이 된 것도 실은 영국을 프랑스에 대항하는 진영에 끌어들이기 위해서였다. 1660년대 이후 줄곧 계속되어 온 태양왕 루이 14세의 세력 팽창은 유럽 여러 나라들에 큰 위협이 되었다. 오스트리아, 에스파냐, 스웨덴, 바이에른, 작센, 팔츠 등 유럽 나라들은 1686년 아우크스부르크 동맹(League of Augsburg)을 결성하여 프랑스의 세력 확장에 대항했는데, 1689년에 영국도 여기에 가담했다. 영국인들 역시 프랑스의 위협에 대한 우려를 나누어 가지고 있었지만, 윌리엄이 프랑스에 대하여 선전포고하게 된 더욱 직접적인 이유는 루이 14세가 쫓겨난 제임스 2세에게 병력과 자금을 지원하여 아일랜드에서 전쟁을 일으키게 한 데 있었다. 1688년 루이 14세의 팔츠 침공으로 시작되어 9년 동안 계속된 이른바 아우크스부르크 동맹전쟁(또는 9년전쟁)은 영국인들에게는 영국왕위계승전쟁이기도 했던 것이다. 1690년 프랑스의 함대가 비치 헤드(Beachy Head)에서 영국 함대를 격파함으로써 한때 영국은 프랑스군의 침입 위협하에 놓이기도 했으나, 1692년 영국 해군이 노르망디 해안의 라오그(La Hogue)에서 프랑스 함대를 격파함으로써 프랑스의 침입 위협에서 벗어날 수 있었다. 보인의 승리와 더불어 라오그의 승리로 윌리엄의 왕위계승은 확고해졌다. 영국과 프랑스가 다툰 해협에서의 전투와 달리, 대륙에서의 싸움은 프랑스군이 우세한 가운데 치열한 전투가 계속되다가 1695년에 연합군은 나무르(Namur) 요새에서 루이 14세에게 큰 패배를 안겨주었다. 나무르의 함락과 재정 궁핍으로 어려움에 빠진 루이 14세는 결국 1697년 라이스바이크(Rijswijk)에서 강화조약을 맺었다. 이 조약에서 루이 14세는 윌리엄 3세를 영국의 왕으로 인정하고, 스트라스부르(Strasbourg)를 제외하고 1678년 이후 그가 차지한 모든 영토를 반환하기로 합의했다.

국채 제도와 잉글랜드은행의 설립

전쟁은 엄청난 돈을 집어삼키게 마련이었다. 찰스 2세와 제임스 2세의 통치 기간인 평화 시에 정부는 연간 약 200만 파운드를 지출한 데 비해, 윌리엄의 시대에는 거의 600만 파운드나 지출했다. 이런 전쟁 경비의 3분의 2 정도는 의회가 가결해 준 세금으로 감당했지만, 나머지는 정부 차입으로 충당해야만 했다. 이런 차입을 좀더 원활하게 하고 좀더 효율적으로 만든 것이 국채(national debt) 제도의 도입과 잉글랜드은행(Bank of England)의 창설이었다. 찰스 1세와 찰스 2세는 왕실 수입으로 변제할 것을 약속하면서 부유한 개인에게서 단기 차입을 해왔는데, 이제는 의회의 세입으로 장기간에 걸친 이자 지불을 보증함으로써 각계각층의 부유한 국민에게서 장기 차입을 할 수 있게 된 것이다. 즉, 1693년에 의회가 표결한 물품세수입으로 보증하는 평생 연금이 판매되었는데, 그것은 정부가 차입한 원금의 변제를 하지 않는 대신 평생 동안 일정액의 이자를 지급하는 제도였다. 이런 국채 제도는 이듬해인 1694년에 잉글랜드은행[13]의 설립으로 그 기반이 더욱 확고해졌다. 잉글랜드은행은 영국 최초의 주식회사 은행으로서, 형성된 자본금 120만 파운드 전액을 정부에 장기적으로 대부해 주었으며, 이에 대해 정부는 연 8%의 이자를 지불하는 한편 은행에 대하여 주식의 판매, 예금, 대출, 은행권 발행 등의 권한을 부여했다. 이와 같은 장기적 융자 관계를 통해서 윌리엄 3세와 런던과 휘그의 결속이 더욱 긴밀해졌다. 만일 루이 14세와 제임스 2세가 승리한다면 정부에 대한 대부금은 물거품이 될 것이며 그러한 대부를 한 런던의 부유한 상인들, 그리고 이들과 긴밀한 관계를 가진 휘그들은 낭패를 면할 수 없었을 것이기 때문이다. 수도원의 해산으로 그 재산을 획득한 젠트리들이 튜더 왕조와 공통의 이해관계를 가졌듯이, 국채의 매수자와 잉글랜드은행, 그리고 휘그는 윌리엄 3세와 공통의 이해관계 속에 묶여있었던 것이다.

의회정치의 발전

오랜 전쟁은 헌정 체제의 발전에도 큰 영향을 미쳤다. 국왕은 세금을 확보하고 국채를 발행하기 위해서 매년 의회를 열지 않을 수 없었고, 이에 따라 의회는 차츰 통치 기구의 불가결한 일부가 되었다. 17세기에는 의회가 때로는 불합리하고 또 아주 귀찮은 중세적 유물로서, 능률적인 왕정에 방해가 되는 것으로 보일 수 있었으며, 그래서 차라리 이를 없애는 것이 이로우리라고 생각되기도 했다. 그러나 이

---

13) 잉글랜드은행이 최초의 은행은 아니었다. 초기 형태의 은행은 이미 1650년대에 런던의 금세공들이 금과 은을 맡아 보관하면서 그 일부를 이자를 받고 빌려주기 시작했을 때 나타났고, 1675년에 이르면 은행가들은 예금, 대출, 은행권 발행 등 은행의 3대 기능을 수행하고 있었다.

제 의회의 장래는 확고해졌다. 다음 세기에 통치의 문제는 더 이상 어떻게 하면 의회 없이 지배할 것이냐 혹은 어떻게 의회를 무력화시킬 것이냐 하는 문제가 아니라 어떻게 의회를 조종하느냐 하는 문제가 되었다. 의회를 다루는 수법이야말로 정치를 운영하는 데 핵심 열쇠가 된 것이다.

이렇듯 의회가 중요한 통치 기구로 되고 국왕의 의회에 대한 의존이 커지는 가운데 토리와 휘그 사이의 구분이 더욱 두드러졌고 싸움이 한층 더 치열해졌다. 주로 지주 계층을 지반으로 한 토리는 대체로 세습적 왕위계승을 선호했으며, 전쟁에 소극적이었고(특히 대륙에서의 지상전을 싫어했으며), 종교적으로는 국교회를 옹호했다. 이에 대하여 주로 상인 계층의 이익을 대변한 휘그는 왕권의 축소를 추구하고, 대외 전쟁에 적극적이었으며, 종교적 관용 정책을 지지했다. 전쟁 수행에 대한 단합된 지지를 저해하는 이 같은 당파 싸움 때문에 고심하던 윌리엄은 두 당파의 사람들을 고루 등용하는 탕평책을 써보았으나 의회의 다수를 차지하고 있던 휘그파의 반대로 실효를 거두지 못했다. 이와 같은 휘그의 지나친 당파심 때문에 윌리엄은 한때 토리 쪽으로 눈을 돌렸으나, 토리는 전쟁을 제대로 이끌어가지 못했을 뿐만 아니라 의회를 장악하지도 못했다. 전쟁 수행을 가장 중요한 일로 생각한 윌리엄은 휘그들을 대거 정부의 요직에 앉혔으며, 그 결과 1696년에는 마침내 왕의 핵심자문관 집단인 내각이 오직 휘그파만으로 이루어졌다.[14] 그러나 이듬해의 라이스바이크 강화로 평화가 도래하자 토리파는 휘그파를 조금씩 관직에서 몰아내면서 다시 내각에 진출할 수 있었다. 그러나 이때쯤 왕의 관심은 국내의 분쟁보다는 에스파냐 왕위계승 문제에 쏠려있었다.

에스파냐 왕위계승 전쟁과 앤 여왕의 치세

후사가 없던 에스파냐의 카를로스 2세는 1700년 제국 전체를 루이 14세의 손자인 앙주 공 필리프에게 물려줄 것을 유언으로 남기고 사망했다. 만일 프랑스와 에스파냐가 부르봉(Bourbon) 왕가에 의해 통합된다면 이것은 유럽의 세력 균형에 커

---

14) 이제 내각이 추밀원을 대신하여 정부의 주된 기구로 발전했는데, 이 휘그 내각이 영국 역사에서 최초의 정당 내각이라 할 만한 것이었다.

앤 여왕

다란 위협이 될 것이 분명했다. 그러나 오랜 전쟁 끝에 평화를 찾은 지 몇 년 되지 않은 영국인들은 다시 전쟁을 시작하는 것을 달가워하지 않았다. 루이 14세의 무모한 행동이 이런 영국인들의 여론을 전쟁 쪽으로 돌아서게 했다. 그는 에스파냐령 네덜란드(오늘날의 벨기에), 쾰른, 밀라노 등지에 침입하여 몇몇 전략적 요지를 점거하는가 하면 필리프가 장차 프랑스 왕위까지 이어받는 것을 부인하지 않았다. 이에 윌리엄은 1701년 9월 독일 제국 및 네덜란드와 더불어 다시 대동맹을 결성하여 프랑스와의 전쟁을 준비했다. 바로 이 시기에 루이 14세가 취한 두 가지 조치가 영국인들을 전쟁의 길로 몰아넣었다. 루이는 에스파냐로 하여금 아프리카 노예를 에스파냐령 아메리카에 공급할 수 있는 권한을 프랑스 회사에 부여하게 했으며, 에스파냐와 네덜란드, 그리고 지중해에서의 영국산 모직물의 교역에 위협을 가했다. 게다가 그는 이 무렵 제임스 2세의 임종에서 그의 어린 아들을 영국왕 제임스 3세[15]로 인정함으로써 휘그뿐 아니라 토리까지도 전쟁의 대열에 결집하게 만들었다. 그러나 윌리엄 자신은 전쟁 수행의 과제를 남겨둔 채 1702년 2월 낙마 사고로 갑자기 세상을 떠났다. 왕위는 바로 권리장전에 마련된 규정에 따라 윌리엄의 처제이자 제임스 2세의 차녀인 앤(Anne)이 계승했다.[16]

37세의 나이에 즉위한 앤 여왕은 아이가 열다섯이나 있었으나 모두 일찍 죽었

15) 제임스 에드워드는 노왕위요구자(Old Pretender)로 불리고, 그의 아들 찰스 에드워드는 소왕위요구자(Young Pretender)로 불렸다.
16) 1701년에 제정된 왕위계승법(Act of Settlement)은 왕위를 개신교도에게 한정하면서 왕위가 앤과 앤의 자손, 그리고 윌리엄의 자손, 그 다음에는 제임스 1세의 외손녀인 하노버의 여선제후(Electress) 소피아(Sophia)와 그녀의 자손의 서열로 계승될 것을 규정했다.

고, 새로 출산할 가망도 없었다. 몸이 지나치게 뚱뚱하여 먹
는 것이 취미였던 그녀는 우둔하고 고집 세고 편협했다. 그러
나 한편으로 신앙심이 두텁고 의무감도 있는 데다가 선량하
고 친절한 면도 지니고 있었다. 그녀는 당파 정치를 타파하여
왕의 대권을 유지하려고 노력했으나, 결국은 대신들에게 의존
할 수밖에 없었다. 이리하여 소수의 측근 자문관 그룹이 주도
권을 잡게 됨에 따라 그녀의 치세하에서 제한 왕정이 크게 발
전했다.

말버러 공, 존 처칠

    당파를 싫어한 앤 여왕은 처음 휘그와 토리의 양당 사람들
로 연립 내각을 구성했는데, 그중 가장 중요한 인물이 후에
말버러(Marlborough) 공이 된 존 처칠이었다. 내전 때 제임스 1
세를 위해 싸우다 영지를 잃은 왕당파 지주의 아들로 태어나, 가난했지만 야심만
만했던 그는 여인들의 도움을 받아 말버러 가문을 일구었다. 그는 요크 공 제임스
의 정부였던 누이를 통해 궁정에서 입신하고, 애인의 도움으로 치부도 했다. 앤이
즉위한 다음에는 여왕과 절친한 사이로 여왕에게 가장 큰 영향력을 행사한 아내
새라 제닝스(Sarah Jennings)의 힘으로 출셋길에 올랐다. 타고난 용기와 능력으로 군
에서 두각을 나타낸 그는 영국 역사상 가장 위대한 장군의 한 사람이자 능란한 정
치외교가였다. 1702년 군사령관으로 임명된 말버러 공은 에스파냐 왕위계승 전쟁
동안 크고 작은 많은 전투에서 한 번도 패배하지 않았다. 특히 1704년 바이에른의
블렌하임(Blenheim)에서 합스부르크 제국의 사령관인 사보이 공 프랑스와-외젠
(François-Eugène)과 연합하여 프랑스군을 대파하고, 다시 1706년 라미이(Ramillies) 전
투와 1708년 아우드나르드(Oudenaarde) 전투에서 결정적 승리를 거둠으로써 라인
강 너머 독일 땅에 대한 프랑스의 야망을 꺾고 에스파냐령 네덜란드에서 프랑스군
을 쓸어냈다. 그리하여 그는 재무부 총재(First Lord of the Treasury) 시드니 고돌핀
(Sidney Godolphin) 백과 더불어 앤 여왕 치세 동안 최고의 실권자가 되었다. 한편 이
동안에 바다에서도 1704년 써 조지 루크(Rooke) 제독이 지브롤터(Gibraltar)를 점
거했으며, 1708년에는 영국 해군이 지중해의 미노르카(Minorca) 섬에 상륙하여

마혼(Mahon) 항구에 주둔하며 지중해의 해상권을 장악했다.

오랜 전쟁에 지친 루이 14세는 1709년 강화를 시도했다. 그러나 에스파냐에서 필리프(펠리페) 5세를 축출하라는 모욕적인 조건이 제시되자 그는 싸움을 계속하기로 결심하고 새로 군대를 일으켜 프랑스인들에게 영웅적인 항전을 호소했다. 말버러는 말플라케(Malplaquet)에서 다시 한 번 승리를 거두었으나 그것은 많은 희생을 치르고서 가까스로 이루어진 것이었으며, 전략적으로는 프랑스군의 승리나 다름없었다. 이 전투 이후 영국군의 파리 진격이 저지되었으며 질서 정연한 후퇴 작전의 성공으로 프랑스군의 명성이 회복되었다.

이 전쟁은 이전의 전쟁과는 사뭇 다르게 진행되었다. 군대의 규모가 훨씬 더 커지고 그만큼 막대한 자금이 들었다. 전쟁이 오래 지속된 가운데 인명과 재산의 피해도 컸다. 영국인들은 엄청난 전쟁 비용을 부담했으며, 정부의 연간 지출은 900만 파운드에 달했다. 이렇게 막대한 전비를 조달하는 것은 성공적인 의회 운영을 통해서만 가능한 일이었다. 원래 영국 교회에 헌신적이고 토리파에 호의적이던 앤 여왕은 처음에는 토리파에 의존하여 국정을 운영하려 했으나, 전쟁 수행에 소극적이었던 토리들은 여왕의 기대에 부응하지 못했다. 전쟁이 진행되면서 강경책을 추구한 휘그파가 점차 의회의 다수를 차지하게 되었고, 이에 따라 본시 온건한 토리였던 말버러와 고돌핀은 휘그파의 도움을 받지 않을 수 없었다. 그들은 휘그 의원과 일종의 정치적 동맹을 결성하여 전쟁을 수행해 나갔으며, 휘그는 그 대가로 내각의 여러 자리를 요구하여 주도권을 쥐게 되었다. 자신이 직접 각료를 선택할 권리를 행사하기를 원한 여왕은 이런 사태에 완강하게 반발했지만, 당파적 열정과 결합된 돈주머니의 힘 앞에 국왕 대권은 너무나 무력함을 드러냈다.

고돌핀의 재정 지원하에 말버러는 많은 전투에서 승리를 거두었으나 유리한 조건으로 전쟁을 종결짓는 데는 성공하지 못했다. 그들은 1709년 이후 언제든 유리한 입장에서 강화를 맺을 수 있었으나 완전한 승리를 추구함으로써 그 기회를 놓치고 말았다. 국민은 점점 전쟁을 지겨워하여 평화를 바랐으며, 여왕은 전쟁을 계속 밀고 나가는 휘그파를 혐오했다. 이런 정황에서 하원을 다루는 솜씨가 능숙한 토리파 정치가인 로버트 할리(Harley)가 여왕의 신임을 얻어 권력을 장악했다. 이 무렵 여왕은 오랫동안 총애해 온 새라 부인 대신 새로 새라의 사촌 누이인 애비게일 매섬 부인(Mrs. Abigail Masham)을 총애하게 되었다. 한편 1710년에 토리파 성직자인 헨리 서셰버럴(Sacheverell) 박사에 대한 재판이 있었다. 그는 왕에 대한 순종을 설교하고 휘그파 대신들, 특히 고돌핀을 신랄하게 공격하여 탄핵재판에 회부되었으나, 휘그와 비국교도에 반대하는 국민들의 들끓는 여론 속에 상원은 3년 동안의 설교 금지라는 가벼운 제재를 가함으로써 사실상 그를 석방한 것이나 다름없었다. 이후 국민의 여론이 국교회와 토리 쪽으로 돌아서면서 결국 고돌핀은 실각하고 다른 휘그 대신들도 밀려났다. 이윽고 휘그파가 다수를 차지한 의회가 해산되고 1710년에 실시된 선거에서 토리파가 다수 의석을 차지했다. 할리는 이 의회를 조종하여 강화 교섭을 추진했으며, 이 과정에서 1711년 말버러도 제거되었다.[17] 1712년 할리는 휘그가 과반수를 차지하고 있는 상원으로부터 강화조약에 대한 지지를 확보하기 위해 여왕을 설득하여 12명의 토리파 귀족을 새로 서임했는데, 이것은 영국의 헌정 사상 하나의 중요한 선례가 되었다.

오랜 협상 끝에 마침내 1713년에 위트레흐트(Utrecht) 조약이 체결되었다. 휘그파는 이 조약이 프랑스에 너무 유리하다고 비난했지만, 그것은 사실 적국을 지나치게 절망에 빠뜨리지 않을 정도의 냉정함을 지닌 강화조약이었다. 그것은 결국 필리프의 에스파냐 왕위를 인정했으나 프랑스와 에스파냐의 왕관이 부르봉 왕실에 의해 하나로 합쳐지지는 못하게 했다. 한편 루이는 앤과 그 이후의 하노버가의 영국 왕위계승을 인정하고 제임스 2세의 아들인 노왕위요구자(Old Pretender)를 더 이상 지원하지 않고 프랑스에서 추방하기로 했다. 영국은 해외에서도 많은 것을 얻어냈다. 에스파냐로부터 탈취한 지중해의 관문 지브롤터와 미노르카를 차지하고, 프랑스로부터는 신대륙의 노바 스코시어(Nova Scotia), 뉴펀들랜드와 허드슨 만 지역, 그리고 서인도제도의 세인트 키츠(St. Kitt's) 섬을 양도받았다. 그뿐만 아니라 카리브 해의 에스파냐 식민지에 흑인 노예를 공급할 독점권을 인정한 이른바 아시엔토(asiento)와 함께 매년 한 척의 배를 그곳의 정기시에 보내 무역에 종사할 수

---

17) 그는 공금횡령의 혐의로 파면되었고, 대륙으로 망명하여 앤 여왕이 사망할 때까지 다시 영국에 돌아오지 않았으나, 그 후 1722년 죽을 때까지 부유하고 명예롭게 여생을 누렸다.

있는 권리까지 획득했다.[18] 이래서 얼마 전까지만 해도 프랑스의 보조금을 받아온 이류 국가인 영국이 프랑스에 필적하는 경쟁자로 떠올라, 세계에서 가장 활발하고 분주한 상업 제국의 길로 접어들게 되었다.

정당정치의 발전

앤 여왕 치세에 정치의 중요한 특색 가운데 하나는 정당이라는 요인이 모든 정치에 스며들었다는 점이다. 1702~1714년 사이에 의회에 진출한 1,000여 명의 의원 가운데 휘그나 토리로 분명하게 판명되지 않는 사람은 70명 정도에 불과했다. 의회 안에서의 이런 당파적 격정은 주와 도시, 교회와 군대, 커피하우스와 극장 등 모든 곳, 모든 부문에 전파되어 국민을 갈라놓았다. 그것이 미친 주된 영향은 정치권력을 하원의 다수를 차지한 정파의 수중에 넘어가게 한 것이었다. 하원은 재산, 주로 토지를 소유한 좁은 사회적 엘리트층을 대표했다. 1711년의 재산자격제한법 (Property Qualification Act)은 주 대표 의원의 자격을 연수 600파운드 이상의 토지소유자로, 도시 대표 의원의 그것을 300파운드 이상의 재산소유자로 제한했다.[19] 그 결과 의석을 차지한 계층의 인구는 영국민의 0.5%를 구성하는 데 불과했다. 선거권을 가진 사람들의 수는 이보다 훨씬 더 많았지만, 이들 역시 여전히 인구의 4% 남짓인 소수 특권층으로서 성인 남자 5명 가운데 1명이 투표권을 가진 데 불과했다. 그런 데다가 500여 명의 의원 중에서 140명가량은 국왕이나 유력한 거물들의 지명에 의해 의석을 차지했다. 또한 많은 선거구에서 휘그 또는 토리 가문이 고정적으로 의석을 장악하고 있어서 선거는 사실상 경합 없이 치러졌다. 앤의 치세 동안 양파 사이에 치열한 선거전이 벌어진 경우는 약 100개의 의석에 불과했다.

지주 계층의 힘은 하원보다 지방정부에서 한층 더 크게 작용했다. 그들은 치안판사로서 주 법정에서 지방민을 재판하고, 행정을 처리하고, 세금을 부과했다.

---

18) 500톤 급의 배 한 척만을 보낼 수 있다는 이 규정은 그 배를 항구에 정박시켜 놓은 후 다른 배들이 실어온 물품을 그 배에 옮겨 실음으로써 무역량을 무한정 늘리는 편법으로 유명무실화되었다.

19) 이 재산자격제한법은 하원의원의 토지재산 자격 기준을 높임으로써 토지보다 사업 분야에 더 많은 재산을 가지고 있는 휘그파에 제동을 걸고자 한 토리파가 주도해서 제정한 법이었다.

1688년의 혁명은 왕에게 지방정부에 대해서 간섭하지 말라고 가르쳤다. 크롬웰 시대의 잉글랜드에서는 중간계급이 권력을 장악하려고 노력했으며, 짐마차군이나 피혁상인 혹은 푸주한의 자식들이 지배 엘리트로 상승하는 예도 더러 있었으나, 왕정복고와 명예혁명은 부자들의 지배를 회복했다. 이제 잉글랜드는 과두정의 나라가 되었으며, 신수재산권이 신수왕권을 대치하게 되었다.

산업의 발달

이런 과두정이 지배한 사회는 상업으로 부유해진 사회였다. 이 새로운 교역 세계의 중추는 50만 인구를 가진 런던이었다. 인도에서 차, 북아메리카에서 비버 가죽과 담배, 레반트에서 커피와 면화, 아프리카에서 상아와 염료 나무, 발트 해에서 아마와 타르와 목재 등 세계 각지에서 온갖 물품들이 템즈 강을 따라 런던으로 들어왔다. 그러나 런던이 교역의 중추이기는 했지만 튜더 시대처럼 교역을 독점하지는 못했다. 브리스틀, 엑시터, 리버풀(Liverpool) 등 외항들도 활기찬 항구로 성장했다. 브리스틀은 영국 제품을 식민지에 실어 나르고 담배와 설탕을 들여왔으며, 엑시터는 모직물의 수출로, 리버풀은 제당업으로 번성했다. 해외무역 규모도 컸지만 국내 교역은 그보다 세 배나 더 컸다. 곡물, 석탄, 소금, 벽돌, 그리고 철 등의 여러 물품들이 항구에서 항구로 혹은 강을 오르내리며 옮겨졌다.

제조업 또한 발전했다. 직물은 아직도 영국의 최대 제조업이었는데, 여전히 가내공업 체제에 따라 조직되었다. 그러나 타인 강변의 제염업자, 머지(Mersey) 강변의 제당업자, 콘월의 주석제련업자, 런던의 주조업자, 그리고 뉴카슬의 유리제조업자들은 반(半)공업화한 사회를 형성하고 있었다. 이들 공업은 각각 1700년에 이르면 목탄 대신 석탄을 이용할 수 있게 되었다. 1709년에는 퀘이커교도 제철업자 에이브러햄 다비(Darby)가 철광석을 코크스로 녹이는 법을 발견했으며, 이것은 머지 않아 제철 산업에 대변혁을 가져오게 되었다.[20] 그러나 이 시기에 제조업에서 일

---

20) 이렇게 만들어진 쇠가 선철(pig iron)로서 이것으로 토머스 뉴커먼(Newcomen)의 증기 엔진, 에이브러햄 다비 3세(Darby III)가 코울브루크데일(Coalbrookdale)에 세운 세계 최초의 철교, 그리고 리처드 트레비시크(Trevithik)의 기관차 등이 만들어졌다.

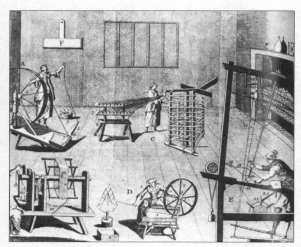
가내공업

어난 큰 진전은 산업 기술의 진보보다는 차라리 종교적 불관용의 덕택이라 할 수 있다. 루이 14세는 1685년 낭트칙령(Edict of Nantes)[21]을 폐지함으로써 대부분이 숙련기술자인 1만 5,000명의 위그노들을 런던에 이주·정착하도록 만들었던 것이다.

상업 정신이 영국 사회에 널리 스며들면서 지주 계층까지도 경제활동에 종사하게 되었다. 지주 계층 사람들이 부유한 상인의 딸과 혼인하기를 꺼려하지 않았으며, 번영하는 상인들이 토지를 사들여 젠트리가 되기도 했다. 한편 주식회사의 성장으로 부유한 사람들은 계층이나 직업과 관계없이 누구나 사업에 투자할 수 있게 되었다. 1688년에 잉글랜드 전체를 통틀어 15개에 불과했던 주식회사가 1696년에는 100개를 넘어섰다. 사람들은 잉글랜드은행, 동인도회사, 허드슨 만 회사 등 대회사뿐만 아니라 화약 제조, 동 제련, 칼 제조 등 여러 제조업 회사들에 투자할 수 있었다. 오랜 전쟁 기간의 엄청난 재정 팽창을 감당한 것도 사실 17세기 후반 이후 눈부시게 성장한 이와 같은 상업과 대외무역, 그리고 제조업이었다.

상업과 제조업의 구조는 사실 이 시대에 늘어난 농업적 부에 의존하는 것이었다. 중세 후기와 17세기 말 사이에 곡물과 목초의 수확량은 네 배 증가했고, 양과 소의 마릿수는 그보다 더 크게 증가했다. 평균 잡아 농업 소출은 1400년에서 1700년 사이에 다섯 배나 증가했다. 중세 잉글랜드의 농업은 300만의 인구를 제대로 부양하지 못했으나, 1700년에는 500만이 넘는 인구를 먹이고도 곡물을 수출할 수 있었다. 이런 엄청난 생산성 향상은 1560년에서 1720년 사이에 일어난 농업혁명으로 가능했다. 그 이전까지는 경지의 일정 부분을 돌아가며 놀리는 이른바 2포제 또는 3포제 농법으로 지력의 회복을 꾀했으나, 이 시기에 들어와서는 수년 간격으

---

21) 1598년에 위그노에 대한 신앙의 자유를 허용한 칙령.

로 곡물 경작과 목축을 번갈아 하는 이른바 곡초교대농법(穀草交代農法, convertible husbandry)에 의해 토지의 비옥도를 유지할 수 있었고, 양과 가축의 사육 또한 크게 늘어났다. 한편 이 시기에 순무와 클로버가 사료작물로 도입되면서 겨울 동안에도 가축 사육이 가능해졌다. 이들 가축은 거름을 생산하여 토양을 비옥하게 했고, 따라서 지력이 유지되어 지속적인 경작이 가능해짐과 동시에 더욱 많은 육류와 낙농 제품을 생산할 수 있게 되었다. 이 밖에도 이 시기에는 습지의 간척, 이회토(泥灰土)·석회·분뇨 비료의 이용, 가축 품종의 개량 등 영농 기술의 발전과 함께 광범위한 인클로저 운동의 전개로 농업 생산성이 획기적으로 향상되었다.

스코틀랜드와의 통합

번영하는 잉글랜드와 달리 스코틀랜드는 여전히 가난했다. 스코틀랜드인의 1인당 부는 잉글랜드의 5분의 1에 불과했다. 그리하여 스코틀랜드인들은 잉글랜드의 무역 제국에 참여하기를 원했지만, 잉글랜드는 한사코 이들을 배제하려 했다. 잉글랜드는 그들에게 정치적·종교적 독립은 허용하지 않으면서도 경제적으로는 자립하라고 요구했다. 가령 항해법을 적용할 때 스코틀랜드인들은 완전히 외국인으로 취급되어 그 법의 보호에서 배제되었던 것이다. 그래서 스코틀랜드인들은 그들 자신의 식민지를 건설하기로 작정하고, 1695년 아프리카·인도무역회사를 설립했으며, 1698년에 이 회사가 파나마 지협의 다리엔(Darien)에 식민지를 건설했다. 그러나 습지 가운데 위치한 열악한 기후 조건, 에스파냐인들의 공격, 스코틀랜드산 모직물에 대한 원주민들의 무관심 등으로 말미암아 수많은 사람들이 투자한 이 모험은 대재난으로 끝나고 말았다. 이제 스코틀랜드인에게 유일한 구원은 잉글랜드와 통합하여 항해법의 보호 안에 들어가는 것이었다.

스코틀랜드인들은 그동안 몇 차례 그러한 통합을 추구했으나 번번이 거절당해 왔다. 그러나 이제 그들은 잉글랜드 상업 제국의 빗장을 열어젖힐 열쇠를 찾아냈다. 1703년 스코틀랜드 의회는 보장법(Act of Security)을 제정했는데, 이 법은 앤 여왕의 사망 시 의회가 계승자를 선택할 것을 규정한 것이었다. 즉, 잉글랜드가 사전에 스코틀랜드에 상호 간의 무역 자유와 장로교회의 신앙 자유 등을 보장하지 않는다면 스코틀랜드 의회는 잉글랜드가 선택한 인물과 다른 인물을 계승자로 선택할 것임을 천명한 것이었다. 그리고 그것은 왕위요구자 제임스 에드워드의 복귀 가능성을 뜻하기도 했다. 요컨대 이 법의 통과는 잉글랜드에게 스코틀랜드 왕국과의 영구적인 적대냐, 아니면 상호 무역을 보증할 통합이냐의 양자택일을 강요하는 것이었다. 잉글랜드는 결국 후자를 선택했다. 1706년 앤 여왕은 양국 의회의 동의를 얻어 통합 문제를 협의할 위원을 임명했고, 이들의 협의는 마침내 1707년 통합법(Act of Union)으로 결실을 맺었다.

두 왕국은 이제 하나의 왕 아래 하나의 의회를 갖는 그레이트 브리튼 통합왕국(The United Kingdom of Great Britain)이 되었다. 스코틀랜드는 45명의 대표를 잉글랜드의 하원에, 그리고 귀족 대표 16명을 상원에 보내는 대신 자신의 의회를 포기했다. 스코틀랜드에 배당된 이 45석은 인구 비율로 따진다면 너무 적은 수로 보일 수 있다. 인구 500만 남짓의 잉글랜드가 513석이면, 100만인 스코틀랜드는 100석은 되어야 하기 때문이다. 그러나 의석수의 기준을 해당 지역의 인구가 아니라 그 지역이 부담하는 과세액에 둔다면 스코틀랜드의 의석수는 결코 적은 것이 아니었다. 잉글랜드 국고에 대한 스코틀랜드의 기여는 배당된 의석의 비율보다 훨씬 낮았기 때문이다.[22] 한편 통합은 스코틀랜드 귀족의 명예와 위엄을 크게 손상시켰다. 그들은 잉글랜드 귀족처럼 자동적으로 상원의원이 되지 못하고 그 가운데 16명만이 선출되었기 때문이다.

정치적 독립을 잃은 대신 스코틀랜드인들은 잉글랜드 및 그 식민지와의 교역의 자유를 획득했다. 통합으로 조세제도와 관세제도도 하나로 통일되었다. 게다가 그들이 가장 소중히 여기는 두 개의 유산, 즉 잉글랜드의 보통법과 아주 다른 그들 고유의 법체계와 장로교회를 그대로 보유했다. 많은 스코틀랜드인들이 런던의 지배를 받는다는 생각 때문에 불안해하기는 했지만, 이 통합으로 그들은 18세기를 지나면서 전에 없는 번영을 누리게 되었다. 글라스고우(Glasgow)는 런던의 경쟁자가 되고, 클라이드(Clyde) 강은 템스 강 만큼이나 선박의 출입이 왕성하여 스코틀랜

---

22) 스코틀랜드인들이 부담한 토지세는 영국 전체 토지세액의 40분의 1에 불과했다.

드 출신이 런던의 거물이 되었다.

하노버가의 왕위계승

앤 여왕 치세의 말년은 그녀의 건강이 나빠짐에 따라 왕위계승 문제가 또다시 정국을 지배하는 주요 쟁점이 되었는데, 이와 더불어 또 하나의 중요한 문제가 토리당의 분열이었다. 옥스퍼드 백이 된 할리는 하노버가에 동조하는 온건 토리를 지도하면서 정파를 넘어선 탕평책을 추구했다. 이런 옥스퍼드 백의 미온적 태도에 불만을 품은 많은 토리들은 볼링브루크(Bolingbroke) 자작인 헨리 세인트 존(St. John)의 주도 아래 모든 관직에서 휘그를 완전히 몰아내려 했으며, 또한 고교회파와 제휴하여 비국교도에 대한 억압정책을 강화했다. 1711년에 이미 그들은 국교위장방지법(Occasional Conformity Act)[23]으로 국교 신봉을 위장한 비국교도들의 관직 취임 관행에 쐐기를 박았다. 1714년에는 한 걸음 더 나아가 비국교도분리법(Schism Act)으로 비국교도가 학교를 운영하거나 어린이를 가르치는 것을 금지했다.

그러나 토리의 시대는 끝나가고 있었다. 하노버가가 왕위를 계승할 전망은 이들의 앞날에 어두운 그림자를 던지고 있었다. 토리의 극우파는 이른바 제임스 복위파(Jacobites)였는데, 이들은 제임스 2세 및 그의 아들 제임스 에드워드, 즉 노왕위요구자의 왕위계승권을 지지함으로써 하노버가의 비위를 건드리고 있었다. 여왕의 병세가 위중한 마지막 순간에 볼링브루크는 제임스 복위파와 운명을 같이하는 승부수를 던졌다. 여왕의 총애를 받은 그는 1714년 7월 말 옥스퍼드를 해임시키고 제임스 복위파로 내각을 짜려 했다. 그러나 시간이 그것을 허락하지 않았다. 8월 1일 여왕이 사망했으며, 9월 초에 왕위계승법에 따라 하노버 선제후 조지(George)가 왕위에 올랐다. 볼링브루크는 프랑스로 망명하고 휘그가 권력을 장악함으로써 이후 오랜 휘그 지배의 시대가 열렸다.

---

23) 비국교도들은 일 년에 한두 번만 국교회의 성사에 참석하고 난 뒤에는 그들 자신의 교회에서 예배하는 것이 허용되었는데, 이로써 그들은 심사법의 규정을 피해 관직에 취임할 수 있었다. 468~469쪽 참조.

4. 사회와 문화

사회적 풍조

　16세기 영국의 사회와 문화에 가장 큰 영향을 준 외국이 이탈리아였다면 17세기 후반에는 프랑스였다. 왕당파 시인들은 망명 생활을 프랑스에서 보냈고, 찰스 2세와 제임스 2세는 모친의 혈통에 의해서만이 아니라 추억과 생활양식에서도 프랑스인이었다. 일상 언어 속에 많은 프랑스어가 들어와 영어와 함께 쓰였다. 이 시기에는 종교시 대신 풍자시가 등장하고 풍자시와 나란히 연가가 꽃피었다. 밀턴이나 번연 같은 작가의 신비주의는 당시의 궁정에서는 환영받지 못했다.

　17세기 후반기의 영국 사회는 덕성의 추구보다는 위트와 쾌락의 추구에 훨씬 더 많은 관심을 나타냈다. 찰스 2세의 궁정은 위선을 미워하는 나머지 예절까지 멸시했다. 궁정은 다시 사회의 중심이 되었고, 또한 왕은 궁정의 중심이 되었다. 찰스 2세는 음담패설을 즐기고 수많은 정부를 두고 있었다. 그의 궁정은 자유분방하고 상스럽고 음탕한 분위기로 채워졌고, 궁정의 이런 분위기는 밖으로도 퍼져나갔다. 런던에는 주점과 유곽이 늘어나고, 서점은 도색 서적이나 춘화를 자유롭게 팔았다. 이 무렵에 커피와 홍차가 도입되어 다방도 생겨났다. 이들 다방과 주막에서는 음탕한 이야기가 꽃을 피우고 궁정의 추문이 사람들의 입에 오르내렸다. 연극은 방종한 시대상을 그대로 반영했다. 공화정 기간에 제한되었던 연극이 왕정복고와 더불어 다시 활기를 띠고 닫힌 극장 문이 다시 열렸다. 윌리엄 콩그리브(Congreve), 윌리엄 위철리(Wycherley), 존 드라이든(Dryden) 등과 같은 극작가들은 주로 모든 부르주아 덕목과 특히 결혼을 풍자하고, 시골의 젠트리와 런던의 상인과 충실한 남편 등을 조롱했다. 복고왕정의 계관시인이기도 한 드라이든은 희곡뿐만 아니라 시와 비평과 풍자문학 등 다방면에 걸친 역작으로 17세기 후반의 영국 문학을 지배했다. 기술적인 면에서도 극장은 괄목할 만한 진보를 보여주었다. 무대장치가 개선되고, 여성 역을 소년이 아니라 여자가 직접 맡게 되어 사교계의 남자들은 종종 극보다는 여배우를 보러 극장에 갔다.

　왕정복고 이후의 영국 사회는 퓨리턴 윤리에 대한 반동으로 지나치게 그 반대쪽

으로 기운 감이 없지 않았다. 그러나 궁정이나 극장에서의
현상만으로 당시의 영국 전체가 부도덕과 방탕에 빠져있
었다고 판단하는 것은 잘못이다. 이런 부도덕한 악습은 일
부 소수의 유한 계층 사람들에게 한정된 일이었다. 시골
장원의 저택, 가게 주인의 가정, 그리고 일반 농가에서는
예나 다름없는 가족생활이 그대로 계속되고 있었다. 도서
관에는 신학자들이 자리를 메우고 있었으며, 서점에서는
설교집이 시집보다 더 잘 팔렸다.

조너선 스위프트

아우구스투스 시대의 문화

복고왕정 시대에 크게 인기를 누리던 연극이 명예혁명
이후에는 별로 번성하지 못했다. 그 대신 앤 여왕 시대에는 문학이 크게 융성했는
데, 그 빛나는 성취가 로마의 아우구스투스(Augustus) 황제 때와 닮았다고 하여 이
시대를 흔히 아우구스투스 시대라고 부른다. 아우구스투스 시대는 희곡이나 시의
시대가 아니라 산문의 시대였다. 그 주요 형태는 신문과 팸플릿과 평론 등이었는
데, 이 모든 것들은 1695년에 출판물인허법(Licencing Act)이 폐기되는 것과 더불어
새로운 자유를 누렸다. 이 법의 폐기로 검열이 사라져 시사 문제에 대한 토론이
활발해지고, 신문과 잡지들이 출현하여 다양한 지면이 제공되었다. 그리고 이것은
도시의 중간 계층을 중심으로 한 더욱 광범위한 새로운 독서 계층의 형성을 촉진
했다.

1702년 런던에는 세계 최초로 일간신문이 나타났다. 휘그인 리처드 스틸(Steele)과
조지프 애디슨(Addison)은 일간지 ≪태틀러(The Tatler)≫와 ≪스펙테이터(The Spectator)≫
를 공동 발간하고 거기에 많은 글을 실었다. 이들은 재치 있고 세련된 필치로 사회
생활의 여러 문제들을 폭로하고 비판함으로써 영국 수필의 항구적인 기반을 닦았
다. 이들과 달리 조너선 스위프트는 토리와 고교회를 변호했는데, 널리 알려진 『걸
리버 여행기(Gulliver's Travels)』(1726)와 같은 작품에는 그의 풍자와 아이러니가 넘쳐
났다. 대니얼 디포우(Daniel Defoe)가 ≪리뷰(The Riview)≫지 등을 통해 온건한 평론

대니얼 디포우

『로빈슨 크루소』 삽화

을 발표한 것도 이 시대의 일이었다. 소매상 집안 출신인 디포우는 정밀하고 서술적인 문체의 소설을 통해 주로 하층계급의 생활상을 묘사했다. 앨릭잰더 포우프(Pope)의 저작은 문학비평과 사회 풍자, 그리고 학문적 저술 등 여러 분야에 걸쳐있으나 그의 천재성은 역시 교훈적인 정교한 시에서 가장 잘 발휘되었다. 그는 풍자시 『우인(愚人)열전(The Dunciad)』(1728, 1742)에서 출판업자와 시인과 학자 들을 마음껏 조롱했다. 이때처럼 문필가들이 강력한 힘을 휘두른 적은 일찍이 없었다. 그것은 정치가들이 여론을 장악할 필요가 그렇게 컸던 적이 일찍이 없었기 때문이다. 영국은 이런 치열한 지상 논쟁을 통해 격렬한 정치적 투쟁을 완화시키는 정당 교체 제도를 향해 한 걸음 한 걸음 나아가고 있었다.

상업의 중심지이면서 또한 문화의 중심지이기도 한 런던은 뜻밖의 재난으로 그 면모를 일신하게 되었다. 1666년의 대화재는 크리스토퍼 렌(Wren)에게 런던의 교회들을 재건축할 기회를 제공했다. 렌은 원래 저명한 천문학자로 건축은 취미 삼아 손을 댄 분야였지만, 세인트 폴 대성당을 비롯하여 수많은 교회의 재건축 과업이 그에게 맡겨지면서 오히려 건축가로서 이름이 더 높아졌다. 그는 과거의 고딕 건축을 버리고 고전적 건축으로 눈을 돌렸다. 그러나 그것은 그가 파리에서 공부한 고전 양식과 바로크 양식이 혼합된 양식이었다. 그리하여 스튜어트 초기의 교회가 강렬한 신앙에 대한 열정을 보여준 것과 대조적으로, 렌의 교회들은 차갑고 가벼우며 합리적인 분위기를 드러냈다. 렌이 파리의 건축을 기념비적 건축의 모델로 삼은 데 비해, 그의 일반 가정집 모델은 암스테르담의 것이었다. 그리고 전자가 하얀 포틀랜드 석회암으로 축조된 데 비해, 후자는 붉은 벽돌로 지어졌다. 가옥들은 언덕에 층층으로 혹은 길가에 줄을 지어 나란히 건축되었고, 각 가옥은 한 쪽에 입구가 있었는데, 그것은 곧장 계단으로 이어져 있었다. 집은 대개 3~4층으로 되어있었으며, 각 층에는 대개 큰 앞방과 뒷방이 하나씩 있었다. 지하실에는 하인들 방이 있었으며, 그것은 영국 사회의 위아래 층 구분을 그대로 보여주었다. 가옥의 이 같은 기본 설계는 아주 유용해서 사실상 빅토리아 (Victoria) 시대 말까지도 그대로 유지되었다. 이런 집들은 화려하지는 않지만 그 속에 비치된 많은 새로운 도구나 가구와 함께 안락한 생활을 제공했다. 도자기와 유리그릇이 양은과 나무 그릇을 대신하고, 많은 가정에서 나이프와 포크, 은제 커피포트와 홍차포트가 사용되고, 긴 등의자와 커다란 괘종시계 등이 거실을 장식했다. 이와 함께 아침, 점심, 저녁 세끼의 식사 패턴이 생겨나고 차와 커피가 맥주를 대신하게 되었다.

세인트 폴 대성당: 렌의 설계로 1675년 건축하기 시작하여 1716년에 일단락되었으나 그 후에도 계속 보완이 이루어졌다.

　　그러나 이와 같은 도시 생활의 모습이 17세기 후반의 영국 전체의 모습을 대표하는 것은 아니었다. 시골 마을의 생활은 수세기 동안 해오던 모습 그대로였다. 사실 그것은 장차 산업혁명에 의해서 파괴되기까지 그대로 지속되었다. 1696년에 처음으로 잉글랜드의 인구와 부에 대한 통계 작업을 시도한 그레고리 킹(Gregory King)의 추산에 따르면, 영국민의 대부분, 그러니까 대략 4명 가운데 3명은 주민 수가 겨우 수백 명 정도인 시골 마을에서 살았다. 나머지도 5명 가운데 3명 정도가 1,000명 안팎의 인구를 가진 소규모 읍에서 살았고, 런던과 같은 참다운 도시적 환경에서 사는 인구는 전 국민의 10분의 1 정도에 불과했다. 요컨대 잉글랜드는 목초지와 경작지 사이에 자리 잡은 마을들이 작은 시장도읍을 중심으로 결합되고,

이런 도읍들이 다시 런던이라는 대도시를 중심으로 하나의 거대한 망으로 조직된, 마을들로 이루어진 나라였다.

사회계층

이 시대는 아직도 토지에 대한 사람들의 관계가 대체로 그 사람의 사회 계급을 결정지었다. 역시 킹의 통계에 의하면, 윌리엄 3세 치세 동안에 사회적 피라미드의 꼭대기에는 160명의 세속 귀족과 26명의 주교가 있었다. 이들 작위 귀족 아래에 1만 6,400여 명의 젠트리가 있었는데, 이들은 치안판사의 직책을 독점하고 하원의 통제력을 장악하는 등 막강한 힘을 행사하고 있었다. 젠트리 바로 밑에는 이들보다 열 갑절이나 많은 16만 명가량의 요우먼이 있었다. 그들은 소규모 토지소유자들로서, 경제적으로 어느 정도 유복했고 참정권을 가지고 있었으며, 또한 자치의 긍지를 지니고 있었다. 이들과 비슷한 수의 차지농 또는 등본토지보유농이나 임차토지보유농과 같은 농부(husbandman)들 역시 요우먼 계층에 포함될 수 있었다. 이들 농민들 아래에 많은 수의 임금노동자와 외거(外居)하인(outservant)이 요우먼이나 차지농에게 고용되어 일하고 있었으며, 이들의 가구 수는 36만 4,000 정도를 헤아렸다. 마지막으로 피라미드의 맨 밑바닥에는 40만 가구 정도의 극빈층이 있었다. 이들은 평균 소득이 요우먼의 10분의 1에도 훨씬 못 미쳐서 걸핏 하면 생계를 교구의 빈민 구제나 개인의 자선에 의지해야만 했다.

만혼과 높은 유아 사망률로 가족의 규모는 대체로 작았다. 평균적인 농민 가구는 부부와 한두 명의 자식, 그리고 한 명의 하인으로 구성되었고, 부유한 요우먼은 좀더 많은 자식과 하인을, 그리고 젠트리는 또 그보다 더 많은 자식과 하인을 두었다. 결혼연령은 17세기를 거치면서 점점 늦어져 18세기에 들어오면 신부가 평균 24세, 신랑은 28세였다. 자녀의 수는 평균 4명이었으나 그 절반이 성인이 되기 전에 사망하여 결국 인구는 제자리걸음을 했다. 그래서 17세기가 되기까지 꾸준히 늘어나던 인구가 17세기 동안에는 거의 정체 상태에 머물렀다. 남성 가장제 원칙이 줄곧 엄격하게 유지되어, 재산과 자녀는 남편에게 귀속되었고, 아내는 배우자라기보다는 차라리 하인처럼 취급되었다. 18세기를 거치면서 부유층 사이에서 좀더

|왼쪽| 프랜시스 베이컨
|오른쪽| 『신기관』 삽화

동등하고 동반자적인 관계의 결혼이 생겨났다. 여성의 지위 향상에 가장 크게 이바지한 것은 교육이었다. 자기 이름을 서명할 수 있는 남녀의 비율이 1600년에는 8대 1이었던 데 대해, 1750년에는 2대 1이 되었다.

과학혁명

17세기에는 여러 가지 면에서 근대적인 사회로의 변화가 일어났다. 그중에서도 17세기를 진정한 의미의 근대로 만든 가장 중요한 변화는 자연과학에서 일어난 변혁이었다. 이른바 과학혁명으로 불리는 이 대변혁은 고대 그리스의 자연과학자들에 의해 제시된 이래 근 2,000년 동안이나 인간 생활을 지배해 온 자연관과 우주관을 근대적인 것들로 대체했다. 영국에서의 과학혁명은 1662년 설립된 '자연 지식 증진을 위한 런던왕립협회(Royal Society of London for Improving Natural Knowledge)'에서 상징적으로 구현되었다. 국왕 찰스 2세에서 교양 시민계급에 이르기까지 과학 연구에 관심 있는 많은 사람이 참여한 이 왕립협회는 영국 과학혁명의 본산이었다.

과학혁명은 실험적 방법론의 도입과 더불어 시작되었다. 고대 그리스인은 수학에 능통했고, 중세 스콜라 철학자들은 형식논리에 정통했지만, 이들은 모두 과학적 방법론의 핵심이라 할 수 있는 실험적 방법을 무시했다. 실험적 방법론은 13세기 영국에서 그로스테스트에 의해 먼저 제기되었으나, 이에 대한 본격적인 논의가 펼쳐진 것은 프랜시스 베이컨의 『신기관(Novum Organum)』에서였다. 1620년에 출간된 이 책에서 베이컨은, 이성은 그 자체로는 언제나 의심받아야 하며 논리로는 결코 자연의 비밀에 도달할 수 없다고 선언하면서, 진리에 이르는 경험적·귀납적 방법의 중요성을 강조했다. 그러나 그는 과학에서의 연역적 추론과 수학의 중요성을 충분히 인식하지 못했다. 그가 간과한 것을 보완한 사람이 프랑스의 철학자 르네 데카르트(René Descartes)였는데, 실은 그 이전에 이미 이 두 가지 접근법을 종합한 사람은 이탈리아의 갈릴레오 갈릴레이(Galileo Galilei)였다. 갈릴레이야말로 최초의 진정한 실험주의자요 최초의 근대 과학자였다.

영국에서 최초의 진정한 실험주의자의 영예는 윌리엄 하비(Harvey)에게 돌아가야 할 것이다. 1628년에 출간된 『심장과 피의 운동(On the Motion of Heart and Blood)』에서 하비는 피를 뿜어내는 기관은 심장이며, 심장에서 뿜어져 나온 피는 동맥을 통해서 신체의 각 부위에 퍼져나갔다가 정맥을 통해서 다시 심장으로 돌아온다는 사실을 논증했다. 이 같은 피의 순환에 관한 그의 논증은 계량적인 방법에 의한 것이었다. 그는 한 시간에 심장에서 뿜어져 나오는 피의 양이 사람의 몸무게를 넘는다는 것을 계산해 내고, 따라서 피는 틀림없이 순환한다고 결론지었던 것이다. 이런 그의 이론은 처음에는 거부되었지만 결국에는 고대부터 내려온 갈렌(Galen)[24]의 생리

---

24) 서기 2세기에 소아시아에서 태어난 의사였던 갈렌은 피가 마치 조수와 같이 밀려왔다가 밀려나간다고 믿었으며, 정맥의 어두운 적색 피는 영양분을 근육에 실어 나르고, 동맥의 밝은 적색 피는 신체의 모든 부분에 세 종류의 기(spirits)를 실어 나른다고 생각했다. 자연의 기는 간에서, 생명의 기는 심장에서, 그리고 동물적 기는 두뇌에서 흘러나온다는 것이다. 그는 또한 네 종류의 체액(humour), 즉 혈액(blood), 점액(phlegm), 노랑 담즙(yellow bile: choler), 검은 담즙(black bile: melancholy)을 상정하고 이들 간의 균형이 무너짐으로써 병이 생긴다고 생각했다.

|왼쪽| 아이저크 뉴튼
|오른쪽| 로버트 보일

학을 대체했다.

　로버트 보일(Boyle)은 하비가 생리학에서 한 개척자의 역할을 화학에서 해냈다. 그는 공기 펌프의 실험을 통해서 일정한 온도에서 기체의 부피와 압력은 서로 반비례한다는 이른바 보일의 법칙을 정립했다. 탄성의 법칙을 밝혀내고 대화재 후 런던의 지적을 측량하는 등 여러 분야에서 활동한 로버트 후크(Hooke)와 혜성의 연구로 유명한 천문학자 에드먼드 핼리(Halley) 역시 이 위대한 과학 발전의 길에 큰 발자취를 남겼다. 그러나 근대과학의 발전에 대한 최대의 기여자는 그 누구보다도 아이저크 뉴튼(Isaac Newton)이었다. 뉴튼은 수학과 광학과 역학에서 위대한 업적을 이룩함으로써, 『오성론(*An Essay Concerning Human Understanding*)』(1690)에서 선험적 지식을 거부하고 모든 지식은 경험을 통해서 온다고 하는 경험론을 확립한 로크의 명성을 능가하는 근대과학의 원조가 되었다. 1687년에 출판된 『자연과학의 수학적 원리(*Philosophiae Naturalis Principia Mathematica*)』에서 그는 중력은 두 물체의 질량의 곱에 비례하고, 두 물체 사이의 거리의 제곱에 반비례한다는 중력의 법칙을 발견하고, 혹성이 타원형 괘도를 운행한다는 사실을 발견하는 등 몇 개의 단순하고 보편적인 운동법칙을 발견함으로써 천체의 운동을 설명하는 데 획기적인 패러다임의 변혁을 가져왔다. 그가 밝혀낸 이러한 보편적인 운동법칙이 결정권(結晶圈, crystaline spheres), 주전원(epicycles), 편심괘도(eccentrics) 등 복잡하고 까다로운 프톨레마이오스(Ptolemaeos)의 천문학을 대신하게 되었다.

새로운 과학의 발전은 또한 오래전부터 내려온 비법(mysteries)에 대한 믿음을 무너뜨렸다. 자연법칙의 발견은 만물에 대한 합리적 설명이 가능하다는 확신을 불러일으켰다. 교육을 받은 사람들은 이제 마녀, 점성술, 마법, 주문과 부적의 효용 등을 믿지 않게 되었다. 모든 진리에 대한 확실한 논증을 요구하는 과학 앞에서 이런 마법은 더 이상 살아남지 못했다.

이렇듯이 과학혁명이 가져온 결과는 심대했다. 그러나 과학과 기술이 삶의 모든 분야에서 한결같이 발전한 것은 아니었으며, 또 그 영향이 드러나기까지는 오래고 느린 과정을 거쳐야 했다. 1640년 이후 약 한 세대 동안에 마녀에 대한 처벌은 거의 자취를 감추었는데, 그것은 사람들이 저주와 마술을 믿지 않게 되었기 때문이라기보다는 회의적인 판사와 배심원으로부터 마녀에 대한 유죄 선고를 받아낼 수가 없었기 때문이었다. 새로운 실험적 방법이 인간의 부나 건강을 즉각적으로 증진시키지는 못했다. 경제생활은 여전히 사람과 가축의 육체적 활동에 의존하고 있었으며, 증기의 이용, 광물의 채굴과 제련 기술도 아직은 걸음마 단계에 있었다. 19세기가 될 때까지는 아직도 과학과 기술이 긴밀하게 결합하지 못했기 때문이다.

11

안정과 제국

1. 월포울과 정치적 안정

조지 1세의 즉위와 휘그의 득세

1714년 9월 19일 런던에 도착한 조지 1세는 수많은 사람들의 환영을 받았다.[1] 사람들은 영국이 내란을 면하고 가톨릭교도 국왕을 피했다는 안도의 숨을 내쉬었다. 1714년의 영국은 당대인의 눈에는 아직 정치적으로 불안정하고 외교적으로 고립되어 보였다. 그러나 영국은 새 왕조의 치세를 거치면서 안으로 견실한 입헌 정부를 확립하고, 밖으로는 세계 제국을 이룩해 갔으며, 계몽의 시대를 맞아 여러 분야에서 이성의 챔피언이 되어갔다.

조지 1세는 하노버 공국의 절대군주로서, 9인의 선제후 가운데 한 사람이었다. 그는 국제 문제에 정통했으며 유능한 전쟁 지휘관이었다. 그러나 그는 개인적으로는 영국에서 일어나는 문제에 대한 관심이 적었고, 영어는 읽을 줄도 말할 줄도 몰랐다. 그는 휘그들이 그의 왕위계승에 대한 든든한 지지자인 반면, 토리들 사이에는 제임스 복위파가 많다고 믿었고, 그래서 자연히 국정을 수행하는 데 휘그파에게 의존했다. 그는 잉글랜드에 도착하기 전에 벌써 볼링브루크와 오먼드(Ormonde) 등 토리파 대신들의 해임을 지시했다. 그리하여 새로운 대신들은 거의 모두가 휘그

---

1) 이때 이미 54세였던 조지는 수많은 독일인 측근들과 3명의 정부를 데리고 영국에 들어왔다.

파였으며, 국무상이 된 제임스 스태너프(Stanhope) 장군과 찰스 타운전드(Townshend) 경, 그리고 재무부 총재가 된 써 로버트 월포울(Walpole) 등이 이들을 이끌었다.[2]

1715년 초에 새로 치러진 선거에서 압도적 승리를 거둔 휘그파는 모든 관직에서 토리를 몰아내는 작업에 착수했다. 볼링브루크, 오먼드, 할리 등 토리파 대신들에 대한 탄핵 절차가 시작되면서, 볼링브루크는 프랑스로 도망가 그곳에서 망명 생활을 하고 있는 노왕위요구자(제임스 3세)와 합류했고, 할리는 런던탑에 유폐되었으며, 오먼드는 제임스 복위파와 손잡고 폭동을 기도했다.

'15년(Fifteen)'의 반란

그러나 독일인 측근들에 둘러싸여 영국의 국내 정치에 무관심한 조지 1세는 곧 인기를 잃어갔다. 게다가 토리파의 대대적인 추방으로 런던과 웨일즈의 변경령 등 여러 곳에서 휘그파 정부에 반항하는 작은 폭동들이 일어났다. 이런 사건들을 희망적인 상황으로 잘못 판단한 제임스 복위파들은 잉글랜드와 스코틀랜드에서 대규모의 봉기를 시도했다. 잉글랜드 북동부에서 봉기한 자들은 한때 남으로 랭커셔의 프레스턴까지 진출했다. 그러나 막상 그들의 봉기에 동조하여 실제 무기를 든 사람들은 극소수에 지나지 않았다. 그들은 곧 정부군에게 진압당하고 말았다. 한편 스코틀랜드에서는 9월에 마르(Mar) 백 존 어스킨(Erskine)의 지휘 아래 좀더 대규모의 군대가 노왕위요구자의 깃발을 세웠다. 마르 백은 1만 명의 하일랜드인들을 이끌고 남하했으나 스털링 근처의 셰리프뮈르(Sheriffmuir)에서 아가일 공 존 캠벌(Campbell)의 정부군에게 저지당했다. 뒤늦게 12월에 노왕위요구자가 스코틀랜드에 상륙했으나, 그는 자신의 종교(가톨릭교)를 포기하기를 거부함으로써 광범한 지지 세력을 규합하지 못했다. 게다가 프랑스 역시 그의 후원자인 루이 14세가 그해 9월에 사망하여 영국에서의 모험에 가담할 형편이 아니었다. 그러는 사이에 정부군

---

2) 이들 가운데 조지 1세 시대 초기 몇 년 동안 주도적 역할을 한 사람은 에스파냐 왕위계승전쟁에 참가하여 전공을 세운 스태너프였으며, 그는 후에(1717) 백작이 되었다. 한편 월포울은 처음에는 군의 경리감(Paymaster of Forces)으로서 스태너프보다 하위직에 있었으나, 점차 두각을 나타내어 스태너프에 맞서게 되었다.

병력이 크게 증강되자 스코틀랜드 군대는 힘없이 무너지고, 왕위요구자와 마르 백은 다시 프랑스로 도망갔다. 그 이후로도 수년 동안 음모와 침입의 소문이 꼬리를 물었지만, 제임스 복위파의 현실적인 위협은 그것으로 끝이 났다.

토리파는 왕위요구자와 결탁함으로써 화를 자초했고, 정당으로서 토리는 결국 파멸의 길로 떨어졌다. 그들은 반란에 가담함으로써 반역 집단으로 비치게 되었으며, 그것은 휘그파에게 권력을 공고히 할 기회를 제공하여, 그 후 1760년까지 거의 반세기에 걸친 휘그 지배의 시대를 열어주었다. 반란을 진압한 뒤 휘그파는 이제 지방의 토리파로 화살을 돌렸다. 이 숙청 작업으로 수많은 토리파 치안판사들이 추방당했다. 이어 1716년에는 7년기한법(Septennial Act)을 제정하여 의회의 임기를 3년에서 7년으로 연장했다. 이전에 치른 여러 번의 선거에서 거의 매번 패배했던 휘그파는 2년 후의 선거에서 또다시 패배할지도 모른다고 우려했으며, 그래서 그들은 1715년의 선거로 획득한 지배권을 공고히 할 시간적 여유를 벌기 위해 자신들의 의회까지를 포함하여 하원의 임기를 7년으로 연장했던 것이다.3)

휘그파 내의 대립과 '남해의 거품'

토리파의 몰락으로 주요 적대 세력이 사라지자 휘그파 내에 균열 현상이 나타났다. 한쪽은 스태너프와 선덜런드(Sunderland) 백 찰스 스펜서(Spencer), 다른 쪽은 월포울과 타운전드로 갈라진 이 분열은 일부 개인적인 적대 감정에도 연유했으나 주로 대외 정책과 국내 정책의 차이에 기인했다. 성공한 장군이자 유능한 외교관이기도 한 스태너프는 적극적 대외 정책을 통해 유럽의 국제정치에서 영국의 위상을 높였다. 그는 1717년 네덜란드 및 오스트리아 제국과 3국동맹을 맺어 에스파냐와 스웨덴에 대항했으며, 이듬해에는 프랑스를 설득하여 네덜란드 및 오스트리아 제국과 함께 4국동맹을 체결하여 영국을 유럽 국제 관계의 조정자의 지위로 올려놓았다. 그는 또한 오스트리아와 에스파냐 사이의 갈등과 러시아와 스웨덴 사이의 이른바 북방전쟁(1700~1721)에도 개입하여 러시아의 세력 확장을 막는 데 주력했

---

3) 휘그파의 정략적 필요 때문에 제정된 7년기한법은 결과적으로 정치적 안정과 의회 권위의 증진에 이바지했는데, 이 법은 1911년의 의회법으로 임기가 5년으로 단축될 때까지 그대로 유지되었다.

남해의 거품의 모습을 그린 호가스의 판화: 문 위에 붙은 표지에는 "이곳에서 복권 추첨으로 남편 고르기"라는 문구가 쓰여있다.

다. 이렇듯 그의 외교 수완은 탁월했지만 평화 지향적인 월포울과 타운전드의 눈에 그의 행보는 너무 공격적이며 위험한 것이었다.

대내 정책에서도 스태너프는 너무 과격하고 위험하게 보였다. 모든 비국교도들에게 종교적 관용을 허용하고자 한 스태너프는 1718년에 국교위장방지법과 비국교도분리법을 폐지함으로써 볼링브르크 시대에 강화되었던 종교적 비관용을 종식시켰다. 월포울과 타운전드도 여기까지는 용인했지만, 가톨릭교도의 공직 취임을 금지한 심사법까지도 폐지하려는 스태너프의 의도에는 반대했다. 게다가 가톨릭교를 반대하는 일반 여론이 너무 커서 그의 의도는 결국 실현되지 않았다. 1719년 스태너프가 귀족 법안(Peerage Bill)을 추진하면서 양자 간의 대립이 더욱 첨예해졌다. 이 법안은 국왕이 새로 서임할 수 있는 귀족의 수를 제한함으로써 1712년 할리 내각의 상원 증원과 같은 사태의 재발을 방지하여,[4] 상원에서 휘그가 우세를 점하고 있는 현 상황을 항구화하려는 것이었다. 그러나 이 법안은 월포울이 주도한 반대에 부딪혀 부결되고 말았으며, 이를 계기로 스태너프의 힘은 크게 약화되었다.

더욱이 이듬해의 이른바 '남해의 거품(South Sea Bubble)' 사건은 스태너프에게 치명적인 타격을 가했다. 1711년 토리 대신들의 지원으로 설립된 남해회사(South Sea Company)는 이 무렵 막대한 액수에 달했던 정부의 부채를 인수하여 처리하는 대신 남아메리카 무역의 독점권을 획득했다. 회사는 국채 소유자들로부터 채권증서를 거두어들이는 대신 그에 상응하는 액수의 회사 주식을 나누어 주었는데, 1720년 전반기에 프랑스와 네덜란드 등 대륙에서 일고 있던 주식 투자 붐의 바람을 타고 이 회사에 대해서도 광적인 투기 바람이 일었다. 바닷물을 담수로 바꾼다든가 무한 동력의 차륜을 만든다는 등 터무니없고 사기성이 짙은 여러 사업 계획들로 회사의 전망은 거품처럼 부풀려지고, 거품은 계속 더 커져 몇 달 사이에 회사의 주식 값이 10배로 치솟았다. 그러다가 8월에 마침내 거품이 터져, 가파르게 오르던 주가가 수직으로 곤두박질쳤다. 회사는 파산하고, 파멸한 수천의 투자자들이 아우성을 쳤다. 회사의 중역들과 정치인들 사이의 검은 거래가 드러나면서 여기에 연루된 몇몇 대신들과 회사 중역들이 처벌받았다. 스태너프는 이 스캔들에 직접 연루되지 않았지만 자신의 결백을 밝히려고 애쓰면서 받은 심한 스트레스로 쓰러져 죽고 말았으며(1721), 선덜런드 역시 이듬해에 사망했다.

월포울의 지배(Robinocracy)5)

이 희대의 증권파동이 야기한 지도력의 공백을 재빨리 메운 사람이 월포울이었다. 재무부 총재에 재무상(Chancellor of Exchequer)까지 겸하게 된 그는 이후 21년간 사실상 수상으로서의 역할을 수행했다. 그는 노퍼크의 젠트리 출신으로 사람을 다루는 재간이 비상했다. 국왕의 총애를 끌어낸 그는 이를 이용하여 방대한 정부 및

---

4) 489쪽 참조.

5) 월포울의 이름 로버트의 애칭인 로빈에 따라 그의 지배를 이렇게 불렀다.

써 로버트 월포울

궁정 관직과 교회의 성직을 임명할 수 있는 이른바 후원권 (patronage)을 확보했다. 그는 관직 이외에도 연금, 서훈, 관수품 조달 계약 혹은 선거 지원 등 각종 미끼를 적절히 활용하여 지지 세력을 구축하고 반대파를 회유했다. 그는 왕과 왕비를 다루는 재주 또한 비상했다. 필요하다면 아첨과 감언으로, 때로는 은근한 위협으로, 그리고 이런 것들을 적절하게 배합함으로써 그는 조지 1세에 이어 조지 2세의 신임까지도 확보할 수 있었다.

앤 여왕의 말년에 절정에 달했던 휘그와 토리 간의 격렬한 싸움이 두 조지 왕들 아래서 무디어진 데다가, 토리들이 관직에서 배제됨에 따라 관직을 바라는 사람은 누구나 휘그가 되었다. 휘그 자체 내의 대립도 남해의 거품 사건 이후 해소되고 월포울의 주도 아래 휘그의 일당 지배가 확립되었다. 이런 휘그의 지배는 국민적 지지에 토대를 두었다기보다는 대체 세력인 토리의 거세 혹은 탄압에 힘입은 바가 컸다. 그러나 월포울은 적대 세력을 철저히 제거하면서도 한편으로 당파 간의 투쟁에서 과거와 같은 잔인한 수단을 피했고, 그럼으로써 투옥이나 처형과 같은 극단적인 정치 보복에 대한 별다른 두려움 없이 권력의 교체가 가능하게 되었다. 이데올로기나 사회적 이해관계를 바탕으로 결성된 근대적 정당이 아직 없던 시대에 후원권에 기초한 월포울의 일당 지배는 정치적 집단의 활동에 필요한 하나의 응집력을 제공함으로써 나름대로 정치적 안정을 보장해 주었다. 그러나 그것은 한편으로 스튜어트 시대의 격렬한 정치적·종교적 변혁과 다른 한편으로 18세기 후반의 정치 불안 및 급진주의의 소용돌이 사이에 놓인 상대적 안정의 간주곡이었다.

의원내각제의 시초

조지 1세와 2세 치하의 정치적 안정은 월포울이 주도한 일당 지배 정부의 발전 덕분이었지만, 그보다 더 근본적 요인은 권력을 의회와 내각에 집중시켜 나간 헌정 체제의 발전이었다. 영국의 내각 제도는 법률 규정에 의해서 창출된 것이 아니라 본질적으로 관례의 발전이었으며, 그것은 조지 1세와 조지 2세의 치하에서 영국 특유의 정치기구로 제도화했다. 조지 1세는 거칠고 호색적이며 명석하지 못했지만, 이름뿐인 군주는 아니었다. 하노버 공국의 절대군주였던 그는 다스리는 일을 좋아했으며, 여러 면에서 실질적인 통치권을 행사했다. 그러나 영국 왕으로 즉위할 때 이미 54세였던 그는 하노버의 일에 더 열중한 나머지 1717년 이후로는 거의 내각회의에 참석하지 않았다. 이것은 조지 2세 때에도 답습되어 점차 관례로 굳어지게 되었다. 이런 관례는 내각이 국왕의 지배에서 점차 벗어나 헌정 체제의 일부로 자리 잡는 것을 도왔다. 내각과 의회의 업무에 대한 국왕의 영향력이 약해짐에 따라 의회의 지지를 이끌어낼 수 있는 내각의 필요성이 더욱 절실해졌다. 국왕이 참석하지 않는 내각회의는 대신 가운데 하나가 주재했는데, 월포울은 두 조지 왕 치하에서 내각회의를 주재하면서 국왕과 의회 사이를 조정하는 어려운 역할을 훌륭하게 수행해 냈다. 그리하여 수상(Prime Minister)이라는 칭호가 바로 월포울에 대해 처음으로 쓰이기 시작했다. 그러나 1742년 월포울이 물러난 후 한동안 이 명칭은 사용되지 않다가 1748년 펠럼(Pelham)이 월포울과 비슷한 지위를 차지하면서 되살아났다.[6] 다만 그것이 일반적인 용어로 정착되는 데는 소피트(the Younger Pitt)의 시대까지 아직도 반세기를 더 기다려야 했다.

내각제의 기원은 찰스 2세 시대까지 거슬러 올라간다. 처음에는 추밀원의 소위원회 비슷한 기구로 나타났던 것이 점차 방만한 추밀원을 대신하여 국정을 담당하는 핵심 기구로 발전했으며, 앤 여왕 치세에는 국정 전반에 걸친 업무와 정책이 정기적인 내각 모임에서 논의되었다. 종전의 내각은 각자 자신의 직무를 책임진 개별 대신들의 모임이었는데, 이제 그것은 차츰 새로운 성격을 띠게 되었다. 각료들은 더 이상 내각 밖에서 서로 반대하거나 비판하지 않게 되고, 내각은 점차 합의에 의해 운영되었는데, 그 합의는 으레 재무부 총재, 즉 장차의 수상을 중심으로 이루어졌다. 그러나 아직도 집단적 책임 관념은 발달하지 않았다. 내각은 진퇴를 같이하는 하나의 팀이 아니라 개별 대신들의 연합이었으며, 각료들은 개별적으로

---

6) 517쪽 참조.

왕의 신임과 하원의 지지를 동시에 획득할 수 있는 사람들이었다. 1742년 월포울이 실각했을 때도 다른 대신들은 그대로 자리를 지켰다.

의회

내각이 국왕의 지배에서 독립하여 그 존립을 점차 의회의 지지에 의존함으로써 의회가 통치의 중심이 되어갔다. 당시 하원의 의석은 모두 558석이었는데, 스코틀랜드에서 45명, 웨일즈에서 24명, 잉글랜드에서 489명이 선출되었다. 그 가운데 주 선출 의원은 모두 122명으로, 스코틀랜드는 33개 주에서 30명을, 웨일즈는 13개 주에서 14명을, 잉글랜드는 39개 주에서 78명을 뽑았다.[7] 이들 각 주에서 치러진 실제 선거 양상은 18세기 영국의 주에서 권력이 어디에 있었는가를 여실히 보여준다. 주 대표 의원을 사실상 결정한 것은 귀족들과 주요 젠트리들 같은 그 지역사회의 지배자들이었으며, 주 유권자의 주류인 연수 40실링 이상의 자유토지보유농이 이들의 결정에 맞서 경쟁자를 내세우는 예는 거의 찾아보기 어려웠다. 많은 경우 극소수의 가문이 사실상 주 의원 선출권을 독점했는데, 유권자가 몇 명 안 되는 스코틀랜드에서는 특히 그랬다. 잉글랜드에서 가장 큰 주인 요크셔의 유권자 수가 1만 5,000을 웃돌고 가장 작은 주인 러틀랜드(Rutland)조차 500명을 넘은 데 비해, 스코틀랜드에서는 유권자가 가장 많은 주조차도 100명 정도에 불과했다. 따라서 주 의원은 지방 유력자의 수중에 놓이게 마련이었다.

이런 현상은 옥스퍼드와 케임브리지의 두 대학 몫인 4석을 제외하고 나머지 432명의 의원을 뽑는 버러의 경우 더욱 두드러졌다. 대부분이 잉글랜드의 남부에 편재되어 있던 버러는 인구 편차가 훨씬 더 커서 어떤 곳은 유권자가 수천 명이나 되는가 하면, 윌트셔의 올드 새럼(Old Sarum)과 같이 주민이 거의 없는 목양장(牧羊場)인 곳도 있었다. 전 버러의 5분의 1 정도만이 500명 이상의 유권자를 가지고 있었을 뿐, 대부분은 유권자 수가 그보다 훨씬 적었다. 그처럼 유권자 수가 적은

---

7) 잉글랜드는 노르만 정복 이전부터 39개 주로 나뉘어있었고, 웨일즈는 1536년에 13개 주로 편성되어 잉글랜드에 흡수되었으며, 스코틀랜드는 33개 주로 구성되어 있었다. 이와 같은 주 체제는 1974년 지방정부법(Local Government Act)이 시행될 때까지 그대로 유지되었다.

선거운동: 1757년 투표자에게 유세하는 모습(호가스의 그림)

곳에서는 지역의 유력한 지주 가문이 선거를 좌우했으며, 더욱이 아직은 비밀투표
제가 아니었기 때문에 유권자에 대한 통제는 더욱 용이했다. 게다가 상당히 많은
버러가 사실상 인근 지역의 유력자 가문이 대표자를 결정하는 이른바 '호주머니
선거구(pocket borough)'였다.[8] 그리하여 많은 선거구에서는 경합이 이루어지지 않
고 의원이 무투표로 의회에 진출했다.[9] 그나마 앤 여왕의 치세에는 유력한 토리와
휘그들 사이에 선거구 장악을 위한 투쟁이 벌어진 선거구가 많았으나, 하노버 시
대에 들어와서는 휘그에 대한 정부의 일방적인 지원으로 많은 토리가 경쟁을 포기
함에 따라 무경합 선거구가 점점 더 늘어났다. 1761년의 선거에서는 314개 선거

---

8) 이는 '부패 선거구(rotten borough)'라고도 불렸다.

9) 노퍼크 젠트리의 아들인 월포울도 그의 가문에 속해있던 호주머니 선거구의 의원으로 처음 정치 무대
   에 등장했다.

구 가운데 53곳에서만 선거전이 벌어졌다.

　주 선출 의원보다 도시 선출 의원의 수가 훨씬 더 많았다는 것은 언뜻 보기에 도시민의 이해가 압도적으로 중시된 것 같지만 사실은 그렇지 않았다. 18세기에는 주와 마찬가지로 대부분의 버러 역시 귀족의 자식들과 젠트리들을 의회로 보냈기 때문이다. 하원의원 중 법률가, 상인 또는 군 장교 등 이른바 전문직업인은 전체 의원의 3분의 1 정도에 불과했으며, 나머지는 대부분 지주들이었다. 지주 계층은 의회를 지배했을 뿐만 아니라, 3,000명에 달하는 치안판사의 자리를 독점함으로써 실질적으로 지역사회의 지배권까지 장악했다. 18세기의 영국 정치는 이들 지주 계층의 과두정이었으며, 초기 하노버 왕조의 정치적 안정도 바로 이 과두정에 기초하고 있었다. 17세기 말부터 성장하기 시작한 부르주아는 18세기에 들어와 그 수가 많아지고 또 더 다양하게 분화되어 사회적 비중이 더욱 커진 것은 사실이지만, 그들이 정치적 영향력이나 권력을 획득한 것은 아니었다. 중간 계층의 영향력은 17세기 중엽에 비해 18세기 중엽에 오히려 더 줄어들었다. 17세기 내전의 와중에서 몰락한 귀족과 젠트리들이 18세기에 들어와서 새롭고 안정된 지배적 지주 계층으로 다시 규합된 것이다.

월포울의 경제정책

　이런 정치적 안정을 바탕으로 하여 대외적 분쟁에 말려들기를 회피한 월포울은 국내 상공업의 육성에 진력했다. 그는 식민지에 대한 통제를 완화하고, 복잡한 관세율을 간소화했으며, 농산품과 여러 공산품에 대한 수출세를 폐지하고 수출 장려금을 지불했다. 그는 특히 토지세의 세율을 낮추었는데, 이것은 의회에서 지주들의 지지를 확보하기 위한 조치였다. 그는 또한 1723년 보세창고 제도를 도입했다. 그것은 차, 커피, 초콜릿 등의 수입 상품을 보세창고에 보관케 한 뒤 이를 재수출할 경우에는 관세를 면제해 주지만, 국내에 내다 팔 때에는 물품세를 부과하는 제도였다. 이 제도는 매우 효과적이어서 이들 상품에 대한 물품세는 줄었지만 정부의 세수는 오히려 늘어났다. 월포울은 1733년 담배와 포도주의 수입에도 같은 방식을 적용하는 물품세 법안을 제출했다. 그러나 이것은 물품세 징수인의 수와 권한을 증대하고 국민의 자유를 침해하는 행정적 횡포라 하여 반대하는 소리가 빗발쳤다. 게다가 월포울의 집권기에 그동안 소외되었던 일부 휘그들이 반대파로 돌아서서 토리와 연합을 모색함으로써 이제 반대파는 무시할 수 없을 만큼 성장해 있었다. 의회에서 과반수 확보가 어렵게 된 월포울은 마침내 이 법안을 자진 철회할 수밖에 없었다.

물품세 법안이 좌절된 이후에 월포울에 대해 반대파는 더욱 기세등등했다. 부왕 조지 2세와 반목한 왕세자 프레드리크(Frederick)가 이들 반대파와 어울렸고, 1737년에는 왕실 내의 유력한 조력자인 왕비 캐럴라인(Caroline)이 사망함으로써 월포울 내각은 강력한 후원자를 잃었다. 스코틀랜드에서도 그곳 궁정 이익의 관리자인 아가일 공이 월포울 내각에 반대했고, 1741년의 총선거에서는 스코틀랜드인들이 월포울의 반대파를 지지했다. 이런 상황에서 월포울의 몰락을 더욱 재촉한 것은 그의 대외 정책이었다.

2. 제국의 건설

월포울의 대외 정책과 '젱킨즈의 귀의 전쟁'

1720년대 초 스태너프 경과 선덜런드 경이 밀려난 후 권력은 한동안 월포울과 타운전드 경에게 분점되었다. 월포울의 동료이자 매부였던 타운전드는 주로 외교 정책을 담당했는데, 그의 외교는 전임자 스태너프의 외교만큼 성공적이지 못했다. 그는 오스트리아를 경시하고 프랑스에 의존함으로써 의회의 거센 반발을 샀다. 월포울은 이를 이용하여 타운전드를 고립시키고, 1727년 조지 2세가 즉위한 다음에는 왕과 왕비를 교묘히 조종하여 그를 제거한 다음 권력을 독차지했다. 외교의 주도권까지 장악한 월포울의 대외 정책의 기조는 단순한 것이었다. 전쟁을 싫어하고 협상과 타협을 선호한 그의 외교 목적은 대륙의 전쟁으로부터 영국을 지켜내는 것이었다. 그리하여 그는 바로 오스트리아와의 전통적인 동맹 정책으로 되돌아갔다. 그러나 이런 월포울의 평화 정책은 점차 그의 약점이 되어가고 있었다. 그의 반대파들은 점점 더 고조되어 가는 반에스파냐 감정을 이용하여 그의 평화 정책을 비애국적인 것으로 몰아갔다.

영국 상인들은 위트레흐트 조약에서 허용된 제한된 무역권을 넘어서서 에스파냐의 아메리카 식민지에서 대규모의 밀무역을 하고 있었다.[10] 이에 대해 에스파냐는 영국 선박을 수색하고, 때로는 선원에게 가혹 행위를 저지르기도 했다. 영국에서는 상업적 애국주의가 고개를 들기 시작하고, 반대파는 이를 기화로 월포울의 무능과 협상 위주 정책을 공격했다. 1738년 로버트 젠킨즈(Jenkins)라는 한 선장이 하원에 출두하여 7년 전에 자신의 배가 수색당했을 때의 상황을 보고하고 그때 잘린 그의 귀가 들어있다는 상자를 제시했는데, 이 이야기가 전해지자 에스파냐에 대한 런던 상인들의 증오가 극에 달했다. 런던의 상업적 이해에 의존해 온 정부는 이들의 항의에 굴복했으며, 월포울도 더 이상 전쟁을 피할 수 없게 되었다. 마침내 그는 1739년 '젠킨즈의 귀의 전쟁(War of Jenkins's Ear)'이라는 희한한 이름의 전쟁에 휘말려 들게 되었다. 장기간의 평화는 하노버 왕조의 기틀을 공고히 하여 안정과 번영을 가져왔으나, 영국은 어느덧 정복욕에 사로잡혀 제국을 탐내고 있었다. 영국이 소망하고 있는 것은 이제 평화와 안정, 상식과 행복이 아니라, 모험과 전쟁, 승리의 기쁨과 점령한 도시들의 목록, 그리고 제국의 영광이었다.

오스트리아 왕위계승전쟁

영국과 에스파냐의 이 식민지 전쟁은 이듬해에 오스트리아 왕위계승전쟁(War of Austrian Succession)으로 이어져 더욱 대규모의 국제 전쟁으로 번져갔다. 1740년 오스트리아의 카를 6세가 죽고 제위가 그의 딸 마리아 테레지아(Maria Theresia)에게 계승되자[11] 쉴레지엔(Schlesien)을 획득하려는 프로이센 왕 프리드리히 2세(대왕)와

---

10) 490쪽의 주 18) 참조.

11) 남자 상속자를 두지 못한 카를 6세는 딸 마리아 테레지아의 제위계승을 위해 1713년 '실제적인' 상속을 규정하는 칙서를 발포했다. 이것이 바로 유명한 '국무칙서(國務勅書, Pragmatic Sanction)'였는데, 카를 은 이후 바이에른, 프로이센 등 제국 내의 영방군주들과 프랑스, 에스파냐, 러시아, 영국 등 유럽 여러 나라로부터 이를 보장하는 약정을 받아냈다. 그러나 카를 6세가 사망하고 마리아 테레지아가 제위에 오르

제위를 탐낸 바이에른(Bayern) 선제후 카를 알브레히트(Karl Albrecht)가 프랑스의 지원을 업고 이에 반발하고 나섰다. 이에 대해서 영국 의회는 월포울의 충고를 거부하고 마리아 테레지아를 구원하러 나섰다.

소왕위요구자 찰스 에드워드

대륙에서 영국은 하노버, 오스트리아, 네덜란드 등과 연합하여 프로이센, 바이에른, 프랑스 및 에스파냐에 대적했다. 영국은 오스트리아에 자금을 지원하고 네덜란드에는 군대를 파견했다. 월포울은 내키지 않던 이 전쟁을 3년 동안 이끌어왔으나 전쟁에 미온적이라는 의회의 비난을 받고 1742년 마침내 자리에서 물러났다. 월포울의 퇴진과 더불어 그의 휘그 단독내각도 사라졌다. 후임자들은 정당 간의 불행한 반목을 해소하기 위해 소수의 토리를 내각에 맞아들였다. 윌밍턴(Wilmington) 백 스펜서 콤턴(Compton)과 존 카터리트(Carteret)가 월포울을 뒤이었지만, 1743년 헨리 펠럼이 이들을 몰아내고 수상이 되었다. 그 후 10년 동안 펠럼은 형인 뉴카슬(Newcastle) 공 토머스 펠럼-홀러스(Pelham-Holles)의 도움을 받아 내각을 이끌어갔다.[12]

월포울이 물러난 뒤에도 그가 예견한 대로 전쟁은 별다른 성과를 거두지 못했다. 하노버를 통해 대륙에 직접적인 이해관계를 가지고 있던 조지 2세는 환갑의 나이에도 불구하고 1743년 대륙으로 건너가 손수 군을 지휘하여 독일의 데팅엔(Dettingen)에서 프랑스군을 무찔렀으나,[13] 그의 작은아들 컴벌런드 공이 이끈 영국군은 1745년 네덜란드의 퐁트느와(Fontenoy)에서 프랑스군에게 패배했다. 유럽 이외 지역에서도 영국과 프랑스 사이의 전투는 승부를 가리지 못했다. 1745년 북아메리카의 영국 식민지인들은 영국군의 지원을 받아 노바 스코시어의 케이프 브레튼(Cape Breton) 섬에 있는 프랑스군 요새 루이스버그(Louisbourg)를 점령했다. 그러나

자 영국을 제외한 다른 나라들이 여기에 이의를 제기하고 나선 것이다.

12) 1754년 펠럼이 갑자기 죽은 뒤에는 뉴카슬이 내각을 이끌어갔다.

13) 조지 2세는 직접 전투에 참가한 영국의 마지막 군주였다.

45년 반란의 시작: 찰스 에드워드(보니 찰리) 왕자가 스코틀랜드 서부의 모이다트(Moidart)에 상륙하는 모습

인도에서는 프랑스령 퐁디셰리(Pondicherry)의 총독 조제프 뒤플렉스(Joseph Dupleix)가 영국의 동인도회사로부터 마드라스(Madras)를 빼앗았다. 영국과 프랑스 어느 나라도 결정적인 승리를 거두지 못한 채 전쟁이 장기화됨에 따라 양국은 강화를 모색했다.

이처럼 전쟁이 뚜렷한 승패를 가리지 못한 채 지속되는 가운데, 1745년 여름에 제임스 2세의 손자이자 소왕위요구자(Young Pretender)라고 불린 찰스 에드워드가 스코틀랜드 서북부에 상륙하여 군대를 일으켰다. 젊고 잘생긴 그는 아직도 스튜어트가에 충성스러운 하일랜드인들에게 인기가 있었고, 이들을 규합한 군대를 이끌고 동쪽으로 나아가 에든버러 시를 점령한 후 잉글랜드에 침입했다. 그는 한때 다비까지 진격했으나, 로울랜드인들과 잉글랜드인들의 무관심 속에 컴벌런드 공이 이끄는 정부군에게 쫓겨 스코틀랜드로 퇴각했으며, 이듬해 봄에 인버네스(Inverness) 근처의 컬로든 무어(Culloden Moor)에서 완전히 격파당했다. 찰스 에드워드는 다시 프랑스로 도주하고, 반란에 가담한 하일랜드인들은 무자비하게 처형당했다.[14] '45

---

14) 이때 하일랜드인들의 짧은 치마 모양의 킬트(kilt)와 격자무늬의 모직물인 타턴(tartan) 옷이 금지되기도 했다.

년(Forty-five)' 반란이라고 불린 그의 낭만적인 모험이 이렇게 비극으로 끝남으로써 스튜어트가를 복위시키려는 시도는 영영 사라졌다.

1748년 양측은 엑스라샤펠(Aix-la-Chapelle), 즉 아헨(Aachen)에서 강화조약을 맺었다. 전전 상태의 회복과 유지에 기초한 이 조약에서 영국과 프랑스는 서로 새로 얻은 지역을 반환했다. 영국이 캐나다에서 루이스버그 요새를 프랑스에 되돌려준 대신, 프랑스는 인도에서 마드라스를 영국에 되돌려주고, 플랑드르에서 군대를 철수했으며, 하노버 왕조를 인정하여 왕위요구자들을 프랑스에서 추방했다. 그러나 이 평화조약은 사실 북아메리카와 인도에서의 영국-프랑스 간 식민지 분쟁에 아무런 해결책도 마련하지 않았다. 프로이센에 쉴레지엔을 빼앗긴 것에 대한 오스트리아의 분노도 그대로 남아있었고, 에스파냐 또한 영국 선박에 대한 수색을 멈추지 않았다. 영국과 프랑스는 제해권과 식민지에 관한 문제가 해결되지 않는 한 두 나라 사이에 항구적인 평화는 결코 있을 수 없다는 사실을 깨닫기 시작했다. 한편 영국은 그동안에 국가 자원의 동원 체제가 완성되었다. 윌리엄 3세 치하에서 잉글랜드은행의 설립, 국채 제도의 도입, 세제 개선 등으로 시작된 재정 개혁이 크게 진척되었다. 전쟁으로 국가 채무는 계속 남아있었지만, 그 채무는 이제 경제의 정상적인 일부분으로 처리되었다. 해상무역은 전쟁에도 불구하고 오히려 그 규모가 더욱 확대되었다.

7년전쟁과 윌리엄 피트

엑스라샤펠의 화약 이후에도 해외에서 영국과 프랑스 사이의 대립은 해소되지 않아 평화는 오래가지 않았다. 영국과 프랑스는 다시 인도와 북아메리카에서 충돌하기 시작했다. 인도에서는 1748년 이후에도 양국의 동인도회사들 사이에 싸움이 계속되고 있었다. 상업의 발전을 위해서는 영토의 확장이 필수적이라고 생각한 뒤플렉스는 카나틱(Carnatic) 일대에서 프랑스의 세력 확장을 도모했는데, 이를 막아내어 명성을 얻은 인물이 바로 영국 동인도회사의 서기에서 군대 지휘관이 된 로버트 클라이브(Clive)였다. 그는 1751년 카나틱의 수도 아르코트(Arcot)를 점령함으로써 마드라스를 지켜냈고, 뒤플렉스는 1754년 본국으로 소환되었다. 그사이에 북아

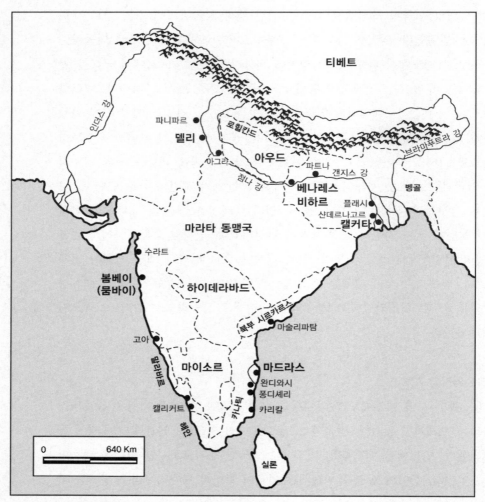

티베트

인더스 강

파니파르
델리

로힐칸드

아그라

아우드

첨나 강

파트나

갠지스 강

브라마푸트라 강

벵골

베나레스
비하르

플래시

산데르나고르

캘커타

마라타 동맹국

수라트

봄베이
(뭄바이)

하이데라바드

고아

북부 시르카르스

마술리파탐

코로만델 해안

말라바르 해안

마이소르

마드라스

완디와시
퐁디셰리

캘리커트

카리칼

0   640 Km

실론

〈지도 18〉 18세기의 인도

메리카에서도 충돌이 일어났다. 1753년과 1754년 사이에 프랑스인들은 영국 식민지인들이 진출하려는 오하이오(Ohio) 계곡으로 밀고 들어와 뒤케느(Duquesne) 요새를 건설했다. 이에 버지니어 지사가 조지 워싱턴(Washington)을 파견하여 프랑스인들을 축출하려고 했으나 도리어 되쫓기고 말았다. 이듬해에 영국은 다시 에드워드 브래더크(Braddock) 장군을 보내 뒤케느를 점령하려 했지만 프랑스군과 인디언의 복병에게 기습당해 대패하고 브래더크도 전사했다. 한편 이 무렵 노바 스코시어에서는 영국 정부가 약 1만 명에 달하는 프랑스 식민자들을 추방함으로써 이에 보복했다. 공식적인 선전포고도 없이 영국과 프랑스 사이에 치러진 이 같은 식민지 쟁탈전은 마침내 유럽 여러 나라 사이의 전쟁과 맞물려 또 한 번의 대국제 전쟁으로 확대되었다.

로버트 클라이브: 1750년대에 인도의 벵골 지방을 점령하여 총독이 되었다.

　1756년 여름 이 국제 전쟁인 7년전쟁(Seven Years' War)이 시작되기 전에 유럽 각국의 동맹 관계에는 외교혁명(Diplomatic Revolution)이라고 불릴 정도의 극적 변화가 일어났다. 오스트리아 왕위계승전쟁 당시에 프로이센에 맞서 오스트리아와 동맹했던 영국이 이번에는 프로이센의 프리드리히 대왕과 합세했으며, 이전에 프리드리히 편을 들었던 프랑스가 오랜 숙적인 오스트리아와 손을 잡았다. 그러나 대립의 기본 틀은 여전히 영국 대 프랑스, 프로이센 대 오스트리아라는 두 축이었다.

　개전 초기의 근 1년 반 동안 전세는 영국에 매우 불리했다. 북아메리카, 인도, 지중해 등 모든 전선에서 영국군은 밀리고 있었다. 북아메리카에서는 프랑스의 장군 루이-조제프 드 몽칼름(Montcalm)이 온태리오우(Ontario) 호 남쪽의 오스웨고우(Oswego) 요새를 점령했다. 지중해에서는 프랑스 해군이 미노르카(Minorca) 섬의 영국 해군기지를 공격했다. 이를 구원하기 위해 파견된 조지 빙(Byng) 제독이 실패하고 돌아오자 재판에 회부되어 처형되었다. 인도에서는 1756년 여름 프랑스와 동맹

채텀 백, 윌리엄 피트(대피트)

한 벵골(Bengal)의 태수(Nabob) 시라지-웃-다울라(Siraj-ud-daulah)가 5만의 군대를 이끌고 캘커타(Calcutta)에 쳐들어와 영국인들을 내몰았다. 캘커타에서 146명의 영국인 포로가 가로세로 5미터 넓이의 좁은 감방에 갇혀 하룻밤을 보내는 동안에 123명이 질식해 사망한 유명한 '검은 구멍(Black Hole)'의 참변이 일어난 것이 바로 이때의 일이었다.

비관과 패배주의가 만연한 가운데 영국은 파멸이 목전에 다다른 것으로 보였다. 이와 같은 위기를 극복하는 데는 비상한 능력을 지닌 지도자가 필요했는데, 바로 이때 윌리엄 피트(Pitt)가 그런 지도자로 떠올랐다. 마드라스 총독이었던 할아버지가 인도에서 가져온 막대한 재산으로 사들인 호주머니 선거구, 올드 새럼에서 1735년에 처음 하원에 진출한 피트는 곧 격렬한 수사를 구사하는 애국적 웅변가로 두각을 나타냈다. 하원에서 그는 영국의 밀무역을 엄격하게 단속하는 에스파냐에 대한 상인들의 분노를 대변했고, 협상론자 월포울에 정면으로 대항하여 그의 사임을 이끌어내기도 했다. 해외에 제국을 건설하겠다는 집념에 사로잡힌 그는 유럽 전선은 본질적인 중요성이 없고, 인도와 아메리카라는 거대한 지역을 방비하는 데 유용한 저당물에 불과하다고 생각했다. 피트는 대륙과 관련한 하노버 왕실의 이해관계를 신랄하게 비판함으로써 널리 인기를 얻었지만, 이로 말미암아 왕에게는 혐오스러운 기피 인물로 낙인찍혔다.

1754년 이래 패전이 거듭되자 하원에서는 무능한 뉴카슬 내각에 대한 비난의 소리가 높아갔는데, 그중에서도 특히 피트의 공격이 신랄했다. 이에 조지 2세는 1756년 피트와 데번셔(Devonshire) 공 윌리엄 캐븐디쉬(Cavendish)에게 내각을 맡길 수밖에 없었다.15) 그러나 이 내각 또한 의회의 지지를 얻지 못하여 1757년 왕이 피트를 해임하자 그의 복귀를 요구하는 국민의 항의의 소리가 빗발쳤다. 왕과 의회 양쪽 모두의 신임을 확보한 정치 세력이 없어 3개월 동안 공식 내각이 없다가 6월에 마침내 뉴카슬과 피트가 제휴하여 새로운 내각을 구성하고, 그 안에서 뉴카슬은 의회의 다수를 확보하여 전비를 조달하고 피트는 전쟁 수행에 전념할 수 있게 되었다.

제임스 울프: 퀘베크의 프랑스군을 공격하던 중 부상당한 모습

그렇지만 그 후에도 상황은 좀처럼 나아지지 않았으며, 여전히 여러 곳에서 패전과 재앙이 잇따랐다. 이런 역경 속에서도 피트는 좌절하지 않고, 전쟁 수행에 국력을 총집결시켰다. 육해군의 병력을 크게 증강하고, 군비를 강화했으며, 승리를 위하여 인적·물적 자원을 아낌없이 쏟아 부었다. 그는 하원뿐만 아니라 병사와 선원들에게까지 충성심과 영감, 그리고 승리에 대한 열정과 의지를 불어넣었다. 피트는 월포울과 달리 당파를 초월하여 이 모든 일을 홀로 해냈다. 자존심이 강하고 오만하며 독선적인 성격의 소유자였던 그의 위대함은 조국에 대한 자신의 애국심과 비전을 국민적인 신념으로 바꾸어놓는 비상한 능력에 있었다.

1759년 여름에 접어들면서 영국은 이곳저곳에서 승리를 거두면서 차츰 전황을 역전시키고 있었다. 프랑스는 차라리 무방비의 잉글랜드 본토를 정복하고자 함대를 집결하려 했으나, 영국의 에드워드 보스코우언(Boscawen) 제독은 포르투갈의 라고스(Lagos) 만에서 프랑스의 지중해 함대를 분쇄하고, 뒤이어 에드워드 호크(Hawke) 제독은 브르타뉴의 키브롱(Quiberon) 만에서 프랑스의 대서양 함대를 격파했다. 르아브르(Le Havre)에서 침입을 준비하던 프랑스 군대 역시 조지 B. 로드니(Rodney) 제독에게 분쇄되었다. 북아메리카에서는 영국이 1758년에 이미 루이스버그와 뒤케느16)를 점령한 데 이어 1759년에는 제임스 울프(Wolfe) 장군이 퀘베크(Québec) 근

---

15) 자신이 혐오하는 피트를 수상으로 받아들이지 않을 수 없었을 때, 조지 2세는 스스로를 왕이 아니라고 한탄했다. 이제는 국왕의 신임을 얻지 못하고도 각료가 그 자리를 유지할 수 있을 만큼 내각이 왕권에서 독립한 것이다.

처의 에이브러햄(Abraham) 평원에서 몽칼름 휘하의 프랑스군을 격파했으며, 1760년에는 몬트리올(Montreal)도 함락함으로써 북아메리카에 있는 프랑스군이 모두 항복했다. 서인도에서도 영국은 1759년부터 1762년까지 과들루프(Guadeloupe), 마르티니크(Martinique), 도미니카(Dominica) 등의 프랑스령 섬들을 빼앗았다. 한편 인도에서는 클라이브가 1757년 초에 캘커타를 되찾은 데 이어서 6월에는 플래시(Plassey)의 전투에서 시라지-웃-다울라의 대군을 격파했다. 그 뒤 1761년에는 퐁디셰리까지 함락됨으로써 인도에서 프랑스 세력은 끝장났으며, 프랑스는 마침내 평화협정을 제안하기에 이르렀다.

피트의 실각과 파리 조약

그러나 승리를 위해 치른 대가는 엄청났다. 납세자들은 적대 관계의 지속에 반대하기 시작했고, 특히 프랑스와 에스파냐가 비밀협정을 맺은 사실을 알아낸 피트가 에스파냐에 대한 전쟁까지 벌이려 하자 그의 전쟁 목표가 지나치게 야심적이라고 생각했다. 이에 반대파들이 비판의 목소리를 높이기 시작했으며, 이런 움직임에 앞장을 선 사람이 바로 국왕 조지 3세[17]였다. 그는 전쟁의 조기 종결을 원했고, 전쟁을 확대하려는 피트에 대해서 불만을 나타냈다. 피트는 1761년 에스파냐를 공격하자는 자신의 주장이 거부당하자 사임해 버렸고, 뉴카슬도 이듬해 뒤따라 사임했다. 새 내각은 국왕의 스승이자 가까운 친구인 뷰트(Bute) 백 존 스튜어트(Stuart)에게 맡겨졌는데, 그는 결국 에스파냐와 전쟁에 들어갔다. 전쟁이 선포되자 영국은 재빨리 에스파냐로부터 쿠바의 아바나(Havana)와 필리핀의 마닐라(Manila)를 빼앗았다. 그러고도 전쟁은 좀더 계속되었으나 그동안 뷰트가 추진해 온 평화조약이 체결됨으로써 7년에 걸친 전쟁이 드디어 막을 내렸다.

1763년 2월에 영국과 프랑스와 에스파냐 사이에 체결된 파리 조약에서 영국은

---

16) 이때 뒤케느가 피트의 이름을 따라 피츠버그(Pittsburg)로 바뀌었다.

17) 조지 2세의 손자였던 그는 1760년 조지 2세가 사망하자 22세의 나이로 왕위에 올랐다. 선왕의 장남인 왕세자 프레드리크 루이스(Frederick Louis)는 1751년 사망했으며, 그래서 그의 장남인 조지가 조지 3세로서 영국 왕이 되었다.

전쟁 중에 탈취한 여러 섬과 요새들을 상대국에 되돌려주었다. 과들루프, 마르티니크 등 서인도의 여러 섬이 프랑스에 되돌려졌다. 그러나 영국은 캐나다의 프랑스령 전부와 케이프 브레튼 섬, 알레게니(Allegheny) 산맥과 미시시피 강 사이의 전 지역, 도미니카와 그레나다(Grenada) 등 서인도의 여러 섬들, 노예무역항인 아프리카의 세네갈(Senegal), 지중해의 미노르카, 그리고 무엇보다도 인도의 독점적 지배권 등을 차지했다. 한편 영국은 에스파냐에 아바나와 마닐라를 되돌려준 대신 플로리다(Florida)를 얻었으며, 에스파냐는 이 손실에 대한 보상으로 프랑스로부터 루이지애나(Louisiana)를 얻었다. 이로써 영국은 이전의 모든 해외 식민지보다 더 넓고 값진 영토를 얻었는데, 그것은 하나의 제국이라 할 만한 것이었다. 피트는 이 같은 강화조약이 프랑스에 대해서 너무 관대하다고 항의했지만, 프랑스로서는 지극히 가혹한 것이었다. 그것은 북아메리카 식민지의 지배권을 둘러싼 영국-프랑스 간의 대결을 종결지었으며, 영국인에게 인도 지배의 길을 열어주었다. 7년전쟁은 프랑스를 파산시키고, 프랑스 해군을 무력화함으로써 영국을 세계 제일의 해양 제국이자 식민 제국으로 가는 길로 이끌었다.

보호무역 정책과 식민지 경영

18세기의 영국은 항해법과 관세제도로 중상주의적 상업 체제를 형성하고 있었다. 특히 1720년대에 월포울이 추진한 일련의 관세 개혁은 산업 정책의 전반적 기조를 바꾸어놓았다. 즉, 이전에는 수지 균형에 주력한 데 비해 이제는 산업 보호를 주요 목표로 삼았다. 그중에서도 특히 최대 산업인 농업이 곡물법(Corn Law)으로 보호받고 있었는데, 그것은 곡물이 값싸고 풍족할 때 그 수출을 증진하는 것이었다. 경제사상가들 중에는 일부 자유무역 이론을 펴는 사람도 나타났으나, 전반적으로 볼 때 실업계는 여전히 식민 전쟁과 보호주의 정책의 결합으로 이룩한 성취를 믿고 있었다. 세계의 도처에 널려진 방대한 식민지들은 영국의 장밋빛 미래를 약속하는 것처럼 보였다. 앞으로 이들 식민지는 영국 공산품의 넓은 시장이 될 것이며, 국내 산업의 원료 공급지가 될 것이었다. 퀘베크는 생선과 모피의 풍요한 보고가 될 것이며, 서인도제도는 노예무역의 이윤을 극대화하고 설탕 등의 열대 생산물을 계속 공급해 줄 것이었다. 몇몇 아메리카 식민지에서 나타난 철물업처럼 본국 산업의 경쟁자가 될 만한 식민지 산업에 대해서는 이를 억제하는 일련의 조치들이 취해졌다.

한편 더욱 큰 이득을 기대할 수 있던 인도에서는 동인도회사가 실질적인 식민지화 작업을 수행했는데, 7년전쟁 이후 인도에 대한 관심은 한층 더 높아졌다. 원래 동인도회사의 무역 독점은 인도뿐만 아니라 중국 및 동남아시아와의 무역에까지 미치고 있었다. 17세기에는 동남아시아가 영국과 네덜란드 간 경쟁의 주된 각축장이었으나, 18세기에 들어와서는 인도가 영국의 주요 관심 대상 지역이 되었다. 인도 전 지역을 장악하고 있던 무굴제국이 17세기부터 쇠퇴하기 시작하여 18세기에는 여러 조각으로 분열되었고, 여기에 외래 침략자들까지 가세하여 서로 다투었다. 이 혼란과 무질서 속에서 영국과 프랑스가 서로 지배권을 다툰 끝에 영국이 프랑스를 축출한 것이다. 동인도회사는 본국 정부의 간섭 없이 인도의 지배자들과 직접 협정을 맺을 수 있었는데, 그 내용은 처음부터 단순한 통상 업무에 그치지 않았다. 회사는 항구적인 상관을 마련한 데다 그것을 요새화했으며, 18세기에는 더 나아가 자체 군사력을 보유했다. 그러나 회사는 노골적으로 직접 정복하기보다는 교묘한 방법으로 세력을 확장해 나갔다. 즉, 지역의 토착 지배자들에게 회사 수비대의 보호를 제공하고, 그 대가로 공물과 더불어 외교권을 넘겨받았던 것이다. 무역이 아니라 통치행위의 성격을 지닌 이런 회사의 활동에 대해서 영국 정부는 개입하지 않았다. 그 대신 특허 부여의 대가로 이 회사로부터 거두어들이는 수입과 빌려오는 차입금은 정부 재정의 주요 자원이 되었다.

많은 사람들이 이런저런 방법으로 치부하여 막대한 재산을 가지고 영국으로 돌아와 위세를 부리고, 의회에 진출하여 정치적 영향력을 행사했다.[18] 인도의 태수에 빗대어 네이보브(nabob)라 불린, 이들 인도에서 치부한 부호들은 동인도회사의 든든한 후원자가 되었다. 그리하여 18세기 중엽 동인도회사는 번영의 절정에 달했다. 1765년 클라이브는 벵골 지방의 태수와 협정을 맺어 동인도회사는 군대를 보

---

18) 피트의 가문이 바로 그 대표적인 사례였다.

유할 뿐만 아니라 토지세를 징수하고 세입 및 세출을 통제할 권리도 갖게 되었다. 회사의 상업상의 번영과 더불어 이런 눈부신 발전은 영국 정계의 이목을 인도로 이끌었다. 바로 그 무렵 인도 문제의 본질을 꿰뚫어본 피트는 상업 기능은 동인도 회사가 보유하되 회사가 획득한 인도의 모든 영토는 국왕에게 넘겨야 한다고 주장했으나, 그의 이런 주장은 아직은 먹혀들지 않았다.

3. 조지 3세 초기의 정치와 사회

조지 3세 초기의 정치적 혼란

　조지 3세는 1760년에 즉위하여 1820년까지 장장 육십 년을 재위했다. 자연히 그의 치세는 산업혁명, 미국 독립 혁명, 프랑스 혁명 등 여러 극적인 변화로 점철되었다. 조지 3세는 영국에서 나고 성장한, 순수한 영국인이었다. 이제 그에게 하노버는 한 집안에 대한 추억에 불과했다. 영국이 7년전쟁에서 승승장구하던 바로 그 무렵에 사람들의 환영 속에서 즉위한 그는 처음에는 젊음과 경건함, 정직하고 소박한 생활 등으로 '농부 조지(Farmer George)'라고 불리면서 국민들의 인기를 얻었다. 그러나 점차 완고하고 편협한 성격이 드러나고, 국왕의 대권과 의무를 완강하게 고집함으로써 인기를 잃고 의회와도 심각한 갈등을 겪게 되었다. 나중에는 잦은 정신병 증세로 이런 경향이 더욱 두드러졌으며, 치세 말 9년 동안은 눈까지 멀어 윈저 성에 유폐되는 불운을 겪기도 했다.

　조지 3세의 즉위와 더불어 반세기도 넘는 오랜 휘그의 지배가 끝났다. 낡은 당파의 구분을 없애기로 한 그의 결단으로 토리들이 다시 궁정에 영입되어 관직과 훈장과 작위를 분배받았다. 그러나 그의 치세 초 10년은 고된 시험기였다. 1760년대의 10년 동안 일곱 번이나 수상이 경질되는 정치적 혼란이 계속되었다. 조지는 전쟁에서 유례없는 성공을 거둔 내각을 내침으로써 논쟁을 자아냈고, 정치적 경험이 없는 측근인 뷰트 백을 기용함으로써 논쟁을 더욱 격화시켰다. 대신들을 국왕의 하인에 불과하다고 생각한 조지는 누구를 어느 자리에 임명하거나 해임하든 그

조지 그렌빌

것은 그의 권리라고 주장했다. 그러나 비판자들은 의회에 책임을 져야 하는 수상은 왕가의 하인과 같을 수 없다고 반박했다. 뷰트는 그렇잖아도 스코틀랜드 출신의 이방인이라고 해서 미움을 산 데다가 구휘그 가문들을 적으로 만들었다. 특히 그가 프랑스와 맺은 강화는 피트의 영광스러운 정복을 팔아치운 배신이라고 공격받았다. 기질상 거칠고 혼탁한 정치판에 잘 맞지 않았던 뷰트는 적대적인 정객들에 둘러싸이고, 런던의 군중도 그에게 적의를 보이자 1763년 결국 사임하고 말았다.

왕은 뷰트가 사임한 뒤 내각을 조지 그렌빌(Grenville)에게 맡겼다. 피트의 처남으로 유능한 행정가였던 그렌빌은 하원에서 다수를 확보하고 정부를 효율적으로 운영했다. 그러나 그를 역겨워한 국왕은 1765년 그를 해임하고 자신의 삼촌인 컴벌런드 공에게 국정을 맡겼지만, 불과 넉 달 뒤에 그가 죽자 로킹엄(Rockingham) 후작, 찰스 와트슨-웬트워스(Watson-Wentworth)가 뒤를 이었다. 아메리카 식민지 정책과 관련하여 내각을 통합하지 못한 그 역시 겨우 1년 만에 물러났다. 조지 3세는 1766년 다시 피트와 그래프턴(Grafton) 공 오거스터스 헨리 피츠로이(Augustus Henry Fitzroy)에게 연립 내각(broad-bottom ministry)의 구성을 위촉했다. 그러나 피트의 내각 복귀는 처참한 실패였다. 통풍과 정신착란으로 고생한 피트는 오만하고 독선적인 성격에다 정책 조정이나 내각 통제에 무능을 드러냈다. 게다가 그는 채텀(Chatham) 백작이 되어 상원으로 옮겨 앉음으로써 이른바 '위대한 하원의원(Great Commoner)'으로서의 국민적 인기도 상실했다. 일 년 후에 결국 정부는 그래프턴에게 맡겨졌지만, 그 역시 무능한 지도력으로 내각은 방향을 잃고 4년을 표류했다. 그러다가 1770년 프레드리크 노스(North) 경의 등장으로 다시 정치적 안정을 되찾게 되었는데, 그의 내각은 12년 동안이나 지속되었다. 노스 경은 지적이고 재치 있으며 또한 충직하고 부지런했다. 22세에 의회에 진출한 후 자신의 재능으로 입신출세한 그는 토리파와 국왕 측근들의 도움으로 권력을 유지했으며, 조지 3세는 고분고분한 그를 통해 내각을 마음대로 조정함으로써 사실상 친정을 시도했다.

　1760년대의 영국 정치가들은 대부분 국왕에 맞서기 위해 정당을 결성한다는 생각을 가지고 있지 않았다. 그들이 이상으로 생각한 것은 모든 당파의 가장 유능한 인물들을 망라한 내각이었다. 당시의 정파들은 어느 한 정치 지도자 밑에 혈연과 친분으로 결합된 일단의 사람들이었는데, 그렌빌파, 베드퍼드파,[19] 로킹엄파, 채텀파 등이 그러했다. 여전히 쓰이고 있던 토리와 휘그라는 용어는 국왕의 대권과 영국 교회에 대한 서로 다른 태도를 반영하고 있었으나, 그것이 중요한 의미를 지니고 있지는 않았다. 정파 형성에서 중요한 것은 개인적 충성심과 당파적 이해관계였다. 로킹엄의 개인 비서였던 에드먼드 버크(Edmund Burke)가 정당은 뚜렷한 이념을 둘러싸고 결성되어야 한다고 선언한 것은 커다란 혁신이었으며, 그 뒤 이런 이념 정당의 성장은 마침내 각료들로 하여금 왕이 아니라 의회에 대해 책임을 지게 만들었다. 그러나 1760년대에는 아직도 국왕이 각료를 ― 비록 의회 내에서 다수의 지지를 획득할 수 있는 인물 중에서이기는 하지만 ― 선택할 수 있었다. 그런 다수를 확보하지 못한 뷰트는 물러나야 했고, 그렌빌처럼 다수는 확보했더라도 왕의 신임을 잃으면 역시 물러나야 했다. 1760년대의 혼란은, 국왕은 각료를 선택할 수 있고 의회는 이를 거부할 수 있다는 서로 상충하는 주장 사이의 갈등에 어느 정도 기인했다. 월포울이나 노스 경의 경우처럼 양자가 합의를 보았을 때라야 정국은 안정을 이룰 수 있었던 것이다.

윌크스와 자유

　조지 3세 치세 초기의 정치적 불안정은 부분적으로 국내의 과격한 반대 세력의 정치적 선동에 의해서도 조성되었다. 반대자들은 아무 정부나 다 반대했고, 의회 자체, 심지어 국왕마저 용납하지 않으려 했다. 앤 여왕 시대 이래 폭동이나 소요로 법과 질서가 위협받는 일은 거의 없었는데, 이제 다시 사회가 그런 위기 상황으로 치달았다. 그것은 주로 존 윌크스(Wilkes)의 선동과 투쟁에서 기인한 것이었다.

---

19) 휘그 지도자인 제4대 베드퍼드 공 존 러슬(1710~1771)을 추종한 파를 말한다.

존 윌크스

　부유한 양조장 집안의 아들로 태어난 윌크스는 노름과 술과 여자에 빠진 방탕한 생활을 하다가 1757년 돈으로 의원직을 사서 하원의원이 되었으며, 그 후 급진적 정치 선동가로 부상했다. 그는 1762년 ≪노스 브리턴(North Briton)≫이라는 신문을 발간하고, 이를 통해 1763년의 강화조약을 공격하고 뷰트와 궁정을 비웃는 글을 썼다.[20] 당시의 영국에서는 지방의 주요 도시들이 각기 자체 신문을 갖고 있는 데다가, 전국에 걸친 도로망의 정비로 전국 규모의 언론 체제가 형성되어 있었으며, 교역의 증대와 전문직 계층의 대두로 급속하게 성장한 도시 부르주아지가 이런 언론의 독자층을 형성하고 있었다. 윌크스는 이런 독자층을 대상으로 난폭한 필봉을 휘두르면서 과두적인 정부를 공격했다. 결국 그는 문서비방죄로 체포되고 그의 신문은 폐간되었다. 재판에 회부된 그는 체포될 사람의 이름이 적혀있지 않은 일반 체포영장(general warrant)으로 면책특권을 가진 의원을 체포한 것은 불법이라고 거세게 항의했으며, 결국 법정은 그의 체포를 불법이라 판결하여 석방했다. 그러나 그 후 그가 문제의 글을 다시 펴내자 의회는 이를 비방문서로 규정하여 불태우도록 명령했다. 게다가 음란시의 출판 혐의로 기소되기까지 하여 그가 한때 파리로 도망가자 1764년 초 의회는 그의 의원 자격을 박탈하고, 법정은 문서비방죄와 음란죄로 그의 법외추방(outlaw)을 선고했다. 그리고 그것으로 그의 정치 생명은 끝난 것처럼 보였다.

　그러나 4년 뒤 그래프턴의 정부 때 귀국한 윌크스는 또다시 정부와의 치열한 투쟁에 들어갔다. 그는 1768년 총선거에 런던에 접한 작은 주 미들섹스(Middlesex)에서 출마하여 의원으로 선출되었다. 그러나 그가 옛 죄목으로 다시 체포되어 투옥되자, '윌크스와 자유(Wilkes and Liberty)'를 외치며 봉기한 지지자들은 그가 갇혀있는 감옥 주변에서 군대와 충돌하여 사상자를 냈다. 1769년 2월 의회는 마침내 그가 비방죄로 피선 자격이 없다 하여 그를 축출하고 재선거를 실시했다. 윌크스는

---

20) 1763년 4월 23일자 ≪노스 브리턴≫ 45호에서 윌크스는 프랑스와의 평화를 옹호한 국왕의 말을 비난하는 글을 썼다.

재선거에 출마하여 무경합으로 다시 선출되었으나, 이번에도 역시 축출되었다. 이렇게 재선되었다가 다시 축출되기를 거듭한 끝에, 네 번째 선거에서 그는 비로소 경합선거를 치렀는데, 의회는 1,143표를 얻은 윌크스 대신 296표밖에 얻지 못한 헨리 러트럴(Luttrell)을 당선자로 선포했다. 런던에 접한 미들섹스는 도시화가 상당히 진전된 지역으로 주민들의 정치의식도 런던 시민들에 버금갈 정도로 높았으므로, 유권자들은 정부가 그들의 선거권을 침범한 데 대해 격분했다.

이런 자의적 권력은 런던 시민들에게도 참을 수 없는 것이었다. 런던의 급진파들은 권리장전 지지자협회(Society of Supporters of the Bill of Rights)를 결성하고, 대중집회를 개최하고, 의회에 청원하였다. 그리고는 윌크스를 런던 시의 시장으로 선출했다. 그를 지지한 사람들은 중소상인과 기업가, 수공업자, 장인 등 중하층(middling and inferior sort) 사람들이었다. 그러나 그는 좀더 가난한 일반 군중에게도 호소했으며, 1768∼1769년에 런던에서 노동 현장의 소요가 일어났을 때 파업 노동자들은 그를 자기들의 영웅으로 삼았다. 한편 유권자의 권리를 자의적으로 억압한 데 대한 항의운동은 런던만이 아니라 지방 여러 주와 도시에서도 전개되었다. 1774년 노스 정부는 결국 윌크스에게 의석을 허용함으로써 자신들의 대표를 선택할 권리가 유권자에게 있다는 원칙을 인정할 수밖에 없었다.

윌크스는 1774년부터 1790년까지 오랫동안 의원으로 있었지만 원내에서 별다른 활동을 하지 못했으며, 그에 대한 지지 움직임 역시 이후 사그라졌다. 그러나 윌크스와 그의 지지자들은 영국 정치에 새로운 세력을 끌어들였다. 의원 임기의 단축, 의회에 대한 왕의 영향력 배제, 부패 선거구의 폐지, 그 밖의 여러 불만 사항의 시정 등 그들이 요구한 여러 개혁은 어느 하나 제대로 실현되지 못했지만, 영국 정치사상 그들이 공헌한 바는 영국 급진주의(radicalism)를 창출했다는 점에 있다. 그들은 그 첫 조직을 설립했으며, 그럼으로써 영국의 헌정에 민중적 요소가 끼어들게 되었다.

18세기의 사회

내란과 혁명, 브리튼의 통합, 대외 전쟁 등 17세기 중엽에서 18세기 중엽 사이에 일어난 갖가지 대변화는 사회 각 계층을 통해서 일어난 사회적 변화와 밀접하게 관련되어 있었다. 영국인들은 자유를 위한 오랜 투쟁의 성과로 폭넓은 결사의 자유까지 덤으로 얻어냈다. 당국이 허용하는 무해한 그룹 활동 이외의 단체 구성을 억압한 튜더 왕조와 초기 스튜어트 왕조하에서는 심지어 술집까지도 '공공의 집(public house)'이라 하여 영업허가를 받아야 했으나, 17세기 중엽부터 갖가지 목적의 자발적 단체가 정부의 제약을 받지 않고 자유롭게 생겨났다. 근대적 형태의 프리메이슨단(Freemason)이 내란기에 처음 나타났고, 런던의 시인과 문필가들은 커피하우스를 중심으로 활동했다. 18세기에 들어와서는 이웃 지주들, 성직자들, 변호사들의 사교 단체가 수없이 나타났고, 런던뿐만 아니라 지방에서도 의사의 자발적 단체를 비롯한 많은 전문 단체들이 생겨났다. 이 세기의 후엽에는 이보다는 덜 전문적인 정치 모임, 사교 모임, 스포츠 모임 등 각종 특수 단체들이 활발한 클럽 활동을 하고 있었다.

이런 현상은 앞으로 영국이 대륙의 여러 나라와는 다른 제도들을 형성하는 데 이바지한 한 가지 특질을 보여주는 것이었다. 영국 제도의 한 가지 강점은 그것이 대중적 기반을 지니고 있다는 점이었다. 영국에서는 중앙집권적 행정 체계와 전문 관료를 가진 나라들과는 달리 지역적 이해와 지역적 명성, 그리고 지역적 주도권이 상대적으로 더 중요시되었다. 그런 의미에서 영국과 유럽의 여러 나라들 사이의 한 가지 중요한 차이는 주(county)에 있었다. 영국의 주는 하나의 행정단위일 뿐만 아니라 지역적 충성심의 구심점이었다. 한때 국가(nation)에 대한 충성심을 넘어서기도 했던 그와 같은 지역적 충성심은 18세기에 들어와 대체로 다시 전자에 밀려났지만, 주는 과세와 민병대에 관한 사항을 제외하고는 중앙의 일상적인 통제에서 사실상 벗어나 있었다. 주의 주요 사법·행정기관인 사계법정(Quarter sessions)은 종신직으로 임명된 지방의 치안판사들로 구성되었으며, 점차 늘어가고 있던 의회 입법의 상당 부분을 지방에 관한 법이 차지하고 있었다. 지역적 정서는 또한 사업, 오락, 자선 활동 등의 분야에서도 드러났다. 특히 18세기 중엽에는 지방 재원으로 설립되고 지방의 자원 활동가들에 의해서 운영되는 병원들이 여러 도시에 세워져 있었다. 그렇다고 이 같은 지방의 자발적 단체나 클럽에 대한 많은 사람들의 적극

턴파이크: 유료 도로

적 참여가 곧바로 민주적인 것은 아니었다. 상공업의 발달로 중산층의 수가 점점 더 늘어나고 그 직업이 법률가, 회계원, 전문 직업인 등으로 더 다양해졌지만, 18세기 중엽에 그들의 정치적 권력이나 영향력은 한 세기 전보다 오히려 더 약해져 있었다. 17세기의 내란 동안에 몰락의 위기를 맞은 귀족들 가운데 몇몇은 실제로 귀족 사회에서 탈락해 나갔지만, 그 대부분은 군사적 패배, 재산 몰수, 정치적 무력화 등 여러 역경을 이겨내고 예전의 지위를 회복했다. 그 가운데서도 막대한 재산을 가진 대귀족들은 특권을 가진 부유한 카스트(caste)를 형성하여 새로운 지배 계층으로 결집했으며, 그들의 지배력은 세기가 지나감에 따라 더욱 견고해졌다.

한편 18세기에 이루어진 교통과 운수의 발달은 지방을 런던의 영향권 안에 들어가게 하고, 시골 마을을 도시에 더 가까이 접근시키고 있었다. 일찍이 1663년부터 사기업가가 의회법을 통해 유료 도로(turnpike road)를 건설할 수 있게 되었는데, 그로부터 한 세기쯤 뒤의 영국은 런던에서 사방으로 뻗어나는 거미줄 같은 도로망을 가지게 되었다. 도로망의 정비와 더불어 역마차가 등장하고, 왕립 우편마차가 정기적으로 우편물을 실어 날랐다. 도로망과 교통수단의 발달은 사람들의 여행 시간과 물자의 운송 시간에 극적인 변화를 몰고 왔다. 1720년 무렵에 런던에서 요크까지 가는 데는 3일 이상이 걸렸는데, 1780년대에는 24시간 정도로 줄어들었다.

18세기는 인구 동향에도 괄목할 만한 변화가 나타난 시기였다. 17세기에 오랫동안 정체 상태를 지속해 온 잉글랜드의 인구는 1680년대부터 다시 착실하게 증가해 오다가, 1720년대에 티푸스·천연두·말라리아·인플루엔자 등 전염병이 창궐하면서 한때 역전 현상을 보였다.[21] 그러나 1730년대에 들어오면서 인구는 다시 완만하게 증가하기 시작했으며, 이 증가세는 그 후 줄곧 계속되었을 뿐만 아니라 점점 가속도가 붙어 머지않아 인구 폭발이라는 미증유의 현상으로 이어졌다. 1750년에 약 580만 명으로 추산된 인구가 1770년에는 640만 명에 이르렀고, 1790년에는 거의 800만 명에 달했다.

계층 분화의 심화

18세기에 이들 인구의 최상층에는 약 160명 정도의 귀족이 있었다. 그들은 광대한 토지에서 나오는 지대수입 이외에 부유한 사업가의 딸과의 결혼, 또는 상공업이나 광산업에 대한 투자로 재산을 증식할 수 있었으며, 군대의 지휘관이나 정부의 고위 관직을 통해서도 부수입을 얻을 수 있었다. 이렇게 막대한 부를 축적한 귀족들은 호화롭고 사치스러운 삶을 누렸다. 그들은 시골에 궁전과도 같은 대저택을 짓고,[22] 그 안을 온갖 값비싼 가재도구와 그림과 조각 들로 채우고, 또한 정교하게 설계된 정원을 꾸몄다. 귀족은 지역의 명문가로서 지방정부와 지방선거를 좌우하는 한편 중앙 정치에도 영향력을 행사했다. 그는 상원의원이었으며, 때로는 내각에 들어가기도 했다.

그러나 지방의 실질적 지배자는 젠트리들이었다. 주의 사법행정의 실무를 관장

---

21) 1731년 잉글랜드의 인구는 약 520만 명이었는데, 이는 1650년대 중반보다 오히려 감소한 것으로 추정된다.

22) 옥스퍼드셔의 우드스토크(Woodstock)에 있는 블레넘 궁전(Blenheim Palace)은 블렌하임 전투에서 승리한 말버러 공을 위해 앤 여왕이 지어준 대저택이다. 487쪽 참조.

블레넘 궁전

한 3,000가량의 치안판사직을 도맡은 계층이 바로 젠트리였기 때문이다. 치안판사
들은 3개월마다 열리는 사계 법정과 이를 보완하는 간이 법정(petty sessions)을 통해
치안을 유지하고 범법자를 처벌했다. 그들은 세금을 부과하고, 감옥과 구빈원을 유
지하고, 도로와 교량을 관리하고, 빈민 감독관과 공로(公路) 감시관을 임명했으며,
부랑자, 밀렵꾼, 도둑, 술주정 난동자 등을 처벌하고, 또한 교회 불출석, 독신 행위,
무단 땔감 채취, 심지어 아내에 대한 폭언 등 자잘한 위반 행위에 대해 벌금을 부
과했다.

　일부 극소수 젠트리는 귀족의 사치와 낭비를 흉내 낼 수 있을 정도로 부유했으
나, 대부분의 젠트리는 이런 분에 넘치는 생활수준을 유지하다가는 파산하게 마련
이었다. 분수에 맞게 살아가려는 시골 젠트리는 대체로 안락하고 풍족한 생활을

1820년대의 커피하우스: 1660년 무렵부터 커피하우스는 사람들이 모여 새로운 뉴스나 가십거리를 주고받는 집회 장소로 이용되어 왔다. 뉴스레터를 읽는 사람들의 모습이 보인다.

누릴 수 있었다. 그의 장원 저택에는 식사도 하고, 술도 마시고, 카드놀이도 하고, 더러는 성서나 폭스의 『순교자의 책』을 읽기도 하는 넓은 홀이 있었다. 게다가 그는 자신의 고귀한 혈통을 자랑할 수 있는 문장(coat of arms)을 가지고 있었다. 그는 차와 포도주와 같은 약간의 호사한 음료를 즐길 수 있었으나, 그 밖에 그의 식탁은 부유한 차지농의 식탁과 대동소이했다. 그의 일상적 교우는 부유한 요우먼이나 차지농, 그리고 이웃 상인이나 변호사 들이었다. 손수 농업경영에 종사한 젠트리는 농민이나 목부들과도 어울려 서로 농담을 나누는가 하면 술자리까지도 함께하곤 했다.

귀족과 젠트리 계층 아래 시골 농민들은 대체로 자기 토지를 가진 요우먼, 크고 작은 토지를 임차한 차지농, 영구적 임차권을 가진 등본토지보유농, 그리고 영세농인 코티저 또는 무토지 농업 노동자 등으로 나뉘어있었다. 이들의 생활수준은 서로 같지 않았으나, 대체로 살림이 넉넉지 않았다. 18세기 초까지만 해도 농촌의 독립적인 중산층을 이루고 있던 요우먼은 농업 개량을 위한 자금이 달려서 점차 쇠퇴해 갔다. 대규모 토지를 임차한 차지농들은 새로운 영농 기술의 혜택을 볼 수 있었지만, 적은 토지밖에 갖지 못한 그들 대부분과 등본토지보유농들의 삶은 가난하고 불안정했다. 더욱 처참한 빈곤과 고통에 시달린 것은 수많은 코터저와 농업 노동자들이었다. 그들은 한두 마리의 돼지와 거위를 기르거나, 마을의 공유림에서 나뭇단을 주워 모을 수 있었으며, 이웃 농장에서 품팔이 노동을 할 수 있었다. 그러나 끝내 빈궁을 면치 못하여 밀렵꾼이 되기 일쑤였으며, 거지가 되거나 구빈 대상자가 되기 마련이었다. 대부분의 농민들은 가난하고 무식했으며, 대대로 이어온 조상들의 생활 방식을 그대로 따랐다. 태어나고 혼인하고 죽는 것과 가난을 면하기 위해 일하는 것 말고는 아무 관심이 없고 또 아는 것도 없었다. 그들에게는 자기들이 살고 있는 촌락이 곧 그들의 전 우주였다.

18세기에 진행된 여러 사회적 변화의 결과 사회적 계서제의 폭이 더욱 벌어졌다. 부가 불균등하게 분배되어 있었고, 과세의 표준들이 그런 부의 불균등을 시정하는 데 거의 기여하지 못했기 때문에 실질적 생활수준은 사회계층의 중간층과 상층에서 훨씬 더 극적으로 향상했으며, 그 결과 부유한 중·상류층과 가난한 최하층 사이의 간극이 더욱 넓어졌다. 이와 같은 현상은 새로운 것이 아니라 16~17세기부터 어느 정도 진행되고 있었지만, 그 속도는 18세기 동안에 분명히 빨라졌다. 적어도 이런 의미에서 18세기의 영국은 더욱 양극화된 사회가 되어가고 있었다. 사치스러운 생활을 과시하는 지배층의 호화로운 생활 방식과 그들보다는 수수하지만 점점 더 힘이 세어져 가는 중산층의 생활수준의 향상은 상업적 화폐경제가 초래하는 불평등을 뚜렷이 보여주었다. 그리고 이런 양극화 현상은 런던에서 가장 뚜렷하게 나타났다.

상류사회의 생활

18세기의 영국은 귀족과 부유한 중산층의 향락과 결부된 상류 사교계의 과두제적 사회였다. 귀족의 저택, 나무 그늘이 드리운 산책로(mall), 공공 오락 장소, 클럽과 도박장, 커피하우스와 술집(tavern), 그리고 극장과 오페라 등이 상류 사교계 인사들을 모아들였다. 커피하우스나 클럽은 화가·음악가·작가 혹은 정치가 들에게 뉴스를 나누고 유행을 퍼뜨리며 시국을 논하는 사교 장소가 되었다. 초콜릿·설탕·차가 기호품이 되었고, 각종 열대 과일과 감자·시금치·양딸기 등 새로운 식품이 식탁에 올랐다. 그러나 역시 술이 으뜸이었다. 상하를 막론한 모든 사회계층 사람들이 술을 즐겨 찾은 데다, 그것도 폭음하고 과음하는 것이 예사였다.23) 하층민들이 주로 값싼 독주 진을 마신 데 대해, 상류층은 포르투갈산의 포트와인이나 프랑스산의 보르도 적포도주을 즐겼다. 술 못지않게 상류층이 빠져든 유혹은 도박이었다. 사람들은, 심지어 부녀자들까지도, 도박장에서 밤을 새우기 일쑤였으며, 하룻밤 사이에 전 재산을 날려버리기도 했다. 역사가 트레벨리언(G. M. Trevelyan)은 1760년대의 영국 사회를 '하나의 거대한 도박장'이라고 표현할 정도였다.

18세기 영국인들이 또한 즐겨 찾아간 곳은 온천이었다. 그중 대표적인 명소는 역시 로마 시대부터 이름 높은 바스(Bath)였지만, 그 밖에도 런던에서 가까운 엡섬(Epsom)이나 턴브리지웰스(Turnbridge Wells)를 비롯하여 국내 각지에 많은 온천장이 있었다. 이런 온천에는 16~17세기에 이미 병 치료나 오락을 위한 사람들의 발길이 잦았으나, 18세기에 들어와 많은 귀족과 부유한 중산층 명사들이 향락을 위해 자주 찾았다. '보 내쉬(Beau Nash)'라고 불린 이름난 도박꾼 리처드 내쉬가 최초의 사회자(MC)로서 세련된 의복과 대화법, 그리고 고상한 예절을 영국의 상류사회에 유행시킨 것도 바로 바스의 여러 유흥 행사장이었다. 온천에 이어 해수욕이 또한 유행했는데, 해수욕장으로는 노퍼크의 웨이머스(Weymouth)나 요크셔의 스카버러(Scarborough) 등이 인기가 있었다.

하층민의 생활

사회계층의 양극화와 불평등의 심화로 하층민의 생활수준이 실제로 어느 정도로 악화되었는지를 가늠하기는 어렵다. 18세기 전반까지만 해도 인구의 정체와 안정된 임금수준으로 하층민들의 실직소득은 그다지 낮지 않았던 것으로 보인다.24)

---

23) 많은 정치가들이 — 소피트와 같은 근엄한 사람까지도— 주당이었다. 조지 3세가 언젠가 상서경 노싱턴(Northington)에게 "사람들의 말에 의하면 경은 포도주 '잔'을 즐긴다던데"라고 말하자, 그는 이렇게 대답했다고 한다. "폐하께 귀띔한 자들이 저를 심히 능멸했습니다. '병'이라고 말씀드렸어야 합니다."

그러나 세기 중반 이후에는 농업 생산의 감소나 정체에 상업 분야에서의 불황과 실업이 겹치면서 하층민들의 생활은 더욱 어렵고 고통스러워졌다. 수백만에 달하는 영국 하층민들의 가장 큰 관심사는 오직 가난을 면하는 일이었다. 시골의 노동자들은 한 주에 6~7실링을 벌었으며, 런던의 노동자들은 9~10실링을 벌었는데, 그들은 하루에 12시간 이상 일해야 했다. 시골 노동자들은 소득의 반을 빵 구입에 사용했으며, 나머지 반으로 그 밖의 모든 가용을 감당해야 했다. 시골과 런던을 막론하고 그들의 집은 창문도 제대로 없는 단칸방으로 온 가족이 그 안에서 함께 살았다.

하층민 수의 증가와 빈궁화에서 비롯하는 여러 문제들에 대해서 지배 계층은 별다른 해결책을 강구하지 않았다. 엘리자베스 시대와 스튜어트 시대에 중앙정부의 주도로 집행되고 있던 구빈사업이 18세기에는 전적으로 지방 치안판사와 교구위원회에 넘어갔다. 빈민에 대해서 대체로 냉혹한 견해를 지니고 있던 그들의 구빈사업은 주로 빈민들을 구빈원(workhouse)에 수용하여 강제 노역에 종사시킴으로써 부지런히 일하도록 길들이려는 것이었다. 그러나 당시의 구빈원은 대부분 부패와 가혹 행위가 만연하여 빈민들의 근면성을 기르기보다는 그들을 노예나 다름없이 혹사하기 일쑤였다. 행정 당국의 구빈사업의 부실과 결함을 조금이나마 메운 것은 교회와 민간 자선단체의 활동이었다. 그들은 학교와 병원을 짓고 구빈원을 세우고 공제조합을 운영했다.

빈민들의 비참한 생활과 그들의 불행은 만물에 대한 신의 섭리로 생각되었다. 술은 이런 빈민들을 현실적인 절망 상태로부터 한때나마 도피하게 해주는 것이었다. 그러나 하층민들이 주로 마신 값싼 진은 쉽게 취하게 하는 불순물 섞인 독주여서 건강을 해칠 뿐만 아니라 술주정, 싸움, 폭행, 난동, 심지어 살인 등 여러 범죄 행위를 유발했다. 그리고 이와 같은 범죄의 증가에 정부 당국은 가혹하게 대처했다.

18세기 영국의 법은 빈민만이 아니라 그보다 조금 위의 계층인 농민이나 장인들

---

24) 이 무렵 런던에서 진의 소비량이 급격하게 늘어난 것을 보면 빈민들이 그 정도의 비용을 감당할 만한 소득은 있었을 것으로 짐작된다.

에 대해서도 그 나름의 규제를 가하려 했다. 사회의 양극화가 심해짐에 따라 소규모의 자유토지보유농이 임차토지보유농으로, 농부들이 농업 노동자로 전락하고, 영세한 장인들이 임금노동자의 지위로 떨어졌다. 이들 노동자들은 법, 재산, 그리고 나라의 실질적인 지배자들인 치안판사들에 맞서 싸웠다. 그들의 싸움은 주로 재산권에 대한 침범이라는 형태를 취했는데, 그 대표적인 것이 밀렵(poaching)과 강절도 행위였다. 정부는 이른바 '검은 법(Black Act)'이라는 금렵법으로 밀렵자를 교수형에 처하도록 했으며, 사소한 절도까지도 교수형에 처하는 등 가혹한 형벌을 규정했다. 그러나 이런 형벌이 실제로 가해지는 경우는 그리 많지 않았던 것으로 보인다. 그것은 배심원들이 범법자들에 대해 유죄 평결을 내리는 경우가 별로 많지 않았기 때문이다. 교수형 이외의 형벌로는 칼씌워 세워놓기(pillory)와 매질하기, 그리고 투옥 등이 있었다.

4. 아메리카 식민지의 독립

아메리카 식민지와의 대립

영국의 아메리카 식민지는 18세기에 300만의 인구를 가진 지역으로 발전해 있었다. 영국은 식민지인들이 7년전쟁에 별로 이바지한 것이 없으면서도 큰 이득을 보고 있는 데다가 지금도 그들을 보호하기 위해 주둔하고 있는 본국의 상비군이나 바다를 지키는 해군에 대해 아무런 재정적 기여도 하지 않는 것은 너무나 불합리한 일이라고 생각했다. 더욱이 정부는 그 전쟁으로 엄청난 빚에 허덕이고 있었다. 전후에 내각을 맡은 그렌빌 경은 주둔군 유지비의 3분의 1을 식민지가 부담할 것을 제안했고, 의회는 1764년에 식민지로 수입되는 당밀과 설탕에 대해 관세를 부과하는 설탕법(Sugar Act)을, 그리고 1765년에는 여러 법적 문서뿐만 아니라 신문에도 인지세를 부과하도록 하는 인지법(Stamp Act)을 제정했다.

그동안 본국의 지배하에서도 상당한 독립을 누려오던 식민지인들에게 이런 세금은 참을 수 없는 것이었다. 그들은 식민지가 본국의 상업적 번영에 공헌하고 있고, 모국의 이익을 위해 착취당하고 있다고 생각했다. 수출입 상품을 운송하는 데 영국 선박만을 이용하게 하고, 영국의 공장과 경쟁하는 공장을 짓지 못하게 하는 등 정부의 중상주의 정책으로 식민지가 모국의 상업적 이익을 위해 희생당하고 있다는 것이었다.[25] 그들은 "대표 없이 과세 없다"라는 오랜 정치적 금언을 내세우면서 과세에 저항했다. 폭도들이 인지를 불태우는가 하면 인지 붙인 신문의 배포자들을 위협했고, 급진분자들은 '자유의 아들(Sons of liberty)'이라는 단체를 조직하고, 상인들은 영국 제품의 수입을 거부했다. 이처럼 식민지인들의 저항이 격렬해지자, 1765년 내각을 이어받은 로킹엄은 이듬해에 인지법을 폐지했다. 그러나 그는 대신 선언법(Declaratory Act)을 제정했는데, 그것은 영국 의회가 식민지를 사실상 대표하며(virtual representation), 따라서 무슨 사안에 대해서든 식민지인들이 따라야 하는 법을 제정할 수 있다고 선언한 것이었다.

1767년 영국 의회는 다시 이른바 타운전드 제법(Townshend Acts)으로 종이·도료·유리·납·차의 수입에 관세를 부과하고, 밀수 방지를 위해 세관 업무를 확대·강화했다. 그러나 이 또한 식민지인들의 반대에 직면하자 1770년에 차에 대한 관세만 남겨두고, 나머지 품목에 대한 관세는 폐지했다. 한편 이 무렵 많은 양의 차를 재고로 안고 있어 파산의 위기에 몰려있던 동인도회사를 돕기 위해 의회는 1773년 회사에 런던 및 식민지의 중간상인을 거치지 않고, 더욱이 식민지 상인들은 내야 하는 관세도 내지 않고, 차를 아메리카 식민지에 공급하도록 허용했다. 이것이 식민지인들을 격앙시켰다. 식민지 상인들은 동인도회사의 강력한 독점으로 자신들이 파산할 것을 두려워했다. 무엇보다도 그들이 분노한 것은 그들은 내야 하는 관세를 동인도회사는 면제받았다는 점이었다.

1773년 12월 인디언으로 가장한 보스턴(Boston)의 급진적 '애국파들(patriots)'이 항구에 정박해 있던 3척의 동인도회사의 배에 올라가 차 상자를 열고 차를 바다에 던져버렸다. 극적인 이 '보스턴차사건(Boston Tea Party)'을 계기로 영국 정부는 온건 정책에서 강압 정책으로 돌아섰다. 1774년 영국은 보스턴 항을 폐쇄하고, 매사추

---

25) 피트는 만약 아메리카 식민지가 양모 한 오라기나 말편자 한 개라도 만든다면 그들의 도시를 군대로 가득 채울 것이라고 위협할 정도였다.

세츠의 행정에 대한 왕권 개입을 강화했으며, 또한 근처에 군대를 증강했다. 게다가 의회는 이해에 퀘벡법을 제정하여 오대호 너머 지역을 퀘벡에 편입하고 그 지역에서 가톨릭교회를 합법화했다. 식민지인들은 이를 영국이 그들을 교황의 권위 아래 복종시키려는 음모라고 의심했다. 더욱이 서부의 땅에 관심을 가진 식민지인들은 이 법으로 서부 진출이 방해받는다고 생각했다.

독립 전쟁의 전개

1774년 9월 13개 식민지 대표들이 필라델피아(Philadelphia)에서 제1차 대륙회의(Continental Congress)를 개최하여 1763년 이후에 제정된 강압적인 법의 철회를 요구하는 한편, 영국군의 공격에 대비한 군사적 준비를 결의하고, 영국 상품의 불매운동을 제의했다. 그로부터 약 반년 후인 이듬해 4월에 매사추세츠 농민과 읍민들이 모인 민병대(minutemen)가 렉싱턴(Lexington)과 콩코드(Concord)에서 영국군과 충돌함으로써 인지법에서 시작된 10년에 걸친 위기는 마침내 전쟁으로 치달았다. 대부분의 식민지인들은 그들 자신이 독립을 위해서가 아니라 불만스러운 본국 내각의 폭정을 저지하기 위해 싸운다고 믿었지만, 막상 전쟁이 일어나면서 영국 정부가 식민지의 해외 교역을 금지하기 위해 해상을 봉쇄하고 항구를 폐쇄한 데다가 그들이 제출한 온건한 탄원서인 이른바 '올리브 가지 청원(Olive Branch Petition)'을 거부하자, 식민지인들은 독립만이 유일한 선택이라고 생각하게 되었다. 특히 1776년 초에 토머스 페인(Paine)이 쓴 『상식(Common Sense)』이라는 팸플릿이 이런 생각을 굳혀주었는데, 그는 부패한 군주 밑에서 백성들을 가혹하게 괴롭히는 정치체제를 가진 영국과는 이제 완전히 결별하는 것이 올바른 상식이라고 설파했다. 이리하여 이해 7월 4일 제2차 대륙회의는 마침내 「독립선언문(Declaration of Independence)」을 공식적으로 채택했다.

아무런 준비도 없이 갑자기 전쟁을 시작한 식민지인들에게 막강한 제국과의 싸움은 무척이나 힘겨운 일일 수밖에 없었다. 1776년 여름 영국군의 윌리엄 하우(Howe) 장군은 롱아일랜드(Long Island)에서 조지 워싱턴(Washington) 휘하의 아메리카군을 격파하고 뉴요크를 총본거지로 삼았다. 그러나 그는 퇴각하는 식민지군을 추격하는 데는 실패했으며, 그사이에 워싱턴은 병력을 다시 규합했다. 이듬해에 영국군은 뉴잉글랜드를 고립시키는 작전 계획을 세우고, 존 버고인(Burgoyne) 장군이 캐나다로부터 남하하여 뉴요크에서 북진하는 하우 장군과 합류하기로 했다. 그러나 하우가 거꾸로 남하하여 필라델피아를 점령하고 거기서 오래 지체하는 바람에, 그의 도움을 받지 못한 버고인은 10월에 새러토가(Saratoga)에서 패배하여 항복했다.

토머스 페인

새러토가 전투는 전세를 판가름하는 전환점이 되었다. 이 전투의 승리로 아메리카인들은 애국심이 고취되고 자신감을 얻었다. 그러나 무엇보다도 영국군을 격파할 수 있으리라는 전망이 프랑스를 아메리카의 동맹으로 끌어들였고, 그것이 전세를 뒤집는 데 결정적 영향을 미쳤다. 1778년 2월 프랑스가 참전함으로써 전쟁은 아메리카 식민지의 독립 전쟁이라기보다는 차라리 영국과 프랑스 간의 오랜 전쟁의 연장이라는 성격을 띠게 되었다. 프랑스에 뒤이어 에스파냐와 네덜란드도 영국과의 싸움에 들어갔으며, 러시아를 비롯한 여러 유럽 국가들은 영국에 대해 적대적 무장중립을 천명했다. 프랑스의 본토 침공 위협 때문에 영국은 아메리카에 증원 병력을 거의 파견할 수 없었으며, 고립무원의 상황에서 제해권까지 상실함으로써 승리에 대한 전망은 사라졌다. 1781년 10월 영국군이 요크타운(Yorktown)에서 아메리카-프랑스 연합군에 항복함으로써 사실상 전쟁은 끝이 났다. 패배가 확실해지자 그동안 무기력하게 전쟁에 대처해 온 노스 경은 1782년 수상직에서 물러났다. 그 뒤 로킹엄 후작이 다시 내각을 꾸몄으나 그해에 사망하면서 내각이 무너지고, 그의 뒤를 이은 셸번(Shelburne) 백 윌리엄 페티(Petty)에 의해 강화가 이루어졌다.

1783년에 체결된 베르사유(Versailles) 조약은 아메리카에 매우 유리했고, 프랑스로서는 파리 조약에 대한 보복이었다. 영국은 아메리카 식민지의 독립을 승인하고, 프랑스에는 북아메리카의 몇몇 섬들과 아프리카의 세네갈(Senegal) 등 7년전쟁의 전리품 대부분을 반환했으며, 에스파냐에는 미노르카와 플로리다를 돌려주었다. 그

애덤 스미스

러나 제국의 다른 영토는 대부분 그대로 유지되었다. 로드니 제독이 1782년에 거둔 승리는 영국령 서인도제도를 지켜냈고, 지중해에서는 지브롤터를 수복하려는 에스파냐의 기도를 좌절시켰다. 인도에서는 워런 헤이스팅즈(Warren Hastings)가 클라이브의 획득물을 어렵게 지켜냄으로써 프랑스의 복수와 토후들의 반란을 무산시켰다.

처음에는 누구도 아메리카 13개 식민지의 상실이 재앙이라는 것을 의심하지 않았으며, 또한 많은 사람들이 제국의 종말을 예상했으나, 곧 사람들은 그것이 지나친 우려였음을 알게 되었다. 영국과 미국의 교역은 감소하기는커녕 오히려 증가했다. 독립선언의 해인 1776년에 출간된 『국부론(Inquiry into the Nature and Causes of the Wealth of Nations)』에서 애덤 스미스(Adam Smith)는 각국이 생산자와 무역업자의 에너지를 보호무역주의의 제약에서 풀어준다면 그 부가 증대할 것이라고 주장했는데, 아메리카 독립 전쟁 이후 영국은 양국 간 무역 장벽의 축소에 성공함으로써 그와 같이 교역을 확대할 수 있었다.

아일랜드

아메리카 사태는 비슷한 식민지의 처지에 있던 아일랜드에 직접적인 영향을 미쳤다. 하노버 왕조에 들어와서도 아일랜드 의회는, 여전히 이른바 포이닝즈의 법(Poynings' law)[26]에 따라, 영국 정부의 승인 없이는 법률을 제정할 수 없었고, 행정부의 수뇌들 역시 영국 정부가 임명하고 있었다. 1719년에는 선언법(Declaratory Act)에 의해 아예 영국 의회가 아일랜드에 적용될 법을 제정할 수 있게 되었으며, 1727년에는 인구의 대부분을 차지한 가톨릭교도를 배제하고 개신교도에게만 투표권이 주어졌다. 정치적 예속뿐만 아니라 경제적 예속 또한 강화되었다. 18세기의 아일랜드는 400만 명가량의 인구를 가지고 있었는데, 브리튼에 거주하는 수백 명

---

26) 상권 254쪽 참조.

에 불과한 부재지주들이 아일랜드 전체 지대의 약 8분의 1을 거두어갔다. 게다가 소·양·양모 등을 잉글랜드에 수출하는 것이 금지되었으며, 특히 양모 수출의 금지는 아일랜드의 주된 산업을 몰락시켰다. 이것은 가톨릭교도뿐만 아니라 개신교도들에게도 피해를 입힘으로써 모든 아일랜드인들의 분노를 자아냈다. 더욱이 아메리카 전쟁으로 아메리카 식민지와의 교역마저 금지되었기 때문에 그들의 고통과 분노는 더욱 격화되었다.

하노버 왕조 아래에서 총선거는 국왕의 즉위 초에 단 한 번 실시되었으며, 이때 열린 의회는 왕의 치세 내내 지속되었는데, 조지 3세의 치세 초기에 브리튼과 비슷한 정치적 자유를 갈망한 아일랜드인들은 좀더 잦은 선거를 요구했다. 이 요구는 처음에는 거부되었지만 결국 받아들여져 1768년 8년기한법(Octennial Act)에 의해 8년마다 선거가 치러지게 되었다. 정치적 자유에 대한 요구와 함께 자유무역을 요구하는 목소리 또한 높아갔다. 이에 대해 노스 내각은 무역 장벽을 일부 완화하려 했지만 국내 제조업자들의 완강한 반대에 부닥쳐 그 계획을 철회하고 말았다. 그러자 아메리카의 '애국파들'의 선례를 본받은 아일랜드의 '애국파들'은 영국 상품 거부운동을 조직하고 국산품 애용운동을 전개했다. 국산품 장려운동을 벌인 여성협회는 "국산품이 아닌 것은 어떤 것도 걸치지 않을 것이며…… 또한 이 애국운동에 열성적으로 동참하지 않는 어떤 남성의 구애도 받아들이지 않을 것"이라고 결의할 정도였다. 애국파들 못지않게 열성적인 활동을 벌인 것이 새로 조직된 '의용병들(volunteers)'이었다. 아메리카 전쟁에 프랑스가 참전하자 아일랜드 군대 가운데 4,000명이 차출되어 전쟁터로 보내졌으며, 이에 자체 안전에 위협을 느낀 아일랜드인들은 자기 방어를 위해 일종의 의용군을 조직했다. 주로 개신교도들로 구성된 이들 의용병은 애국파들과 더불어 아일랜드의 정치적 자유와 자유무역을 강력하게 요구했다. 노스 내각은 결국 양보하여 아일랜드의 모든 산업을 브리튼의 보호정책 안에 받아들였다. 한편 가톨릭교도에게도 양보가 이루어져 미사 의식을 금지한 1700년의 법이 폐지되고, 그들에게도 토지의 장기 임차가 허용되었다. 이와 같은 성공으로 고무된 애국파들은 1780년에 마침내 헨리 그래턴(Grattan)의 주도 아래 아일랜드 의회의 독자적 입법권을 요구하기에 이르렀다. 그리고 그의 요구를 뒷받침하기 위해 1782년에 소집된 의용병들의 회의에서는 왕과 아일랜드 의회만이 아일랜드를 위한 입법을 할 수 있다는 결의를 통과시켰다. 이해에 노스의 뒤를 이어 수상이 된 로킹엄은 애국파들과 의용병들의 주장에 대해 좀더 동정적이었다. 그의 내각은 더블린 의회를 웨스트민스터 의회에 예속시킨 1719년의 법을 폐지했으며, 이로써 아일랜드 의회는 비로소 아일랜드 내부 문제에 관한 완전한 입법권을 갖게 되었다. 아일랜드는 여전히 브리튼의 왕을 자신들의 왕으로 받들어 충성을 바쳐야 했지만, 이제 그 자신의 독립된 의회를 갖게 된 것이다.

인도

아메리카 식민지의 상실로 영국인들은 인도 식민지의 중요성에 대해 더욱 주목하게 되었다. 인도에서는 7년전쟁 후 동인도회사가 아무런 법적 책임도 지지 않은 채 엄청난 인구의 생명과 재산을 지배하는 데서 오는 문제점이 점차 드러나고 있었다. 이를 바로잡기 위해 1773년에 의회는 규제법(Regulating Act)을 제정했다. 이법은 동인도회사가 임명하는 새로운 인도 총독을 영국 정부가 임명하는 자문회의의 통제 아래 둠으로써 동인도회사의 권력 행사를 제한하고 식민지 경영을 영국 정부의 책임으로 만드는 것이었다. 그러나 이 법 아래에서도 동인도회사는 여전히 독점권을 장악하고 있었으며, 규제법에 따라 초대 총독이 된 헤이스팅즈는 재정 및 행정 제도를 크게 개선한 한편, 프랑스의 후원을 받는 토착 세력들과의 효과적인 전쟁을 통해 지배권을 더욱 확장하기도 했다. 그러나 그의 방법은 때로 전제적이었고, 그의 제국 건설은 방대한 행정권의 팽창을 가져옴으로써 값비싼 대가를 치렀다. 동인도회사의 탐욕에서 빚어진 실정과 부패가 계속되고, 헤이스팅즈가 탄핵 소추로 본국에 소환되어 심문을 받게 되자 의회는 비로소 인도 통치에 철저한 개혁이 필요하다는 사실을 깨닫게 되었다. 그리하여 1783년 찰스 제임스 폭스(Fox)가 동인도회사 개혁 법안을 추진했으나 국왕의 반대로 실패하고, 뒤이어 집권한 소피트가 새로운 입법 조치를 취했다. 거듭된 부결 끝에 1784년에 통과된 인도법(India Act)은 정부가 정책과 민정 업무의 책임을 맡는 대신, 상업과 관리 임명에 대한 관할권은 동인도회사가 보유한다는 이중 통치 체제를 수립한 것이었다. 이런

|왼쪽| 찰스 제임스 폭스
|오른쪽| 윌리엄 피트(소피트)

영국령 인도의 통치 체제는 1858년 동인도회사가 해산하고 인도에 대한 영국의 직접 통치가 시작될 때까지 지속되었다.

의회 안팎의 개혁운동

아메리카 전쟁의 패배에 대한 실망과 분노는 의회 밖에서 개혁운동을 불러일으켰다. 1779년에 개혁을 요구하는 운동이 시작되었는데, 그중 하나는 미들섹스에서 윌크스의 옛 추종자들 사이에 일어났다. 그들은 의회에 대한 인민의 영향력을 강화하기 위해 많은 투표권자들이 강력한 조직을 꾸려야 한다고 주장했다. 또 하나의 운동은 요크셔에서 일어났다. 요크셔의 한 집회는 주의 기사를 대표로 선출하는 각 주야말로 정부 조직의 가장 건전하고 순수한 요소이며, 각 지방의 중견층을 구성하는 주의 젠트리들이 부패한 정치를 막을 수 있다고 주장했다. 요크셔의 부유한 젠트리이자 목사인 크리스토퍼 위빌(Wyvill)은 그들의 견해를 더욱 뚜렷하게 제시했다. 그는 부패 선거구의 폐지, 선거권의 확대, 비밀투표제의 도입 등과 같은 급진적 개혁의 목소리를 높였다. 위빌의 권유에 따라 요크셔의 개혁가들은 하원에 대한 청원운동을 벌이기 위한 주협회(county association)을 조직했으며, 이런 협회운동은 다른 여러 주에도 전파되었다. 그들이 청원한 주된 내용은 재정의 절약, 주

선출 의원의 100명 증원, 그리고 매년 선거 등이었는데, 1780년에 그들은 6만 명의 서명을 받아낼 정도였다. 그러나 위빌이 주도한 이런 운동은 그 뒤 별다른 성과 없이 이전의 윌크스 운동처럼 이내 시들어버렸다.[27]

소피트와 폭스 등 반대파 의원들이 이런 운동에 호응하여 원내에서 개혁을 주장했다. 급진적 개혁을 주장한 버크는 하원에서 한직(sinecure)의 금지와 왕실비(civil list)의 절약을 요구하는 법안을 제출했으며, 또 다른 의원 존 던닝(Dunning)은 1780년 4월 '늘어나는 국왕의 영향력을 줄여야 한다'는 유명한 결의안을 하원에서 통과시켰다. 그는 또한 왕실비에서 의원들에게 급여되는 액수를 밝힐 것과 왕실에 종속된 의원들을 의회에서 배제할 것을 요구하는 동의안을 가결시키기도 했다. 그러나 그것이 그들의 힘의 한계였다. 그 이상의 개혁 요구를 의회는 받아들이지 않았다. 세무 관리들의 의원 선거권을 제한하려는 법안은 부결되었으며, 좀더 균형 잡힌 정부 조직을 구성하기까지 현 의회를 존속시켜야 한다는 급진적 제안 역시 거부되었다. 이리하여 개혁가들에 반대하고 노스 내각을 지지하는 반개혁 진영이 다시 힘을 얻게 되었다. 독립적인 주의 젠트리들은 과격하고 파당적이며 불안한 개혁파들의 정부보다는 온건하고 폭넓은 지지를 받는 안정된 노스의 정부를 선호한 것이다.

이 같은 반개혁 감정의 불에 기름을 부은 것이 악명 높은 고든 폭동(Gordon riots)이었다. 1778년에 제정된 한 법은 잉글랜드의 가톨릭교도들에게 자신의 신앙을 부정하는 선언을 하지 않고도 군에 복무할 수 있게 했는데, 이듬해에 이 법을 스코틀랜드에도 확대하려 하자 그곳의 장로교도들이 폭동을 일으켰다. 잉글랜드의 과격한 개신교도들이 이들을 따라 단체를 결성하고, 스코틀랜드 출신 의원인 조지 고든 경이 그 지도자가 되었다. 그가 불러일으킨 광적인 반가톨릭교 감정으로 1780년의 봄에 런던은 거의 한 주일간 과격한 폭동으로 극심한 혼란 상태에 빠졌다. 공포에 사로잡힌 주의 젠트리들은 군중 선동의 책임이 있는 개혁파들에 맞섰으며,

---

27) 1784년의 총선거에서 위빌은 소피트를 지지했으며, 피트는 그 보답으로 36개 부패 선거구를 폐지하고 해당 선거구의 의석 72개를 주 선출 몫의 의석으로 돌리는 법안을 제출했으나, 이 법안은 의회에서 큰 표 차로 부결되고 말았다.

정부는 이에 완강히 대응하여 총 458명이 피살 혹은 부상당하고 21명의 폭도가 재판 후 처형되었다. 그것은 도시 세력과 민주적 사상이 너무 미숙하고 의회 개혁을 위한 실질적인 토대가 마련되지 않은 상황에서 성급하게 추진된 개혁이 오히려 재난이 될 수 있음을 보여주는 하나의 사례였다. 그리하여 노스 경은 1781년 요크타운의 패전으로 하원의 다수를 상실하기까지는 여전히 그 힘을 유지할 수 있었다.

정치적 갈등과 소피트의 등장

아메리카 전쟁의 부진은 브리튼의 국내 정치에도 변화를 가져왔다. 전쟁 초기에 노스 내각은 하원의 다수를 확보하고 있었으나, 1778년에 이르러 전세가 더욱 불리해지자 그의 서투른 전쟁 수행과 우유부단한 정책에 대한 반대당의 비판이 거세졌다. 이런 반대당은 주로 휘그당 구파인 뉴카슬의 맥을 잇는 로킹엄파와 채텀 백대피트(the Elder Pitt)의 맥을 잇는 셸번파로 구성되어 있었는데, 두 파는 모두 아메리카 식민지의 저항운동에 대해서 동정적이었다. 전자에는 당대 최고의 웅변가 찰스 폭스와 로킹엄의 개인 비서인 에드먼드 버크가, 후자에는 야심만만한 젊은이 소피트가 버티고 서서 선대의 헨리 폭스와 대피트 사이의 경쟁을 대물림했다. 그들은 잘못 추진한 아메리카 전쟁에 반대한 자신들의 견해가 정당했음을 주장하는 한편, 국왕의 지나친 영향력 행사와 후원권에 힘입어 노스가 하원의 다수를 확보할 수 있었으며, 그 결과 자신들이 권력에서 배제됨으로써 전쟁의 패배를 초래했다고 강변했다.

1782년 국왕의 만류에도 불구하고 드디어 노스가 물러나고 로킹엄이 이끄는 휘그파가 내각을 구성하게 되었다. 로킹엄은 아일랜드 문제를 원만하게 해결함과 동시에 국내에서도 중요한 개혁을 추진했다. 그는 불필요한 관직을 줄이고, 세무 관리의 의원 선거권을 박탈하고, 정부의 관수품 계약자를 하원에서 배제하는 등 여러 법률을 제정했다. 이와 같은 경제개혁들은 정부 비용을 절감하는 것이었지만, 그 주된 의도는 국왕이나 정부가 후원권이나 이권을 이용해서 궁정파를 양성하여 의회를 조종하는 일을 막으려는 것이었다. 그러나 이런 정도의 개혁이 민중의 광범한 개혁 욕구를 만족시켜 주지는 못했다. 더욱이 아메리카 전쟁의 실패로 정부와 의회 및 정치체제 전반에 대한 근본적인 수술의 필요성이 제기되고 있었다.

로킹엄 후작이 다시 집권한 지 겨우 4개월 만인 1782년 7월 갑자기 사망하고 조지 3세가 후임으로 셸번 경을 선택하자 폭스가 반발하여 내각에서 물러났다. 그러나 그 뒤 폭스는 자신이 오랫동안 비난해 왔던 노스와 제휴하여 셸번을 따돌리고 연립 내각을 구성했다. 이 악명 높은 연립 내각은 지조와 일관성을 저버린 정치적 야합이라는 야유와 비난을 받았다. 원래 폭스를 극히 싫어한 데다 노스에 대해서도 배신감을 느끼게 된 국왕은 1783년 12월 폭스의 동인도회사 개혁 법안을 왕권에 대한 도전이라 비판하면서 상원에 압력을 넣어 이를 부결시켰다.[28] 그리고는 이를 계기로 왕은 노스와 폭스를 해임하고 소피트를 수상으로 발탁했는데, 이로써 조지 3세는 이후 산업혁명과 프랑스 대혁명의 격랑 속에서도 오랫동안 정치적 안정을 유지할 수 있었다.

채텀 백의 차남인 소피트는 24세의 나이로 역대 최연소 수상이 되었다. 그는 21세에 이미 부친처럼 거물이 되었고, 위엄과 침착성을 겸비한 비범한 정치가로 부상했다. 채텀 백의 후광을 입은 점도 있었겠지만, 그는 불굴의 기상과 청렴결백 등 그의 명성에 충분히 값할 만큼의 개인적 미덕을 갖추고 있었다. 처음 피트는 반대파가 다수인 의회에서 계속 패배했지만 관례대로 사임하지 않고 버텨나갔고, 그러는 사이 차츰 반대파의 세력이 약해졌다. 이듬해인 1784년 3월 국왕은 의회를 해산하고 총선거를 명했다. 선거는 1715년 이래에 처음으로 양대 정당 간의 경합으로 치러졌다. 연립파의 후보들이 폭스를 중심으로 뭉친 새로운 휘그당과 함께 왕권에 대한 하원의 권리 수호를 주장한 데 반해, 피트파는 국왕 대권의 수호를 표방했다. 선거 결과는 국왕과 피트의 승리로 나타났다. 일반 여론이 피트의 승리를 도왔지만 그보다 더욱 중요한 요인은 후원권과 이권을 이용한 궁정의 영향력 행사였다. 월포울 이래 그 수법은 1780년대에도 여전히 효험을 지니고 있었던 것이다. 이후 피트는 18년 동안 수상의 자리를 지키면서 조지 3세에게 안정된 정부를 제공

---

28) 546쪽 참조.

했다. 그동안 그는 토리당을 자금과 강령을 갖추고 왕권에서 독립한 진정한 정당으로 조직했다. 그는 월포울이 확립한 수상직의 권한과 위신을 회복하고 내각제를 발전시키면서, 의회주의적 입헌군주정의 기초를 다져놓았다.

5. 종교와 문화

이성의 시대의 국교회

17세기의 과학혁명은 이전의 교육받은 계층이 대체로 공유하고 있던 통일된 세계관을 무너뜨렸다. 그것은 성서적 진리나 프톨레마이오스의 우주 대신 간명하고 합리적인 새로운 세계를 드러내주었는데, 이 새로운 세계는 경험적 관찰과 이성적 성찰로 자연의 비밀을 밝혀낼 수 있는 세계였다. 이제 사람들에게 진리를 밝혀주는 참된 빛은 자연의 빛, 즉 이성이었다. 사람들은 이성이 드러내는 자연법의 기초 위에 합리적인 사회와 문화를 건설할 수 있을 것이라고 믿게 되었다. 그래서 18세기는 한마디로 이성의 시대였다. 1711년에 『인간, 예절, 의견, 시간의 특징 (*Characteristics of Men, Manners, Opinions, Times*)』을 발표한 제3대 섀프츠베리 백 앤서니 애쉴리 쿠퍼(Cooper)와 같은 이신론자들은 특정의 계시가 아니라 자연의 법이 신의 존재를 증명해 준다고 생각했다. 비인격적 신을 믿은 이신론자들에게 신은 마치 시계 제조공처럼 우주를 창조하고는 더 이상 그 운행에 간섭하지 않는 존재였다. 이에 맞서 브리스틀의 국교회 주교 조지프 버틀러(Joseph Butler)는 『종교의 유추 (*Analogy of Religion*)』(1736)에서 이성과 계시를 분별력 있게 결합함으로써 성서적 진리를 수호하려고 노력했으나, 이 이성의 시대에 국교회의 영향력은 줄어들게 마련이었다.

국교회는 그 교리와 예배 의식이 점점 더 교육받은 부유층 사람들에게 종교적 영감을 불러일으키지 못했을 뿐만 아니라, 수많은 가난한 서민에게는 가장 기초적인 예배 의식조차 제공하지 못했다. 18세기 전반기에 상층 국교도들은 합리적이고 온건하고 실제적인 종교를 원했다. 그들은 신학보다 도덕을 가르치기를 바랐다. 17

세기의 격렬한 교리 논쟁에 넌더리 난 이들은 교조적이거나 신비적인 것, 혹은 열정적인 것을 피하고자 했다. 데이비드 흄(Hume)은 열정, 특히 종교적 열정을 증오했는데, 그런 점에서 그는 18세기의 대표적 인물이었다. 그에게 신앙생활은 최고존재를 경배하고, 사도신경을 읊조리고, 도덕적 생활을 영위하는 것으로 족한 것이었다. 따라서 훌륭한 그리스도교인은 교리상의 차이에 대해 너그러운 여유를 가지고 대할 수 있어야 했다. 광교(廣敎, Latitudinarianism)라 불리는 이런 신앙관이 18세기의 주교와 하급 성직자 및 지배계급 사이에 널리 퍼져있었다. 1729년 몽테스키외(Montesquieu)는 이런 풍토를 두고 "영국에는 종교가 없다"라고 단언했다.

다른 한편, 국교회는 하층계급의 종교적 욕구를 만족시켜 주지 못했다. 1717년 조지 1세는 휘그당의 조언에 따라 성직자 회의를 정지시켰는데, 이것은 휘그당이 그들의 정적인 고교회파의 토리당 세력을 약화시키려는 의도에서 취해진 조치였다. 이때부터 교회는 정부의 부속 기관에 불과하게 되어, 정치적 친분으로 고위직을 얻었거나 주로 지배 계층에 봉사하는 사람들에 의해 이끌리게 되었다. 이처럼 국가의 시녀로 전락한 국교회는 사회정의와 시대의 도덕에 대해 어떤 비판도 제기하지 못했다. 국교회는 개혁을 수행하기에는 지배 계층의 이해관계와 너무나 긴밀하게 얽혀있었다. 당시 국교회에는 대략 1만 3,500명가량의 교구사제가 있었는데, 그들은 성직록에 대한 욕심이 많아 한 사제가 여러 교구를 맡았으며, 그 결과 상주 사제가 없는 교구 수가 거의 6,000에 이를 정도였다. 교회는 도시든 농촌이든 일반 교구 수준에서조차도 일반 민중의 요구에 전혀 부응하지 못했고, 특히 도시에서는 팽창하는 인구에 비해 교회의 좌석 자체가 턱없이 부족했다. 기득권 집단에 속했던 성직자들은 거의 아무도 공장 도시에 들어가 노동자들에게 설교하려고 하지 않았다. 이런 공백은 오직 신이 복음을 전파하라는 소명을 자신에게 내렸다고 믿는 사람들에 의해서만 메워질 수 있었다.

웨슬리의 감리교 운동

옥스퍼드 대학에서 국교회 성직자가 되기 위해 준비하고 있던 존 웨슬리(Wesley)라는 한 연구원이 1739년 여름 수천의 대중을 상대로 야외 설교를 함으로써 브리스틀 주교 버틀러를 놀라게 했다. 이후 그는 1791년에 죽을 때까지 지칠 줄 모르고 전국을 누비며 무려 4만여 차례의 설교를 했다. 웨슬리는 모라비아 형제단(Moravian Brethren)[29]의 영향을 받아, 오직 그리스도에 대한 믿음을 통해서만 구원을 받을 수 있다는 확신을 가지고 있었다. 그러나 국교회 동료 성직자들이 그들의 설교단에서 이런 구원관을 설교하지 못하게 하자 그는 아우 찰스와 옥스퍼드의 동료인 조지 화이트필드(Whitefield)와 더불어 교회에 들어가지 못하는 수천의 군중에게 야외설교를 했던 것이다. 형 존은 독실한 신앙심을 가진 다재다능한 천재이자 탁월한 조직가였으며, 아우 찰스는

존 웨슬리

수많은 찬송가를 지은 유능한 복음전도사였고, 화이트필드는 웅변으로 대중을 감동시킬 수 있는 뛰어난 설교자였다.

이들은 비난과 박해 속에서도 줄기차게 복음을 설교했다. 이들 복음전도사들의 도덕심과 종교적 열정은 전국을 휩쓸었으며, 처음에 그들을 비방하고 야유하고 핍박한 폭도들도 차츰 그들에게 감화된 군중으로 바뀌어갔다. 1750년대가 되면 웨슬리에 대한 광범한 적대감이 누그러지고, 1780년대에 이르면 그는 존경받는 국민적 인물이 되었다. 국교회의 쇠퇴로 생긴 18세기의 정신적 황무지에서, 성령의 계시와 신의 은총을 위해 기도하라는 웨슬리의 외침은 많은 사람들에게 폭발적인 호소력을 발휘하였다. 수많은 사람들이 종교적 감흥을 느끼게 되고, 이성의 시대에 결코 미덕으로 여겨지지 않던 감정이 홍수처럼 밀려들게 되었다. 그들이 불러일으킨 이와 같은 종교적 열광은 18세기 중엽의 사람들에게는 두려움의 대상이었지만, 그 다음 세기에는 복음주의(evangelicalism) 종교의 핵심적 요소가 되었다.

웨슬리 운동은 비국교에 활기를 불어넣고, 국교회를 각성시켰으며, 지배계급의

---

29) 경건주의(Pietism) 신앙의 지도자의 한 사람인 독일의 친첸도르프(Zinzendorf) 백작이 그리스도교의 원리에 입각하여 뵈멘의 모라비아에 세운 공동체이다. 그들은 신앙은 머리가 아니라 마음에서 나오며, 신은 단순한 시계 제조공 이상의 존재라고 주장했다.

가치관에 큰 영향을 미쳤다. 한편 그것은 수많은 하층민들을 그들의 가르침으로 개종시켰다. 하층민들은 교회가 가진 자들의 비위를 맞추고 그들의 생활 방식을 모방하는 것을 보면서 자신들이 교회로부터 버림받았다고 생각했다. 그들은 국교회의 건조한 합리주의와 냉랭한 신앙고백 속에서 구원에 대한 확신이나 버려진 그들의 삶에 대한 어떠한 위안도 얻지 못하고 있었다. 그와 같은 하층민들이 바로 신의 소명을 받았다고 증언하는 웨슬리와 그의 동료들의 열정적인 설교에 귀를 기울였던 것이다. 사실 정치적 보수주의자였던 웨슬리는 존 윌크스를 반대하고 미국혁명과 가톨릭교도 해방에 반대했다. 그럼에도 불구하고 그의 만민동포주의에 대한 강조와 사회악에 대한 고발은 노예제의 폐지와 노동조건의 개선, 그리고 감옥의 개혁 등을 위한 운동을 불러일으켰다. 웨슬리 운동은 영국에 복음주의적 종교부흥을 가져오고, 더 나아가 전 세계에 감리교(Methodism) 교회를 확립했다.

웨슬리 자신은 감리교가 국교회의 일부로 남아있기를 바랐지만, 그것은 결국 국교회에서 분리되어 독립된 교회가 되었다. 그의 사후 그의 교회는 몇 개의 분파로 갈라졌음에도 불구하고 그 모든 분파는 번성을 누렸다. 그와 같은 성공의 비결은 물론 그리스도의 은총에 토대를 둔 열린 신학을 따뜻하고 우정 어린 예배 및 단단하게 짜여진 조직과 결합한 데 있었다. 그러나 거기에는 프랑스 혁명과 산업혁명이 기여한 바 또한 컸다. 전자는 사회적 불안과 혼란의 분위기를 야기했으며, 후자는 많은 중간계급의 하층 혹은 상층 노동계급을 창출했는데, 이들 노동자들 가운데 많은 사람들은 새로운 산업도시에서 외로움과 상실감을, 국교도에게는 사회적 열등감을, 그리고 비국교도의 배타성에 대해서는 거부감을 느꼈다. 어디에도 소속되지 못한 이들 광범한 계층이 바로 웨슬리 운동의 풍요로운 토양이 되었던 것이다.

예술과 문학과 학문

18세기에는 종교와 도덕뿐만 아니라 예술에서도 자연법이 반영되었다. 이성과 자연은 미의식도 정의했던 것이다. 이 세기의 대부분은 고전주의, 즉 예술은 보편타당한 원리를 반영한다는 믿음이 영국의 예술계를 풍미했다. 새뮤얼 존슨(Samuel Johnson)은 시가뿐 아니라 도덕성도 질서와 양식의 합리적 원리에 기초하며, 이것은

|왼쪽| 조지 F. 핸들 |가운데| 새뮤얼 존슨 |오른쪽| 써 조슈어 레널즈

곧 이성과 자연의 법에 일치하는 것이라고 믿었다. 존슨은 이 세기 중엽에 『시인열전(*Lives of the Poets*)』(1778)을 비롯한 수많은 저술로 아우구스투스 시대 이후의 영국 문단을 지배했다. 이 세기 최고의 초상화가 써 조슈어 레널즈(Sir Joshua Reynolds)도 미를 위대한 예술가의 정신 속에 자리하고 있는 관념, 즉 자연의 완전한 상태를 반영하고 보편적 정확성과 덕성을 추구하는 관념이라고 정의했다. 건축 역시 이런 정신이 반영되었다. 부호들은 그들의 저택을 수학적 균형과 엄격한 대칭, 그리고 로마풍의 간소한 양식에 따라 짓기를 바랐고, 또한 균형 잡히고 정돈된 정원을 꾸미기를 즐겼다. 우아하고 단순한 선은 조사이어 웨지우드(Josiah Wedgewood)의 도자기와 토머스 치펜데일(Chippendale)이나 토머스 셰러턴(Sheraton)의 가구의 본질적 특징을 이루었다. 하노버의 한 악장이던 조지 F. 핸들(Handel)은 1712년 이후 주로 영국에서 활동하다가 1726년에 아예 영국으로 귀화했다. 처음에 그는 이탈리아 오페라 작곡가로 활약했으나, 1730년대 이후로는 당시 유행하던 성서를 주제로 한 오라토리오에 몰두했고, 1741년에는 불후의 걸작 <메시아(*Messiah*)>를 작곡했다.

한편 그 시대 최고의 철학자였던 흄은 『인간본성론(*A Treatise on Human Nature*)』(1739~1740)에서 이성은 아무리 논리적으로 적용되더라도 외부 세계의 존재를 증명하지는 못한다고 주장했다. 흄은 이성이 단독으로 할 수 있는 것에 대해 극히

|왼쪽| 에드워드 기번 |가운데| 데이비드 흄 |오른쪽| 제러미 벤섬

회의적이었으나, 그 대신 자연법이 역사를 포함한 모든 것을 지배하며, 순수한 이성보다는 역사가 자연의 진실을 더 잘 드러낸다고 확신했다. 변하지 않는 인간의 본성을 묘사하기 위해 흄은 1754년『영국사(History of England)』를 출간했고, 에드워드 기번(Gibbon)도 1776년『로마제국쇠망사(The History of the Decline and Fall of the Roman Empire)』 1권을 출간했다. 기번은 이 불후의 명저에서 위대한 고전문명의 몰락에 관한 종합적이면서도 논쟁적인 해석을 제시했다. 흄과 마찬가지로 스코틀랜드 출신인 애덤 스미스는 프랑스의 중농주의자들의 영향을 받아 자연법을 경제학에 적용시킬 것을 설파하면서, 자유방임(láissez-fáire)과 자유경쟁, 그리고 경제의 자연 발생적인 현상 등에 대한 신뢰를 역설했다. 그의『국부론』은 경제학을 학문의 주요 분과로 끌어올린 최초의 책으로서 이후 한 세기 이상이나 경제학자들의 성서 구실을 했다. 그는 각 개인은 이기심에 따라 움직이지만, 그것은 자연법칙의 자유로운 작용에 의해 전체의 번영을 가져올 수 있도록 저절로 조정된다고 믿었다. 그의 이런 주장은 나중에 두 사람의 다른 고전 경제학자인 토머스 맬서스(Malthus)와 데이비드 리카도우(Ricardo)의 지지를 받았다. 이들의 학설은 농업 사회와 수공업 사회에 유리한 도제법이나 곡물법 혹은 항해법과 같은 현행법들이 자신들의 세력 확장과 이익에 방해가 되고 있음을 절감하고 있던 신흥 산업자본가들에게 열렬한 환영을 받

|왼쪽| 윌리엄 호가스의 자화상(1758) |오른쪽| 호가스가 그린 <진레인(*Gin Lane*)>

게 되었다.

그러나 사실 18세기의 영국 문화는 너무나 활기차고 창조적이며 또한 다양하고 자발적이어서 어떤 자연법 원리로도 집약될 수 없는 것이었다. 이미 18세기 중반에는 고전적인 것을 열심히 모방하고 인용하려던 초반의 전통과는 분명히 다른 경향이 나타나고 있었다. 이 시대의 예술은 부유하고 뭔가 뽐내려는 중간 계층의 욕구와 밀접한 연관을 맺고 있었다. 앤 여왕 시대 예술의 성공작들은 엘리트들의 소비를 위해 만들어진 것으로서, 그 미묘한 고전적 의미를 제대로 느끼는 것이 바로 그 예술을 해석하는 열쇠였다. 이와는 달리 세기의 중반으로 넘어오면 문화는 차츰 세련됨도 섬세함도 추구하지 않았다. 이제 그 특징적인 표현의 하나는 바로 감정의 승리라는 형태로 나타났으며, 이런 감정의 움직임에 대한 열광은 중간 계층의 가치 체계와 생활 태도를 표현하는 중요한 수단이었다.

풍자화가 윌리엄 호가스(Hogarth)는 인습적인 주제와 양식에서 탈피하여 런던 사회의 죄악을 묘사하고 판화로 새겼다. 올리버 골드스미스(Goldsmith)는 『황폐한 마을(*The Deserted Village*)』(1770)에서 빈민들의 빈곤과 불행을 인정 어린 눈으로 묘사하면서 엄격한 아우구스투스 시대의 규범에 도전했고, 헨리 필딩(Fielding)의 소설은 중간 계층의 사랑을 받았다. 국교회의 건조한 합리주의를 깨고 감리교가 뜨거운 종교적 열정을 불러일으켰듯이 문학이나 예술에서도 감정을 존중하게 되었다. 그리하여 세기말경이 되면 이성과 자연에 기초한 정적인 고전주의는 이제 뒷전으로 밀려나게 되었다. 건축가들은 고딕 양식으로 돌아섰고, 시인들은 낭만주의를 향해 나아갔다. 제러미 벤섬(Jeremy Bentham)은 1776년 『정부에 대한 단상(*Fragment on Government*)』에서 자연법을 형이상학적 넌센스라고 불렀다.

12
최초의 공업국

1. 산업혁명

조지 3세 치세의 사회경제적 변화

조지 3세의 긴 치세와 상당 부분 겹치는 18세기 후반과 19세기 전반의 기간은 영국이 사회경제적으로 커다란 변화를 경험한 시기였다. 반세기 만에 인구가 거의 두 배로 증가했고, 농업 생산이 크게 향상했으며, 공업이 비약적으로 발전했다. 인구의 폭발과 산업혁명, 그리고 이보다는 덜 극적이지만 이 둘에 필수적이었던 농업 생산의 향상 등은 이 시기의 영국에서 일어난 경제적·사회적 변혁의 핵심이었다. 물론 이런 변화들은 그때보다 더욱 눈부시게 발전하고 있는 오늘날의 변화에 비하면 대수롭지 않게 보일 수도 있다. 그러나 비교적 완만하게 발전해 오던 그 이전의 시대와 비교한다면 그것은 혁명적인 변화라 할 만한 것이었다. 이들 세 현상은 서로 영향을 주고받거나 혹은 다른 사회경제적 발전과 상호 작용하면서 19세기의 산업적·도시적·민주적·제국적인 영국의 기초를 다져놓았다.

인구의 폭증과 농업 생산의 향상

영국의 인구 성장은 조지 3세의 치세를 경과하면서 점점 가속도가 붙었다. 1801년에 실시된 영국 최초의 공식적인 인구조사에 의하면 잉글랜드는 830만, 웨일즈는 59만, 스코틀랜드는 163만, 아일랜드는 522만 명이었다. 그러던 것이 1831년

제스로우 털과 파종기(도랑을 파고, 씨를 뿌리고, 흙을 덮는 작업을 한다)

에는 각각 1,310만, 91만, 237만, 777만으로 늘었다. 이것은 반세기 전에 비해 대략 두 배나 증가한 것이었다. 역사상 유례없는 이와 같은 극적인 인구 증가의 요인은 물론 사망률 하락과 출생률 상승에 있었다.[1] 개선된 식료품 공급에 의한 영양 상태의 향상과 몇몇 의학 지식 및 의료 서비스의 향상[2] — 에드워드 제너(Jenner)의 천연두 예방 접종법은 그 뚜렷한 보기의 하나이다 — 이 사망률 하락에 기여한 것은 분명하다. 그리고 이와 같은 사망률, 특히 유아 사망률의 하락은 그 뒤 더 많은 수의 생존 아동을 가임 연령에 도달케 함으로써 출생률 상승을 가져온 것으로 보인다.

인구 증가는 곧 식량 수요의 증가를 의미했다. 그리고 이 시기에 인구 폭발 현상이 일어났다는 것은 또한 그것이 창출한 엄청난 식량 수요를 농업 생산이 감당할 수 있었음을 의미했다. 사실 인구 폭증의 시기는 농업 부문에서도 눈부신 발전이 일어난 시기였다. 즉, 더 많은 토지가 더 효율적으로 경작되었는데, 그것은 주로 인클로저의 확산과 영농 기술 향상의 결과였다. 밀·보리·순무·클로버 등의 작물을 4년마다 윤작하는 농법이 노퍽(Norfolk)에서 시작하여 점차 널리 보급되고, 종자를 흩어 뿌리는 대신 고랑에 뿌리는 제스로우 털(Jethro Tull)의 개량 파종법이 보급되었다. 가축 사육법도 개량되어 양과 소의 평균 무게가 18세기를 거치면서 크게 늘어나 육류 공급이 더욱 원활해졌다. 게다가 광범한 인클로저는 농업과 농촌을 크게 바꾸어놓았다. 인클로저는 이미 오래전부터 꾸준히 진행되어 왔지만, 18세기 초만 하더라도 아직 넓은 공유지와 황무지가 남아있었다. 그러던 것이 1760~1820년 사이에 4,000건 이상의 인클로저 관련 법이 제정되어 800만 에이커(34만

---

1) 그러나 인구 증가의 원인이 무엇인가에 대해서는 논쟁이 계속되고 있다. 사망률 하락과 출생률 상승 중 어느 것이 더 주된 요인인가에 대해서 아직도 학자들 사이에 합의가 이루어지지 않고 있다.

2) 682쪽 참조.

18세기의 의회 인클로저: 1771년 킬비(Kilby, Leics.)에서 이루어진 인클로저

헥타르)의 땅에 새로 울타리가 쳐졌다. 이제 개방경지 제도는 완전히 붕괴하여 잉글
랜드에서 경작이 가능한 거의 모든 토지가 울타리로 둘러싸였다. 그 결과 단위경
작면적이 크게 확장되어 노동력의 낭비를 막을 수 있었고, 개별 토지소유자는 과

학적인 영농 기술과 자본주의적 방식을 결합할 수 있게 되었다. 따라서 수확이 증대하고, 농장 일거리가 늘어났으며, 소작료가 배로 늘고, 식품 가격이 하락했다.

그러나 이런 이득에는 엄청난 사회적 비용이 필요했다. 반세기 만에 두 배로 늘어난 인구를 먹여 살리기 위해 필요했던 인클로저는 사회적·경제적 불의를 동반했던 것이다. 그 과정에서 가진 땅이 없는 수많은 가난한 소작농들은 흔히 자신의 텃밭과 공동목초지에서의 방목권, 개방경지에서의 이삭줍기의 권리, 그리고 삼림에서의 땔감 채취권 등 중세 이래의 전통적 권리들을 상실했다. 이런 것들은 화폐 가치로는 보잘것없는 것이었을지 몰라도 당사자들에게는 매우 고통스러운 손실이었다. 게다가 소규모 토지보유농들은 종종 얼마 안 되는 그들의 땅뙈기까지도 포기해야만 했다. 이들은 인클로저 이후 자신에게 배당된 작은 땅을 울타리 치고 개발할 만한 경제적 여력이 없었다. 그들 가운데 일부는 결국 땅을 팔고 차지농이 되거나 아니면 도시나 식민지로 이주했지만, 대부분은 농업 노동자로 전락했다. 그들 가운데 소수의 차지농은 이런 농업 노동자를 고용한 기업적 영농을 통해서 차츰 시골의 유력한 계층으로 성장했다. 이리하여 자영농 중심의 전통적인 농촌 공동체가 붕괴하고, 지주-차지농-농업 노동자라는 이른바 3분할적(tripartite) 농업 구조가 형성되었다.

이제 시장경제와 상업 정신이 농촌 지역을 지배하게 되었다. 지주의 지대와 차지농의 이윤은 1790~1820년 사이에 거의 두 배가 된 반면, 노동자들의 실질임금은 여전히 겨우 연명할 수 있는 수준을 맴돌았다. 1795년에 대흉작이 닥쳤을 때 몇몇 지주들이 퍼터널리즘(paternalism: 아버지가 자식을 돌보면서 규제·간섭하는 주의)적인 대책으로 새로운 자본주의 경제의 냉혹성을 완화하고자 했다. 버크셔의 치안판사들이 스피냄런드(Speenhamland)라는 소읍에 모여 생계유지에 필요한 만큼의 임금을 벌지 못하는 노동자에게 부족한 액수에 해당하는 구제금(relief)을 지급하기로 결정했는데,3) 이 조치는 더욱 첨예화한 사회적 갈등을 완화하는 데 어느 정도 기여한 것이 사실이다. 그러나 다른 한편으로 그것은 매우 불행한 결과를 가져오기도 했

---

3) 스피냄런드 제도는 의회 입법이 아니어서 잉글랜드 전역에 일반화되지는 않았지만, 남부 잉글랜드 일대에서 널리 채택되었다.

다. 즉, 그것은 차지농에게는 임금을 삭감하려는 유혹을, 노동자에게는 빈민 구제에 의존하려는 유혹을 제공했다. 그리하여 이런 임금 보조 관행은 1834년 신구빈법(New Poor Law)의 제정으로 폐지되기까지, 실제적으로는 임금 인상을 가로막고 오히려 수많은 노동자들을 구호대상자로 전락시킨 악명 높은 제도가 되었다.

공업의 발전

농업의 발달이 아무리 비약적이라고 하더라도 공업의 발전에 견줄 수는 없었다. 경제 혁명의 가장 뚜렷한 진전은 바로 산업 조직의 방법과 공업 기술의 발달에 있었다. 기계의 발명은 직물공업 분야에서 두드러지게 이루어졌는데, 그 가운데서도 특히 면직물 공업이야말로 공업화를 이끌어간 선도적 산업이었다. 잉글랜드의 전통적 주요 산업은 모직물 공업이었으나, 18세기 중엽을 넘어서면서 기계의 도입에 따른 방직 기술의 진보와 미국 남부로부터의 목화 공급량의 급속한 증대를 통해 면직물 공업이 새로운 핵심 산업으로 발돋움했다. 직물공업에서 이루어진 이런 기술적 진보는 곧이어 다른 산업 분야에도 전파되어 전반적인 공업 기술의 향상을 촉진했다.

직물공업에서는 일찍이 1733년 존 케이(Kay)가 자동 북을 발명함으로써 직조의 효율성을 크게 높였으며, 그 결과 그에 상응하는 방적 공정의 개선이 절실하게 요구되었다. 이 요구에 부응한 것이 제임스 하그리브스(Hargreaves)의 제니 방적기(spinning jenny, 1765)와 리처드 아크라이트(Arkwright)의 수력방적기(water frame, 1767)였다. 제니 방적기는 수동식이었지만 아크라이트의 방적기는 수력에 의해 움직이는 것이어서 이 기계를 설비한 공장은 자연히 계곡이나 강가에 세워지게 마련이었으며, 이런 공장들이 다비셔의 골짜기로부터 랭커셔와 스코틀랜드로 퍼져나갔다. 그러나 이미 새로운 동력원을 이용할 수 있는 때가 가까워지고 있었다.

제임스 와트(Watt)가 1769년에 특허를 신청한 지 16년 뒤에 증기기관이 처음으로 방적기를 움직이는 데 사용되었다. 산업에서 증기기관이 맨 처음 사용된 것은 세기 초에 탄광에서 물을 퍼내기 위해서였다. 와트는 이때 사용된 뉴커먼(Newcomen)의 엔진을 개량하여 그 효율성을 획기적으로 향상시키는 데 성공했다. 18세기가

|왼쪽| 제임스 와트 |오른쪽| 와트의 스팀 엔진: 1788년에 제작된 증기기관

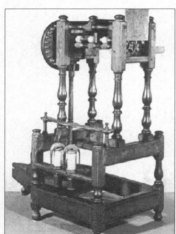

|왼쪽 위| 아크라이트의 수력방적기 |왼쪽 아래| 크롬프턴의 뮬 방적기
|오른쪽| 하그리브스의 제니 방적기

다 가기 전에 이미 와트의 개량 증기기관은 거의 모든 산업 공정에 적용될 수 있었다. 그것은 아주 큰 규모의 공장을 가동시킬 수 있을 뿐만 아니라, 물레방아처럼 날씨와 입지 조건에 구애받지 않고 어디서나 설치할 수 있었다. 와트의 증기기관은 다비의 선철보다 훨씬 더 단단한 쇠를 필요로 했는데,[4] 선철을 더욱 단단하게 만들기 위해서는 힘들고 비용이 많이 드는 공정을 거쳐야 했다. 1783년에 헨리 코트(Cort)가 좀더 값싸고 효율적인 공정을 개발하여 연철(煉鐵)을 생산해 냈다. 철의 생산량은 1740년에 1만 7,000여 톤에 불과했고, 1780년에도 7만 톤을 넘지 못했는데, 1840년에는 선철의 생산량이 134만 8,000톤에 달했다. 석탄 생산량의 증가도 이에 못지않아, 1770년에 620만 톤, 1790년에도 760만 톤에 불과하던 채탄량이 1848년에는 거의 5,000만 톤에 육박했다.

더 강한 철은 더 정밀하고 튼튼한 증기기관의 제작으로 이어져 깊은 탄갱에서 물을 길어 올릴 수 있게 했고, 더 견고하고 정교한 방적기와 직조기를 만들어낼 수 있게 했다. 새뮤얼 크롬프턴(Crompton)은 1779년에 제니 방적기와 수력방적기의 장점을 결합하여 뮬(mule) 방적기를 만들어냈고, 에드먼드 카트라이트(Cartwright)는 1785년에 역직기(力織機, power loom)를 발명했다. 그 결과 양질의 면직물이 대량으로, 그리고 아주 싼값으로 생산되었다. 1812년에 새 기계를 사용한 방적공은 이전에 200명의 방적공이 하던 일을 혼자서 해낼 수 있었으며, 날염(捺染) 기계 하나가 이전에 100명의 날염공이 손으로 하던 작업을 해치웠다. 그리하여 1784년에 400만 파운드에 불과했던 목화 소비량이 1833년에는 3억 파운드로 폭증한 반면, 1784년 야드(0.914미터)당 11실링 하던 면직물의 가격이 1833년에는 1실링으로 떨어졌다.

운송 수단의 발달과 기술의 진보

산업혁명은 또한 개선된 수송 수단을 요구했으며, 수송 수단의 개선과 확충은 토목공학의 황금시대를 가져왔다. 18세기 중엽의 40년 동안은 도로회사의 설립 붐

---

4) 491쪽의 주 20) 참조.

철도 개통

이 최고조에 이른 시기였다. 1745년에는 런던에서 에든버러까지 여행하는 데 2주일이 걸렸으나 1796년에는 이틀 반, 그리고 1830년에는 마차나 기선으로 36시간이 걸렸다. 그러나 그 시기에는 전국적인 유료 도로망은 확립되어 있었지만 도로 건설의 기술적 혁신은 아직 이루어지지 않고 있었다. 그러던 것이 1820년대에 들어와서 존 머캐덤(MacAdam)과 토머스 텔퍼드(Telford) 같은 토목기사가 새로운 도로 포장 방법을 창안하여 전천후 도로를 개통시켰다. 한편 이런 육로의 개선이 이루어지기 이전부터 이미 운하가 육로에 대한 경쟁자로서 화물 운송의 중요한 몫을 담당하고 있었다. 브리지워터(Bridgewater) 공작 프랜시스 에거턴(Egerton)이 1761년에 처음으로 자신의 탄전을 10km 가까이 떨어진 맨체스터와 운하로 연결함으로써 맨체스터의 석탄 가격을 절반으로 떨어뜨린 이래 하천에 많은 투자가 이루어졌다. 수상 운송이 가능한 모든 하천이 연결된 결과, 1815년경이 되면 4,200km에 달하는 운하가 건설되어 영국을 종횡으로 누볐다. 1825년에 스톡턴(Stockton)과 달링턴

1852년 수정궁 옆에 앉아있는 막노동자들(navvies). 이들은 1830년대의 철도 건설 공사를 비롯하여 막노동을 필요로 하는 건설 공사장을 찾아 돌아다녔다. 터널, 교량, 공장 건물 들이 이들의 노동으로 건설될 수 있었다.

(Darlington) 사이에 처음으로 철로가 개설된 뒤 1831년부터는 철도가 전국을 거미줄처럼 얽기 시작했으며, 1840년에는 거의 3,800km의 철로가 런던과 버밍엄, 맨체스터, 브라이튼(Brighton) 등지를 연결했고, 철도 건설 붐이 일었던 1840년대를 거치면서 그 길이는 1만 2,800km를 넘어섰다.

산업혁명의 핵심에는 1765년 이후 한 세대 동안에 쏟아져 나온 일련의 기계 발명이 놓여있었다. 그 과정은 '필요는 발명의 어머니'라는 경구를 실감케 하는 것이었다. 일단 시작된 기술적 진보는 터진 봇물처럼 멈출 줄 몰랐고, 그래서 산업혁명은 자가발전식으로 지속되었다. 그러나 산업혁명은 기계의 발명 이상의 것을 포함하고 있었다. 그것은 자본과 노동 및 기술 등에 대한 더욱 체계적이고 합리적인 운용, 즉 경영을 필요로 했다. 더욱 기민한 원료 확보, 값싼 운송, 효율적인 분업, 시장의 개척 등이 기계의 발명 못지않게 중요했다. 이른바 도공의 왕 웨지우드는

|왼쪽| 웨지우드: 그의 도자기 공장에서 제작된 벽옥 메달
|오른쪽| 웨지우드의 차기 세트

이 시대 기업 정신의 한 전형을 보여주고 있다. 독학으로 자수성가한 그는 양질의 자기를 저가로 대중 시장에 내놓았다. 그는 발명가와 마찬가지로 산업의 혁명적 발전에 없어서는 안 될 그런 유형의 혁신가요 기업가였다. 산업혁명은 발명가와 기업가의 합작품이었던 것이다.

산업혁명의 의미

'산업혁명'을 가내수공업 체제에서 공장제 기계공업의 대량생산 체제로의 극적인 변혁을 의미하는 용어로 쓴다면, 그런 종류의 일은 1830년 이전에는 아직 일어나지 않았다. 공업화의 속도 역시 그다지 빠르지 않았다. 맨체스터를 비롯한 랭커셔의 여러 도시에서의 면직물 공업이나 요크셔의 웨스트 라이딩 지역에서의 모직물 공업과 같은 몇몇 일부 산업에서는 분명히 공장제가 확립되었다. 그러나 이것도 하루아침에 이루어진 것이 아니라 1780년부터 1830년 사이에 점진적으로 이루어졌다. 다른 곳에서의 공업은, 예컨대 버밍엄과 셰필드의 금속제품 생산조차도, 여전히 소규모 작업장에서 이루어지고 있었다.

그럼에도 불구하고 미들랜즈와 북부의 공업 중심지의 성장은 영국의 정치적·사회적 흐름에 심대한 영향을 끼쳤다. 수많은 인구가 그곳으로 몰려들었고, 이전에는 인구밀도가 희박했던 지역들이 이제는 유럽에서 가장 도시화한 지역이 되었다. 이런 인구 지도의 변화는 또한 영국의 정치 판도의 변화를 가져왔다. 이전에 인구가 희박하고 왕당파와 가톨릭교도의 본거지였던 북부 지방이 이제는 과격파인 광부와 직조공들로 가득 차게 되었으며, 산업의 발전은 두 대립하는 계급, 즉 산업자본가 계급과 도시의 노동자계급을 탄생시켰다.

　장기적으로 보면 산업혁명은 영국을 부유하고 도시화한 나라로 만들고, 물질적 향상과 정치적 권리, 그리고 변모된 문화를 모든 계급에게 안겨주었다. 그러나 단기적으로 볼 때 그것이 얼마나 은혜로운 것이었는지, 그것을 직접 수행했던 당대의 국민들 대다수의 물질적 삶을 과연 얼마나 향상시켰는지는 쉽게 판단하기 어렵다.5)

산업혁명의 폐해

　무엇보다도 산업혁명은 그 핵심적 현장이라고 할 수 있는 공장과 탄광에서 비인간적 노동을 수반했다. 공장은 이전의 작업장과는 전혀 다른 엄격하고 냉혹한 새로운 노동 규율을 강요했으며, 작업환경 또한 많은 탄광에서 볼 수 있는 바와 같이 지극히 열악했다. 노동자들은 이처럼 열악한 노동 환경 속에서 건강을 해쳐가며, 간신히 생계를 이어나갈 수 있을 정도의 낮은 임금으로 장시간 일하지 않으면 안 되었다. 성인 노동자들은 물론이고 더욱 낮은 임금으로 고용된 어린이들조차 하루에 12시간을, 일이 밀릴 때는 더 오랜 시간을 혹사당했다. 더욱이 이런 일자리마저 항상 있는 것이 아니었고, 그나마 얻은 일자리도 불안정했다. 주기적으로 닥쳐오는 불황은 좋은 시절에도 어렵게 살아가는 노동자들에게서 일자리를 빼앗고 극도의 궁핍과 혹독한 시련을 안겨주곤 했다. 1801, 1811, 1816, 1826, 1842, 1847년 등이 그런 불황의 해였다. 평상시에도 높은 수준의 실업률이 계속되었지만, 이런 상시적인 저고용에 불황기의 대량 실업이 겹쳐 수많은 노동자들이 삶의 벼랑 끝으로 몰렸다. 이런 곤궁과 시련이 노동자들의 삶에 미친 파괴적인 영향은 그들의 평균수명에서 여실히 드러났다. 맨체스터에서 전문직 종사자의 평균수명이 38세일 때,

---

5) 이미 오래전부터 제기된 이 질문에 대해 역사가들은 아직까지 서로 상반된 대답을 제시하고 있다. 이른바 비관론자들은 산업혁명이 야기한 악폐를 격렬하게 비난하고, 반면 낙관론자로 불리는 다른 역사가들은 그것이 베푼 은총을 칭송한다. 이 유명한 '생활수준 논쟁'은 1790~1850년 사이 영국인의 삶을 바꾸어놓은 사회경제적 변화에 관해 많은 것을 드러내주는 논쟁이다.

1820년경의 공장 역직기

어린이 노동: 요크셔의 탄광 지하 갱내에서 한 소녀가 200~500파운드 무게의 석탄차를 끌고 있다(1842).

탄광부

노동자의 평균수명은 그 절반에도 못 미치는 17세에 불과했던 것이다.

산업혁명의 중요한 특징인 기계화는 또한 많은 전통적 수공업을 파괴했다. 산업화 초기에 한때 번영을 누리기도 했던 장인들은 기계 보급이 확산되자 대부분 몰락의 길을 걸을 수밖에 없었다. 수직조공(手織造工)은 농업 노동자와 하인(servant)에 이어 셋째로 큰 노동자 집단이었고, 1834년까지만 해도 84만의 인구가 이 업종에 의지해 살고 있었지만, 1850년이 되면 이들은 거의 자취를 감추고 말았다. 편물공도 같은 운명이었다. 그리하여 1811~1812년과 1816

공장주를 쏘는 러다이트들

년에 랭커셔와 요크셔 및 미들랜즈에서 이들 분노한 장인들이 보풀 세우는 기계를 불태우고, 역직기를 파괴하고, 편물기를 때려 부수면서 이른바 러다이트 폭동(Luddite riots)을 일으켰다. 그러나 기술 진보의 물길을 저지하려는 그들의 시도는 결국 무력함을 드러내고 말았다.

산업 노동계급이 겪은 최악의 폐해 가운데 많은 것은 급속한 팽창으로 인구가 과밀해지고 불결해진 도시 생활의 결과였다. 1760년에 1만 7,000에 불과하던 맨체스터의 인구가 1830년에는 18만이 되었다. 이처럼 급성장한 도시들은 과밀하고 불결한 주거 환경을 낳고, 성적 문란과 각종 질병을 유발했으며, 강과 대기를 오염시켰다. 도시화가 진전될수록 범죄와 음주벽도 증가했는데, 술은 불행한 삶의 탈출구 구실을 하여 값싼 진의 소비가 엄청나게 증가했다. 이런 도시 환경은 주민들의 건강을 위협했고, 그래서 농촌 지역에서 평균수명이 보통 노동자가 38세, 전문직 종사자가 52세였던 데 비해, 맨체스터에서는 노동자가 17세, 전문직 종사자는 38세에 불과했던 것이다.

마지막으로 결코 간과할 수 없는 것이 노동자들의 노동과 삶으로부터의 소외 현상이었다. 노동자들은 공장이라는 비인간적인 노동 공간과 도시라는 비정한 삶의 공간에 내팽개쳐졌다. 그들은 자신의 도구나 연장을 소유하지 못한 채 생산수단에서 소외되고, 언제, 어떻게, 그리고 얼마만큼을 생산할 것인가를 스스로 결정할 수 없게 되었다. 그들은 또한 더 이상 안정된 생활공간이었던 공동체적 마을이나 소읍에서 살 수 없었다. 이제 그들은 모든 인간 관계가 현금 거래 관계로 환원되는 도시에서 자신의 고용주와의 사이에 건널 수 없는 심연을 두고 서로 대치하면서 메마르고 각박하게 살아갈 수밖에 없었다.

산업혁명의 성취

이처럼 산업혁명이 본질상 여러 부정적 요소들을 가지고 있었으며 그 영향 또한 비관적 측면을 지니고 있었던 것은 부인하기 어렵다. 그러나 그것은 또한 몇 가지 긍정적 요소를 지니고 있었으며 그 영향 역시 비관적이라기보다는 차라리 낙관적인 측면을 보여주기도 했다. 그중에서도 산업혁명이 이룩한 가장 중요한 성취는 놀라운 생산성이었다. 1782년에서 1852년 사이에 산업 생산은 연간 3~4%씩 성장하여, 1850년에 브리튼은 1800년에 비해 철은 8배, 석탄은 5배, 직물은 6배를 생산했는데, 이 1800년의 생산 또한 1760년에 비하면 훨씬 더 증대한 것이었다. 1830년에 브리튼은 세계 석탄의 약 70%, 면직물과 철의 절반가량을 생산했으며, 영국의 산업은 값싸고 질 좋은 각종 상품들을 대량으로 쏟아냈다. 이 경제적 번영속에서 1800년에서 1850년 사이에 개인당 소득은, 그동안 인구가 두 배 가까이 늘었음에도 불구하고, 85%나 증가했다. 발전하는 산업은 또한 전에 없이 많은 일자리를 제공했다. 불황기에는 많은 실업자들이 있었지만, 그래도 세기 중엽에는 1800년의 두 배나 되는 인구를, 그것도 더욱 높은 생활수준으로 부양할 수 있는 일자리가 있었다. 많은 직물 공장은 의식주에 부족함이 없을 정도의 임금을 지급했고, 많은 노동자들은 농업 노동자의 작업환경보다는 오히려 공장을 더 선호했다. 산업혁명이 여러 수공업종을 파괴한 것은 사실이지만, 다른 한편으로 기계공 같은 또 다른 유형의 숙련노동자에게는 기회를 열어주었다.

도시는 과밀과 매연과 불결에도 불구하고 여전히 노동자들에게 시골 마을보다 좀더 해방되고 흥미로운 삶을 제공했다. 맨체스터와 같은 대도시에는 화려하게 장식한 술집과 극장과 음식점 들이 즐비했으며, 농촌에서는 느낄 수 없는 즐거움과 자극이 있었다. 농업 노동자들은 젠트리와 교구 목사의 가부장적 지배 아래 살면서 음주나 교회 불참 등의 이유로 벌금을 물곤 했는데, 도시 거주자들은 좀더 자유분방한 삶을 즐길 수 있었다. 공장과 셋집이 비록 억압적이라 할지라도, 노동자들은 자신의 문화를 창조하고 그 속에서 자기 정체성을 느끼고 공동체 의식을 길렀다.

특히 노동자들의 계급의식을 고양시키는 데는 노동조합(trade union)이 큰 역할을 했다. 노동조합은 산업혁명의 여러 폐단과 불의에 대한 항의로 생겨났는데, 그것은 특히 장시간 노동과 낮은 임금 및 열악한 노동조건 등에 대해 항의했다. 그동안 노동조합은 많은 우여곡절을 겪었다. 1799년과 1800년에 제정된 결사금지법(Combination Acts)은 노동조합을 불법화했으며, 그 후 주로 지하활동으로 명맥을 유지해 온 조합은 1824년에 이 법들이 폐지된 이후에도 광범한 적의와 잦은 법적 장애에 직면했다. 그러나 많은 실패와 좌절을 겪으면서도 조합은 점점 더 강력해졌고, 19세기 중엽에 이르면 숙련노동자들이 유력한 노동조합을 설립했다.

노동조합 이외에도 계급의식을 일깨우는 운동들이 일어났다. 런던과 북부 도시 등지에서 급진적인 신문이 발행되었다. 노동자들은 1790년대에 페인의 『인간의 권리(*The Rights of Man*)』[6]를, 그리고 1810년대에는 윌리엄 코버트(Cobbett)의 ≪폴리티컬 레지스터(*Political Register*)≫[7]를 염가판으로 구독했다. 한편 중간계급은 기술교육기관을 설립하여 노동자들에게 자조(自助)의 미덕을 가르쳤다. 노동자들은 또한 소비자협동조합과 공제조합을 설립하여 경제적 이득과 상부상조를 도모하는가 하면, 선거권 획득운동을 전개함으로써 상호 간의 연대 의식을 증진하는 데 힘쓰기도 했다.

산업화가 이룩한 또 하나의 성취는 사회적·행정적 개혁들이었다. 초기 산업도시들에는 어떠한 사회사업도 없었으며 행정 또한 열악하여 많은 개혁이 필요했다. 1835년의 시자치단체법(Municipal Corporations Act)은 부패한 기존의 엘리트 지배를

---

6) 제1부는 1791년에, 제2부는 1792년에 나왔다.

7) 이 주간지는 1802년 토리파의 신문으로 나왔으나, 1806년 무렵부터 급진주의 사상을 옹호했다.

윌리엄 코버트

노동조합 회원증(1833)

폐지하고, 그 대신 179개 버러에 지방세를 납부하는 성인 남자들에 의해서 선출되는 시의회(town council)를 설치했다. 그리고 이 시의회가 시장과 약간 명의 참사회원(alderman)을 선출하여 공공사업 등을 규제하도록 하는 등 지방행정의 효율성과 민주화를 촉진했다. 중앙정부는 또한 일련의 공장법(Factory Act)들을 제정하여 산업화가 미친 부정적 영향에 대처했다. 1833년에 제정된 공장법은 방직공장의 아동노동을 금지했고, 1842년에는 여성과 아동의 탄광 노동을 금지했으며, 1847년에는 여성과 청소년의 노동시간을 10시간으로 제한했다. 그리고 1848년에는 공중보건법(Public Health Act)이 제정되어 도시의 수도 및 하수 시설을 개선했다. 교육제도도 점진적인 발전이 이루어져, 1839년 및 1847년에 마련된 교육 교부금은 노동계급 자녀들의 기초 교육을 도왔다.

산업혁명의 양면성

이와 같이 산업혁명은 당시의 자본주의가 지닌 뚜렷한 양면성, 즉 경제적 성취와 사회적 폐해를 함께 보여주었다. 그러나 그러한 성취와 폐해는 보는 관점에 따라 그것들이 과연 산업혁명의 결과로 나타난 것인지 아닌지를 가름하기가 쉽지 않은데, 특히 그 폐해가 그렇다. 가령 1790년에서 1850년 사이에 일어난 착취와 불행이 얼마만큼 산업혁명의 탓이었는가 하는 문제의 경우, 상당 부분은 산업혁명 탓으로 돌릴 수 없는 것들이었다. 특히 1790~1816년 사이의 경제적 어려움의 상당 부분은 흉작과 프랑스와의 전쟁, 그리고 전후의 혼란 탓이었다. 고통을 가중시킨 인구의 팽창도 산업혁명의 책임이 아니었으니, 비슷한 인구 증가를 경험했으면서도 산업혁명이 일어나지 않았던 아일랜드 같은 나라는 훨씬 더 큰 빈곤에 시달렸기 때문이다. 한편 산업자본주의가 그 부담과 혜택을 어떻게 배분했는가 하는 면에서 볼 때 산업혁명의 폐해는 두드러지게 나타났다. 산업혁명을 거치면서 국부는 훨씬 더 소수에게 집중되었고, 빈부의 격차는 더 심해졌다. 그리고 이 사회적 모순이 심각한 지경에 이르렀음에도 불구하고, 그것을 해결하기 위한 진지한 노력은 기울여지지 않았다.

지배계급이 이런 사회적 모순의 해결을 등한시한 여러 이유 가운데 가장 중요한 것은 당시의 정치경제학에 대한 그들의 믿음이었다. 일찍이 애덤 스미스가 자유방임 이론을 제시한 이래 맬서스와 리카도우 역시 이 믿음을 공유했다. 맬서스는 1798년에 출간한 『인구론(Essay on Population)』에서 기하급수적으로 증가하는 인구 변동과 식량 부족 사태를 경고하면서, 정부의 빈민 구제 조치는 오히려 빈민의 재생산을 촉진할 뿐이기 때문에 모든 빈민 구제를 중단해야 한다고 주장했다. 리카도우 역시 『경제학원리(Principles of Economics)』(1817)에서 무자비한 인구 압력에 주목하면서, 임금은 공정하고 자유로운 시장 경쟁에 맡겨두어야 하며, 노동자도 정부도 자연적 경제 질서에 간섭하여 임금이든 다른 무엇이든 인위적으로 조작하려 해서는 안 된다고 주장했다. 이들 두 경제학자는 애덤 스미스에 동의하여, 경제에 대한 정부의 간섭은 선이 아니라 오히려 해를 초래한다고 믿었다. 이들에게 빈곤은 정부도 어찌할 수 없는 불가피한 것이었고, 그런 점에서 이들의 경제학은 '우울한 학문'이었다. 그러나 자유방임의 은총을 증명하는 산업혁명의 승리와 더불어 이들의 이론은 산업자본가들에게 금과옥조가 되었다.

2. 혁명 프랑스 및 나폴레옹과의 전쟁

소피트의 통치

1784년 총선거에서 압도적 다수를 확보한 피트는 미국 독립 전쟁에서 패배한 후유증과 혼란을 수습하기 위해 여러 분야에 걸쳐 개혁을 추진했다. 피트가 직면한 문제 가운데 가장 절박한 것은 정부의 부채였다. 그가 수상에 발탁된 1783년 무렵의 영국은 파산을 향해 표류하고 있었다. 그런 영국을 그는 새로운 전쟁이 시작되기 전에 다시 안정적 기반 위에 올려놓았다. 그는 먼저 세입을 늘리고 지출을 줄이는 데 힘썼다. 세입을 늘리기 위해 그는 기존 세금의 세율을 높이고, 많은 새로운 세금을 만들고, 관세를 낮추어 밀수를 막았다. 그는 행정을 더욱 경제적이며 효율적으로 만듦으로써 지출을 줄였으며, 쓸모없고 비효율적인 관직을 정리하고, 많은 한직을 폐지했다. 이와 같은 행정개혁은 정부에 대한 왕권의 영향력을 감소시킨 한편 하원에 대한 행정부의 통제력을 축소시켰다.

피트는 무역을 증진하기 위해 관세장벽을 제거하는 등 애덤 스미스류의 자유무역 정책을 추진했으나, 이와 같은 그의 첫 시도는 실패하고 말았다. 영국의 중상주의 정책은 여전히 아일랜드 제조업자들이 영국과 교역하는 길을 가로막고 있었으며, 이에 대한 이들의 불만으로 소요가 일어났다. 피트는 이런 불만에 대한 치유책으로 1785년 양국 간의 상호 자유무역을 위한 결의안을 제출했다. 그러나 값싼 아일랜드 공산품에 문을 열어주면 영국의 제조업자는 망하고 만다는 국내 제조업자들의 아우성과 의회의 반발에 부딪혀 이 결의안은 무산되고 말았다. 그 결과 아일랜드는 영국의 중상주의 정책에 얽매여 농업 국가로 계속 남아있게 되었으며, 아일랜드인들은 영국이 오직 외국의 침략 위협을 받을 때에만 양보를 얻어낼 수 있으리라는 점을 깨닫게 되었다. 반면 영국과 프랑스의 통상협정은 비교적 원만하게 진척되어, 양국은 1786년에 호혜조약을 체결하고 특정 물품들에 대해 관세를 상호 삭감해 주었다. 이리하여 영국은 자유무역을 향한 첫 발걸음을 조심스럽게 내디뎠다.

1784년의 인도법[8]으로 인도에서의 새로운 헌정 체제를 확립한 것을 제외하고, 주목할 만한 해외 식민 활동은 1787년에 서아프리카의 시에라리온(Sierra Leone)에 해방 노예를 위한 안식처를 마련한 일이었다. 이와 거의 동시에 아주 특이한 목적의 또 다른 식민지가 개척되기 시작했는데, 그것은 범죄자의 유배지로서의 식민지였다. 1788년에 거의 모두가 유형수로 구성된 첫 정착민이 시드니(Sydney)에 도착했는데, 이들이 바로 최초의 오스트레일리아 식민지인 뉴 사우스 웨일즈(New South Wales)의 첫 주민이 되었으며, 그 후 꾸준히 범죄자들이 영국에서 방출되어 이곳으

---

8) 546쪽 참조.

로 유배되었다. 이런 식민 활동은 1830년대에 들어 인도주의와 공리주의적 견지에서 많은 비난을 받았지만, 거의 아무도 이 식민지의 장래를 예견하지 못한 가운데 인구가 꾸준히 유입되었다. 한편 비슷한 시기에 북아메리카에서는 4만이 넘는 왕당파가 미국에서 캐나다로 망명했는데, 이들은 영국의 통치 제도를 캐나다에 이식했다.

피트는 경제적·행정적 개혁에서는 눈부신 성공을 거두었으나 다른 개혁 과제에서는 그렇지 못했다. 현실주의자였던 피트는 개혁이 필요하다고 생각되면 최선을 다하되, 결코 서두르거나 무리를 하지 않았다. 반대가 너무 셀 것 같으면 그는 더 나은 기회를 기다렸다. 그는 부패 선거구 일부를 폐지하고 그 의석을 재분배하려는 온건한 의회 개혁을 시도했으나 반대에 부딪히자 포기하고 말았다.9) 노예무역 폐지운동도 피트의 재임기에는 결실을 보지 못했다. 흑인 노예제도의 악폐에 관해서는 주로 종교적 교의에 자극받은 인도주의자들이 오래전부터 관심을 기울여왔다. 그러다가 1772년 맨스필드(Mansfield) 백 윌리엄 머리(Murray) 경이 한 판결문에서 영국의 관습법은 노예 신분을 인정하지 않는다고 판시함으로써 영국으로 수입된 1만 5,000명의 흑인 노예가 해방되었다. 그러나 노예무역 자체를 금지하는 것은 좀처럼 쉬운 일이 아니었다. 그것은 영국의 상업적 번영의 상당 부분이 노예무역에 의존하고 있었기 때문이다. 정작 노예무역 폐지운동은 1787년에 토리파 복음주의자 윌리엄 윌버퍼스(Wilberforce)의 주도로 의회 내에서 전개되었다. 피트의 절친한 친구였던 그는 그 후 줄곧 이 운동에 헌신하여, 정력적으로 흑인 노예무역의 잔인성에 대해 여론을 환기시키고, 그 폐지운동을 벌였다. 그러나 노예무역이 폐지된 것은 피트가 사망한 다음 해인 1807년의 일이었으며, 그것도 피트의 오랜 정적이었던 폭스의 주도로 이루어졌다. 이것은 프랑스와의 긴 전쟁 기간에 있었던 거의 유일한 개혁으로서, 정당 간의 대립과 사회적 구분을 뛰어넘은 조직적 운동이 오랜 세월에 걸쳐 기울인 끈질긴 노력의 결실이었다.

피트의 통치 아래 영국은 안정을 회복하고 번영의 기틀을 다졌다. 이제 피트는

---

9) 548쪽의 주 27) 참조.

|왼쪽| 에드먼드 버크
|오른쪽| 윌리엄 윌버퍼스

실질적인 통치자가 되었다. 미국과의 전쟁 기간과 그 여진이 미치던 시기만 해도 조지 3세는 통치의 전면에 나섰고, 그래서 상당한 불만과 비난을 받아왔다. 그러던 조지가 1788년 정신착란과 망상 증세를 수반하는 심각한 질병을 앓다가 이듬해 회복되었는데, 이를 계기로 그는 차츰 일상적인 통치 업무에서 손을 떼게 되었다. 조지는 그 후에도 1801년과 1804년에 같은 질병에 시달렸고, 1811년에 병이 재발된 다음에는 영영 회복하지 못하여 그의 여생 동안은 왕세자가 섭정을 맡았다. 이것은 국왕이 당파적 충성을 초월하는 국민적 상징이 되어가는 과정에서 하나의 주요 단계를 이루는 것이었다. 피트의 집권 기간을 지나면서 내각은 더욱 분명한 집단적 책임 의식을 지닌 기구로 발전하고, 수상직은 더욱 강력하고 독자적인 직위로 발돋움했다. 그러나 피트에게는 개혁을 계속 추진할 시간적 여유가 주어지지 않았다. 평화는 불과 10년도 되지 않아 깨어졌고, 갑자기 닥친 새 전쟁은 지난번 전쟁과는 비교도 할 수 없을 만큼 힘든, 영국의 존립 자체를 위협하는 전쟁이었다. 그 위기는 혁명 프랑스에서 왔다.

프랑스 혁명과 영국
프랑스 혁명에 대한 영국인들의 반응은 처음에는 대체로 호의적이었다. 정치가 찰스 폭스와 시인 윌리엄 워즈워스(Wordsworth)는 프랑스인들의 봉기에 찬사를 보냈다. 영국인들은 프랑스가 전제적 군주정에서 입헌군주정으로 바뀌어가는 과정에 있는 것으로 보았으며, 프랑스 혁명을 영국의 명예혁명 비슷한 운동으로 생각했다. 그러나 혁명이 차츰 과격한 양상을 띠기 시작하자 영국의 여론은 동조와 비난으로 갈라졌다. 그 자신이 개혁론자였던 버크는 『프랑스 혁명에 관한 성찰(Reflections on the Revolution in France)』(1790)에서 혁명을 비난했다. 그는 명예혁명이 영국의 전통적 제도를 회복하고 그것을 유지했던 데 비해, 프랑스의 1789년 사태는 프랑스의 전통적 제도를 파괴하려는 것이라고 파악했다. 그는 특히 1689년에 영국에서 확립된 것은 인민주권이 아니라 의회주권임을 강조했다. 그러나 입헌군주정에 대한 버크의 찬양은 페인에게 통렬한 비판을 받았다. 페인은 『인간의 권리』에서 인민주권을 변호하면서, 영국의 불합리한 선거제도를 비난하고 국민의 대표성은 영국보다 혁명 프랑스에서 훨씬 더 잘 구현된다고 주장했다. 『프랑스 혁명에 관한 성찰』이 6개월 동안에 2만 부가 팔린 데 비해, 『인간의 권리』 제2부의 염가판은 20만 부나 팔렸다. 그 엄청난 파급 효과에 놀란 정부는 이 저술을 너무나 공화주의적이고 왕정과 세습 원리에 지나치게 적대적이라고 비난했다.

프랑스 혁명과 페인의 저술은 자유와 평등에 대한 모든 개인들의 자연권에 기초한 새로운 세상의 비전을 일깨웠다. 불합리한 형법, 부패한 자치단체, 불공정한 조세, 잔인한 수렵법, 그리고 무엇보다 귀족적이고 대표성을 지니지 못한 의회 등에 대한 개혁의 요구가 도처에서 터져 나왔다. 새로운 시대의 전망에 자극받아 의회 개혁을 위한 다양한 단체들이 부활했을 뿐만 아니라, 각종 협회가 새로 결성되었다. 특히 런던의 신발공 토머스 하디(Hardy)가 1792년 초에 결성한 통신협회(Corresponding Society)는 영국에서 장인들에 의해 구성된 최초의 정치단체였다. 런던을 중심으로 하여 지역의 여러 주요 도시에 연락망을 가진 이 협회는 남자 보통선거권과 의원의 매년 선거를 주장했다.

그러나 이와 같은 급진 사상의 전파는 역으로 반혁명적 공포와 증오를 불러일으켰다. 더욱이 1792년과 1793년을 거치면서 프랑스 혁명이 공포정치와 국왕의 처형, 그리고 혁명전쟁으로 치닫자 혁명에 대한 초기의 열광이 냉각되고, 오히려 반혁명의 기운이 열기를 더해갔다. 혁명의 과격성에 놀란 지배 계층은 영국의 '자코

뱅들(Jacobins)'이 통신협회 등의 조직을 영국혁명의 전위부대로 이용하지 않을까 두려워했으며, 『인간의 권리』의 광범한 보급에 또한 두려움을 느꼈다. 급진주의는 곧 '자코뱅주의'로 몰렸고, 1792년에는 '공화론자와 수평파'로부터 '자유와 재산 (Liberty and Property)'을 지키기 위한 협회들이 생겨났다. 특히 전쟁 발발 이후에 지배 계층은 단순히 개혁을 말하는 것 자체에 대해서까지 강한 적의를 드러냈다. 마침내 개혁가들까지도 대부분 회의적인 방향으로 돌아섰다. 1794년에는 포틀랜드(Portland) 공 윌리엄 캐븐디쉬-벤팅크(Cavendish-Bentinck)가 지도하는 휘그당 보수파 대다수가 피트와 제휴하고, 찰스 폭스와 그 일파는 소수의 무력한 야당으로 남게 되었다.

이런 분위기 속에서 피트는 이제 보수반동으로 전향했다. 그는 안보와 질서를 위해 모든 급진적 개혁의 요구를 자코뱅주의로 단정하여 탄압했다. 1793년 그는 특히 『인간의 권리』와 같은 불온 문서의 출판을 금지하고, 이듬해에는 인신보호법 (Habeas Corpus Act)을 정지시켰다. 페인은 선동 혐의로 기소되고, 프랑스로 도망간 뒤 결석재판에서 유죄 선고를 받았다. 뒤이어 1795년에 의회는 치안판사의 허가 없는 대중 집회를 불법화하고, 반역죄의 적용을 대폭 확대하는 법률들을 제정했다. 그뿐만 아니라 정부는 개혁 단체에 염탐꾼을 침투시켜 감시하는 등 일찍이 보지 못한 히스테리가 전국을 휩쓸었다. 1799년에 이어 1800년에는 결사금지법이 제정되어 노동조합을 비롯한 다른 모든 노동계급의 결사가 해체되거나 지하로 숨어들었다.

급진주의에 대한 이런 '피트의 공포정치'는 어느 면에서 성공을 거두었다. 귀족과 중간계급의 개혁 협회들은 일찌감치 와해했고, 통신협회는 탄압 조치에 강하게 맞섰지만 지도자들이 투옥되거나 추방되고 난 다음 결국 굴복했다. 이후 프랑스와의 오랜 전쟁 기간에 급진주의는 거의 형체도 없이 사라졌다. 그러나 이와 같은 피트의 성공은 사실 무의미한 성공이었다. 개혁 협회들이 어떤 반정부 폭력이나 체제 전복을 획책했다는 아무런 증거도 없는 마당에 피트의 탄압은 실체 없는 위협에 대한 과잉 반응의 혐의가 짙은 것이었다. 오히려 그의 강압 정책은 장기적인 관점에서 볼 때, 정치 탄압의 쓰라린 경험과 산업혁명의 고통스러운 경험의 결합으로 노동계급의 전에 없는 융합을 촉진했으며, 19세기 영국에서 주요한 정치적 요인이 될 계급의식을 그들 사이에 발달시켜 놓았다.

프랑스와의 전쟁

피트는 처음에 프랑스와의 관계를 낙관했다. 그는 프랑스의 혁명정부가 공격적으로 나오지 않는 한, 유럽의 다른 나라들처럼 혁명 원리를 트집 잡아 그것에 적대적으로 나서지는 않았다. 프랑스가 이미 오스트리아 및 프로이센과 전쟁에 돌입했음에도 불구하고 피트는 가능한 한 방관자로서 중립을 유지하려는 희망을 버리지 않고 있었다. 1792년 말까지만 해도 그는 앞으로 상당 기간 동안의 평화를 예견하고 있었다. 그러나 프랑스가 오랫동안 '영국의 자연적 국경'으로 간주되어 온 네덜란드를 침공하자, 영국은 대륙의 사태를 더 이상 강 건너 불구경하듯 할 수 없었다. 드디어 이듬해 2월에 프랑스가 선전포고를 함으로써 영국은 전쟁에 휩쓸려 들어가게 되었다. 단기전을 예상했던 당초의 기대와 달리 피트는 여생을 몽땅 이 전쟁에 바쳐야 했으며, 그것도 끝내 종전을 보지 못한 채 1806년 눈을 감아야만 했다. 1793년 4월에 시작된 전쟁은 중간에 두 번의 짧은 휴식 기간[10]을 제외하고는 1815년까지 23년 동안이나 지속되었다.

처음 전쟁에 뛰어들었을 때 영국은 제대로 준비가 되어있지 않았다. 해군은 최근에 적절하게 개혁되고 함대도 제법 강력했지만, 육군의 전력은 취약했다. 국민 총동원으로 프랑스군의 병력은 어마어마하게 늘어나 있는 데 비해, 경제적 이유 때문에 단계적 감축을 겪은 영국군의 병력은 1만 3,000명에 불과했다. 전체 인구도 프랑스가 2,700만인 데 비해, 영국은 1,000만밖에 되지 않았다. 피트는 전쟁이 선포되자 즉각 대륙 여러 나라들과 대(對)프랑스 동맹을 결성했다. 인적 자원이 부족했던 영국은 주로 전비를 마련하고, 대륙 나라들은 병력을 제공했다. 연합군은 그 수에서는 전에 없이 규모가 컸으나, 동맹국들은 서로 반목하고 각자의 이권을

---

10) 첫 번째 휴식 기간은 1802년 3월 아미앵(Amiens) 조약 체결 후 이듬해 3월 영국이 프랑스에 선전포고하기까지 1년 동안이었고, 두 번째는 1814년 5월 파리 화약 이후 이듬해 3월 나폴레옹(Napoleon)이 엘바(Elba) 섬에서 탈출하기까지 9개월 동안이었다.

|왼쪽| 호레이시오우 넬슨
|오른쪽| 넬슨의 기함

챙기기에 바빠 원활한 공조가 이루어지지 못했다. 군사강국인 러시아와 오스트리아, 그리고 프로이센은 폴란드 분할에 몰두한 나머지 전력을 서쪽에 기울일 수 없었다. 게다가 전쟁 초기 수년간 피트는 대부분의 유럽 지도자들과 마찬가지로 혁명 프랑스의 국력을 과소평가함으로써 많은 실책을 범하고 패배를 거듭했다. 게다가 1795년 프랑스가 오스트리아령 네덜란드를 합병하자, 곧 프로이센과 에스파냐가 개별적으로 강화를 맺고 동맹의 대열에서 이탈했다. 영국은 남은 오스트리아와 러시아에 기대를 걸어야 했는데, 1797년에는 이 기대마저도 허물어졌다. 그해에 나폴레옹의 군대가 이탈리아에서 오스트리아군을 쓸어냄으로써 동맹은 완전히 와해되고, 영국은 홀로 남았다.

1797년 영국은 최악의 상황이었다. 대륙에서 어느 한 동맹국도 갖지 못했을 뿐 아니라 재정 역시 어느 때보다 더 빈약한 상태에 빠져있었다. 바로 이같이 어려운 상황에서 평소의 생활 조건과 급식 문제, 그리고 승진제도 등에 불만을 품고 있던 수병들이 프랑스 혁명의 평등사상에 자극받아 폭동을 일으켰다. 처음에 스피트헤드(Spithead)에 정박하고 있던 해협 함대에서, 그 뒤 노어(Nore)의 북해 함대에서 일어난 이들 수병의 폭동은 영국 사회에 큰 충격을 던져주었다. 해협 함대 수병들의 요구는 어느 정도 받아들여졌으나, 북해 함대 수병들의 폭동은 단호하게 진압되었다. 이렇게 엄청난 시련을 겪었음에도 불구하고 영국 해군은 그해가 다 가기 전에 두 차례의 대첩을 거두었다. 지중해 함대는 포르투갈의 세인트 빈센트(St. Vincent) 곶에서 프랑스-에스파냐 연합함대를 격파했고, 북해 함대는 네덜란드 서북부의 캠퍼다운(Camperdown) 근처에서 네덜란드 해군을 분쇄했다.

연이은 승전으로 제해권을 확보한 영국 해군은 전쟁 기간 내내 프랑스의 침공을 막아냈다. 이미 여러 차례 영국 침공을 계획하고 시도했던 프랑스는 1797년 에스파냐 및 네덜란드 함대와 연합하여 침공을 기도했지만, 영국 해군은 폭동을 겪는 어려움 속에서도 이 기도를 분쇄했다. 이듬해에 나폴레옹이 영국 해군의 봉쇄망을 빠져나와 이집트를 점령하자 호레이시오우 넬슨(Horatio Nelson) 제독이 지휘하는 영국 함대는 나일 강의 전투에서 프랑스의 지중해 함대를 상대로 완벽한 승리를 거두었다.

이와 같은 해전에서의 승리의 여세를 몰아 피트는 1799년 3월 오스트리아 및 러시아와 제2차 대프랑스 동맹을 결성했다. 이 동맹 역시 처음에는 피트의 재정지원으로 순조롭게 출발했으나, 동맹국 간의 내분 등으로 결국은 실패로 끝났다. 군사작전에서도 피트는 실패했다. 그는 너무 많은 인적·물적 자원을 프랑스 및 네덜란드의 식민지를 정복하는 데 낭비했다. 그는 대병력을 육성하지 않은 데다, 그나마 있는 병력을 너무 많은 지역에 분산시켰다. 결국 두 해도 채 지나지 않아 러시아가 이탈하고, 연이은 참패로 기가 꺾인 오스트리아도 곧 프랑스와 강화를 맺었다. 그리하여 1801년 2월 두 번째 대프랑스 동맹도 와해되고 말았으며, 이로써 프랑스는 유럽에서 절대적 우위를 확립하고, 영국은 또다시 홀로 남게 되었다. 바로 이런 중대한 국면에서 피트가 돌연 수상직에서 물러났는데, 화근은 전쟁과는 직접적 관련이 없는 문제, 즉 아일랜드에 대한 정책이었다.

아일랜드의 통합

프랑스와의 전쟁이 진행되는 동안에 영국과 아일랜드의 관계에 중대한 변화가 일어났다. 한 세대 전에 아메리카의 독립 전쟁이 아일랜드인들에게 도움이 되었던 것처럼, 프랑스 혁명과 대프랑스 전쟁 또한 그들에게는 영국의 곤경을 이용할 수 있는 기회가 되었다. 1782년에 영국은 아일랜드 의회에 독립적 입법권을 부여했지만, 그것으로 아일랜드인들의 정치적·종교적 불만이 완전히 해소될 수는 없었다. 게다가 1785년 피트가 추진한 양국 간의 자유무역협정이 실패로 끝나자 불만이 더욱 들끓었다. 그런 가운데 1789년 프랑스 혁명이 일어나자 이에 자극받은 아일랜드인들은 정치적 자유와 종교적 평등을 더욱 열망하게 되어, 가톨릭교도를 포함한 모든 아일랜드인들이 보통선거를 요구했다. 벨파스트(Belfast)의 변호사 울프 토운(Wolfe Tone)의 주도하에 이런 개혁을 요구한 얼스터의 과격파들은 1792년 통합아일랜드인협회(Society of United Irishmen)를 결성했다. 이 단체는 프랑스의 공화국 이념에 기초한 독립된 아일랜드 공화국의 수립을 강령으로 삼았다. 그러자 영국 정부는 그들의 독립 요구를 무마하고자 더블린 의회에 압력을 가해 가톨릭교도구제법(Catholic Relief Act)을 제정케 했다. 이 법으로 아일랜드의 가톨릭교도들도 개신교도와 같은 조건에서 선거권을 부여받고, 또한 배심원, 하급 관리, 군의 하급 장교 등으로 복무할 수 있게 되었으나, 여전히 하원의원 피선거권은 허용되지 않았다.

그러나 이런 양보 조치 이후 아일랜드인들의 요구는 오히려 더욱 거세어졌다. 통합아일랜드인협회는 방어자들(Defenders)이라고 불린 폭력적 가톨릭 농민단체와 손잡고 반란을 위해 무장을 준비했다. 1796년에는 토운이 이들의 밀사로 프랑스에 건너가 지원을 요청했다. 영국과의 전쟁에서 이들의 힘을 이용하려 한 프랑스는 이에 호응하여 아일랜드에 병력을 파견했으나, 이 병력은 여러 재난과 폭풍으로 아일랜드에 상륙하지 못했다. 마침내 1798년에 외부의 도움 없이 반란이 터졌다. 북부에서는 반란을 일으킨 주민들이 쉽게 무장해제되고 더블린에서의 쿠데타 음모 역시 좌절되었지만, 남부와 남서부에서는 격렬한 내전이 벌어졌다. 약 1만 5,000명으로 추산되는 반란군이 한때 웩스퍼드(Wexford)와 에니스코시(Enniscorthy)를 점령했지만, 결국 강력한 정규군이 이들을 분쇄했고, 잔존 반란군은 가혹하게 진압되었다.

아일랜드 문제가 심각한 양상으로 전개되자 피트는 새로운 조정의 필요성을 절감하고, 그 유일한 해결책은 스코틀랜드처럼 아일랜드를 통합하는 것이라고 생각했다. 피트는 여러 가지 약속과 회유로 아일랜드 의회가 스스로 영국 의회와의 통합을 결의하도록 설득했다. 그리하여 1800년 양국의 의회는 마침내 통합법(Act of Union)을 통과시켰다. 아일랜드는 자신의 의회를 폐지하고, 대신 영국의 하원에 100명의 의원을, 그리고 상원에 4명의 주교와 28명의 세속 귀족을 보내게 되었다. 아일랜드는 또한 최근 거부되었던 무역의 자유를 얻으면서 영국의 보호망 속에 수용되었다. 통합에 대하여 보수주의자들도 혁명가들도 저항하지 않았으며, 이렇게 통합 문제가 해결된 다음 피트는 통합을 더욱 공고히 하기 위해 가톨릭교도해방법(Catholic Emancipation Act)을 추진했다. 가톨릭교도의 해방은 원래 아일랜드와의 협상의 일부로서 약속된 것이었으나, 그것은 피트가 실천할 수 없는 약속이었다. 무엇보다도 국왕이 완강하게 반대했다. 조지 3세는 가톨릭교도의 해방 조치를 윤허하는 것은 곧 영국 교회를 수호하겠다는 즉위 선서를 파기하는 일이 된다고 고집했다. 1801년 피트는 국왕에 저항하기보다는 차라리 사임의 길을 택했다. 그러나 해방을 수반하지 않은 통합은 아일랜드의 가톨릭교도들을 더욱 분노케 했다. 그들은 영국인들에게 기만당했다고 생각했으며, 이것은 그 후 그들의 반항운동을 더욱 과격한 길로 나아가게 했다.

아일랜드가 통합됨으로써 아일랜드 문제는 이후 상당 기간 영국 정치의 가장 중요한 의제 가운데 하나가 되었다. 아일랜드 주민은 거의 80%가 가톨릭교도로서, 이들은 투표는 할 수 있었지만 하원의원이 될 수는 없었다. 경제적 측면에서는 영국 본토가 점점 산업화하고 있던 19세기 초엽에 아일랜드 경제는 거꾸로 더욱 농업화해 갔다. 벨파스트와 같은 일부 도시의 성장과 더불어 도시화가 어느 정도 일어나고는 있었지만, 아일랜드는 여전히 농촌이 압도적인 사회로 남아있었다. 주된 산업인 직물업은 심각한 쇠퇴를 겪고 있었으며, 사회구조는 경제 발전에 따른 변화를 별로 겪지 않은 채로 남아있었다. 대개가 개신교도이자 부재지주인 대지주들은 토지를 으레 가톨릭교도인 소작인에게 임대했는데, 이것이 지주와 소작인 사이의 긴장을 악화시켰다. 게다가 지주는 토지소유에 따르는 모든 권리와 더불어 영국의 법에 의한 소유권을 주장한 반면, 아일랜드 소작인들은 그들의 관습적 소작을 일종의 공동권으로 인식하고 있었으며, 이런 인식 차이가 인종적·종교적 갈등과 겹쳐 긴장을 더욱 첨예하게 했다. 아일랜드의 사회적 갈등은 기본적으로 이와 같은 농업 문제를 둘러싸고 일어난 것이었다. 통합법은 단기적으로는 아일랜드인들의 불만을 달래는 교묘하고 실용적인 방책이었으나, 장기적으로는 아일랜드인들에게 압제와 착취에 대항한 폭력과 반란으로의 길을 닦아놓았다.

대프랑스 전쟁의 재개

소피트의 사임 뒤, 후임 헨리 애딩턴(Addington)은 1년여의 교섭 끝에 아미앵에서 나폴레옹과 강화조약을 맺었다. 이 강화로 양국은 그동안 서로 점령했던 여러 식민지를 되돌려주기로 했지만, 프랑스가 유럽 대륙에서 획득한 영토는 건드리지 않았다. 그 결과 영국은 많은 영토를 포기했지만 대륙에서 프랑스의 패권은 그대로 인정됨으로써, 영국인들은 조약이 지나치게 프랑스에 유리하게 맺어졌다고 생각했다. 특히 오스트리아령 네덜란드가 프랑스에 병합됨으로써, 영국은 안전에 큰 위협을 느끼게 되었을 뿐 아니라 유럽과 통상하는 길까지 가로막혔다. 게다가 나폴레옹이 여러 곳에서 외교적 압력을 가하여 이득을 챙김에 따라 영국의 해상무역이 쇠퇴하기 시작했다. 우려와 의심에 쌓인 영국 정부는 나폴레옹이 기회만 닿으면 전쟁을 재개할 것이라고 판단했으며, 프랑스 역시 영국이 조약의 이행에 불성실하다고 비난했다. 이와 같은 불안한 평화는 결국 영국이 1803년 3월 다시 전쟁을 선포함으로써 불과 1년여 만에 깨어지고 말았다.

전쟁이 다시 시작되었지만 애딩턴 내각의 입지는 매우 좁아서 피트가 반대하지 않는 한에서만 존속할 수 있었다. 그런데 전쟁으로 애딩턴의 무능이 드러나자 국민은 피트의 복직을 요구하기 시작했고, 피트가 이에 응하자 그의 내각은 무너지고 말았다. 1804년 나폴레옹이 제관을 쓰기 직전 수상직에 복귀한 피트는 즉시 해군력을 강화하고, 오스트리아와 러시아 등을 끌어들여 제3차 대프랑스 동맹을 결성했다. 나폴레옹은 그동안 영국 본토를 침공할 계획을 추진하여, 불로뉴에 40만 대군을 집결했다. 그러나 영국 함대는 프랑스와 에스파냐의 연합함대를 철저하게 봉쇄하여 원정군의 수송을 불가능하게 만들었다. 영국 침공을 위해서는 무엇보다도 우선 영국 해군의 영국 해협 장악을 분쇄하지 않으면 안 되었다. 1805년 10월

양국의 함대는 마침내 트러팰거(Trafalgar)에서 대접전을 벌였다. 이 해전에서 넬슨 제독은 수적으로 열세였음에도 불구하고 뛰어난 작전으로 적 함대를 괴멸시켰다. 넬슨이 자신의 생명을 바치면서 거둔 이 승리로 영국은 전쟁의 나머지 기간 내내 제해권을 장악할 수 있었고, 이는 이후 한 세기 동안 지속되는 세계 제해권의 장악으로 이어졌다. 이로써 넬슨은 영국민들에게 위대한 제독으로 길이 기억되는 국민적 영웅이 되었다.

　나폴레옹은 해상에서 실패했지만 지상에서는 빛나는 전과를 올렸다. 트러팰거 해전 이틀 전에 그는 동쪽으로 방향을 돌려 울름(Ulm)에서 오스트리아군을 격파하고, 이어 전광석화처럼 도나우(Donau) 강으로 진격하여, 12월 초에 아우스테를리츠(Austerlitz)에서 오스트리아와 러시아의 연합군을 대파함으로써 결정적인 승리를 거두었다. 이로써 그해 여름에 결성되었던 제3차 대프랑스 동맹은 사실상 와해되었다. 아우스테를리츠의 참패 이후 얼마 지나지 않은 1806년 정초에 수상 피트가 46

세의 나이에 뜻밖의 죽음을 맞이했다. 외무상 폭스가 강화를 시도했으나 허사였다. 나폴레옹은 여세를 몰아 중립을 견지하던 프로이센을 공격하여 1806년 10월 예나 (Jena)에서 프로이센군을 유린하여 굴욕적 강화를 강요했고, 이듬해 6월에는 다시 러시아를 패퇴시켜 틸지트(Tilsit)에서 강화조약을 체결했다. 영국이 바다를 지배한 반면, 프랑스는 대륙을 지배했다.

나폴레옹의 대륙체제

　제해권을 갖지 못한 나폴레옹은 직접적 침공 대신 간접적인 방법으로 영국을 굴복시킬 방법을 고안해 냈다. 그것은 유럽의 패권을 이용하여 '상점주의 나라' 영국의 상업을 파멸시키는 것이었다. 나폴레옹은 1806년 12월 베를린칙령(Berlin Decree)을 공포하여 대륙을 봉쇄하고 영국과의 교역을 금지했다. 그는 이른바 대륙체제 (Continental system)를 구축하여, 영국의 최대 시장이자 식량 공급지를 차단함으로써 국내에서 혼란이 일어날 것을 기대했다. 그러자 영국은 프랑스를 역으로 봉쇄한다는 똑같은 대응 조치로 맞섰다. 오랜 봉쇄는 영국 경제에 엄청난 고통을 안겨주었다. 특히 1811년은 흉작, 수출의 급감, 물가고와 실업 등으로 전쟁 기간 중 최악의 해였다. 그러나 나폴레옹은 봉쇄정책을 철저하게 시행할 수 없었다. 대륙체제는 프랑스와 대륙 국가들에게도 마찬가지로 고통스러운 것이었고, 완벽한 봉쇄는 물리적으로 불가능했다. 결국 대륙의 다른 나라들에 봉쇄정책을 강요하려던 나폴레옹의 시도는 자신의 몰락을 초래하고 말았다.

　나폴레옹은 대륙봉쇄령에 비협조적인 포르투갈과 에스파냐를 응징하기 위해 1807년 원정군을 파견하여 포르투갈을 정복했고, 이듬해에는 에스파냐 왕 페르난도(Fernando)를 퇴위시키고 자신의 형 조제프(Joseph)를 왕위에 앉혔다. 그러나 이것은 이들 나라 민중의 봉기를 촉발하고, 이들의 요청에 따라 영국은 뒤에 곧 웰링턴 (Wellington) 공이 된 아서 웰즐리(Wellesley) 장군의 지휘 아래 군대를 파견했다. 나폴레옹은 대군을 동원하여 반군과 웰즐리의 축출을 시도했으나 성공하지 못했다. 웰링턴은 막다른 궁지에 몰리는 위기를 겪으면서 일진일퇴의 공방을 계속하다가 마침내 1812년에 마드리드 서북부의 살라망카(Salamanca)에서, 그리고 이듬해에는

|왼쪽| 젊은 시절의 아서 웰즐리 소장: 워털루에서 승전 후 웰링턴 공이 되었다. |오른쪽| 워털루 전투

이베리아 반도 북부의 비토리아(Vitoria)에서 프랑스군을 패퇴시켜 그들을 반도에서 완전히 몰아냈다. 그러나 이런 승리에는 에스파냐와 포르투갈 민중의 활약이 크게 공헌했다. 그들은 끈질긴 게릴라전으로 프랑스의 대군을 끊임없이 괴롭혔다. 프랑스군을 몰아낸 웰링턴은 내처 피레네 산맥 너머로 진격하여 툴루즈 전투에서 승리했다.

프랑스를 봉쇄하기 위한 영국의 자의적 조치들에 격분하여 이번에는 미국이 1812년 6월 영국에 선전포고했다. 그러나 미국인이 캐나다를 침공했다가 격퇴되는가 하면 영국군이 워싱턴을 점령하는 등 양국은 일련의 전투를 벌이기는 했지만, 대규모의 전투는 치르지 않은 채 1814년 말에 강화조약을 체결했다. 한편 나폴레옹을 결정적인 몰락의 늪에 빠뜨린 것은 러시아 원정의 실패였다. 대륙체제를 무시하는 러시아를 징벌하기 위해 나폴레옹은 1812년 대원정을 감행했다. 그러나 러시아의 드넓은 대초원, 혹한의 겨울, 그리고 집요한 게릴라식 공격은 프랑스의 50만 대군을 거의 괴멸시키고 말았다.

1812년 카슬레이(Castlereagh) 경 로버트 스튜어트(Stewart)의 주도 아래 네 번째로 대프랑스 동맹이 결성되었고, 러시아-프로이센-오스트리아 연합군은 영국의 군비 지원을 받아 1813년 10월 라이프치히(Leipzig)에서 프랑스군을 격파했다. 1814년 3월에는 파리가 점령되고, 나폴레옹은 제위에서 쫓겨나 엘바(Elba) 섬에 유배되었다. 그러나 전승국의 외교관들이 전후 문제의 처리를 놓고 다투고 있는 사이에 나폴레옹은 이듬해 3월 유배지를 탈출하여 다시 군대를 일으켰지만, 6월 중순 워털루(Waterloo)에서 참패함으로써 그의 재기는 백일천하로 끝나고 말았다. 웰링턴 공이 이 마지막 전투에서 대승을 거둠으로써 영국은 전후 체제 수립에서 외교적 입지가 훨씬 더 튼튼해졌다.

영국의 해외 팽창

나폴레옹 전쟁의 시기는 영국 정부가 해외 팽창 정책을 적극적으로 추진하고 또 그것을 실현할 수단을 가지고 있던 유일한 시기였다. 그러나 그것은 식민화 정책이 아니었다. 왜냐하면 전쟁 자체가 해외 이민을 막았기 때문이다. 따라서 해상 제국의 기본 틀이 될 해군기지와 상업 기지를 확보하기 위해 해군력을 사용하는 정책이 우선하기 마련이었다. 그리하여 영국은 전쟁 동안 유리한 기회가 닿을 때마다 적극적인 해외 공략을 감행했는데, 그 주된 성과들은 1815년의 빈(Wien) 협약에서 확인되었다.

그 가운데 영국이 유럽에서 얻은 것은 엘베(Elbe) 강과 베저(Weser) 강 하구에 면한 헬리골란트(Heligoland)와 그리스 해안의 이오니어 군도(Ionian Islands), 그리고 지중해의 몰타(Malta) 섬이었다. 특히 몰타는 20세기에 이르기까지 귀중한 요충지로 남아있었다. 그러나 전쟁 기간을 통해서 영국이 더욱 큰 소득을 거둔 것은 인도와 남아시아 등 비유럽 지역에서였다. 웰링턴 공의 형인 인도 총독 리처드 웰즐리와 영국 정부의 일부 각료들은 인도를 대프랑스 전쟁의 외곽 무대로 생각하고 이제까지의 신중한 정책에서 벗어나 프랑스의 개입을 차단하는 데 주력한 결과 1805년까지 남부 인도에서 프랑스의 영향력을 완전히 몰아냈다. 동인도회사는 인도의 서부와 중부 내륙 일대를 제외한 거의 전역을 장악했으며, 델리(Delhi)에 있는 무굴(Mughul)제국의 황제는 동인도회사의 보호를 받아들였다. 이리하여 19세기 초의 동인도회사는 인도 전역을 지배하는 최고의 권력이 되었다. 그러나 1813년에 동인도회사의 특허장의 갱신으로 이후의 인도 경영 방침에 변화가 일어났다. 즉, 산업혁명이 진척되어 경쟁력이 강화된 랭커셔 지방의 면직물 제조업자들과 그 밖의 다른 수출업자들의 반대로 동인도회사의 인도 무역 독점권이 박탈되고, 그 거대한 시장이 영국의 산업자본가들에게 개방되었다. 한편 그와 동시에 인도는 영국 교회의 주교구로 편입되어, 1814년 토머스 F. 미들턴(Middleton)이 주교로 파견되었는데, 그는 강제적인 개종보다 선교사와 교사들의 교육에 치중하여 점진적이고 자발적인 개종이 뒤따르도록 했다.

전쟁은 또한 인도를 발판으로 하여 남아시아와 동남아시아에 대한 광범한 정복의 길을 열어주었다. 영국은 1810년에 인도양 교역의 거점 모리셔스(Mauritius) 섬을 프랑스로부터 탈취했다. 그러나 주된 전리품은 네덜란드를 희생으로 한 것이었다. 네덜란드와의 옛날의 대립관계는 한 세기 이상이나 잠잠했는데, 이제 영국은 다시 이곳에 눈을 돌리기 시작했으며, 때마침 프랑스가 네덜란드를 점령하자 모든 네덜란드 소유지가 영국의 합법적 전리품이 되었다. 실론(Ceylon)이 항구적인 영국령이 되었고, 네덜란드 동인도 상인들의 기항지인 희망봉(Cape of Good Hope) 또한 영국의 수중에 들어가 이곳에서 차츰 광대한 케이프 식민지가 성장했다. 적도에서 가장 비옥한 자바(Java)와 주석이 풍부한 작은 섬들도 수년 동안 점거했으나, 이 섬들은 전쟁이 끝난 뒤 영국이 장차 프랑스의 침략을 견제하기 위한 방파제로 네덜란드와 벨기에를 통합한 새로운 국가를 수립했을 때 네덜란드에 되돌려졌다. 그 대신 영국은 사람이 살지 않은 섬인 싱가포르(Singapore)를 차지했는데, 이 섬은 이후에 캘커타(콜카타)와 홍콩(香港) 사이의 최대 무역도시가 되었다.

전후의 재정 문제

전쟁 기간 동안 영국의 의회정치에서 중대한 사건으로는 피트의 사임이 거의 유일한 것이었다. 1811년에서 조지 3세가 사망한 1820년까지는 왕의 질환으로 왕세자 조지가 섭정을 맡았으며, 그 후 1827년까지는 그가 조지 4세로 왕위에 올라 있었다. 그는 쾌락을 좇는 난봉꾼으로, 미술에 대해서 약간의 소양을 지니고 있었지만, 헌정에는 아무런 자취를 남기지 않았다. 피트의 사후 연이어 들어선 네 내각[11] 역시 오직 전쟁 수행에만 정신이 팔려 정치적·사회적 개혁을 시도할 여력이 없었다. 전쟁이 다른 모든 활동을 제약했다. 사회적 불만은 억압되고 개혁운동은 숨을 죽였다. 쟁점이 된 것은 주로 재정 문제와 같은 부수적 문제였다. 이번 전쟁은 유례없이 엄청난 지출을 요구했으며, 특히 나폴레옹 전쟁 기간에 영국은 미국 독립 전쟁 때보다 연간 세 배 이상의 돈을 쏟아 부었다. 게다가 이전의 전쟁에서는 주로 국채에 의존해 왔던 데 비해, 이번에는 재정을 주로 세금 부과로 충당했으며, 그러기 위해서는 획기적인 과세 정책이 필요했다. 1799년 피트는 최초로 소득세를 도입함으로써 과세 제도에 새로운 시대를 열었다. 전쟁이 끝날 무렵 소득세는 전체 세입의 5분의 1을 넘어섰으나, 그것은 사생활의 침해로 여겨졌고, 오직 가공할 비상사태에만 정당화될 수 있었기 때문에 곧 폐지되었다. 영국은 전쟁 동안 그 엄청난 재정을 그럭저럭 꾸려나갈 수 있었는데, 일반적으로 그것은 경제 발전의 덕택이라고 생각되었다. 산업혁명이 착실히 진행되어 수출이 증가하고 국민경제의 규모가 비약적으로 확대되었던 것이다.

3. 복음주의, 낭만주의, 합리주의

복음주의 운동

웨슬리가 불러일으킨 복음주의 운동은 새로운 감리교파를 창설했을 뿐만 아니라 18세기 말에 이르면 많은 비국교 교파들을 각성시켜 거대한 종교 부흥 운동의 물결을 일으켰으며, 조합교회와 침례(Baptist)교회가 오랜 무력증에서 벗어나 종교적 활력을 되찾기 시작했다. 종교적 형식주의에 함몰되어 온 퀘이커파와 유니테리언(Unitarian)들[12]도 세기를 넘어서면서 이 복음주의의 활력을 나누어가졌다. 1790

---

11) 윌리엄 윈덤 그렌빌(Wyndham Grenville) 경(1806~1807), 포틀랜드(Portland) 공 윌리엄 캐븐디쉬-벤팅크(Cavendish-Bentinck, 1807~1809), 스펜서 퍼시벌(Perceval, 1809~1812), 리버풀(Liverpool) 백 로버트 뱅크스 젱킨슨(Banks Jenkinson, 1812~1827) 등 네 내각이 이어졌다.

년 이후 이 모든 교회들이 성장하여, 1850년 무렵이 되면 잉글랜드의 종교 인구는 국교회와 비국교회 사이에 거의 비슷하게 나뉘었다. 특히 조합교회와 침례교의 성장이 괄목할 만한 것이었던 데 비해 감리교는 수적으로 조합교회나 침례교와 어깨를 겨루었지만 부와 영향력에서는 그에 미치지 못했다.

조합교회와 침례교는 1815년 이후 자유로운 교회들을 이끌어가면서 많은 산업 도시를 지배했다. 퀘이커교도들도 제철업에서 은행업과 철도업에 이르기까지 광범한 분야의 기업을 가지고 있었다. 자유주의적 성향의 유니테리언교도들은 종종 과학 및 교육의 측면에서 지방 계몽운동을 정력적으로 이끌어갔다. 정치적으로 토리였고 국교도에 대한 존경심을 지녔던 감리교 지도자들 이외의 다른 비국교파 지도자들은 대체로 휘그파였고, 기성 체제를 부정하는 오랜 전통을 지니고 있었다. 부와 자신감이 늘어간 이들은 정치적·종교적 자유를 위한 투쟁을 이끌어갔다. 비국교도들은 휘그파 및 급진주의자(radical)들과 제휴하여 1828년에 심사법을 폐기했고, 그래서 합법적으로 의회 의석을 차지하거나 고위 공직을 맡을 수 있게 되었다. 비국교파 교회는 1838년 유아에게 세례명을 부여할 권리와 결혼식과 장례식을 집전할 권리를 얻었다. 그래서 유대인들에 대한 법률적 차별이 철폐되는 1856년에 이르면 종교적 자유와 평등은 모든 영국인의 생득권이 되었으며, 옥스퍼드와 케임브리지의 대학에서도 종교적 차별이 없어졌다.

복음주의 운동은 비국교회의 울타리 안에만 머물지는 않았다. 지난날의 지배 계층은 국교회의 느슨한 교리와 음주, 도박, 닭싸움이나 소놀리기 등에 대해 별다른 거리낌 없이 관대하게 대해왔다. 그러나 1790년경에 이르면 복음주의적 신앙과 도덕적 양심이 그와 같은 무관심과 세속주의를 비열한 부도덕으로 보이게 했다. 윌버퍼스가 자신의 의원의 지위와 조직적 재능 등을 복음주의적 신앙에 바치기로 결심하고, 런던 근교에서 부유한 복음주의적 이웃들과 함께 영국인의 생활 개혁을 위한 협회를 계획하는 한편, 노예무역의 폐지를 주장하면서 경건한 신앙생활을 이끌어간 것이 이 무렵이었다.[13] 한편 해너 모어(Hannah More)는 주일학교와 성서 그

---

12) 이는 합리주의의 영향을 받아 장로교에서 발전해 나왔는데, 그들은 그리스도를 신의 말을 전하는 사자로 보고, 그 신성을 부인한다.

룹 등을 설립하여 소외된 가난한 사람들에게 참된 복음을 전해주고자 했다. 그녀는 그리스도에 대한 믿음과 엄격한 자기부정의 도덕, 사회적 복종 등을 설교하는 여러 팸플릿들을 썼는데, 경험에서 우러난 글을 담은 이 책자들은 엄청나게 팔려나갔다. 이들 상류 계층 국교도들의 전향은 비국교도들의 그것과 마찬가지로 국교회의 냉담성에 대한 불만과 상류 계층의 세속성에 대한 혐오를 반영하는 것이었다.

복음주의 운동은 프랑스 혁명과 국내 급진주의의 등장 이후 더욱 빠르게 퍼져나갔다. 복음주의는 좀더 의로운 상류 계층과 좀더 순종적인 하류 계층을 통해서 혁명을 예방하려던 사람들에게 호소했다. 실제적이며 도덕적인 복음주의는 큰 호소력을 지니고 있었다. 복음주의자들은 수많은 협회를 결성하여 성서와 팸플릿의 보급, 매춘부의 구제, 금주의 촉진, 감옥의 개량, 각종 학교의 설립 등을 추진했다. 그들의 견고한 도덕성은 종종 박애운동의 형태로 분출되었으며, 19세기에 들어와 박애운동은 하나의 열광적인 유행이 되었다. 복음주의는 이렇게 곳곳에 유형무형의 힘을 미쳤다. 그것은 교구를 변혁하고, 도덕을 개혁하고, 가난한 이들을 위로하고, 수많은 사람들의 가슴에 신앙의 불을 지폈다. 그러나 바로 그렇기 때문에 그것은 또한 강력한 반동을 야기할 수도 있었다. 옥스퍼드 운동(Oxford Movement)이 바로 그런 반동의 하나였다.

옥스퍼드 대학의 연구원이었던 웨슬리가 복음주의 운동을 시작한 지 한 세기 뒤인 1833년에 역시 옥스퍼드의 연구원으로서 독실한 국교도였던 존 키블(Keble)은 한 설교에서 영국 교회가 위기에 처해있다고 주장했다. 그는 지난해에 제정된 개혁법(Reform Act)이 토리와 국교회의 수중에서 권력을 빼앗아 휘그와 비국교도의 수중에 넘기게 될 것이라고 걱정했다. 그의 설교는 즉각적인 반응을 불러일으켰고, 또한 그것은 국교회의 권위를 회복하기 위한 개혁운동의 시작을 알리는 것이었다. 에드워드 퓨지(Pusey)와 존 헨리 뉴먼(Newman)을 비롯한 많은 옥스퍼드인들이 키블의 외침에 호응하고 나섰다. 교회의 전통과 권위의 중요성을 강조하고, 각종 성사와 종교의식을 재강조한 이들은 설교와 팸플릿 저술 등을 통해 자신들의 사상을

---

13) 577쪽 참조.

전국에 전파했다.

이들의 주장은 곧 격렬한 논쟁을 불러일으켰다. 특히 고교회파 성직자들이 흰색 가운과 초와 향 등을 성찬식에서 사용하는 것에 대해 비판자들은 이를 우상숭배라거나 로마 교회적이라고 비난했다. 많은 사람들에게 그것은 곧 로마 가톨릭교회로 돌아가려는 것으로 비쳐졌다. 먼저 대학이, 그 다음에 전 잉글랜드가 종교적 논쟁으로 갈라졌다. 논쟁은 1841년 뉴먼이 국교회의 39개조 어느 것도 가톨릭 교리와 직접적으로 상충하는 것은 없다고 주장했을 때 절정에 달했다. 뉴먼은 결국 1845년 로마 가톨릭교로 개종했으며, 그의 추종자 몇몇도 로마 교회로 돌아섰지만, 퓨지와 키블을 포함한 대부분의 옥스퍼드인들은 국교회에 남았다. 옥스퍼드 운동은 강력한 고교회의 부흥을 가져왔으며, 이것은 19세기 잉글랜드의 정신적 삶을 되살아나게 하는 데 큰 구실을 했다. 이와 같은 고교회의 부흥은 러그비(Rugby) 학교의 개혁가 교장이었던 토머스 아널드(Arnold)와 같은 자유주의적 광교회(Broad Church)파 국교도들이 비국교도와 국교도를 하나의 포괄적인 교회, 즉 모두에게 공통되는 그리스도교적 도덕에 기초를 둔 교회 안에 통합하려는 꿈을 무위로 만들었다.

낭만주의 문학과 예술

한편 문학과 예술 분야에서는 낭만주의 사조가 풍미했다. 20대의 젊은 시인 워즈워스와 새뮤얼 T. 코울리지(Coleridge), 그리고 로버트 사우디(Southey)는 1798년에 『서정적 민요집(Lyrical Ballads)』을 펴냄으로써 영국의 낭만주의 운동을 출발시켰다. 이 시들의 격렬한 감정과 급한 리듬, 그리고 별스러운 이미지는 많은 사람을 격분시키고, 소수 젊은이들을 즐겁게 하고, 모두를 놀라게 했다. 이 시들 속에는 18세기 말에 신고전적 합리주의에 의해 억제되어 왔던 낭만주의가 폭풍과 같은 힘으로 터져 나왔다. 제임스 와이어트(Wyatt)와 조지프 말러드 윌리엄 터너(J. Mallod W. Turner) 역시 세기 전환기의 낭만주의자였다. 와이어트의 폰트힐 수도원(Fonthill Abbey)은 1796에서 1807년 사이에 축조되었는데, 이 건물은 고전주의에 대한 낭만주의자의 반란을 반영했다. 이 시기에 터너는 거친 바다나 사나운 산사태의 생생한 묘사에서 1820년대의 현란한 화폭으로 옮겨가고 있었다. 그런 화폭 안에서 그는 소용돌

윌리엄 블레이크의 판화
<애덤을 창조하는 하느님>

|왼쪽| 바이런 경, 조지 고든 |가운데| 써 월터 스코트 |오른쪽| 토머스 아널드

|왼쪽| 윌리엄 워즈워스 |가운데| 새뮤얼 T. 코울리지 |오른쪽| 존 키츠

이치는 노랑, 주황, 빨강, 초록, 검정으로 평범하고 일상적인 풍경을 우주적 힘의 영웅적 투쟁으로 바꾸어놓았다.

낭만주의 운동의 선구자로서 시인이자 화가였던 윌리엄 블레이크(Blake)는 자신의 판화를 곁들인 시집을 직접 인쇄했다. 그는 자신의 신비체험을 난해한 상징으로 표현하는 한편, 사회악을 비판하고 사회적 양심을 불러일으키는 시를 쓰기도 했다. 월터 스코트는 중세를 배경으로 용감한 기사, 격렬한 전투, 정열적 사랑 등에 관한 이야기를 써서 큰 인기를 누렸다. 역사소설의 탄생을 가져온 그의 작품은 과거에 대한 낭만주의의 깊은 관심을 반영했는데, 그의 작품 속에서 중세는 어둡고 거친 시대에서 낭만이 넘치는 시대로 탈바꿈했다. 낭만주의자들은 튜더 시대 이래 유례없는 문학상의 르네상스를 낳았다. 여기에는 바이런(Byron) 경 조지 고든(Gordon)과 퍼시 B. 셸리(Percy B. Shelley), 그리고 존 키츠(Keats), 세 시인이 결정적인 공헌을 했다. 이들은 열렬한 이상주의와 새로운 이미지로 문학 혁명을 선동했을 뿐만 아니라, 그 시대의 정치적·사회적 태도에도 영향을 주었다. 나폴레옹 전쟁 기간에 성장한 이 세 시인은 모두 젊은 나이에 짧은 생을 비극적으로 끝마쳤다. 특히 당대 최고의 시인으로 칭송되던 바이런은 비극적 사랑을 하고, 그리스의 자유를 위해 싸우다가 낭만파 시인에 걸맞은 영웅적 죽음을 맞았다.[14]

모든 낭만파들은 평범한 세속인과 일상적 언어에 관심을 가지고, 중세를 사랑했으며, 자연을 예찬했다. 그리고 그들이 무엇보다 존중했던 것은 강렬한 상상력과 고양된 감정, 그리고 개성이었다. 물론 앞 시대의 시와 미술도 이런 특질들을 가지고 있었지만 그것들은 항상 제어되고, 언제나 올바른 감식력과 이성의 명령에 종속되어 있었다. 낭만주의는 그런 제약을 철저히 거부했다. 낭만파들은 합리적인 것, 조화로운 것, 규범적인 것을 내치고 대조·갈등·위험·반항 등을 좇았다. 그들은 상상과 감정이 참된 것과 아름다운 것을 발견하게 해준다고 믿었고, 현실 세계의 독특하고 특이한 것을 사랑했다. 이런 낭만주의는 19세기 초 영국의 전망에 극적인 영향을 미쳤으며, 그 영향은 아마도 복음주의적 부흥운동에 버금가는 것이었다.

---

14) 키츠는 1821년 26세의 나이에 폐결핵으로 사망하고, 셸리는 1822년 29세 때 지중해에서 익사하고, 바이런은 1824년 36세의 나이에 그리스의 독립 전쟁에 참전 중 열병으로 사망했다.

뉴 라나크: 1800년에서 1829년까지 로버트 오우언이 세운 모범적 면 공장

낭만주의와 복음주의의 두 운동은 모두 침체의 늪에 빠진 18세기의 정통에 대한 반발이었다.

합리주의 사상

그럼에도 불구하고 이 시기의 영국인들을 지배했던 것은 여전히 합리주의 정신 이었다. 합리주의는 좁게 정의하면, 진리를 찾는 데 경험적 관찰보다 선험적 이성 을 더 선호하는 것을 의미한다. 그러나 좀더 넓게 정의하면 진리는 결코 계시나 신비주의 혹은 권위에서 나오는 것이 아니라, 이성과 관찰의 양자에서 나온다는 믿음을 가리킨다. 18세기 말 영국에서 그것은 또한 만일 인간이 바르게 교육받고 사회가 현명하게 계획된다면, 인간은 이성적이고 사회는 합리적이라는 믿음을 의 미했다. 로크의 철학에 뿌리를 둔 이 합리주의는 특히 상류 계층의 사람들 사이에 서 유행했다.

1791년과 1793년에 이성을 통한 사회 진보의 믿음은 페인의 『인간의 권리』와 윌리엄 고드윈(Godwin)의 『정치적 정의(*Political Justice*)』(1793)에서 정치적 힘으로 분 출되었다. 이 저술들이 지니고 있는 인간의 완전성에 대한 낙관주의는 1813년에 로버트 오우언(Owen)의 『새로운 사회관(*A New View of Society*)』으로 계승되었다. 페인과 고드윈의 저술은 모두 버크에 대한 반론이었다. 버크는 기존의 제도들이 복잡한 사회에 사는 불완전한 인간의 현명하고 실제적인 적응을 반영하는 것이기 때문에 좋은 것이라고 주장했으며, 혁명가들을 교조적이라고 비난하고, 프랑스의 군주정과 귀족제를 현명하다고 옹호했다. 버크의 이런 주장은 페인과 고드윈을 격분시켰다. 페인은 군주와 귀족의 모든 특권과 압제를 철폐하고 모든 사람들에게 그들의 자연권을 회복시켜 줄 민주공화국을 창설할 것을 주장했다. 고드윈은 아예 정부와 사유재산 자체를 모두 철폐하라고 주장했는데, 이런 고드윈의 사상의 일부는 오우언에게 전해졌다.

로버트 오우언

오우언은 독학으로 자수성가한 인물이었다. 무일푼의 상점 보조원으로 시작하여 영국 최대의 면 공장인 뉴 라나크(New Lanark)의 공동소유주가 된 그는 당시로서는 파격적으로 노동조건을 개선하고 각종 복지후생시설을 갖추는 등, 인도주의에 입각한 이상적 공장 경영을 시도했다. 끊임없는 저술과 강연, 그리고 공동체 실험 등을 통해 오우언은 두 가지 기본 사상을 설파했다. 그것은 환경이 성격을 결정한다는 것과 자본주의와 사유재산은 죄악이라는 것이었다. 첫째 사상에서 모든 사람은 교육을 통해 유덕해질 수 있다는 낙관적 희망이, 그리고 둘째 사상에서는 모든 재산이 공동으로 보유되는 소규모의 협동적 공동체에 대한 열정이 우러나왔다. 그의 이상주의와 형제애에 대한 호소는 수많은 사람들을 감동시켜 많은 과학회관과 협동상점, 그리고 모델 공동체들을 설립케 했다. 그러나 그의 사상은 한편으로는 혼란스럽고 피상적이며 지나치게 낙관적이었다.

합리주의의 화신이라고 할 벤섬은 사회의 기초를 공리의 원리에서 찾았다. 그는 최대 다수에게 최대 행복을 가져다주는 것이 선이라고 주장했으며, 그의 이런 생각은 공리주의 사상을 낳았다. 그는 자신의 원리를 사회제도에 적용했을 때, 그것은 버크가 옹호했듯이 과거의 지혜를 구현한 것이기보다는 대체로 무지와 이기심과 비합리성을 반영하고 있다는 사실을 발견했다. 이런 악폐들을 제거하기 위해

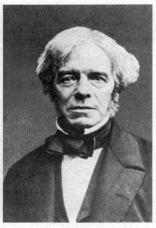

|왼쪽| 제러미 벤섬
|오른쪽| 마이클 패러디

벤섬은 법률의 개정, 감옥의 개선, 교육의 개편, 지방 및 중앙 행정의 정비, 자유주의 경제의 수립 등을 위한 각종 구상을 제시했으며, 무엇보다 의회 개혁의 필요성을 역설했다. 그의 이런 주장은 많은 사람의 공감을 끌어냈고, 제임스 밀(Mill)을 비롯한 많은 제자에게 영향을 끼쳤다. 그리고 이들 주위에 일단의 젊은 지식인들이 모여들어 소위 철학적 급진파를 형성했는데, 이들은 합리주의 정신과 공리주의 원리를 사회 개혁에 적용하려 했다. 다른 어떠한 학설도 공리주의만큼 19세기의 각종 개혁에 영향을 미친 것은 없었지만, 독실한 종교인이나 낭만주의적 신념을 가진 사람들에게 이들의 생각은 기계적이고 유물론적으로 보였다.

합리주의는 또한 다른 자연과학의 영역에서도 확실한 승리를 거두었다. 헨리 캐븐디쉬(Cavendish)는 물이 산소와 수소의 화합물임을 발견했다. 비국교파 목사로서 철학과 역사와 신학 등 다방면에 걸쳐 해박한 지식을 가지고 있던 조지프 프리스틀리(Priestley)는 특히 여러 과학 분야에서 뛰어난 업적을 남겼다. 그는 1772년 소다수를 발명하고, 뒤이어 기체를 물이나 수은 위에서 포집하는 장치를 고안했으며, 암모니아를 비롯한 여러 가지 화학물질을 발견하고, 물리학에서는 역제곱의 법칙을 발견했다. 그 후 19세기 초에 화학자 존 돌턴(Dalton)은 혼합기체의 전체압력은 각 성분기체의 부분압력의 합과 같다는 이른바 돌턴의 법칙을 발견했고, 또한 원자설을 제창하여 오늘날의 원자론의 근간을 제공했다. 한 세대쯤 뒤에는 써 험프리 데이비(Davy)와 그의 조수 마이클 패러디(Faraday)가 화학과 물리학에서의 여러 발견으로 유럽의 과학계를 놀라게 했다. 데이비는 칼륨과 나트륨을 비롯한 많은 원소를 발견했고, 패러디는 1831년에 그의 가장 위대한 업적인 전자기유도의 법칙을, 그리고 2년 뒤에는 전기분해의 법칙을 발견했다. 이들을 비롯한 다른 많은 과학자들의 발견은 이미 확립된 과학의 명성을 한층 더 높였다. 이들의 새로운 발명과 발견은 다른 분야의 지적 발전과 마찬가지로 각종 강연과 값싼 출판물들을 통해 대중에게 널리 전파되었다.

학문 분야에서는 역사학이 극적인 발전을 보였다. 19세기 전반기에 원사료의 비판적 검토에 입각하여 영국의 과거를 발견하고 재구성하려는 노력이 엄청나게 기울여졌다. 그 결과 빅토리아 시대의 교양인들은 조지 왕들 시대와는 크게 다른 지적 세계에서 살게 되었다. 조지 시대 사람들은 단일의 자연법과 불변의 인간 본성을 믿었다. 그러나 빅토리아 시대 사람들은 사회제도이든 사상이든 민족이든 간에 모든 것은 역사의 흐름 속에서 서로 상당히 다른 단계를 거치면서 변화하고 발전한다고 보았다. 휘그 역사가들은 이런 발전 속에서 입헌 정부와 종교적 자유의 위대한 진보를 보고, 토리 역사가들은 버크처럼 과거의 검증된 지혜를 보았다. 초기 빅토리아 시대 사람들은 역사에 대해 특별한 존경과 애착을 지니고 있었다. 그리하여 18세기 말엽에서 19세기 전반기에 걸쳐 일어난 지적 변혁은 종교적으로는 진지하고, 문학과 예술에서는 낭만적이며, 과학에서는 합리주의적이고, 과거를 보는 안목에서는 역사적인 영국 국민을 낳았다.

4. 보수와 압제

카슬레이와 캐닝의 외교

나폴레옹 전쟁이 끝난 뒤 1854년까지는 유럽 열강들 사이에 전쟁이 없었다. 유럽의 국가 체제가 일찍이 누렸던 것 가운데 가장 긴 이 평화는 1815년에 이루어진 빈 체제의 자동적 결과만은 아니었다. 그것은 몇 차례 위기를 겪으면서도 열강들이 그들의 외교 방식이나 외교 기구를 개선했기 때문에 유지된 것이었다. 1818년부터 1822년까지 열강들은 거의 매년 회의를 열어 새로 회복된 세력균형을 위협하는 혁명적 풍조를 저지하는 방책들을 마련하는 데 합의했던 것이다. 정치가들마다, 그리고 나라마다 세력균형에 대한 해석이 서로 다르게 마련이었으며, 보수적이거나 반동적인 군주들의 야심은 이웃나라들에 의심을 일으켰다. 그럼에도 불구하고 19세기의 전반기 동안 '유럽의 화합(Concert of Europe)'은 유지되었는데, 그것은 열강들 상호 간의 회의나 전체회의들이 주요 국가 간의 의견 차이를 조정하여 한 방향으로 이끌어가는 유효한 기구로서의 구실을 해냈기 때문이다.

전쟁 말기부터 외무상을 맡은 카슬레이 경은 오스트리아의 클레멘스 폰 메테르니히(Klemens von Metternich)와 함께 전후 유럽의 체제를 수립하는 데 주도적인 역할을 수행했다. 빈 회의에서 영국은 국경이나 왕조에 관해 이론이 분분한 어떠한 문제에 대해서도 직접적 이해관계를 갖지 않았고, 그런 만큼 이런 문제에 대해 자유롭게 대처할 수 있었다. 러시아 황실과 더불어 영국 왕실은 왕위를 잃지 않은 유일한 왕가였고, 영국은 각료들이 의회에 책임을 지는 세계 유일의 입헌왕국이었다. 따라서 영국의 정책은 대륙의 전통적 보수주의 국가의 정책과 일치하지 않았다. 카슬레이는 대륙 여러 나라와 더불어 민족주의와 자유주의의 새로운 세력을 무시했지만, 그는 열강들의 협의체가 군소 국가들의 내부 문제를 간섭하는 행위의 위험성을 인식하고, 그것이 각국의 자유주의적 혁명을 탄압하는 기구로 기능하는 것을 반대했다.

대륙에서 떨어져 있는 섬나라인 영국은 전쟁이 끝나자마자 육군 병력을 평화 시에 맞는 적정수준으로 감축했다. 그러나 해군의 우위는 그대로 유지되어 다른 어떤 강국도 이에 도전할 수 없었다. 노예무역의 억제를 온 세계에 강요할 수 있었던 것이나, 식민정책을 계속 밀고 나갈 수 있었던 것도 제해권을 장악한 덕택이었다. 그러나 전쟁 기간에 수행된 것과 같은 활발한 팽창정책은 더 이상 없었고, 잘 운영할 수 있을 만큼의 영토만을 새로 획득했다. 다만 지역적 장애를 제거하는 데 필요하다면 무력을 사용하는 것도 망설이지 않아, 1840년대에 이르기까지 아시아와 아프리카에서는 전쟁과 영토 합병이 있었다.

|왼쪽| 카슬레이 경, 로버트 스튜어트
|오른쪽| 조지 캐닝

　유럽이 새로운 국제 관계를 수립하지 못하고 반동과 혁명의 두 세력으로 갈라지는 것을 우려한 카슬레이가 1822년 자살로 세상을 떠나자, 이 두 세력 사이를 중재하는 일이 조지 캐닝(Canning)에게 맡겨졌다. 미움도 많이 받고 사랑도 많이 받은, 자유주의적 토리당원 캐닝은 외무상으로 재임한 5년 동안 많은 어려운 문제에 부딪혔다. 그는 외무상에 취임하자마자 직면한 에스파냐 문제에서 외교적 패배를 맛보았다. 1823년 마드리드에서 군대가 반동적인 국왕에게 반란을 일으켰을 때, 그는 프랑스가 자신의 경고를 무시하고 개입하여 혁명파를 진압하는 것을 두고 볼수밖에 없었다. 그러나 그는 남아메리카에서 에스파냐의 식민지들이 독립을 선언했을 때는 명예를 회복할 수 있었다. 그가 파견을 결정한 영국 함대의 위력이 이들의 독립에 기여할 수 있었기 때문이다. 1826년 포르투갈에 내란이 일어나고 에스파냐가 개입하여 입헌 정부를 전복하려 하자 캐닝은 군대를 파견하여 포르투갈의 입헌 정부를 지켰으며, 이것으로 그는 하원에서 열렬한 갈채를 받았다.

　캐닝이 직면했던 가장 곤란한 문제는 그리스 혁명이었다. 그리스인이 1821년 오토만(Ottoman)제국의 지배에 항거하여 봉기하자 술탄은 무자비한 학살로 반란을 분쇄하려 했다. 전통적으로 오토만제국과 적대 관계에 있던 러시아가 영국에 공동 보조를 취할 것을 요청했을 때, 캐닝은 이를 거부했다. 지중해를 거쳐 인도로 가는 통로를 위협하는 어떤 움직임에 대해서도 민감했던 영국은 오랫동안 오토만제국을

─ 그것이 아무리 부패하고 전제적이라 하더라도 ─ 동부 지중해로 진출하려는 러시아의 의도에 대한 중요한 방벽으로 생각해 온 것이다. 그러나 낭만주의 시인 바이런이 의용병으로 참전하여 그리스인의 대의를 전 유럽에 호소한 것을 계기로, 캐닝은 러시아와 프랑스를 끌어들여 그리스의 독립을 적극 지원하고 나섰다. 1827년 영 해군은 프랑스 및 러시아와 협력하여 오토만제국의 함대를 괴멸시키고 그리스의 독립을 사실상 확고하게 보장했다.

그리스의 독립을 적극적으로 지원해 준 것으로부터 시작하여 그 후 수십 년 동안 영국이 유럽 여러 나라의 사태에 개입하여 자유주의 운동과 민족주의 운동을 적극적으로 지원한 데는 영국의 영토적 안전과 상업적 이해관계만이 아니라 대중의 고조된 열정 또한 중요한 요인으로 작용했다. 민주주의가 가까이 다가오는 시대에 캐닝은 외교정책 역시 이러한 변화를 외면할 수 없다는 점을 일찍이 감지하고 있었으며, 그의 뒤를 이은 휘그파인 파머스턴(Palmerston) 경 헨리 존 템플(Temple)은 이 점을 더욱 분명히 깨닫고 있었다.

파머스턴의 외교정책

1830년 가톨릭교적 벨기에가 개신교적 네덜란드의 오렌지 가문의 지배에 반항하여 반란을 일으켰다. 벨기에와 네덜란드는 영국과 프랑스 간의 완충지로서 카슬레이의 주도 아래 하나로 통합되었는데, 벨기에의 반란으로 그런 구도가 깨어지게 되었다. 게다가 프랑스는 이 틈을 타 다시 이 지역을 지배하기 위한 전쟁의 위협을 가했다. 이러한 심각한 사태에 직면한 새 외무상 파머스턴은 민족주의 세력을 옹호하여 벨기에의 독립을 주장했으며, 빈 체제의 변화를 반대한 열강들은 네덜란드에 동조했다. 파머스턴은 한편으로 전쟁도 불사한다는 확고한 태도를 견지하면서도, 협상에서 인내와 유연성으로 자신의 의지를 관철시켜, 1831년 벨기에는 마침내 독립 왕국이 되었다. 뒤이어 1833년에 그는 포르투갈과 에스파냐에 개입하여 절대주의 세력의 위협으로부터 입헌 정부를 지켜내고 그 터전을 튼튼하게 다졌다. 이와 같이 두 나라에서 입헌 정부가 승리함으로써 파머스턴은 자유주의자들과 급진주의자들에게서 두루 인기를 얻었다.

영국 헌정 체제에 대해 자부심을 가지고 있던 파머스턴은 전제군주에 대항하는 자유주의 운동이나 민족주의 운동을 지지하고 지원했다. 그러나 그는 또한 애국적 영국인으로서 영국의 국익과 위신을 지키는 일을 조금도 소홀히 하지 않았다. 1830년대 말 오토만제국이 이집트와 투르크 두 쪽으로 갈라져서, 이집트가 반쯤 프랑스의 영향 아래 떨어지고 투르크가 러시아의 희생물이 될 위기에 처하자, 이것이 영국의 무역에 타격이 될 것이라고 판단한 파머스턴은 이를 막기 위해 투르크, 러시아, 오스트리아 등과 동맹을 맺고 함대를 파견하여 이집트를 제압하고 오토만제국의 붕괴를 막았다. 이것은 파머스턴의 대단한 외교적 승리였다. 그러나 한편으로 그것은 부패하고 압제적인 오토만제국을 방어하는 일에 영국을 더욱 단단하게 결부시켜 놓았는데, 여기에

파머스턴 경, 헨리 존 템플

서 그가 항상 염두에 둔 것은 영국의 국익을 지키고 무역을 보호하는 일이었다. 1840년의 아편전쟁에서도 역시 무역이 최우선의 관심사였다. 이 분규에서 그가 파견한 영국 함대는 29척의 중국 함선을 격침시킨 후, 중국에 많은 양의 인도산 아편을 구입하도록 강제하는 무역협정을 체결했다. 파머스턴은 이런 적극적 개입 정책과 그 성공으로 쇼비니즘적 의회와 언론의 갈채를 받았는데, 사실 그는 악명 높은 돈 파시피코(Don Facifico) 사건에서와 같이 경우에 따라서는 극단적 쇼비니즘 정책도 서슴지 않았다.[15] 1830년 이후 한 세대가 넘도록 영국의 외교는 파머스턴의 영향 아래 있었다. 그는 1830년부터 1841년까지, 그리고 1846년부터 1852년까지 외무상직을 맡으면서 외교정책을 주도했고, 그 다음 1855년부터 1865년까지는 수상으로서 외교정책에 영향을 미쳤다.[16]

---

15) 포르투갈의 대금업자 돈 파시피코는 지브롤터 태생임을 근거로 영국인임을 자처했다. 아테네에 있는 그의 집이 폭도들에 의해서 방화되자, 그는 엄청난 액수의 보상을 그리스 정부에 요구하고서, 파머스턴에게 도움을 요청했다. 이에 파머스턴은 군함을 파견하여 그리스 해안을 봉쇄했는데, 이것은 프랑스와의 분쟁을 야기했고, 의회에서 반대파의 공격을 받았다. 파머스턴은 이에 대한 반박 연설을 다음과 같은 말로 끝맺었다. "옛날 로마인들이 '나는 로마 시민이다(Civis Romanus sum)'라고 말함으로써 모욕에서 벗어났듯이 영국인은 어느 나라에 있건 영국의 감시의 눈과 강한 무력이 불의와 불법으로부터 그를 보호하리라는 것을 확신하게 될 것이다."

국내 정치와 사회적 긴장

전후 영국 정부는 대외 문제에 적극적으로 개입하며 국제 관계를 주도해 나갔지만, 일반 국민에게는 국내 문제가 더욱 절박했다. 전쟁이 끝난 뒤 처음 몇 년 동안은 참으로 어둡고 어려운 시기였으며, 국내에는 긴급히 해결해야 할 문제들이 산적해 있었다. 오랜 전쟁으로 정부는 8억 6,000만 파운드에 달하는 엄청난 부채에 허덕이고 있었다. 게다가 종전과 더불어 전시 특수가 사라지고 치솟았던 물가가 떨어지면서 전반적인 불황이 닥쳐왔다. 공장은 문을 닫고, 노동자들은 일자리에서 쫓겨났다. 농업 분야도 마찬가지였다. 곡가의 하락과 연속적인 흉작으로 비싼 토지 임대료를 계약했던 차지농들이 파산하고, 수많은 농업 노동자들이 생계를 위해 구빈법에 매달렸다. 설상가상으로 30만 명에 달하는 제대 군인과 수병은 실업의 고통을 더욱 가중시켰다.

이런 상황에서 의회는 1815년에 지주와 차지농의 요구에 따라 곡물법(Corn Law)을 제정했다. 이 법은 국내 밀 값이 1쿼터(약 288리터)당 80실링이 될 때까지는 밀의 수입을 금지하여 지주들의 이익을 보장해 준 반면, 일반 노동 대중에게는 비싼 식품을 강요했다. 뒤이어 1816년에는 전시 조치로 도입된 소득세가 폐지되고, 대신 그 부담은 일반 생활 용품에 대한 간접세로 전가되었다. 간접세의 대폭적인 인상은 곧 가난한 사람의 호주머니를 털어 부자들이 소유하고 있는 채권의 이자를 물어준다는 것을 의미했다. 승리를 위해 희생을 감수했던 국민들은 이제 억눌러왔던 불만을 터뜨리기 시작했는데, 그것은 주로 정치 개혁을 요구하는 소리로 나타났다. 전시라는 비상 상황 속에서 질식했던 급진주의 운동이 광범위한 규모로 부활했던 것이다.

1816년에 동부 여러 주에서는 농업 노동자들이 폭동을 일으키고, 공업지대에서는 광부와 공장노동자들의 격렬한 시위가 잇따랐다. 그해 연말경에는 런던 근교 스파 필즈(Spa Fields)에서 대규모 군중 폭동이 일어나고, 이듬해 3월에는 노숙을 위해 각자 담요를 지참한 수백 명의 실직 노동자들인 이른바 '블랭키티어들(Blanketeers)'

---

16) 641~642쪽 참조.

피털루: 그림 아래 해설문에는 "1819년 8월 16일 세인트 피터 광장 집회의 의장 헨리 헌트와 맨체스터와 체셔의 요우먼리 기병들과 야만적인 군인들에게 습격당한 맨체스터의 여성 개혁자들을 위하여"라는 내용이 쓰여있다.

이 국왕에게 탄원하러 맨체스터에서 런던을 향해 행진을 시작했으나 곧 군대에 의해 저지되고 체포되었다. 이와 같은 일련의 사태는 계급적 증오를 불러일으켰고, 지배계급은 다시 혁명의 공포를 느꼈다. 전후의 암울한 상황에서 일어난 이 같은 소요와 탄압은 1819년에 맨체스터에서 자행된 이른바 '피털루의 학살(Massacre of Peterloo)'에서 절정에 달했다. 이 비극은 맨체스터의 성 피터 광장(St. Peter's Fields)에서 '대웅변가(Orator)' 헨리 헌트(Hunt)의 연설을 듣기 위해 수만 명의 군중이 운집했을 때 일어났다. 이 집회를 지켜보던 치안판사는 지방의 아마추어 기병들로 구성된 의용농기병(義勇農騎兵, yeomanry)과 워털루에서 싸웠던 정규 기병대를 동원하여 집회를 강제해산하고 헌트를 체포하려 했다. 무장 기병대가 갑자기 운집한 군중 사이로 돌진하자 평화스러운 집회는 일순간에 아수라장으로 변했다. 11명이 사망하고 수백 명이 부상을 당하는 어이없는 참극이 벌어졌다. 민중에 대한 정부군의 이 승리는 워털루 승리에 빗대어 '피털루'라는 야유를 받았으며, '피털루'에 대한 기억은 두고두고 민중의 뇌리에 사무쳐 지워지지 않았다.

이와 같은 사회적 위기에 대해 정부는 강경한 탄압 조치로 대응했다. 정부는 1817년에 인신보호법을 정지시킨 데 이어, 피털루의 학살 이후에 이른바 '6개법(Six Acts)'을 제정했다. 이 법들은 대체로 집회 및 시위의 규제, 언론 및 출판의 통제, 그리고 이들 조치를 더욱 효율적으로 시행하기 위한 지방 당국의 권한 강화 등을 골자로 하는 것이었다. 그러나 이런 탄압 정책도 민중의 불만을 잠재우지는 못했다. 1820년에는 여러 급진주의 운동에 참여하여 투옥 경력도 가지고 있던 아서 시슬우드(Thistlewood)가 전 각료가 참석하는 만찬의 기회를 이용하여 각료들을 폭살할 계획을 꾸몄다. 정부의 끄나풀의 부추김에 넘어가 추진된 이 모의는 결국 모의자들이 케이토우(Cato) 거리의 어느 다락방에 숨어있다가 체포되어 처형됨으로써 어이없이 끝나버렸지만, 이것은 다시 한 번 계급 갈등을 드러내고 자극한 사건이었다.

전후의 영국에 휘몰아쳤던 소용돌이의 마지막을 장식한 것은 왕비 캐럴라인(Caroline) 사건이었다. 1810년 이래 눈먼 광인이었던 조지 3세가 1820년에 사망하고, 섭정인 왕세자가 조지 4세로 즉위했다. 그는 1795년 캐럴라인과 결혼하여 일 년도 못 되어 별거했는데, 그녀는 염문으로 언론에 오르내리다가 1814년에는 유럽으로 건너가 해외에서 온갖 추문을 뿌리고 다녔다. 조지 4세는 그 자신이 방탕으로 악명 높았지만, 이런 캐럴라인이 왕비가 되는 것은 참을 수 없었다. 그러나 캐럴라인은 자신의 권리를 주장하며 즉위식에 참석하기 위해 귀국했다. 정부는 그녀의 왕비 자격을 박탈하고 이혼 법안을 제출했으나 실패했다. 조지 4세는 격노했지만, 여론은 왕에게 등을 돌리고, 캐럴라인이 나타나는 곳마다 군중은 그녀를 환호했다.

권력보다는 쾌락을 탐했던 조지 4세는 국민의 존경을 받지 못했다. 그는 세련된 풍채에 당대 최고의 멋쟁이였다. 그는 웨스트민스터에서 살기보다는 남부 해안 도시 브라이튼의 호사스러운 별궁에서 정부와 노닥거리고, 예술을 논하고, 도박을 즐기면서 사는 것을 훨씬 더 좋아했다. 도덕적인 시대에 너무나 방탕하게 삶으로써, 그는 군주정의 쇠퇴를 더욱 촉진시키고 의회에만 책임을 지는 강력한 내각의 등장을 도왔다. 따라서 일반 국민들은 이처럼 부도덕한 국왕보다는 조금은 덜 부도덕하게 보인 왕비를 옹호하고 나섰던 것이다. 민심이 흉흉한 가운데 정부는 가까스로 왕비를 매수하여 영국을 떠나게 했고, 이듬해 그녀가 갑작스레 사망함으로써 위기는 저절로 해소되었다.

5. 자유주의적 개혁

자유주의적 토리 정부의 개혁

왕비 사건을 고비로 절정을 향해 치달았던 정치적·사회적 긴장은 점차 가라앉기 시작했다. 정치를 소용돌이치게 했던 경제적 불황의 시기는 마침내 끝나고 경제의 회복기가 시작되었으며, 혁명의 공포가 사라짐에 따라 자유주의 사상이 대두했다. 전쟁 말기에 집권하여 전후의 암울한 시기에 압제로 이름을 날린 리버풀 백 로버트 B. 젱킨슨(Jenkinson) 내각이 이제 극도로 보수적이고 권위주의적인 태도를 완화함으로써 새로운 환경에 대응하기 시작했다. 이와 같은 변화에 따라 일단의 소위 '자유주의적 토리파'가 정부를 주도하게 되었는데, 1822년 외무상이 된 캐닝은 남아메리카의 공화국들의 독립운동과 유럽의 자유주의적·입헌주의적 운동 등을 옹호함으로써 자유주의의 챔피언이라는 평판을 얻었다.[17] 상무부 총재(President of Board of Trade) 윌리엄 허스키슨(Huskisson)은 수입 원료품들에 대한 관세인하정책을 펴 무역 확대에 기여하고, 또한 시대에 뒤떨어진 항해법을 개정했으며, 1824년에는 결사금지법을 폐지하여 노동조합을 합법화했다. 써 로버트 필(Peel) 역시 내무부에서 많은 개혁을 추진했다. 그는 100여 종류의 사소한 범죄에 대해 사형 제도를 폐지하는 등 더욱 합리적이고 인도적인 방향으로 형법을 개정했으며, 감옥을 개선

---

17) 603~604쪽 참조.

리버풀 백, 로버트 B. 젱킨슨

써 로버트 필

하고, 치안 확립을 위해 최초의 근대적 경찰 제도인 수도경찰청 (Metropolitan Police Force)을 창설했다.[18]

1827년 리버풀 경이 병으로 수상직에서 물러나자 캐닝이 뒤를 이었으나 몇 달 만에 사망하는 바람에 다시 권력은 고드리치 (Goderich) 경 프레드리크 로빈슨(Robinson)에게 넘어갔는데, 그 또한 내각을 통합하지 못한 채 몇 달을 버티지 못하고 물러나야만 했다. 이듬해 1월 마침내 웰링턴 공이 불과 열 달 사이에 네 번째로 수상이 되었다. 그는 가톨릭교도의 해방과 의회의 개혁이라는 두 가지 큰 문제에 봉착했는데, 이것들은 오랫동안 정부를 괴롭혀 온 해묵은 문제로서 이제는 더 이상 회피할 수 없는 긴급한 현안으로 떠올라 있었다.

우선 해결해야 할 현안은 가톨릭교 문제였다. 정치적·경제적 불만이 팽배한 아일랜드에서 법률가이자 타고난 웅변가인 대니얼 어코널(O'Connell)이 1823년에 가톨릭협회(Catholic Association)를 결성하여 가톨릭교도의 해방을 요구하는 정치운동을 이끌었다. 그는 가톨릭교도로서 피선거권이 없었지만 1828년의 의원 선거에 입후보하여 당선되었다. 법적으로 그는 의석을 차지할 수 없었으나, 그렇게 되면 아일랜드인들이 들고 일어날 위험이 있었다. 웰링턴은 어코널의 의석을 거부하여 악몽 같은 윌크스 사건을 반복함으로써 내란의 위험을 감수할 것인가, 아니면 가톨릭교도에게 완전한 시민적 권리를 부여할 것인가 하는 양자택일의 기로에 놓였다. 아일랜드에는 혁명의 기운이 감돌았다. 웰링턴은 결국 내란의 위험보다는 개혁을 선택했다. 그는 필과 함께 국왕을 설득하고 당내 반발을 극복하여 1829년 가톨릭교도해방법을 통과시켰다. 이 법으로 가톨릭교도는 비로소 법적 차별에서 벗어나 의원직을 위시하여 고위 관

18) 1829년 스코틀랜드 야드(Scotland Yard)에 설치된 이 런던 수도경찰청 경관들은 로버트 필의 이름을 따라 보비즈(Bobbies) 또는 필러즈(Peelers)라 불리게 되었다.

직과 군의 장교직에 취임할 수 있게 되었다. 국민적 전쟁 영웅 웰링턴은 전쟁터에서와는 달리 대결보다는 양보로, 공격보다는 후퇴로 사태를 해결했던 것이다. 가톨릭교도의 해방은 브리튼과 아일랜드 관계의 비극적 도정에서, 그리고 아일랜드 사회의 발전 도상에서 하나의 이정표였으며, 또한 그것은 브리튼 안에서도 중요한 의미를 지닌 것이었다.[19] 그러나 토리당의 개혁은 이것으로 마지막이었다. 웰링턴의 연속적인 양보에 분노한 보수적 토리파는 더 이상 웰링턴이 그들을 저버리는 일을 용납하려 하지 않았다.

의회 개혁운동

한편 의회 개혁을 위한 오랜 투쟁은 의회 바깥의 여러 돌발적 사태로 그 마지막 상황이 바뀌었다. 1830년 6월에 조지 4세가 사망하고, 그의 동생 윌리엄 4세가 왕위를 이었는데, 이해에 대륙에서는 빈 체제를 완전히 무너뜨려버릴 듯한 사태가 발생했다. 즉, 프랑스에서 7월혁명이 일어나 국왕 샤를 10세가 왕위에서 쫓겨나 영국에 망명처를 구하는 사태가 발생했는데, 이 혁명은 곧 유럽 전역에 파급되었다. 영국에서도 개혁에 대한 요구가 고조되고, 만일 개혁이 아니면 혁명이 일어나게 되리라는 공포가 증대해 갔다. 그런 가운데 1831년 여름에 농민들의 봉기인 이른바 '스윙 폭동(Swing Riots)'이 일어났다. 잉글랜드 남부와 동부 지역의 노동자들은 저임금과 겨울철의 실업, 그리고 탈곡기의 도입 등에 불만을 품고 있었다. 캡틴 스윙의 지도 아래 봉기한 그들은 짚가리를 불태웠으나 살인은 하지 않았다. 사실 공동목표도, 사전모의도 없이 거의 자연 발생적으로 일어난 봉기는 결국 쉽게 진압되었고, 9명이 처형되고, 450명이 유형에 처해지고, 400명이 투옥되는 등 잔인한 처벌이 뒤따랐다.

새 국왕의 즉위에 따라 7월에 총선거가 실시되었는데, 의회 개혁이 주요 쟁점으로 떠올랐던 이 선거의 결과는 개혁 조치를 요구하는 명확한 다수를 보여주지 않았다. 개혁가들이 다수 추가되었지만 그래도 토리는 박빙의 우세를 유지했다. 웰링

---

19) 가톨릭교도해방법은 한 해 전인 1828년에 통과된 심사법의 폐기와 더불어 영국교도에게만 완전한 시민권이 주어지던 체제에 종지부를 찍었다. 592~593쪽 참조.

턴은 새로 소집된 의회에서 계속 집권을 시도했으나 분열된 토리당은 그를 버렸다. 그는 현재 상태에서 입법부와 대의제도는 여전히 만족스러운 것이기 때문에 어떤 종류의 개혁도 반대한다는 인기 없는 연설을 함으로써 자신의 몰락을 재촉했다. 11월에 그의 정부가 무너지자, 권력은 휘그에 넘어갔으며, 오랫동안 존경받아온 휘그 지도자 찰스 그레이(Grey) 백이 새 정부를 구성했다. 18세기 말 이래로 의회 개혁을 주창해 온 투철한 개혁가요 관직에 대한 욕심이 없는 노정치가인 그레이 백은 참을성 있게 개혁을 설득했다. 그는 우선 거의 모든 각료를 귀족 출신으로 채워 역대 내각 중 가장 귀족적인 내각을 구성했으며, 이 내각이 1831년 3월 의회 개혁 법안을 제출했다. 법안은 하원에서 난항을 거듭한 끝에 1표 차로 통과되었으나, 이것으로는 개혁 추진이 어렵다고 판단한 그레이는 그의 신임을 묻기 위해 의회를 해산하고 총선거를 실시했다.

　1831년 5월의 총선거는 개혁이라는 단일 쟁점을 놓고 치러졌는데, 선거 결과는 개혁을 지지하는 휘그의 압도적 승리였다. 10개월 전과는 달리 유권자들은 명백하고 강력하게 개혁을 명령했으며, 그럼으로써 그들은 50년 동안이나 집권한 토리당 대신 휘그당을 다시 집권 세력으로 등장시켰다. 그동안 광범한 지지를 누려온 토리당이 웰링턴 정부를 거치면서 분열한 반면, 휘그당은 오랫동안 지리멸렬하던 상태에서 벗어나 단결되고 자신만만한 모습으로 유권자 앞에 나타났던 것이다. 그리하여 전통적으로 영국인의 자유, 상업적 이익과 비국교의 옹호자로서 자유주의 세력과 연대한 휘그당은 앞으로 점차 자유당으로 발전해 나가게 되었다.[20] 휘그당이 지배한 하원은 9월에 2차 개혁 법안을 345표 대 236표로 통과시켰다. 그러나 10월에 상원은 그것을 부결시켜 버렸고, 그럼으로써 잉글랜드를 정치적 위기로 몰아넣었다.

　각지에서 소요가 일어났다. 대규모 군중 집회가 개최되고, 귀족의 저택과 주교관 혹은 감옥 등이 방화되고 약탈되었으며, 여러 곳에서 개혁 열기를 조직화하기 위한 정치 동맹이 결성되었다. 1832년 3월, 다섯 달의 사회적 긴장과 정치적 타협

---

20) 에스파냐에서 절대주의에 대항하여 자유를 위해 싸우는 사람들을 지칭하던 '리버럴(liberal)'이라는 용어가 1820년대에 영국에서도 쓰이기 시작했다.

끝에 좀더 온건하게 수정한 3차 개혁 법안이 하원을 통과했다. 그러나 여전히 완고한 상원은 이번에도 이를 거부했다. 그레이는 법안이 상원에서 통과되기 위해 필요한 50명의 귀족을 새로 만드는 것이 유일한 타개책이라고 국왕을 설득했으나, 국왕은 20명 이상은 안 된다고 거절했다. 그레이는 결국 물러났으며, 국왕은 웰링턴에게 조각을 명했고, 한결같이 충성스러운 웰링턴은 조각을 시도했으나, 곳곳에서 민중의 분노가 분출했다. 항의 집회가 열리고, 교회마다 경종을 울리고, 공장에서는 작업이 중단되고, 시청사가 습격당하고, 주교관이 약탈당했다. 런던에서 프랜시스 플레이스(Place)가 잉글랜드은행의 예금인출운동을 대대적으로 전개하자, 금융 위기의 공포가 지주 귀족의 세력을 제압했다. 워털루의 영웅도 국민의 뜻을 거역하고 개혁을 반대하는 정부를 구성하지는 못했다. 국왕은 할 수 없이 정부를 다시 그레이에게 맡기고, 통과에 필요한 만큼의 귀족을 새로 서임할 것을 약속했다. 그러자 귀족들은 귀족 수의 대량 증가보다는 양보를 택했다. 6월에 법안은 마침내 상원을 통과하고, 윌리엄 4세는 법안을 재가했다.21) 이렇게 해서 국왕과 상원이 하원의 명백하고 결정적인 의사를 거스를 수 없다는 사실이 확인되었다.

1832년의 개혁법

개혁법(Reform Act)은 명예혁명 이래의 영국 헌정에 큰 변화를 가져왔다. 주민 2,000명 이하의 56개 버러가 2개 의석을 모두 박탈당하고, 다른 30개 버러는 1명씩 감축되었다. 대부분이 잉글랜드 남부에 위치한 이들 버러에서 감축된 의석은 그중 65석이 신흥 공업 도시에 배당되었다. 그래서 이제 맨체스터와 버밍엄, 그리고 리즈 등을 포함한 43개 대도시가 비로소 2명 혹은 1명씩 자신의 의원을 가지게 되었다. 이런 선거구의 재조정과 더불어 이 법은 또한 일률적인 선거권을 규정하고, 그 폭을 확대했다. 완화된 자격 기준에 의해 도시에서는 연간 집세 10파운드 상당의 주택을 임대 혹은 소유한 모든 성인 남자가, 그리고 주에서는 연수 40실링의 자유토지보유농과 연 10파운드의 지대를 지불하는 등본토지보유농, 그리고 연

---

21) 그러나 윌리엄은 개혁법(Reform Act)의 제정을 축하하는 어떠한 공적 기념행사도 거행해서는 안 된다는 명령을 내림으로써 불편한 심기를 표출했다.

50파운드의 지대를 지불하는 임차토지보유농도 투표할 수 있게 되었다. 그리하여 잉글랜드와 웨일즈의 유권자는 대략 39만 6,000명에서 65만 7,000명으로 65%가량 증가했다. 스코틀랜드와 아일랜드에서도 개혁법이 마련되었는데, 스코틀랜드에서는 유권자가 약 4,600명에서 6만 4,000명으로 무려 14배나 증가한 반면, 아일랜드에서는 7만 7,000명에서 9만 3,000으로 20%가량 증가하는 데 그쳤다. 그리하여 잉글랜드에서는 성인 남자 5명 중 1명, 스코틀랜드에서는 8명 중 1명, 아일랜드에서는 20명 중 1명이 투표권을 갖게 되었으며, 전체적으로는 47만 8,000명에서 81만 4,000명으로 늘어나 7명 중 1명이 투표할 수 있게 되었다.

대중이 갈망하고 지배계급이 두려워했던 선거법 개정은 기대했던 기적도 우려했던 재난도 가져오지 않았다. 개혁법은 지주계급의 이익을 고려하여 버러에서 삭감된 의석을 주에 배당하여 농촌의 이익을 도모함으로써 도시의 제조업자가 아니라 지주 귀족이 여전히 하원을 통제했다. 개혁법은 광범한 참정권을 도입하지도 않았다. 그것은 기껏 중간계급에게만 문을 열어주었을 뿐, 아직도 국민의 대다수에게는 정치 참여의 길이 막혀있었다. 새로운 유권자들은 온건하게 처신했고, 급진주의자들의 실망을 살 만큼 보수적이었다. 이렇듯 개혁법은 보수적인 색채가 짙었지만, 그래도 그것은 분명히 귀족의 권력 독점에 마침표를 찍었다. 이제 하원은 산업계의 이해관계에 훨씬 더 민감하게 대응하게 되었고, 산업혁명이 낳은 인물들이 하원에서 지주계급과 자리를 같이하게 되었을 뿐 아니라, 머지않아 이들이 의회에서 지도적 지위를 차지할 것으로 예상되었다.

무엇보다도 개혁법은 의회정치를 변화시켰다. 1832년 이후 휘그와 토리는 모두 점진적으로 정당 조직을 발달시키기 시작했다. 그레이와 1834년에 그를 뒤이은 멜번(Melbourne) 경 윌리엄 램(Lamb)은 원내에서 휘그와 개혁파, 그리고 급진주의 의원들을 개혁의 약속에 기초한 자유당으로 결합시키기 위해 노력했다. 한편 필은 이질적인 토리파들을 근대 보수주의 원리에 입각한 정당으로 재결집하면서, 과거 국왕당의 이미지를 탈피하고 중간계급에게 좀더 호소력을 갖기 위해 토리라는 명칭 대신 보수주의자(Conservative)라는 이름을 즐겨 사용했다. 정치가들은 총선거의 승리를 위해서는 의회 내의 정당 조직이 필요할 뿐만 아니라 원외의 당 조직 또한 유용하다는 것을 깨달았으며, 1830년대와 1840년대에 당원들은 여러 가문들이나 선거민 단체들의 활동을 조종했다. 그리하여 1832년에 보수당은 칼턴 클럽(Carlton Club)을, 휘그-자유당은 개혁 클럽(Reform Club)을 결성했다.

개혁의회의 개혁 입법

개혁은 또 다른 개혁을 낳게 마련이었다. 개혁의회는 1835년에 시자치단체법을 제정하여 중앙보다 더 부패하고 과두적인 도시의 지배 체제를 혁파함으로써 도시 중간계급에 시정부에 대한 직접적인 발언권을 부여하고, 지방행정을 효율화하고 민주화하는 데 기여했다.[22] 한편 스코틀랜드와 아일랜드에서도 각각 1833년과 1840년에 비슷한 법이 제정되어 시행되었다.

도시와 달리 농촌은 1888년 주의회가 설치될 때까지 여전히 치안판사의 통치 아래 놓여있었으나, 1834년의 신구빈법(New Poor Law)은 농촌에서 과두정의 영향을 감축했다. 그것은 빈민 구제의 일을 치안판사와 교구 관리의 손에서 떼어내어 모든 지방세 납부자들이 선출하는 구빈구연합(Poor-law union)의 구호관(guardian)의 책임으로 넘겼으며,[23] 그럼으로써 농촌에도 불완전하나마 민주주의가 들어왔다. 그러나 신구빈법은 그 엄격성과 냉혹성 때문에 심한 반발을 불러일으켰다. 의회가 제정한 야심적인 사회입법이라 할 수 있는 이 신구빈법은 옛 구빈법이 부패하고 낭비적이며 무계획적으로 시행되는 여러 가지 문제점을 시정하고자 한 것이었지만, 실제적으로는 구제에 대한 빈민의 권익을 보장하기보다는 오히려 그것을 제한하는 데 치중했다. 그래서 새로운 구빈제도하에서 구제는 아주 귀찮고 불쾌한 조건 아래에서 제공되고, 또한 그것을 받는 데는 가혹한 사회적 낙인이 따르게 마련이었다. 이제 노동 능력이 있는 사람에 대한 구제는 일체 폐지되고, 구제 대상자는 엄격한 심사를 거쳐 모두 구빈원(workhouse)에 수용되어야 했다. 수용된 사람들은 부부가 서로 격리되었고, 최저 소득의 자립 노동자보다 못한 생활을 하도록 강요

---

22) 573~574쪽 참조.

23) 구빈사업을 위하여 몇 개의 교구를 합쳐 구빈구연합을 만들고, 연합마다 구호관을 선출했다.

1840년 공장 어린이

되었다. 그렇게 함으로써 노동자들은 구제에 의지하기보다는 자립하여 살아가도록 자극받을 것이며, 근면과 절약의 미덕을 배우게 되리라는 것이었다. 이 같은 구빈 원은 '빈민의 바스티유'라고 불리게 되어 빈민들의 증오와 공포의 대상이 되었고, 그 결과 빈민으로 등록된 자의 수가 격감하고, 따라서 구빈 경비도 격감했다. 신구 빈법은 입법기관이 비선거권자에게는 해가 되더라도 선거권자의 이익을 도모하는 조치를 입법화하는 데 이용될 수 있음을 보여주는 대표적인 사례로 꼽히게 되었다.

한편 1833년에는 해외 식민지를 포함한 모든 영국령에서 노예제가 폐지되었는데, 이것은 윌버퍼스가 1823년에 반노예제협회(Anti-Slavery Society)를 조직하여 광범한 노예제 폐지운동을 펼쳐온 이래 많은 인도주의자들이 정파를 초월하여 전개한 운동이 거둔 값진 성과였다. 같은 해에 또한 직물 공장에서 일하는 어린이들을 보호하기 위한 공장법이 제정되어, 9세 미만 어린이의 고용이 금지되고, 9세에서 13세까지의 어린이의 노동은 하루에 8시간, 14세에서 17세까지의 소년은 12시간(주당 68시간)으로 제한되었다. 그 뒤 1842년에는 탄갱에서 부녀자와 10세 미만 소년의 고용을 금지하는 공장법이 제정되고, 1844년에는 8세에서 13세까지의 어린이의 노동이 하루 6시간 반으로, 그리고 부녀자의 노동이 12시간으로 제한되었으며, 다시 1847년의 공장법은 부녀자와 18세 미만 소년의 노동시간을 10시간으로 제한했다. 이러한 공장법의 제정 또한 리처드 오스틀러(Oastler)와 마이클 새들러(Sadler), 그리고 누구보다도 나중에 (7대) 섀프츠베리 백이 된 애쉴리 경과 같은 개혁가들의 지속적인 노력의 결과였다.

급속하게 성장한 공업 도시에서 노동자들의 열악하고 비위생적인 주거 환경으로 말미암아 콜레라와 같은 치명적인 전염병의 위협이 커지면서 보건과 위생에 대한 관심도 늘어났다. 1840년 에드윈 채드위크(Chadwick)는 노동자들의 위생 상태를 조사했으며, 이를 근거로 한 긴 논의 끝에 1848년에 공중보건법이 제정되어 지방 보건원들이 설립되기도 했다. 사회 각 분야에 걸친 이런 개혁 입법에는 인도주의가 큰 힘을 보탰는데, 그 가장 뚜렷한 표현은 애쉴리 경에게서 찾을 수 있다. 그는 복음주의 운동에서 감화를 받고, 평생을 고통받는 사람들을 위해 헌신했다. 또한 인도주의 못지않게 사회 개혁에 이바지한 것은 공리주의였다. 벤섬의 추종자인 채드위크를 비롯한 공리주의자들은 기술 관료로서 당대의 각종 개혁 입법의 제정 과정에서 실무적 역할을 수행했다. 오늘날의 기준에서 보면 이 당시의 여러 사회 개혁은 아직 초보적인 수준에 머문 것이었고, 의회의 정치인이나 지배계급 사이에서는 여전히 공공 지출을 엄격하게 제한하려는 완강한 태도가 그대로 남아있었다. 그렇지만 국가는 아주 조금씩, 그리고 미처 깨닫지 못하는 방식으로 국민의 물질적 복지에 대해 더욱 넓은 책임을 지는 쪽으로 나아가고 있었다.

차티즘 운동

이런 일련의 개혁들이 이루어지는 과정에서 그 동기와 구성 및 결과 등이 서로 크게 다른 두 개의 거대한 대중운동이 전개되었다. 즉, 참정권에서 배제된 노동자들의 좌절과 분노는 차티즘 운동(Chartist Movement)으로, 그리고 새로 선거권을 획득한 중간계급의 힘은 곡물법 폐지운동으로 나타났다. 후자가 18세기적 의미의 대

차티스트들의 행진

립된 이해관계의 마지막 충돌이었다면, 전자는 근대 영국의 계급투쟁에서 최초의
큰 충돌이었다 할 것이다.

차티즘 운동은 무엇보다 노동계급의 연이은 좌절과 분노의 산물이었다. 그들은
의회의 개혁을 위해 중간계급과 함께 싸웠으나 1832년의 개혁법에서 중간계급만
이 그 열매를 독차지하자 심한 배신감을 느꼈다. 그들은 개혁의회의 입법 활동을
보면서, 중간계급이 그들의 참정권을 노동계급의 희생하에 자신들만의 이익을 유
지하는 데 사용한다고 생각했다. 1834년의 신구빈법 역시 노동자들에게는 중간계
급이 자신들에게 떨어질 빈민 구제의 비용을 경감시키기 위해 고안한 것으로 보였
다. 게다가 같은 해에 노동자의 결사권에 치명타가 가해졌다. 도시트 주의 톨퍼들
(Tolpuddle)에서 6명의 농업 노동자들이 노동조합을 결성했는데, 불법적인 비밀서약
을 했다는 이유로 이들 모두가 오스트레일리아로 유배형에 처해진 것이다.[24] 같은
해에 오우언이 결성한 전국노동조합대연합(Grand National Consolidated Trades Union:

---

24) 이들은 '톨퍼들의 순교자들(Tolpuddle martyrs)'이라 불렀다.

GNCTU) 역시 고용자들의 방해로 무너지고, 곳곳에서 파업은 패배하고 노조는 분쇄되었다. 이와 같이 노동자들이 잇따른 패배와 좌절을 겪고 있는 가운데, 1838년과 1839년에 심각한 불황이 닥쳐오자 배고픈 민중이 전통적인 작업 방식과 익숙한 관습, 가정과 공동체를 위협하는 자본주의의 진전에 대하여 항의하고 나섰다.

윌리엄 러버트

자기의 이익을 지키기 위해서는 자기 자신이 직접 정치권력에 참여하는 것이 필수적임을 깨달은 노동자들은 그들의 관심을 경제투쟁에서 정치투쟁으로 돌렸다. 그리하여 1838년 인민헌장(People's Charter)이 공표되고, 전국 각지에서 수많은 노동자가 이 대의를 위해 결집했다. 헌장은 남자 보통선거, 비밀투표, 평등한 선거구, 매년의 총선거, 의원의 세비 지급, 그리고 피선을 위한 재산 자격 제한의 폐지 등 6개 조항의 입법을 요구했다. 그러나 헌장의 요구를 성취하는 것은 쉬운 일이 아니었다. 청원을 위한 대대적 서명 활동, 대중 집회, 야간 횃불 시위 등에 놀란 유산계급은 완강하게 그 요구를 거부했다. 게다가 운동의 지도자들 사이에 방법을 놓고 갈등이 벌어졌다. 윌리엄 러버트(Lovett)는 '도덕적 힘'에 의한 설득을, 퍼거스 어코너(Feargus O'Connor)는 '물리적 힘'을 통한 관철을 주장했다.

수백만 명이 서명했다고 주장된 청원서가 1839년에 의회에 제출되었으나 하원에서 235표 대 46표로 거부되었고, 1842년에 다시 제출되었지만 또다시 거부되었다. 그 후 운동의 열기가 식어가다가, 대륙에 혁명의 열풍이 휘몰아치던 1848년에 다시 한 번 되살아났으나, 청원서 제출을 위한 대규모 행진 계획을 정부가 군대를 동원하여 사전에 봉쇄하고 지도자들이 그에 굴복함으로써 실패로 돌아가고 말았다. 그리고는 이후 찾아온 경제적 번영과 정치 개혁으로 운동은 사라져갔다. 차티즘 운동은 그 목표를 직접 달성하는 데는 실패했다. 그러나 그것은 노동계급에게 더욱 큰 일체감과 연대 의식을 심어주었고, 또 개혁에 유리한 분위기를 조성함으로써 여러 정치 개혁과 사회 개혁을 촉진하는 압력으로 작용했다.

감자 기근으로 굶주린 아일랜드인들이 구빈원에 몰려들고 있다.

오두막에서 쫓겨난 아일랜드 농민

곡물법 폐지운동

노동자들의 대중운동인 차티즘 운동이 실패한 반면, 중간계급의 조직적 대중운동인 곡물법 폐지운동은 성공했다. 1839년에 리처드 콥던(Cobden)과 존 브라이트(Bright)는 랭커셔의 제조업자들을 중심으로 반곡물법연맹(Anti-Corn Law League)을 결성했다. 철저한 자유무역 신봉자인 이들은 당시의 불황을 곡물법의 탓으로 돌렸다. 1828년에 다시 제정된 곡물법은 곡물 수입을 허용하는 대신, 국내 곡물 가격과 연동하여 수입 곡물에 높은 관세를 부과함으로써 지주계급의 이익을 계속 보장해 주고 있었다. 이에 대해 곡물법 폐지론자들은 높은 관세가 폐지되어 유럽의 값싼 곡물이 도입되면 노동자의 공산품 구매력이 늘어날 뿐만 아니라, 유럽인도 곡물 판매로 영국산 직물과 철제품에 대한 구매력을 가지게 될 것이라고 주장했다. 그렇게 되면 영국의 제조업이 되살아나고, 실업과 곤궁도 해소된다는 것이었다. 연맹의 선동가들은 곡물법은 지주계급의 대표적 특권 남용이라고 비난하면서, 분명한 통계 숫자를 제시하여 자유무역의 복음을 설파했다.

존 브라이트

곡물법 문제를 해결하는 과제는 1841년 총선거에서 승리한 필의 토리당 정부에 넘겨졌다.[25] 부유한 면직물 제조업자의 아들로서, 그 자신의 부가 랭커셔의 공장에서 나왔던 필은 집권 후 수많은 물품에 대해 수입관세를 철폐하거나 인하했다. 이리하여 그는 빠른 걸음으로 자유무역으로 기울어갔다. 젊은 정치 초년생 벤저민 디즈레일리(Benjamin Disraeli)는 필이 이처럼 자유무역으로 전향한 것을 현란한 수사를 동원하여 야유하면서 두각을 나타냈지만, 필 역시 아직은 곡물법 폐지엔 반대하고 있었다. 그런 필이 생각을 바꾸지 않을 수 없는 사태가 벌어졌다. 즉, 1845년과 1846년에 연이어 아일랜드에 혹심한 흉년이 덮쳤는데, 그것은 근대 아일랜드의 역사를 그 전후의 두 시기로 구분해야 할 만큼 엄청난 재앙이었다. 인구밀도가 유럽에서 가장 높을 정도로 인구 과밀이었던 아일랜드의 인구는 1841년에 이미 800

---

25) 필은 1834년 7월 수상 그레이가 휘그당의 내부 결속을 유지하지 못하고 사임한 뒤 12월에 잠시 집권했으나, 이듬해 4월 선거에서 멜번 경에게 패배하여 물러났다가 6년 만에 다시 수상이 되었다.

반곡물법연맹 회의에서 연설하는 콥던

로버트 필을 자유무역으로 이끌고 가는 콥던

만에 육박하여 통합 왕국으로서의 영국 전체 인구의 3분의 1을 차지하고 있었다. 이들 대다수가 주로 의존한 식량인 감자가 이 때 고사병에 걸려 대부분이 땅에서 그대로 썩었다. 재난은 꼬리를 물고 이어져, 기근에 질병이 뒤따랐다. 1845년 이후 5년 동안에 100만 명이 기아와 질병으로 죽었고, 10년 동안에 200만 명이 폐허가 된 고장을 등지고 이민 길에 올랐다. 그 결과 1911년의 아일랜드 인구는 1841년의 절반이 되었고, 통합 왕국 전체 인구의 10분의 1에 불과해졌다.

이 같은 엄청난 재난을 맞아 필은 곡물법을 폐지하여 식량 수입을 개방하기로 결심했다. 그리하여 1846년 6월 마침내 필은 곡물법폐지법안을 제출했으며, 의회는 이를 통과시켰다. 필은 급진주의자들 전원과 대다수의 휘그파, 그리고 100명의 보수파 의원의 지지를 얻었으며, 에드워드 스탠리(Stanley) 경과 디즈레일리가 이끄는 240명의 보수파 의원들은 이에 반대했다. 이 투표로 보수파가 분열하여 곡물법 폐지에 찬성한 보수파 위원들은 필파(Peelites)로 불렸는데, 보수파의 분열은 결국 필의 퇴진을 가져왔다. 곡물법의 폐지는 그 후 한 세대 동안 곡물 가격을 기대한 만큼 싸게 하지 않았으며, 따라서 반대론자의 우려대로 농업을 망치지도, 찬성론자의 기대대로 경제를 구원하지도 않았다. 1870년대 이후 증기선과 철도로 북아메리카의 곡물이 본격적으로 도입되고서야 곡물 가격은 결정적으로 하락했다. 반곡물법연맹은 곡물법의 영향을 지나치게 과장한 면이 없지 않았다. 곡물법의 의미는 실제적이기보다는 상징적이었다. 그것은 지주계급의 특권적 독점을 다른 어떤 법보다 더 잘 상징했다. 그리고 그 폐지는 개혁법으로 의사당의 뒷전에 들어선 중간계급이 이제 전면에 나서서 영국의 지배권을 지주계급과 공유하기로 작정한 것을 의미했다.

13
자유주의의 시대

1. 번영과 통합

빅토리아 여왕의 즉위

1837년 영국민들은 영국 역사상 가장 오래 재위할 군주를 맞이했다. 이해에 윌리엄 4세의 뒤를 이어 즉위한 그의 질녀 빅토리아 여왕은 1901년까지 64년 동안 왕위에 있었다. 그 긴 치세 동안 여왕은 왕실에 대한 충성을 영국민의 의무로 만들었다. 빅토리아의 즉위는 처음부터 국민의 환영을 받았다. 혐오하던 왕위계승 후보자인 빅토리아의 숙부 컴벌런드 공을 피할 수 있게 되었다는 점과 영국이 유럽 문제에 개입할 불씨가 되는 하노버 왕국과의 연결고리가 끊어졌다는 점을 국민들은 크게 기뻐했다. 하노버 왕국은 여자 상속권을 인정하지 않아 그 왕위는 컴벌런드가 계승하게 되었으며, 영국 왕의 하노버 왕국과의 개인적 관계는 이미 오래전부터 멀어져 있었지만, 이로써 그 공식적인 고리마저 완전히 끊어지게 된 것이다.

여왕은 1840년 신임하던 수상 멜번의 주선으로 색스-코버그(Saxe-Coburg)가의 앨버트(Albert) 공과 결혼했다. 여왕은 부군으로부터 왕실 통치의 요령과 왕실의 가정적 미덕을 배웠으며, 그것이 여왕 자신의 덕성과 더불어 이후 영국의 군주제를 구원하게 되었다. 방탕한 하노버가의 왕들과는 달리 코버그가의 왕자들은 군주정을 존경할 만한 가치가 있는 전통으로 믿게 만든 것이다. 영국인이 국왕의 가정생활을 자신들의 가정생활과 관련이 있는 것으로 생각하게 된 것은 빅토리아 여왕 때

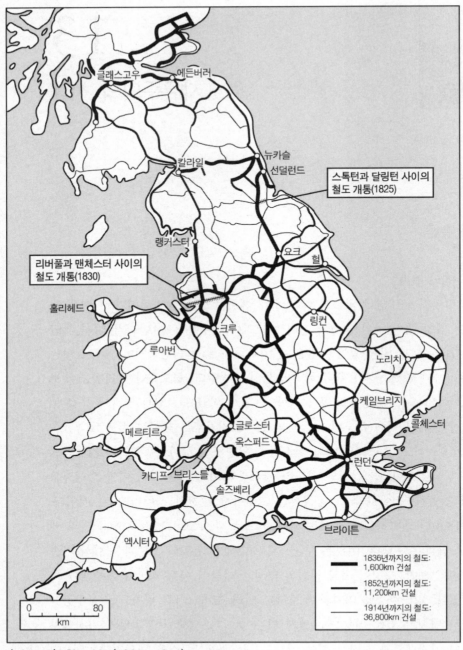

스톡턴과 달링턴 사이의
철도 개통(1825)

리버풀과 맨체스터 사이의
철도 개통(1830)

글래스고우
에든버러
뉴카슬
선덜런드
칼라일
랭커스터
요크
헐
홀리헤드
크루
링컨
루아번
노리치
케임브리지
메르티르
글로스터
콜체스터
옥스퍼드
카디프 브리스틀
런던
솔즈베리
엑시터
브라이튼

0   80
km

1836년까지의 철도:
1,600km 건설

1852년까지의 철도:
11,200km 건설

1914년까지의 철도:
36,800km 건설

〈지도 19〉 철도 분포(1825~1914)

부터였다. 앨버트 공의 엄격한 도덕성과 궁정 생활의 규범이 영국인의 생활 전반에 미친 영향은 지난날 웨슬리가 감리교 운동을 통해 그랬던 것 못지않게 넓고 깊은 것이었다.

빅토리아 여왕

번영과 경제적 자유주의

여왕이 즉위한 지 10년쯤 지난 1840년대 후반부터 영국은 장기간의 경제적 호황기로 접어들었다. 1847년과 1858년, 그리고 1867년에 잠시 어려움을 겪기도 했지만, 번영은 거의 1870년대 중엽까지 이어졌다. 이 경제적 번영이야말로 빅토리아 중기의 영국을 특징지은 가장 중요한 배경이었다. 물론 오늘날에 비교하면 이 시기의 경제성장률은 그리 대단한 것이 아니지만, 당시의 다른 나라들과 비교해 볼 때 영국 경제는 그 생산력과 활동 범위에서 분명 놀라운 것이었다. 1850년에 영국은 세계의 면직물과 철의 절반, 그리고 석탄의 3분의 2를 생산했다. 1870년 무렵 영국의 무역량은 프랑스와 독일과 이탈리아의 무역량을 합한 것보다 많았고, 미국의 무역량보다는 네 배나 더 많았다. 1880년대에 이르면 세계의 바다를 떠다니는 상선 세 척 중 하나가 영국의 배였으며, 또한 영국은 세계 상선의 3분의 1 이상을 건조했고, 철도의 3분의 1 이상을 건설했다. 화학, 전기, 공작기계와 교량이나 터널의 건설 등의 분야에서도 영국은 괄목할 만한 발전을 이룩했다. 세기 중엽에 영국의 1인당 국민소득은 프랑스의 1.5배, 독일의 2.5배나 되었다.

19세기 중엽 영국이 누린 이와 같은 산업상의 확고한 우위는 직물, 철, 철도, 선박 및 기타 모든 기계류에서 이룩한 두드러진 혁신의 결과였다. 많은 발명들이 영국 상품의 원가를 절감해 주었고, 그래서 영국은 세계시장에서 거의 독점적 지위를 누렸다. 더욱이 싸고 빠른 수송이 그런 시장 접근을 더욱 용이하게 해주었다. 그뿐만 아니라 1844년에 제정된 필의 은행법(Bank Act)에 의해 금본위제로 고정된 파운드화는 국제금융의 통화가 되었다.

1851년 5월 1일부터 런던에서 열린 사상 최초의 산업박람회는 영국이 그야말로

대박람회에 전시된 조지프 휘트위트가 발명한 새로운 공작기계로, 기차 바퀴를 성형하는 데 사용하는 선반

수정궁: 대박람회를 위해 런던에 건축된 대규모 건물. 유리를 전면적으로 사용하여 경쾌한 기품을 풍긴다. 이 건물의 출현으로 묵직한 돌을 사용한 빅토리아 시대의 건축이 쇠퇴해 갔다.

'세계의 공장'임을 증명하는 행사였다. 유럽 여러 나라의 수많은 산업 제품들이 관람객의 찬탄을 자아냈지만, 어떠한 외국 제품도 영국의 놀라운 공학기술 제품에 상대가 되지 않았다. 전시장인 수정궁(Crystal Palace)은 금속과 유리만으로 축조된 대형 건축물로서, 그 자체가 하나의 경이였다. 앨버트 공이 독일적인 근엄성과 치밀성을 발휘하여 주재한 이 박람회는 행사 면에서도 큰 성공을 거두었다. 5개월이 넘는 행사 기간 동안 600만 명 이상이 입장했는데, 당시 브리튼의 전체 인구 2,100만 명에 견주어볼 때 이는 엄청난 숫자였다. 수많은 시골 사람들이 난생처음 기차를 타고 런던을 구경하고, 신기한 산업 제품들을 관람하면서 세계 일등 국민으로서의 뿌듯한 자부심과 그들의 자랑스러운 군주정에 대해 한없는 애정을 느꼈다.

자유무역 정책의 채택과 경제적 번영이 시기적으로 겹쳤기 때문에 이제 경제적 자유주의는 영국민의 신조가 되었다. 곡물법의 폐지는 보호무역에 대한 자유무역의 승리, 농업경제에 대한 공업경제의 승리를 의미하는 것이었다. 곡물법 폐지 문제로 필을 그토록 비난했던 디즈레일리조차도 보호무역의 효력이 사라졌음을 인정하고 자유무역의 불가피성을 받아들였다. 정부는 지속적으로 무역에 대한 제약을 제거해 나갔다. 1849년에는 항해법이 폐지되고, 식민지에 부여된 몇몇 특혜 조치들도 사라졌으며, 수백 가지 품목에 대한 관세가 폐지되었다. 그리하여 1860년에는 관세 부과 대상품목이 48종에 불과하게 되었고, 프랑스와는 자유무역조약이 체결되었다.

경제적 자유주의는 국민 대중에게도 널리 전파되었는데, 대중적 수준에서 자유방임은 근면과 자조의 철학으로 뿌리내렸다. 고전 경제학자들의 저작을 읽어본 적이 없는 수많은 빅토리아 시대인들은 1859년에 출판된 새뮤얼 스마일즈(Smiles)의 『자조(Self-Help)』와 토머스 머콜리 경의 『영국사(History of England)』(1848~1861) 같은 베스트셀러를 구독했다. 스마일즈는 자조의 정신이야말로 개인 성장의 기초이며, 국가의 활력과 힘의 진정한 원천이라고 주장했다. 머콜리의 기본 메시지도 각 개인들이 스스로를 향상시키려는 끊임없는 노력이 나라를 번영케 한다는 것이었다.

산업의 발달은 인구의 증가를 수반했을 뿐만 아니라 인구의 구성을 또한 꾸준히 바꾸어왔다. 대박람회가 열리던 해에 실시된 인구조사에서 잉글랜드는 도시 인구

바닷가 리조트(1890년대)

러그비 스쿨의 크리켓 경기 모습

가 54%를 차지하여 농촌 인구보다 더 많아졌다. 이런 추세는 그 후에도 계속되어 1870년에는 영국인의 70%, 1901년에는 80%가 도시에서 살고 있었다. 런던 교외도 급속하게 팽창하여, 20세기 초두에는 농촌 인구 전부와 맞먹는 수의 사람이 대런던(Greater London)[1]에 살고 있었다. 도시화의 진전과 더불어 1850년에서 1870년 사이에 경제적 불평등도 더욱 심화되었다. 1870년에 인구의 약 0.5%가 국민소득의 25%가량을, 그리고 10%가 50%가량을 차지하고 있었다.

사회적 안정과 통합

그러나 경제적 불평등의 심화에도 불구하고 빅토리아 중기의 사회는 상대적인 안정을 누리고 있었다. 번영의 혜택이 사회 각 계층에 골고루 미친 것은 아니지만, 도시 노동자들의 생활수준도 어느 정도 개선되었다. 19세기 후반의 50년 동안에 그들의 실질임금은 두 배로 늘었다. 1880년대쯤이 되면 도시 노동자들도 여가 생활을 즐길 수 있게 되어, 주말에는 축구나 크리켓 시합을 구경하고, 또 일 년에 한두 번쯤은 바닷가 휴양지도 찾았다. 이런 번영의 확산에 힘입어 앞선 시기에 몇 차례나 사회를 위기로 몰아넣었던 계급 간의 갈등도 상당히 해소되었다. 1840년대의 긴장되고 위태로운 분위기 대신 1850년대에는 좀더 평온한 기운이 자리 잡았고, 1860년대에 이르면 그런 기운이 더욱 완연해졌다. 사회경제적 변화에 기인하는 예사롭지 않은 긴장이 저변에 깔려있기는 했지만, 빅토리아 중기의 영국은 눈에 띄게 질서 있고 균형 잡힌 사회였다. 정치적 소요가 별로 없었을 뿐만 아니라 도둑질과 폭력 행위 같은 사회적 범죄도 줄어들었다. 이제 새로이 주도권을 장악하기 시작한 부르주아지는 산업 노동자를 통제하기 위해 기존의 엘리트층과 협력해야 하며, 또한 정치적 폭동을 피하기 위해 노동자에게도 웬만큼 양보해야 함을 깨달았다.

---

1) '더 시티(The City)'라고 불리는 금융가 중심의 옛 도시와 그 주위에 확대된 32개의 버러를 합친 지역을 대런던이라고 부른다.

노동계급의 성장

1850년대에 이르러 법은 노동계급을, 적어도 그 지도자들을 체제 안으로 통합했다. 그동안 성공보다 실패를 더 많이 기록해 온 노동조합은 1850년 이후 비로소 새로운 산업사회의 항구적인 일부로서 자기 자리를 잡게 되었다. 이 길을 닦은 것은 숙련노동자들, 특히 기계공(engineer)[2]과 목공(carpenter)들이었다. 이들의 이른바 '신형(new model)' 노동조합들은 대중 시위가 아니라 양대 정당의 의원들에 대한 외교적 압력을 통해서 그들의 행동을 펼쳐나갔다. 1871년과 1875년에 제정된 노동조합법(Trade Union Acts)은 노동조합의 법적 지위를 인정했을 뿐 아니라 노조의 기금을 민사적 손해배상 소송으로부터 보호하고, 평화적인 피케팅(picketing)의 권리를 보장했다. 그래서 번영한 1870년대 초기에는 노동조합의 양적 성장이 가능했다.[3] 번영하는 영국 사회는 노동자들에게 노동조합운동을 허용해 주었을 뿐 아니라, 다른 여러 조치로 노동자들의 지위를 개선하는 데에도 힘썼다. 1866년의 작업장법(Workshop Act)은 50인 이상의 노동자가 있는 작업장에서 아동노동을 금지했으며, 1870년대에 제정된 일련의 공장법은 모든 공장노동자의 주당 근로시간을 56.5시간으로 제한하고, 토요일 오후의 휴무를 규정했다. 그 밖에도 지방정부를 통해 의료 서비스를 개선하고 빈민의 옥외구제(outdoor relief)[4]도 허용했다. 그러나 노동계급을 사회적으로 통합하는 과업에서 무엇보다 중요한 조치는 1867년 제2차 개혁법의 제정이었다. 이 법으로 이제 도시 노동자 대부분이 선거권을 얻어 온전한 영국 국민으로 대접을 받게 된 것이다.[5]

새로 투표권을 획득한 노동자들이 사회주의적인 제3당에서 대안을 찾으려고 시도하지 않았다는 것이 또한 주목할 만한 점이었다. 장인과 소상점주들이 기존의

---

2) 영국인들은 숙련기계공(mechanic), 기계제작수리공(machinist), 기계설치공(millwright) 등과 같은 숙련공을 총칭해서 기계공(engineer)이라고 불렀다.

3) 그러나 1880년대의 불황기에 접어들면서 이들 가운데 많은 조합이 붕괴되었다. 게다가 1890년대까지도 노동조합 활동은 주로 숙련노동자들의 몫이었고, 비숙련노동자들은 아직도 조직화하지 못했다.

4) 구빈원(workhouse)에 수용되어 있지 않은 빈민에 대한 구호를 말한다.

5) 644~645쪽 참조.

양대 정당에 안주한 주된 이유는 빅토리아 중기의 번영에 있었다. 즉, 오랜 번영이 부르주아적 노동자들을 만들어낸 것이다. 번영하는 노동자와 소상점주들은 괜찮은 임금을 주는 공장주와 자기들의 물건을 사주는 부자를 착취자로 여기지 않았다. 사회가 근면하고 검소한 사람들에게 여러 방법으로 보상해 주는 한 불평등도 부당하게 생각되지 않았다. 그들 역시 개인주의와 같은 부르주아적 윤리를 받아들였다. 그들의 정치적 선호를 결정한 것은 계급보다는 오히려 종교였다.

존 스튜어트 밀

경제와 사회에 관한 이론도 사회적 통합의 이념 쪽으로 나아갔다. 지금까지 고전 경제학은 재화의 생산에만 관심을 가졌을 뿐 분배 문제를 외면했고, 자유주의는 경쟁 논리만을 강조함으로써 패자의 운명에 대해 냉혹했다. 그러나 존 스튜어트 밀(Mill)은 분배 문제와 노동자의 운명에 관심을 기울임으로써 냉혹한 자유주의에 따뜻한 온기를 불어넣고자 했다. 그는 공장 지대의 비참한 생활 실태를 목격한 다음부터 누진소득세와 상속세 등을 통한 부의 재분배, 노동조합을 통한 노동자의 권익의 향상, 노동자들이 직장의 이익배당에 참여할 수 있는 공동공장제, 그리고 보통교육의 실시 등을 주장했다. 영국 자유주의 사상의 거두이자 중기 빅토리아 시대 자유당의 중진이었던 밀은 이런 온건하고 점진적인 개혁을 통해 사회정의를 추구함으로써 자유주의를 '영국적' 사회주의에 접근시켰다.

식민지의 확대

장기적인 번영에는 식민지가 또한 밑거름이 되었다. 정부가 적극적인 팽창정책을 추진한 것은 아니지만 해외 영토는 조금씩 꾸준히 확대해 갔다. 오스트레일리아에서는 18세기 말엽 유형지로서 뉴 사우스 웨일즈(New South Wales)가 개척된 이래 여러 식민지가 추가로 건설되었다. 1826년에는 대륙 전체가 영국 영토로 선언되었고, 그 후 10년 동안에 식민지는 6개로 늘어났다. 이런 발전이 진행되는 동안 유형수 식민의 문제점도 꾸준히 제기되었다. 1837년에는 하원의 한 위원회가 이의

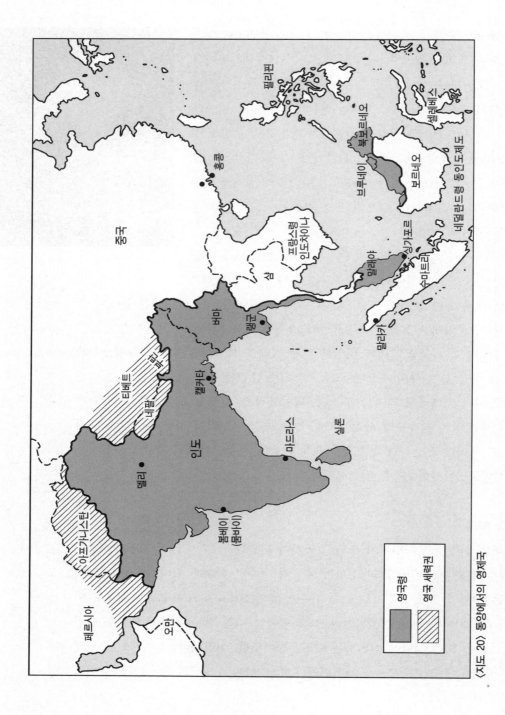

〈지도 20〉 동양에서의 영제국

영국령

영국 세력권

베이징

메콩

상하이

랴오둥

일본

뤼순

수라바야

바타비아

네덜란드령 동인도제국

싱가포르

버마

랑군

실론

마드라스

봄베이(뭄바이)

인도

캘커타

델리

네팔

티베트

부탄

홍콩

중국

아프가니스탄

페르시아

카라치

아라비아

프랑스령 인도차이나

샴

보르네오

필리핀

폐지를 건의한 적이 있지만, 정작 이것이 폐지된 것은 1868년에 가서의 일이었다. 오스트레일리아는 인구와 부가 급속히 늘어났다. 세기 전반기에 양모 산업이 성장하여 본국의 원활한 원모 확보에 크게 이바지했고, 1851년에는 금광이 발견되어 1860년대에 세계 금 산출량의 3분의 1을 생산했다. 영국은 또한 프랑스를 앞질러 1840년에 뉴질랜드(New Zealand)를 식민지로 선포했다. 이곳 역시 1847년에서 1850년 사이에 유럽계 인구가 두 배로 늘어나는 등 급속하게 성장했다. 이런 가운데 오스트레일리아에서는 1850년에, 뉴질랜드에서는 1852년에 의회가 설치되고, 차츰 의회에 책임을 지는 의원내각제가 발달했다. 그리하여 이 지역의 유럽 이주민들은 민주적인 평등 사회를 이룩해 나갔지만, 그 과정에서 그들은 잔인한 방식으로 원주민들의 땅을 빼앗고 그들의 문화를 파괴했다. 이들 지역, 특히 오스트레일리아의 원주민들이 백인 이주자들에 맞서기에는 수가 너무 적었고 무력 또한 매우 빈약했다.

정주 식민지 가운데 가장 오래되고 가장 인구가 많은 캐나다에서는 문제가 더욱 심각했다. 캐나다는 상 캐나다(Upper Canada)와 하 캐나다(Lower Canada)로 분리되어 있었으며,[6] 두 곳 다 왕이 임명하는 소규모의 전권적 평의회(council)가 선출된 의회를 무시한 채 통치하고 있었다. 주민의 다수가 프랑스인이며 가톨릭교도인 하 캐나다뿐만 아니라 영국인 주민으로 구성된 상 캐나다에서도 무책임한 과두 전제정치에 대한 불만이 팽배하여 선출의회는 세금 납부를 거부하고 과격분자들은 폭동을 일으키는 등, 캐나다는 1837년에 이르면 거의 반란 상태에 이르렀다. 이에 놀란 멜번 정부는 더럼 백 존 램턴(Lambton)을 파견하여 사태를 조사 보고케 했다. 1839년에 제출된 「더럼 보고서(Durham Report)」는 식민지인들의 자유를 규정한 대헌장이라 할 만한 것이었다. 1840년에 이 보고서를 바탕으로 하여 제정된 캐나다법(Canadian Act)은 상·하 두 캐나다를 통합하고, 선출의회와 임명의회의 양원으로 구성된 입법부를 설치했다. 그리고는 본국에서처럼 관행을 통하여 단계적으로 책임정부가 발전하는 것을 허용했다. 캐나다는 1858년에 영국 상품에 대해 보호관세

---

6) 옛 영국령 퀘베크는 상 캐나다와 하 캐나다의 두 지역으로 갈라져 있었는데, 전자는 지금의 온태리오우 (Ontario) 주 지역, 후자는 지금의 퀘베크 주 지역이었다.

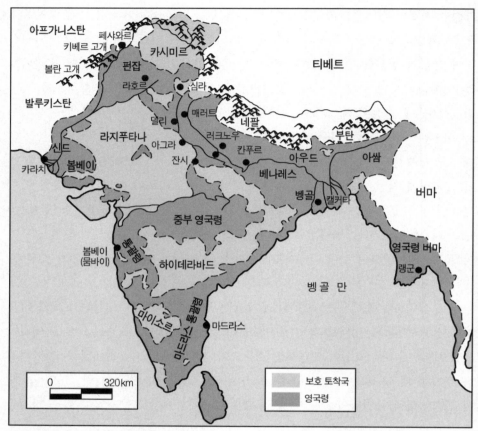

아프가니스탄
페샤와르
키베르 고개
카시미르
볼란 고개
편잡
티베트
라호르
심라
발루키스탄
델리
매러트
네팔
라지푸타나
러크노우
부탄
신드
아그라
칸푸르
아쌈
카라치
봄베이
잔시
아우드
봄베이
베나레스
버마
(뭄바이)
벵골
캘커타
중부 영국령
하이데라바드
영국령 버마
벵골 만
랭군
마이소르
마드라스

0   320km

보호 토착국
영국령

〈지도 21〉 1857년의 인도

를 부과하는 등 자치 영역을 확대하다가, 1867년 마침내 영국 의회가 통과시킨 영
국령 북아메리카법(British North America Act)으로 온태리오우, 퀘베크, 노바 스코시
어, 그리고 뉴 브런즈위크(New Brunswick)가 캐나다자치령(Dominion of Canada)으로
통합되었다. 캐나다에 비해 서인도제도의 운명은 비참했다. 이곳에서도 「더럼 보
고서」의 영향으로 약간의 자치가 허용되었으나, 그것은 높은 재산자격제한에 따른
것이었으며, 그 결과는 흑인들의 요구를 무시하는 소수 백인들의 과두정이었다. 그
들은 또한 극심한 빈곤에 대해 아무런 해결책도 제시하지 않았다. 그리하여 18세
기의 식민 체제에서 가장 부유한 지역이었던 이곳이 이제는 빅토리아 제국의 빈민

굴로 전락해 버렸다.

　인도에서는 동인도회사가 1830년에 이르러 신드(Sind)와 편잡(Punjab) 등 북서부 지역과 네팔에 근접한 아우드(Oudh)와 같은 일부 지역을 제외한 인도 전역을 지배하게 되었으며, 1856년까지는 이들 지역마저도 정복했다. 전쟁, 합병, 협정 등 갖가지 방법으로 이루어진 이런 영토 확장과 더불어 영국은 서유럽의 모델에 입각한 여러 개혁을 추진했다. 그런 가운데 1857년 5월 동인도회사의 벵골 군대에 고용된 인도 병사인 세포이(Sepoy)들이 반란을 일으켰다. 주로 힌두교도(Hindu)인 이들은 그들의 신성한 관습과 전통문화가 그리스도교 선교사와 영국 관료들이 추진하는 서유럽화와 산업화 정책으로 심각한 위협을 받고 있는 것을 불안해했다. 그리고 무력에 의한 영토 병탄과 탐욕스러운 토지 강탈은 토착지배계급과 많은 지주들의 불만을 야기했다. 급기야 영국인 장교들의 횡포와 봉급 지불 지연으로 세포이들의 쌓인 불만이 폭동으로 폭발했다.[7]

　아무런 사전 계획도, 조직화된 지도력도 없었지만 반란은 신속하고 격렬했다. 반란군은 유럽인들을 살상하면서 갠지즈(Ganges) 강을 거슬러 올라 델리로 진격했다. 그러나 이 반란은 벵골군 이외에 다른 지역의 군대가 전혀 동조하지 않고 전국적인 민중의 지원도 없어 결국 실패하고 말았다. 그것은 민족적 봉기가 아니라, 외국의 지배와 외래 종교에 대한 증오로 촉발된 군사반란이었다. 진압 역시 포학무도하게 이루어졌다. 산발적 전투가 이듬해 내내 지속되기는 했지만, 반란은 연초에 대체로 진압되었다. 세포이의 반란으로 동인도회사는 그 정치적 기능을 잃게 되었다. 1858년 의회는 동인도회사의 영토와 재산을 국왕에게 넘기는 법을 통과시킴으로써 영국은 이제 국왕이 임명하는 총독(viceroy)을 통해 인도를 직접 통치하게 되었다.[8] 그러나 반란이 가져온 더욱 중요한 결과는 영국과 인도 간의 균열이 더욱 넓

---

7) 게다가 그들에게 지급된 탄약포에 쇠기름이나 돼지기름이 발라져 있다는 소문이 그들 사이에 퍼졌다. 탄환을 총에 장전하기 위해서는 그 탄약포의 끝을 물어뜯어야 했는데, 힌두교도에게는 쇠고기를 먹는 것이, 그리고 무슬림에게는 돼지고기를 먹는 것이 금기였기 때문에 그런 소문은 반항심을 더욱 자극했다.

8) 동인도회사는 그 후에도 살아남았다가 1873년에 해산되었다.

인도의 반란

어지고, 또 후대에 이 반란이 인도의 민족주의 운동을 위한 하나의 터전을 마련해 주었다는 점이다.

인도는 영국인들의 제국의식의 중심에 놓여있었다. 그것은 영국인에게 거의 신비한 동경의 대상이었으며, 또한 거대한 부의 원천이었다. 영국이 이집트와 동부 아프리카로 진출하고, 지중해에서 러시아와의 갈등에 빠져든 것이나, 남아프리카에서 보어인들(Boers)[9]과 싸운 것도 다 이 무한한 가치를 지닌 '제국 왕관의 첫 번째 보석'에 이르는 모든 길을 안전하게 지키려는 의도에서였다. 또한 인도 무역의 이윤을 지키기 위해 영국인들은 버마(Burma), 싱가포르, 말래야, 보르네오, 홍콩, 그리고 중국의 일부 지역에까지 진출했던 것이다.

그러나 영국 정부는 이들 여러 영토를 획득하기 위한 어떤 종합적 계획도 가지고 있지 않았다. 그것들은 점진적으로, 각각의 경우와 지역적 상황에 따라 제각기 다른 방식으로 획득되었다. 스탬퍼드 래플즈(Stamford Raffles)는 1816년 개인적으로 싱가포르 섬을 사들였다. 그는 그것이 중국 및 인도네시아와의 교역을 위해 지닌 전략적 중요성을 깨달았다. 버마는 동인도회사의 군대가 1824년, 1852년, 1855년

---

9) 보어인들은 영국인들보다 먼저 남아프리카의 케이프 지역에 정착한 네덜란드 이주민들이다. 652쪽 참조.

세 차례에 걸친 전쟁을 통해 점진적으로 점령했다. 홍콩은
1842년에 아편전쟁의 전리품으로 획득되었는데, 아편전
쟁은 영국인이 저지른 여러 제국주의적 행위 가운데에서
도 가장 수치스러운 것이었다. 그것은 지역적 위기가 낳은
우발적 사건이 아니라, 계획적이고 일관된 정책적 각본에
따른 것이었기 때문이다. 영국인들은 또한 1874년에 주석
과 고무 등을 탐내어 말레이시아에 대한 침탈을 시작했다.

존 러슬

보수당의 분열과 소수 정파의 연립 내각

  1846년 곡물법 폐지에 대한 필의 결단은 영국의 경제
를 번영의 길로 이끌었다. 그러나 그것은 필 자신의 정치
생명과 보수당의 운명에는 치명적인 타격을 안겨주었다. 필의 배신에 분노한 보호
무역 옹호파들은 디즈레일리의 지도 아래 야당과 연합하여 자기 당의 수상을 몰아
냈다.[10] 이때부터 소수의 필파는 수상을 실각시킨 당내 다수파와는 끝내 화해하지
않았다. 이래서 결국 보수당은 분열되었고, 그 후 보수당은 한 세대 동안 권력을
잡지 못했다. 1852년, 1858~1859년, 1866~1868년에 다비(Derby) 백 에드워드
G. S. 스탠리(Stanley)가 이끄는 보수당 내각이 섰지만, 그의 내각은 다른 어떤 정파
와의 연합도 이끌어내지 못함으로써 단명한 소수 정부에 그치고 말았다. 필파는
이 내각에 참여하기를 끝까지 거부했던 것이다. 1847년에서 1868년까지 20여 년
동안 실시된 여섯 번의 총선거[11]에서 보수당은 모두 패배했지만, 그렇다고 분명한
승자가 있었던 것은 아니었다. 그동안 정부는 휘그파, 급진주의자들, 자유주의자
들, 그리고 필파의 네 주요 정파의 지지에 의존해 왔다. 즉, 이 네 정파의 전부 또
는 몇몇이 연합하여 연립 정부를 구성했으며, 그들은 서로 타협하고 흥정함으로써
정부를 이끌어갔다. 그러다가 때로 이들이 서로 갈등을 겪고 결별하기도 함으로써

---

10) 622~623쪽 참조.

11) 1847년, 1852년, 1857년, 1859년, 1865년, 1868년에 각각 총선거가 있었다.

가끔 짤막한 간주곡 같은 보수당의 소수 정부도 허용했던 것이다.

1846년에 필이 실각한 다음 정권은 존 러슬 경에게 넘어갔다. 러슬 경은 덕망 있고 성실한 정치가로 존경을 받았지만, 뚜렷한 정강도 없었고 따라서 완전한 성공도 거두지 못했다. 그의 내각은 1852년 초에 외무상 파머스턴을 해임함으로써 와해했다. 파머스턴은 강경하고 호전적인 외교정책으로 자주 내각을 곤혹스럽게 만들었다. 특히 그는 내각의 중립 정책을 무시하고 1851년 루이 나폴레옹의 쿠데타를 독단으로 승인함으로써 여왕과 수상의 분노를 샀다. 러슬이 물러나고 권력은 다시 보수당으로 넘어갔으나, 뒤를 이은 다비 내각은 캐스팅 보트를 쥔 필파의 협력을 얻지 못하여 10개월 만에 무너졌다. 필의 지지자들은 1846년에 필을 저버린 자들을 결코 용서할 수 없었던 것이다. 1852년 다비 내각을 무너뜨린 다음 필파는 휘그파와 연립 내각을 구성했다. 필파의 애버딘(Aberdeen) 백 조지 H. 고든(Gordon)이 수상직을 차지했으나, 내각은 외무상에 러슬, 내무상에 파머스턴, 재무상에 윌리엄 E. 글래드스턴(Gladstone) 등 그가 통제하기에는 너무나 버거운 거물급 인사들로 구성되어 있었다. 게다가 평화 시의 개혁 정부에나 어울렸을 이 내각은 뜻하지 않은 전쟁에 휘말려들게 되었다.

크리미아 전쟁

애버딘이 등장할 무렵 이미 유럽에는 전쟁의 먹구름이 드리우고 있었다. 말썽은 1830년대와 1840년대에 이런저런 소란이 이어져 온 오토만제국에서 일어났다.12) 러시아는 자신의 영토를 더 이상 제대로 추스를 힘이 없을 정도로 노쇠한 투르크의 지배 아래 있는 수백만 그리스정교도의 보호자를 자처하고 나섰으며, 그리고 이를 기화로 발칸(Balkan) 반도에 세력을 확장하려는 의도를 드러냈다. 호전적 강경론자인 파머스턴은 영국 정부가 적극 개입하여 사태를 주도하기를 원했으나, 온화하고 평화 애호적인 애버딘이 외교정책을 통제하면서 소극적 태도를 견지했다. 영국이 단호한 입장을 천명하지 못한 가운데 열강들이 개입하여 협상을 벌였지만 성

---

12) 605쪽 참조.

과를 거두지 못했다.13) 마침내 1853년 7월 러시아 군대가 몰다비아(Moldavia)로 진
격하고, 10월에 투르크는 러시아에 전쟁을 선포했다. 수상은 처음에는 직접 개입
하기를 꺼렸지만, 파머스턴이 이끄는 강경파는 결국 수상의 소극적인 태도를 꺾었
다. 이들은 인도로 가는 길목인 지중해에 강력한 유럽 국가가 통제권을 장악하는
것을 묵과할 수 없었다. 이들은 호전적 민족주의를 부추기는 언론과 러시아와의
한판 대결을 외치는 여론의 도움을 받았다.

1854년 3월 영국은 프랑스 및 오스트리아와 더불어 러시아에 대한 전쟁에 뛰어
들었다. 영국은 거의 모든 국민이 전쟁을 외칠 정도로 호전적인 여론 속에서 전쟁
에 돌입했지만, 실은 그만한 준비가 제대로 되어있지 않았다. 9월에 5만의 영국-프

---

13) 오스트리아, 프로이센, 프랑스, 영국 등이 빈(Wien)에서 회의를 열고, 이른바 '빈 각서(Vienna Note)'에서
투르크의 술탄에게 러시아 황제의 요구를 받아들이라고 제의했으나 술탄은 이를 거절했다.

랑스 연합군이 흑해의 크리미아(Crimea) 반도에 상륙했다. 그러나 영국군은 보급품이 부족하고, 장비는 엉망이었다. 나폴레옹 전쟁 이래 40년 동안 평화를 누리면서 장교들은 전쟁 경험이 없었고, 대부분은 지휘관직을 돈으로 산 사람들이었다. 부족한 식량과 불충분한 의복, 열악한 의료 시설 등 사병들의 병영 생활은 비참하기 짝이 없었다. 11월에 플로렌스 나이팅게일(Florence Nightingale)이 30명의 간호원을 데리고 이곳에 도착하여, 이들의 고통을 덜어주고 여건을 개선하기 위해 헌신적인 활동을 펼쳤다. 사상 처음으로 신문사 특파원이 파견되어 일선의 실상을 생생하게 영국 국민들에게 전해주었다. 이러한 군대의 실상이 언론을 통해 폭로되자, 1855년 1월 의회는 정부의 전쟁 수행 실태를 조사하기 위한 위원회를 설치할 것을 결의했다. 이리하여 결국 2월에 애버딘 내각이 무너지고 파머스턴이 수상이 되었다.

파머스턴은 피할 수 없는 선택이었다. 여왕은 피하려고 노력했지만, 여론의 압력에 어쩔 수 없이 그를 수상에 임명했다. 글래드스턴을 포함한 뛰어난 필파들이 정부를 떠났음에도 불구하고, 파머스턴 내각은 전세가 호전되어 감으로써 살아남았다. 1855년 9월 영국과 프랑스 연합군은 오랜 포위 공격 끝에 마침내 세바스토폴(Sebastopol)을 함락시켰다. 전쟁을 승리로 끝낸 파머스턴은 1856년 파리 조약을 체결하여 러시아의 흑해 진출을 저지할 수 있었다. 이 밖에 전쟁이 남긴 몇 가지 결과는, 군제의 개혁과 나이팅게일의 헌신적 봉사에 힘입은 적십자사의 창설, 그리고 그녀의 활약으로 여성의 교육과 사회적 지위에 관한 새로운 인식이 싹트게 되었고, 그리하여 여성 참정권 운동의 길이 열린 점이다.

파머스턴 내각

크리미아 전쟁을 통해서 호전적 이미지를 보여준 파머스턴은 곧이어 페르시아(Persia)[14] 및 중국[15]에서 침략전쟁을 감행함으로써 그의 호전성을 더욱 두드러지게

---

14) 1856년 페르시아가 영국의 경고에도 불구하고 아프가니스탄(Afghanistan)을 침공하여 헤라트(Herat)를 탈취하자 파머스턴은 가을에 응징에 나서서, 인도에서 군대를 동원하여 샤(Shah)의 군대를 격파하고 페르시아 남부의 여러 항구를 점령했다. 이후 세포이의 난이 일어나기 직전인 1857년 3월 강화를 맺고, 페르시아는 헤라트에서 물러났다.

드러냈다. 그러나 그의 이런 공격적인 외교정책은 1857년 디즈레일리의 불신임 동의안 제출을 가져왔다. 이 동의가 통과되자 파머스턴은 여왕에게 의회의 해산을 요청하고, 이어 실시된 선거에서 반대파를 참패시킴으로써 정치적 지반을 확고히 다졌다. 하지만 그는 그 자리를 오래 지키지 못했다. 이듬해 2월에 그는 나폴레옹 3세의 요청을 받아들여, 국내에서 외국 군주를 암살하려는 음모에 가담하거나 연루된 영국 국민을 처벌하는 법안을 의회에 상정했다.[16] 의회가 그것을 외국 세력에 대한 굴종이라 비판하면서 부결시키자 파머스턴은 사임했다.

이리하여 1858년 보수당이 다시 소수내각으로 복귀했는데, 이 제2차 다비 내각은 주로 야당들의 분열과 혼란 덕택으로 일 년 넘게 유지되었다. 그러나 1859년에 다비는 의회의 다수를 확보하기 위해 강행한 총선거에서 과반수를 확보하는 데 실패했다. 또 다른 보수당 정부의 출현을 우려한 야당들이 이해 6월에 역사적인 회합을 가졌다. 이 회합에서 휘그파, 필파, 급진주의자들, 그리고 자유주의자들의 네 정파는 서로 통합할 것을 결의했는데, 이는 이후 근대 자유당의 탄생으로 여겨져 왔다. 그러나 1860년대에 공식적으로 이 이름으로 불리게 되었을 때조차도 자유당은 여전히 자칫하면 분열하고 깨어지기 쉬운 상태에 놓여있었다.

단합된 야당은 바로 다비 정부를 무너뜨렸다. 이것은 1852년 이후 하원의원들의 이합집산에 의해 내각이 바뀌게 된 다섯 번째 경우로서, 1850년대는 동시대인들이 '의회 정부(Paliamentary Government)'라고 부른, 영국 정치 사상 독특한 정부 형태를 가진 시기였다. 그것은 내각이 총선거의 결과보다는 의회에서의 정치적 흥정에 의해서 교체된 것을 일컫는 말이었다. 18세기 동안에는 대체로 후원권과 국왕의 영향력에 의해 의회의 다수파가 규합되고 이를 바탕으로 내각이 수립되었는

---

15) 1856년에 중국이 영국기를 달고 광둥(廣東) 항에 정박 중이던 중국 선박 애로우(Arrow)호에 올라 해적으로 지목된 선원들을 체포하자 영국과 프랑스의 연합군이 광둥을 점령하고, 그 뒤 1858년에는 타구(大沽)를 점령하여 톈진(天津) 조약을 맺고, 다시 1860년에는 베이징(北京)을 점령하여 베이징 조약을 맺었다. 이 전쟁은 흔히 제2차 아편전쟁으로 불린다.

16) 1858년 오르시니(Orsini)라는 한 청년이탈리아당원이 나폴레옹 3세에게 폭탄을 던진 사건이 일어났는데, 암살 음모와 무기가 모두 영국에서 만들어졌다. 이에 분노한 나폴레옹이 '암살 음모의 소굴'인 영국에 대하여 그와 같은 요구를 한 것이다.

데, 19세기 초에 와서는 내각을 지탱해 주는 국왕의 영향력이 쇠퇴하면서 그 역할을 성장하는 정당이 대신했다. 그러다가 1846년 보수당의 분열로 1850년대에는 그 어느 때보다 독자적인 의원 개개인이 내각을 구성하거나 붕괴시키는 데 더 큰 힘을 행사하게 되었던 것이다. 그러나 1859년 이후에는 정당의 규율이 의원들의 원내 활동에 대해 충분한 통제력을 행사하게 되어, 의회 정부는 다시 정당이 지배하는 정부로 바뀌었다.

다비의 패배 이후 여왕은 다시 파머스턴에게 정부를 맡길 수밖에 없었다. 파머스턴은 자신이 주도하여 창당한 자유당을 기반으로 1850년대의 정치적 혼란에서 벗어나 안정된 정부를 이끌어갈 수 있었다. 그의 이번 내각은 거의 전적으로 외교 문제에 관심을 쏟았고 국내 문제에 대해서는 상대적으로 안이하게 대처했다. 수상은 활발한 외교정책 추구에 주력했고, 그는 그것을 자신의 권력 기반을 강화하는 방편으로 삼았다. 이탈리아와 독일의 통일운동, 미국의 남북전쟁 등 그가 개입하고자 한 일이 많았다. 그러나 휘그당 보수파의 입장과 귀족적 신념을 고수했던 그는 국내의 정치 발전을 위한 개혁에는 냉담했다. 선거제도나 정부 기능 등에 대한 개혁 입법들이 도입되기 위해서는 그의 사망을 기다려야 했다. 파머스턴은 1865년 7월 총선거를 치렀다. 특별한 쟁점 없이 수상에 대한 신임을 묻는 성격의 선거에서 그는 낙승을 거두었지만, 81세의 고령이었던 그는 석 달 뒤 사망했다. 파머스턴은 후계자인 글래드스턴에 의해 근대 정당정치가 출현하기 전까지 영국을 이끌어간 마지막 귀족정치가였다.

2. 정당정치의 발전: 글래드스턴과 디즈레일리

1867년의 개혁법

파머스턴의 사망에 따라 다시 러슬 경이 정부를 구성했는데, 그의 정부는 전임자가 묻어두어 왔던 쟁점, 즉 의회 개혁의 문제를 다시 들고 나왔다. 1866년에 수상은 글래드스턴과 함께 선거권을 도시 노동자에게 확대하는 온건한 개혁안을 의회에 상정했다.[17] 그러나 이것은 당장 당내에서부터 강한 반대에 부딪혔다. 로버트 로우(Lowe)가 이끄는 당내의 반개혁파는 보수당과 연대하여 법안을 부결시켰다. 자유당 정부는 무너지고, 다비 경이 디즈레일리와 더불어 다시 한 번 소수 정부를 꾸렸다. 가을로 접어들면서 개혁의 요구가 밀물처럼 밀어닥쳤다. 거역하기 어려운 이

1867년의 선거법 개정을 축하하는 포스터

물결을 보면서 다비와 디즈레일리는 어차피 해야 할 개혁이라면 차라리 보수당이 그것을 주도하는 것이 낫다고 생각했다. 그들은 단순히 자유당이 남긴 틈이나 메우는 땜질 정부로 머물 것이 아니라, 이 위기를 20년 동안이나 허우적거린 소수당 신세에서 벗어날 기회로 활용하려 했다.

빅토리아 여왕은 보수당이 주도하는 개혁이 경쟁 정당의 개혁보다 덜 급진적일 것이라 기대하면서, 보수당이 이 문제를 해결해 주기를 바랐다. 그러나 디즈레일리가 주도하여 1867년에 최종적으로 통과시킨 제2차 개혁법은 바로 지난해 거부된 글래드스턴의 법안보다 한 걸음 더 나아간 것이었다. 이 개혁법은 선거구를 조정하여 많은 버러 의석을 줄이고 대신 주 의석을 늘렸는데, 그럼으로써 보수당은 '토리적 이익'을 도모했다. 그러나 더욱 중요한 것은 참정권을 확대하여, 버러에서 지방세를 납부하는 모든 남자 세대주에게 선거권을 부여한 점이다. 이로써 이제 도시 노동자 대부분이 투표권을 가지게 되었다. 주에서도 재산 자격이 다소간 완화되었다.[18] 이 조치로 잉글랜드에서 약 94만 명의 유권자가 새로 생겨났고, 그 결과

---

17) 글래드스턴의 개혁 법안은 주에서는 연간 임대료가 14파운드 이상인 가옥의 소유자, 그리고 버러에서는 7파운드 이상인 가옥의 소유자와 10파운드 이상인 셋집 거주자에게 선거권을 부여하는 온건한 것으로, 약 100만 명의 기존 유권자 수에 16만 명 정도를 더하는 것에 불과했다.

18) 버러에서는 직접세를 납부하는 모든 가구주에게, 그리고 주에서는 임대료가 연 12파운드 이상인 가옥의 소유자에게 선거권이 부여되고, 인구 1만 이하의 작은 버러에서 45개의 의석을 떼어내 주와 다른 대도시

총유권자 수가 배로 불어나 200만 명 가까이 되었다. 아직 농촌에까지는 미치지 않았지만, 이제 도시에서는 민주주의가 진일보했다. 역설적이게도 그것은 자유당이 아니라 보수당의, 글래드스턴이 아니라 디즈레일리의 선물이었다. 이것은 20년 세월을 허송한 보수당의 좌절감이 디즈레일리의 기민하고 약삭빠른 책략에 의하여 점증하는 민주주의의 욕구와 결합한 결과였다고 할 것이다.

정당정치의 발전

1867년 이후 선거권의 확대로 정당 조직에 큰 변화가 일어났다. 개별 선거구의 정당 조직은 전국적 기구의 일부가 되었고, 노동자를 위한 정치 클럽이 양당에 개방되었다. 디즈레일리는 1867년 전국보수당연합(National Union of Conservatives)을 조직했고, 1870년에는 보수당 중앙사무처를 설치했다. 한편 제조업자 출신인 조지프 체임벌린(Chamberlain)은 버밍엄 지구당위원회를 결성했는데, 이 성공에 고무되어 1877년에는 전국자유당연맹(National Liberal Federation)이 창설되었다. 이와 같은 조직의 정비와 더불어 점차 근대적 정당 제도의 토대가 확립되어 갔다. 글래드스턴은 전국을 돌며 선거 유세를 한 최초의 거물 정치가였다. 선거의 승패는 점점 각입후보자의 자질보다도 당수의 호소력이나 당의 정강에 의해 더 많이 좌우되었다.

이렇게 보수당과 자유당이라는 두 정당을 중심으로 정당정치가 발전하는 데에는 그 출신 배경과 개성 혹은 정치적 스타일 등 여러모로 서로 뚜렷이 대조되는 두 지도자 간의 오랜 정치적 경쟁이 한몫을 했다. 디즈레일리와 글래드스턴은 이미 1850년대부터 경쟁 관계를 맺은 숙적으로서, 파머스턴이 사망한 뒤 같은 시기에 양당의 지도자가 되어 불꽃 튀는 경쟁을 벌이면서 양당 제도를 확립해 나갔다. 디즈레일리는 유대계에다 중간계급 출신임에도 불구하고 지주들의 계급적 이익과 기사적 가치에 헌신했다. 선거에서 네 번이나 낙선의 고배를 마신 다음, 1837년 33세의 나이로 의회 진출에 성공한 그는 곡물법 파동을 겪으면서 필의 비판자로 두각을 나타냈다.[19] 반면 글래드스턴은 상류계급의 교양 있는 가문 출신으로, 이

의 몫으로 돌렸다.

튼과 옥스퍼드라는 엘리트 코스를 거치면서 고교회와 엄격한 토리주의의 훈육을 받았음에도 불구하고, 결국 자유주의의 챔피언이 되었다. 그는 1832년 22세 때 호주머니 선거구인 뉴어크(Newark)에서 의원이 되어 필의 추종자로 정치 수업을 시작했다. 디즈레일리는 세밀하기보다는 상상력과 영감이 풍부한 인물이었으며 반짝이는 재능과 기지를 갖추고 있었다. 그에 비해 글래드스턴은 재정 분야와 정부 부처 운영의 전문가였으며 품위와 청렴성의 장점을 지니고 있었다. 이들 판이한 성격의 두 지도자가 서로 번갈아 정권을 장악함으로써, 이제까지 서로 복잡하게 얽혀있던 정당의 지형이 확고한 틀을 가진 두 정당으로 확연하게 구분되어 갔다. 그래서 이제 "모든 어린이는 꼬마 자유당원 아니면 꼬마 보수당원으로 태어난다"라는 말이 생길 정도였다.

제1차 글래드스턴 내각의 개혁

1868년 2월 다비 경이 건강 악화로 사임하자, 드디어 디즈레일리가 대망의 수상 자리에 올랐다. 10개월 뒤 그는 총선거를 실시했으나, 유권자들은 그의 개혁에 상응하는 보상을 하지 않았다. 만년 야당의 신세를 벗어나고자 한 그의 노력은 실패로 돌아가고, 권력은 다시 자유당에 넘어갔다. 자유당에서도 연로한 러셀이 은퇴하자 글래드스턴이 수상이 되었다. 제2차 개혁법에 의한 선거로는 처음 탄생한 글래드스턴 정부는 제1차 개혁법 이후의 휘그-자유당 정부가 그랬던 것처럼 수많은 개혁을 단행했다.

글래드스턴은 먼저 아일랜드 문제의 해결에 나섰다. 아일랜드에서는 영국의 지배를 규탄하는 과격 단체들이 독립을 주장하면서 소요를 일삼고 있었는데, 글래드스턴은 이를 진정시키기 위해 탄압보다는 유화책을 택했다. 그는 아일랜드인들에게 오랜 불만의 대상이었던 아일랜드의 국교회를 폐지했다. 아일랜드 교회는 극소수의 지주층밖에 다니지 않음에도 불구하고, 국교회라는 이유로 가톨릭교도인 아일랜드인들이 이 교회를 위해 10분의 1 교구세(tithe)를 물어야 했는데, 이제 그 문

---

19) 621~623쪽 참조.

제가 해소되었다. 그러나 더욱 근본적인 문제는 토지를 둘러싼 지주와 소작농 간의 갈등이었다. 지주의 토지소유권은 법적으로 보장된 절대적인 것이었다. 그러나 소작농들은 까마득한 옛날부터 경작해 온 관습에 따라, 자신의 경작지에 대해 일종의 공동소유권을 갖고 있다고 믿었다. 대부분의 소작농이 가톨릭교도인 데 반해, 많은 지주가 개신교도이며 더욱이 잉글랜드에 거주하는 부재지주라는 사실이 문제를 더욱 어렵게 만들었다. 글래드스턴은 1870년 당내의 반발을 무릅쓰고 아일랜드 토지법(Irish Land Act)을 제정하여 토지개혁을 단행했다. 그러나 이것은 소작농의 권리를 법적으로 인정했지만, 지주의 횡포를 방지할 구체적 규정을 담고 있지 않아 실제로는 어느 쪽도 만족시키지 못한 실효성 없는 미봉책에 그치고 말았다.

잉글랜드에서는 교육, 사법제도, 군제, 지방행정 등 다방면에 걸친 광범한 개혁이 이루어졌다. 윌리엄 E. 포스터(Forster)가 주도한 1870년의 교육법(Education Act)은 공립 초등학교 제도의 시초로서, 자유당이 견지해 온 옛 자유주의의 불간섭 원칙에 대한 중대한 수정이었다. 정부는 지금까지 교육을 교회의 자율적인 활동 영역으로 방치해 왔는데, 이런 불간섭 원칙이 새로운 산업국가에 필요한 적절한 교육 체계를 이끌어낼 수 없음을 인식하고, 이제 국민의 기초교육에 국가의 개입이 불가피하다는 사실을 인정했다. 그래서 이 법은 각 종단이 운영해 오던 기존의 사립교육기관은 그대로 두되, 그와 병행하여 기존의 교육 시설이 부실한 지역에 학무위원회(School Board)를 설치하고, 이 위원회가 공립학교를 설립하여 운영하도록 규정했다. 이런 학교는 종교교육을 할 수 있었지만, 다만 아동의 부모가 원하는 경우에 한해 비종파적으로 해야만 했다. 그리고 학무위원회는 5세에서 13세까지의 아동의 출석을 의무화할 수 있었다. 그런 다음 초등교육은 1880년에 마침내 의무화되고, 1891년에는 무상화되었다.

1871년에는 지방정부법(Local Government Act)이 제정되어, 중앙정부의 지방 통제가 강화되고 경쟁시험에 의한 공무원 채용 제도가 확립되었다. 이듬해에는 비밀투표 제도를 도입한 투표법(Ballot Act)이 제정되어 지주나 고용자가 투표자를 압박할 수 없게 되었다. 뒤이어 1873년에 마련된 사법부법(Judicature Act)은 중세 이래의 혼란스럽고 중첩된 사법 기구를 대대적으로 정비하여 근대적 사법제도를 확립했다.[20]

1873년 영국에는 왕좌 법정, 민사소송 법정, 회계청 법정 등 세 보통법 법정과 형평법 법정인 상서청 법정(Court of Chancery), 해군 고등 법정(High Court of Admiralty), 유언검인 법정(Court of Probate), 이혼·결혼소송법정(Court of Divorce and Matrimonial Case), 그리고 런던 파산 법정(London Bankruptcy Court) 등 여덟 가지의 중앙 법정이 있어서 서로 소송절차나 항소방법 등이 달랐다. 사법부법은 이들을 하나의 최고 법정(Supreme Court of Judicature)으로 통합하고 그 아래 민사소송 법정과 회계청 법정을 흡수한 왕좌 법정, 상서청 법정, 그리고 이혼·유언검인·해군 법정 등 세 법정을 두었으며, 이 모든 법정에서 보통법과 형평법의 규칙들을 함께 적용하도록 했다.[21] 그리고 새로운 항소 법정(Court of Appeal)

윌리엄 E. 글래드스턴

을 설치하여 이들 세 법정으로부터 항소된 사건을 재판토록 했다.

한편 군제의 개혁은 1870년의 프로이센-프랑스 전쟁에서 보여준 프로이센 군대의 효율성에 자극을 받았다. 개혁은 유능한 전쟁상 에드워드 카드웰(Cardwell)의 주도 아래 추진되었는데, 그는 우선 평화 시 군대 내의 매질을 금지하고 자치식민지로부터 군대를 철수했다. 그는 또한 전쟁성을 개편하고, 상비군의 규모를 감축하는 대신 예비군을 효율적으로 편성했으며, 무엇보다 장교직을 돈으로 사고파는 오랜 관행을 폐지했다. 그러나 이 마지막 조처는 장교직을 독차지하던 상류계급의 분노에 찬 항의를 유발했다.

글래드스턴은 이렇듯이 국내 정치에서는 주목할 만한 개혁을 이룩했지만, 외교 정책과 제국 정책에서는 영국민들의 인기를 끌지 못했다. 제국의 팽창에 비교적 무관심했던 그는 해외에서 영국의 위신이 손상되는 것을 방치하는 것처럼 보였다. 국민들이 보기에 그는 유럽 열강에 대해 너무 유화적이었다. 여론은 그가 여러 외

---

20) 이 법은 1876년과 1880년에 수정·보완되었다.

21) 원래 사법부법은 '최고 법정'을 말 그대로 최고의 법정으로 삼으려고 했으나, 이제까지 최고 법정의 기능을 맡아오던 상원이 반대하여 그렇게 되지 않았다.

교 문제에서 강대국으로서의 영국의 위신을 지키지 못하고 영국의 주장을 관철하지 못한다고 비난했다. 1870년에 러시아가 오토 폰 비스마르크(Otto von Bismarck)의 은밀한 귀뜸을 받고 크리미아 전쟁 뒤에 러시아에 강요된 해상에서의 여러 제한 조치들을 더 이상 준수하지 않겠다고 선언했을 때, 영국인들은 부유하고 산업상의 우위를 점해온 영국이 갑자기 유럽에서 이토록 무력해진 것에 대해서 분개했다. 글래드스턴은 또한 소위 앨러배머(Alabama)호 사건[22]에 관한 분쟁을 절충하는 과정에서 미국의 주장을 수용하고 미국에 1,500만 달러의 배상금을 지불했는데, 이 역시 나약한 자세라고 여론의 비난을 받았다.

디즈레일리 내각의 사회 개혁과 대외 정책

글래드스턴과 대조적으로 디즈레일리는 적극적으로 식민 활동을 지원했으며, 영제국(British Empire)의 미래에 대한 믿음을 가지고 있었다. 디즈레일리는 1874년 총선거를 압도적인 승리로 장식하면서 집권했다.[23] 보수당은 비밀투표가 처음 시행된 이 선거에서 승리함으로써, 1841년의 집권 이후 처음으로 소수 정부에서 벗어나 온전한 권력을 쥐게 되었다. 디즈레일리 정부는 앞선 정부 못지않게 사회문제에 적극 대처하여 사회입법 체계에 몇몇 중요한 법령을 추가했는데, 이것은 최근에 투표권을 얻은 노동계급의 힘을 반영하는 것이었다. 자유당 정부가 1871년의 노동조합법으로 노조를 합법화한 데 이어, 보수당 정부는 추가입법을 통해 노조에 평화적인 피케팅의 권리를 보장해 주었다.[24] 또한 법정에서 노동자를 열등한 하인으로 취급하도록 허용한 주종법(Master and Servant Act)을 폐지하여 노사의 동등한 지위를 보장했다. 그 밖에도 주택 문제를 다루려는 최초의 시도, 식품과 의약품 판매에서 표준을 설정하기 위한 최초의 포괄적 조처, 그리고 공중보건사업을 확대·강화하는 조처 등 다양한 분야에서 사회를 개선하기 위한 진지한 노력이 기울여졌

---

22) 미국의 남북전쟁 기간 중에 영국에서 건조된 상선공격선(commerce raider) 앨러배머호가 북부의 상선에 막대한 피해를 입힌 데 대해 북부가 분개하여 전후에 이에 대한 배상을 영국에 요구했다.

23) 자유당이 242석을 얻은 데 대해, 보수당은 352석, 아일랜드민족당이 58석을 얻었다.

24) 632쪽 참조.

다. 이런 입법 조치들은 흔히 '토리 민주주의(Tory Democracy)'에 대한 디즈레일리의 관심 덕분으로 여겨져 왔다. 그러나 실은 이 시기의 사회 개혁을 추진한 진정한 개혁가는 수상 디즈레일리이기보다는 내무상 로버트 크로스(Cross)였다.

이와 같이 디즈레일리 정부는 내정에서 많은 업적을 쌓았지만, 집권 기간 내내 그가 주로 관심을 기울인 것은 해외 문제였다. 디즈레일리는 제국의 영광을 강조했다. 그는 영국이 로마제국처럼 세계적인 위신과 책무를 지녀야 한다고 주장했다. 그의 정책은 정력적이고 모험적이었는데, 그러면서도 대체로 성공을 거두었다. 그는 1875년 내각의 거센 반대를 무릅쓰고 거액을 들여 재정 위기에 봉착해 있던 이집트 총독(Khedive)[25] 이스마일 파샤(Ismail Pasha)로부터 수에즈(Suez) 운하 주식을 사들였다. 이

벤저민 디즈레일리

는 인도로 가는 해로를 크게 단축한 이 운하에 대한 프랑스의 독점을 막고 운하 관리에 대한 발언권을 갖기 위한 조치였으며, 디즈레일리는 이 대담한 행동으로 여왕과 국민을 기쁘게 했다. 이어 1876년에 그는 자신이 영제국의 보석이라 불렀던 인도의 황제 칭호를 빅토리아 여왕에게 바쳤으며, 여왕은 그를 비컨스필드(Beaconsfield) 백작으로 서임하여 이에 보답했다. 사실 여왕은 파머스턴과 글래드스턴에게 노골적으로 혐오감을 드러낸 데 반해서 디즈레일리와 보수당은 공공연하게 편애했다.

이 무렵 영국 정부는 외교적 어려움에 직면하고 있었다. 크리미아 전쟁 이후 영국의 정책은 무너져가는 오토만투르크제국을 떠받쳐서 러시아의 남진을 막는 데 있었는데, 1876년 이 정책이 곤경에 빠지게 된 것이다. 1875년에 발칸 반도의 일부 그리스정교도들이 투르크제국의 압제에 반기를 들고 일어났으며, 이듬해에 불가리아인들이 이에 가세하자 투르크제국은 1만 2,000명의 불가리아인을 학살했다. 이것은 영국인들 사이에 광범한 비난을 불러일으켰으며, 만행에 항의하는 진정서와 대중 집회가 꼬리를 물었다. 이 학살을 비난하는 팸플릿을 저술하여 선풍적인

---

25) 오토만제국의 술탄으로부터 받은 직책.

인기를 얻은 글래드스턴은 이 사태를 흐트러진 자유당을 다시 규합하여 디즈레일리와 대결할 수 있는 기회로 생각했다.[26] 한편 투르크제국의 실정과 만행에 분개하기보다 이 지역에 러시아의 세력이 확대되는 것을 더 두려워한 디즈레일리는, 1877년 5월 러시아가 투르크제국에 선전포고하자 이에 맞서 투르크를 지원했다. 그리하여 글래드스턴의 도덕정치와 디즈레일리의 현실정치가 곡물법 이후 다시 한번 영국인들을 두 진영으로 뚜렷이 갈라놓았다.

1878년 투르크와의 싸움에서 승리한 러시아가 산 스테파노(San Stefano) 조약으로 발칸 반도로 진출할 길을 확보하자, 디즈레일리는 분쟁 지역에 함대를 파견하여, 한때 러시아와 전쟁 일보직전까지 갔다. 그러나 이해 봄에 디즈레일리는 비스마르크가 주선하여 개최한 베를린 회의에 참석하여 불가리아의 핵심 지역을 투르크제국의 수중에 남겨놓음으로써 러시아의 동지중해 진출을 견제할 수 있었다. 그는 전쟁 없이 러시아의 진출을 저지하고 '명예로운 평화'를 쟁취함으로써 외교적 승리를 거둔 데다 투르크제국으로부터 키프로스(Kypros)를 할양받기까지 함으로써 영국민의 환영 속에 개선장군처럼 돌아왔다.

그러나 전 세계에 걸친 영제국의 이해관계는 곳곳에서 충돌을 빚었다. 러시아와는 곧 아프가니스탄에서 다시 부딪쳤다. 영국은 이 지역에서 러시아 세력을 견제하기 위해 아프간 전쟁(1878~1880)을 일으키고 두 차례나 이곳에 침입했으나, 이같은 침략 행위는 국내에서도 환영받지 못했다. 한편 남아프리카에서는 1877년 트랜스발(Transvaal)을 병합하여 남아프리카 연방을 수립했는데, 트랜스발은 영국의 노예제도 폐지정책에 반발해서 1835년 케이프 식민지를 벗어나 북부로 이주한 보어인들이 세운 공화국이었다. 이어 1879년에는 이웃의 호전적인 줄루족(Zulus)의 위협을 저지하기 위해 전쟁을 벌였는데, 이들에 대한 영국군 연대의 무자비한 섬멸전은 디즈레일리의 제국주의 정책에 대한 비판과 회의를 자아냈다.

1880년 총선거에서 글래드스턴은 이와 같은 상황을 정치적으로 적절히 이용했다. 그의 고결한 도덕주의는 디즈레일리의 제국의 영광보다 더 큰 호소력을 지닌

---

26) 『불가리아의 공포와 동방문제(*The Bulgarian Horrors and the Question of the East*)』라는 제목의 이 팸플릿은 3주 동안에 무려 20만 부가 팔렸다.

듯이 보였다. 선거운동에서 글래드스턴은 디즈레일리의 갖가지 제국주의적 모험 정책을 부도덕한 제국주의의 본보기라며 신랄하게 공격했다. 그의 연설은 마치 복음전도사와도 같이 유권자들을 감동시켰다. 그리하여 1880년의 총선거는 디즈레일리의 참패를 가져왔으며, 그것으로 그의 공적 생활은 끝이 났다.[27] 연로한 그는 건강 악화로 정계를 은퇴하고 이듬해 사망했다.

장기 불황

　1880년의 선거 결과에는 디즈레일리의 제국 정책뿐만 아니라 영국의 경제 침체가 또한 큰 영향을 미쳤다. 영국이 오랫동안 누려오던 번영은 디즈레일리가 집권한 1874년 이전에 이미 끝나가고 있었다. 1873년 이후 사회경제적 현상들은 모든 것이 다 잘되어 간다는 빅토리아적 믿음을 무너뜨리기 시작했다. 물가·이자율·이윤의 하락 등, 이때 시작된 불황은 이전의 번영기만큼이나 오래 지속되었다. 이러한 전반적 불황을 먼저 이끈 것은 농업 불황이었다. 1870년대에 들어서면서 북아메리카 평원에서 생산된 양질의 값싼 밀이 철도와 기선을 통해 대량으로 영국에 공급되었다. 밀에 뒤이어 곧 남북아메리카뿐 아니라 뉴질랜드로부터 육류가 쏟아져 들어왔다. 잉글랜드에서는 수많은 농부들이 몰락하고 수천 에이커의 경작지가 잡초로 뒤덮였다. 19세기 중엽에 농업은 국민소득의 20%를 차지했으나, 20세기 초두에는 6.4%에 불과하게 되었다. 이런 농업의 붕괴는 사회적으로 심대한 영향을 끼쳤다. 그것은 지주 권력을 약화시키고, 도시에 대한 농촌의 독립성을 훼손했다. 그리고 그것은 영국 경제를 1896년까지 지속된 전반적 불황의 늪으로 끌고 갔다. 1879년에 수출액은 절정에 이르렀던 1872년의 수출액에 비해 4분의 1이나 줄었다. 특히 모직물 공업과 금속공업이 큰 타격을 입었다.

　그동안 영국의 자본주의는 세계경제에서 하나의 가공할 만한 세력이었으며, 영국의 경제는 번영과 성장을 지속해 왔다. 영국은 전기와 내연기관을 주축으로 하는 2차 산업혁명을 선도해 왔으며, 특히 화학과 정밀기계 분야에서 지대한 공헌을

---

27) 보수당이 238석을 얻은 데 대해, 자유당은 354석, 아일랜드민족당은 60석을 얻었다.

CAUGHT NAPPING !

'THERE WAS AN OLD LADY AS I'VE HEARD TELL, | SHE WENT TO MARKET ON A MARKET DAY | BY CAME A PEDLAR—GERMAN—AND STOUT,
SHE WENT TO MARKET HER GOODS FOR TO SELL, | AND SHE FELL ASLEEP ON THE WORLD'S HIGHWAY. | AND HE CUT HER PETTICOATS ALL ROUND ABOUT

영국 무역의 쇠퇴를 풍자한 만화(≪펀치≫, 1896): 세계시장의 장터에서 물건이 팔리지 않아 졸고 있는 영국인 할머니에게 살찐 독일 행상인이 다가와 할머니의 치맛자락을 자르고 있다.

했다. 그러나 19세기의 마지막 사분기로 접어들면서 영국 경제는 일부에서 동맥경화 현상을 보이기 시작했다. 성장 속도가 눈에 띄게 둔화되고, 경기의 기복이 심해졌다. 그리하여 후발국인 미국과 독일이 경제적 우위에 도전하고 있었다. 영국은 아직도 경제적으로 거인이었지만, 이들 후발주자들과의 경주에서 차츰 기력이 빠지기 시작했다. 낮아지는 성장률, 새로운 기술 도입의 지체, 부의 불평등의 심화 등 불안한 조짐들이 빅토리아적 낙관주의를 무너뜨리고 있었다. 영국의 성장률은 이전 시기에 비해서뿐만 아니라, 같은 시기의 다른 경쟁 국가들의 급속한 성장에 비해서도 뒤떨어지고 있었는데, 사람들이 느끼는 불안감의 밑바탕에는 이 나중의 요소가 더 넓게 깔려있었다. 영국의 국민총생산이 1819~1853년 사이에 연평균 3.5%씩 증가했던 반면, 1870~1913년 사이에는 2.2%씩 증가하는 데 그쳤다. 그러나 독일은 이 기간에 연 4.1%의 성장률을 기록했고, 미국 역시 비슷한 성장률을 누렸다. 영국은 1880년에 세계 강철의 3분의 1을 생산했으나 1902년에는 7분의 1밖에 생산하지 못했고, 1870년에 세계 무역량의 40%를 점했으나 1914년에는 30%로 줄어들었다. 영국 경제는 여전히 성장하고 있었지만, 이제 그것은 더욱 급속히 성장하는 경제들과 맞닥뜨리게 되었다. 영국은 독일이나 미국에 비해 새로운 기술을 받아들이는 데서도 민첩하지 못했다. 덜 효율적인 과거의 기술에 집착한 나머지 재빠른 변신에 성공하지 못한 것이다. 에드워드 7세가 1901년에 즉위했을 때 경제적 불평등은 엄청나게 컸다. 국민소득의 거의 3분의 1을 인구의 3%가, 또 다른 3분의 1을 그 다음 9%가 차지했고, 나머지 3분의 1 남짓만이 그 아래 88% 인구의 몫이었다.

거인과 같은 영국이 쇠퇴해 간 이유에 대해서는 몇 가지 요인을 들 수 있다. 소규모 가족회사의 끈질긴 잔존, 옛 공장과 옛 방식의 무기력증, 일관작업 및 표준화된 부품 도입의 소홀, 할아버지 대의 기업주들보다 진취적이지 못한 기업주의 안일함, 기술자와 기업가를 길러내지 못한 교육 체제 등이 흔히 지적되는 요인들이다. 그러나 영국의 모든 가족회사가 비효율적이거나, 산업이 과학기술의 부족 때문에 부진하거나, 기업적 재능이 세대를 지나면서 완전히 쇠퇴한 것은 아니었다. 기간산업인 면공업, 석탄업, 철강공업, 조선공업 등이 반드시 쇠퇴했거나 신제품의 출현을 가로막은 것도 아니었다. 제1차세계대전 직전에도 면공업은 여전히 번영하는 산업이었고, 석탄 생산성은 세계 최고였으며, 조선소는 세계 선박의 절반을 건조하고 있었고, 무엇보다 잉글랜드는 전 세계 금융과 기업의 중심으로 남아있었다.

영국 경제의 장기 침체 현상을 어떻게 분석하든 두 가지 사실만은 분명하다. 첫째, 영국은 제조업에서 그때까지 누려왔던 거의 독점적인 지위를 영원히 유지할 수는 없었다는 점이다. 그러한 지위는 다른 나라들이 앞 다투어 산업화하고 나면 제아무리 강력한 경제라도 유지할 수 없는 것이었기 때문이다. 둘째, 1873~1896년 사이의 전 세계적인 가격 하락 현상인 이른바 대불황은 영국 경제와 같은 강력한 경제도 결국 피할 수 없었다는 점이다. 그것은 세계경제 혹은 유럽 경제의 구조적 전환기에 나타난 현상이었기에 어느 한 나라의 노력으로 극복할 수 있는 일이 아니었다.

3. 제국주의 시대

제국주의 열풍

1880년 글래드스턴이 다시 수상의 자리로 돌아왔을 때, 그는 제국주의 정책에서 명예롭게 후퇴하겠다는 자신의 선거 공약을 실천하는 것이 불가능함을 깨달았다. 때는 바야흐로 신식민주의 시대로 접어들고 있었다. 1880년대에 유럽의 열강들은 하나같이 치열한 식민지 쟁탈전에 뛰어들었다. 영국에서도 제국주의는 대중의 열광을 불러일으키고 있었다. 찰스 고든(Gordon), 세슬 로즈(Cecil Rhodes), 호레이시오우 키치너(Kitchener) 경, 프레드리크 루가드(Lugard) 경과 같은 영웅들에게 국민들은 아낌없는 갈채와 찬사를 보냈다. 많은 역사가와 저술가들이 제국주의적 감정에 호소하는 글을 썼다. 탁월한 역사가 써 존 실리(Seeley)가 저술한 『잉글랜드의 팽창(*The Expansion of England*)』(1883)은 제국주의 정책의 교과서가 되었고, 러디어드 키플링(Rudyard Kipling)은 감동적인 시구를 통해 독자들에게 이른바 '백인의 책무(White Man's Burden)'를 일깨웠다. 제국의 대의를 설파하는 잡지들이 발간되고, 제국적 유대를 강화하기 위한 각종 기구도 설립되었다. 제국주의 열정은 거역할 수 없는 기운이었다. 자유주의자도 보수주의자도 서로 다투어 열성적 제국주의자임을 드러내 보이려 했다. 제국주의는 모든 계급, 모든 종교적 신념, 모든 정당에 손길을 뻗었다. 찰스 딜크(Dilke)와 같은 급진주의자도 제국주의의 미덕을 외쳤다. 사회주의자들조차 제국주의의 정당성을 의심하지 않았다. 페이비언 사회주의자(Fabian Socialist)이자 극작가인 조지 버너드 쇼(Bernard Shaw)는 "페이비언주의자는 이론상 제국주의자일 수밖에 없다"라고 공언했다.

이와 같은 제국주의적 열광을 부채질한 데에는 몇 가지 강력한 요인이 작용했다. 첫째, 다양하고 복합적인 지적·사회적 경향이 이를 부추겼다. 이교도의 개종을 위해 진출하려는 그리스도교 복음운동가들의 줄기찬 소명 의식이 있었고, 노예제를 종식시키거나 원주민을 보호하려는 인도주의자들의 끈질긴 열망이 있었다. 이보다 훨씬 더 새로운 것으로는 과학으로 포장된 사회진화론이 있었는데, 이 이론은 앵글로-색슨 인종의 우월성을 주장했다. 새로운 과학인 인류학 역시 유색인종에 대

키플링과 조지 5세

한 백인의 우월론을 뒷받침했다. 이런 다양하고 복합적인 요소들을 '백인의 책무'라는 그럴듯한 표현으로 종합한 키플링은 영국의 통치와 문명의 혜택을 비그리스도교 미개인들에게 전달해야 할 도덕적 사명감을 영국민들에게 주입시켰다. 둘째는, 해외에서의 경제적·외교적 경쟁이었다. 독일, 프랑스, 러시아 등의 위협이 영국인들 사이에 깊은 불안감을 불러일으켰으며, 이런 불안감과 방어 의식이 영제국의 필요성을 더욱 강하게 확인시켜 주었다. 셋째로, 태양이 지지 않는 제국의 존재 그 자체가 영국인으로 하여금 열성적 제국주의자가 되도록 자극했다. 한 세기 이상 제국의 존재는 영국인에게 자신을 우월한 민족으로 믿게 했는데, 사실 제국의 10분의 9는 제국주의가 대중적 열정이 되기 전에 이미 획득된 것이었다.

그러나 경쟁 세력이 없던 이전의 한 세기 동안 영국인들을 제국으로 내몬 최대의 추동력은 무역이었다. 순례자, 탐험가, 선교사, 그리고 토지에 굶주린 자들에 이르기까지 제국을 건설하는 데 힘을 보탠 여러 행동가들이 있었던 것은 사실이지만, 일차적 동기를 제공한 것은 여전히 이윤이었다. 투자와 무역의 기회나 가능성이 있는 곳이면 영국의 자본가는 세계 어디든 찾아갔다. 그렇기 때문에 존 A. 홉슨 (Hobson)은 『제국주의 연구(*Imperialism, A Study*)』(1902)에서 자본주의야말로 제국주의의 배후에 있는 주된 힘이라고 주장했다. 홉슨에 의하면 자본주의는 부의 불평등한 분배 체제 때문에 노동자의 구매력을 빼앗아 생산된 재화가 모두 소비되지 않으며, 이런 저소비는 자본가로 하여금 해외에서 시장을 찾도록 충동하고, 그래서 그들은 정부를 설득하여 제품 시장과 투자 장소로서의 해외 영토를 획득하도록 한다는 것이다.[28]

글래드스턴 내각의 제국주의 정책

이념상 '반제국주의자'였던 글래드스턴은 역설적이게도 디즈레일리보다 더 폭넓은 제국주의의 길로 끌려들어갔다. 그는 원칙적으로 약소국가에 대한 무력행사를 꺼렸는데, 이로 말미암은 그의 우유부단함은 때때로 더 심각한 무질서를 낳았으며, 그래서 그의 때늦은 무력행사는 으레 더욱 철저하게 이루어지곤 했다. 결과적으로 그의 이상주의적 정책은 부적절한 행동으로 얼룩지고 말았다. 디즈레일리의 트랜스발 합병 정책을 신랄하게 비난했던 글래드스턴은 집권한 뒤 합병을 취소하기보다는, 아프리카의 법과 질서를 유지하고 흑인을 보호하기 위해 영국의 통치가 불가피하다는 쪽으로 돌아섰다. 그러나 줄루 전쟁으로 줄루족의 위협이 사라진 뒤 해묵은 반영 감정을 되살린 보어인들은 독립의 기대가 무산되자 합병을 거부하며 독립공화국을 선포하고, 1881년 2월 마주바 힐(Majuba Hill)의 전투에서 영국군을 격퇴했다. 여론은 보복을 요구했으나, 글래드스턴은 결국 패배를 받아들이고 트랜스발의 독립을 인정했다.

제국 문제를 다루는 글래드스턴의 서툰 솜씨는 이집트에서도 드러났다. 여기에서는 총독 이스마일 파샤가 1870년대 후반에 재정을 탕진하여 차관의 변제 불능 사태에까지 이르게 하고, 급기야 재정 통제를 구실로 한 프랑스와 영국의 개입을 초래했다. 그러자 1881년 아라비 파샤(Arabi Pasha) 대령을 중심으로 외세를 배격하는 민족주의적 반란이 일어났다. 폭동이 유럽인의 살해로 번지자, 여론에 밀린 글래드스턴 내각은 수에즈 운하의 보호를 구실로 이집트 정복에 나섰다. 프랑스가

---

28) 홉슨의 제국주의 이론은 정밀하게 검토하면 들어맞지 않는 부분이 많지만, 아직도 제국주의에 대한 유력한 해석의 하나로 남아있는 것은 사실이다.

한발 물러난 상태에서 영국은 1882년 군대를 파견하여 반란을 평정했다. 이렇게 해서 영국은 이집트를 실질적으로 지배하는 유일한 나라가 되었다. 이집트는 투르크제국 총독의 명목상의 통치 아래 영국 총영사가 실권을 장악하는 보호국이 되었다.[29]

영제국주의

영국의 이집트 지배는 수단(Sudan)에서 참혹한 비극을 빚어냈다. 대부분이 불모지인 광대한 수단은 이집트의 지배 아래 있었는데, 1883년에 모하메드 아메드(Mohammed Ahmed)라는 한 이슬람교도 지도자가 마디(Mahdi), 즉 무슬림 구세주로 자처하면서 이집트인들의 거듭된 실정에 대해 저항의 깃발을 들고 일어났다. 영국군 지휘하의 이집트군이 봉기의 진압을 시도했으나 오히려 반군에게 궤멸당했다. 더 이상 모험에 말려드는 것을 꺼린 글래드스턴 내각은 수단 내의 모든 이집트인 수비대를 철수하기로 하고, 이를 돕기 위해 영국 원정군을 파견키로 결정했다. 이듬해 2월, 영국은 중국에서 태평천국의 난을 진압한 고든 장군을 이 구출 작전에 투입했다. 고든의 부대는 수도 카르툼(Khartoum)에서 민간인들을 철수시키고 난 뒤, 사태 수습을 위해 계속 잔류하다가 그들마저 고립되고 말았다. 글래드스턴 정부는 이들을 구출하기 위한 신속한 대처를 하지 못했으며, 1885년 1월 마침내 구조대가 도착했을 때에는 이미 요새 안의 모든 영국군과 이집트인들이 몰살당한 지 이틀 뒤였다. 이 재난은 엄청난 정치적 회오리바람을 몰고 와 글래드스턴 내각을 궁지에 몰아넣었다. 이후 수단을 다시 장악하는 데에는 13년의 세월이 걸렸다.

---

29) 이런 비공식적인 지배는 1936년까지 지속되었고, 영국의 군대는 1954년까지 주둔했다.

아일랜드 문제

글래드스턴의 2차 내각의 시기(1880~1885)는 1차 내각 때와 같은 영광의 시기도 성취의 시기도 아니었다. 그것은 밖으로 연속적인 재난을 겪었을 뿐만 아니라, 안으로도 정치적 어려움에서 벗어나지 못했다. 국민은 계속되는 경제 침체로 불만에 차 있었고, 의회는 온통 아일랜드 문제에 휘말려 다른 아무 일도 할 수 없었다. 영국에서 아일랜드 문제는 고질병과도 같았다. 그것은 휴면 상태로 잠복해 있다가 때만 되면 다시 터져 나와 의회정치를 뒤흔들곤 했다. 아일랜드에서는 지주와 소작농 사이에 치유할 수 없는 적대감이 변함없이 지속되었다. 잠복 상태에 있던 이 갈등이 경제적 어려움이 커지자 표면으로 분출하기 시작했다. 특히 1879년의 흉작은 아일랜드 농가에 혹독한 타격을 입혔다. 거기에 값싼 북아메리카산 곡물의 수입은 소작농의 파산을 부채질했다. 파탄에 처해 난폭해진 농민들은 가옥을 불지르고 지주들을 살해했다. 이들은 찰스 스튜어트 파넬(Parnell)의 지도 아래 결집했다. 개신교도 지주 출신인 파넬은 1879년 소작농의 권익을 위해 설립된 아일랜드토지연맹(Irish Land League)을 이끌었고, 의회에서는 1880년 선거에서 62석으로 늘어난 아일랜드민족당(Irish Nationalist Party)을 지도했다. 그는 원내외의 모든 민족주의 세력을 규합하여 카리스마적 지도력으로 아일랜드의 자치를 쟁취하기 위해 헌신했다.

끈질긴 소요에 정부는 강압과 회유로 대응했다. 정부는 한편으로 1881년 토지법을 제정하여, 1870년 토지법의 미비점을 보완하고 소작농이 주장하는 권리들을 인정해 주었다.[30] 그러나 폭동은 수그러들지 않았다. 농민들의 사적 토지소유권을 요구한 토지연맹은 토지 추방을 반대하는 운동을 지속적으로 전개하고, 박해자들에 대해서는 '보이코트'로 대응했다.[31] 그러자 정부는 폭동에 대한 형사처분을 강화하고, 폭동 교사 혐의로 파넬과 그의 동지들을 투옥했다. 그러나 투옥은 오히려

---

30) 이 토지법은 아일랜드 농민들이 요구한 이른바 '3 Fs', 즉 공정한 지대(fair rent), 고정된 소작권(fixty of tennure), 소작권의 자유로운 매도(free sale of tenancy) 등을 대부분 받아들였으며, 지대를 결정할 사법위원회(Judicial Commission)를 설치했다.

31) '보이코트'란 말은 찰스 보이코트(Boycott)라는 토지관리자에 대한 사회적·경제적 배척운동을 전개한 데서 유래했다.

폭동을 부추길 뿐이었다. 이듬해 4월에 글래드스턴은 옥중의 파넬과 협상하여 미납지대법(Arrears Act)으로 아일랜드 농민들의 미납 지대를 일소하기로 하고 파넬을 석방했다. 그러나 1882년에 글래드스턴이 아일랜드인들에 대한 호의의 표시로 아일랜드 담당상으로 임명한 프레드리크 캐븐디쉬(Cavendish)가 아일랜드에 도착하자마자 잔인하게 살해되었다. 그러자 잉글랜드와 아일랜드에서 다같이 이와 같은 잔학 행위를 비난하는 목소리가 높아졌다. 그 결과 타협이 이루어져, 글래드스턴은 미납지대법의 약속을 실천에 옮겼으며, 파넬은 잠시 동안의 휴전을 받아들였다. 이리하여 1882년 여름을 고비로 폭력이 수그러들고 이후 수년간 평온이 유지되었다.

제3차 개혁법과 아일랜드 자치법안

잠시 찾아온 평온의 기간에 글래드스턴은 선거법을 개혁함으로써 그나마 내치의 공백을 메울 수 있었다. 1884년에 제정된 제3차 개혁법은 1867년 제2차 개혁법으로 확립된 버러의 선거권 규정을 주에 확대 적용하는 것이었다. 그리하여 세대주인 농업 노동자들이 선거권을 부여받게 되었다. 이 법은 스코틀랜드와 아일랜드에까지 확대 적용되었으며, 그 결과 유권자 수가 대폭 증가했다. 잉글랜드 및 웨일즈에서 유권자는 260만에서 440만으로 증가하여 대략 성인 남자 10명 가운데 7명이 선거권을 갖게 되었다. 스코틀랜드에서는 10명 중 6명이, 아일랜드는 성인 남자의 절반이 선거권을 갖게 되었다. 한편 유권자의 증가에 대해서 부정적이던 보수당의 요구로 의석의 재분배와 선거구 조정도 이루어졌다. 수많은 소규모 버러가 독자적 선거구 자격을 잃거나 의석 하나를 잃었다. 그 결과 138석이 재분배되어 그중 94석은 주에 배당되었고, 나머지는 인구가 많은 대도시에 배정되었다. 이러한 의석과 선거구의 재조정은 보수당에 상당한 이득을 주어, 개혁법으로 얻은 자유당의 이점을 상쇄했다.

카르툼의 참사를 비롯한 대외 정책의 실패로 여론이 나빠진 데다, 아일랜드 정책으로 글래드스턴의 자유당은 내분에 휩싸여 곤경에 처해있었다. 거기에다 1885년 6월 보수당이 파넬과 제휴하여 그의 예산안을 부결시키자 글래드스턴은 사임할 수밖에 없었다. 그 뒤를 이어 수상이 된 보수당의 솔즈베리 후작 로버트 개스코인-

세슬(Gascoyne-Cecil)은 11월에 총선거를 실시했다. 선거에서 자유당은 보수당보다 86석이 더 많은 336석을 차지했지만, 그것은 의석의 절반이었고, 파넬의 아일랜드 민족당이 나머지 86석을 전부 차지함으로써 그들이 캐스팅 보트를 쥐게 되었다. 그동안에 글래드스턴은 아일랜드 자치를 허용하는 쪽으로 돌아서 있었으며, 이래서 불과 몇 달 전에 글래드스턴 내각을 무너뜨리는 데 앞장섰던 파넬이 이번에는 글래드스턴의 손을 들어줌으로써 그를 다시 수상의 자리에 복귀시켰다.

1886년 초에 세 번째 내각을 구성한 글래드스턴은 자치만이 아일랜드 문제의 유일한 해법이라 믿고 입법을 추진했다. 그의 법안은 아주 온건한 것이었다. 그것은 소위 '제국' 문제, 즉 국방·외교·관세·통화·우편 등 아주 광범한 분야를 계속 영국 의회의 관할로 남겨두고, 아일랜드인들은 이 틀 안에서 자치권을 행사하되, 그 대신 영국 의회에 대표를 보낼 수 없도록 규정했다. 그러나 이 법안은 당 내부에서 자칭 '자유통합파(Liberal Unionists)'의 반란을 불러일으켰다. 프레드리크 캐븐디쉬의 동생인 하팅턴(Hartington) 경 스펜서 캐븐디쉬가 이끄는 휘그파와 체임벌린이 이끄는 급진주의자 등 93명이 보수당과 함께 반대표를 던짐으로써 이 법안은 부결되었다.

자치법안의 패배 직후 글래드스턴은 다시 총선거를 실시했다. 결과는 자유당이 191석, 아일랜드민족당이 85석을 얻은 데 대해, 보수당이 316석, 자유통합파가 78석을 얻음으로써 자유통합파와 연합한 보수당은 자유당과 아일랜드민족당을 누르고 충분한 다수 의석을 확보했다. 글래드스턴은 결국 아일랜드 문제로 자유당을 두 쪽으로 갈라놓았다. 40년 전 필이 곡물법 문제로 보수당을 분열시켰듯이 글래드스턴은 이제 자신이 그토록 통합하기 위해 애써왔던 자유당을 분열시켰다. 이후 자유통합파는 시간이 흐를수록 보수당에 더욱 가까워졌고, 끝내는 거기에 흡수 통합되었다. 그 결과 보수당은 이후 단 한 차례, 글래드스턴의 4차 내각이 집권한 3년을 제외하고는 20년 동안 줄곧 집권했다.

아일랜드 자치 문제는 글래드스턴의 네 번째이자 마지막 내각 때 다시 한 번 쟁점화되었다. 나이 83세의 이 노정치가는 1892년의 총선거에서 아일랜드민족당의 도움으로 겨우 과반수를 확보하여 수상이 되자,[32] 이듬해 재차 자치법안을 의회에 상정했다. 법안은 하원을 통과했으나, 이번에는 보수당이 지배한 상원에서 부결되었다. 글래드스턴은 새로운 총선거를 통해 국민에게 직접 호소하는 대신, 1894년 3월 로우즈버리(Rosebery) 백 아치볼드 프림로우즈(Archibald Primrose)에게 수상직을 넘기고 정계에서 은퇴했다. 이 단막극을 마지막으로 아일랜드 문제는 보수당 집권기 동안 다시 잠복 상태에 들어갔다. 이런 사태 전개에는 파넬의 몰락이 또한 크게 작용했다. 1890년에 파넬은 간통과 관련된 이혼소송에 말려들었고,[33] 그것으로 그의 정치적 생명은 끝나버렸다. 파넬의 카리스마가 사라지자, 아일랜드민족당은 사기가 꺾이고 분열했다. 그들은 아일랜드 몫의 의석을 거의 독점함으로써 계속 비슷한 수의 의석을 유지할 수는 있었지만, 이전과 같은 활력을 되찾지는 못했다. 여기에는 보수당 정부의 회유정책도 일조를 했는데, 정부는 소작농의 토지 매입을 돕고, 철도를 부설하고, 각종 산업진흥책을 추진했다. 그 가운데 가장 중요한 것은 일련의 토지구매법(Land Purchase Act)이었다. 1885년의 애쉬번법(Ashbourne Act)에서 시작하여 1903년의 윈덤 토지구매법(Wyndham's Land Purchase Act)에 이르기까지 일련의 조치에 의해 소작농들은 정부의 도움으로 대출을 받아 지주들이 의무적으로 매각해야만 했던 토지를 사들일 수 있었다. 이리하여 아일랜드는 이제 자작농의 나라가 되었지만, 소요의 소지를 없애려는 이런 회유정책이 아일랜드의 민족주의 열정을 말살하지는 못했다. 그것은 머지않아 다시 솟아오르게 마련이었다.

솔즈베리 내각과 제국주의적 팽창

솔즈베리는 글래드스턴의 4차 내각을 사이에 두고 앞뒤로 1886년부터 1902년까지 13년 동안이나 집권했는데, 그의 집권기는 영국의 제국주의 역사에서 주된 팽창기였다. 1880년대에는 동남아시아에서도 제국주의적 팽창이 진행하여 북부 보르네오(North Borneo)와 상부 버마(Upper Burma) 등이 영국의 동양 식민 제국에 첨가되었다. 러시아의 조선 진출을 예방하고 견제한다는 명분을 내세워 영국의 동양

---

32) 보수당이 314석, 자유당이 271석, 아일랜드민족당이 81석을 얻었다.

33) 파넬의 추종자였던 윌리엄 오셰이(O'Shea) 대위와 그의 아내 키티(Kitty)의 이혼소송에서 윌리엄은 파넬과 키티의 간통에 대한 증언을 했다.

함대가 거문도를 점거하여 2년여 동안 머물러있던 것도 이 무렵의 일이었다.[34] 그렇지만 이 시기에 영토 쟁탈전의 주 무대는 역시 아프리카였다. 1880년 이전만 하더라도 아프리카는 유럽인들에게 대륙이라기보다는 해안으로 여겨졌다. 해안을 따라 유럽인의 수많은 상관(商館)들과 크고 작은 몇몇 식민지가 자리 잡고 있었다. 그러나 탐험가들이 이 모든 것을 바꾸어놓았다. 선교사이자 탐험가였던 데이비드 리빙스턴(Livingstone)은 눈부신 활약으로 동부 및 중부 아프리카의 지리를 밝히는 데 큰 공헌을 했다. 헨리 M. 스탠리(Stanley) 또한 아프리카 내륙 각지를 탐험하여 탐험가로서 빛나는 이름을 남겼다.[35] 이들 탐험가의 노력의 결과 내륙의 베일이 벗겨지고 교역의 가능성이 크다는 것이 알려지자, 아프리카는 곧 유럽 여러 나라들에 의해 분할되기 시작했다. 단 한 세대 만에 에티오피아(Ethiopia)를 제외한 전 대륙이 분할되어, 세계 정치 지도상 일대 변동이 일어났다. 게다가 그것은 유럽 열강 상호 간에 단 한 차례의 전쟁도 없이 이루어졌다.

1880년대 중반에 들어서면서 독일, 프랑스, 포르투갈 등이 아프리카 쟁탈전에 뛰어들었다. 영국이 아프리카에서 새로운 영토 획득을 서두른 것은 이들 여러 나라의, 특히 독일의 적극적인 팽창정책에서 큰 자극을 받았기 때문이었다. 영국은 이 쟁탈전에서 정부가 직접 나서기보다는 주로 18세기의 방식에 따라 특허회사를 앞장세우는 방식을 택했다. 서아프리카에서는 니제르(Niger) 삼각주 일대가 영국인의 활동 영역으로 들어왔다. 1886년 영국은 조지 골디(Goldie)의 왕립니제르회사(Royal Niger Company)에 무역독점권을 부여했는데, 이 회사는 나이지리아(Nigeria)를 제국의 일부로 만들었다. 동아프리카에서는 1887년에 윌리엄 먹키넌(McKinnon)이 영국동아프리카회사(British East Africa Company)의 특허장을 획득하여 케냐(Kenya)와 우간다(Uganda)에 진출했다. 이듬해에는 세슬 로즈의 영국남아프리카회사(British South Africa Company)가 잠비아(Zambia)를 포함한 로디지아(Rhodesia)를 손에 넣었다.

---

34) 영국 해군은 1885년 4월부터 약 2년 동안 거문도를 점거하고 있다가 청의 중재로 1887년 2월 철수했다.

35) 그는 아프리카에서 소식이 끊긴 리빙스턴을 찾으러 나선 원정대를 이끌고 내륙 깊숙이 들어가 천신만고 끝에 1871년, 탕가니카(Tanganyika) 호의 동쪽 우지지(Ujiji)에서 기진맥진한 리빙스턴을 구출하여 세상을 떠들썩하게 했다.

|왼쪽| 호레이시오우
허버트 키처너
|오른쪽| 세슬 로즈

　수단은 고든이 카르툼에서 살해된 이후 10여 년 동안 무정부 상태에 빠져있었다. 나일 강의 상류 지대를 점한 수단의 이런 불안정과 무질서는 북쪽의 이집트에도 큰 위협이 되었기 때문에 영국은 마침내 수단을 재정복하기로 결심했다. 1896년, 이집트의 영국군 총사령관 키처너는 군대를 이끌고 수단으로 진격했다. 그는 정복한 영토를 공고히 다지면서 서서히 움직였으며, 1898년 9월에 강을 사이에 두고 카르툼을 마주 보고 있는 옴더만(Omdurman)에서 마디의 수단군을 섬멸했다. 이때 프랑스 원정대가 나일 강 상류에 나타났다는 소식을 들은 키처너는 급히 나일 강을 거슬러 올라가 파쇼다(Fashoda)에 이르렀으며, 여기서 그는 마르샹(Marchand) 소령이 이끄는 프랑스 원정대와 마주쳤다. 콩고(Congo)를 출발한 마르샹은 2년의 행군 끝에 이미 두 달 전 이곳에 도착하여 프랑스 국기를 꽂아놓고 있었다. 키처너는 마르샹에게 항의문을 건네고 영국기와 이집트 기를 나란히 내걸었다. 이런 대결로 영국과 프랑스 사이에는 일촉즉발의 전운이 감돌았으나, 외교적 타협이 이루어져 프랑스는 결국 영국의 수단 정복과 나일 강 상류에 대한 통제권을 인정했다. 이리하여 영국은 이집트와 공동으로 수단에 대한 통치권을 장악했는데, 이 체제는 수단인들이 1955년에 독립을 얻을 때까지 지속되었다.

보어 전쟁

19세기의 마지막 10년 동안에 남아프리카의 영국인과 보어인 사이의 관계는 더욱 악화되었다. 이들 사이의 불화는 주로 트랜스발에서 다이아몬드와 대규모의 금광이 발견되면서 골이 깊어졌다. 주로 영국인과 많은 외국인들이 일확천금의 꿈을 안고 트랜스발로 몰려들었다. 트랜스발의 대통령 파울루스 크루거(Paulus Kruger)는 보어인들의 자율과 독립이 침해당할 것을 우려하여 이들 외래인들(Uitlanders)의 광산 채굴에 대해서 높은 세금을 부과하는 등 배타적인 조치를 취했다. 이에 대항하여 외래인들은 폭동을 조직하고 음모를 꾸몄다. 이런 상황에서 1895년 12월에 기마경찰대의 대장 리앤더 제임슨 박사(Dr Leander Jameson)가 소규모 병력을 이끌고 트랜스발에 쳐들어갔으나, 나흘 만에 복병에 걸려들어 항복하고 말았다.

제임슨의 침공 사건은 남아프리카의 상황을 완전히 바꾸어놓았다. 그것은 케이프 식민지의 수상 세슬 로즈의 사임을 몰고 왔다. 로즈는 영국의 제국주의적 야망을 몸으로 실천한 인물이었다. 그는 다이아몬드광과 금광으로 막대한 부를 쌓고, 영국남아프리카회사를 통해 점령한 땅에 자신의 이름을 따서 붙인 로디지아를 영제국에 합병시켰다. 뒤이어 케이프 식민지의 수상이 된 로즈는 보어인의 공화국들을 병합하고, 케이프에서 카이로(Cairo)에 이르는 철도를 건설하려는 원대한 꿈을 안고 있었다. 그러한 그가 제임슨 사건으로 야기된 물의에 책임을 지고 수상직을 물러나야 했던 것이다. 제임슨 사건은 또한 남아프리카의 모든 보어인들을 반영세력으로 단결시켰으며, 독일의 반영 감정을 폭발시켰다.

자유당을 대중 정당으로 재조직하는 데 앞장섰고 당내 급진주의자들의 지도자였던 체임벌린은 아일랜드 자치 문제로 글래드스턴과 갈라선 뒤, 솔즈베리 3차 내각의 식민상으로 제국주의적 침략 정책을 주도하고 있었다. 남아프리카에서의 팽창을 열망한 극단적 애국주의자 체임벌린의 주도하에 영국 정부는 트랜스발에 대하여 이주자들의 요구를 받아들이라고 압력을 가했다. 트랜스발이 협상을 거부하면 침략당하리라는 것이 빤한 일로 여겨졌다. 이에 크루거는 수도를 요새화하고 무기를 구입하는 등 전쟁 준비를 서둘렀다. 1899년 10월 드디어 크루거가 선제공격을 가했다. 이렇게 시작된 보어 전쟁은 처음에는 영국에 불리하게 돌아갔다. 지

보어 전쟁

휘부의 연속적인 실책으로 영국군은 패배를 거듭하다가, 이듬해 2월에 가서야 비로소 압도적인 물량 공세로 전세를 역전시키고, 연말에는 보어인 군대를 격파할 수 있었다. 그러나 보어인들은 항복을 거부하고 끈질기게 게릴라전으로 저항했다. 그리하여 소규모 원정군이 몇 주 이내에 끝낼 수 있을 것으로 예상했던 전쟁은 영국에 엄청난 피해를 입히면서 1902년 5월까지 계속되었다. 영국은 6만의 보어인을 이기기 위해 44만 이상의 군대를 동원해야 했으며, 막대한 재정을 탕진하고, 2만 2,000의 인명을 전투 혹은 질병으로 잃었다. 어쩌면 그보다 더 큰 피해는 영국의 명성이 입은 손상이었다. 지상 최대 강국이 조그마한 농민들의 공화국에 곤욕

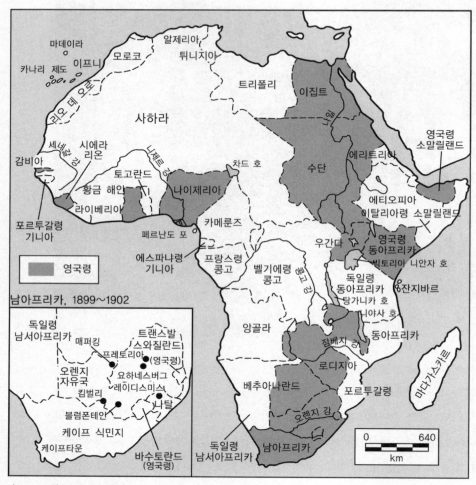

마데이라
카나리 제도
이프니
모로코
알제리아
튀니지아
트리폴리
이집트
영국령
소말릴랜드
세네갈 강
시에라 리온
감비아
사하라
나이저 강
차드 호
수단
에리트리아
토고란드
황금 해안
나이지리아
에티오피아
이탈리아령 소말릴랜드
라이베리아
포르투갈령 기니아
페르난도 포
카메룬즈
에스파냐령 기니아
우간다
영국령 동아프리카
빅토리아 니안자 호
프랑스령 콩고
벨기에령 콩고
콩고 강
독일령 동아프리카
탕가니카 호
잔지바르
니야사 호
앙골라
동아프리카
잠베지 강
로디지아
포르투갈령
마다가스카르
베추아나란드
오렌지 강
독일령 남서아프리카
남아프리카

영국령

남아프리카, 1899∼1902

독일령 남서아프리카
매퍼킹
프레토리아
트랜스발
스와질란드
(영국령)
오렌지 자유국
요하네스버그
레이디스미스
킴벌리
나탈
블룸폰테인
케이프 식민지
케이프타운
바수토란드
(영국령)

0   640
km

〈지도 22〉 1914년의 아프리카

을 치렀을 뿐만 아니라, 궁극적인 승리를 거두기 위해 사용한 방법들 또한 영국이 걸핏하면 내세웠던 도덕적 우월성에 오점을 남겼다. 게릴라들을 소탕하기 위해 주 거지 전역을 초토화하고, 주민들을 강제수용소에 몰아넣어 수만 명을 죽게 했던 것이다.

그러나 강화조약은 보어인에게 비교적 관대하게 맺어졌다. 영국은 보어인에게 보상금을 지불하고, 1906년에는 자치정부를 허용했다. 그 뒤 1910년에 영국은 트 랜스발과 또 다른 보어인의 공화국인 오렌지자유국(Orange Free State), 그리고 이를 견제하기 위해 그 동쪽에 수립한 식민지 나탈(Natal) 등을 케이프 식민지와 묶어 남 아프리카연방(Union of South Africa)을 결성했다. 남아프리카연방은 캐나다, 오스트 레일리아, 뉴질랜드에 이어 영국의 네 번째 자치령이 되었다. 그러나 여기에서는 보어인들을 포함하는 약 84만 명의 백인이 투표권을 독점하면서 320만가량의 흑 인을 지배했다.

영제국

영제국은 20세기 초에 전 세계 인구와 육지의 약 4분의 1을 점하고 있었다. 유 니언잭은 북극 지방의 툰드라, 나이지리아의 정글, 남아프리카의 초원 또는 히말라 야의 산길 위에까지 펄럭였다. 모든 식민지가 다 그런 것은 아니지만, 식민지들은 영국에 부를 안겨주었다. 영제국은 단일한 법적 실체가 아니었으며, 각 식민지에서 는 제각기 그곳의 법이 통용되었다. 그러나 제국의 모든 법정의 판결에 대해서 불 만이 있는 사람은 최종적으로 영국 추밀원의 사법위원회(Judicial Committee)에 상고 할 수 있었다. 이 위원회의 판사는 런던에서 단일 법전이 아니라 다양한 법률의 공정한 시행을 보장했다. 충성 대상으로서의 국왕과 더불어, 이 위원회가 군대와 함께 제국에 어떤 통일성을 유지했다. 공식적인 제국 외에도 영국은 증기선, 전보, 해저전선 등으로 전 지구를 얽어맸다. 영국 재정의 위력, 영국 기술의 우월성, 값 싼 영국산 제품 등이 전 세계에서 영국의 힘을 떨치게 했다. 그러나 이에 못지않게 놀라운 것은 사람과 문화의 수출이었다. 1815년에서 1914년까지 100년 동안에 2,000만의 영국인이 이민을 떠나 세계 각지에 그들의 문화를 이식했다.

4. 보수당의 내정과 노동의 대두

보수당의 장기 집권

노동자들에게 선거권을 부여한 1867년과 1884년의 두 개혁법으로 민주주의가 크게 진전했다. 그러나 그것은 급진적 자유주의도 사회주의도 가져오지 않았으며, 오히려 보수당의 장기 집권을 가져왔다. 잉글랜드만 보자면, 1884년 이후의 선거에서 솔즈베리가 이끈 보수당은 모두 승리했다. 1885년에서 1905년까지의 20년 동안에 보수당은 1892~1894년의 4차 글래드스턴 내각과 1894~1895년의 로우즈버리 내각의 자유당 정부 접권기 3년을 제외하고 17년 동안을 집권했다. 이것은 영국의 민주주의가 아직도 제한적이라는 사실을 보여주는 것이었다. 여성의 투표권을 논외로 하더라도, 성인 남자 10명 가운데 서너 명은 여전히 온전한 영국 국민 구실을 하지 못했다. 그런 가운데 글래드스턴의 아일랜드 정책은 자유당을 두 쪽으로 갈라놓았을 뿐만 아니라, 아일랜드의 상실을 제국 상실의 시작으로 보는 수많은 유권자를 이반케 했다. 그의 급진적 발언과 아일랜드 자치 정책은 중간계급을 놀라게 했고, 그래서 도시 교외에서 사는 부유한 중간계급은 대부분 보수당에 표를 던지게 되었다. 게다가 제국주의자 솔즈베리는 제국의 영광과 애국심에 호소함으로써 노동자들의 표까지도 보수당으로 끌어들였다.

디즈레일리와 솔즈베리의 영도를 거치면서 본래 계서제적이며 귀족적이고 국교회적인 당으로 출발한 보수당은 대도시의 늘어나는 중간계급과 중간하층계급, 그리고 심지어는 노동자들에게 다가섬으로써 세력 기반을 확장했다. 그래서 토리당은 이제 재산권과 함께 애국심을 표방하는 정당이 된 것이다. 그러나 보수당의 진정한 관심사는 도시 중간계급 가운데에서 기반을 확보하는 것이었고, 노동계급의 지지는 덤일 뿐이었다. 보수당은 또한 당의 조직화에도 힘을 쏟았다. 1867년에 결성된 전문 조직인 전국보수헌정연합(National Union of Conservative and Constitutional Association)에다가 앵초연맹(Primrose League)36)이라는 거대한 대중 단체가 새로 조직

---

36) 이 꽃을 좋아한 디즈레일리를 기념하기 위해 단체의 이름을 이렇게 붙였다.

되었다. 1883년에 랜돌프 처칠(Randolph Churchil) 경의 주도 아래 '토리 민주주의'를 증진하기 위해 결성된 이 조직은 1895년에는 무려 백만이 넘는 회원을 자랑했다. 이런 노력에 의해서 소위 거물 정치가들의 활동이 위축되었는데, 정가의 거물들은 1883년에 제정된 부패행위금지법(Corrupt Practices Act)으로 선거 자금 액수가 크게 제한되기 전까지는 막강한 자금력으로 선거판을 좌우해 왔다.

솔즈베리 내각

1886년에 두 번째로 수상이 된 솔즈베리는 일반적 관행대로 재무상을 겸하지 않고 외무상을 겸하는 대신, 자신이 당권을 장악하는 데 크게 기여한 랜돌프 처칠을 하원의 원내총무 겸 재무상으로 기용했다. 처칠은 민주주의의 전망을 꺼리기보다는 환영하는 새로운 유형의 보수주의자들을 대표한 반면에, 솔즈베리는 여왕과 군주제와 국교회에 헌신한 구식 토리즘의 표상이었다. 37세의 젊은 나이에 그처럼 높은 지위에 오른 처칠은 자신의 힘을 과신했다. 12월에 그는 자신이 제출한 최초의 예산안을 둘러싸고 수상을 비롯한 다른 각료들과 다툼이 벌어지자,[37] 이들을 굴복시킬 의도로 짐짓 재무상직의 사의를 표명했다. 그러나 그의 기대와 달리 솔즈베리는 그의 사임은 받아들였고, 이후 처칠은 정치에 대한 관심을 잃은 채 매독과 약물복용으로 급속히 몰락해 갔다.

때때로 일어난 아일랜드에서의 소란을 제외하면 솔즈베리의 2차 내각 기간은 비교적 평온했다. 오랜 집권기 동안 그는 아일랜드에 대해 차츰 질서와 평화, 그리고 상당한 경제적 번영을 가져다주었다. 국내에서는 자유통합파의 지지를 확보하기 위해 몇 가지 개혁이 단행되었다. 1890년에 새로 공장법이 제정되어 공장노동자들이 이전보다 더 많은 보호와 권리를 얻게 되었고, 이듬해에는 모든 초등학교의 교육을 무상화하는 조치가 시행되었다. 더욱 과감한 개혁은 1888년에 제정된 주의회법(County Councils Act)이었다. 이 법은 주의 행정권을 치안판사들의 손에서 주민들이 직접 선출한 주의회로 넘김으로써 지방행정의 권력 구조를 개편했다.

---

37) 예산 절감을 주장한 처칠은 다른 각료들의 예산을 크게 축소하려 했기 때문에 그들의 반발을 샀다.

그러나 주의회법은 지방에서 지주 권력을 크게 훼손하지는 않았다. 지주 엘리트들은 도시의 중간계급과 노동계급의 도전에 나름대로 잘 대처해 왔다. 빅토리아 시대 각료들은 귀족들이 압도적으로 많았으며, 지주들은 1885년까지 하원에서 다수를 차지하고 있었다. 제3차 개혁법 이후 처음 실시된 1885년의 총선거에서 지주 젠트리 의원들의 비율이 갑자기 떨어졌는데, 그 한 가지 이유는 의원직이 이제 시골 젠트리들에게 그다지 매력적이지 않았다는 데 있었다. 농업 노동자들에게 표를 구걸해야 한다는 것이 그들에게는 큰 부담인 데다가 전문화된 정치는 아마추어인 그들에게 점점 더 낯선 일이 되어갔다. 한편 도시화와 산업화는 주 공동체의 결속력을 크게 위협했다. 그러나 이 같은 여러 불리한 여건에도 불구하고 지주들은 여전히 농촌의 지배자로 살아남았다. 주의회법이 그들의 농촌 지배권을 위협할 수 있었지만, 젠트리들은 이제 치안판사로서가 아니라 주의회 의원으로서 여전히 주를 지배했던 것이다.

1892년에 글래드스턴에게 잠시 권력을 넘겨주었던 솔즈베리는 1895년의 총선거에서 압승을 거두고 다시 수상으로 복귀했다.[38] 그는 이번에는 처음부터 자유통합파와 연립 내각을 구성했다. 제국 정책에 주된 관심을 갖고 있던 그는 이번에도 외무상을 겸임하고, 호전적 제국주의자 체임벌린을 식민상으로 끌어들였다. 이처럼 제국 문제에 몰두한 내각은 사회 개혁에는 소홀하게 마련이었다. 그러나 이 무렵에 노동계가 독자적인 정치세력화를 시도하자, 솔즈베리는 이를 자본주의 체제에 대한 위협으로 보고 그 대책으로 사회 개혁을 모색하게 되었다. 두 해 전인 1893년에 노동계가 창립한 독립노동당(Independent Labour Party)[39]은, 비록 모두 낙선하기는 했지만 28명의 후보를 내세워 1895년의 선거에 참여했던 것이다. 솔즈베리 수상은 노동문제에 대처하기 위해 1896년에 노사조정법(Conciliation Act)을 제정했는데, 이 법은 상무부로 하여금 노사 간의 분쟁을 조정할 수 있도록 한 것이었다. 이어 이듬해에는 산업재해를 당한 노동자에게 고용주가 보상하도록 하는 조치

---

38) 보수당은 411석, 자유당은 177석, 아일랜드민족당이 82석을 얻었다.

39) 680쪽 참조.

도 마련되었다. 그러나 곧이어 터진 보어 전쟁으로 개혁은 거기에서 중단되어 버렸다.

여왕의 죽음과 함께 빅토리아 시대를 마감하고 20세기를 연 보어 전쟁은 진보에 대한 빅토리아 시대의 확신을 뒤흔들어 놓았다. 오만에 가까운 건방지고 경솔한 가정, 즉 섭리와 역사는 영국인을 가장 사랑하는 자녀로 선택하여 나머지 세계에 물질적·도덕적 개선의 모범을 보이도록 했다는 가정은 빅토리아 후기로 접어들면서 상당한 타격을 입었다. 미국과 독일 등의 도전은 영국의 물질적 우월성에 의문을 품게 했고, 세기말의 퇴폐풍조는 도덕적 지도력의 명분을 무너뜨렸다. 그럼에도 불구하고 영국의 우월성에 대한 믿음은 여전히 살아남아 있었는데, 보어 전쟁이 이 남은 믿음을 마저 허물어뜨렸다. 세계 최강의 제국이 한 줌의 보어인들에게 3년 동안이나 저항을 받았다는 사실은 이 제국이 19세기 중엽에 누렸던 패권적 지위가 붕괴되었음을 확인시켜 주는 것처럼 보였다.

이를 보여주는 하나의 현실적 단면은 군 복무를 지원한 신병들의 허약해진 신체 조건이었다. 많은 젊은이가 별로 엄격하지도 않은 신체검사에서 부적격자로 판정을 받자, 산업 환경이 노동자들의 건강에 미치는 나쁜 영향을 비난하는 소리가 높아졌다. 인구의 80%가 살고 있는 도시 지역의 사회 조건은 빅토리아 여왕이 즉위할 무렵의 너무나 불결하고 비위생적인 상태보다는 분명히 많이 개선되었고, 깨끗한 물과 효과적인 배수 시설은 콜레라와 기타 질병들을 몰아냈다. 생활수준도 향상되고, 그에 따라 평균수명도 늘어났다. 그럼에도 불구하고 노동자들, 특히 비숙련노동자와 그 가족의 부실한 영양 상태와 열악한 주거 환경은 군 지원자들의 허약한 신체 조건과 이들이 앓고 있는 각종 질병의 주요 원인이었다.

사실 사회적 약자들의 문제는 어제오늘의 일이 아니었다. 이미 10여 년 전에 몇몇 사회조사가들은 얼마나 많은 도시 주민들이 빈곤에 허덕이면서 비참한 생활을 하고 있는가를 실증적으로 보여주었다. 1889년 찰스 부스(Booth)는 런던 주민의 30%가, 그 뒤를 이어 시봄 라운트리(Seebohm Rowntree)는 요크 주민의 28%가 빈곤선 이하에서 살고 있다는 사실을 밝힘으로써 파문을 일으켰는데, 이 사실이 새삼 충격을 준 것은 그 빈곤의 놀라운 규모와 부유층이 누리고 있는 번영의 극적인 대

런던 빈민가의 주민들(1889)

조 때문이었다. 빅토리아 시대의 번영 한가운데에 상존하고 있던 이 빈곤과 괴물 같은 빈민가의 존재는 세계 일등 국민의 수치였고, 사회적 양심에 대한 뼈아픈 경종이었다. 예민한 양심의 소유자들은 이런 사회적 불행과 그 해결책의 실패에 깊은 관심을 기울였다. 그들은 빈곤의 광범함과 그 원인의 다양함으로 볼 때, 빈민들의 불행은 그 당사자의 개인적 결함에서 온다는 옛 빅토리아식 견해가 한낱 웃음거리에 지나지 않음을 느꼈다. 그럼에도 불구하고 지배계급은 옛 관념을 완강하게 고수했고, 보수당 정부는 그런 문제에 대해 계속 뒷짐만 지고 있었다.

보어 전쟁이 한창이던 1900년 실시된 총선거에서는 체임벌린이 극단적 애국주의의 히스테리적 채찍을 휘둘렀다. 그는 "정부가 잃는 모든 의석은 보어인에게 빼앗기는 것이다"라고 외치면서 자유당을 친보어적·반애국적 세력으로 몰아붙였다. 글래드스턴이 남긴 지도력의 공백을 메우지 못한 채 허우적거리던 자유당은 보어 전쟁을 놓고 극심한 내분에 휩싸여있었다. 로우즈버리를 위시한 자유제국주의자 (Liberal Imperialist)들은 전쟁을 지지했고, 써 헨리 캠벌-배너먼(Campbell-Bannerman)이 이끄는 다른 일파는 제국주의자들을 비난하면서 보어인을 옹호했다. '카키 선거 (khaki election)'로 알려진 이 선거에서 집권 연립여당은 국민의 애국심을 자극하는 선거 전략으로 분열된 자유당을 누르고 크게 승리했다.[40]

밸포어 내각의 개혁

오랜 공직 생활에 지친 솔즈베리는 1901년 빅토리아 여왕이 사망하고 보어 전쟁도 끝이 난 다음, 1902년 7월 수상직을 조카 아서 밸포어(Balfour)에게 넘기고 은퇴했다. 밸포어는 곧바로 광범한 교육 개혁을 단행했다. 1902년에 제정된 교육법은 기존의 지방 학무위원회[41]를 폐지하는 대신, 모든 초등 및 중등 학교를 주 및 지역 의회의 교육위원회(Education Committee)의 산하에 두고, 지방세로 재정을 지원하도록 했다. 이로써 국가가 교육에 대한 책임을 떠맡게 되었고, 교회가 운영하는 학교들도 국가의 관할 아래 들어갔다. 그러나 비국교도들은 자신들이 내는 세금으로 국가가 국교회와 가톨릭교의 학교에 재정을 지원하는 것을 반대하여 이른바 '소극적 저항'을 끈질기게 펼쳤으며, 이들의 저항은 그 후 1906년의 선거에서 보수당이 참패하는 데 한몫했다. 한편 1903년에는 체임벌린의 주도로 노동자배상법 (Workmen's Compensation Act)이 제정되어 근로자의 직업상 재해에 대한 고용주의 책임이 더욱 강화되었다. 그러나 식민상 체임벌린은 사회 개혁보다는 제국의 번영을 위해 온 힘을 쏟았다.

체임벌린은 제국을 관세동맹으로 묶어 자유무역 지대로 만들고, 제국 바깥의 국가에 대해 관세를 부과하는 '관세 개혁(tariff reform)'을 주장하고 나섰다. 제국 내의 관세동맹이 제국을 더욱 긴밀한 유대와 결속의 길로 이끌어주리라고 믿은 그는 영국의 산업이 외국과의 경쟁에 직면함으로써 야기되는 문제에 대처하기 위해서도

---

40) 보수당은 402석, 자유당은 183석, 노동당은 2석, 아일랜드민족당이 82석을 얻었다.

41) 648쪽 참조.

관세 개혁이 필요하다고 생각했다. 그러나 그의 개혁안은 당시의 지배적 이념인 자유무역에 대한 강력한 도전으로 여겨졌다. 결국 체임벌린은 1903년에 내각에서 물러나 국민에게 직접 호소하러 나섰다. 그는 실업가들과 언론의 지원을 받으며 '관세 개혁'이란 이름 아래 보호무역을 위한 캠페인을 벌였다. 2년이나 계속된 이 캠페인의 과정에서 연립여당은 보호무역론자와 자유무역론자로 뚜렷이 분열했다. 양측 주장을 절충하려던 중도파 밸포어는 오히려 양측 모두에게서 불신을 샀다. 그는 결국 1905년에 수상직을 사임하고, 정권은 소수당인 자유당에게 넘어갔다. 보어 전쟁 때와는 달리 이번에는 보수 연립여당이 교육 개혁과 관세 개혁 문제로 분열을 겪은 반면, 자유당은 오히려 이들 쟁점을 통해 분열이 치유되었다. 새 수상 캠벨-배너먼은 이듬해 의회를 해산하고 총선거를 실시했다.

노동조합운동과 사회주의

이 총선거는 노동조직이 선거에 뛰어들어 처음으로 일정한 성과를 거두었다는 점에서 주목할 만한 것이었다. 사실 19세기 말엽 보수당 정부 시기의 한 가지 중요한 정치적 발전은 노동의 독자적인 정치세력화였다. 노동운동은 수세대 동안 힘을 길러왔는데, 그 주축을 이룬 노동조합은 사회주의와는 별도로 발전해 왔다. 노동조합은 수적으로, 그리고 경험을 쌓으며 성장하고 있었지만 그 목적은 임금과 노동조건의 개선에 있었고, 그 지도자들은 사회주의자들이 아니었다.

영국은 사회주의, 특히 마르크스주의의 불모지였다. 영국은 카를 마르크스(Karl Marx)가 1849년부터 1883년에 죽을 때까지 거기에 살면서 이른바 과학적 사회주의를 확립했던 나라인데도, 정작 과학적 사회주의는 영국에서 맥을 추지 못했다. 1881년 사회민주연맹(Social Democratic Federation: SDF)[42]을 결성한 헨리 M. 하인드먼(Hyndman)은 영국인을 마르크스적 사회주의로 이끌기 위해 오랫동안 노력했으며, 저명한 시인이자 화가인 윌리엄 모리스(Morris)도 팸플릿과 거리 연설을 통해 사회주의의 전도사로 나섰으나, 이들의 노력은 별다른 대중적 지지를 얻지 못하여

---

42) 1881년에 설립된 민주연맹(Democratic Federation)이 1884년 사회민주연맹으로 개칭되었다.

|왼쪽| 윌리엄 모리스 |오른쪽| 웨브 부부

결국 헛수고에 그치고 말았다.

영국은 그 대신 지극히 영국적인 사회주의를 발전시켰는데, 그것은 바로 페이비언 사회주의였다. 페이비언협회(Fabian Society)는 마르크스가 죽은 다음 해인 1884년 1월에 웨브 부부(Sidney & Beatrice Webb)와 버너드 쇼 등이 창립했다. 이들은 마르크스와 마찬가지로 자유주의 경제 질서를 비판했으나, 그 비판의 주안점은 그것이 부당하다는 것보다는 비효율적이고 낭비적이라는 것이었다. 그들은 훈련받은 전문적 엘리트가 관리하는 중앙 계획적인 경제와 노동시장을 통해 자본주의사회의 비효율성과 경기순환, 그리고 그 부산물인 실업과 빈곤 등의 악폐를 없앨 수 있다고 믿었다. 그리고 그들은 이런 목표는 폭력적 혁명에 의해서가 아니라, 입법을 통해 평화적이고 점

버너드 쇼

진적으로 달성될 것이라고 생각했다. 그러나 이러한 페이비언 사회주의 운동 역시 결코 대중운동은 아니었다. 그것은 기본적으로 엘리트주의적 운동으로서 일부 지식인에게 주로 호소했던 것이다.

반면에 노동조합은 그 세력과 영향력을 키워가고 있었다. 1844년에 약 60만 회

페이비언협회의 집회 광고

원을 거느리고 있던 노동조합은 30년 뒤인 1874년에 절정에 이르러 조합원 수가 400만을 넘어섰다. 1871년과 1875년에 자유당 정부와 보수당 정부는 각각 노조기금과 피케팅의 권리를 보호하는 법을 통과시켰다. 그러나 법의 보호를 받은 노동조합은 이른바 '신형(new model)' 조합이었으며, 숙련목공, 기술자, 인쇄공 등 숙련공들의 조합인 이들 신형 조합은 파업을 회피하면서 보험 기구를 설치하고 조합의 기금을 온전하게 유지하는 데 주력했다. 1874년에 주로 이들 숙련노동자조합들이 주축이 되어 노동조합회의(Trades Union Congress: TUC)를 결성했다. 이 기구는 처음에 120만의 회원을 자랑했지만 그 10년 뒤인 1884년에는 회원 수가 절반으로 줄었는데, 그것은 고용주들이 1880년대 초의 불황을 이용하여 노동조합을 파괴하거나 약화시켰기 때문이다.

그러나 경제가 회복됨에 따라 노조 활동과 파업이 다시 활발하게 되살아났다. 그것은 주로 부두 노동자, 광부, 철도 노동자, 가스 노동자 및 농업 노동자 등, 비숙련노동자들의 조합인 이른바 '일반조합(general union)'의 활동에 의한 것이었다. 1889년에 런던의 가스 노동자가 파업을 벌여 8시간 노동을 쟁취했고, 런던 부두 노동자들은 고용주의 노조 파괴 기도에 대항하여 한층 더 격렬한 파업을 전개했다. 이들 일반조합은 '신노동조합(new unionism)'을 결성하여, 노동조합회의 안에서 한때는 '신형' 조합이었고 이제는 '구식' 조합이 된 숙련공들의 노동조합과 경쟁했다.

그러나 1890년대와 1900년대의 20년 동안에 '신노동조합' 역시 참담한 패배를 겪었다. 신노동조합에 대해 전쟁을 선포한 고용주들은 파업 파괴자들을 동원하기 위해 전국자유노동자협회(National Free Labourers Association)를 결성하고, 노동자들에게 노동조합에 가입하지 않는다는 서약을 요구하는 이른바 '똥개(yellow dog)' 계약

1889년의 파업 중 신노동조합의 하나인 가스 노동자들의 집회

을 강요하고, 신문과 판사들을 자기편으로 만들고, 파업의 징조가 보이면 바로 직장을 폐쇄했다. 노동조합의 목을 더욱 조여 맨 것은 일련의 법원 판결이었다. 1893년에서 1901년 사이에 법원은 피케팅과 보이코트를 불법행위로 판정하고, 파업으로 인한 손해에 대해 노동조합에 배상의 책임을 지웠다. 그중에서도 태프 베일(Taff Vale) 사건은 가장 악명 높은 것이었다. 1901년 웨일즈의 태프 베일 철도회사가 철도노조를 상대로 파업으로 인한 손해배상 청구소송을 제기했을 때, 법원은 노동조합에 2만 3,000파운드의 손해배상을 명령했다. 이 판결은 이후의 파업 활동에 대해 노동조합 재정의 파산이라는 족쇄를 채웠던 것이다.

노동당의 탄생

이런 경험을 겪으면서 노동조합은 점차 그들에 대한 인도주의적인 동정자가 아니라 의회에서 노동자들의 이익을 대변할 그들 자신의 대표가 필요하다고 인식하게 되었다. 노동조합은 성장하는 조직 및 지도력과 더불어, 이제 조합원을 의원으로 만드는 데 필요한 재정을 마련할 수 있는 단계에 도달해 있었다. 1875년에는 이미 자유-노동파(Lib-Labs)로 불리는 몇몇 노동계급 출신의 자유당 의원이 있었고,

케어 하디: 1913년 트래팔거의 한 집회에서 연설하는 모습

제임스 램지 먹도널드

1886년의 총선거에서는 그들의 수가 11명으로 늘어났다. 그런 가운데 1892년에는 케어 하디(Keir Hardie)가 독자적으로 노동자로서는 처음으로 하원의원이 되었다. 하디는 하녀의 사생아로 태어나 독학으로 글을 배운 스코틀랜드 광부 출신이었는데, 그의 의회 진출을 계기로 독자적 노동자 정당에 관한 구상이 힘을 얻게 되었다. 노동자 정당의 성공을 확신한 하디는 1893년에 브래드퍼드(Bradford)에서 약 120명의 노동자 대표를 소집하여 독립노동당을 결성했다.[43] 저명한 사회주의 지도자들이 못한 일을 독학의 광부가 해낸 것이다.

독립노동당은 이제까지 좀처럼 해내지 못했던 어려운 과업을 성취했다. 노동조합의 지지를 획득하고, 서로 다투는 사회주의자들을 대부분 통합했으며, 그리고 일반 노동자들의 표를 확보했다. 그러나 독립노동당을 창립한 사람들의 사상은 사회주의적인 것은 아니었다. 일부는 보수주의자, 상당한 다수는 자유주의자, 그리고 몇몇은 자유-노동파였다. 하디는 여러 차례의 실패 끝에 1899년 마침내 TUC로부터 노동조합이 독립노동당 후보들에게 재정을 지원한다는 결의를 얻어냈다. 하디의 승리는 또한 분열된 사회주의자들을 화해시키는 문제에 대해 관심을 불러일으켰다. 그리하여 1900년에 마침내 독립노동당의 주도로 노동단체와 사회주의 단체들을 아우르는 노동대표위원회(Labour Representation Committee: LRC)를 결성하기 위한 모임이 런던에서 개최되었고, 제임스 램지 먹도널드(Ramsay MacDonald)가 서기로 선출되었다. LRC는 처음에는 허약하고 불안한 상태로 출발했지만, 태프 베일 판결 등이 오히려 그 위상을 강화하는 데 크게 이바지했다. LRC는 1906년

---

43) 독립노동당이라는 명칭이 정식 정당명으로 된 것은 1896년이었다.

총선거에 참여하여 29석을 차지했고,[44] 곧 노동당(Labour Party)으로 개편되었다. 노동당은 아직 의회의 의석은 미미했지만, 차츰 공제조합 및 노동조합 등과 더불어 성장하는 노동계급 속에 깊숙이 뿌리를 내리게 되었다. 이렇게 노동당이 자유당의 견고하고 오랜 기반을 잠식해 감에 따라 의회정치의 추는 점점 노동당으로 기울어 갔다.

5. 빅토리아니즘

과학의 발달

빅토리아 시대 영국인들은 물질적인 번영 속에서 진보에 대한 믿음을 가지고 있었으며, 그런 믿음은 착실하게 쌓여가는 과학 지식에 의해서 더욱 확고해졌다. 19세기 후반에도 영국의 과학자들은 불멸의 업적을 이룩했다. 제임스 P. 줄(Joule)은 열이 에너지의 한 형태임을 밝히고, 에너지는 그 형태를 바꾸거나 한 물체에서 다른 물체로 옮겨가도 전체의 양에는 변함이 없다는 열역학 제1법칙(에너지보존의 법칙)을 확립하는 데 결정적인 기여를 했다. 그뿐만 아니라 전류가 흐를 때 발생하는 열량에 관한 '줄의 법칙'을 발견하고, 윌리엄 톰슨(Thomson)과 공동 연구를 통해 '줄-톰슨 효과(Joule-Thomson effect)'[45]의 연구 업적을 남겼다. 후에 켈빈(Kelvin) 남작이 된 톰슨 역시 절대온도의 개념을 도입하고, 또 외부에 아무런 변화도 남기지 않고 열이 저온부에서 고온부로 이동하는 일은 없다는 열역학 제2법칙[46]을 정식화함으로써 열역학을 확립하는 데 크게 공헌했다. 그는 전자기학 분야에서도 제임

---

44) 이들 29명 외에 자유노동파, 노조 간부 등 24명이 당선하여 모두 53명이 노동계를 대변하는 의원이었다.

45) 기체가 가는 구멍에서 일을 하지 않고 비가역적으로(irreversibly) 유출될 때 온도 변화가 일어나는 현상인데, 이것은 실재 기체의 부피가 절대온도에 비례하지 않기 때문에 일어나는 효과이다.

46) 자연현상에는 비가역적 과정이 존재한다는 것을 주장하는 법칙으로서, 열역학 제1법칙이 과정의 전과 후의 에너지를 양적으로 규제하고 있는 데 비하여, 제2법칙은 에너지가 흐르는 방향을 규제하는 성격을 띠고 있다.

스 클러크 맥스웰(Clerk Maxwell)에게 중요한 시사를 준 고주파 진동전류의 연구를 남겼을 뿐 아니라, 그 밖의 수많은 분야에서 뛰어난 업적을 쌓음으로써 물리학계의 거두가 되었다. 특히 전자기학 분야에서 탁월한 업적을 이룩한 맥스웰은 유명한 전자기장의 기초 방정식인 이른바 '맥스웰 방정식들(Maxwell's equations)'을 도출하여 그것으로 전자파의 존재를 증명했다. 또한 그는 열역학의 법칙이 가지는 의미를 미시적 입장에서 통계역학적으로 해명했는데, 이는 물리학 이론에 확률의 개념을 도입함으로써 열역학의 이론에 새로운 해석을 할 수 있게 했다. 한편 써 조지프 J. 톰슨(Thomson)은 1897년에 전자의 존재를 발견하고, 두 해 뒤에는 열전기 더미에 의한 에너지 측정으로 질량을 정하고 광전효과와 열전자효과도 검토하여 전자의 존재를 결정적으로 증명했다.

19세기 중엽에는 의학 분야에서도 주목할 만한 진전이 있었다. 마취술이 발달하고, 외과적 수술은 좀더 정교해졌다. 산부인과 의사 써 제임스 심프슨(Simpson)은 1847년에 클로로포름을 마취제로 사용하여 분만술에 신기원을 열었고, 1876년 조지프 리스터(Lister) 경은 외상의 방부제 처리에 성공함으로써 방부제 사용 수술법을 확립했다. 또한 의사들은 질병을 일으키는 박테리아를 분리하여 몇몇 질병에 대한 새로운 치료법을 발명했으며, 신경해부학이 발달하여 뇌의 기능에 대한 과학적 규명도 시도되었다.

그러나 그 영향 면에서 다른 어느 분야보다 더 중요한 과학적 성취는 생물학 분야에서 이루어졌다. 그것은 1859년에 출간된 찰스 다윈(Darwin)의 『종의 기원(Origin of Species)』이야말로 빅토리아 시대 과학의 최고 업적이라 할 수 있을 것이기 때문이다. 다윈은 이 책에서 생물의 종의 기원을 자연도태(natural selection) 과정을 통한 진화로 설명했다. 이에 의하면 인간은 유기체적으로 하등 동물과 연결되어 있다는 점에서 이제 더 이상 특별한 존재가 아니었다. 이런 비성서적 설명은 모든 종은 저마다 독특한 특성을 지니고 일시에 생겨났다는 창조설을 믿어온 사람들에게 크나큰 충격이었다.

진화 이론은 실은 다윈의 독창이 아니었다. 프랑스의 동물학자 슈발리에 라마르크(Chevalier Lamarck)를 비롯하여 많은 과학자들이 이미 오래전부터 진화 이론을 개

진해 왔다. 써 찰스 라이얼(Lyell) 같은 지질학자도 지구가 오랜 진화 과정의 산물임을 보여주었고, 고고학적 발굴도 진화 이론의 발전에 크게 기여했다. 그래서 다윈의 시대에 이르면 진화는 이미 진부한 개념이 되어있었다. 다윈은 실험과 관찰을 통해 그때까지 알려진 모든 사실을 포괄할 수 있는 과학적 설명 체계를 확립했던 것이다.[47] 다윈의 진화론은 과학의 영역을 넘어서서 지적·도덕적 전망 전반에 걸친 일대 지각변동을 가져왔다. 그것은 신학과 윤리학에 대한 급진적 비판을 불러일으켰다. 철학자 허버트 스펜서(Spencer)는 자연도태설을 인간 사회에 적용하여 약육강식의 자본주의 경쟁 체제를 합리화했다. 그것은 또한 토머스 헉슬리(Huxley)의 윤리학에, 앨프리드 테니슨(Tennyson)의 시에, 그리고 토머스 아널드의 아들 매슈(Matthew) 아널드의 산문에도 짙게 반영되었다.

종교

이렇듯 빅토리아 시대에 과학이 거대한 물결로 밀려왔지만, 한편 그 물결에 직면한 종교는 자신을 지켰을 뿐만 아니라 적어도 외형적인 면에서는 오히려 크게

---

47) 같은 무렵에 젊은 박물학자 앨프리드 월러스(Wallace)도 독자적으로 자연도태의 이론에 도달했으며, 이를 다윈이 공동 명의로 발표했다(1858).

성장했다. 빅토리아 시대는 물질주의적이면서도 종교적인 시대였다. 그리스도교적 덕성과 성서는 사업상의 성공 못지않게 중시되었고, 또한 양자는 종종 서로 결합했다. 복음주의와 비국교적 도덕관념이 전반적인 생활 구조 속에 스며들었다. 19세기 전반에 걸쳐 종교적 감정의 쇠퇴, 적어도 형식적인 예배 의식의 준수라는 측면에서의 쇠퇴가 있었던 것은 사실이다. 1851년에 잉글랜드와 웨일즈에서는 전체 인구 1,800만 가운데 700만 남짓만이 예배에 참석했는데, 이것은 대체로 참석이 가능한 인구 1,200만 가운데 500만 정도가 예배에 불참했음을 의미하는 것이었다. 더욱이 국교회의 입장에서 더욱 충격적인 것은, 예배 인구의 거의 절반이 국교회가 아닌 가톨릭교회나 비국교파 교회에 참석했다는 사실인데, 이것은 비국교파 교회의 상대적 교세 확장을 의미하는 것이었다. 그러나 동시대인에게 충격을 준 이 같은 종교적 통계에도 불구하고 빅토리아 시대의 영국은 기본적으로 여전히 종교적인 사회였다. 비록 많은 사람들이 교회에 참석하지는 않았지만, 그렇다고 그들이 다른 곳에서 삶을 즐기지는 못했다. 왜냐하면 당시의 법이 일요일의 오락이나 여흥을 매우 엄격하게 금지했기 때문이다. 설교집은 여전히 소설과 인기를 다투었고, 대박람회의 수정궁도 안식일에는 문을 닫았다.

전통적 신앙생활에 친숙한 교구민들에게 국교회는 변함없이 온건하고 만족스러운 신앙을 제공했다. 옥스퍼드 운동이 성사의 중요성을 강조한 데서 생겨난 의식 논쟁은 국교회를 분열시키고, 고교회파의 투옥을 초래했으며,[48] 이런 분쟁이 국교회에 손상을 입히기는 했지만, 그래도 국교회는 조용히 성장을 계속했다. 국교회는 이제 고압적인 모습을 벗어던지고, 귀족 및 젠트리의 게으른 차남들을 위한 피난처 구실을 그만두었다.[49] 빅토리아 말기의 성직자들은 말단에서 주교에 이르기까지 더욱 전문적인 종교인이 되었다. 그들은 신학 지식을 좀더 깊이 익히고, 교구 사업에 더욱 열성적으로 헌신했다. 이 새로운 유형의 성직자들은 또한 세기 중엽

---

48) 594~595쪽 참조. 고교회파 성직자들이 성찬식에서 흰색 가운을 착용하고 초와 향 등을 사용하는 것에 대해서 1874년 의회는 이를 불법화하고 거역하는 고교회인을 투옥했다.

49) 국교회의 고위 성직은 흔히 부친의 지위를 상속받지 못하는 귀족과 젠트리의 차남 이하 자식들이 권력과 명예를 추구하는 차선의 방편 구실을 해왔다.

에 찰스 킹즐리(Kingsley)와 프레드리크 모리스(Maurice)가 기초를 닦은 온건한 그리스도교 사회주의를 설파하기 위해 도시의 종교적 황무지에 파고들어 갔다. 1884년 새뮤얼 바니트(Barnett)는 토인비 홀(Toynbee Hall)을 설립하여 런던 동부 빈민가의 빈곤 퇴치에 진력했고, 수많은 성직자들이 좀더 정의로운 사회를 구축하는 데 헌신했다. 1900년에 국교회는 강력하고 생동하는 세력으로 성장해 있었다. 여기에 비국교의 성장까지 감안할 때, 빅토리아 시대 영국의 종교적 감정은 쇠퇴한 것이 아니라 오히려 착실히 성장하고 있었다 할 것이다.

국교회뿐만 아니라 비국교의 자유교회들 역시 크게 성장했다. 1884년에 신앙심이 깊은 몇몇 나사 상인들이 YMCA(Young Men's Christian Association)를 만들었으며, 1877년에는 감리교 설교사인 윌리엄 부스(Booth)가 구세군(Salvation Army)을 창설하여 빈민가에 파고들었다. ≪감리교 타임즈(Methodist Times)≫를 창간한 목사 휴 프라이스 휴즈(Hugh Price Hughes) 역시 감리교도의 수를 증가시켰다. 그 밖에 침례파, 조합교회파, 퀘이커파, 유니테리언 들의 수도 크게 늘었다. 19세기 동안에 이들 자유교회의 신도 수는 100만 명 미만에서 200만 명 이상으로 증가했다. 휴즈가 자랑스러운 마음으로 지칭한 이른바 '비국교적 양심(Noncomformist conscience)'은 온갖 죄악과 전쟁을 벌였고, 갖가지 방도를 강구하여 덕성을 기르고자 했다. 그것은 가정·작업장·빈민가·교외 등에 파고들었으며, 박애와 자선을 북돋았다. 예배당과 설교, 각종 교회 모임과 자선사업 등은 신도들의 생활의 중심을 이루었다. 비국교적 양심은 정치에도 강력한 영향력을 행사했다. 그것은 시의회에 압력을 넣고, 평화단체를 조직하고, 일요일의 상점 휴업과 술집의 규제를 요구하고, 부패 행위를 질책했다. 그것은 버밍엄, 리즈, 레스터 등을 비롯하여 많은 도시의 행정을 지배하고, 의회에 비국교도 의원을 보냄으로써 자유당의 주된 보루가 되었다.

무신앙과 불가지론

그러나 다른 한편으로 무신앙 또한 꾸준히, 그리고 특히 노동계급 사이에서 광범하게 확산되었다. 국교회나 비국교회나 대다수의 도시 노동자들을 끌어들이는 데는 실패했다. 20세기 초엽에 런던에서는 주민의 20% 정도만이 거르지 않고 교회에 참석했는데, 이들은 대개 상류 계층 사람들이었다. 오직 가톨릭교만이 상당수의 노동 계급을 흡수했고, 그 대부분이 아일랜드 이주민들이었다. 관습을 엄수하는 사회에서 교회에 나가지 않는다는 것은 단순한 무관심을 넘어서서 일종의 항의였다.

교회와 노동계급 사이에는 깊은 골이 가로놓여 있었다. 가난하고 힘없는 자들의 눈에 국교회는 부유하고 강한 자를 대변하는 것으로 보였다. 조합교회나 침례교회의 엘리트 역시 도시의 부유한 특권층이었다. 이들 교회의 신학은 노동계급에게는 너무 편협하고 냉정하고 교조적이었다. 그나마 감리교의 단순하고 감성적인 호소가 노동자들의 종교적 욕구에 어느 정도 들어맞았지만, 그것도 주로 신분이 상승하고 있는 노동자에게나 그런 것이었다. 세기말의 감리교는 이미 부르주아화해 있었고, 그들의 선교와 설교는 런던 이스트 엔드(East End) 빈민가의 노동자들에게는 먹혀들지 않았다. 이런 점이 구세군이나 노동교회가 어느 정도 성공을 거둔 까닭을 설명해 준다. 빈민가에 파고든 부스의 구세군은 교훈적인 설교만이 아니라 먹을 것과 잠자리를 베풀고, 제복 차림의 악대가 찬송가를 연주하는 등 다채로운 행사로 노동자들의 환심을 삼으로써 그곳에 전초기지를 마련했다. '노동교회'는 지적인 수공업자들에게 신학 대신에 사회주의 이론, 윤리 개념, 동료 의식 등을 심어 주었다. 구세군은 그들이 제공한 먹을 것과 잠자리 덕분에 빈민가를 중심으로 교세를 유지했다. 그러나 노동교회는 단명으로 그쳤다. 많은 세속적 심성의 노동자들이 노동교회가 제공하는 것들을 다른 데서, 이를테면 사회주의는 노동당과 노동조합에서, 동료 의식은 자전거 경기와 축구 클럽에서, 그리고 쾌락은 뮤직홀과 술집에서 찾았기 때문이다.

상류 계층 중에도 성경 이야기를 더 이상 문자 그대로 믿지 않는 사람들이 많이 있었다. 회의주의가 널리 퍼져나가서, 20세기로 넘어가는 전환기 무렵이 되면 불가지론(agnosticism)이 지식인들 사이에 새로운 정통 개념이 되어가는 듯했다. 철학자들은 더욱더 비판적으로 되어서 모든 것을 회의하고, 어떤 권위에도 굴복하지 않았다. 존 스튜어트 밀은 1843년에 출판된 『논리학 체계(System of Logic)』에서, 지식은 신의 계시가 아니라 주의 깊은 관찰과 정확한 추리를 통해서 얻어진다고 설파했다. 역사적 연구가 또한 그리스도교에 대한 의문을 던졌다. 본명이 메리 앤 에번즈

|왼쪽| 존 러스킨
|오른쪽| 토머스 칼라일

(Ann Evans)인 조지 엘리어트(Eliot)는 1846년에 다비드 프리드리히 슈트라우스(David F. Strauss)의 『예수의 생애(*Das Leben Jesu*)』(1835)를 번역하면서 4복음서의 기적들에 대한 증거가 없으며, 그리스도의 생애에 대한 설명에 모순이 많고, 그의 부활에 대한 이야기가 신화라는 견해를 접하게 되었다. 교육받은 빅토리아인들은 원시 문화와 고대 문명, 지질학과 생물학에 관한 새로운 책들을 읽었다. 역사적 방법이 성서 연구에도 적용되어, 성서 내용의 실체적 진실성에 대해 의문이 제기되었다. 그리고 이런 발전이 무신론이나 불가지론으로 이어지는 경우가 적지 않았다. 다윈은 그의 신앙을 남몰래 조용히 잃어갔으며, 생물학자 토머스 H. 헉슬리(Huxley)나 찰스 브래들로(Bradlaugh) 같은 사람들은 공공연하게 소리 내어 신앙을 부인했다.50)

  그러나 모든 지식인들이 불가지론자가 된 것은 아니다. 많은 지식인들은 부활에 대한 믿음을 잃은 대신 도덕이나 직관이나 역사의 진로에 근거한 좀더 느슨하고

---

50) '불가지론적(agnostic)'이란 말을 지어낸 사람이 헉슬리였으며, 1860년에 전국세속인협회(National Secular Society)를 창설한 자유사상가 브래들로는 1880년 의원으로 선출되었을 때 성서에 손을 얹고 선서하기를 거부하여 하원에 받아들여지지 않았다.

매슈 아널드

철학적인 신념에서 대안을 구했다. 역사가 토머스 칼라일(Carlyle)은 세계 역사의 진행 과정 속에서 신을 발견했다. 역사와 역사의 주역들은 악한 자를 벌하고 선한 자에게 복을 주는 신의 도덕을 드러냈다는 것이다. 그는 『영웅과 영웅 숭배(Heroes and Hero Worship)』(1843) 등 여러 저술에서 역사·이성·자연·도덕 등이 모두 편재(遍在)하는 신을 드러낸다는 주장을 되풀이했다. 신적이고 도덕적인 우주에 대한 이와 같은 그의 확신은 당대 최고의 예술비평가인 존 러스킨(Ruskin), 소설가 킹즐리, 기타 많은 사람들에게 심대한 영향을 끼쳤다. 토머스 아널드는 그리스도교를 합리적이고 자유주의적인 기초 위에 정립하려는 광교회 운동을 대변했는데,[51] 그를 이어 1860년에 7인의 옥스퍼드 광교회인(Broad Churchmen)이 『에세이와 리뷰(Essays and Reviews)』를 통해서 그 운동을 더욱 진전시켰다. 성서를 상징과 은유로 해석함으로써, 그들은 그리스도교를 성서 비판 및 새로운 지질학과 조화시키려고 했다. 정통 신앙은 이를 이단이라 규정했지만, 그것은 널리 받아들여진 관점이었다.

칼라일의 역사 속의 신과 아널드의 도덕적 그리스도교가 모든 사람들의 의문을 씻어주지는 못했다. 앨프리드 테니슨은 1850년에 출판된 걸작 『인 메모리엄(In Memoriam)』에서 '의심과 두려움', '신이 없는 심연(Godless deep)', '이제 믿지 말라' 등의 시구(詩句)를 읊었고, 매슈 아널드는 '믿음의 바다'가 물러가고 '의심의 바람'이 불어 닥침을 비탄했다. 그러나 두 사람 모두 결국 삶에는 종교적 의미가 있다는 사실을 확인하고 그들 자신을 넘어서는 초월적인 힘을 믿게 되었다. 초월적 힘에 대한 시인의 직관, 역사 속의 신, 예수의 윤리가 그리스도교의 본질이라는 자유주의자의 믿음, 그리고 그 이외의 많은 변형들이 모든 사람의 회의를 완화시켜 주지는 않았다. 그러나 이런 것들은 새로운 종교적 사상을 형성했으며, 이것은 전통 신앙의 계속적인 활력과 더불어 19세기를 그 이전이나 이후의 세기보다 훨씬 더 종교적인 시대로 만들었다.

---

51) 595쪽 참조.

도덕과 풍습

　엄격한 도덕은 빅토리아니즘의 핵심에 자리 잡고 있었다. 그것은 개개인의 성품과 사회적 습속 모두를 규정했다. 그것은 원래 중간계급과 복음주의적 종교에 바탕을 둔 것이었지만 차츰 모든 계급에 스며들었다. 물론 모든 사람이 물들지는 않았다. 빅토리아 사회는 너무 복잡하고 여왕의 치세는 너무 오래 지속되어 단 하나의 도덕이나 습속만 그 사회를 휩쓸지는 않았던 것이다. 그렇지만 대략 1840년에서 1880년 사이에 어떤 특정의 윤리적 가치와 사회적 이상이 결합하여 중기 빅토리아인들의 견고한 도덕규범을 형성했다. 절제 있는 생활, 안식일의 준수, 가정의 존귀함과 결혼 생활의 정절 등은 지배 계층을 형성하고 있던 상층 및 중상층 계급이 갖추어야 할 필수적인 미덕이었다. 빅토리아 여왕의 엄숙하면서도 가족적인 분위기의 궁정은 그 자체가 빅토리아니즘의 한 모델이었다. 감상적이거나 해학적인 포장을 씌우지 않는 한, 악덕과 범죄를 문학의 소재로 삼는 것은 금기시되었다. 지배계급은 대중으로부터 존경받을 수 있도록, 적어도 존경받을 만한 예절과 외관을 유지하도록 노력했다.

　이와 그다지 다르지 않은 도덕이 생산계급 사이에도 일어났다. 중간계급과 노동계급 상층부의 자식들도 근면·검소·자립·절제 등의 미덕을 익혔다. 자수성가한 스마일즈는 『자조』에서 이 같은 덕성을 찬양하고 그것을 대중에게 확산시키는 데 크게 기여했다. 동일한 도덕이 그 밑의 소위 '존경할 만한(respectable)' 노동계급에도 스며들었다. 이들은 음주를 빈곤의 최대 원인이라 생각하고, 금주운동을 대대적으로 전개했다. 세기 중엽 이후의 노동자들은 직접적 행동을 단념하고, 일반 중간계급처럼 앞으로 도래할 황금시대에 대한 장밋빛 희망을 품고 있었다.

　빅토리아 도덕이 시대를 풍미했던 힘은 그 유용성에서 나왔다. 그것은 경제적 성공과 사회적 향상을 북돋우고, 음주·불결·방탕의 세계에 질서·청결·순결 등을 불어넣었다. 전례 없이 성장하는 경제에서 빅토리아적 덕성은 일거리와 번영을 가져다주었다. 그러나 그와 동시에 빅토리아 도덕은 어떤 면에서는 폐단도 있었고 많은 고통을 수반하기도 했다. 특히 여성이 주된 희생자였다. 그 시대 남성들은 여성을 열등하게 생각했고, 여성으로 하여금 습관적으로 그렇게 믿게 만들었다. 노동

찰스 디킨즈

계급의 아내는 종종 직업을 가졌지만, 부유한 중간계급 여성이 바깥세상에서 일하는 것은 생각할 수 없는 일이었다. 그녀의 거의 유일한 기능은 장식품 구실이었다. 간통은 사회적 매장을 의미했고, 이혼은 불가능하거나 극히 어려웠다.

빅토리아 도덕은 사실 요구하는 것이 너무 많았다. 그 결과는 하층계급의 무관심과 상층계급의 위선이었다. 런던의 수많은 가난한 노동자들은 음주와 방탕 속에서 위안을 구했다. 이들과 더불어 거리 청소부, 거지, 행상인, 짐수레꾼, 소매치기, 도둑, 사기꾼, 도박꾼, 매춘부 등의 거대한 무리가 빅토리아 사회의 지하 세계를 형성하고 있었다. 매일 저녁 그들은 런던 이스트 엔드의 음습한 셋방에서 나와 가스등이 비추는 피커딜리 서커스(Piccadilly Circus)와 레스터 스퀘어(Leicester Square) 부근의 죄악의 거리에서 일거리를 찾아 헤매었다. 그 가운데 가장 많은 부류가 매춘부와 소매치기였다. 찰스 디킨즈(Dickens)는 『올리버 트위스트(Oliver Twist)』(1837)에서 이들 소매치기의 생활을 사실적으로 묘사했다.

중간 및 상류 계급 사람들이 스스로 설교한 규범들을 늘 곧이곧대로 지켰던 것은 아니다. 그들이 내세웠던 엄격한 도덕성은 도덕적으로 타고나지 못한 많은 사람들 사이에 위선을 조장할 수밖에 없었다. 자선금을 착복한 성직자가 부패를 비난하는 설교를 하고, 사창가를 드나드는 사람이 섹스라는 말에 인상을 찡그리기도 했다. 물론 그렇게 위선적이었던 사람은 소수였으나, 점잖은 체하는 언행이 빈곤과 불의로 가득한 사회에서 부와 명성을 추구하는 사람들의 퓨리턴적 의식과 경건함 뒤에 넓게 도사리고 있었다. 물신숭배가 최대의 열정이었고, 사회적 신분 상승 욕구 또한 마찬가지였다.

빅토리아적 도덕은 성이나 계급과 관련하여 이중적 잣대를 강요했으며, 이것은 빅토리아 사회의 가치를 훼손할 수밖에 없었다. 그 도덕은 무자비한 자본주의 속에서 사회주의 사상을 낳았듯이, 남성 우월주의 속에서 여권운동을 낳았다. 캐럴라인 노턴(Norton) 부인은 이혼소송 법정에서 감동적인 변론을 하여 빅토리아인들의 양심을 자극했고, 이는 여권을 보호하는 법률의 제정을 가져왔다. 1874년과 1882년의 기혼여성재산법(Married Women's Property Acts)은 결혼한 여성에게 자신의 재산에 대한 권리, 자식의 후견 및 접근에 대한 권리, 그리고 이혼소송을 제기할 권리를 부여했다. 조지핀 버틀러(Josephine Butler)는 매춘 여성의 권리를 옹호하여, 모욕적인 신체검사를 규정한 일련의 전염병예방법(Contagious Disease Acts)을 폐지하는 데 성공했다. 애니 베전트(Annie Besant) 부인은 한 걸음 더 나아가 산아제한을 권장하여 많은 박해를 받았지만 그녀 역시 성공했다. 그 덕분에 특히 상류 및 중간 계급의 여성들은 출산과 육아의 멍에에서 약간은 해방되었으며, 그 결과 1900년에 이르면 이들의 가정은 평균 2.8명의 자녀만을 가지게 되었다. 그뿐만 아니라 이제 여성들은 그들 자신의 학교와 신문, 옥스브리지에서 그들 자신의 컬리지를 갖게 되었으며, 헐렁한 스커트를 입고 테니스를 치고, 보트 경기에 참가하고, 필드하키 시합을 하고, 등산을 즐기게 되었다. 그들은 또한 새로운 중등교육 학교의 선생이 되고, 법률가, 건축가, 회계사, 의사가 될 수 있었다.

미술

흔히 빅토리아인은 속물이라는 비난을 들어왔다. 많은 사람에게 '빅토리아니즘'은 무미건조하고 범용한 미술, 즉 감상적인 그림, 허세를 부리듯 크기만 한 건물, 지나치게 화려한 가구, 요란하게 장식한 벽지, 촌스러운 미술품, 그리고 넘치는 골동품 따위를 의미하곤 했다. 예술품에 기울인 정력과 열정의 면에서 보자면 빅토리아인들도 어느 시대 못지않았다. 그들은 어느 시대 사람보다 더 많이 예술품을 사고, 보고, 또 그에 대해 읽고, 토론했다. 그러나 분명 위대한 예술이라 하기는 어려웠다.

1848년에 라파엘로 전파(Pre-Raphaelites)를 자처하는 일단의 젊은 화가들이 실상을 무시하고 자연을 이상화하는 기성 화단에 반기를 들고 나섰다. 단테 게이브리얼 로제티(Dante Gabriel Rossetti)와 써 존 E. 밀레이(Millais), 그리고 윌리엄 H. 헌트(Hunt) 등이 러스킨에게서 영감을 받아 주도한 이 새로운 운동은 라파엘로 이후 대가들의 양식을 모방하는 데서 탈피하여, 그 이전 이탈리아 화가들의 정밀한 자연

의회 의사당

묘사와 아름다운 숭고함으로 돌아가기를 원했다. 그들은 세부에 대한 사실주의적
필치로 좀더 세속적이고 단순한 주제를 화폭에 담았다. 그러나 라파엘로 전파는
너무나 과거에 집착한 나머지 프랑스의 인상파와 같은 독창적이고 창조적인 상상
력을 이뤄내지 못했다. 그들은 곧 불분명한 주장과 주제에 대한 통속적인 해석과
번거로운 묘사법 때문에 서로 이견을 드러냈고, 세기의 후반에 이르러 이들의 반
란은 끝나버렸다. 그 뒤 밀레이와 헌트는 설화적 회화(narrative painting)로 큰 인기
를 끌었다.

1860년 무렵 튜크스베리의 한 공장. 벽에 공장 내에서 지켜야 할 규칙을 적은 표지가 붙어있다.

　18세기에 호가스가 개척한 설화적 회화는 영국에서 오랜 전통을 가지고 있었다. 빅토리아 시대에 그것은 높은 예술적 경지에는 도달하지 못했으나, 주로 중간계급의 취향과 정서를 반영했다. 그 그림들은 심금을 울리고, 유덕하고 충실한 삶을 찬양하고, 점잖은 도덕을 설교하고, 따뜻한 감정을 자아내는 내용들을 이야기했다. 그 대표적인 작품은 윌리엄 프리스(Frith)의 <다비 경마일(*Derby Day*)>로서, 프리스는 이 그림에서 군중 속의 여러 부류의 인간과 이 인기 행사 중에 일어나는 많은 자질구레한 사건들을 디킨즈류의 유머로 묘사했다. 또한 이 그림은 빅토리아 중기의 번영을 반영했는데, 빅토리아인들은 그 주제가 무엇이든 점잖고 교육적이고 안락한 그림을 원했다.

　그림에서와는 달리 빅토리아인들은 장엄하고 인상 깊은 건축을 추구했다. 빅토리아 건축은 우선 거대했다. 그러나 그 건물들은 고딕식, 고전식, 르네상스식, 이집트식 등 여러 잡다한 양식을 혼합함으로써 통일된 건축 양식을 창출해 내지는 못했다. 19세기 중엽에 건축된 웅장한 의사당은 찰스 배리(Barry)의 르네상스식 설계에 오거스터스 웰비 퓨진(Augustus Welby Pugin)의 고딕식 장식을 결합한 것이었다. 영국은 프랑스와 달리 건축가를 위한 학교가 없었고, 파리나 베를린과 같은 도시를 계획했던 강력한 군주도 없었다. 요란스레 장식한 각종의 거대한 건물들은 허풍과 과장으로 나아가기 쉬운, 의기양양하고 부유한 시대를 반영했다.

한편 많은 비평가와 미술가들은 산업혁명에서 연유한 수공예의 전반적 쇠퇴에 불만을 느꼈고, 한때는 그 자체로서 일정한 의미와 기품을 지녔던 장식들을 기계로 값싸고 천박하게 복제하는 광경을 목격하고 반발했다. 존 러스킨과 윌리엄 모리스 같은 사람들은 미술과 공예의 철저한 개혁을 꿈꾸었으며, 값싼 대량생산품을 추방하고 값진 수제품으로 대체하기를 희망했다. 이런 비평의 영향은 널리 퍼져, 비록 기계를 통한 대량생산을 막을 수는 없었지만, 직접 손으로 만든 제품에 대한 기호를 일반에 널리 퍼뜨렸다.

문학: 산문과 시

영국인의 심미적 감각은 미술이나 음악에서보다는 글쓰기에서 활짝 꽃피었는데, 빅토리아 시대는 많은 저명한 문필가들을 배출했다. 그중에서 정치와 사회경제 분야에서 가장 뛰어난 저술가(essayist)는 존 스튜어트 밀이었다. 그는 1848년에 『논리학 체계』와 함께 출간된 『경제원론(Principles of Political Economy)』, 1859년에 발간된 『자유론(On Liberty)』과 1869년에 발간된 『여성의 종속(On the Subjection of Women)』 등을 통해서, 사회질서가 허용하는 최대한의 개인의 자유, 효율적 정부보다 더 중요한 자치적 정부, 선거권의 확대, 모든 특권의 폐지, 남녀 평등권, 그리고 재산권의 보호와 통제를 위한 정부의 간여 등을 주장했다. 시인이자 문학평론가인 매슈 아널드는 『문화와 무질서(Culture and Anarchy)』(1869)에서 런던의 이스트 엔드에 사는 사람들의 비참한 모습을 묘사하는 등, 중기 빅토리아 시대의 영국 사회를 신랄하게 비판했다. 한편 탁월한 미술평론가인 러스킨은 '나쁜 미술은 타락한 사회를 나타내고, 좋은 미술은 좋은 사회 조건에서 나온다'고 믿게 되면서 점차 노동문제와 사회 개혁에 관심을 기울이고, 『이 마지막 사람에게도(Unto this Last)』(1862)와 『깨와 백합(Sesame and Lilies)』(1865) 등에서 경제학과 가난한 자의 생활 조건 등에 관한 급진적 견해를 발표했다.

시인으로서는 워즈워스의 뒤를 이은 계관시인이자 여왕으로부터 작위까지 받은 앨프리드 테니슨이 빅토리아 시대 최고의 영예를 얻었다. 그의 시에서는 신에 대한 회의와 삶에 대한 불안이 강렬한 도덕적 진리 및 아름다운 자연 속에서의 삶의 즐거움과 교차했다.52) 이런 특질들은 새로운 과학과 산업의 시대가 지니는 양면성에 대해 많은 빅토리아인들이 느꼈던 긴장을 보여주는 것이었다. 특히 대학 시절의 절친한 친구 아서 핼럼(Hallam)의 때 이른 죽음을 애도하여 쓰기 시작한 장편시 『인 메모리엄』은 옛것은 사라져가고 새것은 두렵게 느껴지는 시대의 불안을 깊이 꿰뚫어봄으로써 이 시대의 가장 빼어난 비가(elegy)로 꼽히고 있다.

한편 플라톤적 관념과 그리스도교적 도덕의 신봉자였던 로버트 브라우닝(Browning)은 자신의 시에 적극적 가치를 불어넣었다. 6년 연상인 불치병 환자 엘리자베스 바레트(Barrett)를 그녀 아버지의 구속에서 구출하여 함께 이탈리아로 달아나기도 했던 그는 유명한 대작 「반지와 책(The Ring and the Book)」(1868~1869)을 비롯하여 「남과 여(Men and Women)」(1855), 「등장인물(Dramatis Personae)」(1864) 등 여러 시에서 인간의 갖가지 열정을 거침없는 극적인 언어로 노래했다. 그 밖에 화가이자 시인이기도 했던 로제티는 「축복받은 처녀(The Blessed Damozel)」(1847), 「삶의 집(The House of Life)」(1870) 등 테니슨의 시를 연상케 하는 세련된 시편들을 남겼다. 역시 화가이자 건축가, 장식가, 인쇄업자에 사회주의자이기도 했던 윌리엄 모리스는 「지상낙원(Earthly Paradise)」(1870)과 「이상향에서 온 소식(News from Nowhere)」(1890) 등에서 낭만적 과거와 순수미에 대한 사랑을 노래하거나 사회주의적 신념을 표현했다. 앨저넌 스윈번(Algernon Swinburne)은 「캘리던의 애털랜터(Atalanta in Calydon)」(1865)와 「시와 발라드(Poems and Ballads)」(1866) 등 감각적이고 비그리스도교적인 서정시로 인습적인 빅토리아 시대의 관습에 반항했다. 그러나 이들 빅토리아 시대의 시인들은 새 시대의 불안과 갈등뿐만 아니라 윤택하고 다채로운 세상의 환희 또한 노래했다.

---

52) 688쪽 참조.

|왼쪽| 로버트 브라우닝 |가운데| 샬로트 브론테 |오른쪽| 에밀리 브론테

문학: 소설

이렇듯 훌륭한 시들을 많이 낳았지만, 빅토리아 시대는 무엇보다도 소설의 시대였고, 그 대표적 소설가는 찰스 디킨즈였다. 학교를 거의 다녀본 적 없이 어릴 때부터 구두 공장에서 일하고 사환 노릇도 해야 했던 그는 자본주의적 번영의 이면에 있는 끔찍한 빈곤과 비인도적 노동의 어두운 면을 그 누구보다도 더 절실하게 체험했다. 그는 1838년 『올리버 트위스트』로 폭발적 인기를 얻으면서 작가로서의 명성을 얻고, 이후 1840년대에는 『골동품가게(*The Old Curiosity Shop*)』(1841), 『크리스마스 캐럴(*Christmas Carol*)』(1843), 『데이비드 커퍼필드(*David Copperfield*)』(1840~1950) 등을 비롯하여 거의 한 해에 한 권씩 소설을 써냈다. 그는 자신의 체험을 통해서 알게 된 밑바닥 인생의 생활상과 애환을 생생하게 묘사하는 동시에 세상의 모순과 부정을 용감하게 지적하고 비판하면서도, 유머와 재치를 잃지 않았다. 그는 1859년 일종의 역사소설이라 할 수 있는 『두 도시 이야기(*A Tale of Two Cities*)』를 썼으며 뒤이어 그의 최고 걸작이라 할 수 있는 『위대한 유산(*Great Expectations*)』(1860~1861)을 내놓았다. 디킨즈와 달리 상류계급 출신이었지만 일찍이 아버지를 여의고 사업에 실패한 경험이 있는 윌리엄 새커리(Thackeray)는 삶의 표면과 이면을 꿰뚫은 풍자가이자 인물 묘사의 대가였다. 그는 『허영의 도시(*Vanity Fair*)』(1847)를 비롯하여,

자서전적 소설인 『펜데니스(*Pendennis*)』(1848~1850), 뛰어난 역사 소설인 『헨리 에스먼드(*Henry Esmond*)』(1852) 등에서 감상주의를 회피하면서 재치 있는 표현을 구사하여 사회의 치부와 위선을 폭로했다. 런던의 극빈한 가정에서 자란 앤서니 트롤러프(Trollope)는 오랫동안 우체국에 근무하면서 수많은 장편소설을 썼다. 새 커리를 본떠서 작품을 쓴 그는 건전한 오락물로 인기를 얻었는데, 『바체스터의 탑(*Barchester Towers*)』(1857)에서는 가상의 주교좌 성당도시의 훌륭한 사람들을 묘사했다. 한편 조지 엘리어트는 젊어서 사랑의 상처를 입었으나 허버트 스펜서[53]를 만나면서 독자적 인생관을 체득했다. 그녀는 과학자의 엄밀성으로 신흥도시의 사회 계급을 드러내 보이고, 미술가의 절제된 동정심으로

윌리엄 새커리

개인들의 초상을 그려냈다. 『애덤 비드(*Adam Bede*)』(1859)는 엘리어트의 대표작 중의 하나이다. 이 시대의 또 다른 여류 작가로는 브론테(Brontë) 자매가 있다. 가난한 집에 태어나 초등학교 교사와 가정교사를 하면서 두 동생을 양육한 언니 샬로트 (Charlotte) 브론테는 『제인 에어(*Jane Eyre*)』(1847)에서 불행한 여성의 열렬한 사랑 이야기를 대담하게 묘사했으며, 동생 에밀리(Emily) 역시 같은 해에 『폭풍의 언덕 (*Wuthering Heights*)』에서 요크셔 지방의 음산한 황무지의 모습을 그려냈다.

빅토리아 시대 소설가들은 비록 부자들의 잘못을 비판하고 사회의 불의를 폭로하는 데 주저하지 않았지만, 혁명을 선동하지는 않았다. 그들은 '냄새 나고 소음이 진동하는 공장들'을 생생하게 묘사했지만, 자본주의 체제의 근본적 변화를 제안하지는 않았다. 그 대신 그들은 마음의 변화, 더 큰 자선, 좀더 따뜻한 감정을 설교했다. 그들은 명확한 해결책은 제시하지 못했지만, 그 대신 독자들에게 즐거움을 선사했다. 그들은 위트, 풍자, 흥분, 전율 등이 넘치는 이야기꾼이었다. 연극이 엘리자베스 시대의 사람들에게 주었고, 텔레비전이 오늘날 사람들에게 주고 있는 즐거움을 빅토리아 시대 사람들에게는 소설이 제공했다.

---

53) 683쪽 참조.

|왼쪽| 윌리엄 B. 예이츠 |가운데| 오스카 와일드 |오른쪽| 써 아서 코넌 도일

세기말에 이르러 빅토리아 시대 특유의 자기만족과 안이한 우월감이 흔들리고 불안과 혼돈이 스며들자 이런 분위기는 문학 속에도 반영되었다. 작가들이 새로운 가치를 추구함에 따라 극도로 다양한 주제와 경향이 대두했다. 그중에서 대륙 작가들의 영향을 받은 1890년대의 탐미주의자들은 상징과 감각, 그리고 이상적 미에 대한 숭배를 강조했는데, 윌리엄 B. 예이츠(Yeats)와 오스카 와일드(Oscar Wilde)가 대표적인 예였다. 아일랜드 출생의 시인이자 극작가인 예이츠는 서정시집 『갈대밭의 바람(The Wind among the Reeds)』(1899)이나 시극(詩劇) 『캐슬린 백작부인(The Countess Cathleen)』(1894)에서 아일랜드 민족주의에 대해 서정적으로 표현하여 아일랜드 문학의 대표자가 되었다. 역시 더블린의 명문가에서 태어나 옥스퍼드에서 공부한 오스카 와일드는 예술지상주의를 주장하면서 탐미적 생활을 실천했으나 말년에 비방죄로 투옥된 이후 빈궁한 가운데 파리에서 객사했는데, 그는 유일한 장편소설 『도리언 그레이의 초상(The Picture of Dorian Gray)』(1891)과 『이상적 남편(An Ideal Husband)』(1895)을 비롯한 재치 있는 희극으로 명성을 얻었다. 다른 작가들은 예술지상주의파에 도전하여 용감한 행동과 모험담에 역점을 두었다. 『보물섬(Treasure Island)』

(1882)과 『지킬 박사와 하이드 씨(*Dr. Jekyll and Mr. Hide*)』(1886)의 저자 로버트 L. 스티븐슨(Stevenson)은 유혈과 폭력이 난무하는 모험담으로 인기를 끌었고, 폴란드 태생의 조지프 콘러드(Conrad)는 오랜 해양 생활의 체험을 바탕으로 한 소설 『나르시스호의 흑인(*The Nigger of the Narcissus*)』(1897)과 『태풍(*Typhoon*)』(1908)으로 해양문학의 대가가 되었다. 그 밖에 『정글북(*Jungle Book*)』(1894)의 저자 키플링은 수많은 산문과 시를 통하여 영제국의 위대한 영광을 노래했으며, 써 아서 코넌 도일(Conan Doyle)은 『셜로크 홈즈의 모험(*The Adventures of Sherlock Holmes*)』(1891)을 비롯한 일련의 추리소설에서 유명한 가공의 명탐정 셜로크 홈즈를 창조해 냈다. 이들과는 달리 이른바 '웨식스 소설(Wessex Novel)'의 작가 토머스 하디(Hardy)는 『귀향(*The Return of the Native*)』(1878)과 『더버빌가의 테스(*Tess of the D'urbervilles*)』(1891) 등의 작품에서 19세기 말 영국 사회의 인습과 종교적 편협성을 과감하게 공격하고, 남녀 간의 육체적인 사랑을 대담하게 묘사했다.

14

세계대전의 시대

1. 개혁, 사회적 위기, 그리고 전운

자유당 정부의 사회 개혁: 캠벌-배너먼 내각

　1906년 1월, 자유당은 선거 사상 보기 드문 큰 승리를 거두었다. 통합당(Unionists: 그 즈음 보수당은 자유통합파와 함께 그냥 통합당으로 불렸다)이 불과 157석, 곧 노동당으로 불릴 노동대표위원회가 29석, 아일랜드민족당이 83석, 그리고 자유-노동파 계열이 24석을 얻은 데 비해 자유당은 이 모든 의석을 합한 것보다 84석이 더 많은 377석을 획득했으며, 자유-노동파까지 포함한다면 401석이나 차지했다. 더욱이 노동당과 아일랜드민족당은 자유당의 우당이었으므로 통합당에게 그 패배는 치명적이었다. 이 선거는 17년간의 보수당 지배를 끝장냈다. 그동안 보수당은 효율적인 통치와 몇몇 뜻있는 개혁을 국민에게 제공했지만, 엄청난 소득 불평등, 하층민의 빈곤, 노인과 무직자와 병약자의 고통, 그리고 불결한 주거 등의 문제를 방치해왔다. 자유당이 이런 문제들과 씨름할 차례가 된 것이다.

　이즈음 자유당은 자유방임 경제와 최소 정부라는 빅토리아적 신조에서 벗어나 사회적 평등에 대해 좀더 많은 관심을 표명하고 있었다. 이제 많은 자유주의자들이 국가가 국민의 일자리·보건·주택·교육 등의 문제에 더욱 적극적으로 개입해야 한다고 믿게 되었으며, 최저임금제나 노령연금제 등을 도입함으로써 국민소득의 더욱 공정한 분배를 위해 노력해야 한다고 주장했다. 자유주의 안에서의 이런 새로운

노령연금 수령자: 우체국에서 연금을 찾는 노인(1909)

흐름은 흔히 '신'자유주의('New' Liberalism)로 불렸는데, 레너드 T. 홉하우스(Leonard T. Hobhouse)와 홉슨[1] 등 주로 학계의 이론가들에 의해 고취되었다.

수상 캠벌-배너먼은 사회 개혁 프로그램의 채택에 적극적이었다. 그의 정부는 1906년 노동쟁의법(Trades Dispute Act)을 제정하여 노동조합으로 하여금 파업으로 인한 손실에 대한 재정적 책임에서 벗어나게 해주었으며, 노동자배상법(Workmen's Compensation Act)으로 거의 모든 업종의 노동자가 작업 중에 입은 상해에 대해 고용주가 배상하도록 의무화했다. 그러나 뱰포어의 교육법을 수정하는 새로운 교육법안(Education Bill)과 복수투표금지법안(Plural Voting Bill),[2] 그리고 스코틀랜드 소작인들의 부당한 축출을 방지하려는 스코틀랜드 토지법안(Scottish Land Bill) 등은 상원에 의해 좌절되었다. 글래드스턴의 아일랜드 자치법 파동 이후 보수당의 아성이 된 상원은 걸핏하면 자유당 정부의 개혁 정책에 제동을 걸었다.

자유당 정부의 사회 개혁: 애스퀴스 내각

연로한 캠벌-배너먼이 1908년에 사임한 뒤 수상직을 물려받은 허버트 애스퀴스(Asquith)는 데이비드 로이드 조지(Lloyd George)를 재무상으로, 윈스턴 처칠(Winston Churchill)을 상무원(Board of Trade) 총재로 입각시켜 사회 개혁 정책을 계속 밀고 나갔다. 상원 역시 개혁에 완전히 부정적이지만은 않아서 1908년에 처칠의 임금위원회법안(Wages Board Bill)과 실업노동자법안(Unemployment Workman's Bill), 그리고 직

---

1) 657~658쪽 참조.

2) 1867년과 1884년의 개혁법에서도 재산 소유자들이 두 번 이상 투표권을 행사할 수 있는 복수투표제는 그대로 유지되어 약 50만 명이 두 번 이상 투표한 데 반해, 400만 명의 성인 남자가 여전히 투표권을 갖지 못했다.

업소개소법안(Labour Exchange Bill) 등을 통과시켰다.[3] 또 하나의 중요한 신자유주의적 개혁이 로이드 조지가 제의한 노령연금법안(Old Age Pension Bill)이었다. 애스퀴스는 취임하자 곧 이 법안을 제출했는데, 그것은 70세 이상의 노인에게 일정한 연금을 지급하는 것으로서,[4] 비록 지급 액수는 많지 않았지만 사회보장제도의 신기원을 이루는 것이었다.

1910년의 직업소개소

한편 이와 같은 신자유주의적 개혁은 급격한 재정 확대를 가져왔다. 게다가 정부가 추진하는 군비 증강 계획이 재정 수요를 더욱 증가시켰다. 이처럼 크게 늘어난 재정 수요에 대처하기 위하여 로이드 조지는 1909년 4월에 혁명적이라 할 만한 대규모 예산안을 의회에 상정했는데, '인민예산(People's Budget)'이라 불린 이 예산안은 귀족들에게는 도전장이나 마찬가지였다. 그것은 자동차와 휘발유 등과 같은 품목에 부과하는 간접세에도 일부 의존했지만, 주로 소득과 토지 등에 부과하는 직접세와 상속세로 세입을 증대하려는 것이었다. 한마디로 대부분의 부담은 부유층에게 떨어지게 되어있었다. '인민예산'은 정부가 국민소득의 더욱 공정한 분배를 위해 조세정책과 재정 정책을 쓸 수 있음을 공공연히 천명하는 것이었다. 예산안이 담고 있는 이런 당파적 요소 때문에 통합당은 이 예산안에 강력하게 반발했다. 통합당원 중에는 "이것은 예산이 아니라 혁명이다"라고 말하는 사람조차 있었다. 노령연금제에 반대하지 않았던 통합당도 증세의 불가피성은 인정했으나, 그들은 관세 개혁을 통한 간접세의 증대에서 그 해결책을 찾고자 했다. 예산안은 장기간에 걸친 격렬한 논쟁 끝에 하원을 통과했으나 상원의 벽을 넘지 못했다. 인민

---

3) 처칠은 이와 같은 새로운 사회 개혁 정책들을 'New' Liberalism이라고 명명했다.

4) 70세 이상의 홀로 사는 노인에게 주 5실링, 부부에게는 7실링 6펜스의 연금을 지급하는 것이었다. 다음 해에 약 70만의 노인들이 이 연금을 받기 시작하여 일 년에 약 700만 파운드의 비용이 소요되었다.

예산안을 '부자들의 피를 빨아먹는 것'이라고 비난한 상원의 귀족들은 350대 75로 이를 부결시켜 버렸다.

귀족들의 예산안 거부는 1832년 이후 일찍이 없었던 헌정적 위기를 몰고 왔다. 지난 2세기가 넘는 오랜 기간 동안 상원은 한 번도 예산안을 거부한 적이 없었으며, 그래서 상원에게는 그런 권한이 없는 것으로 여겨지고 있었다. 자유당은 즉각 하원에서 상원의 이런 조치가 위헌적이라고 비난하는 결의안을 채택했다. 애스퀴스는 의회를 해산함으로써 이 쟁점의 판결을 국민에게 맡겼다. 이듬해인 1910년 1월에 총선거가 실시되었는데, 이 선거에서 자유당은 많은 의석을 잃어 통합당보다 불과 2석이 많은 274석을 얻는 데 그쳤다.[5] 잉글랜드의 남부와 도시의 교외, 그리고 농업 지역은 통합당을, 잉글랜드의 북부와 공업 지역은 자유당을 지지했다. 신자유주의는 공업 노동자들에 호소력을 가졌지만, 도시 교외의 중간계급을 자유당에서 떨어져 나가게 했다. 자유당이 이제까지 중간계급을 잡아둔 끈이 비국교였는데, 이제는 투표의 시금석으로서 계급이 종교를 밀어냈다. 1906년의 선거에서는 여전히 종교가 주된 정치 의제를 좌우했으며 투표자 대부분의 행동에도 영향을 미쳤으나, 1910년의 선거에서는 계급이 선거 전략의 주된 동력으로서 종교를 대신했던 것이다. 계급 구분에 따른 유권자의 양분화는 이후에 전개될 20세기 정치 풍토의 뚜렷한 특징을 이루었다.

자유당은 선거 결과에 실망했지만 예산안에 대해 귀족들과 맞설 발판은 쉽게 확보할 수 있었다. 그것은 40석을 얻은 노동당과 82석을 차지한 아일랜드민족당 역시 소수의 토리 귀족이 영국의 운명을 좌우하는 것을 용납하려 하지 않았기 때문이다. 1910년의 새 의회에서 예산안은 다시 통과되었으나, 상원의 권한 문제가 그대로 남아있었다. 이 문제를 해결하기 위해 자유당은 4월에 상원의 권한을 대폭적으로 축소하는 의회법안(Parliamentary Bill)을 통과시켰다. 이 법안은 예산안에 대한 상원의 거부권을 완전히 폐지하고, 다른 일반 법안의 경우에는 2년에 한해서 거부권을 허용하되, 하원이 3회기를 연속해서 통과시키면 법률로 확정하며, 대신 하원

---

5) 통합당이 272석, 노동당이 40석, 아일랜드민족당이 82석을 얻은 데 대해, 자유당은 274석을 얻었다.

의 임기를 7년에서 5년으로 단축하는 것이었다. 상원은
물론 이 법안을 거부했다. 이제 유일한 해결책은 1832년
의 선례를 따라 왕이 법안 통과에 필요한 만큼의 상원의
원을 새로 만들어주겠다고 약속하는 일이었다.

데이비드 로이드 조지

그러나 이에 필요한 절차는 이해 5월에 에드워드 7세가
사망함으로써 지연되었다. 새 국왕 조지 5세는 귀족의 양
산을 주저했다. 그러자 수상 애스퀴스는 명확하고 단호한
국민의 의사를 보여주기 위해 12월에 의회를 해산하고 또
다시 총선거를 실시했다. 결과는 1월의 선거와 거의 비슷
하게 나왔다.[6] 캐스팅 보트를 쥔 아일랜드민족당은 자치
법안의 약속을 전제로 자유당을 지지했다. 정부는 이제 의회법안에 대한 국민의
위임을 받았다고 주장할 수 있었다. 여야 지도자의 오랜 정치적 협상이 무위로 끝
나자 국왕은 결국 필요한 조치를 약속했다. 1911년 여름에 법안을 저지하지도 못
하면서 귀족의 가치만 떨어뜨릴 위기에 직면하여 상원은 드디어 굴복했으며, 법안
은 131표 대 114표로 상원을 통과했다. 이리하여 영국은 민주주의를 향해 한발
더 가까이 다가갔다.

1911년은 의회법(Parliament Act) 이외에 사회입법 분야에서도 또 하나의 중요한
개혁이 이루어진 해였다. 이해에 역시 로이드 조지의 주도 아래 국민보험법(National
Insurance Act)이 제정되었는데, 이 법은 일부 공업 노동자에게는 실업에 대비한, 그
리고 일반 육체노동자에게는 질병에 대비한 보장을 해주려는 것이었다. 재원은 해
당 노동자와 고용주와 국가가 각각 4 : 3 : 2로 부담하여 마련하기로 했다. 이 계획
은 각 이익집단, 심지어 보험료 지불을 반대하는 노동자들로부터 거센 반발을 받
았다. 그러나 웨일즈의 미천한 농가에서 태어나 자수성가한 변호사 출신인 로이드
조지는 비범한 지도력과 추진력으로 거센 항의를 이겨내고 계획을 관철시켰다. 그
의 불후의 업적으로 평가된 이 국민보험법은 1906년의 무료 학교급식, 1907년의

---

6) 자유당 272석, 통합당 272석, 노동당 42석, 아일랜드민족당 84석을 차지했다.

아동에 대한 의료 서비스, 그리고 1908년의 노령연금제 등과 더불어 자유당이 건설하기 시작한 복지국가의 초석이었다.

아일랜드 자치법안

1906년에서 1911년 사이에 자유당은 많은 개혁으로 영국을 좀더 민주적인 국가로, 국민의 복지에 더욱 많은 관심을 기울이는 국가로 만들어왔는데, 그러한 개혁이 1911년을 고비로 갑자기 중단되었다. 잇따른 몇몇 사태가 야기한 사회적 위기 속에서 자유당이 지속적인 개혁을 위한 추진력을 잃어버렸기 때문이다. 게다가 1911년에서 1914년 사이에 벌어진 의회 안에서의 정쟁은 유례가 없으리만큼 격렬했다. 특히 아일랜드 자치법안이 몰고 온 회오리바람은 그 이후의 의회를 온통 휩쓸어버렸다. 자유당이 의회에서 충분한 다수를 확보하고 있는 동안은 그런 대로 아일랜드 문제를 피해갈 수 있었으나, 1910년의 선거 이후 정부의 존립을 거의 전적으로 아일랜드민족당의 지지에 의존하게 되자 이 문제는 발등의 불이 되었던 것이다.

정부는 약속 이행을 위해 1911년에 아일랜드 자치법안(Home Rule Bill for Ireland)을 의회에 상정했다. 이 법안은 아일랜드에 자체의 의회와 집행부를 부여하고, 외교와 국방 등을 제외한 거의 모든 분야에 대해 자치를 허용하는 것이었다. 법안은 1912년과 1913년에 연속 하원을 통과했으나 상원은 계속 이를 거부했다. 그러나 새 의회법에 따라 법안은 1914년에는 상원의 의사와 관계없이 입법화하게 되어있었다. 이런 사실을 인식한 통합당 지도부는 법률과 헌정 질서에 도전하는 언사를 서슴지 않았으며, 심지어 반란이란 말을 입에 올리기에 이르렀다. 1908년에 밸포어를 뒤이어 보수당 당수가 된 앤드루 보너 로(Andrew Bonar Law)는 1912년에 자치법안에 대한 반대 의사를 분명히 하면서, 자치를 반대하는 얼스터의 개신교 주민들에 대한 지원을 천명했다.

한편 얼스터의 개신교도 주민들은 써 에드워드 카슨(Carson)의 지도 아래 자치법안의 저지를 위해 싸울 것을 결의하고, 만일 자치법안이 입법화할 경우 그 시행을 저지할 조치들을 준비했다. 이들 개신교도와 아일랜드 가톨릭교도 사이의 오랜 증오와 대립은 세월의 흐름 속에서 완화되기는커녕 오히려 더욱 악화되어 왔다. 얼스터의 개신교도들은 그들 지역을 통합왕국(United Kingdom)의 울타리 안에 머물러 있게 하는 것 말고는 그 어느 것도 용납하려 하지 않았다. 카슨은 통합당의 재정지원을 확보하고, 10만 명의 얼스터 의용군을 조직했다. 이런 얼스터의 움직임은 아일랜드의 가톨릭교도들을 자극하여, 그들도 10만을 웃도는 의용군을 조직했다. 1914년에 이르자 사태가 절박해졌다. 군대 개입이 필요해 보이는 상황이었는데도 우유부단한 애스퀴스는 그의 '두고 보기(wait and see)' 정책을 지속했다. 게다가 아일랜드 주둔군 일부는 얼스터에 대한 진압 명령에 복종하기를 거부한다고 선언했다. 7월에 국왕이 직접 중재에 나섰으나 허사였다. 얼스터는 전쟁을 준비하고, 이제 내란이 임박해 보였다. 이 일촉즉발의 내란의 위기를 종결지은 것은 제1차세계대전의 발발이었다.

노동운동

아일랜드만이 아니라 브리튼에서도 사회적 위기가 고조되고 있었다. 위기는 주로 과격한 노동운동에서 비롯했다. 1910년 여름과 가을에 파업의 물결이 잉글랜드와 웨일스 일대를 휩쓴 것이다. 탄광·조선소·부두·철도 및 방직공장에서 노동자들이 작업을 거부하고, 이런 파업의 물결은 해마다 더 광범위한 규모로 번져나가 1913년까지 이어져 선원과 화부·부두 노동자·철도 노동자·광부 등 여러 업종의 노동자들이 크고 작은 파업에 가세했다. 미숙련노동자가 일반조합으로 조직화됨에 따라 노조원의 수도 급증하여, 1901년에 200만, 1910년에 250만에 불과하던 조합원이 1913년 말에는 400만을 넘어섰다. 정부는 여러 차례 소요 지역에 군대를 이동시켰고, 1911년에는 리버풀과 남부 웨일스의 래넬리(Llanelly)에서 발포 사태까지 일어나 수명의 사상자를 내기도 했다.

노동자들의 분노의 주된 원인은 실질임금의 하락에 있었다. 1909년에서 1913년 사이에 물가 상승률이 임금상승률을 앞질러서 임금은 겨우 생활필수품을 구할 수 있을 만한 수준에 불과했으며, 이것은 노동자들에게 고통과 분노를 가져다주었다. 그래서 이 시기의 많은 파업은 주로 임금과 관련해서 일어난 것이었다. 그러나 이

애스퀴스와 여권 운동가

들 파업의 일부는 프랑스 철학자 조르쥐 소렐(Georges Sorel)이 발전시킨 생디칼리슴(syndicalisme)의 영향을 받았다. 생디칼리슴은 노동자에게 총파업으로 경제를 마비시키고 공장·가게·은행·토지 등을 장악하도록 부추겼으며, 궁극적으로는 국가를 폐지하고 노동자들의 조합에 기초한 사회를 건설하고자 했다. 1911년의 리버풀 파업을 이끈 톰 맨(Tom Man), 1911년과 1912년의 런던 부두 노동자의 파업을 지휘한 벤 틸레트(Ben Tillet), 1912년의 사우스 웨일즈의 광부 파업의 지도자 아서 J. 쿡(Cook), 그리고 1913년의 더블린 운수 노동자 파업의 지도자 짐 라킨(Jim Larkin) 등이 모두 생디칼리스트였다. 노동자들의 의회 진출이 별다른 결과를 가져다줄 것 같지 않자, 많은 노동자들은 의회를 통한 해결을 단념하고 대신 조직화한 노동자의 직접적 행동에 호소하는 생디칼리슴에 귀를 기울였던 것이다.

여성 참정권 운동

또 다른 종류의 소요가 위기를 가중시켰는데, 그것은 바로 투쟁적인 여성 참정권 운동이었다. 여성들의 권리와 사회적 지위는 여성들 자신의 부단한 노력으로 느리기는 했지만 조금씩 향상되어 왔다. 여성에게도 고등교육의 길이 열리고, 몇 가지 전문직에도 나아가게 되었다. 1869년 존 스튜어트 밀의 『여성의 종속』이 출판된 이후 여성 문제에 대한 관심이 점차 높아져, 이해에 도시와 교구의 참사회에 대한 여성의 투표권이 허용되고, 그 이듬해에는 기혼 여성의 재산 소유권이 인정되었다. 1880년에는 여성에게 주의회에 대한 투표권도 부여되었고, 1907년에는 주의회 선거에서 피선거권도 부여되었다. 그 뒤 1883년과 1892년에 여성에게 전국적 수준의 참정권을 부여하는 법안이 의회에 제출되었으나 모두 부결되었다. 1896년에는 그동안 서명과 청원 방식으로 참정권 획득운동을 벌여온 단체와 운동가들이 모여 여성참정권단체전국연합(National Union of Women's Suffrage Societies)을 결성하기에 이르렀다. 그러나 수십 년에 걸친 이런 평화적 방법이 별다른 호응을 받지 못하자 운동은 점차 전투적 수단을 택하는 방향으로 나아갔다. 1903년, 에 멀린 팽크허스트(Emmeline Pankhurst)가 두 딸과 함께 결성한 여성사회정치동맹(Women's Social and Political Union: WSPU)은 의회와 정부에 대하여 적극적인 공세를 취했다.[7]

1914년 시위에서 체포되는 팽크허스트

비폭력적인 시민 불복종 방식으로 진행된 동맹의 운동을 의회와 정부가 억압하려고 나서자 운동은 좀더 과격한 방향으로 나아갔다. 동맹의 회원들은 의회의 의사 진행을 방해하고, 반대하는 장관에게 면담을 강요하는가 하면, 빈번히 시위운동을 벌여 경찰과 맞부딪쳤다. 이런 과정에서 체포·구금된 운동가들은 정치범의 대우를 요구하며 옥중 단식투쟁을 전개했다. 이에 맞서 정부는 처음에는 강제급식을 실시했으나 그 위험성이 논란을 빚자, 이른바 '고양이와 쥐 법(Cat and Mouse Act)'이라는 법에 따라, 수감자가 단식으로 몸이 쇠약해지면 일단 놓아주었다가 건강이 회복되면 다시 구속하곤 하는 일을 되풀이했다. 1912년 3월이 되면서 이들의 행동은 더욱 격렬해져서 런던의 주요 대로에 몰려와 상점의 유리창을 부수고, 상류 계층의 거주지인 웨스트 엔드(West End) 일대에 몰려와 난동을 부리기도 했다. 이들은 건물을 불태우고, 화랑이나 박물관의 그림들을 찢고, 버킹엄 궁전의 난간에 몸을 묶고, 우편함에 독극물을 집어넣기까지 했다. 마침내 1913년 6월에는 에밀리 데이비슨(Emily Davison)이 다비에서 경마 경기가 진행되는 도중에 뛰어들어 목숨을 잃었으며, 에밀린 팽크허스트는 하필이면 여성 참정권에 찬성하

---

7) 평화적인 방법을 택한 운동가들이 Suffragists라고 불린 데 대하여 전투적인 운동가들은 Suffragettes라고 불렸다.

고 있던 로이드 조지를 노리고 폭탄을 터뜨려 감옥으로 갔다. 이들의 격렬한 투쟁은 제1차세계대전 전야까지 계속되었다.

투쟁적 여성 참정권 운동가들의 이와 같은 과격 행위는 자극과 반발을 동시에 불러일으키고 상반된 평가를 받았지만, 여성 참정권에 대한 관심을 높임으로써 참정권 허용을 촉진하는 데 기여했다. 그것은 소박한 빅토리아 시대의 아내와 안락한 새장 안의 새의 신세에 대한 거부요, 여성해방에 대한 강력한 요구의 상징이었다. 1914년 7월에 수상 애스퀴스는 마침내 이들 여성 대표단에게 참정권을 허용하는 입법을 약속했다. 그러나 그 약속은 세계대전이 끝난 1918년까지 이행이 연기되었다.

국제 문제

이렇게 일반 국민들의 관심이 집중된 것은 여러 국내 문제들이었으나, 그 중요성이 미처 제대로 인식되지 않았으면서도 영국의 장래에 더욱 중요했던 것은 국제 문제, 특히 독일 문제였다. 오랫동안 영국이 우려의 시선으로 주목한 나라는 러시아였으나, 19세기 말이 가까워지면서 러시아에 대한 불신은 줄어들고, 대신 독일이 새로운 불안 요소로 떠올랐다. 1890년대에 독일이 뒤늦게 아프리카에서 식민지 쟁탈전에 뛰어듦으로써 영국의 신경을 건드렸다. 1895년의 제임슨 침공 사건[8] 때 독일 황제 빌헬름 2세(Wilhelm II)가 트란스발의 대통령 크루거에게 승리를 축하하는 공개 전문을 보낸 것은 영국민들의 분노를 자아냈다. 19세기 후반의 유럽 대륙에서는 독일, 오스트리아, 이탈리아 사이의 3국동맹(1882)에 대하여 러시아-프랑스의 2국동맹(1894)이 맞서 대체적인 세력균형을 유지하고 있는 속에서도, 영국은 의식적으로 그 바깥에 머무르면서 이른바 '명예로운 고립(splendid isolation)'을 견지해 왔다. 그러나 이제 영국의 정치인들은 차츰 단 하나의 동맹국도 없이 해군력 하나에만 의지해야 한다는 사실에 불안을 느끼게 되었다.

고립으로부터 벗어나려는 최초의 공식적 발걸음은 유럽의 동맹 체제에 들어가

---

8) 666쪽 참조.

는 것이 아니라 일본과 동맹을 맺는 일이었다. 1902년에 맺어진 이 동맹은 러시아에 대한 유용한 견제책으로 여겨졌다. 그러나 실은 일본과 조약을 맺기 전에 몇몇 정치가들은 이미 유럽 내에서 동맹국을 찾고 있었다. 동맹 상대국으로는 많은 사람들이 프랑스보다는 독일에 더 마음이 끌려있었으며, 1895년부터 1901년 사이에 영국은 세 차례나 독일과의 동맹을 시도했다. 그러나 독일의 반응은 부정적이었다. 독일은 스스로 해상 강국이 되기로 결심하고 영국 해군과 맞먹을 정도의 강력한 해군 건설을 향해 매진하고 있었기 때문이다.

독일이 해군력 증강에 박차를 가하면서 영국의 외교정책에 큰 변화가 일어났다. 영국은 새로운 경쟁국으로 부상한 독일에 맞서기 위해 독일과 적대하고 있는 프랑스에 접근했으며, 또한 러일전쟁에서 패배하여 아시아로의 진출 위협이 줄어든 러시아와도 접촉했다. 1904년 영국은 오랫동안 적대 관계를 지속해 온 프랑스와 식민지에 관한 분쟁을 종식시키는 데 합의하고 우호협상(entente cordiale)을 체결했다. 이로써 영국은 프랑스가 모로코에 개입할 권리를 인정하고 그 대신 프랑스는 이집트에서의 영국의 지위를 인정했으며, 뉴펀들랜드와 아프리카, 그리고 동아시아 등지에서의 오랜 분쟁도 원만하게 조정되었다. 그 후 1906년에는 이것이 양국 간의 군사적 협약으로 강화되었다. 1907년, 영국은 러일전쟁의 패배와 그 이후의 국내 혼란으로 세력이 약해진 러시아와도 비슷한 양해에 도달하여 페르시아, 아프가니스탄, 동북아시아 지역에서의 적대 관계를 해소했다. 이러한 영·프 협상과 영·러 협상은 결국 영국, 프랑스, 러시아의 삼국협상(triple entente)으로 발전했다. 이러한 사태에 직면한 독일은 프랑스의 모로코 병합에 대해 강력한 이의를 제기함으로써 한때 위기를 불러일으켰다.9) 1905년 보수당 내각의 뒤를 이어 수립된 캠벌-배너먼 자유당 내각은 이와 같은 국제적 위기에 조심스럽게 대응했다. 독일의 위협에

---

9) 1905년 3월, 독일의 카이저(Kaiser)가 돌연 모로코의 탕헤르(Tánger)에 상륙하여 술탄과의 우호와 보호를 약정하고 모로코에서의 독일의 권익을 수호하겠다는 결의를 표명하면서 모로코 문제를 국제회의에 회부할 것을 요구하자, 처음 프랑스는 이를 거절했으나 전쟁을 두려워하여 이에 굴복했다. 그 결과 1906년 알헤시라스(Algeciras)에서 국제회의가 열렸으나 이 회의에서 독일은 오히려 고립되어 바라던 목적을 달성하지 못했다.

노급함

공동으로 대응하기를 기대하는 프랑스의 적극적 요청에 외무상 써 에드워드 그레이(Grey)는 소극적이었지만, 그나마 양국 간의 협력을 위해 군사적 협의를 갖는 데는 동의했고, 은밀한 협상이 제1차 세계대전 발발 때까지 계속되었다.

이런 외교적 노력과 더불어 자유당 내각에서는 국방력 강화의 필요성에 대한 주장이 제기되었다. 이제껏 평화주의를 표방하고 제국주의 정책과 군비 증강을 반대해 온 자유당이 한 세대 전의 글래드스턴처럼 다시 대외적으로 강경책을 구사해야만 할 처지에 놓였다. 즉시 군대 개혁에 착수한 전쟁상 리처드 B. 홀데인(Haldane)은 정규군을 6개 보병사단과 1개 기갑사단, 그리고 특수부대들로 편성하고, 그 효율성을 크게 높였다. 또한 예비군으로는 제대군인들의 예비군 조직 외에, 임시 훈련을 받고 정규군으로 편입된 민병대도 특별예비군의 지위를 부여받았다. 옛 의용병과 의용농기병도 성장해 이제는 방대한 규모의 지역군(Territorial Army)으로 편성되었다. 해군도 독일의 해군력 증강에 대응하여 거대한 함포를 탑재한 이른바 노급함(弩級艦, dreadnought)을 건조하고,[10] 여러 곳에 산재해 있던 함대를 집결하여 북해 방면에 강력한 기동함대를 편성했다.

전쟁으로의 접근

유럽에서의 세력 다툼은 점점 전쟁을 향해 움직이고 있었다. 영국은 한 발짝 한 발짝 독일의 적대국들과 협력 관계 속으로 끌려들어 갔다. 1905년의 모로코 위기는 합의로 넘겼으나, 1908년에 새로운 위기가 발칸 반도에서 일어났다. 이해에 일어난 청년투르크당의 혁명은 투르크 지배 아래 있는 슬라브 여러 민족들과 주위의 해방된 국가들에게 다양한 가능성을 열어주었다. 불가리아(Bulgaria)가 완전 독립하고, 그리스는 키프로스 섬을 병합했으며, 크레타도 그리스와의 통합을 요구했다. 한편 오스트리아는 그동안 보호령으로 지배해 오던 보스니아(Bosnia)와 헤르체고비나(Herzegovina)를 합병했는데, 이 같은 도발 행위가 이 지역을 탐내고 있던 세르비아(Serbia)를 격분케 했으며, 범슬라브주의(Pan-Slavism)의 기치 아래 이 지역 슬라브족들의 보호자를 자처한 러시아의 분노를 샀다.

1911년에 다시 위기 상황이 발생했다. 이해에 모로코에서 반란이 일어나 프랑스군이 그 수도 마라케시(Marrakech)에 진주하자 독일은 이를 견제하기 위해 모로코의 대서양안에 있는 작은 항구 아가디르(Agadir)에 순양함을 파견함으로써 국제사회를 한껏 긴장시키다가, 서아프리카에서 보상을 받기로 하고 물러섰다. 한편 이탈리아도 이 위기 상황을 틈타 아프리카의 트리폴리(Tripoli)와 키레나이카(Cyrenaica)에 침입했다. 이어 1912년에는 발칸의 여러 나라들이 연합하여 투르크에 대해 전쟁을 벌이고 유럽에서 투르크를 몰아냈다. 그레이가 주재하는 런던 회의가 열려 영토 분할을 조정함으로써 전쟁을 중지시켰으나, 이듬해에는 이들 발칸 국가들 사이에 다시 싸움이 벌어졌다. 연속되는 위기를 아슬아슬하게 넘기고 발칸 전쟁은 국지전으로 끝났지만, 짙은 전운은 여전히 유럽 전역을 뒤덮고 있었다.

---

10) 1908년 영국이 노급함 2척을 건조하자 독일은 4척을 건조하고 이듬해에 다시 4척을 더 건조했다. 영국 수상 애스퀴스가 이해에 우선 4척을 건조하고 나중에 필요하면 다시 4척을 건조하기로 하자, 영국민들은 "우리는 지금 당장 여덟 척을 원한다(We want eight and we won't wait)"라고 외쳐댔고, 결국 정부는 여론을 따를 수밖에 없었다.

그사이 영국과 독일은 협정을 위한 마지막 노력을 기울였다. 1912년 영국은 독일통으로 알려진 홀데인을 독일에 파견하여 타협을 시도했으나, 그가 독일에서 발견한 것은 대규모의 해군 확장 계획이었다. 독일은 독일의 대러시아 및 대프랑스 전에서 영국이 중립을 지킬 것을 요구했으나, 영국은 독일이 프랑스를 정복하는 것을 수수방관할 수는 없었다. 이리하여 영국과 독일 사이에 다리를 놓으려는 최후의 노력은 실패로 끝나고 말았다. 유럽 열강은 군비 확장에 박차를 가했다. 독일은 해군 확장에 더하여 육군의 대대적인 증강을 서둘렀으며, 프랑스는 군 복무연한을 2년에서 3년으로, 러시아는 3년에서 3년 반으로 연장했고, 오스트리아도 병력을 증강했다. 각국은 주밀한 작전 계획을 수립했으며, 정치가보다 군부의 입김이 세어졌다. 그야말로 일촉즉발의 위기가 임박하고 있었다.

2. 제1차세계대전

전쟁의 경과

1914년 6월 28일, 오스트리아 황태자 프란츠 페르디난트(Franz Ferdinand)가 보스니아의 수도 사라예보(Sarajevo)를 방문하던 중 한 세르비아 민족주의자에게 암살되었다. 그 후 불과 한 달 남짓한 사이에 유럽 열강의 대부분이 전쟁의 소용돌이 속으로 휘말려 들어갔다. 외무상 그레이는 외교적 노력을 통해 전쟁을 막아보려 했지만 허사였다. 독일의 보장을 받은 오스트리아는 7월 28일 세르비아에 선전포고했고, 이에 러시아가 총동원령을 내리자 독일은 8월 1일 러시아에, 그리고 이틀 뒤에는 프랑스에 선전포고했다. 처음에 영국은 내각도 여론도 의견이 엇갈렸다. 많은 사람들이 프랑스와 러시아에 대한 군사 지원을 반대했다. 그러나 영국 정부는 8월 4일 독일에 전쟁을 선포했고, 여론도 이 결정을 압도적으로 지지했다. 여론의 향배를 가른 결정적 요인은 독일의 벨기에 침범이었다. 영국은 벨기에의 중립이 침해되는 것을 용납할 수 없었다. 어떠한 경쟁국도 저지방을 지배해서는 안 된다는 것이 오랜 외교정책의 근간이었다. 영국인에게 저지방의 침범은 곧 강 건너의 불이 아니라 발등의 불을 의미했던 것이다.

전쟁이 시작되자 300만 독일 대군은 라인 강을 건너 곧장 파리로 진격했고, 한 달 뒤에는 파리 부근까지 도달했다. 그러나 독일군은 마른(Marne) 강에서 저지되었고, 이어 국경선 부근까지 도로 밀려났다. 독일군의 진격을 저지하는 데는 영국군도 한몫을 했다. 10만의 영국 원정군(British Expeditionary Force: BEF)이 8월 하순에 전선에 투입되어 프랑스군의 좌익을 맡아 우세한 독일군의 진격 속도를 지연시켰으며, 다시 마른에서 프랑스군과 함께 독일군의 진격을 막아냈다. 먼저 벨기에를 관통하여 서부전선에서 신속하게 승리를 거둔 후 병력을 동부전선에 돌리려던 독일의 이른바 '슐리펜 계획(Schlieffen Plan)'은 실패로 돌아갔다. 그리하여 12월에

제1차세계대전 시의 공중전

이르면 스위스 국경에서 영국 해협에 이르는 거의 1,000킬로미터에 달하는 긴 참호가 구축되고, 이후 1918년 3월까지 서부전선은 대체로 이 참호선을 따라 고착되었는데, 이 참호전은 엄청난 인적·물적 희생을 치르면서 지루한 교착 상태를 지속했다. 동부전선에서는 늦으리라고 예상된 러시아군의 동원이 뜻밖으로 빨리 진행되어 일찍이 개전 초에 동프로이센에 침입했지만 곧 독일군에게 격퇴당했다. 그러나 러시아군이 오스트리아에 대해서는 어느 정도 승리를 거두어, 1914년 말에 이르러 동부전선 역시 일단 안정되었다.

서부전선에서는 보병의 용감한 돌격도 기관총과 철조망 앞에서는 많은 사상자만 낼 뿐이었으며, 기병이나 영국이 개발한 신무기인 탱크도 별 효험이 없었다. 1915년 3월, 뇌브 샤펠(Neuve Chapelle)의 공격에서 영국군은 엄청난 군수품을 소비하고 막대한 손실을 입었다. 5월에 이프르(Ypres)에서, 9월에는 로우오스(Loos)에서 감행한 공격 역시 실패로 끝났다. 뇌브 샤펠에서의 실패로 서부전선의 참호 방어선을 돌파하기가 매우 어렵다는 것을 깨달은 연합군은 우회로를 모색했다. 그리하여 해군상 윈스턴 처칠의 주도하에 갈리폴리(Gallipoli) 작전이 추진되었다. 그것은

제1차세계대전 때(1916년 9월, 솜 전투) 사용된 영국군 탱크

솜의 참호전 모습: 진흙이 묻지 않도록 총신을 천으로 휘감은 모습이 눈에 띈다. 수백만의 병사들이
1914년부터 1918년까지 이 같은 참호전에 매달려 있었다.

다다넬즈(Dardanelles) 해협을 장악하여 곤경에 처한 러시아군에 군수물자를 공급하고, 독일 편에 가담한 투르크를 제압한다는 구상이었다. 4월 말에 연합군은 다다넬즈 해협의 좁고 긴 갈리폴리 반도에 대한 상륙작전을 펼쳤다. 그러나 연합군의 대병력을 7개월 동안이나 묶어놓았던 이 작전 역시 막대한 희생만 치른 채 실패하고 말았으며, 처칠은 이 실패에 대한 책임을 지고 해군상직을 사임했다.

갈리폴리 작전의 실패 이후 영국은 다시 서부전선의 돌파에 전력을 집중했다. 그리하여 1916년에는 서부전선에서 다시 치열한 전투가 벌어졌다. 2월에 독일이 먼저 베르됭(Verdun) 요새에 총공격을 가했는데, 완강한 저항을 받고 6월에 물러나고 말았다. 이해 후반기에는 연합군이 대대적인 공격을 전개했다. 7월 초 솜(Somme) 강 방면에서 적진을 정면 돌파하려는 연합군의 작전이 개시되어 4개월이나 계속되었으나, 이 역시 11월의 추위와 빗속에서 아무런 성과 없이 끝나고 말았다. 유례없이 처절했던 이 전투는 대략 영국군 40만, 프랑스군 20만, 독일군 50만 등 모두 100만 이상의 사상자를 내면서도 별다른 전세의 변화 없이 끝이 났다. 솜 전투는 그 이듬해에 영국군에게 또다시 막대한 손실을 입힌 파슨달러(Passchendaele)의 전투와 함께 영국인의 기억 속에 실망과 공포의 대상으로 깊이 새겨졌다.[11]

처음부터 연합군은 독일에 대한 봉쇄 작전에 큰 기대를 걸었다. 봉쇄 작전은 독일의 전쟁 물자와 식량의 수입을 크게 제약했다. 이에 독일은 주로 잠수함전으로 응수했다. 독일의 이 신무기는 상당히 위협적이었고, 수많은 선박이 그 어뢰에 맞아 격침되었으나, 그 활동은 제한적일 수밖에 없었다. 1916년 봄 북해의 유틀란트(Jutland) 앞바다에서의 해전은 전쟁에 새로운 전기를 마련해 주었다. 독일 함대가 일전을 불사하여 북해의 영국 함대와 맞붙은 이 해전은 대전 기간 중 유일한 주력 함대 간의 접전이었는데, 결국 어느 한쪽의 일방적 승리로 판가름 나지는 않았다. 그러나 영국은 이후에도 계속 제해권을 장악하고 해상 수송망을 확보할 수 있었다. 한편 이 해전에서 해상봉쇄를 뚫지 못한 독일은 다시 잠수함전으로 돌아섰고, 1917년 2월부터는 국제법을 아랑곳하지 않고 무제한 잠수함전을 펼쳤다. 독일 잠

---

11) 1917년 8~9월 사이에 파슨달러라는 벨기에의 한 마을에서 벌어진 전투에서 영국군은 30만 이상의 사상자를 냈는데, 그중 많은 수가 억수같이 퍼붓는 빗속에서 플랑드르 평원의 진창에 빠져 죽어갔다.

수함이 연합국 선박뿐 아니라 국적을 불문하고 영국에 접근하는 모든 선박에 대해 무차별 공격을 감행한 것이다.

1917년에는 전쟁의 양상과 성격을 크게 바꾸어놓은 두 사건이 일어났다. 하나는 독일의 무제한 잠수함전으로 피해를 입은 미국이 4월에 독일에 선전포고하고 연합군 진영에 가담한 일이었다. 다른 하나는 러시아에서 혁명이 일어나 권력을 장악한 볼셰비키들이 이듬해 3월 초에 브레스트-리토프스크(Brest-Litovsk)에서 독일과 단독으로 강화를 맺고 전선에서 이탈한 일이었다. 러시아의 전선 이탈로 동부전선의 거대한 병력을 서부전선으로 돌릴 수 있게 된 독일은 미국군이 유럽에 상륙하기 전에 승패를 가릴 작정으로 온 힘을 결집하고 1918년 3월 말 서부전선에서 최후의 총공세를 펼쳤다. 한때 독일군은 승기를 잡은 듯했다. 독일군은 몇 차례의 파상적 공격에서 대승을 거두고, 7월에는 다시 마른 강에 도달했다. 그러나 독일군은 또다시 여기서 저지되었고, 미국군으로 보강된 연합군은 반격을 개시하여 여름 무렵에 전세를 뒤집었다. 퇴각한 독일군은 다시 참호전을 폈으나 전력은 고갈되고, 참호 방어선도 이제는 수많은 탱크에 유린되었다. 불가리아, 투르크, 오스트리아 등 독일의 동맹국들이 차례로 전쟁에서 떨어져 나갔다. 8월 들어 독일의 패전은 뚜렷해졌으며, 마침내 11월 11일 독일은 휴전에 서명했다. 결정적인 전투는 없었지만, 결국 연합군의 압도적인 인적·물적 우세가 독일을 꺾었던 것이다. 불과 4년 남짓한 그 전쟁 기간에 영국은 병사 75만 명이 죽고, 거의 200만 명이 부상당했으며, 그중 수십만이 불구가 되는 대참화를 겪어야만 했다.

국내 전선

세계대전은 전쟁에 참가한 다른 모든 나라와 마찬가지로 영국에서도 많은 것을 바꾸어놓았다. 전쟁이 시작될 무렵 영국은 세계의 열강 가운데 아마도 자유주의 이념에 가장 근접한 나라였다. 무제한에 가까운 자유무역이 이루어지고, 시민은 결사와 표현의 자유를 누렸으며, 인구에서 차지하는 관료의 비율은 산업화된 다른 어느 나라보다 낮았다. 여성을 제외하면 의회 제도는 여론을 충실히 반영하고 있었다. 지방정부는 상당한 자율권을 누리고 있었으며, 국가는 어떠한 개인 신상에 관한 정보도 관리하지 않았다. 전쟁 초기에 영국 정부는 사기업과 개인의 자유를 될 수 있는 한 제한하지 않으면서 전쟁을 수행할 것이라고 다짐했다. 그러나 전쟁은 곧 국가의 확고한 통제와 인적·물적 자원의 전면적 동원을 필요로 했다. 전쟁이 시작되자 바로 제정된 국토방위법(Defence of the Realm Act: DORA)[12]은 전쟁 보도를 제한하는 검열제를 수립했다. 의회는 모든 입법 논쟁을 중단했고, 원내외적으로 정부에 대한 반대가 사실상 있을 수 없었다. 그리고 1916년에는 자유당의 내분과 자유당의 도덕성에 대한 비판을 불러일으키면서도, 엄청나게 늘어난 병력 수요를 충당하기 위해 영국 역사상 최초로 징병제가 도입되었다. 무엇보다도 의회정치와 정당정치가 심각하게 훼손되었다. 1911년의 의회법으로 의원의 임기가 7년에서 5년으로 줄어, 1915년에는 총선거를 치러야 했음에도 불구하고, 정당들은 무기한 정치 휴전을 선언하고, 수상 애스퀴스는 보수당의 도움으로 상원의 결의를 통해 선거를 전후로 연기했다. 게다가 당초에 기대했던 단기전의 전망이 사라지자 더욱 강력한 정부를 위한 연립 내각을 결성해야 한다는 요구가 제기되어, 1915년 5월 보수당뿐만 아니라 노동당까지 참여하는 거국 정부가 수립되었다. 그리하여 7명의 보수당 지도자가 입각하고, 노동당 당수 아서 헨더슨(Henderson)은 최초의 노동당 출신 각료가 되었다.[13]

전쟁의 긴박한 사정은 정부로 하여금 전시관리경제, 즉 전시사회주의의 길로 나아가게 했다. 1915년의 예산안은 사치품 수입에 대한 관세제도를 도입함으로써 자유무역 원칙을 파기했다. 애스퀴스 정부에서 가장 적극적인 개입주의자였던 로이드 조지는 연립 정부에서 신설된 군수성을 맡았다. 국내 전선(Home Front)에서 해결해야 할 핵심 과제는 각종 군수물자의 심각한 부족 현상을 해소하는 일이었는데, 바로 이 과제가 그에게 맡겨진 것이다. 그는 많은 국영 군수공장을 설립하고, 대량

---

12) 1914년 8월에 제정된 DORA는 그 후 계속 강화되어 국민의 활동에 여러 제약이 가해졌는데, 여기에서 Dora(Theodora, Dorothea의 약칭)라는 나이 지긋한 부인은 제약의 상징이 되었다.

13) 노동당의 당수(leader) 램지 먹도널드는 영국의 참전에 반대하여 당수직과 의원직을 잃고, 1914년 9월에 민주관리동맹(Union of Democratic Control: UDC)을 조직하여 계속 반전을 주장했다. 반면에 헨더슨은 정부의 전쟁 정책에 적극 참여하여 애스퀴스 내각의 교육부(Board of Education) 총재로 입각했다.

으로 원료를 조달하고, 가격을 고정시키고, 임금을 협상하면서 생산을 늘리는 데 진력했다.

수상 애스퀴스는 평화 시에는 뛰어난 지도자였으나, 비상시에 필요한 강력한 지도력을 갖춘 전시 지도자는 되지 못했다. 전쟁이 교착 상태에서 헤어나지 못하고 계속되는 소모전이 엄청난 희생만을 낳게 되자, 수상의 우유부단한 지도력에 대해 언론과 여론의 비판이 쏟아졌다. 이를 이용하여 로이드 조지는 보수당과 결탁하고 애스퀴스의 지도권에 도전했으며, 그 결과 애스퀴스는 1916년 12월에 사임하고 로이드 조지가 보수당과 노동당의 지지를 확보하여 새로 연립 정부를 구성했다. 애스퀴스는 새 연립 내각에 참여하기를 거부하고 반대파의 지도자가 되었으며, 자유당은 연립 정부 참여파와 애스퀴스 지지파로 갈라졌다. 이들의 갈등은 이후에도 해소되지 못했고, 전쟁이 자유주의 원칙에 가한 심각한 타격과 더불어 결국 자유당의 몰락을 재촉했다.

권력을 장악한 로이드 조지는 즉시 효율적인 전쟁 수행을 위해 정부 기구를 개편하여 5명으로 구성되는 전시내각을 새로 설치했다. 이 5인 소내각은 전쟁 수행과 관련한 일체의 사항을 관장하는 최고 권력 기구였다. 전시내각은 1917년에 다시 제국전시내각으로 확대되었는데, 이것은 자치령의 수상들과 인도의 대표, 그리고 식민상을 포함했으며, 제국 전체의 물자와 전투력을 총괄적으로 관장했다. 이와 같은 헌정상의 중요한 변화가 유권자나 의회의 승인 없이 이루어졌다. 로이드 조지는 정력적으로 전쟁을 수행하면서 정부의 권한을 계속 확대해 나갔다. 수많은 정부 부처와 각종 위원회가 신설되었다. 애스퀴스의 전시사회주의(war socialism)는 로이드 조지 아래에서 훨씬 더 확대되어 자유방임의 견고한 틀을 깨뜨렸다. 정부는 산업에 깊숙이 개입했고, 고용주들은 각종 통제 아래 들어가게 되었다. 원료가 공장에 배당되고, 물가가 통제되고, 이윤이 제한되었으며, 1917년 말에는 식량에 대한 배급제가 시행되기에 이르렀다. 로이드 조지의 강력한 지도력으로 각종 전쟁 물자와 생활필수품들이 크게 증산되었다. 하지만 그러는 동안에 사람들은 그들 사회에 강제적 요소 역시 크게 늘어났음을 깨닫게 되었다.

영국인들은 이런 자유의 제한을 포함하여 전쟁이 가져온 온갖 고통을 큰 불만

없이 받아들였다. 국민들 사이에 전쟁의 정당성에 대해서 광범한 합의가 있었고, 많은 사람들은 그러한 고통을 불가피한 것으로 받아들이면서 그 고통이 비교적 공평하게 분담되고 있다고 느꼈다. 경제체제를 작동시키기 위해 정부는 역사상 처음으로 노동조합을 국가의 상대역으로 인정했다. 그 덕분에 노동조합이 비약적으로 발전하여 1920년에는 조합원 수가 전전보다 두 배로 늘어나 800만을 웃돌게 되었다. 과도한 기업 이윤을 제한하고 노동자에게 장려금을 지급하는 등의 조치로 전쟁 기간 동안 실질임금이 상승하고 노동자들의 생활이 상대적으로 향상했다. 튼튼한 병사를 확보할 필요성 때문에 국가는 국민의 보건과 영양 상태 등에 대해 전보다 더 많은 관심을 기울였다. 전쟁이 국민의, 특히 하층 노동자들의 보건 수준을 향상시켰던 것이다. 그뿐만 아니라 1918년의 교육법으로 5세에서 14세까지의 초등교육을 의무화함으로써 노동계급은 좀더 큰 교육 혜택을 누리게 되었다.

그중에서도 특히 전쟁의 혜택을 많이 입은 집단은 여성이었다. 전쟁은 이른바 여성해방을 위하여 크게 기여했다. 전선에 엄청난 인력이 동원되자 모자라는 노동력을 여성들이 메우게 되었다. 이제까지 남자에게만 맡겨졌던 많은 일들이 여성에게 허용되었으며, 수천 명의 여성이 전선에서 활동했다. 1918년 1월 무렵에는 거의 500만 명 가까운 여성들이 이런저런 공장에서 일하고 있었고, 그 가운데 70만 명 이상이 군수산업에 종사하고 있었다. 총력전은 계급의 간극을 좁혔을 뿐만 아니라 견고한 성의 장벽을 허물어뜨리는 데도 중요한 구실을 했다. 여성들은 전쟁이 끝난 다음 남성 노동자들과 함께 그들의 공헌에 대한 보상을 받았다. 1918년에 선거권이 획기적으로 확대되어, 모든 성인 남성에게 선거권이 주어진 것과 더불어 30세 이상의 여성 대부분이 투표권을 행사할 수 있게 되었다. 그 결과 선거권자가 800만에서 2,100만 이상으로 크게 확대되었다.

한편 모든 사람이 공평하게 전쟁의 고통에 동참했던 것은 아니었다. 전쟁은 으레 부패의 온상이 되었고, 그래서 많은 부류의 전쟁 모리배들이 국민의 증오와 지탄 속에서도 잇속을 챙겼다. 노동자들도 내내 온순한 양이었던 것만은 아니다. 그들은 숙련공이 하던 일에 미숙련공, 특히 여성이 침투해 들어오는 이른바 '노동 희석(dilution)'에 대해 분개했다. 1917년 가을에는 이런 '노동 희석'과 인플레이션 등

이스터 폭동: 1916년 부활절 폭동으로 파괴된 더블린 체신국 폐허 더미 속에 서성이는 영국 병사들

의 요인이 장시간 노동이나 서부전선에서의 재앙 등과 겹쳐 노동자들의 불만과 파업을 야기하기도 했다. 게다가 종전 이전의 2년 동안에는 전쟁에 반대하는 급진주의가 꽤 광범하게 퍼졌다.

아일랜드 사태

반면에 영제국 내에 있는 여러 민족의 단결은 확고했다. 캐나다, 오스트레일리아, 뉴질랜드 및 남아프리카공화국 등의 네 백인자치국은 대전 중에 영국 지원을 위해 인력과 물자를 기꺼이 제공했다. 그래서 제국은 지원병제도와 징병제도로 800만 명의 병사를 확보할 수 있었다. 그러나 아일랜드만은 사정이 달랐다. 의회에서 아일랜드민족당은 연립 정부에 대한 지지를 한사코 거부했고, 아일랜드인들은 근원적으로 전쟁에 대한 협조를 거부했다. 그들의 목표인 자치가 전쟁으로 연기된 데다, 보수당이 참여하는 연립 정부의 수립으로 자치의 가능성이 더욱 희박해진 데 따른 좌절감은 오히려 완전독립을 원하는 사람들의 열망을 북돋았다. 1916년 부활절에 더블린에서 무장봉기가 일어났다. 10년 전 더블린의 저널리스트 아서 그리피스(Griffith)가 아일랜드의 독립을 목표로 창립한 신페인(Sinn Fein)당[14]

---

14) 'Sinn Fein'은 '우리 자신(We ourselves)'이라는 뜻의 게일어이다.

|왼쪽| 아서 그리피스
|오른쪽| 에이먼 드 발레러

과격파와 일단의 공화주의자들이 아일랜드 공화국을 선포하면서 체신국을 점거하고 산발적인 시가전을 전개했다. 봉기는 며칠 만에 진입되었지만, 이 봉기로 아일랜드인 420여 명이 죽고 2,600여 명이 다쳤다. 게다가 봉기가 진압된 뒤 15명의 주동자들이 처형되고 수천 명이 투옥되었다. 이런 보복적 응징은 독일이 아일랜드를 후방 전선으로 이용할지도 모른다는 영국 정부의 두려움 때문이었지만, 그것은 결국 아일랜드와의 통합이 끝장났음을 의미했다. 처음에 봉기자들이 항복했을 때 더블린 시민들은 이들을 야유하고, 언론은 이들의 모험주의를 비난했다. 그러나 영국의 탄압적인 대응 속에서 차츰 이들은 영웅이 되고 순교자가 되었다. 아일랜드의 시인 예이츠도 이들의 행동을 찬양했다.

1918년 4월에 영국 의회는 아일랜드인들에 대한 징병법안을 통과시켰는데, 이것은 많은 아일랜드 젊은이들을 아일랜드 의용군과 신페인당에 가담하게 만들었다. 신페인당은 1916년의 봉기 이후 일련의 사태를 겪으면서 점차 대중적 지지를 얻었는데, 1918년 5월에 그 지도자들이 체포되자 더욱 과격한 극단주의자들이 당을 장악했다. 이제 의회를 통해 자치를 얻으려는 온건한 아일랜드민족당은 더 이상 설 땅을 잃어버렸다. 12월에 실시된 총선거에서는 1916년 봉기의 지도자 중 유일하게 살아남은 에이먼 드 발레러(Eamon de Valera)가 이끈 신페인당이 아일랜드의 선거를 휩쓸어 얼스터 이외의 지역에서 거의 모든 의석을 석권했다. 아일랜드

에이먼 드 발레러의 IRA 사열

에 배정되어 있는 총 105의석 중 73석을 차지한 이들 신페인당 의원들은 웨스트 민스터 의회에 참석하는 것을 거부하고, 더블린에서 아일랜드 의회, 즉 다일 에이 레안(Dail Eireann)을 구성하고 1916년에 선언한 공화국의 부활을 선포했다.

전후 처리

전쟁을 구실로 영국 의회는 5년의 법정기한을 넘겨 8년 동안 존속하고 있었다. 약삭빠르고 기민한 정치가 로이드 조지는 승리의 환희에 들뜬 분위기와 절정에 이른 자신의 인기를 최대한 활용하기 위해 종전 직후인 12월에 곧바로 총선거를 실시했다. 당에 대한 충성심보다 개인적 야심이 더 컸던 그는 이 선거에서 자유당을 재결속하기 위해 노력하는 대신에 연립 정부의 우두머리로서 나서기로 결심했다. 당내 주도권을 놓고 애스퀴스와 대립하여 자유당을 분열시켰던 그는 이 같은 처신으로 그 분열을 더욱 확대시켰다. 애스퀴스가 이끄는 자유당 진영은 로이드 조지에 대한 지지를 거부했고, 노동당도 연립 정부에서 탈퇴하기로 결정했다. 연립 정부파 후보는 로이드 조지와 보수당의 보너 로가 연대 서명한 후보인증 편지를 받았다.[15] 애스퀴스는 그 편지를 '쿠폰'이라 부르고 그래서 이번 선거를 '쿠폰 선거(coupon election)'라고 비난했다. 새로 선거권을 얻은 유권자를 포함하여 영국민들은 승리의 기쁨을 안겨준 지도자 로이드 조지를 선택했으며, 그리하여 연립 정부파는 전체 707의석 가운데 526석을 차지하는 대승을 거두었다.[16] 그러나 로이드 조지 자신은 연립 정부를 이끌기 위해서는 압도적 다수를 차지한 보수당의 포로가 될 수밖에 없었다.

연립 정부를 연장하는 데 성공함으로써 로이드 조지는 전후의 문제를 처리하고 새로운 국제 체제를 수립하는 과업에 주역으로 참여했다. 독일인에 대한 증오가 격렬할 때에 선거를 치름으로써, 그는 자신이 원했던 것보다 훨씬 더 가혹한 조건을 독일에 요구하라는 여론의 압력을 안고 파리로 향했다. 파리강화회의에서 그가 해야 할 일은 민족자결과 비병합의 원칙을 주장하는 미국 대통령 토머스 우드로우 윌슨(Woodrow Wilson)의 이상주의와 독일의 완전 굴복과 무거운 배상을 요구하는 프랑스 수상 조르쥐 클레망소(Georges Clemenceau)의 냉정한 현실주의를 적절히 절충하는 것이었다. 로이드 조지가 바란 것은 무장해제된, 그러면서도 손상되지 않은 독일과 안정된 유럽이었다. 그러나 1919년 6월에 독일과 맺은 베르사유 조약[17]에 조인한 4거두(Big Four)[18]는 이를 달성하지 못했으며, 조약은 언론의 호평을 얻지 못했다. 20년 뒤에 일어난 제2차세계대전은 그것이 실패작이었음을 보여주는 증거였다.

---

15) 보수당 374명, 자유당 159명이 이 편지를 받았으며, 자유당 229명은 이를 받지 않았다.

16) 연립 정부로 인해 정당 구분이 명확하지 않은 데다 선거 이후의 이적 탓에 각 자료마다 의석 분포 통계가 조금씩 다르다(다른 선거의 수치도 약간의 편차가 있다). 그중 하나에 의하면 연립 정부파는 보수당 335석, 로이드 조지파 자유당 133석, 쿠폰을 받지 않은 보수당 48석, 연정파 노동당 10석, 그리고 반대파는 노동당 57석, 애스퀴스파 자유당 28석, 신페인당 73석(의회 불참), 무소속 및 기타 23석 등과 같다.

17) 독일과 맺은 베르사유 조약과 별도로 연합국은 오스트리아와 생제르맹(Saint Germain) 조약, 헝가리와 트리아농(Trianon) 조약, 불가리아와 뇌이(Neuilly) 조약, 그리고 투르크와 세브르(Sèvres) 조약을 맺었다.

18) 로이드 조지, 윌슨, 클레망소, 그리고 이탈리아 수상 비토리오 에마누엘레 오를란도(Vittorio Emanuele Orlando)를 말한다.

베르사유 조약은 여러 가지로 온당치 못한 결정들을 담고 있었다. 월슨 대통령이 내건 소위 '14개조'는 별 실효를 거두지 못했지만, 그가 주창한 국제연맹(League of Nations)은 영국의 지원 아래 실현되었다. 그러나 명목상 민족자결의 원칙을 내세우면서도 전승국들은 각 지역의 역사와 전통, 경제생활 등을 무시한 채 유럽의 새 지도를 그려냈다. 독일은 동서 양 방면에서 영토의 일부를 내놓아야 했고, 모든 해외 식민지를 잃게 되었다. 오토만제국 역시 많은 영토를 상실했다. 영국은 그 덕분에 아프리카에서는 독일령 동아프리카를, 그리고 서아시아에서는 이라크(Iraq)와 팔레스타인(Palestine) 등을 국제연맹의 위임통치령 형식으로 차지했다. 독일의 무장은 극도로 제한되었다. 육군 병력은 10만 명으로 제한되고, 공군과 잠수함을 가질 수 없고, 만 톤 이상의 군함을 보유할 수 없게 되었다. 최악의 조치는 모든 전쟁 책임을 전적으로 독일과 오스트리아에 떠넘겨, 1,320억 마르크(330억 달러)라는 엄청난 배상액을 독일에 요구한 것이었다. 이 막대한 배상액을 어떻게 지불할 것인가 하는 문제는 그 후 계속 해결하기 어려운 논란거리가 되었다.

3. 전간기의 정치와 경제

전간기의 정치

1918년의 총선거는 정당 간의 세력 판도를 재조정했다. 이후 다시 세계대전이 일어나기까지의 전간기(戰間期) 20년 동안 정당정치상의 두드러진 현상은 보수당의 우세, 노동당의 대두, 그리고 자유당의 몰락이었다. 보수당은 경쟁자들이 자유당과 노동당으로 갈라지는 바람에 선거에서 이득을 보았다. 보수당은 비록 과반수를 확보하지 못하여 1924년과 1929~1931년에 잠시 노동당에 정권을 내주기는 했지만, 1929년의 총선거를 제외하고는 모든 선거에서 원내 제1당을 유지했다. 노동당은 자유당을 대신하여 보수당의 대안 세력으로 떠올랐으며, 그런 과정에서 비록 소수 정부이기는 했지만 두 차례나 집권함으로써 국민들에게 수권 정당으로서의 면모를 보여주었다. 노동당이 이렇게 성공한 데는 그 주된 기반인 노동조합의 세력 확장에 힘입은 바가 컸다. 게다가 1918년의 국민대표법(Representation of the People Act)은 노동계급의 표를 크게 증가시켰다. 자유당은 애스퀴스와 로이드 조지의 갈등의 후유증을 극복하지 못했고, 노동계급의 지지를 노동당에 빼앗겼다. 그런 데다가 전쟁은 빅토리아적 자유주의의 기둥들을 무너뜨렸고, 더군다나 자유당의 주된 기반의 하나였던 비국교의 쇠퇴를 촉진했다. 이런 어려움을 극복하지 못한 자유당은 다시는 집권 기회를 얻지 못한 채 쇠퇴해 갔다.

마이클 콜린즈

1918년의 쿠폰 선거에서 로이드 조지는 일방적인 승리를 거두었지만, 그의 권력은 전쟁 때의 절정에서 이미 기울고 있었다. 평화가 도래하자 각종 전시 비상 조치들이 폐지되었고, 경제적 통제가 제거되었으며, 정상적인 내각 체제가 회복되었다. 로이드 조지는 베르사유 조약의 체결에 주도적으로 참여함으로써 잠시 권력을 누릴 수 있었지만, 그 이후 그의 권위는 보수당의 정치적 견제로 크게 제한되었다. 그는 전시 지도자로서는 탁월했지만 평화시의 정치가로서는 그렇지 못했다. 그는 아일랜드 문제를 해결하는 데서도, 경제적 난관을 해결하는 데서도 그다지 성공적이지 못했다.

아일랜드 문제

전후에 로이드 조지가 곧바로 직면했던 최대의 정치적 현안은 전쟁 도중에 이미 불거져 나온 아일랜드 문제였다. 1919년 1월 73명의 신페인당 소속 의원들이 아일랜드 의회를 구성하고 공화국을 선언한 것은 곧 아일랜드 '독립 전쟁'의 시작을 알리는 것이었다. 아일랜드는 독자적인 사법제도와 치안 제도의 설치를 추진했고, 과격파들은 의용군을 아일랜드공화국군(Irish Republican Army: IRA)으로 개편했다. 마이클 콜린즈(Collins)가 이끄는 IRA는 영국 경찰과 군대를 상대로 게릴라전을 전개했다. 로이드 조지 정부는 주로 난폭한 제대군인들로 구성된 특수경찰대로 하여금 이에 맞서게 함으로써 잔인한 전투가 벌어졌다. '검정황갈대원(Black and Tans)'[19]이라

---

19) 검은 헬멧에 카키색 제복을 입었기 때문에 그렇게 불렸다.

IRA의 테러

고 불린 이 특수경찰대는 IRA보다 훨씬 난폭하게 행동했다. 그들은 민간인을 괴롭히고, 무법행동과 약탈을 자행했다. IRA에 맞선 영국의 경찰 병력, 특히 특수경찰대의 만행은 아일랜드인을 더욱 단결케 했다. 폭력을 싫어한 신앙심 깊은 가톨릭교도들까지도 IRA에 협력했다.

영국 정부는 사정없는 보복전을 통해 1921년 7월 무렵에 이르면 IRA를 거의 분쇄하다시피 했지만, 심리적·도덕적으로는 오히려 패배했다. 아일랜드인들이 영국의 지배를 증오했을 뿐만 아니라, 영국 내에서도 두 야당을 비롯하여 언론과 교회가 영국의 야만 행위를 비난했다. 결국 정부는 협상을 통해 아일랜드에 영제국의 자치령이 되는 조건으로 독립을 허용하지 않을 수 없었으며, 1921년 12월에 신페인당과 영국 정부 사이에 조약이 체결되었다. 그러나 아일랜드 공화국의 대통령인 드 발레러가 이를 반대하고 아일랜드의 완전독립을 주장함에 따라, 신페인당의 온건파와 과격파 사이에 격렬한 싸움이 벌어지고 그 와중에 콜린즈를 비롯한 많은 아일랜드 지도자들이 살해되었다. 아일랜드 임시정부의 수상으로 선출된 그리피스가 8월에 급사하고, 그 뒤를 이은 윌리엄 T. 코스그레이브(Cosgrave)의 임시

정부는 점차 세력을 굳혀갔다. 그리하여 의회 다일이 기초한 새 자유국의 헌법이 1922년 12월에 영국 의회의 승인을 얻음으로써 아일랜드 자유국(Irish Free State)이 정식으로 발족하게 되었다.

그러나 이것은 완전독립이 아니었으며, 게다가 북부 6주인 얼스터가 자유국에 포함되지 않았다. 얼스터 지역은 1920년에 이미 영국의 타협안을 받아들여 자치를 획득하고 있었으며, 그럼으로써 1922년 이후에도 영국의 일부로 남게 되었다. 이로써 그레이트 브리튼과 아일랜드 통합왕국(United Kingdom of Great Britain and Ireland)이 종막을 고하고, 이제 영국은 그레이트 브리튼과 북아일랜드 통합왕국이 되었다. 아일랜드는 그 후 1930년대를 거치면서 남아있던 영국과의 연결 고리를 대부분 끊고 1937년에 에이레(Eire) 독립공화국이 되었으며, 드 발레러가 초대 대통령이 되었다. 이로써 영국은 오랫동안 겪어야만 했던 괴로움에서 일단 벗어날 수 있었으나, 그것으로 문제가 완전히 해결된 것은 아니었다. 장차 북아일랜드 문제가 다시 영국을 끊임없는 고통 속으로 몰아넣게 될 것이기 때문이었다.

전간기의 경제

대전 이후 몇 년 동안은 경제가 정치를 지배했다. 종전 직후는 정부가 주택, 교육, 국민보험 등의 사업에 재정자금을 투입하고 또 1919년에 금본위제를 폐지한 데 힘입어 경제가 잠시 호황을 누렸다. 그러나 1920년, 재정 적자로 인한 긴축재정과 세계시장의 갑작스러운 붕괴로 경제는 침체의 늪으로 빠져들었다. 1914년에 7억 파운드였던 국가 채무가, 1920년에는 11배나 늘어나 거의 79억 파운드에 달했고, 이것은 영국 경제에 엄청난 부담이 되었다. 게다가 전쟁 동안에 많은 해외시장을 잃고, 해외투자 또한 크게 축소되었다. 국제 교역의 쇠퇴보다 더욱 심각한 문제는 영국 경제가 안고 있는 구조적인 약점이었다. 영국은 이미 전통적인 주요 산업에서 경쟁력을 잃어가고 있었다. 석탄 산업의 효율성은 네덜란드나 독일에 비해 크게 떨어졌으며, 1919년의 수출량은 전전보다 18%나 줄었다. 면직물 공업에서는 인도와 일본이 세계 직물시장을 크게 잠식했다. 이탈리아와 그리스가 조선업을 발달시키고, 미국과 독일이 강철을 대량생산했다. 영국이 전쟁 기간에 탱크와 무기의 생산 등 군수산업에 주력하는 동안 미국은 각종 가전제품과 자동차 등의 새로운 산업에서 선두를 확보했다.

경기가 불황에 빠져들면서 실업의 그늘이 드리우기 시작했는데, 이 그늘은 전간기 내내 거두어지지 않았다. 1920년 12월 무렵에 실업자는 100만 명에 이르렀고, 반년 뒤에는 250만 명으로 불어났다. 그 후 제2차세계대전이 일어난 1939년까지 등록된 실업자 수는 한 번도 100만 이하로 떨어지지 않았고, 1933년에는 무려 300만에 달했다. 이러한 실업자 수는 1930년대 후반 재무장 정책으로 기계, 항공 및 군수산업이 육성되었을 때 비로소 크게 줄었으며, 실업 문제가 완전히 해소된 것은 또 한 번의 세계대전에 의해서였다. 실업자에 더하여 빈약한 연금에 의존하는 노인들, 시간제 노동자들과 많은 저임금노동자들이 또한 형편없는 주거, 불충분한 식사, 열악한 위생 상태 등 힘겨운 여건 속에서 고통받고 있었다.

로이드 조지는 노동당이 강력한 경쟁자로 떠오름에 따라 복지 정책으로 노동계를 달래려 했다. 사회 개혁가였던 그는 국가의 보조로 지방 당국이 많은 임대주택을 짓도록 하고, 의료 서비스와 교육 서비스를 확대했으며, 농업 노동자와 가사 하인을 제외한 거의 모든 피고용인에게 국민보험의 혜택이 돌아가게 했다. 1919년에서 1922년 사이에 총 20만 채가 넘는 공공주택을 공급함으로써 주택 정책은 상당한 성과를 거두었다. 그러나 이런 정책들은 재정긴축의 필요성 때문에 곧 중단되고 말았다. 로이드 조지는 1920년 보수당의 대폭적인 예산삭감 요구에 굴복했고, 그 결과 교육 및 주택 사업과 실업수당 등에 배정될 재정이 대폭 축소되었다. 게다가 로이드 조지는 노사 간의 분쟁, 특히 탄광주와 광부들 사이의 분쟁에 억압적인 방법으로 대처함으로써 노동자들의 원성을 샀다. 정부의 통제 아래 들어가 있던 탄광이 1921년에 이전의 소유주에게 넘어가고 국고보조가 끊기자 탄광주들은 외국에 대한 경쟁력을 높이기 위해 광부들의 임금을 삭감했다. 이에 대항하여 광부들은 동맹 세력인 철도노조와 운수노조의 지원을 기대하면서 파업을 시도했다. 그러나 이른바 이 '삼자동맹'은 합의된 날짜인 4월 15일, 금요일에 동맹파업을 일으키는 데 실패했다. 이 실패는 '검은 금요일(Black Friday)'이라는 오명으로 불리면서 한동안 노동운동계에서 쓰라린 상처로 기억되었다. 그리고 로이드 조지는 노동당과 노동조합 진영에서 오랫동안 누려온 노동계급의 후원자라는 명성을 잃게 되었다.

보수당 정부: 볼드윈 내각

아일랜드에서의 난폭한 탄압 정책에 따른 정치적 부담과 노동계급에 대한 포용 정책의 실패 등은 로이드 조지의 입지를 약화시켰다. 좌파 쪽에서만 그를 공격한 것이 아니라, 우파에서도 그의 독단적인 처사에 대한 불만이 점점 높아가고 있었다. 국내적으로 이런 어려운 상황에서 그는 투르크와 그리스 사이에서 일어난 분쟁에 끼어들어, 그리스를 적극 원조하고 투르크와의 전쟁도 불사함으로써 외교적 위기를 초래했다.[20] '차나크 위기(Chanak Crisis)'라고 불린 이 사태는 결국 협정을 통해 매듭을 지었지만, 그렇지 않아도 로이드 조지를 축출할 기회를 노리고 있던 보수당에게는 호재가 되었다. 연립 정부 내의 다수파인 보수당의 지지에 의존하고 있던 로이드 조지는 1922년 10월 마침내 보수당에게 버림을 받았다. 연립 정부는

---

20) 세브르 조약으로 소아시아의 서쪽 일부의 땅을 얻은 그리스에 대하여 1922년 8월 투르크의 국민적 영웅 케말 파샤(Kemal Pasha)가 이끈 투르크군이 스미르나(Smyrna: Izmir)의 그리스군을 공격하여 격파하고, 승세를 몰아 해협의 중립지대에 있는 차나크(Chanak: Canakkale)까지 전진함으로써 전쟁의 위기가 조성되었다. 프랑스와 이탈리아는 케말 파샤를 두둔했으나, 로이드 조지는 그리스에 대한 지지를 고수했다.

ON THE WAY TO NOWHERE.

|왼쪽| 스탠리 볼드윈
|오른쪽| 애스퀴스의 자유당과 연대한 노동당을 이상향으로 이끌고 가는 먹도널드를 풍자한 만화

무너지고, 보수당 지도자 보너 로가 수상직을 이어받아 총선거를 실시했다.

그해 11월의 총선거에서 보수당은 344석으로 무난히 과반수를 확보하여 정권을 장악했다. 노동당은 142석을 얻어 제1야당이 되고, 자유당은 116석을 얻는 데 그쳐 제3당으로 전락했다. 수상의 자리는 보너 로의 건강이 급속히 악화됨에 따라 1923년 5월 철강업자 출신의 스탠리 볼드윈(Stanley Baldwin)에게 넘어갔다. 볼드윈은 당면한 최대 현안인 실업 문제를 해결하기 위해 보호무역 정책을 채택했다. 그는 유권자로부터 이에 대한 지지를 얻기 위해 12월에 다시 총선거를 실시했다. 그러나 이 선거는 보수당에 매우 불리한 결과를 가져왔다. 이 선거에서 보호관세 정책을 내건 보수당은 258석으로 의석이 크게 줄어들어, 비록 제1당은 유지했지만 과반수를 확보하지 못했다. 자유무역을 옹호하기 위해 로이드 조지파와 애스퀴스파가 다시 합친 자유당이 43석을 더 보태 159석을 얻은 데 대해, 노동당은 지난해보다 49석을 더해 191석을 획득했다. 어느 정당도 단독으로 내각을 구성할 수 없는 상황에서, 제2당인 노동당이 보호관세에 대한 반대를 기치로 자유당과 연대하여 1924년 1월 처음으로 정권을 잡게 되어, 당수 램지 먹도널드가 수상이 되었다.

노동당 정부: 먹도널드 내각

먹도널드는 스코틀랜드의 한 농업 노동자의 아들로 태어나 1906년 의원이 되었다. 평화주의자로 전쟁을 반대하여 노동당 당수직과 함께 의원직을 잃은 그는[21] 1922년, 영웅적 인물이 되어 다시 당수가 되었다. 그러나 그가 이끈 최초의 노동당 정부는 내정에서는 주택 건설을 촉진하는 주택법(Housing Act), 그리고 외교에서는 독일의 배상액을 조정한 이른바 '도즈 안(Dawes Plan)'을 채택케 한 것 등 몇 가지 이외에는 이렇다 할 업적을 이루지 못했다. 보건상 존 휘틀리(Wheatley)가 주도한 주택법은 로이드 조지가 추진했던 것과 유사한 정책으로서, 주택의 신축에 보조금을 지급하도록 하여 50만 채의 값싼 임대주택을 짓게 했다. 도즈 안은 먹도널드가 독일과 프랑스 사이를 조정함으로써 독일이 배상금을 지불하고, 프랑스도 그들의 요구액에 미치지는 못한 액수를 받아들이게 했다. 그러나 노동당의 이 최초의 집권 경험은 사회주의 경향의 지지자들에게는 실망스러운 것이었다. 그것은 자본에 대한 과세도, 산업의 국유화도 시도하지 않았으며, 실업 문제를 해결하지도 못했다. 그러나 빅토리아적 도덕의 소유자이자 상류사회의 살롱에도 친숙했던 먹도널드의 온건한 노선은 노동당에 대한 국민의 불신과 두려움을 불식시키는 데 기여했다. 노동당은 체제를 전복하거나 혁명을 기도하는 세력이 아니라 보수당에 대한 합리적인 대안 세력이라는 이미지를 심어주는 데 성공했다. 노동당은 원래 사회주의자와 노동계급의 정당이었으나 그렇다고 혁명정당은 아니었다. 노동당은 자유주의적 지식층에 개방되어 있었으며, 사회주의 자체는 일부 노동당 좌파의 이념에 지나지 않았다.

한편 노동당 정부가 급진적 개혁을 추진할 수 없었던 데에는 그 존속을 자유당, 심지어는 보수당에 의존해야만 하는 소수 정부라는 사정도 있었다. 더욱이 볼셰비즘에 대해 거의 히스테리적 반응을 일으키고 있는 일반적 분위기 속에서 노동당 정부의 입지는 더욱 좁을 수밖에 없었다. 토리파 언론은 노동당 정부가 소련을 외교적으로 승인한 것에 대해 공격을 퍼부었다. 노동당 정부는 하원의 표결에서 열 차

---

21) 719쪽의 주 13) 참조.

레나 패배를 거듭했고, 결국 사소한 한 사건이 계기가 되어 무너지고 말았다. 1924 년 8월에 공산당 기관지 ≪데일리 워커(Daily Worker)≫의 주필 존 R. 캠벌(Campbell) 이 병사들을 대상으로 한 '쏘지 말라(Don't Shoot)'라는 제목의 호소문을 ≪노동자 주보(Workers' Weekly)≫에 발표했다는 이유로 기소되었다. 노동당원들의 항의와 먹 도널드의 권고에 따라 기소가 취소되었는데, 이에 대해 보수당은 강력히 비난하고 나섰다. 이에 먹도널드는 의회에 신임투표를 요구했으나, 애스퀴스파 자유당이 보 수당과 합세하는 바람에 패배하고 말았다. 그러자 먹도널드는 1924년 10월 유권 자의 의사를 묻기 위해 의회를 해산하고 총선거를 요구했다.

이리하여 불과 2년밖에 안 되는 사이에 세 번째의 총선거가 실시되었는데, 이 선거에서 보수파 언론은 처음부터 '빨갱이 공포(red scare)'를 불러일으켰고, 소위 '지노비에프 서한(Zinoviev letter)' 사건에서 절정에 달했다. 이는 코민테른(Comintern: Third International)의 의장인 그리고리 Y. 지노비에프(Grigori Y. Zinoviev)가 영국 공산 당에게 폭력혁명을 지시하는 서한을 보냈다는 것이었다. 이 서한은 위조의 혐의가 짙었음에도 불구하고, 이것이 투표일 전에 ≪타임즈(Times)≫지에 발표되자 큰 소동 이 일어났으며, 노동당은 공산당의 공범자가 아니면 그들에게 이용당하는 얼간이 들이라고 비난받았다. 선거 결과는 보수당이 412석을 얻어 대승했고, 노동당은 40 석을 잃어 151석이 되었으며, 자유당은 겨우 40석을 건지는 데 그쳤다. 이리하여 먹도널드의 노동당 정부는 10개월 만에 무너지고, 다시 볼드윈을 수반으로 하는 보수당 정부가 서게 되었다.

제2차 볼드윈 정부

선거에서 승리한 볼드윈은 보수당을 사회주의에 저항하는 정당으로 만들었다. 그 과정에서 그는 이전의 자유당 표를 꽤 많이 흡수했고, 이에 따라 자유당은 더더 욱 설 땅을 잃고 말았다. 볼드윈은 보수당의 승리가 안정된 정부와 모든 계급 간의 평화를 추구하는 정당이라는 인상을 창출한 데 있다고 확신했다. 그는 이런 보수 주의를 계급 갈등이 아니라 계급 화해에 기초한 건전한 보수주의라고 규정했다. 그는 보수당 지지자들이 무엇을 원하는지를 본능적으로 꿰뚫어보았다. 그리고 이러한 통찰을 바탕으로 라디오 방송이나 영화 뉴스 등 새로운 대중 매체를 활용했는데, 그럼으로써 그는 일반 대중에게 얼굴과 목소리가 친숙해진 정치가가 되었다.

존 메이너드 케인즈

볼드윈이 재집권할 무렵에는 경제가 서서히 활력을 회복하고 있었다. 전후 수년간 계속되던 경제 위기가 끝나고, 생산과 이윤과 임금이 상승하기 시작했다. 이에 힘입어 보수당 정부는 1925년에는 1919년에 폐지했던 금본위제를 다시 채택하고, 한때 파운드당 3.22달러까지 하락한 환율을 파운드당 4.86달러의 전전 수준으로 다시 회복시켰다. 이 결정은 세계 금융계의 중심적 지위를 유지하려는 잉글랜드은행과 런던 금융가의 압력에 의한 것이었지만, 존 메이너드 케인즈(Maynard Keynes)는 파운드화가 과대평가되었다고 주장하면서 이 조치를 비판했다. 이 조치는 결국 파운드화의 가치를 인위적으로 높게 조정함으로써 수출 경쟁력에 심각한 타격을 입혔다. 크게 실망한 많은 제조업자들은 이를 타개하기 위해 임금삭감이라는 손쉬운 방법에 의존하려 했다. 그중에서도 특히 수출 시장에서 고전을 면치 못해온 탄광주들은 1925년 6월에 광부들의 임금삭감을 강행했다. 가뜩이나 저임금에 시달리던 광부들은 저항을 결심하고 노동조합회의에 동조파업을 호소했다.

총파업의 위기가 고조되자 정부가 개입하여 10%의 삭감된 임금을 9개월 동안 정부보조금으로 메워주겠다고 약속함으로써 파업은 유예되었다. 그러나 보조금 지급 기간이 끝나자 정부는 지급 연장을 거부했고, 탄광주는 임금삭감을 고수했다. 교섭이 실패로 끝나고, 1926년 5월 3일 총파업이 감행되었다. 건설 노동자, 인쇄공, 철도 노동자, 버스 운전사와 트럭 운전사, 기타 금속과 전기 및 가스 부문의 노동자들이 일제히 일터를 떠났다. 그 밖의 여러 다른 노조들도 뒤를 따라 모두 200만 이상의 노조원이 파업에 참가했다. 사실상 국내의 거의 모든 산업 활동이 정지되어 버렸다. 정부와 헌정 질서에 대한 도전에서 노동조합의 잠재적 힘이 이렇게 강력한 효과를 드러낸 적은 일찍이 없었다. 노조원들의 이와 같은 연대는 사람들을 놀라게 했으며, 이로써 노동자들은 '검은 금요일'의 쓰라린 상처를 얼마큼

1926년 파업 시에 정부 업무를 지원하기 위해 모인 사람들

1926년 총파업: 부두 노동자들의 시위

치유할 수 있었다. 그러나 혁명적 좌파에게는 실망스럽게도 TUC 지도부는 이 총파업을 정부에 맞서는 투쟁으로 발전시키지 못했다. 노동자들은 정부를 붕괴시키기보다 광부들에 대한 연대를 표시하고자 했다. 총파업은 사실 아주 평화적으로 진행되었다. 파업 참여자도, 경찰이나 군대도 폭력을 쓰지 않았으며, 심지어 경찰과 파업 노동자들이 함께 축구 시합을 하기도 했다.

네빌 체임벌린

비록 폭력으로 비화하지는 않았지만, 총파업은 영국 사회의 계급 분열 현상을 뚜렷이 드러냈다. 볼드윈은 자신이 내세웠던 계급 화해 정당의 이미지에 맞지 않게 고용주의 편에 서서 조직 노동에 맞서는 자세를 취했다. 볼드윈은 전 국민을 직접 상대한 최초의 방송 연설을 통해서 헌정의 안정을 수호하겠다는 의지를 천명했다. 정부는 산업 분쟁으로서의 광부 파업과 정치적 사안으로서의 총파업을 구분했다. 파업 지도부는 정부로부터 양보를 얻어내는 데 실패했다. 단호하고 치밀한 정부의 대처 앞에 겁많은 TUC 지도부는 9일 만에 무릎을 꿇고 총파업을 철회했다. 홀로 남은 광부들은 6개월을 더 버텼지만, 그들 역시 굶주림을 못 이겨 결국 깎인 임금과 늘어난 노동시간을 감수하고 일터로 돌아가고 말았다. 볼드윈은 침착하고 확고한 태도로 총파업의 위기를 극복함으로써 국민의 신뢰를 획득했다. 사태가 끝난 다음 정부는 여세를 몰아 1927년에 새로 노동쟁의법을 제정했다.[22] 이 법은 총파업과 정치적 목적의 동조파업을 불법화하고, 노동조합이 정치 활동 자금을 마련하는 것을 더욱 어렵게 만들었다. 그리고 외무부는 소비에트연방과의 외교 관계를 단절했다.

볼드윈 내각은 노동조합에 배타적이었듯이 대부분의 사회악에 대해서도 근본적인 처방책을 마련하는 데 소홀했다. 그런 가운데서도 몇 가지 주목할 만한 사회입법을 마련했는데, 그것은 주로 보건상 아서 네빌 체임벌린(Neville Chamberlain)의 업적이었다. 유명한 제국주의자이자 사회 개혁가였던 부친 조지프 체임벌린의 개혁가적 재능을 물려받은 그는 1925년에 새로운 국민보험법을 제정하여 1911년의 국

---

22) 702쪽 참조

민보험 체계를 크게 확대했다.[23] 그리하여 홀로된 여성과 고아, 그리고 피부양 자녀를 위한 수당이 지급되었을 뿐만 아니라, 노령연금을 국민보험 체계의 일부로 편입함으로써 이전에는 70세 이상의 빈자에게 일종의 빈민 구제금으로 수여되던 연금이 이제는 보험료 불입의 당연한 대가로 지급하는 급부(benefit)가 되었다. 이렇듯이 이 법은 복지국가를 향해 또 한 걸음 성큼 다가선 것이었지만, 여전히 국민보험 체계에 포괄되지 못한 수백만의 국민이 남아있었다. 이 밖에도 체임벌린은 1929년에 다시 지방정부법을 제정하여 브리튼의 140개 주의회에 공공부조위원회(Public Assistance Committee: PAC)를 설치하고, 이 기구에 빈민들을 구제하고 실업수당을 지급할 권한을 부여했다.[24] 이것으로 이제까지 내려온 옛 구빈법 체제는 사실상 사라지게 되었다. 정부 역할의 확대는 또한 1926년 중앙전기국(Central Electricity Board)과 영국방송협회(British Broadcasting Corporation: BBC)의 설립으로도 나타났다. 그러나 볼드윈 정부는 기술적 문제를 해결하거나 지방정부의 효율성을 개선하고 심각한 악폐에 대한 임시변통책을 마련하는 데 그쳤을 뿐 실업·빈곤·불평등과 같은 더욱 중대한 문제의 해결에 대해서는 미온적이었다. 이런 중대한 사회문제에 대해 보수당은 자유방임 정책에 집착했고, 이는 1929년 5월 총선거에서 패배한 한 가지 요인으로 작용했다.

제2차 먹도널드 내각

　노동당은 노동쟁의법으로 기금 조달에 큰 타격을 입었지만 1929년 5월의 총선거에서 선전했다. 지난해의 평등선거법(Equal Franchise Act)으로 여성에게도 남성과 같은 선거권이 주어진 후, 성인 남녀 보통선거로 치러진 이 최초의 선거에서 노동당은 과반수를 확보하지는 못했지만, 287석을 얻어 마침내 원내 제1당이 되었다. 보수당은 261석으로 크게 줄어들었으며, 자유당은 59석으로 의석을 약간 늘렸다. 이리하여 먹도널드는 두 번째로 소수 정부를 꾸렸는데, 여기에는 시드니 웨브가 자

---

23) 705~706쪽 참조.
24) 1871년의 지방정부법에 대해서는 648쪽 참조.

|왼쪽| 1929년 노동당 내각(앞줄 중앙이 램지 먹도널드, 오른쪽에서 셋째가 시드니 웨브) |오른쪽| 램지 먹도널드

치령상과 식민지상으로, 그리고 최초의 여성 각료로서 마거리트 본드필드(Bondfield)
가 노동상으로 입각했다. 이번에는 단명으로 끝난 1차 내각과 달리 1931년 8월까
지 2년 넘게 지속되었지만, 성과 면에서는 별로 더 나을 것이 없었다. 그래도 국제
관계에서는 독일의 배상액을 대폭적으로 줄인 '영 안(Young Plan)'을 성립시키고,
런던회의에서 해군군축조약25)의 체결에 성공하고, 소련과의 외교 관계를 재개하는
등 상당한 성과를 거두었다. 국내 문제에서도 실업수당을 올리거나 그 수령을 좀
더 쉽게 하고, 탄광법(Coal Mines Act)을 제정하여 광부들의 노동시간을 7.5시간으로
줄이며, 농산물판매법(Agricultural Marketing Act)으로 농산물 가격을 결정하고 그 판
매를 촉진하기 위한 생산자협의회(Board of Producers)를 설치하고, 빈민가의 철거와
공공주택의 건설을 위한 보조금을 지급하는 등 나름대로 성과를 거두었다. 그러나
정통적 긴축재정을 주장하는 재무상 필립 스노우든(Snowden)의 반대에 부딪혀 실업
과 빈곤을 타파하기 위한 근본 정책이나 증오의 대상이었던 노동쟁의법의 폐지 등
과 같은 과업에는 손을 대지 못했다.

25) 1922년 워싱턴 해군군축조약에서 영·미·일의 주력함 비율을 5 : 5 : 3으로 규정한 조항의 유효기간을
    1936년까지 연장하고, 보조함은 영·미는 대등하고, 일본은 그 70%로 규정했다.

게다가 노동당은 때를 잘못 만났다. 노동당이 집권한 지 반년도 채 안 되어 세계를 뒤흔든 일대 경제불황이 밀어닥쳤다. 1929년 10월 24일 뉴요크 주식시장의 거품이 터지면서 발생한 경제적 소용돌이가 전 세계를 덮쳤고, 영국도 그 소용돌이에 함께 휩싸였다. 특히 영국 경제는 세계무역에 크게 의존하고 있었기 때문에 영국은 세계경제의 추세에 민감할 수밖에 없었다. 주식시장의 파멸, 신용의 붕괴, 과잉생산과 기업의 도산, 실업의 급증 등 심각한 사태가 벌어졌다. 내각은 어찌할 바를 몰랐으며, 집권 초에 공언했던 계획들을 실행에 옮기지 못했다. 사실 정부의 존립을 다른 정당의 협조에 의존하고 있는 소수 정부로서는 이런 위기에 과감하게 대처하기가 어려웠다. 더욱이 혼란에 대처할 책임이 있는 재무상과 같은 각료들의 그릇된 상황 인식과 소심함이 어려움을 가중시켰다.

　먹도널드가 취임한 1929년 6월에 120만 명이었던 실업자가 1930년 3월에는 160만 명이 되었고, 연말에는 250만 명으로 급증했으며, 1931년에는 300만 명에 이를 것으로 예상되었다. 이처럼 치솟은 실업률에 따른 실업수당 지급액의 증대는 대규모의 재정적자를 초래했다. 케인즈는 균형예산과 자유방임과 같은 옛날 방식의 처방은 사태를 더욱 악화시킬 뿐이라고 경고하고, 대규모의 공공사업을 통해 정부가 경제문제에 적극 개입해야 한다고 권고했다. 그의 주장은 미국에서는 뉴딜(New Deal) 정책으로 반영되었지만, 그의 새 경제학을 이해하지 못한 영국 정부는 그의 권고를 받아들이지 않았다. 정부는 실업에 대처하기 위해 적자예산을 통한 공공사업을 추진하기보다 재정지출을 대폭 삭감하여 균형예산을 이루고, 금본위제를 유지하려고 노력했다. 1931년 7월, 스노우든이 임명한 경제위원회의 위원장 써 조지 메이(May)가 제출한 보고서는 철저한 지출삭감과 이를 위한 실업수당의 축소를 권고했다.

　한편 그해 5월, 오스트리아의 한 은행이 파산한 데 이어 영국으로부터 많은 차관을 빌려간 독일의 은행들이 파산했는데, 이는 대규모 재정적자 사태와 더불어 영국의 은행과 파운드화의 신용을 더욱 떨어뜨렸다. 그러자 외국의 파운드화 보유자들이 그것을 금으로 태환해 가기 시작하여, 7월 한 달에만 4,500만 파운드 상당의 금이 잉글랜드은행에서 빠져나갔다. 위기에 빠진 잉글랜드은행이 프랑스와 미국의 은행으로부터 차관을 얻으려고 했으나, 이들 은행은 영국이 균형예산과 실업수당의 삭감을 요구한 「메이 보고서」의 주장을 실천하기 전에는 차관을 제공하려 하지 않았다. 이러한 최악의 금융 위기가 닥치자 이에 대처하기 위해 8월 하순, 마침내 실업수당과 연금을 10% 삭감하는 안이 제시되었다. 그러나 이것은 노동조합의 분노를 샀고, TUC 총평의회는 단호하게 이를 거부했다. 노동계급을 대변한다고 자처하는 노동당 정부로서도 이것은 받아들이기 어려운 일이어서, 20명의 각료 가운데 아서 헨더슨(Henderson)과 존 로버트 클라인즈(Clynes)를 포함한 9명의 각료가 실업수당의 삭감을 승인하느니 차라리 사임할 것을 결의했다. 이렇게 당과 내각이 반발하자 결국 먹도널드는 왕에게 사의를 표명하기에 이르렀다.

먹도널드 거국 내각

그러나 국왕 조지 5세는 먹도널드의 사표를 반려하면서 거국 내각을 구성하도록 권유하고, 국왕 자신이 직접 보수당과 자유당을 설득했다. 그리하여 1931년 8월 24일 먹도널드는 3당이 모두 참여하는 거국 정부를 수립하는 데 성공했다. 그러나 그는 정작 자신의 당을 설득하는 데는 실패하여 노동당 지도부의 다수가 거국 내각에 강력하게 반발했고, 먹도널드 대신 헨더슨을 당수로 선출했다. 이어 9월에 노동당은 거국 정부에 참여한 인사들을 축출했으며, 이렇게 해서 노동당과 갈라서게 된 먹도널드와 그를 계속 지지한 소수는 배신자로 비난받았다.

거국 정부는 곧바로 어려움에 직면했다. 정부는 예산삭감 정책의 일환으로 각료와 재판관에서 군인이나 실업자에 이르기까지, 국가로부터 급여를 받는 모든 사람의 급여를 10% 삭감하기로 했다. 그중에서도 교사들의 급료는 15%를 삭감하고, 수병들 중에서도 10%를 넘게 삭감하는 경우가 있었다. 이를 반대한 교사들이 들고일어나 런던 거리를 행진하고 수병들이 급료 인하에 항의하여 근무를 거부하자, 정부는 서둘러 이를 시정했는데, 이런 사태는 거국 정부에 대한 신뢰에 큰 타격을 입혔다. 거국 정부의 출범 후 며칠 동안은 금의 인출이 멈추는 듯했으나, 새 정부에 대한 신뢰가 무너지고 파운드화의 가치가 흔들리자 인출 사태가 곧 재개되었다. 7월 중순부터 9월 21일까지 사이에 모두 2억 파운드에 달하는 금이 잉글랜드은행에서 빠져나갔으며, 잉글랜드은행은 드디어 외국인의 예금이 고갈되었음을 발표했다. 이에 정부는 마침내 그토록 고수하려고 했던 금본위제를 폐지했고, 1파운드의 가치는 4.86달러에서 3.80달러로 떨어졌다.

거국 정부는 경제 난국을 해결하기 위한 정책 수립 방향을 놓고 보호무역론자와 자유무역론자 사이에 논쟁을 벌인 끝에 결국 국민의 뜻을 물어보기 위해 총선거를 실시하기로 결정했다. 1931년 10월에 실시된 선거의 결과는 거국 정부의 압도적 승리로 나타났다. 거국 정부에 전권을 맡기는 이른바 '의사에 대한 위임장(doctor's mandate)'을 호소한 먹도널드의 거국 정부는 총 615석의 의석 중 무려 554석을 차지했고, 그 가운데 473을 보수당이 차지했다. 야당은 불과 61석에 그쳤고, 그중 52석이 노동당의 몫이었다.26) 먹도널드는 1918년에 로이드 조지가 권력을 얻는 대신 자유당을 분열시켰던 것처럼 거국 정부의 수상직을 얻은 대신 노동당을 분열시켰던 것이다.27) 이 선거에서는 보수당만이 한 목소리를 냈을 뿐, 노동당과 자유당은 모두 정부에 대한 찬반 양파로 분열되어 있었다.

선거 결과 먹도널드는 수상의 자리를 유지했으나, 거국 내각의 실권은 추밀원의 장(부수상)인 보수당의 볼드윈과 재무상 네빌 체임벌린의 수중에 있었다. 체임벌린의 주도 아래 보수당의 처방에 따른 보호무역 정책이 채택되었다. 1932년 2월에 가결된 '수입관세법(Import Duties Act)'으로 원료와 식량, 그리고 영제국 자치령의 생산품 이외의 모든 수입품에 10%의 일반 관세가 부과되었으며, 사치품에 대해서는 33%까지 관세를 부과하는 것이 인정되었다. 다시 여름에 열린 오타와(Ottawa) 회의에서는 영제국 내 각 지역 간의 무역에 대한 특혜 조치가 확대되었다. 그리하여 한 세기에 걸쳐 지켜온 자유무역 정책이 종말을 고하게 되었다. 자유당의 일부 자유무역론자들은 이런 정책에 반발하여 정부에서 탈퇴했다.

정부, 특히 재무상 네빌 체임벌린의 노력에 힘입어 경제는 1934년 무렵부터 서서히 회복되기 시작했다. 파운드화의 재평가는 경쟁력을 강화하고, 낮은 이자율은

---

26) 거국 정부의 의석 중 자유당은 68석, 먹도널드를 지지한 거국과 노동당은 13석을 얻었다.

27) 720, 724~725쪽 참조.

투자를 촉진했다. 정부는 농업생산자협의회로 하여금 농산물 가격을 결정하게 하고, 생산자에게 보조금을 지급하고, 수입 농산물의 쿼터를 책정하는 등의 방법으로 농업을 지원했다. 1936년에는 또한 석탄과 면직물 생산량의 쿼터를 책정함으로써 그 산업을 보호하고, 철강 산업을 위해서는 50%의 수입관세를 부과했으며, 조선업과 주택 건설업에 보조금을 지급했다. 새로운 발명과 기술혁신이 많은 분야에서 번영을 가져왔다. 라디오,[28] 전등, 전기스토브, 냉장고, 진공청소기 등 전력을 필요로 하는 새로운 산업이 발달했으며, 자동차의 대량생산은 각종 연관 산업을 발달시켰다. 체임벌린은 노동당 정부를 끌어내린 실업 문제에 대해서도 획기적인 수단을 강구했다. 1934년의 실업법(Unemployment Act)에 의하여 실업보험기금의 부족분을 정부보조금으로 보전하는 방법을 폐지하고, 실업보험법에 의거하여 급여의 권리를 얻은 자에게만 보험기금에서 급부금을 지불하되, 그 권리가 없는 실업자들을 구제하는 일은 공공부조위원회(PAC)에서 실업부조위원회(Unemployment Assistance Committee)의 책임으로 넘겼다. 게다가 이른바 '가계심사(means test)'를 통하여 가족 중 수입이 있는 자가 있으면 그 액수만큼 실업수당을 줄이게 했는데, 악평이 자자했던 이 제도는 그만큼 납세자의 부담을 줄이려는 것이었다.

산업구조와 경제조직의 변화에 따라 노동력도 재배치되었다. 전통적 산업인 광업, 조선업, 방직업 등의 분야는 노동력이 남아도는 데 비해 전기 및 전자공업, 육상 운송업, 자동차 및 자전거 공업, 각종 서비스업 등 새로운 산업 분야는 노동력이 부족했다. 새로운 산업은 업종 간 노동력의 재배치뿐 아니라 지역 간의 인구이동도 가져왔다. 전기모터가 증기기관을 대체하게 되고, 그에 따라 대부분의 새로운 산업은 더 이상 탄전 지역 가까이 있을 필요가 없어져서 런던 부근과 미들랜즈 지방에 집중하게 되었다. 그리하여 전국이 점차 두 경제 지역, 즉 새로운 산업으로 번영하는 지역과 침체에 빠져드는 지역으로 나뉘었다.

옛 사양산업이 지배적이던 북부의 방직공업 지역과 북동부 및 스코틀랜드의 조선업 지역, 그리고 남부 웨일즈와 요크셔 및 더럼 주의 탄광 지역은 실업률이 늘어

---

28) 1922년에 라디오는 3만 6,000대가 보급되었는데, 1929년에는 300만 대로 늘어났다.

나고 실의와 기아가 넘쳐나는 고장이 되었다. 많은 사람들이 번영하는 남쪽으로 일자리를 찾아 떠났으며, 그 결과 지난 2세기 동안의 인구 이동이 역전되어, 북부 잉글랜드, 스코틀랜드, 웨일즈의 옛 산업 지역으로부터 미들랜즈와 런던 인근 지역으로 이동이 일어났다. 이런 현상은 산업혁명의 심장 지역이 실의와 정치적 불만이 쌓여가는 황무지로 변하지 않을까 하는 우려를 낳았다. 노동자들이 신흥 산업 지역으로 몰려들자 주택 수요가 늘어나, 임대주택을 위한 주택 건설 붐이 일었다. 자가용 승용차를 가진 부유한 중간계급은 안락한 주거 생활을 위해 차츰 도시 교외로 빠져나가기 시작했다. 그에 따라 1930년대에는 주택 건설업이 크게 호황을 누렸다. 식당, 호텔, 세탁소 등의 서비스 산업과 오락-연예업 역시 번창했다.

볼드윈의 거국 내각

보수당과의 연립으로 노동당을 분열시킨 먹도널드는 당으로부터 배신자로 비난받았지만, 사실 그는 두 차례의 집권을 통해 노동당이 수권 정당으로서 안전하고 믿을 만한 정당임을 보여준 유능한 정치가이자 외교관이었다. 1935년 6월 먹도널드는 건강상의 이유로 사임하고, 거국 내각의 실권자였던 볼드윈이 수상직을 넘겨받았다. 먹도널드가 물러난 뒤 이제 정부는 거국 정부라기보다 사실상 보수당 정부가 되었다. 이해 11월에 치러진 총선거는 이탈리아의 아비시니아(Abyssinia) 침략에 대한 국제연맹의 제재를 지지한 보수당 정부가 집단 안보 문제를 쟁점화하려고 했지만, 정부의 의도와는 달리 그것은 선거운동에서 별로 중요한 쟁점이 되지 못했다. 철저한 평화주의를 주장한 조지 랜즈버리(Lansbury) 등 소수를 제외하고 노동당의 다수 역시 이탈리아에 대한 국제연맹의 경제 제재를 지지했으며, 집단 안보나 국방보다는 오히려 주택 문제와 실업 문제가 유권자들의 주된 관심사였기 때문이다. 정부가 집단 안보와 이에 적합한 수준의 재군비를 주장하면서, 국내 문제에 관한 공약으로 '100만 호의 새 주택, 100만 명의 실업자 구제'를 내건 데 대해, 노동당은 자본주의 제도의 폐지, 토지와 광산과 은행 등 대산업의 국유화에 의한 새로운 사회질서의 건설을 내걸었다. 유권자들은 거국 정부를 재신임했으며, 선거 결과는 거국 내각이 432석을 얻은 데 대해, 노동당은 154석으로 늘었고, 자유당은

20석으로 줄어들었다. 실업률 감소를 비롯한 경제 상황의 호전, 볼드윈의 국제연맹과 평화에 대한 열의, 뉴스 영화와 라디오 등 새로운 대중매체에 대한 정부의 독점, 볼드윈의 노련한 국정 운영 등이 보수당 승리의 요인이었다.

간디와 추종자들

한편 의회는 1935년에 인도정부법(Government of India Act)을 통과시켰는데, 이는 볼드윈과 먹도널드의 공조의 산물이었다. 1920년대에 인도에서 독립을 요구하는 목소리가 터져 나오고 이슬람교도와 힌두교도 사이에 갈등이 불거지자, 1927년에 볼드윈은 써 존 사이먼(Simon)을 위원장으로 하는 조사위원회를 파견하여 인도의 장래에 대해 보고하게 했고, 먹도널드는 1929년에 인도에 대한 '궁극적인 해결책'으로 자치령의 지위를 약속한 바 있었다. 그러나 그 효과는 역으로 나타나 인도국민회의(Indian National Congress)는 독립선언으로 이에 답했으며, 인도 민중의 지도자 마하트마 간디(Mahatma Gandhi)는 시민 불복종 운동을 전개했다. 그는 인도를 횡단하여 해안까지 행진하고, 거기서 정부의 소금 독점에 대한 항의의 표시로 직접 소금을 만들다가 투옥되었으며, 그를 뒤이어 5만 명의 인도인들이 감옥에 들어갔다. 1930년 6월에 「사이먼 보고서」가 제출되었는데, 이 보고서는 인도의 각 주에 책임정부를 수립하고, 중앙 권력에 관해서는 영국 정부, 인도 정부, 각 토후국 상호 간에 협의할 것을 권고했다. 그리하여 1930년 런던에서 원탁회의가 개최되었으며, 간디가 석방되어 회의에 초청되었다. 그 후 여러 차례에 걸친 협상을 통해서 마침내 1935년에 연방정부의 창설과 각 지방에 대한 실질적인 자치권 부여를 규정한 인도정부법이 제정되었다. 이 법은 제2차세계대전의 발발로 결국 시행되지 못했으나, 인도의 독립을 좀더 실현 가능한 것으로 만드는 데 이바지했다.

볼드윈이 당면한 또 하나의 곤혹스러운 문제는 새 국왕 에드워드 8세의 로맨스 문제였다. 조지 5세는 빅토리아풍의 가치를 그의 궁중에서 유지하면서 국민적 인기를 누려왔는데, 1936년 1월 그가 사망하고 왕세자 에드워드가 즉위하면서 그런 가치가 위협받게 되었다. 41세의 중년에 이르기까지 독신이었던 에드워드는 즉위하자 월리스 워필드 심프슨 부인(Mrs Wallis Warfield Simpson)과의 결혼을 서둘렀다. 심프슨 부인은 미국 출생의 평민인 데다가 이혼 경험이 있는 유부녀였다. 볼드윈은 이 결혼에 대한 국민의 반감을 이유로 내세워 왕에게 충고했으나, 에드워드는 왕비라는 칭호를 갖지 않는 이른바 '귀천상혼(morganatic marriage)'29)을 제안하면서 어떻게든 왕위와 결혼을 함께 얻으려고 애썼다. 그러나 국교회는 이 결혼을 극력 반대했고, 일반 국민들 사이에서도 반대하는 여론이 들끓었다. 국민적 분위기를 감지한 볼드윈은 국왕에게 심프슨 부인과 왕좌 중 하나만을 선택할 것을 강요했다. 에드워드는 결국 왕좌 대신 사랑을 택했다. 그는 12월에 왕위를 동생인 요크 공 조지에게 넘겨주고 윈저 공이 되어 남편과 이혼한 월리스 워필드와 결혼했다. 왕위계승이 위기에 처한 이 어려운 사태를 훌륭하게 해결함으로써 국민의 칭찬을 받은 볼드윈은 이듬해 5월 새 왕 조지 6세의 대관식이 있은 뒤 명예롭게 은퇴하고, 그가 비운 자리는 5대에 걸친 내각에서 두드러진 활동을 해온 네빌 체임벌린이 이어받았다.

4. 전간기의 사회와 문화

경제적 불평등과 하층민의 생활

전간기 동안 영국은 발전과 번영을 계속하면서도 다른 한편에서는 실업과 빈곤이 만연했다. 뿌리 깊은 부의 불평등 현상도 개선되지 않았다. 1929년에 전 국민의 2.5%가 전체 국부의 3분의 2를, 그리고 1.5%가 약 4분의 1을 차지하고 있었으

---

29) 이 결혼으로 태어난 자녀는 신분이나 재산의 계승권이 없었다.

런던을 향해 가는 재로우의 기아 행진

며, 임금 생활자인 하층 3분의 2의 국민이 국민소득의 3분의 1을 나누어 가지고 있었다. 임금 생활자들 사이에서도 불평등이 있었다. 인쇄공은 농업 노동자보다 두 배 이상의 임금을 받았고, 모든 업종에서 남자 임금이 여자 임금보다 두 배나 많았다. 수치상으로 나타난 이런 부의 불평등보다 당시의 사회상을 더욱 어둡게 느끼도록 한 것은 경제적 번영이 지역적으로 크게 편중되어 있다는 점이었다. 굶주림이 삶을 짓누르고 실의가 짙게 드리운 곳은 주로 농촌과 석탄, 직물, 조선, 제철 등 19세기에 번영했던 산업의 중심지인 북부 잉글랜드, 스코틀랜드, 남부 웨일즈 지역이었다. 타인 강변의 조선공업 도시인 재로우(Jarrow)의 경우에는 노동자의 3분의 2가 실업자였고 조선소나 철공소들이 문을 닫고 도시는 황폐했다.

이들 지역에서는 실업과 저임금으로 고통받는 수많은 노동자들이 절망의 구렁텅이에서 허우적거렸다. 그들은 기아 행진(hunger march)[30]을 벌이고, 때로는 굶주

---

30) 1936년 10월 재로우의 실업 노동자들이 런던을 향해 행진한 이른바 '재로우 십자군(Jarrow Crusade)'이 그중 유명하다.

림을 못 이겨 자살하기도 했다. 그러나 사회경제적 불평등도, 대공황의 회오리도 이들을 체제에 항의하여 일어서도록 하지는 않았다. 북부 노동계급의 사기는 이 어려운 시기에도 오랫동안 확립된 생활 방식, 즉 그들 나름의 문화를 통해 유지되었다. 이런 문화의 중심은 여러 공제조합을 비롯한 노동자들의 클럽이었다. 공제조합이 제공하는 질병수당이나 장례수당은 특히 노동자들의 마음을 끄는 요소였다. 그러나 그보다 더욱 매력적인 것은 각종 클럽들이 일상적으로 제공하는 여러 가지 오락과 여흥이었다. 술집에서는 좀더 싸게 마실 수 있을 뿐 아니라, 당구와 다트 혹은 도미노 놀이로 밤 시간을 보낼 수도 있었다. 일주일에 한 번 정도는 가수나 코미디언의 공연도 있었는데, 이 경우에는 특별히 여자의 동반이 허용되었다. 여성들도 영화를 보거나 남자와 함께 축구 경기나 크리켓 경기를 보면서 여가를 즐겼다. 더욱이 이러한 대중오락은 로마 시대와 같은 '빵과 서커스(panem et circum)' 정책으로 애국심을 고취하려는 통치자들에 의해 적극적으로 권장되고 있었다. 유토피아적 사회주의의 신봉자인 희극영화 배우 찰리 채플린(Charlie Chaplin)은 널리 사랑받은 위대한 예술가였으며, 크리켓 팀 서리 앤드 잉글랜드(Surrey and England)의 일번 타자 잭 홉스(Jack Hobbs)는 당대 최고의 스포츠 영웅이었다.

실업자와 연금으로 겨우 살아가는 노인들, 그리고 저임금에 시달리는 노동자들 사이에 빈곤이 만연하고 곳곳에서 기아 행진이 벌어지기는 했지만, 1930년대의 가난한 사람들은 빅토리아 시대의 가난한 사람들보다는 형편이 나았다. 전간기 동안 국민들은 더욱 건강해졌다. 제2차세계대전이 일어나 징집이 실시되었을 때, 노동자들의 육체적·정신적 건강 상태는 제1차세계대전 때보다 더 좋았다. 국민보험 제도는 1,900만 노동자들에게 의료 혜택을 제공했으며,31) 의료 분야는 비약적으로 발전하여 전염병이 줄어들고 사망률이 낮아졌다. 1931년에 평균수명은 58.7세로서, 1870년의 40세에 비하여 크게 늘어났다.

---

31) 그러나 아직도 국민보험 제도에는 미흡한 점이 많았다. 그것은 노동자의 절반만 포괄했고, 게다가 배우자나 자녀들은 혜택을 받지 못했다.

계급사회의 잔존

대륙에서 파시즘의 광기가 휘몰아치던 1930년
대에도 영국은 상대적으로 전반적인 안정을 유
지했다. 영국의 군주정은 대중민주주의의 발전이
가져오는 변화에 현명하게 대응함으로써 권위를
유지했다. 에드워드 8세의 로맨스가 낳은 위기에
도 군주정의 본질은 별로 손상을 입지 않고 그대
로 유지되었다. 사회문화적 위계질서도 계급의식
도 이렇다 할 변화가 없었다. 전쟁기념비에는 장
교, 하사관, 사병이 구분되어 그 순서대로 열거되
었고, 장교들은 상류계급에서 나왔다. 그동안에
상류계급의 성격이 바뀌기는 했다. 전통적으로
상류계급은 지주 가문이었지만, 19세기 말 이래
토지의 경제적·사회적·정치적 중요성이 줄어듦

이튼 스쿨의 학생들

에 따라, 제1차세계대전 이후로는 지배계급의 토지소유자적 성격이 눈에 띄게 줄
어들었다. 1920년대 말에 보수당 의원들은 그 14%만이 토지를 배경으로 하는 가
문 출신인 데 비해, 32%가 실업계, 35%가 전문직 출신이었다. 학벌상으로는 절반
정도가 주요 퍼블릭스쿨 출신이며, 45%가 옥스퍼드와 케임브리지 두 대학의 졸업
자였다.

교육 경력은 부보다 더 뚜렷한 계급 구분의 잣대가 되었다. 이 당시 영국의 학
교교육은 세 가지 종류로 나뉘어있었다. 상층계급은 자녀들을 이튼이나 해로우
(Harrow)와 같은 퍼블릭스쿨에 보냈다. 같은 연령층 어린이 전체의 약 6%에 해당
하는 이들은 이런 퍼블릭스쿨에서 비싼 수업료를 내고 고급 교육을 받았다. 반면
중간계급의 자녀들은 그보다 못한 일반 문법학교에 다녔고, 대부분의 노동계급의
자녀들은 14세까지 초등학교에서 무상의 의무교육을 받는 것으로 만족해야 했다.
이들 중 11세에서 14세 사이의 어린이들은 1930년대부터 곳에 따라 중등교육을
받을 수도 있었다. 전체 11세 어린이의 14% 정도가 입학한 문법학교에서는 근대

언어, 수학, 역사, 과학 등을 배웠다. 이들 중 약 14%가 대학에 진학하고 나머지는 실업계와 하급 전문직에 진출했다. 대학 진학자는 주로 퍼블릭스쿨 출신자들이었으며, 이들은 옥스퍼드와 케임브리지 대학, 이른바 옥스브리지(Oxbridge)를 나와 사회의 지배층이 되었다. 이와 같은 세 가지 종류의 서로 다른 교육 체계는 세 가지 서로 다른 세계, 즉 지배계급의 세계와 실업 및 전문직의 세계, 그리고 임금노동자의 세계를 만들고 또 유지했다.

전통적 권위의 해체

전간기는 전례 없는 사회적 자유를 경험한 시기였다. 전쟁과 경제 발전과 사회적 이동 등의 요인이 낡은 관습의 힘을 약화시켰으며, 과학과 모더니즘과 상대주의 등이 도덕적 확실성을 무너뜨렸다. 앨버트 아인슈타인(Einstein)과 지크문트 프로이트(Sigmund Freud)를 제대로 이해하는 사람은 거의 없었지만, 이제 시·공간과 더불어 도덕도 상대적인 것이 되었고, 성은 억압되어서는 안 되는 것이 되었다. 신문은 성에 대해 자유롭게 쓰고, 공개 강연에서 산아제한이 주장되었다.

여성들 역시 인습적 억압에서 해방되고 더욱 많은 권리를 얻게 되었다. 1922년의 혼인법(Matrimonial Act)으로 여성도 남성과 동일한 사유로 이혼을 청구하도록 허용되었다. 1920년대에는 많은 전문직이 여성에게 개방되었다. 여성도 변호사, 배심원, 고위 공직자가 되고, 옥스퍼드 대학의 학위를 받을 수 있게 되었다.[32] 많은 여성이 비서, 타자수, 교사, 공장노동자, 언론인, 교수, 회사 중역, 의사 등의 직업으로 진출했다. 여성에게 다양한 사회 진출의 길이 개방됨으로써 이제까지 취업 여성의 대부분을 흡수하고 있던 가사 서비스 분야의 인구는 현저하게 줄어들었다. 이제 여성들은 파격적인 임금 때문이 아니라면 좀처럼 가사를 돕는 하녀가 되려고 하지 않았다. 그러면서 여성들은 이제 공공장소에서 담배를 피우고 칵테일을 마시며, 볼을 맞대어 춤을 추고, 영화 관람과 같은 새로운 종류의 여가 활동을 즐기고, 좀더 개방된 성생활을 추구하면서 새로 얻은 해방의 자유를 누렸다. 그들은 또한

---

32) 1920년 옥스퍼드 대학은 여성에게 학위 취득을 허용했으나, 케임브리지 대학은 그 후에도 25년 동안 이를 허용하지 않았다.

새로운 모양의 복장과 짧게 자른 머리 모양으로 자신의 독립성을 표현하기도 했다.

여성의 해방은 남성들이 누려오던 전통적인 권위와 지배의 붕괴를 의미했지만, 전통적 권위를 상실한 것은 남성만이 아니었다. 교회 역시 그 오랜 권위를 적지 않게 잃어버렸다. 빅토리아 시대에 많은 사람들에게 도덕적 지침이 되었던 비국교회는 이제 교인 수의 감소와 재정의 궁핍, 그리고 권위의 위축 등으로 세력이 약화되어 갔다. 비국교의 가장 강력한 거점이었던 웨일즈와 북부 지역에서도 예배당들은 꾸준히 쇠퇴하고 있었다. 기울어가기는 국교회 역시 마찬가지였다. 국교회도 전후에는 확립교회로서의 역할을 유지해 나가는 데 많은 어려움을 겪었다. 형식적인 면에서만 볼 때, 영국은 여전히 그리스도교 국가였으며, 교회 지도자들은 여전히 존경받았다. 일요일에는 기차가 운행되지 않았고, 상점과 극장들은 문

찰리 채플린

을 닫았으며, 웨일즈와 스코틀랜드에서는 술집 역시 문을 닫았다. 1927년에서 1928년 사이에, 국교회의 의식과 교리에 대해서 더욱 큰 관용을 인정하기 위한 기도서의 수정은 격렬한 논란을 불러일으켰다. 그러나 성직자 회의는 결국 수정기도서의 사용을 허용했다. 수세기에 걸쳐 계승해 온 종교적 유산을 국민들에게 일깨워주려는 많은 공식적 장치들이 있었음에도 불구하고, 그리스도교의 영향과 그 신비적 기법은 분명히 쇠퇴하고 있었다. 영국은 이제 진정한 의미의 그리스도교 국가에서 멀어져가고 있었으며, 국민의 반수 이하만이 가톨릭교, 국교, 또는 비국교의 교회에 출석하고 있었다.

기술과 지식의 발달

전간기 영국 사회의 기본적 특성은 물질적·문화적 진보였다. 그러나 한편으로 그 시기의 일반적 분위기 속에는 절망과 환멸이 도사리고 있었다. 국민들은 그동안 일찍이 없던 기술적 진전을 맛보고, 자유를 만끽하고, 각종 여흥을 즐겼다. 또

루트비히 비트겐슈타인과 그가 쓴 편지

한 그 시기는 시·소설·회화·조각·연극·교향곡·발레 등이 번성한 문화적 창조의 시기였다. 그러나 그 모든 진보에도 불구하고 소설은 소외를 이야기하고, 시는 절망을 노래했다. 이와 같은 현상은 제1차세계대전 이전에 시작되어 전간기에 더욱 뚜렷해지고 오늘날까지도 존속하는 하나의 역설이었다.

기술상의 진보는 이 시기의 가장 두드러진 현상이었다. 한 세대의 일상생활을 그토록 심대하게 변화시킨 기술 발전은 일찍이 없었다. 라디오, 텔레비전, 자동차, 영화, 축음기, 냉동식품, 전기믹서기 등 이 모든 것이 1930년대 영국인의 생활상을 바꾸어놓았다. 라디오와 자동차와 영화는 모두 1895년경에 발명되었는데, 제1차세계대전 이후 서유럽 세계를 뒤덮다시피 급속하게 보급되었다. 전구, 전기난방기, 전화기, 진공청소기, 냉장고 등 헤아릴 수 없이 많은 전기제품들이 쏟아져 나왔다. 내연기관을 이용한 각종 차량과 플라스틱, 휘발유, 각종 화장품과 의약품 등의 화학제품들도 일상생활을 변화시키는 데 이바지했다.

지적 세계에서도 주목할 만한 발전이 있었다. 앞 시대에 이어 물리학의 발전은 특히 눈부셨다. 어니스트 러더퍼드(Ernest Rutherford) 경은 최초로 원자의 모형을 제시하고 중성자의 존재를 예상하는 등 핵물리학의 발전에 크게 기여했다. 그의 실험적 작업은 아인슈타인의 일반 및 특수 상대성 이론과 더불어 갈릴레이(Galilei)와 뉴튼에 의한 혁명 이후 또 하나의 물리학상의 혁명을 가져왔다. 1935년 써 로버트

와트슨-와트(Watson-Watt)는 써 헨리 티저드(Tizard)와 함께 레이더를 개발하는 데 성공했으며, 써 앨릭잰더 플레밍(Fleming)은 페니실린을 발견하여 의학 발전에 위대한 공헌을 했다. 비록 이만큼 획기적인 것은 아니었지만, 생물학·화학·생화학 등의 분야에서의 발전도 주목할 만했다. 이런 새로운 발견들은 보급판 서적이나 신문, 그리고 BBC 방송을 통해 많은 사람들에게 세계에 관해 더 많은 지식을 알려주었다.

역사가, 철학자, 사회과학자 들도 지식의 향상에 이바지했다. 역사가 써 루이스 네이미어(Lewis Namier)는 전기적·사회적 세부 사실을 엄밀하게 천착함으로써 러더퍼드가 원자에 대해 했던 것처럼 세밀하게 조지 3세 치하의 정치 상황을 해부하려고 노력했다. 빈 출신으로 케임브리지 대학에서 활동했던 철학자 루트비히 비트겐슈타인(Ludwig Wittgenstein)은 혁명적인 저서 『논리철학논고(*Tractatus Logico-Philosophicus*)』(1922)

버트런드 러슬: 평화운동집회에서 연설하기 위하여 넬슨 기념주의 기단에 올라가고 있는 모습

에서 일상 언어의 분석을 통해 엄밀한 논리적인 지식 체계를 수립하려고 노력함으로써 영국의 분석철학에 커다란 영향을 끼쳤다. 그의 이런 시도는 버트런드 러슬(Bertrand Russell)이나 조지 E. 무어(Moore) 같은 영국 철학자들의 경험적 관점과 부합했고, 또한 과거 철학의 '찌꺼기들'을 쓸어내고 모든 것을 논리적 분석에 종속시키고자 했던 이들의 열망에 부합했다. 사회학자, 인류학자, 심리학자 및 경제학자 들도 이에 못지않게 엄밀하고 분석적이기를 지향했다. 이들 가운데 그 누구보다 뛰어난 업적을 남긴 인물은 케인즈로서, 그는 『고용과 이자 및 화폐에 관한 일반 이론(*General Theory of Employment, Interest and Money*)』(1936)에서 고전 경제학을 비판하고 자신의 새로운 이론을 세움으로써 이른바 '케인즈 혁명'을 일으켰다. 이와 같이 지식의 진보는 풍성하고 고무적이었지만, 다른 한편으로는 분열과 상대주의와 다양성의 형태 속에서 불안을 조성했다. 물리학은 뉴튼의 세계뿐만 아니라 관찰자의

위치에 따라 상대적인 시공의 세계와 불확실성의 원리가 지배하는 미립자의 세계를 보여주었다. 심리학자들은 의식의 세계뿐 아니라 파괴적 본능과 무의식의 세계를 이야기했다.

미술과 음악

헨리 무어의 조각

미술 분야에서는 왕립미술원(Royal Academy)의 미술가들이 침체 상태에 빠진 반면, 런던 대학 부속의 슬레이드 미술학교(Slade Art School) 출신들은 재능과 상상력이 넘쳐흘렀다. 원로에 속하는 월터 시커트(Walter Sickert)가 여전히 인상파 방식으로 풍경화를 그리고, 오거스터스 존(Augustus John)이 힘찬 초상화를 그리고 있기는 했지만, 미술비평가들을 놀라게 한 것은 작가이자 비평가이기도 한 윈덤 루이스(Wyndham Lewis)와 종교화가 스탠리 스펜서(Stanley Spencer)의 생생하고 신비한 그림들이었다. 루이스가 이끈 이른바 '소용돌이파(Vorticists)' 화가들은 모더니즘의 개혁적인 활력을 그림 속에 표현하는 데 주력했으며, 스펜서의 그림 <쓰레기 청소부(The Dustman)>(1934)는 최후의 심판 후 아내와 다시 결합하는 쓰레기 청소부와 노동자들의 고결한 모습을 보여주고 있다. 제1차세계대전 때 종군화가로서 전장의 환상적 광경을 묘사한 전쟁화로 명성을 떨쳤던 폴 내쉬(Paul Nash) 또한 입체파와 초현실주의의 영향을 받아 특이한 구성의 풍경화와 정물화를 선보였다. 한편 조각가 써 제이콥 엡스타인(Jacob Epstein)은 인물을 주요 주제로 삼았는데, 그의 선진적인 프랑스풍의 작품은 당시 영국의 조각가에게 많은 영향을 끼쳐 영국 현대 조각의 선구자 구실을 했다. 그의 제자 헨리 무어(Moore) 역시 전위적인 조각가로서, 추상적 형체를 조각하면서 1930년대의 영국 조각에 새로운 활기를 불어넣었다. 이들의 노력으로 영국의 회화와 조각은 1930년대에 눈에 띄는 혁신을 이루었지만, 영국인의 기호는 대체로 대륙보다 시기적으로 뒤졌다. 보수적인 영국인들은 이제 폴 세잔(Cézanne)의 그림을 좋아하게 되었지만, 아직 파브로 피카소(Pabro Picasso)의 그림을 봐줄 수는 없었다.

전간기 영국인들은 미술과는 달리 음악에 대해서는 좀더 세련된 반응을 보여주

|왼쪽| T. S. 엘리어트
|오른쪽| D. H. 로런스

었다. 수많은 사람들이 음악회에 참석하고, 본 윌리엄즈(Vaughan Williams)와 벤저민 브리튼(Benjamin Britten)과 같은 근대 영국 작곡가들의 작품을 감상했다. 윌리엄즈의 작곡기법은 상당히 현대적이면서도 여전히 영국의 전통적 선율과 주제에 의존함으로써, 현대성이 어떻게 영국의 음악적 전통과 조화될 수 있는가를 보여주었다. 한편 어릴 적부터 음악적 재능이 뛰어났던 브리튼은 예술인의 정치적·사회적 책임에 대한 인식이 강했으며, 제2차세계대전 때에는 양심상의 이유로 종군을 거부하기도 했다. 1930년대에 아직 20대였던 브리튼은 세기 후반에 가서 영국을 대표하는 작곡가로 성장했다. 영국의 민속음악과 이고르 스트라빈스키(Igor Stravinsky)의 영향을 받은 작곡가 구스타프 홀스트(Gustav Holst)는 한편으로 인도를 비롯한 동양의 문화에 흥미를 느껴 동양적인 음계나 리듬을 즐겨 사용했다.

문학

전간기의 절망적이며 환멸적인 분위기는 이 시대의 많은 교육받은 영국인들이 즐겨 읽은 시와 소설에 그대로 반영되었다. 절망과 환멸의 분위기는 1922년에 발표된 T. S. 엘리어트(Thomas Stearns Eliot)의 「황무지(The Waste Land)」에서 가장 강렬

|왼쪽| 올더스 헉슬리
|오른쪽| 서머세트 몸

하게 표현되었다. 이 시는 외롭고 단절되고 영혼 없는 사람들, 자신의 종교적 믿음이 무너지고, 또 끊임없이 추구하지만 아무것도 찾지 못하는 사람들의 세상을 묘사했다. 20세기 전반기 영국의 위대한 소설가의 하나로 꼽히는 D. H. 로런스(David Herbert Lawrence)는 『사랑에 빠진 여인들(*Women in Love*)』(1920), 『채털리 부인의 연인 (*Lady Chatterley's Lover*)』(1928) 등 여러 소설에서 냉혹한 산업주의, 억압된 성 등을 신랄하게 비판하면서 생의 신비를 자연스럽고 건전한 양성 관계 안에서 찾았다. 큰 대중적 인기를 끌었던 올더스 헉슬리(Aldous Huxley)의 소설들은 해체된 현대사회에 대한 냉정한 야유를 담고 있었다. 그의 『대위법(*Point Counter Point*)』(1928)은 도덕을 상실한 냉소적인 현대인들이 황무지에서 무의미한 생을 향락하는 그러한 쾌락주의를 통렬하게 풍자했다. 더욱 혁신적이었던 것은 '블룸즈베리 그룹(Bloomsbury Group)'의 지식인과 예술가들의 저작이었다.[33] 특히 버지니어 울프(Virginia Woolf)의 '의식의 흐름(Stream of Consciousness)' 기법 소설들은 인간의 성격에 대한 교묘한 묘사와

---

33) 1906년 무렵에 블룸즈베리에 모이기 시작한 문인들과 예술인들의 모임으로, 그들 가운데는 케인즈, 리튼 스트래치(Lytton Strachey), 버지니어 울프, 바네서 벨(Vanessa Bell), 덩컨 그랜트(Duncan Grant), 포스터 등이 포함되어 있었다. 그들의 기본 철학은, 사람들 사이의 교제의 즐거움과 아름다운 대상물의 향유를 가장 가치 있는 것이라고 주장한 조지 E. 무어(Moore)의 『윤리학 원리(*Principia Ethica*)』(1903)에 기초하고 있었다.

|왼쪽| 버지니어 울프
|오른쪽| 조지 오웰

기묘하고 유동적인 형식으로 소설에서의 '모더니즘'의 활력을 보여주었다. 한편 에드워드 M. 포스터(Forster)는 『인도로 가는 길(*Passage to India*)』(1924)에서 서양 문화와 동양 문화의 상호 작용을 고찰하면서, 서양의 자유주의적 휴머니즘이 자신감을 잃어가는 것을 묘사했다.

그러나 모두가 절망한 것은 아니었으며, 고뇌에 찬 시나 암울한 소설을 좋아하지 않는 사람들 또한 많았다. 밝은 젊은이들에게 삶은 노얼 카워드(Noel Coward)의 재치 있고 아슬아슬하게 외설스러운 풍자극만큼이나 즐거운 것이었다.[34] 또한 현실에 만족하는 부유한 사람들에게는 『달과 6펜스(*The Moon and Sixpence*)』(1919)의 작가 서머세트 몸(Somerset Maugham)의 여러 매혹적인 이야기[35]와 써 펠럼 그렌빌 워우드하우스(Pelham Grenville Wodehouse)의 익살맞은 이야기[36]가 있었다. 지식인층에게는 더블린 태생인 제임스 조이스(Joyce)의 『율리시즈(*Ulysses*)』(1922)와 버지니어 울

---

34) 카워드의 작품으로는 『타락한 천사들(*Fallen Angels*)』(1925), 『인생은 달고 쓰고(*Bitter Sweet*)』(1929), 『사생활(*Private Life*)』(1930), 『기마행렬(*Cavalcade*)』(1931) 등이 있다.

35) 이 시기 몸의 다른 소설로는 『케이크와 맥주(*Cakes and Ale*)』(1930)가 있고, 희극으로는 『나으리들(*Our Betters*)』(1917), 『영원한 아내(*The Constant Wife*)』(1927) 등이 있다.

36) 버티 우스터(Bertie Wooster)와 지브즈(Jeeves)에 관한 그의 희극 연작물 <지브즈 이야기(*Jeeves stories*)>는 1917년부터 무대에 올려졌다.

프의 『댈러웨이 부인(*Mrs. Dalloway*)』(1923)과 같은 과감한 형식의 혁신을 추구한 작품들이 있었는데, 이들은 정밀한 이야기식, 연대기적 서술이나 정확한 문장 등의 방식을 버리고, 자신들의 커다란 캔버스에 기억, 꿈, 의식의 흐름, 변화하는 시간, 희극적인 장면, 빛나는 시적 재능 등을 채워 넣었다. 그러나 좀처럼 이해하기 힘든 이러한 사적인 실험들은 그 어떤 보편적인 주제나 공적인 대의를 내세우지는 않았으며, 좀더 나은 세상에 대한 희망도 제시하지 않았다.

1930년대의 젊은 문학가들은 믿고 내세울 수 있는 어떤 대의를 추구함으로써 1920년대의 황량함에 반발했다. 국내의 경제공황과 국외에서 대두하는 파시즘을 목격하면서 비틀거리는 노동당과 점잖은 체하는 토리당에 환멸을 느낀 그들은 그런 대의를 급진주의적 정치에서 찾았다. 위스턴 H. 오든(Wystan Hugh Auden)은 이들 젊은 급진주의자들 가운데 가장 뛰어난 시인이었으며, 그 밖에도 스티븐 스펜더(Stephen Spender), 세슬 데이-루이스(Day-Lewis), 루이스 먹니스(Louis MacNiece)와 같은 시인들과 크리스토퍼 이셔우드(Isherwood) 같은 소설가들은 풍성한 재능을 갖고 있었다. 특히 『위건 부두로 가는 길(*The Road to Wigan Pier*)』(1937)을 쓴 조지 오웰(Orwell),[37] 『실업수당에 대한 사랑(*Love on the Dole*)』(1933)의 작가 월터 그린우드(Greenwood), 웨일즈 광산촌에 대한 이야기 『크마르디(*Cwmardy*)』(1937)를 쓴 루이스 조운즈(Lewis Jones) 등은 당시의 구조적 빈곤이 사회적·문화적 감수성에 미친 영향을 신랄하게 드러냈다. 퍼블릭스쿨과 대학 출신의 중산계층이거나 그 친구들인 이들은 쏟아져 나오는 문학평론, 실험적인 극작가 그룹, 급진적인 언론 세계의 일부가 되었으며, 공개적 주의 주장과 선언문과 시위 행렬에 참여하면서 '멋진 새로운 세계(brave new world)'의 도래를 기대했다.

1930년대에는 공산주의자와 트로츠키파(Trotskyite), 그리스도교 사회주의자 등 좌파의 주의 주장이 활발했다. 1938년에 좌익 서적 클럽(Left Book Club)의 가입자수가 10만이나 되었으며, 좌파의 토론 그룹이 1,000개를 넘었다. 1936년 이후 이들 좌파 진영의 최대의 열정은 프란시스코 프랑코(Francisco Franco) 장군의 파시즘에

---

37) 본명은 에릭 아서 블레어(Eric Arthur Blair)이다.

맞서 싸우는 에스파냐 공화파의 투쟁에 집중되었다. 오든과 스펜더와 데이-루이스는 공산주의자로서, 오웰은 민주적 사회주의자로서 함께 에스파냐에서 프랑코와 싸웠다. 그러나 에스파냐의 경험은 환멸을 낳기도 했다. 오웰에게 에스파냐는 공산주의자들이 얼마나 무자비해질 수 있는가를 보여주었다. 그는 1938년 『카탈로니아에 대한 충성(*Homage to Catalonia*)』에서 이런 사실을 밝혔다. 오든과 이셔우드는 에스파냐에서 돌아와 영국도 공산당도 버리고 미국으로 건너갔다.

5. 제2차세계대전

전쟁을 향하여

1937년 볼드윈의 뒤를 이어 수상이 된 네빌 체임벌린은 국내의 사회입법에서는 뛰어난 재능을 발휘했다. 그러나 국제적으로는 지극히 어려운 외교 문제들이 그를 기다리고 있었다. 제1차세계대전이 끝난 후 1920년대의 유럽의 열강들은 전쟁의 참화에 대한 쓰라린 기억과 평화에 대한 간절한 열망 속에서 전쟁을 방지하기 위한 일련의 노력을 기울여왔다. 1925년에는 영국, 프랑스, 독일, 이탈리아, 벨기에 등이 로카르노(Locarno)에서 모든 국제 간 분쟁을 외교적 조정이나 중재로 해결한다는 협정을 맺었으며, 1928년에는 다시 미국과 소련을 포함한 15개 국가들이 켈로그-브리앙(Kellogg-Briand) 조약을 맺어 전쟁을 포기하는 데 동의했다. 그러나 1930년대에 들어와 세계를 휩쓴 대공황이 곳곳에서 군국주의와 파시즘을 부추기자, 이런 합의와 약속들은 그저 말잔치에 불과하다는 것이 드러났다. 1931년에 일본이 중국의 동북부 삼성을 침략하여 만주국이라는 괴뢰국을 세우고, 1935년에 이탈리아가 아비시니아를 침략했을 때, 국제연맹은 아무런 제재 조치도 취하지 못했으며, 영국 역시 속수무책이었다. 1935년에 독일의 재무장을 선언한 아돌프 히틀러(Adolf Hitler)가 아비시니아 사태로 어수선한 틈을 타 비무장 지대인 라인란트(Rheinland)에 군대를 진주시킴으로써 베르사유 조약과 로카르노 조약을 일방적으로 파기해 버렸다. 국제연맹은 독일의 조약 위반을 비난했으나, 역시 그 이상의 효과적 행동을 취

뮌헨에서 히틀러와 작별하는 체임벌린

하지 못함으로써 유명무실한 존재로 전락하고 말았다. 영국은 국제연맹 체제하에서 집단 안보를 유지하거나 국제조약의 위반을 방지하기 위해 전쟁의 위험을 무릅쓸 의사가 없었다. 국내 여론도 불확실한 침략의 가능성에 대비하여 재무장하거나 군사 행동을 취하는 것을 반대했다. 먹도널드도 볼드윈도 이런 여론에 힘입어 군비 축소를 외교의 주축으로 삼아왔다.

이들을 뒤이어 체임벌린 역시 유화정책을 고수했으나, 그의 집권기에 이르러서는 국제적 상황이 많이 달라져 있었다. 히틀러와 베니토 무솔리니(Benito Mussolini)가 국제조약의 위반을 일삼고, 독일의 위협이 더욱 뚜렷이 드러났다. 그런데도 체임벌린은 화해와 양보로 충돌을 피할 수 있으리라 믿었으며, 히틀러와 무솔리니를 설득할 수 있으리라고 생각했다. 1938년 3월에 히틀러는 오스트리아를 합병함으로써 2년 전 라인란트 사태 때 영토 확장의 의도를 가지고 있지 않다고 공언한 자신의 말을 빈말로 만들었다. 이에 노동당은 위험을 깨닫고 체임벌린에게 프랑스 및 러시아와 동맹을 맺을 것을 요청했으나, 그는 동맹이 전쟁에 휘말려 들게 한다는 이유로 거절했다. 9월 중순 히틀러가 체코슬로바키아(Czecho-Slovakia)의 독일인 거주 지역인 주데텐란트(Sudetenland)를 요구하여 위기가 닥치자, 체임벌린은 직접 히틀러를 찾아갔다. 공공연히 전쟁을 위협하는 히틀러와 두 차례의 실망스러운 회담을 벌인 뒤에, 체임벌린은 9월 28일 뮌헨(München) 4국 회의에서 프랑스 및 이탈리아 대표와 함께 히틀러의 요구 사항을 대부분 들어주고, 그 대신 전쟁이 없을 것이라는 다짐을 받았다. 그는 전쟁의 벼랑 끝에서 평화를 얻은 것처럼 보였고, 국민의 환호 속에 귀국했다. 그러나 그동안 줄곧 정부의 유화정책과 지지부진한 재무장 노력을 비판해 오던 처칠은 뮌헨 협정을 '철저하고 완전한 패배'라고 혹평했다.

제2차세계대전의 시작

　체임벌린의 일시적 인기는 곧 사라지고 말았다. 1939년 3월 그의 유화정책을 비웃기라도 하듯이, 히틀러는 거리낌 없이 자신의 약속을 저버리고 체코슬로바키아의 나머지 영토마저 점령해 버렸다. 이제야 비로소 체임벌린은 환상에서 깨어나고, 영국은 뒤늦게 전쟁에 대한 대비를 서둘렀다. 재무장이 신속하게 추진되고, 5월에는 평화 시로는 최초로 징병제가 도입되었다. 영국은 프랑스뿐만 아니라 폴란드, 루마니아, 그리스, 투르크 등과도 서둘러 동맹을 맺고, 이들 나라에 방위 지원을 약속했다. 그러나 사실 영국은 이들 동유럽 나라들을 방어할 만한 군사력이 없었다. 동유럽의 안전 보장은 그곳의 강국 소련과의 동맹 없이는 불가능한 것이었다. 그래서 영국은 소련과의 협상을 시도했지만 별로 열의가 없었다. 공산주의 러시아에 대해 불신감을 가지고 있던 체임벌린은 소련과의 동맹을 진정으로 원하지는 않았기 때문이다. 이에 소련의 요시프 스탈린(Iosif Stalin)은 1939년 8월 갑자기 히틀러와 불가침조약을 체결했으며, 독일은 9월 1일 안심하고 폴란드를 침공했고, 이틀 뒤 영국과 프랑스가 독일에 선전포고함으로써 마침내 제2차세계대전이 시작되었다.

　먹도널드에서 체임벌린에 이르기까지의 대독일 유화정책은 결국 실패했으며, 그래서 이에 대해 많은 비난이 가해지기도 했으나, 실상 그것은 대다수 국민들의 지지를 받아온 정책이었다. 한 세대도 채 안 되는 지난날에 참혹한 전란의 고통을 겪었던 영국인들은 전쟁을 무엇보다도 큰 재난이요 죄악으로 여기게 마련이었다. 대륙의 위험한 사태에 깊이 개입하기를 꺼린 것은 수상만이 아니라 국민 대다수의 정서였다. 정부가 전쟁을 두려워하면서 히틀러의 비위를 맞추려고 한 것은 급속한 재무장이 높은 사회보장 비용과 전쟁 부채에 시달리고 있는 경제를 망칠 것이라는 염려 때문이기도 했다. 게다가 유화정책을 선호한 심리적 바탕에는 공산주의에 대한 혐오감 또한 자리 잡고 있었다. 말하자면, 유화정책의 추진자들은 히틀러를 볼셰비즘에 대한 채찍으로 보았던 것이다. 그러나 이런 환상은 히틀러와 스탈린 사이의 예상치 못한 불가침조약으로 산산이 깨지고 말았다. 파시즘에 대항하는 '인민전선'에서 공산주의자들과 협력할 수 있으리라는 희망을 가졌던 많은 노동당 좌

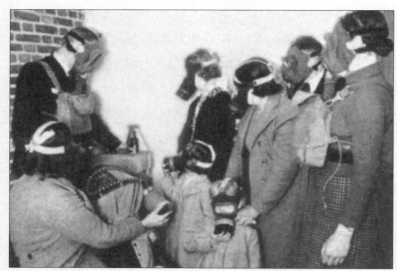

전쟁 준비

파들의 환상 역시 이 조약으로 여지없이 깨져버렸다.

유화정책의 실패는 영국민에게 히틀러에 대해서는 군사적 저항 이외에 다른 대안이 없음을 깨닫게 했다. 그러나 막상 전쟁이 터졌을 때, 영국에는 1914년에 많은 사람들의 마음을 끓어오르게 했던 것과 같은 군사적 영광에 대한 열망은 없었다. 오직 정의는 영국 쪽에 있다는 믿음과 히틀러의 침략 행위는 군사력으로 저지해야 한다는 명분만이 있었다. 나라의 운명이 위기에 처했을 때에 영국민이 일치단결할 수 있었던 것도 이러한 믿음과 명분을 함께 나누어 가졌기에 가능한 일이었다.

9월 1일에 독일군이 폴란드에 침입하고 반달이 지난 9월 17일, 소련이 독소불가침조약의 비밀협정에 따라 역시 폴란드에 침입하여 폴란드는 채 한 달을 버티지 못하고 독일과 소련에 의해 분할되고 말았다. 영국과 프랑스는 폴란드를 지키기 위해 전쟁에 뛰어들었지만, 독일과 소련이 폴란드를 석권하는 동안 아무런 손도 쓰지 못했다. 영국은 가을과 겨울 동안 방공호를 파고, 민간인에게 방독면을 지급하며, 공습에 대비한 등화관제 훈련을 실시하고, 도시의 어린이들을 시골로 소개(疏開)시키는 등 전쟁 준비 태세를 갖추는 데 온 힘을 기울었다. 1939년 여름에 50

만이었던 군대 병력이 1940년 봄에는 거의 200만으로 증가했다. 그러나 일반 국민들은 전쟁을 실감할 수가 없었다. 전쟁이 선포된 지 반년이 지나도록 실제 전쟁의 기미는 보이지 않았다. 바다에서는 간혹 전투가 벌어졌지만, 육지와 공중은 프랑스 측의 마지노선(Maginot Line)과 독일 측의 지크프리트선(Siegfried Line) 사이의 대치 상태가 계속될 뿐 별다른 교전 없이 평온했다. 영국인들에게 이번 전쟁은 '어슴푸레한 전쟁(twilight war)'[38]으로 여겨졌다.

'어슴푸레한 전쟁'은 1940년 4월 9일 갑자기 끝이 났다. 그동안 비밀리에 덴마크와 노르웨이 침입을 계획해 온 독일은 이날 덴마크와의 불가침조약을 어기고 작전을 개시하여 하루 만에 덴마크 전 영토를 점령했다. 같은 날 새벽, 독일군은 노르웨이의 모든 주요 항구를 기습했다. 해군상 처칠은 노르웨이 해안에 기뢰를 부설하여 스웨덴의 철광석이 독일로 반출되는 통로를 차단하려 했는데, 이를 눈치챈 히틀러가 선수를 친 것이다. 노르웨이군이 이에 맞서 격전을 벌였으나 독일군은 이를 물리치고 며칠 만에 목적을 달성했다. 4월 중순 처칠의 주도하에 영국군은 노르웨이의 여러 항구에 상륙했으나 이들도 우세한 독일 공군의 공격을 받아 철수할 수밖에 없었다. 특히 북쪽 항구 나르비크(Narvik)를 점령한 부대마저 6월 초에 철수해야 했는데, 이 철수 작전을 엄호한 영국 해군은 상당한 피해를 입었다. 독일 해군 역시 큰 희생을 치르기는 했지만, 영국 원정군은 독일의 우세한 공군력에 밀려 노르웨이를 포기하지 않을 수 없었다.

처칠 수상과 '브리튼 전투'

노르웨이에서의 패전은 영국인에게 크나큰 충격이었으며, 하원에서는 체임벌린 수상에 대한 비난의 소리가 높아갔다. 체임벌린은 전쟁을 선포하고 난 다음에도 거국 정부를 구성할 수 없었으며, 자유당과 더불어 그의 내각에 참여하지 않았던 노동당은 수상에 대한 불신임안을 제출했다. 체임벌린은 신임투표에서는 이겼지만, 당내에서조차 많은 의원들이 그의 지도력에 반기를 들자 5월 10일에 사임하고

---

38) 미국의 통신원은 이것을 '가짜 전쟁(phony war)'이라고 불렀다.

됭케르크 철수

말았다. 전쟁은 정력적이고 단호하며, 자신의 확신과 웅변으로 국민의 영웅적 헌신을 이끌어낼 수 있는 지도자를 원하고 있었다. 영국민들은, 오랫동안 내각에서 소외되어 오다가 지난해에 해군상을 맡은 처칠에게 그런 지도력을 기대했다. 그의 선조 말버러 공이 루이 14세의 프랑스로부터 영국을 구했듯이, 처칠은 이제 히틀러의 독일로부터 나라를 구하는 과업을 맡게 되었다. 처칠은 수상이 되자 곧 노동당과 자유당을 아우르는 거국 정부를 구성했다. 그는 5인으로 구성된 전시내각을 설치하고, 국방상을 겸임하여 자신이 직접 전쟁 수행을 지휘하기로 했다. 노동당의 클레먼트 애틀리(Clement Attlee)가 부수상이 되고, 자수성가한 운수노조 지도자 어니스트 베빈(Ernest Bevin)은 노동 관련 문제 전반에 관한 전권을 위임받았다. 전시를 이유로 정당정치가 정지되고, 당파를 초월하는 단결이 요구되었다. 처칠은 하원에서 이렇게 호소했다. "나는 피와 노고와 눈물과 땀밖에는 드릴 것이 없습니다……. 우리의 정책이 무엇이냐고 여러분이 묻는다면, 나는 이렇게 말하고 싶습니다. 그것은, 우리의 모든 힘을 다하여, 그리고 하느님이 우리에게 허락하신 모든 힘을 다하여 바다와 땅과 하늘에서 싸워나가는 것이라고."

1940년 5월 10일 처칠이 수상이 된 바로 그날, 히틀러는 프랑스에 대한 공격을 개시했다. 독일군은 신속하고 과감한 '전격전(Blitzkrieg)'으로 네덜란드를 5일 만에, 벨기에를 3주 만에 유린하고, 6월 초에는 프랑스 깊숙이 진격해 들어갔다. 6월 14일에 독일군은 마침내 파리에 진입했고, 22일에 프랑스는 굴욕적인 휴전협정에 서명했다. 이런 상황에서 그나마 영국의 유일한 위안은 '됭케르크의 기적'이었다. 5월 말

ALL BEHIND YOU, WINSTON

처칠의 거국 정부 구성에 대한 지지

경에 약 14만 명의 프랑스군을 포함한 34만 명가량의 영국-프랑스 연합군이 프랑스 주력부대와 격리되어 독일군에 포위되었는데, 영국은 페리, 증기선, 예인선, 어선, 요트, 구명선 등 온갖 배를 총동원하여 프랑스의 조그마한 항구 됭케르크에서 이 대병력을 잉글랜드로 탈출시키는 데 성공했다. 이 구출 작전은 총, 대포, 탱크, 그 밖의 중장비를 고스란히 독일군의 수중에 넘겨준 데다 6척의 구축함이 침몰당하고, 19척이 파괴되었으며, 470여 대의 비행기를 잃은 군사적 수모였음에도 불구하고, 처칠에 의해 '기적'으로 포장되었고, 그 '기적'은 영국인의 사기를 북돋았다.

프랑스의 붕괴를 보고 6월 10일 이탈리아의 무솔리니가 영국과 프랑스에 선전포고했다. 이리하여 유럽 대륙이 히틀러와 무솔리니의 손아귀에 들어가게 되고, 영국만이 홀로 남았다. 영국은 나폴레옹 시대 이후 최대 위협에 직면했다. 히틀러와 많은 중립적 관찰자들은 영국이 곧 타협을 모색하리라고 예측했다. 그러나 이제야말로 처칠이 자신의 지도력을 한껏 발휘해야 할 때였다. "우리는 해안에서 싸우고, 상륙 지점에서 싸우고, 들에서 거리에서 싸우고, 언덕에서 싸운다. 결코 항복하지 않는다"라고 하면서 그는 국민들을 격려했다.

히틀러는 1940년 7월 '강치(Sea-Lion) 작전'이라는 이름의 영국 상륙작전을 준비

런던 주변 주에서 격추된 독일군 폭격기 하인켈 111의 조종사들이 영국군에게 끌려가고 있다.

독일군의 런던 폭격에도 파괴되지 않은 세인트 폴 대성당과 그 주변의 모습

|왼쪽| 전쟁 물자를 생산하는 여성들 |오른쪽| 지하철 방공호: 1940년, 독일군의 폭격을 피하여 지하철 역에서 밤을 새우는 런던 시민들

하도록 명령했다. 그리하여 8월부터 이른바 '브리튼 전투(Battle of Britain)'가 시작되었다. 독일은 성공적인 침공을 위해 영국 해협의 제공권을 장악하려고 했다. 8월 중순부터 밤낮으로 수많은 독일의 폭격기와 전투기들이 해협을 날아와 처음에는 잉글랜드 남부 해안의 항만과 호송선단을 공격한 데 이어, 영국의 공군기지와 전투기 제조 공장을 집중적으로 공격했다. 그러다가 나중에는 런던을 비롯한 주요 도시와 항구들을 무차별 폭격했다. 새로운 공중전의 시대를 맞아 제해권을 장악한 섬나라라는 이점을 잃게 된 영국은 이제 독일 공군 루프트바페(Luftwaffe)의 공격 앞에 그대로 노출되었다. 폭격에 의한 막대한 피해로 영국 공군의 방어 체제가 붕괴될 지경까지 이르렀다. 그러나 독일 공군의 피해도 영국 못지않게 컸다. 영국은 1939년에 완성한 레이더 체계로 영공의 감시망을 확보할 수 있었으며, 영국 공군은 전투기 스피트파이어(Spitfire) 1대당 2대꼴로 독일 전투기를 격추시켰다. 9월이 되면서 독일 공군의 피해는 더욱 커졌고, 9월 중순 히틀러는 마침내 강치 작전의 무기 연기를 지시하기에 이르렀으며, 10월에 들어서면서 공습은 주로 야간 공습으로 바뀌었다. 강치 작전의 중단으로 영국은 절체절명의 위기에서 벗어났으나 독일의 야간 공습은 그 후에도 대규모로 계속되었다. 주요 도시들이 엄청난 피해를 당했고, 1941년 5월에는 하원 의사당도 파괴되었다. 초여름이 되어서야 비로소 공습이 줄어들었다.

지중해 전쟁과 소련의 참전

1940년에서 1941년에 걸치는 겨울 동안에 이집트에서 고무적인 소식이 날아들었다. 1940년 6월에 독일 편으로 참전한 이탈리아가 리비아를 거점으로 이집트를 압박했으나, 영국군은 이탈리아군을 리비아까지 다시 쫓아냈으며, 이어 아비시니아도 해방시켰다. 그러나 1941년 봄이 되자 사태는 다시 역전되었다. 그리스 본토와 크레타 섬에 거점을 확보하려던 영국의 시도는 독일의 전차가 발칸 반도로 휩쓸고 들어옴으로써 참담한 실패로 끝나버렸다. 이 작전은 처칠의 주요 실책의 하나였다. 리비아의 이탈리아군은 에어빈 로멜(Erwin Rommel) 장군 휘하의 독일군 파견으로 한층 강화되었다. 영국군은 '사막의 여우'로 불린 로멜의 기갑부대를 효과적으로 제어하지 못하여 이후 북아프리카에서 많은 패배를 겪으면서 이집트로 다시 밀려났다.

1940년 겨울과 이듬해 봄 사이에 영국은 거대한 전쟁 수행 기구로 탈바꿈했다. 평상적인 의회정치가 중단되었고, 처칠은 궁극적으로는 의회의 통제 아래 있기는 했지만, 나날의 전쟁 수행에서는 실질적인 독재자가 되었다. 정부는 징병뿐 아니라 노동자를 군수공장에 징집할 권한을 확보했고, 영국 국민의 5분의 1에 해당하는 약 900만 명의 남녀가 군복무나 전투 지원 업무 혹은 공장 노동에 동원되었다. 경제의 전 분야가 정부의 직접적인 운영이나 통제 아래 놓였다. 정부는 원자재와 노동에 대한 통제권과 임금과 물가에 대한 결정권을 가졌다. 국민소득과 노동력의 절반 이상을 전쟁에 쏟아 부음으로써 각종 항공기, 탱크 등 무기와 군수물자가 공장에서 쏟아져 나왔다. 1938년에 2,800대에 불과하던 항공기의 연간 생산량이 1941년에는 2만 대, 1943년에는 2만 6,000대로 증가했다. 공장은 휴일도 없이 하루 10시간씩 가동되었다. 덕분에 실업 문제가 완전 해소되었을 뿐만 아니라 오히려 심각한 노동력 부족사태가 발생했는데, 정부는 여성을 징용함으로써 이를 해결했다. 공업 생산뿐만 아니라 농업 생산에도 박차가 가해졌다. 전쟁 기간에 브리튼의 경작지는 1,200만 에이커에서 1,800만 에이커로 늘어났으며, 심지어 런던탑의 해자와 윈저 궁의 뜰조차 채소밭이 되었다. 농장 노동자들은 사상 최고의 소득과 대우를 받았다.

대서양 전투: 독일 공군의 폭격으로 해협의 한가운데에서 수송선이 폭발하고 있다(1940년 7월 14일).

1941년 독일군의 발칸 반도 점령은 독일과 소련의 관계를 악화시켰다. 독소불가침조약에도 불구하고 일찍부터 비밀리에 소련을 공격할 대규모 작전을 준비하고 있던 히틀러는 북아프리카와 동유럽에서 승리를 거두자, 1941년 6월 22일에 돌연 소련을 침공했다. 독일군은 소련군의 저항을 물리치면서 파죽지세로 밀고 들어가 러시아의 석탄 및 철강 산지와 곡창지대를 점령하고 레닌그라드(페테르부르크)와 모스크바까지 진격했다. 그러나 독일의 성공은 이것으로 그치고, 혹한의 겨울이 닥치기 전에 소련군을 분쇄하는 데는 실패했다. 기껏해야 6주를 버티지 못하리라는 서유럽의 비관적 관측을 비웃기라도 하듯, 소련군은 완강하게 맞서 싸웠으며, 히틀러는 결국 나폴레옹의 전철을 밟게 되었다. 한편 히틀러의 소련 침공으로 영국은 비로소 외톨이 신세를 면할 수 있었다. 처칠은 즉각 소련에 원조를 약속했고, 정부가 무기와 장비를 공급했을 뿐만 아니라 민간 기구도 거액의 지원금을 모금했다.

미국의 참전과 '대서양 전투'

영국에 또 하나의 강대한 동맹국을 얻게 해준 것은 일본이었다. 1937년부터 이미 중국과의 전쟁에 전념해 온 일본은 1940년 프랑스의 비시 정부와 교섭하여 프랑스령 인도차이나에 진주한 후 독일, 이탈리아와 3국동맹을 맺어 미국의 개입을 방지하려고 했다. 한편 미국은 전쟁 초에 중립을 선언했으나, 실제적으로는 영국에 대한 무기 원조를 적극적으로 실행해 왔다. 1941년 3월에는 미국에서 대여법 (Lend-Lease Act)이 제정되어 영국은 미국의 군수물자를 대량으로 공급받을 수 있게 되었다. 뒤이어 8월에는 처칠과 미국 대통령 프랭클린 로우즈벨트(Franklin Roosevelt)가 뉴펀들랜드 앞바다의 전함에서 대서양헌장(Atlantic Charter)을 작성하여 양국 공통의 전쟁 목표를 제시했다. 그들은 이 헌장에서 영토 확장의 야심을 추구하지 않을 것을 천명하고, 모든 국민은 자신의 정부 형태를 선택할 권리가 있음을 확인했다. 그러던 차에 그해 12월 8일에 일본군이 진주만을 기습 공격함으로써 전쟁은 새로운 국면으로 바뀌게 되었다. 이 기습으로 미국은 일본에 선전포고했고, 이어서 독일과 이탈리아는 미국에, 그리고 영국은 일본에 전쟁을 선포했다. 이리하여 제2차세계대전은 전 지구적인 전쟁이 되었고, 영제국의 전역이 전쟁에 끌려들어 갔다. 소련과 미국이라는 막강한 동맹국을 얻은 영국은 승리를 기대할 수 있게 되었다.

그러나 일본의 진주만 기습 공격 직후의 군사적 전망은 그리 밝지 않았다. 독일과 마찬가지로 일본도 용의주도한 전쟁 준비와 기동성으로 개전과 더불어 줄곧 승승장구했다. 일본은 미국령 필리핀과 태평양의 수많은 작은 섬들, 그리고 네덜란드령의 자바와 수마트라 등을 재빨리 점령했다. 영국도 홍콩, 말래야, 싱가포르에 이어 버마의 상당 부분을 빼앗겼다. 특히 버마의 광대한 밀림에서는 6만의 영국군이 일본군에게 밀려 퇴각을 거듭했다. 그뿐만 아니라 영국 극동 함대의 주력함인 프린스 어브 웨일즈(Prince of Wales)호와 리펄스(Repulse)호가 일본군에 의해 격침된 것도 영국에 큰 충격이었다.

한편 북대서양에서는 유보트(U-boat)라 불리는 독일의 잠수함이 새로 획득한 대서양의 해안 기지를 이용하여 연합국 선박에 대한 공격을 강화하고 있었다. 1941년에서 1943년에 걸친 이른바 이 '대서양 전투(Battle of Atlantic)'에서 많은 연합국 선박이 유보트의 공격으로 침몰했다. 1942년 한 해에만 해도 656척(350만 톤)의 영국 선박이 침몰했다. 게다가 북아프리카의 사막에서 영국군은 독일군과 밀고 당기는 대공방전을 벌였으나 패전을 거듭했다. 1941년 봄부터 이듬해 여름이 다가도록 영국군은 훨씬 우세한 병력과 장비를 가지고도 '사막의 여우' 로멜의 적수가 되지 못하여 독일군은 알렉산드리아(Alexandria) 서쪽 100km 지점의 엘 앨러메인(El Alamein)까지 진출했다.

연이은 패전으로 처칠은 정치적 곤경에 빠졌다. 대공습의 어두운 시절에 국민을 고무하고, 수백만의 가슴에 영웅주의의 기운을 불러일으켰던 그의 감동적인 웅변과 불굴의 용기도 도처에서 날아드는 비보 속에서 맥이 빠졌다. 정치적 비판이 다시 고개를 들고, 그의 무모한 전략에 대한 비판도 제기되었다. 그러나 1942년 6월에 제기된 그에 대한 불신임안은 극소수만이 찬성했을 뿐, 대부분의 의원들은 그를 지지했다. 가을로 접어들어 전세가 바뀌면서 그에 대한 비판도 사라졌다.

1945년 라인 강의 동쪽 기슭에 상륙한 연합군 사령부 장교들을 이끄는 윈스턴 처칠

전세의 전환과 연합국의 승리

1942년 가을은 전쟁 전체의 전환점이었다. 그때까지 독일군과 일본군의 점령 지역은 최대로 확장되어 있었는데, 이때를 고비로 연합군이 북아프리카, 러시아, 동남아시아 등 도처에서 반격을 시작했다. 10월에 버너드 먼트거머리(Bernard Montgomery) 장군 휘하의 영국 제8군이 엘 앨러메인에서 로멜의 독일군을 무찌른 다음 서쪽으로 진격했다. 11월에는 미국의 드와이트 아이젠하워(Dwight Eisenhower) 장군의 지휘 아래 영미 연합군이 모로코와 알제리아(Algeria)에 상륙하여 동쪽으로 진격했다. 이리하여 동서 양쪽으로부터 협공을 받은 독일군과 이탈리아군은 1943년 5월 드디어 연합군에게 항복했다.

처칠은 여세를 몰아 주저하는 로우즈벨트를 설득하여 1943년 7월에 시칠리아를 침공했다. 연합군은 이어 9월 초에는 이탈리아 본토를 침공했고, 그사이에 무솔리니가 실각하여 새로 수상이 된 피에트로 바돌리오(Pietro Badoglio)의 정부와 휴전을

레이더 기지

맺었다. 그러나 독일군은 재빨리 북부 이탈리아에서 로마까지 점령하고 감금되어 있던 무솔리니를 구출하여 파시스트 정권을 다시 세웠다. 이러한 독일군의 강력한 저항으로 연합군의 이탈리아 작전은 비싼 대가를 치러야 했다. 연합군은 독일군보다 병력이 두 배나 더 많았지만 1944년 6월에야 로마를, 그리고 8월에 피렌체를 점령했고, 이듬해 5월까지도 독일군을 이탈리아에서 완전히 몰아내지는 못했다. 처칠은 발칸 반도에 대한 공격도 시도하려 했지만, 이것은 미국의 반대로 무산되었다. 연합군의 지중해 작전은 독일군을 러시아 전선과 서부전선에서 끌어냈고, 그들의 전력을 고갈시키는 데 기여했지만, 연합군 역시 막대한 손실을 입었다.

　　태평양에서는 미국이 1942년 5월 초의 산호해(Coral Sea)의 해전과 한 달 뒤 미드웨이(Midway) 해전의 승리를 계기로 8월부터 대대적인 반격전에 나서면서 줄곧 일본 해군을 몰아붙였다. 한편 버마에서는 1943년이 되면서 보강된 인도의 군대가 일본군을 몰아내기 시작했다. 대서양에서도 1943년에는 연합군이 승리를 거두기 시작했다. 이해 3월을 고비로 독일의 잠수함과 장거리 폭격기의 공격은 개량된 레이더와 탐조등을 장착한 영국 전투기의 효율적인 대응으로 그 힘이 약화되었으며, 6월 무렵이 되면 연합군 선박의 피해는 현저하게 줄고 반대로 격침된 유보트의 수는 크게 늘어났다.

　전쟁의 마지막 국면은 1944년에 연합군이 추진한 사상 최대의 작전, 즉 노르망디상륙작전과 더불어 전개되었다. 거짓 정보와 양동작전으로 독일의 관심을 영국 해협 쪽으로 돌려놓고, 실제 상륙 지점은 노르망디 해안이 선택되었다. 6월 6일에 감행된 상륙작전은 아이젠하워 장군을 최고사령관으로 하고 먼트거머리 장군이 야전 작전의 책임을 맡았다. 작전은 처음에 약간의 실패를 겪었지만, 결국 성공하여 연합군은 충분한 교두보를 확보하고, 대량의 병력과 장비를 상륙시킬 수 있었다. 7월 말에 상륙군은 노르망디를 돌파하고, 마침내 8월 26일 프랑스의 레지스탕스

노르망디상륙작전

(résistance) 부대와 더불어 파리를 해방시켰다. 독일군은 모든 곳에서 퇴각하여 독일 국경까지 밀려났다. 전차 대수가 20배, 비행기 대수는 25배나 더 우세한 연합군과 맞서게 된 독일군은 벼랑 끝에 내몰렸다. 그러나 독일은 방어선을 다시 구축했고, 가을에는 벨기에와 동부 프랑스에서 연합군의 진격이 정지되었다. 연합군 지휘자들 사이의 분쟁과 명확한 전략의 부재가 최종적인 승리를 지연시키고 있었던 것이다.

승리를 눈앞에 둔 전쟁의 막바지 단계에서 영국민은 새로운 위협에 직면했다. 독일은 연합군의 상륙작전에 대한 대응 조치로 공습을 재개했는데, 이것은 전쟁 초기의 야간 공습보다도 더욱 영국인들의 사기를 꺾어놓을 만한 것이었다. 조종사도 없는 제트 추진식 비행기인 폭명탄(爆鳴彈)이 난데없이 공중에서 떨어져 런던 시민들을 두려움에 떨게 했다. 윙윙거리는 소리를 내면서 날아드는 단거리 V-1 폭명탄 다음에, 소리가 없는(음속보다 더 빠른) 장거리 V-2 로케트탄이 등장하여 7개월 동안이나 파괴와 살상을 계속했다. 그러나 1944년 12월에 일시적으로 반격에 성공한 독일군은 이듬해 1월에 다시 전면적인 퇴각을 할 수밖에 없었다. 영미 공군의 폭격에 의한 독일 중공업 시설의 파괴는 독일의 최후를 재촉했으며, 1945년 3월에 연합군은 드디어 라인 강을 건넜다.

한편 동부전선에서는 1942년 8월 말부터 11월까지 스탈린그라드(Stalingrad)를 사수한 소련군이 11월 하순부터 반격을 개시하여 이듬해 1월 말에 독일군의 항복을 받아냈고, 뒤이어 서쪽으로 진격해 들어갔다. 1944년 7월에 폴란드에서 완강한 독일군의 저항을 물리침에 따라, 루마니아·불가리아·헝가리 등이 잇따라 소련과 휴전을 맺었다. 1945년 초에 벌써 동부 독일 깊숙이 진격한 소련군은 4월 말에 드디어 베를린 시가에 진입했다. 결사 항전을 독려하던 히틀러가 자살한 뒤 5월 7일 독일군 최고사령부는 무조건 항복을 선언했다. 이리하여 유럽에서의 전쟁은 막을 내렸으나, 아직 전쟁이 완전히 끝난 것은 아니었다. 일본이 남아있었다.

대부분의 영국인들에게 일본과의 전쟁은 그동안 부차적인 문제로 머물러있었다. 그리하여 태평양에서의 전쟁은 주로 미국에 의해 수행되었다. 미군은 1944년 10월에 필리핀의 레이테(Leyte) 섬, 이듬해 1월에 루존(Luzon) 섬, 그리고 2월에는 이오지마(硫黃島, Iwo Jima), 4월에 오키나와(沖繩)에 상륙한 한편, 사이판(Saipan)의 기지를 출발한 B29 폭격기 편대가 일본 본토를 폭격했다. 영국도 독일이 무너진 뒤 병력을 아시아로 이동하여 일본에 대한 전쟁을 준비했다. 그러나 일본의 항복은 예상보다 빨리 왔다. 8월 6일에 히로시마(廣島)에 원자탄이 투하되었으며, 9일에 소련이 일본에 선전을 포고하고, 나가사키(長崎)에 두 번째 원자탄이 투하되자 8월 15일 일본은 결국 무조건 항복했다. 원자탄의 개발은 영국의 과학자들이 선도하다가 1942년 이후에는 미국의 개발계획에 참여하여 이루어진 것이었다. 원자탄 투하는 일본 본토의 전면 침공을 예방하고 동아시아에서의 전쟁을 조기에 종결지었지만, 그것은 또한 인류가 일찍이 겪어보지 못한 대참변이었다. 단 두 발의 원자탄으로 두 개의 도시가 폐허로 변했으며, 11만의 생명이 버섯구름 속에서 사라졌다. 그리고 그것은 일본인들에게 자신들이 전쟁의 가해자이기보다는 오히려 피해자라는 그릇된 의식을 갖게 하기도 했다.

독일과 일본은 오랫동안 전쟁을 준비하고, 선진 전술과 무기를 개발하고, 전격적인 공격을 가함으로써 초반 전세를 압도했다. 그러나 그들은 훨씬 더 풍부한 인적·물적 자원을 가진 강대한 나라들과 맞서 싸움으로써 결국 패배할 수밖에 없었다. 사실 미국 한 나라만으로도 추축국 세 나라를 모두 합친 것보다 더 큰 전쟁 잠재력을 가지고 있었다. 최종적 승리에는 미국과 소련의 공헌이 컸으나, 유럽 각지에서 활발하게 전개된 저항 활동도 적지 않은 기여를 했다. 그러나 전쟁 초부터 불리했던 기간의 전쟁을 홀로 감당하고 절망적인 시기를 힘겹게 견뎌냄으로써 궁극적 승리를 가져오게 한 영국과 영연방(British Commonwealth) 회원국들의 공헌은 그 어느 것 못지않게 컸다 할 것이다.

전쟁의 결과

전쟁의 승리에는 막대한 희생이 따랐다. 전쟁은 공습에 희생된 민간인 6만 명을 포함하여 대략 36만 명의 목숨을 앗아가고, 60만 명을 불구로 만들었다. 그나마 제1차세계대전 때보다 인명 피해가 더 적었던 것은 솜과 파슨달러에서와 같은 처절한 참호전을 치르지 않았기 때문이었다. 그러나 도시들은 제1차세계대전 때와는 비교가 안 될 정도로 많은 피해를 입었다. 국가 채무는 250억 파운드를 넘어서서, 영국은 2세기 만에 처음으로 채권국에서 채무국으로 전락했다. 산업 생산력도 떨어지고 무역 규모도 전쟁 이전보다 크게 위축되었다. 영국을 떠받쳐 왔던 해군력의 우위는 미국에 넘어가고, '팍스 브리타니카(Pax Britanica)'는 이제 지난날의 추억이 되었다. 제2차세계대전은 일등 국가로서의 영국의 지위를 끝장냈으며, 영국은 비록 승리의 영광을 안았지만 그것은 정녕 타산이 맞지 않는 승리였다.

제1차세계대전과 마찬가지로 제2차세계대전은 엄청난 사회적 변화를 수반했다. 그것은 국민들에게 내핍을 강요했고, 주요 생활필수품은 거의 모두 배급되었다. 그러나 내핍과 곤궁이 영국인을 절망으로 내몰지는 않았다. 자살률은 오히려 떨어지고, 정신질환도 줄어들었다. 전시의 절박한 필요 때문에 일찍이 없었던 여러 가지 보건 조치들이 취해졌다. 빈부를 가리지 않은 학교급식이 시행되고, 헐값의 우유와 비타민이 산모와 유아에게 공급되었다. 덕분에 가난한 집 아이들은 이전보다 더 잘 먹고 잘 입었으며, 유아 사망률은 10%나 떨어졌다. 정부는 노동자들을 소외시키지 않으려 애썼고, 웨일즈의 석탄 파업을 제외한다면 전쟁 기간에 산업 소요는 거의 일어나지 않았다. 제1차세계대전 때와 마찬가지로 노조원의 수는 600만 미만에서 800만 이상으로 크게 늘어났다. 최선을 다한 정부의 노력으로 생필품 가격이 안정되고, 완전고용으로 실질임금이 상승하여 미미하나마 소득 격차도 줄어들었

리처드 A. 버틀러

다. 전시 상황은 계급 구분을 완화하고 좀더 평등한 사회를 가져왔다. 지주 귀족들도 저택과 영지를 징발당했다. 폭탄은 계급을 가리지 않았으며, 징병 역시 계급을 구별하지 않았다. 극소수의 특권층을 제외하고 누구나 다 긴 줄에 서서 기다리고, 똑같은 식료품과 옷가지를 배급받고, 방공호에서 함께 밤을 보냈다. 전쟁은 어떤 면에서는 많은 사람들에게 해방의 경험이었다.

전쟁을 치르면서 사람들은 그들의 삶에 직접적인 영향을 미치는 국가의 역할에 익숙해졌고, 더 나아가 그들은 이제 국가에 많은 것을 기대하게 되었다. 정부 또한 국민의 기대에 부응하기 위해 앞으로 건설할 세계에 대한 청사진을 마련하고자 했다. 그래서 나온 것이 유명한 「베버리지 보고서(Beveridge Report)」였다. 그것은 자유당의 사회 개혁가인 써 윌리엄 베버리지의 주도하에 작성된 정부 보고서로서, 모든 영국인에게 '요람에서 무덤까지(from the cradle to the grave)' 실업이나 질병 등 모든 재난에 대해 안전을 보장하는 포괄적인 국민보험 제도를 제안했다. 1942년에 출간된 이 보고서는 수십만 부가 팔릴 정도로 대중의 관심을 끌어 모았다. 그러나 그것은 그 급진적 성격 때문에 토리들의 분노를 샀고, 그래서 처칠 정부는 이를 등한시했다. 이를 본 대중은 전후의 사회 재건 사업은 보수당이 아니라 노동당에게 맡겨야 되겠다는 생각을 하게 되었다.

그러나 처칠 정부에서 이루어진 개혁이 전혀 없었던 것은 아니다. 보수당의 교육상 리처드 A. 버틀러(Butler)가 주도한 1944년의 교육법(Education Act)은 모든 어린이에게 무상으로 중등교육을 제공하고, 무상교육 연한을 15세로 끌어올리는 등 획기적인 구상을 담고 있었다. 그럼에도 불구하고 여전히 계급적 편견을 완전히 버리지 못한 그 법은 어린이들에게는 각자의 고유한 재능이 있다는 기본 가정에 서 있었다. 그래서 초등교육을 마친 어린이들은 11세에 시험을 치러 자신에게 적합한 종류의 중등학교를 배정받게 되는데, 소수의 학문적 자질이 있는 어린이는 문법학교, 기술적 재능이 있는 어린이는 기술학교(technical school), 그리고 나머지 대부분의 어린이는 기본 교육을 위해 '신제'학교(modern school)에 진학하도록 규정되었다. 현실적으로는 학문적 재능이 인정되어 국립의 문법학교에 가는 것은 주로 중간계급의 자녀들이었고, 기술학교는 주로 숙련노동계급의 자녀들을 위한 것이었고, 일반 노동계급의 자녀들은 시설이 변변찮은 공립의 신제학교에 가게 마련이었다. 한편 상류계급의 자녀들은 이런 제도와 관계없이 별도로 고액의 수업료를 내는 퍼블릭스쿨에서 양질의 교육을 받았다. 전쟁이 더욱 큰 평등을 가져다주었음에도 불구하고, 아직도 영국 사회에서 계급 차별은 성 차별과 더불어 깊이 뿌리박혀 있었다.

15

복지국가: 그 빛과 그늘

1. 복지국가의 탄생

노동당 정부와 복지국가

1945년 5월에 유럽 전쟁이 끝나자 노동당은 곧바로 거국 내각에서 탈퇴했고, 그러자 보수당은 7월에 총선거를 실시했다. 선거 결과는 뜻밖에도 노동당이 총 640석 가운데 393석을 얻어 216석을 차지한 보수당을 크게 누르고 승리했다. 그것은 1906년의 자유당의 승리보다 더 큰 승리였고,[1] 노동당 자신에게도 놀라운 일이었다. 그런 반면 승리를 자신했던 보수당과 처칠에게는 쓰라린 패배였다. 빠른 시일 안에 전전의 상태를 회복하려 했던 제1차세계대전 때와는 달리, 전쟁이 끝났을 때 국민들은 단순히 1939년의 상태로 되돌아가기를 원하지 않았다. 사람들은 더욱 평등하고 더욱 정의로운 새로운 영국에 대한 희망과 기대에 부풀어있었다. 「베버리지 보고서」에 대한 처칠의 냉담한 반응을 아직도 기억하고 있던 일반 국민들은 승리를 안겨준 전쟁 지도자에게 등을 돌리고, "미래를 맞이하자(Let Us Face the Future)"라는 구호를 내걸며 더 나은 새로운 사회체제를 약속하는 노동당에게 표를 던진 것이다. 영국인들의 새로운 관심은 과거의 위업이 아니라 앞으로 일궈야 할 미래에 있었다. 그리하여 노동당은 처음으로 의회 안에 안정적 다수를 확보한 정부를 구성하여 전

---

1) 701쪽 참조.

클레멘트 애틀리

후의 영국 사회를 재조직하는 과업을 떠맡게 되었다.

애틀리 수상 자신은 상층 중간계급의 배경을 가진 옥스퍼드 대학 출신이었지만, 각료 37명 가운데 8명은 광부 출신이고 11명은 노조 지도자였다. 온건하고 냉정한 성품의 애틀리는 처칠과 같은 감동적인 연설가는 못 되었지만, 정부를 효율적으로 운영하고 다루기 어려운 각료들을 요령 있게 이끌어갔다. 정부는 곧바로 공약 이행에 착수했는데, 그 첫 조치는 노동쟁의법을 폐지하는 것이었다. 볼드윈 정부 때 제정되어 노동조합의 정치 활동을 제약했던 이 법이 폐지됨으로써 노동조합은 이전의 힘을 되찾았다.[2] 새 정부는 의회에서의 확고한 지위를 발판으로 하여 각종 개혁 입법을 추진해 나갔다. 주요 기간산업의 공공 소유와 복지국가, 그리고 계획경제를 정부의 3대 지표로 삼은 노동당 정부는 여러 주요 산업을 국유화하고, 전 국민의 삶을 '요람에서 무덤까지' 책임질 포괄적인 복지국가를 건설하고, 불황과 실업을 예방하면서 성장과 평등을 증진하기 위한 경제계획을 추진하는 데 주력했다. 특히 집권 뒤 첫 1년 동안에 많은 업적이 이루어졌다. 여러 가지 사회정책과 국유화 조치들이 줄지어 쏟아져 나와, 1946년 말경에 한 신문은 "내각으로 하여금 의회에 생각할 시간을 주도록 하라. 의회로 하여금 공무원에게 그들의 임무를 따라잡을 시간을 주도록 하라" 하고 비명에 가까운 항변을 토로할 지경이었다.

산업 국유화

주요 산업의 국유화는 노동당이 한 세대 이상 공약해 온 정책이었다. 1946년 맨 먼저 잉글랜드은행이 국유화되었는데, 이 조치는 눈에 띌 만한 변화를 가져오지는 않았다. 원래 사기업이기는 했지만 이 은행은 오랫동안 독특한 공공성을 띠어온

---

2) 702, 737~739쪽 참조.

데다가, 총재도 그대로 유임되었기 때문이다. 뒤이어 오랫동안 생산성이 떨어지고 노사 관계도 최악의 상태여서 영국의 산업 중에서 가장 골치 아픈 분야였던 석탄 산업이 국유화되었다. 당시 급속하게 팽창해 가고 있던 항공산업, 철도·화물차·운하 등을 포괄하는 내륙운송업, 유무선 통신사업, 그리고 전기와 가스 산업 등도 1948년까지 차례로 국유화되었다. 그리하여 전신과 전화, 라디오 방송(BBC), 런던 지하철과 버스 등 이미 국유화되어 있던 부문을 포함하여, 공공 편의시설과 관련한 주요 산업이 대부분 국유화되었다.[3]

특기할 만한 사실은 이같이 많은 국유화 조치가 자유주의 경제를 신봉해 온 나라에서 별다른 논란을 빚지 않고 진행되었다는 점이다. 애틀리 정부는 완전한 사회전복의 충격이나 공포를 불러일으키지 않았으며, 모든 국유화 조치에 대해서는 충분한 보상액을 지불했다. 무엇보다도 일반 국민들이 이런 입법 조치들을 당연한 것으로 받아들였다. 전쟁을 수행하는 동안에 산업의 국가통제와 계획경제에 이미 익숙한 터라 전후의 국민들은 이제 그것을 불가피한 추세로 받아들였던 것이다. 다만 가스와 철강 산업의 국유화는 약간의 논쟁을 불러일으켰다. 특히 철강 산업은 원래 공공서비스와 관계없는 제조업이었지만, 국가 경제의 핵심이었기 때문에 정부는 그것을 통제하고자 했으나, 이에 대해서 보수당이 크게 반발하고 나섰다. 1949년 정부는 보수당이 지배하는 상원의 거부권을 제한하기 위해 1911년에 제정된 기존의 의회법을 개정하여, 하원이 통과시킨 법안에 대한 상원의 거부권을 두 번에서 한 번으로 단축시킴으로써 철강 산업의 국유화도 매듭지을 수 있었다. 이로써 국내 전체 산업의 대략 20%가 국유화되었다.

사회복지 정책

노동당 정부는 전후의 어려운 경제 여건 속에서도 과감한 정책으로 '복지국가'의 건설을 추진해 나갔다. 복지국가의 양대 기둥을 이룬 것은 국민보험 제도와 국민 보건사업이었으며, 이 둘은 다 1946년에 입법화되었다. 국민보험법(National Insurance

---

[3] 그리고는 1970년대에 항공기 엔진과 선박과 자동차 등의 회사에 대해 국유화가 재개될 때까지 더 이상 국유화는 없었다.

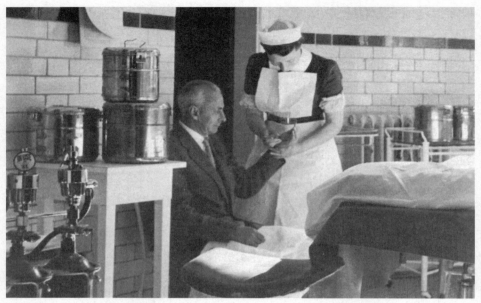
국민 보건 서비스를 제공하는 병원

Act)은 전쟁 기간 중에 마련된 「베버리지 보고서」의 구상을 바탕으로 하여 거기에 19세기 말 이래의 다양한 조치들을 통합한 것으로서, 질병·실업·노령 등 갖가지 위험에 처한 국민들에게 생계소득을 보장해 주는 종합적인 사회보험제도였다. 이 법은 피고용인, 고용인, 국가의 삼자가 갹출한 기금으로 실직자와 정년퇴직한 노령자에게 각기 실업수당과 노령연금을 지급해 주도록 했다. 그것은 또한 질병·출산·장례 등에 대한 수당, 고아와 과부를 위한 급여도 제공했다. 이 제도를 보완하기 위한 산업재해보험법(Industrial Injuries Act)은 직업과 관련하여 재해를 당한 사람에게 충분하고 폭넓은 보상을 제공했고, 국민부조법(National Assistance Act)은 국민보험에 포함되지 않은 극빈자를 보살펴줌으로써 이제까지의 구빈법에 종지부를 찍었다.

국민보건사업법(National Health Service Act)은 1948년 7월부터 시행되었는데, 이 법에 의해서 영국민은 계급이나 신분의 구분 없이 누구나 원하는 의사에게 무료로 치료를 받을 수 있게 되었다. 치과 및 안과의 의료까지 이 제도에 포괄되어 의치와 안경도 무료로 제공받을 수 있었다. 이것은 보험 제도가 아니어서 갹출금이 없었으며, 전체 재정은 거의 전적으로 국고에서 부담했으며, 의사들은 기본 급료 이외에 진료 환자당 수당을 추가로 받았다. 그러나 다른 복지 제도와 달리 이 의료 제도는 이해 당사자의 격렬한 저항을 불러일으켰다. 월급제로 말미암아 단순한 국가공무원의 신분으로 전락할 것을 우려한 의사들이 격렬하게 반발했다. 보건상 어나이린 베번(Aneurin Bevan)은 의사협회와 수개월에 걸쳐 힘겨운 협상을 벌인 끝에, 의사들의 개인적 개업을 허용하는 등 중요한 양보를 함으로써 간신히 그들의 반발을 무마할 수 있었다.

어나이린 베번

그러나 이런 획기적인 의료 혜택 덕분에 전통적인 많은 질병이 구축되었고, 여기에 다른 사회보장의 혜택까지 겹쳐 전반적으로 국민보건이 향상했다. 유아사망률도 꾸준히 하락하여, 1940년에 5.6%이던 사망률이 1970년에는 1.8%로 크게 떨어졌다.

주택정책과 교육정책도 복지국가를 건설하는 데 이바지했다. 그러나 노동당 정부의 주택 건설 사업은 만족스러운 성과를 거두지 못했다. 1951년까지 100만 채의 새집을 짓고, 50만 채를 보수했지만, 공습이 가져온 극심한 주택 부족 현상을 해소하기에는 역부족이었다. 집세에 대한 정부의 엄격한 통제 조처는 민간 건축업자의 건축 의욕을 약화시켜, 1940년대 말의 연간 주택 건설 물량은 1930년대의 절반 수준에 불과했다. 노동당의 교육정책 역시 보건과 주택 등 다른 분야에 비해 노동계급에게 그렇게 유리한 것이 아니었다. 정부는 1944년의 '버틀러' 교육법('Butler' Education Act)을 시행하여 1947년부터 무상교육 연한을 15세로 올렸지만, 중등학교를 문법학교, 기술학교, 신제학교로 나누는 것과 같은 엄격한 계급제도를 그대로 유지하고 있었다.

계획경제

한편 노동당 정부는 재정·금융정책과 과세 정책 등의 간접적인 방법, 또는 직접적인 통제를 통해 국민의 경제활동에 적극적으로 개입했다. 정부는 공산품의 국내 소비를 억제하거나 금지함으로써 수출을 늘렸으며, 유례없이 높은 세금을 거두어들이고, 노동자들의 임금 인상 요구를 억제했다. 그러나 일방적인 희생만 강요된 것은 아니었다. 물가 상승을 억제하고 이윤에 대해 적절하게 과세하려는 노력이 어느 정도 성공함으로써 희생과 혜택이 어느 정도는 균형을 유지했다.

노동당 정부의 이와 같은 경제통제는 사회주의 이념과 관련되기보다는 오히려 전쟁의 유산과 관련된 것이었다. 전쟁은 심각한 후유증을 남겼으며, 영국은 전쟁 직후 물자와 인력의 극심한 부족으로 허덕인 데다가 재정은 거의 파산 상태였다. 1930년대만 해도 유리했던 무역수지가 그사이에 불리하게 바뀌었다. 게다가 그 불균형을 메워주던 무역외수지마저 이제 기대할 수 없게 되었는데, 이는 전쟁 동안 해외투자의 상당 부분이 전시에 처분되었을 뿐만 아니라 해운 능력 역시 크게 떨어졌기 때문이다. 전쟁 기간에는 미국의 도움으로 그럭저럭 버텨나갔지만, 1945년 8월에 미국은 갑자기 대여법에 의한 모든 보급을 끊어버렸다. 이런 절박한 경제 위기를 맞아 정부는 급히 케인즈를 워싱턴에 파견하여 원조를 요청했으나, 워싱턴은 충분한 차관을 제공하려 하지 않았고, 그나마 제공된 차관에는 냉혹한 조건을 달았다. 캐나다에서 추가로 차관을 확보함으로써 겨우 궁지에서 벗어날 수는 있었으나, 영국은 이런 위기 때문에 전시의 여러 통제 장치를 한꺼번에 제거할 수 없었을 뿐만 아니라, 오히려 그것을 더욱 확대할 수밖에 없었다.

전후 수년 동안 영국인의 삶을 지배한 것은 한마디로 '내핍(austerity)'이었다. 극심한 물자 부족 속에서 정부는 1946년 3월 빵 배급제를 도입하지 않을 수 없었다. 1946년과 1947년 사이의 겨울은 영국인들에게 한층 더 내핍과 통제를 강요했다. 유난히도 춥고 눈이 많았던 이 겨울에 철로가 눈에 파묻혀 교통이 두절됨에 따라 극심한 연료 부족 사태가 빚어졌다. 석탄은 갱구에 널려있었고, 가스 및 전기 공급이 크게 줄어들었다. 많은 국민들은 추운 방에서 떨고, 공장은 문을 닫고, 수출이 막혔다. 겨울의 눈에 이어, 봄에는 홍수가 나 양 떼와 소들이 죽고 경작지가 침수되었다. 달러와 금이 해외로 유출되고, 인플레이션이 심화되고, 파운드화의 가치가 하락했다.

이 난관을 헤쳐나갈 책무가 1947년 재무상이 된 써 스태퍼드 크리프스(Stafford Cripps)에게 맡겨졌다. 그는 임금을 동결하고, 차량운행이나 난방까지 통제하는 등

물자 절약 시책을 시행했으며, 대출과 해외여행도 억제했다. 1947년과 1948년에 식량의 배급량이 전시의 평균량보다 더 아래로 떨어졌다. 거기에 심각한 의류 부족까지 겹쳐 의류 역시 배급 대상이 되었다. 많은 규제 조치들은 범법 행위를 유발하게 마련이었다. 암시장이 성행하고, 밀수범과 암달러상이 활개를 쳤다. 그러나 이러한 어려움에도 불구하고 대부분의 영국인들은 배급제를 받아들이고 거기에 적응하며 살아나갔다. 그들은 국민적 단결과 희생정신을 강조하는 정부의 호소에 호응했다. 차관이 바닥나면서 달러가 빠져나가고 무역수지가 급격히 악화되자, 1948년 9월에 크리프스는 마침내 1파운드 스털링의 가치를 4.03달러에서 2.80달러로 대폭 평가절하해야만 했다. 이 조치는 보수당에게 '사회주의의 실패'를 입증하는 것으로 보였으나, 노동당 정부는 대량 실업 사태의 재발보다는 차라리 인플레이션의 위험을 감수하는 길을 택했던 것이다.

파운드화의 평가절하는 영국의 수출 경쟁력을 어느 정도 회복시켜 주었다. 여기에다 1948년에 시작된 미국의 전후경제원조계획인 '마셜 계획(Marshall Plan)'이 영국의 경제 회복에 큰 도움이 되었다. 경제가 회복됨에 따라 배급제가 축소되어 빵과 감자는 1948년에, 의류와 신발은 1949년에, 그리고 우유와 비누는 1950년에 각각 배급제에서 제외되었다. 다만 설탕과 차는 노동당이 실각한 이후인 1952년 말까지, 버터와 베이컨과 육류 등은 1954년까지도 배급제가 유지되었다. 한편 산업 활동에 대한 끊임없는 지침과 규제에 제조업자들은 점차 거부감을 나타내기 시작했고, 1940년대 말에 이르면 직접적 통제가 경제성장을 돕기보다는 오히려 저해한다는 것이 드러났다. 노동당은 여러 시행착오를 겪으면서 어렵게 경제 운용의 방법을 배워나갔으며, 그런 과정에서 터득한 한 가지 교훈은 재정·금융정책을 통한 간접적 통제가 직접적 통제보다 더욱 효율적이라는 깨달음이었다. 그리하여 1950년 무렵이 되면 영국은 대부분의 직접적 통제를 폐지하고 연간 4% 정도의 성장률을 기록하면서 번영의 길로 접어들었다. 수출도 5년 전에 설정한 목표에 도달했고, 한국전쟁 이후로 무역수지가 흑자로 돌아섰다.

먹밀런과 네루

제국 체제의 변화

　노동당 정부는 제국 체제에도 큰 변화를 가져왔다. 제2차세계대전이 끝난 뒤 인
도의 민족주의 운동은 이제 억누를 수 없게 되었으며, 따라서 인도의 독립은 불가
피한 일로 인식되었고, 다만 언제 어떤 형태로 독립할 것인가가 문제로 남아있을
뿐이었다. 프랑스가 인도차이나의 독립을 저지하려 한 것과 달리 영국은 인도의
독립을 곧바로 인정했으며, 애틀리는 지체 없이 이 일을 추진했다. 보수당 역시 이
에 찬성함으로써 의회도 별다른 이의 없이 필요한 조치를 취해주었다. 그리하여
제국의 보석이라 불려오던 인도는 1947년 8월 마침내 독립하여 제국의 울타리를
벗어났다. 그러나 인도는 독립을 얻었지만 통일을 이루지는 못했다. 간디와 자와할
랄 네루(Jawaharlal Nehru) 등 인도 국민회의의 지도자들은 완전한 통일을 주장했지
만, 모하메드 알리 지나(Mohammed Ali Jinnah)가 이끄는 이슬람교도들은 힌두교도의
지배를 두려워하여 별도의 이슬람 국가인 파키스탄(Pakistan)을 창건했다. 하지만
이 과정에서 힌두교도와 이슬람교도 사이에 100만 명 가까운 생명이 희생되는 유
혈 사태가 빚어졌으며, 그 와중에 간디도 암살되었다. 이런 비극을 낳은 양측의 종

교적 갈등은 이른바 '분할하여 지배하는(divide and rule)' 영국의 식민지 통치 방식 때문에 더욱 악화된 측면도 없지 않았다. 인도의 독립에 뒤이어 1948년 1월에는 버마가, 2월에는 실론(Ceylon)이 독립했다.4) 이들 나라 중 버마는 영연방과 어떠한 관계도 유지하기를 거부했지만, 인도·파키스탄·실론 등 세 나라는 영연방의 일원으로 남아있기로 했다.

인도와는 달리 팔레스타인 문제는 영국을 매우 곤혹스럽게 했다. 1917년 11월 외무상 벨포어가 영국의 위임통치 아래 있던 이 지역에 유대인의 국가를 세울 것을 선언한 이후 유대인들의 이주가 크게 늘어나면서 이들과 아랍 원주민들 사이에 분쟁이 일어났다. 제2차세계대전이 끝난 뒤까지도 양측의 요구를 절충하지 못한 애틀리 정부는 1947년 이 문제를 국제연합(United Nations: UN)에 넘기고, 이듬해에는 영국군을 철수시켰다. 유엔이 팔레스타인을 분할하여 유대인에게 독립국가를 세우도록 허용하자, 아랍 국가들은 이에 반발했다. 결국 양측 간에 전쟁이 일어나고, 전쟁은 유대인의 승리로 끝났다. 이리하여 유대인은 새로운 이스라엘(Israel) 국가를 창건했지만, 65만에 달하는 아랍인들은 난민으로 전락했고, 이 지역은 장기간에 걸친 심각한 국제분쟁 지역이 되었다. 영국은 사태를 원만하게 해결하지 못하고 곤욕만 치름으로써 이 지역 일대에서 위신을 크게 손상당했다.

냉전 체제와 우경화

그동안 몇 번의 보궐선거에서 한 번도 지지 않았던 노동당이 1950년의 총선거에서는 많은 의석을 잃었다. 2월에 실시된 이 선거에서는 1948년의 국민대표법에 따라 복수투표제5)가 폐지되어 1인 1표 원칙이 처음으로 적용되었는데, 이 선거에서 노동당은 재집권에는 성공했지만, 의회에서 간신히 다수를 확보함으로써 불안한 출발을 했다.6) 게다가 그해 여름에 발발한 한국전쟁은 노동당 정부를 위기로

---

4) 버마는 1989년에 미얀마(Myanmar)로, 실론은 1972년에 스리랑카(Sri Lanka)로 국명을 바꾸었다.

5) 여러 지역에 일정액 이상의 재산을 가지고 있는 사람은 여러 선거구에서 투표권을 행사할 수 있었으며, 이것은 대체로 보수당에 유리한 결과를 가져오게 마련이었다.

6) 노동당이 315석, 보수당이 298석, 기타 정당이 12석을 차지했다.

|왼쪽| 해럴드 윌슨
|오른쪽| 그레이엄 그린

몰아넣었다. 영국은 미국의 종용에 따라 47억 파운드에 달하는 엄청난 재정이 소
요되는 재무장 3개년 계획을 세우고 한국에 군대를 파견함으로써 재정 위기를 맞
이했다. 불가불 다른 부문의 예산삭감이 요구되었는데, 삭감의 우선 대상은 재정
수요가 천정부지로 치솟는 보건사업 분야였다. 재무상 크리프스는 안경과 틀니를
유료화하는 것으로 문제를 해결하려고 했다. 국민보건사업의 산파였던 베번은 이
방안에 거세게 반발했고, 신임 재무상 휴 게이츠컬(Hugh Gaitskell)이 이를 강행하자,
1951년 4월 무역상 해럴드 윌슨(Wilson)과 함께 항의 사임함으로써 내각을 약화시
켰다. 이들 노동당 좌파는 애틀리 정부의 친미 일변도의 외교정책에도 불만을 표
시했다.

이와 같은 당내 좌파의 반대에도 불구하고 애틀리 정부는 전후에 형성된 냉전
체제에서 확고하게 친미 정책을 추구했다. 소련이 동유럽에 공산주의 체제를 확대
해 나가는 것을 영국과 미국의 정치가들은 우려의 눈으로 바라보았다. 1948년의
베를린 봉쇄, 1949년의 소련의 핵실험과 중국의 공산화, 그리고 1950년의 한국전
쟁 등으로 공산주의 세력의 팽창에 대한 불안은 한층 더 커졌다. 이 같은 일련의
사태는 소련의 공격성에 대한 서유럽의 두려움을 증폭시켜 냉전 양상을 더욱 악화
시켰다. 이에 따라 영국은 미국과 더욱 긴밀하게 결합하게 되고, 그래서 노동당 집
권에도 불구하고 사회주의적 외교정책을 펼 수 없었다. 영국은 1949년 미국과 함

께 북대서양조약기구(North Atlantic Treaty Organization: NATO)를 창설하고, 1951년에는 한국에 군대를 파견했다.

이런 사태 진전은 좌파에 대한 불신을 크게 증폭시켰으며, 그 같은 시대 분위기는 문학에도 반영되어 문학 작품들의 우경화 현상이 나타났다. 『사건의 핵심(*The Heart of the Matter*)』(1948)과 『제3의 사나이(*The Third Man*)』(1950)의 저자 그레이엄 그린(Graham Greene)이나 『브라이즈헤드 재방문(*Brideshead Revisited*)』(1945)을 쓴 이블린 워(Evelyn Waugh) 같은 인기 작가들은 사라져간 옛 귀족계급을 추념하면서 사회주의와 회의주의의 팽창으로부터 토리즘과 가톨릭교를 수호하고자 했다. 조지 오웰은 『동물 농장(*Animal Farm*)』(1945)과 『1984년(*Nineteen Eighty Four*)』(1949)에서 좌파의 전체주의를 신랄하게 풍자했다. 전후의 연극은 1930년대의 자연주의적 작품에 반발하여 크리스토퍼 프라이(Fry)와 T. S. 엘리어트의 시극(詩劇)을 선호했는데, 이들 역시 새 대중사회에 반발하여 사라져가는 세계에 대한 아쉬움을 노래하면서 종교와 전통에 대한 관심을 환기하고자 했다.

노동당 정부의 퇴조

당내의 심각한 갈등으로 의회 통제가 어려워지자, 애틀리는 국제적으로나 경제적으로나 어려운 상황에서 1951년 10월에 총선거라는 승부수를 선택했으나, 결국 패배하고 말았다. 노동당의 구호인 '공정한 몫(Fair share)'은 전시의 협동 정신을 상기시키면서 그동안 호소력을 발휘해 왔으나, 중간계급 유권자에게는 점점 귀에 거슬리는 소리가 되어갔다. 통제, 특히 계속되는 식량 통제는 지겨운 것이었고, 그래서 보수당의 "국민들을 풀어주라(Set the people free)"라는 구호는 좀더 매력적으로 들렸다. 결국 노동당은 득표수에서는 보수당을 근소한 차이로 앞섰지만,[7] 의석은 295석으로 보수당의 321석보다 26석을 뒤져서 정권을 내주어야 했다. 그리하여 77세의 노정치가 처칠이 1945년의 패배를 설욕하고 다시 수상의 자리로 돌아왔다.

---

7) 보수당의 득표수가 1,370만 표(득표율 48%)인 데 대해, 노동당의 득표수는 1,390만 표(득표율 49%)였다.

6년 남짓한 집권 기간에 노동당은 전후의 영국 사회의 틀을 확립했다. 대부분의 국내 서비스 시설을 국유화하고, 영국의 아시아 제국의 해체를 관리했으며, 복지국가의 기본 틀을 만들어냈다. 노동당의 이런 정책들은 영국을 좀더 평등한 사회로 만드는 데 크게 이바지했다. 1910년에 상층 5%의 사람들이 국민소득의 43%를 차지했던 데 비해, 1949년에는 상층 20%의 사람들이 국민소득의 45%를 차지했다. 그리고 이런 비율은 이후 30년 이상 실질적으로 변하지 않고 유지되었다. 그러나 이렇게 복지국가를 확립해 나가는 과정에서 노동당은 영국을 고도의 관료제 국가, 그것도 너무 비대하고 비효율적인 관료제 국가로 바꾸어놓았다. 1951년에 영국은 국민의 26% 이상이 정부 관련 부문에서 일하고 있었는데, 이는 미국의 17%나 서독의 14%에 비해 훨씬 더 높은 비율이었다.

2. 경제적 번영과 제국의 해체

처칠의 보수당 정부

보수당은 1951년의 선거에서 승리함으로써 이후 13년 동안 지속될 보수당 장기 집권의 시대를 열었다. 그러나 비록 집권에는 성공했지만, 의회 안에서의 취약한 기반 때문에 보수당 정부는 정책의 과감한 방향 전환이 불가능했다. 국유화 산업의 비효율성, 복지국가에 소요되는 고비용, 경제계획의 성가신 간섭 등을 비난하는 목소리가 높아갔으나, 선거에서 거둔 보수당의 신승은 새 정부가 노동당 정부의 개혁 성과를 뒤엎으라는 위임을 얻지는 못했음을 의미하는 것이었다. 어려운 경제 여건도 새 정부의 운신의 폭을 제한했다. 한국전쟁은 세계적으로 물가, 특히 원자재 가격의 상승을 가져왔다. 영국은 노동력과 원자재의 부족으로 고통받고, 국제수지 균형에 주름이 잡히고, 심각한 외환 위기에 시달렸다. 이런 여건하에서 새 보수당 정부의 정책은 전임 노동당 정부의 정책에서 크게 벗어날 수가 없었다. 새 재무상 버틀러의 초기 예산안은 거의 전임자 게이츠컬의 예산안을 답습하여 버츠컬주의(Butskellism)라는 신조어가 나오기까지 했다.

그러나 한국전쟁 등의 국제적 사태가 야기한 재정적·경제적 위기라는 발등의 불이 꺼지자 상황은 눈에 띄게 변화했고, 이후 수년 사이에 전후에 남아있던 내핍 생활의 틀이 대부분 사라졌다. 정부는 1954년까지는 단계적으로 배급제를 모두 없애고, 여러 규제들도 하나하나 차례로 풀어나갔다. 그러나 이러한 조치들은 대부분 경제 상태가 호전됨에 따라 쉽게 손댈 수 있는 것들에 지나지 않았으며, 산업의 국유화나 복지국가의 골간등 더욱 중요한 경제적·사회적 정책에 대해서는

1951년 선거에서 보수당이 거둔 불안한 승리를 풍자한 만화

거의 아무런 변화도 시도되지 않았다. 보수당 정부가 취한 의미 있는 조치로는 철강 산업과 일부 화물 운송업을 다시 민영으로 환원한 것이 거의 전부였는데, 그나마 1953년에 민영화된 철강 산업은 여전히 공적 감독 아래 놓여있었고, 실질적으로 사유화되는 데에는 10년이라는 세월이 걸렸다. 선거운동에서 "국민들을 풀어주라" 하고 외쳤던 처칠은 그 밖의 다른 국유화 산업은 어느 것 하나 개인에게 되돌려주지 않았다. 경제계획 역시 포기하지 않았으며, 복지국가의 기본 틀에 대해서는 손도 대지 않았다. 보수당 정부에서 복지국가는 축소되거나 해체되기는커녕 오히려 확대되고 되돌릴 수 없는 대세로 굳어졌다. 노동당 정부의 마지막 해인 1951년에 복지 부문 지출은 국민총생산의 14% 미만이었는데, 1959년에는 16% 이상으로 증가되어 있었다.

내핍 생활에서 어느 정도 벗어난 영국은 1952년 2월에 조지 6세의 장례식을 엄숙하게, 그리고 이듬해 6월에는 엘리자베스 2세의 대관식을 성대하게 치렀다. 수백만의 국민들이 처음으로 대관식 장면을 텔레비전 화면으로 지켜봤다. 그러면서 그들은 400년 전의 영광스러운 엘리자베스 1세 시대와 맞먹는 제2의 엘리자베스 시대가 열리기를 기원했다. 1953년, 한국전쟁이 끝난 이후 찾아온 경제성장이 새 여왕 치세의 서막을 장식해 주었다. 아직까지도 남아있던 전시 통제들이 폐지되고, 경제적 여력이 있는 사람들은 다양한 종류의 상품들을 쉽게 살 수 있었으며, 이제

아무 거리낌 없이 마음껏 먹고 입고 즐길 수 있었다. 영국민들은 반세기 만에 처음으로 번영을 맛보기 시작하는 것처럼 보였다. 빈곤은 지속되었지만, 1950년대 동안 직장을 가진 사람들은 대부분 만족스러운 삶을 누렸다. 노동계급의 가족들도 그들의 부모보다 더 나은 집에 살면서 더 잘 먹고, 더 잘 입고, 더 많은 즐거움을 누렸다.

전쟁 직후의 어려운 내핍의 시대와 번영의 1950년대를 구분하는 하나의 상징은 1951년 정초에 열린 '브리튼 축제(Festival of Britain)'였다. 정권을 넘겨주기 얼마 전에 노동당 정부가 1851년 대박람회의 100주년을 기념하기 위해 개최한 이 행사는 국내외적으로 매우 어려운 시기였기에 대대적인 축제를 벌이는 것은 적절치 않다는 비판을 받기도 했다. 그렇지만 이 행사는 영국민이 기술적 재간과 발명의 재능, 그리고 여전히 생기 있는 문화를 간직하고 있다는 사실을 다시 한 번 확인해 주었다. 축제에 참여하면서 많은 사람들은 이제 내핍의 오랜 먹구름이 걷히고 희망의 무지개가 떠오르는 것을 느꼈다.

국제사회를 지배하던 냉전 질서는 1953년 초, 스탈린의 사망을 계기로 해빙의 조짐이 보이기 시작했다. 처칠은 외교를 통해 냉전의 긴장을 완화하고자 노력했다. 그해 여름에 한국전쟁이 끝나고, 이듬해에는 외무상 써 앤서니 이든(Eden)의 노력으로 프랑스령 인도차이나에서의 지루한 전쟁도 잠정적이기는 하지만 일단 끝났다. 영국은 유럽에서도 가끔씩 외교적 중재 역할을 수행했다. 그러나 세계에서 일어나고 있는 일들은 대체로 미국과 소련의 두 강대국에 의해 좌우되었기 때문에, 영국은 더 이상 자유로이 독자적인 외교정책을 수행할 수 없다는 사실을 실감하게 되었다. 이런 현실 아래에서 보수당 정부는 영국이 아직 강대국임을 세계에 과시하고 외교적 입지를 강화하기 위해 1952년 원자탄을 실험했고, 그 5년 뒤에는 수소탄 실험에도 성공했다.

1955년의 총선거

1955년 4월에 노쇠하고 병고에 시달리던 처칠은 새로운 선거가 닥치기 전에 그동안 고수해 오던 수상직에서 물러났다. 처칠이 비운 자리는 오랫동안 후계자로 지목되어 오던 이든이 물려받았다. 이든은 곧바로 의회를 해산하고 총선거를 실시했는데, 그는 이 선거에서 277석을 얻은 노동당에 비해 보수당 의석 344석을 확보함으로써 의회에서 그의 입지를 한층 더 강화했다. 보수당은 그동안 지속하고 확대해 온 복지 정책 덕분에 육체노동자들의 표를 3분의 1이나 얻을 수 있었다. 처칠 수상 아래에서 보수당은 출산수당과 자녀수당을 확대하고, 소득의 재분배를 위한 누진세 제도를 시행하고, 완전고용을 보장하고, 연간 30만 채 이상의 주택을 건설하는 등 복지 정책을 추진하고 계획경제를 적절히 활용해 왔다. 이든이나 그의 후계자 해럴드 먹밀런(Macmillan)도 정부의 적극적 역할을 수용하는 이런 정책을 이어나갔다. 이들은 비록 선거운동에서는 자유 기업과 자유로운 자본주의를 외쳤지만, 그것은 대체로 한낱 수사에 그쳤다.

이에 비해 노동당은 새 강령을 개발하지 못하고 국유화와 완전고용의 슬로건에 안주함으로써 보수당과의 뚜렷한 차별성과 참신성을 보여주지 못했다. 게다가 노동당은 좌파와 우파 간에 오랫동안 격렬한 내분을 겪고 있었다. 좌파인 어나이린 베번과 그 추종자들은 국유화의 확대, 군비 축소, 미국에 대한 일방적 의존의 탈피, 그리고 소련과의 우호 관계 등을 주장했다. 이들에 비해 우파인 게이츠컬파는 국유화 확대 반대, 군비 유지, 미국과의 견고한 동맹, 그리고 소련에 대한 경계 자세를 견지했다. 노동당이 이처럼 내분을 겪고 있는 데다가, 여론 형성에 큰 영향을 미치는 신문이 또한 노동당에 비판적이고 보수당에 호의적이었다. 신문에서 베번파는 흔히 사악하고 극단적인 사회주의 분파로 묘사되었고, 이런 불리한 이미지는 보수당에 유리하게 작용했다.

이든 수상과 수에즈 문제

외무상 출신의 새 수상 이든은 처칠처럼 외교 활동에 주력했다. 그는 수상으로 취임하자 곧바로 오스트리아평화조약 체결에 이바지했고, 7월에는 제네바의 4대국 정상회담을 주선하여 독일의 재통일을 논의했다. 그러나 선거에서 평화를 구호로 내걸었던 이든은 곧 이집트에 대한 군사 개입에 빠져들고 말았다. 이집트에서는 1952년 군사 쿠데타가 일어나 국왕 파루크(Farouk)의 부패한 왕정을 무너뜨렸으며, 군의 지도자 중의 한 사람인 가말 압델 나세르(Gamal Abdel Nasser)가 1954년 권력을 장악했다. 수에즈 운하 지역에 7만의 군대를 주둔시키고 있던 영국은 나세르의 요구로 이 군대를 철수하기로 합의하고, 1956년 6월에 철수를 완료했다. 이 무렵 나세르는 나일 강 상류에 대규모의 아스완(Aswan) 댐을 건설할 계획을 세우고, 그 소요 재원에 대한 지원을 미국과 영국으로부터 약속받았다. 그러나 미국이 갑자기 이를 취소하자 나세르는 수에즈 운하의 국유화를 선언했다. 프랑스와 함께 수에즈운하회사를 공동소유하고 있던 영국 정부는 이를 영국 국익에 대한 중대한 침해 행위로 규정했다. 1930년대에 처칠과 더불어 히틀러에 대한 유화정책을 강력하게 비판했던 이든은 아랍 세계의 맹주를 꿈꾸는 나세르의 야망이 히틀러의 야망과 다를 것이 없다고 보았다.

일련의 평화적 해결 노력이 수포로 돌아가자, 영국과 프랑스는 무력을 사용하기로 결심했다. 1956년 10월 29일에 이스라엘이 갑자기 이집트에 대한 공격을 감행하자, 영국과 프랑스는 운하 보호를 빙자하여 합동으로 군사작전을 개시하고 11월 5일에는 수에즈 운하 북단의 포트사이드(Port Said)를 점령했다. 그러나 두 나라의 이 같은 군사 행동은 전 세계의 빗발치는 비난에 직면했다. 유엔이 비난에 앞장서고 나섰으며, 소련이 개입을 위협했고, 사전에 아무 협의도 받지 못한 미국까지도 강력하게 항의했다. 게다가 국내의 여론마저도 불리하게 돌아가자, 마침내 이든은 유엔군으로 하여금 양국 군대를 대신하여 이집트의 평화를 지키게 한다는 캐나다 외무상의 제안을 받아들여 영국군을 철수하는 데 동의할 수밖에 없었다. 수에즈 사태는 영국의 외교 사상 가장 큰 실책 중의 하나였다. 영국 정부는 일찍이 그와 같이 엄청나게 적대적인 국제 여론에 직면한 적이 없었다. 수에즈 운하에 대한 군사적 침범은 영국의 정직성과 건실한 외교의 명성을 훼손시켰으며, 나아가서 그 작전의 실패는 영국의 위신을 크게 실추시키고 세계 일등 국가로서의 영국의 지위가 끝났음을 새삼 확인시켜 주었다. 이제 세계 일등 국가는 영국이 아니라 미국이었으며, 미국의 반대에 직면하여 영국은 물러설 수밖에 없었다. 이 사태에도 불구하고 영국과 미국의 특별한 동반 관계는 그런 대로 지속되었으나, 양국 관계가 예전과 같을 수는 없었다.

수에즈 사태는 국내에서도 심각한 갈등을 빚어냈다. 초기에는 양당이 초당적으로 나세르의 운하 국유화를 비난하고, 나세르에게 그 조치를 취소하도록 강요해야 한다고 한 목소리를 냈다. 그러나 정부가 무력 사용 의지를 분명히 하자 합의가 깨어졌다. 노동당은 하원에서 이집트에 대한 최후통첩을 맹렬히 비난했다. 보수당 의원들은 대부분 정부 편에 섰지만, 두 명의 각료가 이에 항의하여 사임했다. 국민 여론도 첨예하게 갈라졌다. 잠자던 옛 제국주의의 열정이 되살아나 그 작전을 지지하는 여론도 만만치 않았지만, 한편에서는 격렬한 항의가 쏟아지고, 런던을 비롯한 여러 도시에서 시위가 조직되었다. 은행에서는 예금 인출 소동이 벌어졌으며, 최상층에서 최하층에 이르기까지 사회 전체가 분열되었다.

먹밀런 정부하의 번영

정치적 곤경에 빠진 이든은 수에즈 사태 이후 건강마저 나빠져 1957년 1월 수상직에서 물러나고 말았다. 후임으로는 버틀러가 되리라는 예상을 깨고 먹밀런이 발탁되었다. 먹밀런은 우선 금이 간 미국과의 관계를 복원하기 위해 노력하는 한편, 국방 정책에 대한 전면적인 재검토에 착수했다. 다른 나라들에 비해 상대적으로 경제력이 쇠퇴한 영국은 이제까지의 제국의 위용을 유지하기가 어려워진 데다가, 다른 한편으로는 소련의 국방 기술의 발전에 큰 충격을 받았기 때문이다. 소련은 1953년에 수소탄을 실험하고, 1957년에는 인공위성을, 그리고 1961년에는 유인우주선을 발사했다. 이에 영국 역시 국방력을 병력보다 핵무기에 좀더 의존하기로 결정한 결과, 1957년에 수소탄 실험에 성공했다. 한편 1950년에 72만에 달했던 병력을 10년 뒤에는 52만으로, 또 그 10년 뒤인 1970년에는 37만으로 감축했으며, 전시의 유물로 남아있던 징병제도 1960년에 폐지했다. 이런 단계적 병력 감축은 해외 식민지의 독립과 그에 따른 해외 주둔군 및 기지의 철수와 맞물리는 조치였다. 해군도 재조직되고 보유 군함도 축소되었다. 그에 따라 1950년대 중엽에 정부 지출의 3분의 1, 그리고 국민총생산의 10%에 달했던 국방비가 1970년에는 그 절반으로 줄어들었다.

수에즈 위기가 차츰 국민의 기억에서 멀어지고 호황이 계속됨에 따라 여론의 향

해럴드 먹밀런

배가 다시 바뀌어 먹밀런의 인기가 올라갔다. 그는 당내의 다른 동료들이 사회주의적이라고 꺼려하는 조치들도 주저하지 않고 추진했다. 당의 사기를 회복하고 자신의 입지를 공고히 하는 데 성공한 먹밀런은 1959년 10월 총선거를 실시했다. 이 선거에서 노동당은 베번과 게이츠컬이 화해함으로써 단합을 이루어냈지만, 보수당은 지난 선거보다 훨씬 더 의석 차이를 벌리고 연속 세 번째의 승리를 거두었다.[8] 이러한 승리에는 1950년대 이후 보수당 집권기 동안 생활수준이 향상한 것이 크게 작용했다. 1950년대 후반기 동안 영국은 1930년대 이후로는 최저의 물가 상승률을 기록했으며, 고용도 높은 수준을 유지했고, 무역수지 또한 양호했다.

보수당은 가끔은 어려운 시기를 겪기도 했지만, 집권기 내내 대체로 번영을 구가했다. 집권 13년 동안 노동자의 실질임금은 50%가 증가했는데, 이는 부유층의 자산이 100% 증가한 것보다는 못하지만, 그런 대로 상당한 상승이었다. 1950년대에 영국의 공업 생산은 40% 성장했고, 1948년에서 1963년 사이에 국민총생산은 연평균 2.8% 증가했다. 이런 번영의 주된 원인은 세계경제의 급속한 성장에 있었다. 끊임없는 기술 향상으로 좀더 효율적인 생산이 가능해지고, 새로운 상품들이 개발되었다. 이런 새로운 상품의 생산에 영국은 중요한 역할을 했으며, 화학·전자공학·광학 등의 분야에서 새로운 상품들이 쏟아져 나왔다. 그 결과 수출 주력 품목에도 변화가 일어났다. 제2차세계대전 이전의 4대 수출품이 기계류, 면제품, 석탄, 철강이었는데, 1960년대 초의 4대 수출품은 여전히 1위를 차지한 기계류와 그 다음으로 자동차 및 항공기, 화학제품, 그리고 전자제품이었다. 이들 품목의 수출은 1950년대에 해마다 20% 가까이 증가하여 번영의 견인차 구실을 했다. 농업 생산도 전후의 농업 진흥 정책에 힘입어 1945년에서 1957년 사이에 160%나 증가하여 식량자급도가 상당히 높아졌다.

번영의 확산으로 일반 가정의 생활수준도 향상했다. 자동차·텔레비전·라디오·테

---

8) 보수당은 365석, 노동당은 258석, 자유당은 6석을 얻었다. 이렇게 해서 이루어진 13년의 장기 집권은 1832년 이후로 한 정당의 연속 집권으로는 가장 긴 것이었다.

이 프리코더·카메라·냉장고·진공청소기 등이 대부분의 영국인 가정의 일상 용품이 되어, 이른바 소비 시대가 도래했다. 한때 영국을 두 '국민(nation)'으로 갈라놓은 것처럼 보였고, 1930년대만 해도 영국 사회의 항구적 현상으로 보였던 계급 구분이 이러한 번영 속에서 상당히 완화되었다. 1961년의 한 조사에서는 노동자의 40%가 자신을 중간계급으로 분류했고, 이들 가운데 많은 사람들이 보수당에 표를 던졌다. 사실 20세기를 경과하면서 영국의 계급 구조는 상당한 변화를 가져왔다. 세기 초에는 피고용인의 75%가 육체노동자였는데, 1950년대 말이 되면 60%로 줄어든 대신 사무직 노동자의 비율은 19%에서 36%로 증가했다.

게이츠컬은 이처럼 변화된 환경에 적응하기 위해 노동당의 이미지를 바꾸기로 작정했다. 1918년에는 새로 선거권을 얻은 육체노동자의 표를 의식한 당헌을 채택하는 것이 적절했지만, 1950년대에는 그러한 지지 기반이 침식되어 있었으며, 이제 당이 관리직과 전문직 종사자들에게 호소하지 못한다면 노동당은 계속 선거에서 패배할 수밖에 없는 처지에 있었다. 이런 정세 판단에서 게이츠컬은 국유화와 핵무장 해제 정책이 집권을 위해 지지가 꼭 필요한 부류의 유권자에게 호소하지 못한다고 결론지었다. 그래서 그는 1959년에 '생산수단의 공동소유제'를 규정한 1918년의 노동당 당헌 제4조를 삭제하려고 시도했다. 그러나 이런 시도는 결국 성공하지 못한 채 당내 분란만 야기했다.9)

한편 풍요와 더불어 영국 사회가 점차 물질주의적으로 되어간다는 우려의 목소리가 높아갔다. 범죄의 발생 건수가 급격하게 증가한 대신 종교의 역할, 특히 종교가 일상생활에 미치는 영향은 현저하게 줄어들었다. 전후 노동당 정부의 여러 개혁 정책에도 불구하고 영국은, 비록 법적으로는 아닐지라도, 실질적으로는 여전히 소수 엘리트 집단에 의해 지배되고 있었다. 외무성 관리 충원자 10명 가운데 9명은 여전히 퍼블릭스쿨 출신이었고, 1955년의 선거에서 선출된 보수당 의원의 80%가 또한 그러했다. 그리고 이든 내각의 각료 과반수가 단 하나의 퍼블릭스쿨, 이튼 컬리지의 졸업자들이었다.

---

9) 당헌 제4조의 폐기는 그 후 36년이나 더 지난 1995년에야 비로소 토니 블레어(Tony Blair)에 의해 이루어졌다.

경제적 후퇴

게다가 영국 경제는 비록 절대적으로는 성장하고 있었지만, 상대적으로는 뒤처지고 있었다. 왜냐하면 다른 산업국가들은 더욱 큰 성장률을 기록하고 있었기 때문이다. 영국의 성장률 2.8%는 서독의 7.6%, 프랑스의 4.6%, 일본의 10%에 크게 밑도는 것이었다. 이런 영국 경제의 비효율성은 기업 경영인들의 안이하고 구태의연한 경영 방식이 걸림돌로 작용한 면도 많았지만, 노동조합의 영향 또한 작지 않았다. 노동조합은 비록 정부 시책에 협조적이기는 했지만, 고임금과 근로조건의 개선에 관한 한 뜻을 굽히지 않았을 뿐만 아니라 구조조정이나 개혁에 대해서도 끈질기게 저항했다. 노동당이 추진한 산업국유화도 생산성의 더딘 향상의 한 원인으로 작용했다. 국유화된 기업들은 산업합리화를 통한 생산성 향상을 기하지 못했고, 국유화는 산업을 사회화하기보다 관료화하는 결과를 가져왔다. 그러나 국유화 산업의 비효율성에 대한 이런 불평에도 불구하고 아직도 탈국유화에 대한 요구는 제기되지 않았다. 혼합경제 체제는 영국에서 하나의 사회적 합의가 되어있었던 것이다.

1960년대로 넘어오면서 영국 경제는 번영 속에서도 그 비효율성이 차츰 드러나기 시작했다. 특히 새로운 수출 주력 산업인 자동차 산업과 전기제품 산업이 외국의 경쟁으로 어려움에 처했다. 새로운 전자기술의 혁명이 영국을 구할 것이라는 기대는 실현되지 않았다. 영국은 경제적으로 쇠퇴 국면에 빠져들기 시작한 것처럼 보였다. 국민들이 국산품보다 수입 소비재를 더 선호함에 따라 무역수지는 점점 더 악화되어 갔다. 무역에서의 결손은 해운이나 보험 또는 기타 금융 서비스에서 벌어들이는 '보이지 않는(invisible)' 소득으로 겨우겨우 메워졌다. 물가는 오르고 재정은 어려워졌다. 1950년대와 1960년대의 영국 경제의 주기적 변동 현상인 이른바 '스톱-고우 사이클(Stop-Go Cycle)'에서 '스톱 국면(Stop phase)'이 시작된 것이다.[10]

---

10) '스톱-고우 사이클'은 1950년대에 나타나기 시작했는데, '고우 국면(Go phase)'에서는 국내 경제가 팽창하고 실업이 줄어들어 소비가 늘어난다. 그러나 늘어난 소비는 수입 증가를 가져오고, 수지 균형을 악화시키며, 인플레이션을 부추긴다. 이렇게 되면 정부가 수요를 억제하기 위해 세금을 늘리고 금융 여신을 조이게 되며, 그래서 경제는 '스톱 국면(Stop phase)'으로 들어가 수요가 줄고 경제성장이 둔화되고 실업이

먹밀런 정부는 수출 진흥 정책을 폈으나 제대로 효력을 발휘하지 못했다. 기대한 만큼의 성과가 나타나지 않자 정부는 1961년과 1962년에 은행 여신을 조이고, 술과 담배 등 여러 물품에 무거운 세금을 부과하고, 임금동결을 요청했다. 복지국가가 조금씩 뒷걸음질했다. 보건사업에 대한 예산의 비중이 줄어들고, 노령연금은 오르는 물가를 따라잡지 못했으며, 병원이나 학교의 시설은 개선되지 않았다. 불과 두어 해 전만 해도 '수퍼먹(Supermac)' 혹은 '먹원더(Mac Wonder)'로 불리며 국민적 인기를 만끽하던 먹밀런의 인기가 급격하게 떨어졌다.

대외 관계와 먹밀런의 퇴진

이런 우울한 경제 전망 가운데 먹밀런 정부는 유럽에 대해 좀더 적극적인 관심을 보이기 시작했다. 전후 영국은 NATO와 관세무역일반협정(General Agreement on Tariff and Trade: GATT) 등에서 유럽과 긴밀한 협력 관계를 유지했다. 그러나 이것들은 미국이 주도한 대서양 연관 기구였다. 지금까지 영국은 실패로 끝난 유럽방위공동체(European Defence Community: EDC, 1951)나 유럽석탄철강공동체(European Coal and Steel Community: ECSC, 1951), 그리고 유럽경제공동체(European Economic Community: EEC, 1957), 즉 공동시장(Common Market: CM) 등과 같은 순수하게 유럽적인 기구들에 대해서는 참여를 거부했다. 긴박한 위험이 없는 상황에서 영국의 외교정책은 유럽에서 한 발짝 떨어져 있는 것이었다. 그러나 수에즈 사태를 계기로 미국과의 돈독한 관계가 퇴색하고, 영연방과의 교역의 중요성 또한 줄어든 반면 유럽과의 교역이 확대되면서, 이런 외교 노선도 변화를 보일 수밖에 없었다. 1950년에 영국 수출품의 26%가 서유럽으로, 그리고 46%가 영연방으로 실려나갔는데, 1968년에는 그 수치가 각각 37%와 28%로 바뀌어 서유럽과 영연방의 비중이 역전되었다. 이제 영국의 경제적 장래가 해협 건너편에 놓여있었으며, 그래서 먹밀런은 1961년 7월 EEC에 가입을 신청했다.

늘어난다. 그러면 정부는 다시 경제를 활성화하고 수요를 늘리기 위해 금융 규제를 풀고 세금을 줄이고 정부 지출을 늘림으로써 경제는 다시 '고우 국면'으로 들어간다. 1950년대와 1960년대의 이런 스톱-고우 사이클 정책은 영국 경제에 나쁜 영향을 미친 것으로 이해되고 있다.

그러나 EEC 가입 문제는 국내에서 격렬한 논란을 불러일으켰다. 산업계와 지식인 사회 일각에서는 EEC 가입이 쇠퇴하는 경제에 활력을 불어넣을 것으로 기대했으나, 한편 반대파는 정부가 영연방을 내버리고, 영국 농민의 이익을 무시한다고 비난했다. 무엇보다도 좌우가 한 목소리로 우려한 것은 영국의 국가주권이 위협받게 될 것이라는 점이었다. 정부의 EEC 가입 결정은 영국 역사상 가장 오래된 하나의 문제를 제기했다. 즉, 그것은 영국의 운명이 로마제국 시대와 헨리 2세나 헨리 5세 시대처럼 유럽 대륙과 결부되어 있느냐, 아니면 16세기의 엘리자베스 시대처럼 해양 너머에 있느냐 하는 문제였다. 게이츠컬은 EEC 가입을 '1,000년 영국 역사의 종말'이라 말하면서 노동당을 가입 반대 입장에 세웠다. 특히 노동당은 영국의 주권이 제약받을 경우 영국의 사회주의 경제정책이 훼손되지 않을까 우려했다. 보수당 우파도 노동당과 손잡고 반대에 나섰다.

그런데 격렬한 논쟁을 끝장낸 것은 프랑스 대통령 샤를 드골(Charles de Gaulle)이었다. 지지부진하게 끌던 가입협상은 영국의 친미 정책을 못마땅해하고 또 영국과의 경쟁을 우려한 드골의 반대로 수포로 돌아가고 말았다. 가뜩이나 어렵던 먹밀런의 처지는 더욱 난처하게 되었으며, 이후 그의 정부는 다른 어떤 주요 정책목표도 갖지 못한 채 표류했다. 다만 이처럼 변변치 않았던 집권 말기의 먹밀런 정부가 한 가지 성공을 거둔 것은 군축협상이었다. 먹밀런은 끈질긴 협상 끝에 1963년 미국 및 러시아와 함께 지상 핵실험을 금지하는 조약을 체결했다. 지하 실험 금지까지 포함하지는 못하고, 또 프랑스가 불참한 한계가 있기는 하지만, 이는 세계가 핵무기 확산을 막기 위해 노력하는 길에서 중요한 이정표 하나를 세운 것이었다.

먹밀런을 마지막으로 궁지에 몰아넣은 것은 한 각료의 추문 사건이었다. 1963년 6월 국방상 존 프러퓨모우(Profumo)가 소련 대사관 소속의 해군무관과 내통하던 한 창녀와 관계를 맺고 있다는 사실이 폭로되었다. 군사 정보가 누설된 증거는 드러나지 않았지만, 프러퓨모우가 처음에 이를 부정하면서 의회에서 거짓말을 했다는 것이 밝혀지자 여론이 들끓었다. 국민이 충격을 받은 것은 정부 관리의 정직성에 대한 신뢰가 상처받고 영국의 위선이 드러났다는 점이었다. 프러퓨모우는 곧 사임했지만 불똥은 수상에게까지 튀었다. 먹밀런은 9월에 건강 악화까지 겹쳐 결국 수상직에서 물러나고 말았다.

먹밀런의 후임은 의외의 인물이었다. 버틀러는 지난번에 이어 이번에도 밀려나고, 정작 지명을 받은 사람은 아직 당내에 확고한 기반도 구축하지 못한 외무상흄(Home) 경이었다. 하원의원이 되기 위해 작위를 포기하고 써 앨릭 더글러스-흄(Sir Alec Douglas-Home)이 된 그는 그해 1963년에 제정된 작위법(Peerage Act)에 의해수상이 될 수 있었다.[11] 새 수상은 여론이 호전되기를 기다리며 총선거를 법정 최후 시한까지 늦추어 1964년 10월에 실시했다. 노동당도 게이츠컬이 지난해 1월에갑자기 사망함에 따라 옥스퍼드 대학 경제학 강사 출신의 해럴드 윌슨이 새로 당의 조타수가 되었다.

그래서 양당은 모두 새 지도자를 중심으로 10월의 선거를 치렀는데, 투표 결과노동당이 근소한 차이로 승리했다. 노동당의 윌슨은 선거전에서, 앓고 있는 영국경제를 구해줄 새로운 기술혁명의 미래상을 제시했다. 그는 유권자들이 바라는 것을 가늠하기 위해 여론조사를 실시하고, 그에 맞춰 선거전을 펼치는 등 과학적인선거운동 방식을 도입했다. 이 선거에서는 특히 텔레비전 방송을 통한 선전 활동이 처음으로 중요한 역할을 했다. 노동당은 가까스로 과반수 의석을 확보함으로써당을 3연패의 수렁에서 구해냈다.[12] 선거의 패배로 더글러스-흄은 불과 1년여 만에 물러나고, 윌슨이 수장의 자리에 오름으로써 다시 노동당 정부의 시대가 시작되었다.

제국의 해체

먹밀런의 보수당 정부 시대에 일어난 아마도 가장 큰 외형적 변화는 제국의 해체일 것이다. 영국은 노동당 정부가 인도와 팔레스타인 등에 독립을 허용한 이래처칠 정부 동안은 어떠한 종속국의 독립도 허용하지 않았다. 영국은 말래야에서공산주의 혁명을, 그리고 케냐에서 마우마우(Mau Mau) 항쟁을 성공적으로 진압함

---

11) 흄 경이 작위를 버린 것은 하원의원이라야만 수상이 될 수 있었기 때문이다.

12) 이 선거에서 317석을 얻은 노동당은 보수당의 304석과 자유당의 9석을 합친 야당 의석보다 불과 4석이
   더 많았다.

으로써 제국을 방어했다. 그러나 1950년대 후반기에는 상황이 바뀌었다. 1956년에 수단이 독립공화국을 수립하고, 알제리아에서는 프랑스 지배에 대한 오랜 항쟁이 시작되었다. 나세르의 수에즈 운하 접수는 민족주의 기운을 한껏 고양시켰다. 사하라 이북의 아프리카에서 일어난 이러한 독립 기운은 남부 아프리카에도 전파되게 마련이었다. 아프리카를 휩쓰는 민족주의의 열풍을 감지한 먹밀런 정부는 어차피 불어 닥칠 독립 투쟁의 회오리에 휘말리기보다는 오히려 앞장서서 식민지의 독립을 추진하기로 마음먹었다.

맨 먼저 황금 해안(Gold Coast) 지역이 1957년에 독립을 얻어 가나(Ghana)가 되었다. 나이지리아는 1960년에 독립하여 공화국이 되었고, 같은 해에 영국령 소말릴랜드(Somaliland)도 자유를 얻어 옛 이탈리아령 소말릴랜드와 통합하여 소말리아(Somalia) 공화국이 되었다. 영국의 국제연맹 위임통치령이던 탕가니카(Tanganyika)는 1961년에 독립하고, 3년 뒤에 독립한 잔지바르(Zanzibar)와 통합하여 탄자니아(Tanzania)를 건국했다. 1787년 해방된 흑인 노예들을 위한 식민지로 건설된 시에라리온도 1961년에 독립했다.[13] 우간다와 케냐, 그리고 감비아(Gambia)는 차례로 1962년, 1963년, 1965년에 독립했다. 중앙아프리카연방을 구성하고 있던 세 지역 가운데 북로디지아와 니아살란드(Nyasaland)는 1964년에 각각 잠비아와 말라위(Malawi)로 독립했다. 나머지 남로디지아는 그냥 로디지아가 되었는데, 가장 많은 영국인이 정착한 아프리카 국가인 이 나라는 백인 지배를 고수함으로써 이후 15년 동안 영국 정부의 골칫거리가 되었다. 한편 남아프리카는 1961년에 공화국을 선포하고 영연방과의 모든 유대를 끊었지만, 다른 신생 독립국들은 대부분 연방의 회원국으로 남아 영국과 유대를 지속했다.

제국의 해체 과정은 다른 지역에서도 진행되었다. 그리스계 주민과 투르크계 주민이 치열하게 반목을 계속해 온 키프로스는 1960년 양측이 극적으로 타협하여 독립공화국이 되었는데, 영연방의 구성원으로 남게 됨에 따라 영국은 여기에 계속 해군기지를 유지할 수 있었다. 서인도제도에서는 자메이카와 트리니다드-토바고

---

13) 577쪽 참조.

1965년 11월 11일 로디지아의 수상
이언 스미스가 로디지아의 독립선언에
서명하고 있다.

(Trinidad-Tobago)가 1962년에 각기 독자적 국가로 독립했다. 남아메리카의 영국령 기아나(Guiana)는 1966년 가이아나(Guyana)라는 이름으로 독립했다. 동남아시아에 서는 말래야가 일찍이 1957년에 독립했는데, 이후 북부 보르네오 및 사라와크 (Sarawak) 등과 통합하여 1963년 말레이시아 연방(Federation of Malaysia)을 창건했다. 싱가포르는 1965년에 여기에서 분리하여 독립국가로 영연방의 회원국이 되었다. 영제국은 1946년만 해도 세계 인구의 거의 4분의 1을 지배했는데, 그로부터 불과 20년 안에 제국은 사라지고, 그 자리를 느슨한 유대의 영연방이 대신하게 되었다.14)

1960년대의 이와 같은 영연방은 제국의 해체에 따른 심리적 충격에 대해 완충 장치 같은 역할을 했다. 회원국들은 엘리자베스 2세를 그들의 국가원수로 추대하

---

14) 연방(Commonwealth 혹은 Commonwealth of Nations)이란 표현은 제국 내의 백인 자치국(Domminion) 들이 1919년의 강화조약에 개별 국가로 서명하고 독자적으로 외교관을 파견하는 등 주권국으로 행세하게 되자, 그들의 새로운 지위에 '제국'이란 용어가 걸맞지 않게 되어 대신 쓰이게 된 명칭이었다. 식민지들이 속속 독립하여 연방에 남게 됨에 따라 영연방은 제2차세계대전 이후부터 1970년 사이에 회원국이 6개국 에서 28개국으로 늘어났고, 또 처음에는 모두 백인계 국가였던 것이 이제는 유색인계 국가가 회원국의 대부분을 차지하게 되었다.

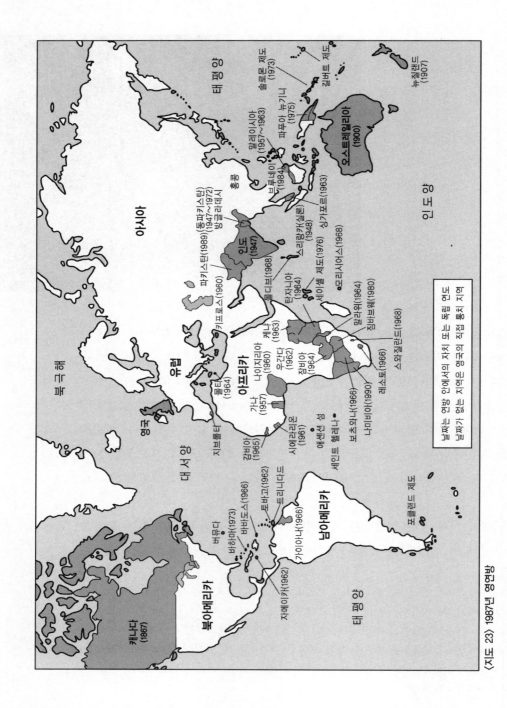

태평양

솔로몬 제도
(1973)

길버트 제도

뉴질랜드
(1907)

파푸아 뉴기니
(1975)

말레이시아
(1957~1963)

오스트레일리아
(1900)

인도양

브루나이
(1984)

홍콩

싱가포르(1963)

파키스탄   (동파키스탄)
(1947~1972,
방글라데시)

인도
(1947)

스리랑카(실론)
(1948)

몰디브(1968)

파키스탄(1989)

세이셸 제도(1976)

모리셔스(1968)

키프로스(1960)

탄자니아
(1964)

몰타
(1964)

유럽

아프리카

케냐
(1963)

우간다
(1962)

말라위(1964)

잠비아
(1980)

영국

나이지리아
(1960)

잠비아
(1964)

짐바브웨(1980)

스와질란드(1968)

가나
(1957)

보츠와나(1966)

나미비아(1990)

레소토(1966)

시에라리온
(1961)

에센션 섬

세인트 헬레나

대서양

지브롤터

감비아
(1965)

북아메리카

버뮤다

바하마(1973)

세인트키츠(1966)

트리니다드

토바고(1962)

자메이카(1962)

가이아나(1966)

남아메리카

캐나다
(1867)

태평양

포클랜드 제도

〈지도 23〉 1987년 영연방

고 총독의 직책을 유지했으나, 그 밖의 정치적 유대는 대부분 느슨해져서 연방은 비실제적인 것으로 보였고, 회원 국가들은 유엔에서 거의 아무런 공동보조도 취하지 않았다. 그러나 그것이 단순히 허울좋은 장식물에 그친 것은 아니었으며, 아직도 실질적인 의미를 지닌 유대가 여럿 남아있었다. 일부 회원국의 국민들은 영국 법정에 최종적으로 상소할 권리가 있었으며, 영어를 비롯하여 의회 제도, 영국의 법률과 관료 제도 등이 많은 회원국에 그대로 유지되었고, 체육이나 교육 분야의 유대도 여러 형태로 남아있었다. 그뿐만 아니라 강력한 상업적 유대가 남아있어서 영연방은 파운드화의 통용 지역으로 유지되고, 1970년대까지도 모든 국제 거래가 파운드로 결제되었으며, 점점 줄어들기는 했지만 그래도 당분간은 역내 교역이 높은 비중을 차지했다. 영연방은 회원국 수상들의 정기적 회의의 관습을 통해서도 유지되었다. 그것은 1887년에 시작되어 1965년에 제도적으로 보완된 전통이었다.

3. 고난의 시대

윌슨 노동당 정부의 사회정책

노동당은 1964년 10월의 선거에서 승리하여 오랜만에 다시 집권당이 되었으나, 새 정부를 기다리고 있는 것은 어려운 경제 현실이었다. 보수당은 오랫동안 비교적 번영하는 시기를 지배한 반면, 새 노동당 정부는 집권기간 내내 위기에 처한 경제로 시달림을 받았다. 그러나 그런 경제 여건 속에서도 윌슨의 노동당 정부는 복지 정책을 확대했다. 물가 상승을 상쇄할 만큼 노령연금을 인상하고, 의료 처방에 대한 요금 징수를 없앴으며, 주택 공급을 원활하게 하기 위한 법률을 제정했다. 교육을 재조직하고 확충하는 노력도 기울였다. 중등교육에서는 계급적 성격을 띤 기존의 3중 체제를 단일 체제로 개편하여, 세 종류의 중등학교를 여러 가지 과정을 둔 '종합학교(comprehensive school)'로 대체시켜 나감으로써 사회적 평등을 증진하고자 했다. 그리하여 1960년대 말까지는 중등학교 학생 3명 중 1명이, 그리고 그 10년 뒤에는 5명 중 4명이 이런 종합학교에 다니게 되었다. 정부는 고등교육의

종합학교: 1956년에 설립된 퍼트니(Puttney)의 엘리어트 스쿨(Elliot School). 남녀 공학이다.

확충을 위해서도 노력했다. 1945년에 브리튼의 대학은 모두 17개교에 불과했는데, 그동안 이미 10개 대학이 더 늘어나 있었다. 여기에 보태어서 윌슨 정부는 새로 많은 대학을 설립하여 1970년에는 44개교로 늘어났을 뿐만 아니라, 기존의 대학들도 규모가 훨씬 더 커졌다. 1969년에는 개방대학(Open University)이 설립되어 나이와 관계없이 누구나 집에서 학위를 취득할 수 있게 되었으며, 170개 이상의 교사양성학교와 각종 기술학교도 고등교육의 기회를 제공했다. 그리하여 교육예산은 국방예산을 제치고 사회복지예산에 이어 국가 지출에서 둘째로 큰 항목이 되었다.

어려운 경제 상황

윌슨은 의욕적인 사회정책을 추진하는 한편, 발등의 불과 같은 경제문제의 해결에 진력해야만 했다. 영국은 식량과 원자재만이 아니라 완제품과 반제품까지도 점점 더 많이 수입하게 되었으며, 그래서 해마다 무역수지는 적자를 면치 못했다. 영국 경제의 되풀이되는 '스톱-고우 사이클'[15]을 끝장내고자 한 윌슨은 경제의 장기 예측과 계획을 담당하는 경제부(Department of Economic Affairs)를 신설하고, 1965년에는 연 3.8%의 경제성장을 목표로 하는 '국가계획(National Plan)'을 수립했으며, 물가와 임금을 통제할 기구로서 물가소득청(National Board for Prices and Incomes)을 설치했다. 그리고 윌슨 정부는 모든 수입품에 대해서 임시로 15%의 특별부가세를 부과하는 한편 수출품에 대해서는 세금 환불의 혜택을 주었다. 뒤이어 기업 이윤에 부과하는 법인세와 부동산이나 주식 매도의 수익에 부과하는 자본이윤세가 도

---

15) 798쪽, 주 10) 참조.

입되고, 소득세와 국민보험료가 인상되었다.

이와 같은 정부의 노력이 어느 정도 효과를 나타내어 무역 적자가 줄어들고 경제가 호전되자, 경제적 위기감도 줄어들었다. 윌슨은 이런 상황을 원내에서의 어려운 입지를 개선할 기회로 파악하고, 1966년 3월 의회를 해산하고 총선거를 단행했다. 이 무렵 보수당에서는 지난해 여름 더글러스-흄이 선거 패배의 책임을 지고 물러난 뒤 에드워드 히스(Heath)가 당을 이끌고 있었다. 이제까지 보수당은 당수를 당내의 핵심 유력자들이 비공식적으로 선임해 왔는데, 히스는 당 소속 하원의원들이 공식적인 선거로 선출한 최초의 당수였다. 그는 또한 퍼블릭스쿨 출신이 아닌 문법학교 출신으로 보수당 당수가 된 최초의 인물이었다. 그러나 그는 유권자들의 지지를 이끌어내지 못했다. 선거에서 노동당은 윌슨의 예상대로 압도적인 승리를 거둠으로써 안정적인 국정 운영의 토대를 마련하게 되었다.16)

선거에서는 승리했지만, 윌슨이 직면한 경제 위기는 쉽게 극복할 수 있는 것이 아니었다. 영국 경제의 근본 문제는 제품의 국제경쟁력이 크게 뒤떨어진다는 점이었다. 1953년만 하더라도 공산품의 국제무역량에서 영국 제품은 약 21%를 차지했으나, 1964년에는 14%가 채 안 되었다. 그렇잖아도 이미 다른 경쟁국들보다 훨씬 낮은 연평균 2.8%의 경제성장률이 1960년대 후반에는 2.1%로 떨어졌다. 실업이 점차 늘어나고, 파운드화의 가치가 하락했다. 수출 부진으로 외환보유고가 줄어들고, 이것은 국제 환투기꾼의 파운드화 투매 현상을 불러왔다. 경제적으로 영국은 원래 투르크에 붙여졌던 이름인 '유럽의 환자'인 것처럼 보였으며, 시민들은 파운드화가 다시 위험에 처했다는 저널리즘의 경고를 자주 듣게 되었다.

파운드화의 평가절하가 불가피해 보이는 상황에서도 정부는 정치적 타격을 우려하여 애써 이를 외면하고, 평가절하 대신 다시 가혹할 정도의 통화수축 정책을 시행했다. 세금이 인상되고, 대출이 엄격하게 규제되었으며, 할부 구매가 통제되었다. 정부 지출은 삭감되고, 투자 계획은 축소되었으며, 물가와 임금은 동결되었다. 이러한 응급 처방과 더불어 1967년에는 철강 산업이 다시 국유화되었다. 막대한

---

16) 보수당이 253석을 얻은 데 대해, 노동당은 364석을 획득했고, 자유당이 12석을 차지했다.

기금을 가진 산업재건공사(Industrial Reconstruction Corporation)를 설립하여 정부가 민간 기업에 직접 간여했다. 이 기구를 통해 롤스로이스(Rolls-Royce) 회사가 도움을 받았고, 많은 조선소와 컴퓨터 제조업체들이 각기 하나의 회사로 통합되었다. 가혹한 통화수축 조치들이 어느 정도 성공을 거두어 물가 상승과 수입 증가 추세를 누그러뜨릴 수 있었으나, '국가계획'이 목표로 잡았던 경제성장률을 크게 깎아내리는 비싼 대가를 치러야 했다. 그러나 이 모든 노력에도 불구하고 노동당 정부는 결국 파운드화를 지켜내지 못했다. 1967년 11월에 파운드화는 마침내 2.80달러에서 2.40달러로 평가절하되었는데, 이 조치는 잠시 수출에 도움을 주었으나 그 효과는 그리 오래가지 않았다.

월슨 정부의 경제회복 노력은 해외의 여러 사태 때문에도 저해되었다. 1965년 로디지아가 일방적으로 독립을 선언하자 일부 아프리카 국가에서 이를 무력으로 제재해야 한다는 요구가 제기되었다. 월슨은 이를 거부하고 경제제재를 가하는 방법을 택하면서 참을성 있게 협상을 벌였지만 별 성과를 얻지 못했다. 미국의 요청에도 불구하고 베트남 전쟁에 참여하는 것을 꺼린 영국은 힘겹게 중재를 시도했지만 이 역시 실패했다. 한편 월슨은 이제까지 견지해 오던 EEC 가입에 대한 반대 입장을 바꾸어 1967년 5월에 가입을 신청했으나, 이번에도 드골의 반대로 뜻을 이루지 못하고 위신만 깎였다. 같은 해 6월에 이스라엘과 아랍 국가들 사이에 일어난 '6일전쟁'은 영국의 경제회복을 더욱 어렵게 했다. 결국 정부는 재정 지출을 줄이기 위해 군사비에 대한 추가적인 삭감을 단행했는데, 그 결과 동아시아를 포함한 수에즈 이동(以東)의 주요 군사기지들이 폐쇄되었다. 비록 지브롤터와 키프로스의 일부 지역 등 수에즈 이서(以西) 지역에 남아있는 몇몇 기지들은 아직도 유지했지만, 이로써 영국은 두 세기에 걸쳐 수행해 온 제국의 역할을 마침내 포기하게 되었다.

1960년대의 영국은 이처럼 경제적으로 여러 어려움에 처해있었음에도 불구하고, 국민들의 전반적인 생활수준은 향상하고 있었다. 많은 사람들이 자신의 집과 자가용을 소유하고, 각종 가전제품들을 두루 갖추는 등 나름대로 풍족한 삶을 누렸다. 어려운 경제 여건에서도 국민총생산은 이전보다 더 늘어났고, 따라서 나라

런던 공항에 도착한 영연방
이주민들의 모습

전체로 볼 때 전보다 좀더 부유해졌다. 주로 국방비 감축의 덕분이기는 했지만, 국민복지를 위한 지출이 꾸준히 증가하여 1960년대에 전체 복지 부문의 지출 비율은 전체 국부의 증가율보다 훨씬 더 빨리 증가했다.

풍요의 이면에는 어두운 그림자도 있었다. 빈곤은 사라지지 않았고, 많은 사람들이 심한 생활고를 겪고 있었다. 200만 명 가까운 국민이 생계를 유지할 만한 수입을 얻지 못하거나, 연금 또는 실업급여가 불충분한 탓에 구호대상자로서 생계보조금을 지급받았다. 노인 3명 가운데 1명은 홀로, 그것도 대부분 빈곤 속에서 살았다. 거창한 공공주택 건설 약속에도 불구하고 아직도 많은 사람들이 무주택자였다. 각종 교육기관이 확충되었음에도 불구하고, 노동계급의 자녀들은 대부분 시설과 교사진이 부실한 신제학교에서 교육받아야 했고, 그나마 15세 이후에는 거의 교육을 받지 못했다.

사회적 불안

1960년대의 영국은 경제적으로뿐만 아니라 사회적으로도 여러 가지 어려움을 겪었다. 정부의 경제 시책은 노동당의 토대가 되는 노동조합과의 불화를 초래했다. 더욱이 정부가 파업 전에 냉각기를 거치게 하거나 비공식 파업을 금지하는 등 여러 가지 방법으로 파업권을 제한하려고 하자, 노동조합이 강하게 반발하여 윌슨은 결국 새로운 관행을 정착시키려는 시도를 포기할 수밖에 없었다. 파업이 빈발하여, 1967년과 1968년에 그로 말미암은 노동시간의 손실이 급격하게 증가했다. 1968년에는 대학에서 소요의 불길이 번졌다. 프랑스의 학생운동에서 자극을 받아 영국의 대학생들은 대학 운영에 대한 불만의 소리를 터뜨렸을 뿐만 아니라, 더 나아가 사회질서 전반에 대한, 또는 베트남 전쟁에 대한 분노를 폭발시켰다.[17] 1960년대의 영국 사회를 불안하게 만든 또 하나의 요인은 영연방, 특히 서인도제도와 아프리카, 그리고 인도 등지에서 들어온 수많은 이주민들에 대한 영국민들의 우려가 커진 점이었다.

그러나 윌슨 정부의 가장 큰 두통거리는 얼스터 문제였다. 1921년 이후 북아일랜드의 6개 주는 영국의 일부로서, 웨스트민스터에 12명의 의원을 보내는 외에 자신의 '자치' 의회와 수상을 가지고 있었다. 그러나 이곳에서는 주민의 3분의 2를 차지하는 개신교도가 사실상 지배권을 장악하고 있어서 3분의 1이나 되는 가톨릭교도는 정치적·사회적 차별과 불이익을 받아왔다. 양측 사이에 지속되어 오던 긴장과 갈등이 1960년대를 거치면서 점점 더 팽팽해져서 시위와 대응 시위가 이어지다가 급기야 1969년에는 유혈 폭력 사태로 치달았다. 폭력 사태는 8월에 절정에 달해 벨파스트와 런던데리의 거리에 바리케이드가 설치된 가운데, 8명이 죽고 740명이 부상당하는 참극이 벌어졌다. 윌슨 정부는 질서 회복을 위해 군대를 파견하기에 이르렀으나, 이 조치는 가톨릭교도들의 반발을 유발하여 오히려 폭력 사태를 격화시켰다. 주로 IRA의 소행인 테러가 빈발하고 걸핏하면 공공장소에 폭발물이 설치되었다. IRA는 영국을 몰아내고 섬 전체를 가톨릭교도의 지배 아래 통일하는 것을 목표로 했다. 그리하여 거의 반세기 가까이 잠자고 있던 문제가 또다시 영국의 중요한 정치 의제가 되었다. 그것은 영국 사회에 어두운 그림자를 드리우고, 많은 사람을 테러의 공포에 시달리게 했다.

노동당 정부는 4년 이상 경제의 어려움으로 고전했는데, 그러다가 1969년에야

---

17) 그러나 영국의 학생운동은 프랑스에서처럼 광범하게 확산되지 않았고, 또 그다지 오래 끌지도 않았다.

국제수지가 상당한 흑자를 기록하고 파운드화가 안정을 되찾았다. 그에 따라 정부는 물가와 임금, 그리고 해외여행 지출 등에 대한 제약도 어느 정도 완화할 수 있었다. 일시적 번영의 분위기는 정부의 정치적 전망을 밝게 했다. 그동안 노동당은 대부분의 보궐선거에서 패배했을 뿐 아니라 지방선거에서도 부진을 면치 못했으나, 이제 여론조사는 여당이 다시 크게 앞서는 것으로 나타났고, 언론 매체도 노동당의 세 번째 승리를 점쳤다. 승리를 확신한 윌슨은 1970년 6월에 총선거를 실시했다. 보수당의 히스는 하원에서 대단한 논객이요 전략가인 윌슨에게 항상 압도당해 온 데다가, 선거운동 기간에도 윌슨의 적수가 되지 못하는 듯이 보였다. 그러나 선거 결과는 예상을 뒤엎고 보수당이 노동당을 여유 있게 누르고 승리했으며, 히스가 다우닝가(Downing Street) 10번지의 새 주인이 되었다.[18]

히스의 보수당 정부

현상 유지보다는 변화를 가져올 것이라고 공약한 대로, 새 보수당 정부는 여러 현안 문제에 대해 새로운 방식으로 대처했다. 역동적인 영국의 건설을 지향한 히스는 국가의 역할을 축소하고 개개 기업인의 창의력을 풀어줌으로써 이를 실현코자 했다. 그는 소득세율을 대폭 인하하고 각종 규제 조치를 해제했다. 소득과 물가를 통제해 오던 물가소득청도 폐지하고, 대신 자율적인 합의를 유도했다. 복지 정책의 경우에는 기존 복지 제도의 본질적 요소는 건드리지 않았지만, 절실하게 도움이 필요한 소수에게 그 혜택을 집중하여 개인과 가족의 자립을 촉진하는 데 주안점을 두었다. 그런 정책 기조에서 가족수당은 빈자에게만 지급되고, 치과를 포함한 의료 처방이나 공공주택의 건설 등을 위한 재정이 감축되었다. 교육재정도 대폭 축소되어, 교육과학상 마거리트 새처(Thatcher)의 주도 아래 학교 우유급식을 위한 보조금이 삭감되고, 교육환경 개선사업도 부진해졌다. 새처는 또한 문법학교를 보호하면서 '종합'학교의 증설을 억제했다.

히스는 또한 경제 난국을 EEC 가입으로 극복할 수 있기를 기대하고 집권한 뒤

---

18) 보수당이 330석, 노동당이 288석, 자유당이 6석을 얻었다.

우체국에서 가족 수당을 받는 런던의 어머니

곧바로 가입을 위해 외교력을 집중했다. 영국의 가입을 완강하게 반대한 드골이 사라진 뒤여서 가입 협상은 비교적 수월하게 진행되었고, 그 결과 일 년이 채 안 되어 프랑스와 합의가 이루어졌다. 그러나 이제까지 가입을 추진했던 윌슨과 노동 당이 노동조합회의(TUC)와 당내 좌파의 압력에 굴복하여 반대로 돌아섰다. 의회는 오랫동안 가입의 득실에 대해 저울질하고 찬반 논쟁을 벌인 끝에 가입 협정에 동 의함으로써, 영국은 드디어 1973년 1월 1일자로 정식 EEC 회원국이 되었다. EEC 가입으로 이제 유럽 국가들과의 교역은 더욱 늘어난 반면, 영연방 국가들과의 교 역은 현저하게 줄어들었다. 그리고 그것은 당장 시민들의 일상생활에도 많은 변화 를 가져왔다. 가입을 위한 정지작업의 일환으로 화폐단위가 10진법 체계로 개편되 어 1972년 초부터 시행되었다. 도량형도 미터법으로 바뀌고, 온도 측정도 화씨 체 계에서 섭씨 체계로 바뀌었다. 그리고 EEC의 정책에 따라 옛 형태의 물품세 대신 부가가치세가 새로 도입되었으며, 1973년에는 프랑스와 해협 터널을 건설하는 데 에도 합의가 이루어졌다.[19] EEC 가입을 계기로 영국은 이제 확실하게 유럽의 일 부로 편입되었는데, 그것은 곧 새로운 시대의 개막을 의미하는 것이었다.

---

19) 이 야심적인 계획은 재정 문제 때문에 10년 이상 미루어지다가 1985년에 이르러서야 양국 정부가 1990 년대 초까지 완성하도록 하는 새 협정에 서명함으로써 마침내 실현되었다.

이념적 갈등

한편 보수당의 새로운 여러 정책들은 전후 한 세대 동안 무디어졌던 이데올로기의 갈등을 다시 불러일으켰다. 독일과 일본의 '경제 기적'을 이끈 것은 경제의 공공 부문이 아니라 사적 부문이었고, 보수당은 이를 모방하고자 했다. 그들은 작은 섬나라 영국이 한동안 세계를 지배했던 그 위대한 성취도 국가의 주도가 아니라 개인의 자유와 책임을 통해서 이루어진 것이라고 확신했다. 그러나 노동당은 사회를 계획하고 지도하는 국가의 능력을 신뢰한 반면에, 기업인은 사적 이익을 추구하는 자들로 치부하고 불신했다. 그리하여 노동당은 마이클 푸트(Foot)와 토니 벤(Tony Benn)의 영향 아래 국유화의 옛 깃발을 다시 치켜세웠다.

이데올로기적 대립 속에서 노동조합 또한 호전적 분위기가 고조되었다. 보수당의 조치에 분노한 노동조합은 파업으로 항의했고, 파업은 점점 더 빈번해졌다. 히스는 1970년의 선거에서 윌슨에게 물가고와 파업에 대한 책임을 추궁하고 평화적인 산업 관계를 공약했다. 그러나 그때 8%였던 인플레이션이 1971년과 1972년에는 21%로 치솟았고, 파업에 따른 노동일 손실은 1960년대의 평균보다 네 배에 이르러, 1926년의 '총파업' 이래 최고를 기록했다. 정부는 1971년에 산업관계법(Industrial Relations Act)을 제정하여 이에 대응했다. 이 법은 노동조합의 등록을 의무화하고, 파업 이전에 60일간의 냉각기를 거치게 했으며, 노사합의를 강제조정할 수 있게 하는 등 노동조합의 권한을 크게 제한했다. 그러나 이런 조처들은 오히려 노동계의 반발만 부추겼을 뿐 파업을 줄이거나 평화적 산업 관계를 정착시키는 데는 전혀 도움이 되지 않았다.

산업 소요 등으로 경쟁력이 약화되어 수지균형은 3년의 흑자 이후 1972년에 다시 적자로 돌아섰다. 이렇게 되자 히스 정부는 주로 시장 기능에 의존하려는 경제 정책을 더 이상 지속할 수 없음을 깨달았다. 노사 자율에 의해 제품가와 임금의 자제를 유도하려던 노력은 실패로 끝나고, 인플레이션은 오히려 악화되었다. 롤스로이스 회사가 갑자기 파산 위기에 처하자, 정부는 회사를 살리기 위해 이제까지의 정책 기조를 훼손시켜 가면서 국가 재정으로 막대한 자금을 쏟아 부었다. 1972년 11월경에 정부는 결국 경제정책을 180도 전환했다. 히스는 노조 지도부를 불러

스코틀랜드

노섬벌런드

타인 앤드 위어

더럼

클리블런드

컴브리어

노스 요크셔

만 섬

랭커셔

웨스트 요크셔

험버사이드

머지사이드

그레이터 맨체스터

사우스 요크셔

체셔

더비셔

노팅엄셔

링컨셔

클루어드

그위네드

스태퍼드셔

슈럽셔

레스터셔

노퍽

웨스트 미들랜즈

케임브리지셔

서퍽

포위스

워리크셔

노샘턴셔

헤리퍼드 앤드 우스터

베드 퍼드셔

더버드

버킹엄셔

그웬트

글로 스터셔

옥스퍼드셔

히트퍼드셔

에식스

웨스트 글러모르건

미드 글러모르건

사우스 글러모르건

에이번

버크셔

그레이터 런던

서리

켄트

윌트셔

햄프셔

웨스트 서식스

이스트 서식스

서머세트

데번

도시트

콘월

와이트 섬

〈지도 24〉 1974년 이후의 잉글랜드와 웨일즈의 주

들여 협조를 요청하고, 물가와 임금을 잠정적으로 동결하는 등 강력한 규제 조치를 취하는 한편, 정부 지출을 확대하고 공공자금을 산업에 투입했다.

북아일랜드 문제

파업과 인플레이션에 대해서만이 아니라 북아일랜드 사태에 대해서도 보수당 정부의 대처 방식은 이전의 정부보다 더 나은 것이 없었다. IRA의 질서 교란 행위가 계속되자 1971년 여름 북아일랜드 정부는 재판 없이 그 지도자들을 구금할 수 있는 조치를 취했다. 그러나 이것은 군대와 경찰에 대한 더욱 격렬한 공격과 각종 건물에 대한 무차별 폭발물 설치 등의 맞대응을 초래했다. 1972년 1월 30일, '피의 일요일(Bloody Sunday)'에 런던데리에서는 가톨릭교도 시위대에 영국군이 발포하여 13명이 죽고 16명이 부상당하는 참사가 발생했다. 히스 정부는 1972년 3월에 현행 체제로는 더 이상 질서유지가 불가능하다고 판단하고, 50년 동안 유지되어 오던 자치 체제를 중단하고 북아일랜드를 직접 통치하기로 결정했다. 그러나 이 조치는 어느 쪽도 만족시키지 못했고, 총격과 폭발 사고가 끊임없이 이어졌다. 1974년 초에 잠시 개신교도와 가톨릭교도가 권력을 분점하는 새로운 통치 체제를 수립했으나, 이 실험 역시 권력을 독점하려는 개신교도들의 완강한 반발 때문에 반년도 채 견디지 못하고 실패하고 말았다.

대립하고 있는 양측의 태도가 너무도 강경하여 타협점을 찾는다는 것 자체가 불가능해 보였다. IRA의 활동이 폭력적일수록 개신교도의 대항도 더욱 거세어졌고, 이들 또한 대응 폭력에 호소했다. 런던에서도 폭발 사고가 빈발하자, 영국 정부는 1974년에 인신의 자유를 침해할 소지가 있는 테러방지법(Prevention of Terrorism Act)을 제정하여 테러 용의자에 대한 통제를 강화했다. 북아일랜드 문제는 1970년대 말까지만 해도 300명 이상의 영국 병사를 포함하여 2,000명가량의 생명을 앗아가고, 수억 파운드의 재산 손실을 초래했다. 이런 상황에서 영국 정부는 당분간 계속적인 직접 통치와 군대 배치로 폭력의 강도를 줄이는 것 이외에 다른 대안이 없었다.

지방행정의 개편

히스의 보수당 정부는 지방행정 분야에서 중요한 개혁 성과를 거두었다. 정부는 1972년에 지방정부법(Local Government Act)을 제정하고, 이듬해에 이를 스코틀랜드에도 적용하도록 했다. 그것은 기본적으로 잉글랜드에 39개의 주(county)와 296개의 군(district)의 두 단계의 지방정부 체제를 세우는 것이었다. 상위 단계인 주는 이제까지의 주 경계를 대부분 유지하면서도 몇몇 기존의 주를 통합하거나 혹은 분리하여 새로운 주로 개편하고, 거기에 더하여 6개의 광역주(Metropolitan County)를 새로 만들었다.[20] 한편 웨일즈에는 8개의 주와 37개의 군을 두고, 스코틀랜드에는 9개의 지구(region)와 53개의 군을 두었다. 4년마다 선출되는 주정부 당국의 주요 관장 사항은 교육과 치안, 그리고 사회복지행정 등이었다. 주정부 아래 하위 행정 단계에 시의회와 군의회가 있었는데, 이들은 주로 주택, 도시 가로, 쓰레기 수거, 그리고 기타 지역 계획 등의 업무를 담당했다. 지방정부의 재정은 절반 정도는 국고에서 보조하고 나머지는 지방세와 각종 수수료로 충당했다. 이와 같은 지방행정 개혁으로 수많은 선거구(borough)의 경계가 새로 그어지고, 많은 역사적 지명과 관직들이 사라졌다.

석유파동

경제문제의 해결을 위한 정부의 노력이 뚜렷한 성과를 얻지 못한 것이 오로지 정부의 탓만은 아니었다. 1970년대로 들어서면서 다른 서방 국가들도 그동안 한 세대 가까이 누려오던 호황이 끝나고, 고물가와 경기 침체가 겹치는 이른바 스태그플레이션(stagflation)의 고통을 겪기 시작했다. 이 무렵에 영국이 겪은 격심한 물가고는 전 세계에 걸친 원자재 가격 상승의 결과로서, 그 가장 극적인 보기가 1973년 11월 석유수출국기구(Organisation of Petroleum Exporting Countries: OPEC)가 산유량을 갑자기 감축하고 유가를 한꺼번에 네 배나 인상한 일이었다. 이들 산유

---

20) 1965년에 설치된 대런던 이외에 새로 대맨체스터(Greater Manchester), 머지사이드(Merseyside), 사우스 요크셔(South Yorkshire), 타인 앤드 웨어(Tyne and Wear), 웨스트 미들랜즈(West Midlands), 웨스트 요크셔(West Yorkshire) 등 6개의 광역주가 설치되었다.

국들은 이해 9월에 이집트 및 시리아와 이스라엘 사이에 일어난 욤키퍼 전쟁(Yom Kippur War)을 기화로 석유 자원을 무기화했던 것이다. 원유 부족과 유가 폭등은 전 세계의 경제에 엄청난 타격을 가하고, 영국의 산업을 거의 반신불수 상태로 만들었다. 인플레이션을 잡기 위한 온갖 노력도, 경제회생의 계기가 되리라고 기대했던 EEC 가입도 이 거대한 재앙 앞에서는 아무 소용이 없었다.

석유의 부족으로 석탄의 중요성이 커진 이때를 이용하여 탄광 노동자들이 정부가 설정한 기준을 훨씬 넘어서는 임금 인상을 요구하고 나섰다. 요구가 거부되자 그들은 정규 근로시간 이외의 노동을 일체 거부하기로 했는데, 그렇게 되면 석탄 생산량이 40%나 줄어들 것으로 예상되었다. 이에 정부는 곧바로 평화 시에는 유례가 없는 비상사태를 선포하고 대부분의 산업에 대해 주 3일 근무제를 단행했다. 광부들과의 협상이 끝내 실패로 돌아가고, 그들이 1974년 2월 초에 전국적 파업을 결의하자, 히스는 '누가 통치해야 할 것인가', 즉 탄광 노동자들인가 국민이 선출한 정부인가를 국민에게 물어야겠다고 결심했다. 그는 즉각 의회를 해산하고 총선거를 실시했다.

1974년의 총선거와 제2차 윌슨 정부

선거의 결과는 어느 당도 의회의 과반수를 확보하지 못한 것으로 드러났다. 보수당은 노동당보다 더 많은 표를 얻고도 의석 수는 5석이 더 적은 296석을 차지하는 데 그쳤다. 히스가 자유당과의 연정 구성에 실패하여 사임하자, 여왕은 자유당과 스코틀랜드민족당(Scottish Nationalist Party)의 지지를 확보한 윌슨에게 새 정부 구성을 위촉했다. 그리하여 노동당은 먹도널드 이후 반세기 만에 다시 소수내각을 구성하게 되었다. 히스의 패배는 마치 탄광 노동자들이 그를 끌어내린 형국이 되었지만, 사실 그것은 4년 동안의 그의 국정 운영에 대한 심판이었다. 선거의 초점을 헌정적 쟁점 하나에 집중하려던 히스의 의도와는 달리 아주 다양한 요인들이 유권자들의 투표에 영향을 미쳤다. 히스는 인플레이션을 막지 못했고, 실업을 줄이지 못했으며, 경제성장을 이루어내지 못한 데다가, 노동조합을 달래지도 못했다. 이런 여러 어려운 상황 속에서, 그는 피해야 할 때에 탄광 노동자들과 대결을 벌였던 것이다.

선거 결과는 양대 정당에 대한 환멸을 반영하는 것이었다. 수백만의 유권자가 두 정당에 등을 돌리고 제3의 대안을 선택했다. 1951년에 양대 정당은 투표수의 97%를 획득했고, 이후에도 줄곧 90% 안팎의 득표율을 유지했는데, 이번 선거에서는 75%밖에 얻지 못했다. 반면에 그동안 간신히 명맥만 유지해 오던 자유당이, 비록 의석수는 14석에 그쳤지만, 19%의 득표율을 기록했다. 또 하나 주목할 만한 현상은 각 지역에서 민족주의 정당이 갑자기 대두했다는 사실이다. 북아일랜드에서는 얼스터통합당(Ulster Unionists)이 의석을 거의 석권했고, 스코틀랜드에서는 스코틀랜드민족당이 7석을, 그리고 웨일즈에서도 민족당인 플래드 킴루(Plaid Cymru)가 2석을 차지했다.

2월의 선거에서 윌슨이 내건 구호는 '노동당과 함께 일자리로 돌아가자'라는 것이었는데, 3월 초 탄광 노동자들은 얻고자 한 것을 사실상 다 얻어내고 일자리로 돌아갔다. 윌슨은 집권 뒤 바로 주 3일 근무제를 폐지하고, 이어서 비상사태도 해제했다. 정부는 또한 지체 없이 노동자들의 원성의 대상이었던 산업관계법을 폐기하고, 임금 인상을 제한하려는 시도를 포기했는데, 그러면서도 물가통제만은 그대로 유지했다. 그러나 이런 정책은 인플레이션을 더욱 부추겼을 뿐만 아니라, 기업의 사기를 떨어뜨려 투자 축소와 줄파산을 가져왔다. 런던의 주식시장은 '남해의 거품' 이래 최대의 폭락 사태를 겪었고,[21] 1974년 12월의 평균 주가지수는 인플레이션을 감안할 때 1920년대 초의 수준으로까지 폭락했다.

2월의 선거에서 의회의 과반수 의석을 얻지 못한 윌슨은 좀더 안정된 다수 정부를 확립하기 위해 그해 10월에 다시 총선거를 실시했다. 선거 결과는 윌슨의 당초 기대에는 미치지 못했지만, 그래도 보수당이 19석을 잃은 반면에 노동당은 18석을 추가하여 어렵사리 과반수를 확보했다. 그러나 이번 선거에서도 보수·노동 양당의 득표율은 여전히 75% 선에 그쳤고, 얼스터·스코틀랜드·웨일즈에서도 2월의 선거와 비슷한 결과를 나타냈다.[22]

---

21) 509쪽 참조.

10월 선거에서 한 가지 중요한 쟁점은 EEC 가입 문제였다. 1967년 집권 시에 반대 태도를 바꾸어 가입을 추진했다가, 1972년에 히스 정부가 가입을 추진할 때는 입장을 바꾸어 다시 가입을 반대하는 등 찬성과 반대 사이를 오락가락했던 노동당은[23] 1974년에 이 문제를 두고 심각한 내분을 겪고 있었다. 윌슨은 10월의 선거에서 이 문제에 대한 해결책으로, 가입 조건을 재협상할 것과 회원국 잔류 여부를 국민투표에 회부하여 국민의사를 직접 물을 것을 약속했다. 선거에 승리한 윌슨은 그 공약에 따라 재협상을 통해 영국의 입장을 어느 정도 유리하게 개선하고 난 다음, 1975년 6월에 잔류 여부의 문제를 국민투표에 회부했다. 사실상 초헌법적 조치로서 영국 헌정 관행에는 없던 이 국민투표에서 영국인들은 압도적으로 찬성표를 던짐으로써 오랜 논란에 종지부를 찍었으며, 그리하여 윌슨은 내분을 수습하고 당을 통합할 수 있었다.

그러나 의회 안에서 윌슨의 입지는 여전히 취약한 데다가, 경제 상황은 더욱 어려워져 갔다. 1975년 후반기에 물가는 무려 25%나 상승했고 실업률도 증가했다. 수지균형은 개선되지 않고, 파운드화의 가치는 계속 떨어졌다. 1976년에는 국민의 생활수준이 5% 정도 하락했고, 자동차·철강·조선업 등 많은 산업이 어려움을 겪고 있었다. 모든 것이 어둡고 절망적으로 보였다. 언론은 '영국병(British disease)' 혹은 '통치불능국가(Ungovernable Nation)'를 운운했고, 어떤 미국 관찰자는 영국이 선진국에서 후진국으로 전락하는 최초의 국가가 될 것이라고 전망하기도 했다.

캘러헌의 노동당 정부

치솟는 인플레이션을 잡기 위해서는 아무래도 임금통제가 필요하다고 판단되었다. 윌슨은 노동계와의 '사회계약(Social Contract)'을 통해 위기를 극복하려고 시도했다. 정부는 노동조합과 협약을 맺어 노동조합이 적절한 수준으로 임금 인상을 자제하기로 하고, 그 대신 정부는 TUC와 경제정책을 협의하고 각종 사회보장 급여

---

22) 보수당 277석, 노동당 319석, 자유당 13석을 얻었는데, 득표율은 각각 36%, 39%, 18%를 차지했다. 스코틀랜드민족당은 7석에서 11석으로, 웨일즈의 플래드 킴루는 2석에서 3석으로 늘었다.

23) 800쪽, 808쪽 참조.

의 실질가치를 보장해 줄 것을 약속했다. 그러나 이런 협약도 병든 경제를 하루아침에 치유하는 묘약일 수는 없었다. 이러한 상황에서 윌슨은 1976년 4월 갑자기 수상직을 사임하여 세인을 놀라게 했으며, 그의 비판자들은 그가 침몰하는 배에서 도망쳤다고 비난했다. 윌슨이 비운 자리는 당내 온건중도파인 제임스 캘러헌(Callaghan)이 차지했다. 캘러헌은 정부의 3대 각료인 재무상·내무상·외무상 등을 두루 거친 당의 원로였다. 그러나 취임하자마자 그의 발등에는 국가파산의 위기라는 불똥이 떨어졌다. 1972년에 변동환율제를 채택한 이래 계속 떨어지던 파운드화의 가치는 1976년 초여름에는 1파운드가 1.70달러 이하까지 떨어졌고, 재정 적자는 계속 높은 수준을 유지했다. 채무불이행 사태를 우려하는 목소리가 높아가는 가운데 정부는 마침내 국제통화기금(International Monetary Fund: IMF)에 막대한 액수의 차관을 요청하기에 이르렀다. 사람들은 1931년의 망령이 되살아남을 느꼈다. IMF는 혹독한 긴축재정의 시행을 조건으로 구제금융을 허용했다. 예산을 대폭 삭감하고 미국의 협력을 끌어내는 등 정부가 다각적으로 노력한 결과, 위기는 다소 진정되고 파운드화도 안정을 되찾았다.

이 무렵에 영국은 크나큰 행운을 맞이했다. 1969년에 북해에서 발견된 유전에서 그동안 천연가스만 나오다가 1975년부터 석유가 뿜어져 나오기 시작했다. 석유의 자급으로 영국은 연료난을 해결하고 막대한 외화를 절약할 수 있게 되었을 뿐만 아니라, 1980년 이후에는 석유 수출로 외화를 벌어들일 수도 있게 되었다. 여기에 정부 또한 난국을 타개하기 위해 노력을 기울였다. 캘러헌은 실업계와 노동계의 지도자들과 만나 임금과 물가에 대해 협의하면서 인플레이션을 잡기 위한 협조를 구하고, 정부도 재정 지출을 대폭 삭감하고, 산업을 적극적으로 지원함으로써 생산성 향상을 도모했다. 특히 어려움을 겪고 있던 자동차 산업에 대해 재정 지원을 아끼지 않았고, 파산 위기에 처한 브리티쉬 레일런드(British Leyland) 회사에 대해서는 국유화 조치를 취했다. 행운과 정부의 노력 덕분으로 1977년에는 경제 상황이 상당히 호전되었다. 수출이 호조를 띠고, 외환 보유고가 크게 올랐다. 인플레이션이 연 10% 수준으로 떨어지더니 이듬해에는 8%까지 내려갔고, 그에 따라 생산성도 향상되었다. '영국병'이니 '한 나라의 자살(suicide of a nation)'이니 하는 말도

북해 유전

자연히 사라졌다.

경제문제와 씨름하면서도 노동당 정부는 사회적 평등의 이상을 구현하기 위한 노력 또한 게을리 하지 않았다. 1975년의 성차별금지법(Sex Discrimination Act)은 동일 노동에 대해 남녀 간 동일 보수를 규정하고, 그 시행을 위한 기구를 설치했다. 1975년의 고용-보호법(Employment Protection Act)은 전례 없는 권한을 노동조합에 부여하는 한편, 여성 노동자가 요청하면 고용주는 6개월의 출산휴가를 주도록 의무화했다. 문법학교를 종합학교로 개편하는 작업을 촉진하는 교육법을 제정하고, 국민보건사업 시행 병원에서 유료 병상을 없애기 위한 노력도 기울였다. 무엇보다도 부의 평준화를 도모하기 위해 고소득에 대한 누진세율을 크게 높이고, 특히 투자소득에 대해서는 한계세율을 무려 98%까지 끌어올렸다.

그러나 이와 같은 사회 개혁이 노동당에 정치적 이득을 가져다주지는 않았다. 노동당은 일련의 보궐선거에서 연속 패배했고, 그러면서 그동안 간신히 유지해 오던 원내 과반수를 상실했다. 그리하여 캘러헌 내각은 점점 더 군소 정당인 자유당과 스코틀랜드민족당에 의존하게 되었다. 스코틀랜드민족당은 1974년 10월의 선거에서 그 지역 표의 31%를 획득하여 스코틀랜드 전체 의석의 5분의 1인 11석을 장악했다. 그것은 스코틀랜드의 상대적 빈곤과 박탈감을 나타낸 것이었으나, 한편으로는 그 앞바다인 북해의 유전에서 쏟아져 나올 막대한 부에 대한 스코틀랜드인들의 기대가 반영된 것이기도 했다. 스코틀랜드의 독립을 추구한 스코틀랜드민족당은 북해산 석유는 독립될 스코틀랜드의 소유라고 선언했다. 분리 독립의 논의가 진지하게 전개되자, 스코틀랜드민족당의 지지에 의존해 온 노동당 정부는 1976년 말 스코틀랜드에 대해 권한을 이양하는 법안을 마련했다. 이 법안은 스코틀랜드에 지방행정, 보건, 사회사업, 주택, 교육 등과 관련한 법을 제정할 권한을 가진 의회와 지방정부를 수립할 것을 규정했다. 한편 웨일즈에 대해서는 좀더 제한된 권한을 가진 의회를 설치하는 법안이 마련되었다. 그러나 이러한 입법 시도들은 논의 자체에 제동이 걸리는 바람에 정부 스스로 일단 논의를 유보했다가, 1979년 3월에 논의를 재개하여 국민투표에 회부했다. 투표 결과는 정부의 예상을 빗나갔다. 웨일즈인들은 법안을 압도적으로 거부했고, 스코틀랜드인들은 52%가 찬성표를 던졌지만 당초의 조건으로 규정되어 있던 전체 유권자의 40%에는 미치지 못하여 역시 법안은 기각되고 말았다. 이 패배는 캘러헌 정부의 수명을 단축시켰다.

캘러헌의 노동당 정부의 수명을 재촉한 또 하나의 요소는 바로 노동조합이었다. 대부분의 노동조합은 적어도 1978년 가을까지는 '사회계약'에 입각하여 임금 인상 요구를 자제했다. 그러나 겨울로 접어들면서 노동자들이 각종 공공서비스 및 공공 지출의 축소와 정부가 제시한 연 5%의 임금 인상 제한선을 반대하여 파업을 일으켰다. 해를 넘겨 이듬해까지 이어지는 이 '불만의 겨울(winter of discontent)'은 파업으로 점철되었다. 화물차 운전사의 파업으로 항구들이 사실상 폐쇄되고, 병원 업무는 비의료 노동자에 의해 마비되었다. 청소원의 파업으로 도시의 거리는 온통 쓰레기 천지가 되었으며, 학교조차 관리인들의 태업으로 문이 닫혔다. 노동조합으로 하여금 인플레이션을 유발할 정도의 과도한 임금 인상 요구를 자제하도록 할 힘을 잃은 노동당 정부는 대중의 신임을 기대할 명분과 근거를 잃어버렸다.

1979년 3월 말 원내 상황이 크게 바뀐 것을 감지한 보수당은 캘러헌 정부에 대한 신임투표를 추진했다. 불신임 동의안은 단 한 표 차이로 가결되어 정부가 무너졌다. 총선거를 통해서가 아니라 원내에서 불신임투표를 한 결과 정부가 물러나기는 1924년 이후로 처음이었다. 더욱이 노동조합을 배경으로 정치에 투신한 뒤로 줄곧 노동조합의 환심을 사려고 노력한 캘러헌이 노동조합의 힘 때문에 실각한 것이다. 사실 노동조합은 그동안 정권을 위협할 수 있을 만큼 강력해져 있었다. 1960년대와 1970년대에 영국의 노동조합은 꾸준히 성장했다. 1966년에 1,000만 남짓이었던 조합원 수가 1979년에는 1,350만으로 증가했고, 전체 노동자에서 차지하는 조합원의 비율은 43%에서 55%로 증가했다. 노동조합은 이런 힘으로 1974년에는 히스를, 그리고 이번에는 캘러헌을 쓰러뜨렸다.

마거리트 새처

1979년 5월에 실시된 선거에서 유권자들은 지도자를 바꾸기로 마음먹었다. 많은 사람들이 이제 노동당의 사회주의와 그 부담에 싫증내고 있었고, 특히 무거운 세금에 대해 저항감을 느끼고 있었다. 그리하여 보수당은 여유 있는 승리를 거두었고,[24] 이 승리로 영국은 사상 최초로 여성을 수상으로 맞이했다. 보수당은 1974년의 선거 패배에 대한 책임을 물어 1975년에 히스를 퇴진시키고 마거리트 새처를 새로운 지도자로 삼고 있었는데, 보수당 우파의 대변자로서 냉혹하고 야심만만한 새처는 그동안 인플레이션과 경기 침체라는 영국병에 대해 좀더 작은 정부와 좀더 자유로운 자본주의라는 처방을 내놓고, 당에 활력을 불어넣으면서 확고한 지도력을 장악해 왔다. 선거운동 과정에서 가족, 근면, 사회 규율, 준법 등의 덕성을 강조한 그녀는 드디어 자신의 처방을 실행에 옮길 기회를 얻게 되었다.

---

24) 보수당은 득표율 43.9%로 339석을, 노동당은 득표율 36.9%로 269석을 얻었고, 그 외에 자유당 11석, 기타 16석으로 보수당이 나머지 모든 의석보다 43석 더 많은 수를 확보했다.

4. 사회와 문화

빈곤의 잔존

1960년대와 1970년대를 거치면서 영국은 거의 언제나 경제적 어려움에 시달려 왔지만, 그러면서도 절대적인 기준으로 볼 때 나름대로 꾸준히 성장해 온 것 또한 사실이다. 1977년은 엘리자베스 2세의 즉위 25주년이 되는 해였는데, 영국 국민은 그 25년 동안에 훨씬 더 부유해졌다. 남자 육체노동자는 근로시간이 주당 평균 47.7시간에서 44시간으로 줄었음에도 불구하고 실질임금은 두 배 가까이 더 많이 받았다. 평균적 영국인들은 좀더 안락한 집에서 좀더 나은 음식을 먹고 좀더 건강하게, 그리고 좀더 오래 살았다. 같은 기간에 영국인들의 평균수명은 여자가 71.2세에서 75.5세로, 남자는 66.2세에서 69.3세로 늘어났고, 반세기 전에 비하면 거의 15년이나 더 오래 살게 되었다.

많은 사람들의 생활이 향상되었기 때문에 그들 곁에 존재하고 있는 빈곤에 무관심하거나, 심지어는 애써 외면하는 경향까지도 없지 않았다. 가난한 유권자들의 투표수가 얼마 되지 않았기 때문에 정부 역시 비슷한 경향을 보였다. 그러나 경제의 발전과 여러 복지 제도에도 불구하고 빈곤은 여전히 영국 사회의 한 부분을 차지하고 있었다. 정부가 공식적으로 정의한 빈곤 수준에 의하면, 1970년대 말경에 인구의 10% 정도가 빈곤 상태로 살고 있었는데, 새처 정부하의 1980년대 중반에 이르면 실업이 증가함에 따라 그 비율은 도리어 13%로 올라갔다.

빈곤의 가장 큰 근원은 실업과 노령이었다. 1960년대 후반 이후 계속되는 경기 침체 속에서 실업자의 수가 조금씩 늘어나 1976년에는 150만에 이르고, 전쟁 기간과 전후 수년간 유지되었던 완전고용 상태가 이제는 아득한 과거의 기억으로 남게 되었다. 더구나 실업 인구는 1980년대에 새처 정부하에서 더욱 늘어났다. 평균수명의 연장에 따른 노령 인구의 증가 역시 빈곤을 조장하는 요인으로 작용했다. 인구의 15%가 65세 이상의 노인이었는데, 이들은 3명 가운데 1명 이상이 홀몸으로 궁핍과 외로움 속에서 살았다. 실업이나 노령과는 별도로, 이혼과 미혼모의 증가 등에 따른 결손가정 또한 빈곤층을 늘리는 구실을 했다. 노령연금이 노인들의

곤궁을 경감시키기는 했지만 근절시키지는 못했듯이, 가족수당 또한 이런 결손가
정의 빈곤을 없애지는 못했다.

연방 이주민 문제

1960년대와 1970년대의 영국 사회에 빈곤을 증가시킨 또 하나의 집단은 해외
에서 들어온 이주민들이었다. 영연방의 여러 나라, 특히 서인도제도와 인도, 그리
고 파키스탄 등지에서 영연방의 '시민'들이 1950년대에 노동력 부족으로 허덕이
던 영국으로 대거 몰려들었다. 이들은 1940년대 말경에 공산화된 동유럽에서 이주
해 온 백인계 이주민들과는 달리 영국 사회에 쉽사리 동화하지 못했다. 그들은 주
로 대도시 변두리에 밀집하여 이웃 백인들과 다른 생활 방식을 영위하면서, 이른
바 '모국'인 영국에서 심한 인종차별과 편견에 부딪히며 살았다. 매물로 나온 가옥
이나 임대 아파트에는 '백인에게만 매도함'이라든가 '파키들 사양(NO PAKIS)'이라
는 표시가 붙어있기 일쑤였다. 그들은 대부분 누추한 셋방에 살면서, 저임금의 힘
들고 궂은 직업에 종사했고, 따라서 자녀의 교육도 제대로 시키지 못했다. 그들 중
에도 특히 영국 흑인의 대부분을 이루는 서인도제도 이주민들의 처지가 가장 어려
웠다. 직업을 얻지 못한 많은 사람들이 마약에 빠지고 범죄자가 되었다. 이들이 주
로 거주한 지역의 하나인 노스 켄징턴(North Kensington)의 노팅 힐(Notting Hill)에서
1958년에 일어난 폭동은 이들의 비참한 생활에 대한 좌절감의 발로이자 백인 사
회의 인종차별에 대한 반항의 표출이었다.[25] 이들에 비해 아시아계 이주민들의 처
지는 조금은 더 나은 편이었다. 그들은 가족적 유대가 견고하고, 자녀의 교육에도
열성적이었지만, 이들 역시 숙련직이나 감독직에서 거부당하고 불황 때 제일 먼저
해고되는 등 차별 대우를 받기 일쑤였다.

더욱이 이주민들의 수가 늘어나자 이제 영국인들은 이들이 노동력 부족 현상을
해결해 준다는 순기능의 측면보다는 주택 부족 사태를 야기한다거나 사회적 동질

---

25) 그러나 한편으로는 8월의 그 격렬한 폭동의 와중에서도, 이웃에 살며 오랫동안 우의를 쌓아온 백인들과
   흑인들이 서로 지켜주는 일도 많았다. 이러한 관용과 선의의 전통에 힘입어 1960년에 노팅 힐 카니발이
   시작되었는데, 그 후 이 카니발은 유럽 최대의 거리 축제가 되었다.

성을 훼손한다는 역기능의 측면을 더욱 주목하게 되었다. 이들 '검은 이주민'의 인구가 늘어남에 따라, 오랫동안 비교적 동질성을 유지해 오던 백인 사회가 다인종 사회로 바뀌어가고 낯선 요소들이 자신들의 삶 속으로 스며들자, 영국인들은 점차 혼란과 불안을 느끼기 시작했으며, 한 걸음 더 나아가 인종적 편견과 심지어 증오심까지도 느끼게 되었다. 이런 여론의 동향 속에 먹밀런 정부는 1962년에 연방이민법(Commonwealth Immigration Act)을 제정하여 직업이나 유용한 기술 등 독자적 생계 수단이 없는 사람들의 이주를 제한했다. 더욱이 경제가 어려워지고 취업 경쟁이 치열해지자 이들 외래 이주민들에 대한 영국인들의 편견과 증오심이 더욱 심해졌다. 몇몇 인종차별적인 신나치(neo-Nazi)파 극우 집단들은 1966년 국민전선(National Front)을 결성하여 이주민 배척운동에 앞장서기도 했다. 인종차별이 사회문제가 되자 노동당 정부는 1966년에 이 문제를 처음 다룬 인종관계법(Race Relations Act)을 제정했는데, 이 법은 주택과 고용 등의 부문에서 인종차별을 금지하면서도, 다른 한편으로는 인종차별에 입각하여 이민을 통제하는 규정 또한 담고 있었다. 영연방 시민의 자유로운 이동의 권리를 제한하는 데 반대해 오던 노동당이 여기에서 더 나아가, 1968년에 케냐의 아시아계 주민들의 대량 유입 사태가 예상되자 연방이민법을 다시 제정하여 이들의 이민을 엄격하게 제한했다. 유색인종의 이민을 통제하려는 점에서는 보수당과 노동당이 서로 보조를 같이하고 있었던 것이다. 그러나 이러한 조치에도 불구하고 꾸준한 유입과 국내에서의 자연 증가로 유색인들의 수는 계속 늘어나 1970년에는 130만 명에 달했고, 1987년에는 220만 명으로 전체 영국 인구의 4.2%에 달했다.

이렇게 유색인들이 늘어남에 따라 1970년 이후에도 인종적 차별과 긴장은 해소되지 않고 계속되었다. 나치즘이 패망한 후 40년이나 지난 1985년에 나온 영국 내무부의 한 추계에 의하면 매년 33만 건에 달하는 인종적 괴롭힘 사건이 일어났으며, 런던에 거주한 유색인종 10명 중 1명이 자기 집 근처에서 인종적 괴롭힘을 당했으며, 3명 중 1명이 그런 위협을 느꼈다. 1988년에서 1990년 사이의 통계에 의하면 백인의 실업률이 7%인 데 비해, 유색인의 실업률은 13%에 달했다. 유색인의 여러 생활 여건은 여전히 열악했으며, 전반적으로 그들의 생존 기회는 백인들에 비해 크게 뒤떨어져 있었다. 1958년 노팅 힐의 폭동 이후에도 인종적 소요 사태는 간간이 일어났으며, 특히 1979년 4월에는 런던 서남부의 사우솔(Southall)에서 국민 전선과 이에 반대하는 많은 아시아계 주민들이 충돌하여 폭동이 일어났다. 이 무렵에 브리스틀에서도 폭동이 일어나 방화, 약탈 행위 등이 자행되었다. 1981년 4월에는 서인도제도 출신의 흑인들이 런던 남쪽의 브릭스턴(Brixton)에서 격렬한 폭동을 일으켜 상점과 건물들이 파괴되고, 많은 경찰관과 시민이 부상당하고, 많은 사람이 체포되었다. 이 사태는 리버풀을 비롯한 몇몇 다른 도시에도 파급되어 파괴 행위와 이에 대한 진압이 뒤따랐다. 이 폭동에는 소수의 백인들도 가담했는데, 그것은 사회의 냉대와 멸시에 대한 억눌린 자들의 분노의 폭발이기도 했다.

자유와 평등의 신장

한편 영국 사회는 1960년대와 1970년대를 거치면서 전반적으로 부가 증가했을 뿐만 아니라, 자유와 평등 또한 증대했다. 1949년에 조지 오웰은 『1984년』에서 전체주의 국가가 국민 모두를 감시하는 사회를 그렸지만,[26] 정작 그해가 왔을 때 영국인들은 감시받는 것이 아니라 전보다 더 많은 자유를 누리고 있었다. 1984년 당시의 영국 정부는 그 어느 때보다 자의적이고 권위주의적이었으며, 새처 수상은 의회와 대법원의 견제를 받는 미국의 대통령보다 오히려 더 강력한 권력을 행사했음에도 불구하고, 영국 사회의 자유는 더욱 진전되어 있었다. 1969년에 사형 제도가 폐지되고 형벌 제도도 완화되었으며, 1971년에는 법적 성인 연령이 21세에서 18세로 낮추어져 유권자 수가 크게 늘어났다. 여성의 사회적 지위도 현저하게 향상되었다. 1957년에는 여성의 20%만이 직장을 가졌는데, 10년 뒤에는 30%가, 그리고 다시 10년 뒤에는 절반 정도가 가정 바깥에서 일했다. 1970년에는 남녀 간의 동등한 보수와 대우가 법적으로 보장되었다.

여성의 사회 진출과 지위 향상은 이른바 성의 혁명을 가져왔으며, 또한 그 혁명의 일환이기도 했다. 1928년에 쓰인 로런스의 『채털리 부인의 연인』[27]의 무삭제

---

26) 789쪽 참조.

출판을 허용한 1960년의 법원 판결은 이전 세대가 외설 또는 음란으로 규정하던 것에 대해 더욱 관용적인 세태를 반영한 것이었다. 소설이나 연극이나 영화, 심지어 텔레비전에서도 대담한 성적 표현이 점점 더 예사롭게 등장했다. 혼전의 성행위가 일반화하다시피 했을 뿐만 아니라, 혼외정사가 증가함에 따라 사생아가 늘어났으며, 동성애도 증가했다. 1969년에 이혼 요건이 완화되자 이혼도 다반사가 되어 1980년대에 이르면 결혼 부부 세 쌍 가운데 한 쌍이 이혼할 정도였다. 1959년에는 매춘이 허용되었고, 10년쯤 뒤에는 낙태와 동성애도 합법화되었다. 같은 무렵에 극장의 검열제가 폐지되자 무대에는 나체쇼가 등장했다. 도박도 합법화되고, 정부조차 복권이라는 이름으로 투기 행위에 뛰어들었다. 또한 전통적 가치가 멸시되고 물질주의가 만연하는 가운데 종교의 힘은 현저하게 약화되었다. 교인의 수와 교회 참석자 수가 계속 줄어들어 국민 10명 가운데 1명만이 정기적으로 예배에 참석했다. 국교회 교인 670만 명 중 120만 명, 가톨릭교인 350만 명 중 130만 명만이 정기적인 예배 참석자였다. 이와 달리 200만 명에 이르는 무슬림들은 7할이 예배에 참가했다.

1960년대의 영국은 이처럼 거의 모든 것이 허용되는 이른바 '관용 사회(Permissive Society)'가 되었으나, 한편에서는 이에 대한 비판의 목소리도 만만치 않았다. 비판자들은 그와 같은 자유의 천박성과 퇴폐성을 우려했다. 사회 기강의 해이는 마약의 남용과 범죄의 증가로 드러났다. 복지국가의 기본적 틀은 이루어졌지만, 과도한 관용과 허용의 풍조 속에서 영국 사회를 지탱해 온 사회적 책임이라는 중요한 요소가 소홀히 취급되고 잊혀지는 것처럼 보였다.

반항의 문화

1950년대에서 1960년대에 걸친 풍요의 시대의 젊은이들은 기존 질서에 만족하기보다는 그에 반항했다. 이들은 자기만족적이고 부르주아적이며 보수적인 시대 분위기에 저항감을 느꼈다. 그들에게 기성세대는 위선적이고 속물적이며 시시하고

---

27) 756쪽 참조.

숨막힐 것 같아 보였다. 그래서 그들은 시끌벅적하고 자극적이며 생동적인 것을 추구했다. 로큰롤에 흠뻑 빠진 '테디보이(Teddy boy)', '테디걸(Teddy girl)'이라 불린 반항적인 청소년들이나, 재즈에 열광한 장발과 미니스커트의 남녀 히피(hippie)들은 인간성을 억압하는 물질문명이나 사회제도로부터의 개인의 해방을 열망했다. 이러한 젊은이들의 반사회적 행동은 1960년대 말에 유럽과 미국을 휩쓴 학생운동의 힘에 또한 큰 영향을 미쳤다.

존 오즈번

기성세대에 대한 젊은이들의 반항은 극작가 존 오즈번(Osborne)의 희곡 『성난 얼굴로 돌아보라(*Look Back in Anger*)』(1956)에서 극적으로 표현되었다. 오즈번은 이 희곡에서 지미 포터(Jimmy Porter)라는 노동계급 출신의 한 대학 중퇴자가 중간계급 사회로 계층 상승을 시도하면서 겪는 좌절을 묘사했다. 포터는 성공을 위해 요구되는 굴종을 거부하고, 그가 진입하고자 했던 계급에 대해 전쟁을 선포했다. 1950년대 후반과 1960년대 전반의 잉글랜드에는, 옥스퍼드 대학의 교수 휴게실에서 리버풀의 지하 재즈 연주장에 이르기까지 사회 전반에 걸쳐 소란스럽고 반항적이며 무언가 새로운 것을 추구하는 분위기가 넘쳐흘렀다. 그것은 『전락(轉落, *Hurry On Down*)』(1953)을 쓴 존 웨인(Wain), 『토요일 밤과 일요일 아침(*Saturday Night and Sunday Morning*)』(1958)의 작가 앨런 실리토우(Alan Sillitoe), 『꼭대기의 방(*Room at the Top*)』(1957)의 저자 존 브레인(Braine) 등 이른바 '성난 젊은이들(Angry Young Men)'의 세대를 대표하는 작가들의 소설에서도 여실히 드러났다. 1960년에 창간된 ≪신좌파평론(*New Left Review*)≫에서는, 『영국 노동계급의 형성(*The Making of the English Working Class*)』(1963)을 쓴 역사가 에드워드 P. 톰슨(Thompson), 『문화와 사회, 1780~1950(*Culture and Society, 1780~1950*)』(1958) 등 수많은 문화비평서를 저술한 레이먼드 윌리엄즈(Raymond Williams), 『황금의 노트북(*Golden Notebook*)』(1962)의 저자인 여류 소설가 도리스 레싱(Doris Lessing) 등이 당시 사회의 불의에 대한 분노를 표출했다.

1961년에는 리버풀 노동계급 출신의 네 젊은이들이 비틀즈(Beatles)라는 최초의 주요 록뮤직 그룹을 결성하여 엄청난 인파의 팬들을 운동경기장이나 공원 광장에

|왼쪽| 테디보이 |오른쪽| 비틀즈

끌어 모으고, 전 세계 10대 젊은이들을 열광케 했다.[28] 이듬해에는 미크 재거(Mick Jagger)를 리드 싱어로 한 롤링 스토운즈(Rolling Stones)가 탄생하여 지미 포터와 같은 젊은이들이 느끼는 좌절감을 강렬하게 표현했다. 미술계에서는 리처드 해밀턴(Hamilton), 피터 블레이크(Blake), 피터 필립스(Philips) 같은 몇몇 젊은 화가들이 기성 화풍을 거부하고 뉴요크의 동류 화가들과 더불어 이른바 '팝아트(pop art)'를 선보였다. 이들 팝아티스트들은 기술, 상업, 광고, 영화, 섹스 등의 일상생활 세계를 즐겨 다루었다. 소수만이 작품을 구매하고 향유하던 이전 시대와는 달리 1960년대 사람들은 수백만이 레코드판 표지에 인쇄된 팝아트를 사고, 지하철 포스터에서 팝아트를 감상했다.

28) 처음 멤버는 존 레넌(Lennon), 폴 머카트니(McCartney), 조지 해리슨(Harrison), 피터 베스트(Best)의 네 사람이었으나, 1962년에 첫 음반인 <러브 미 두(Love Me Do)>가 나왔을 때는 베스트 대신 링고 스타(Ringo Starr)가 새 드러머로 들어와 있었다. 원래 북부 노동자 출신이었지만 그들의 음악은 점차 노동자 계층의 취향보다는 1960년대의 히피들과 같은 동남부의 풍요로운 중산계층 젊은이들의 취향에 호응함으로써 폭발적인 인기를 얻게 되었다.

예술과 문학

로런스 올리비에

그러나 이와 같은 대중 예술의 물결 속에서도 다른 한편으로 전통 예술 또한 여전히 활력이 넘치고 있었다. 런던은 나체쇼와 도박의 고장이었을 뿐만 아니라, 동시에 연극의 본고장이기도 했다. 극장은 전후 영국 문화의 가장 고무적인 전당이었다. 로열 셰익스피어 컴퍼니(Royal Shakespeare Company)와 올드 비크(Old Vic)의 저명한 양대 극장에서는 셰익스피어 극이 꾸준히 성황리에 공연되고 있었다. 로런스 올리비에(Laurence Olivier)를 비롯하여 존 길구드(Gielgud)나 비비언 리(Vivien Leigh)와 같은 유명한 배우들은 전전과 마찬가지로 전후에도 여전히 빼어난 연기 재능을 자랑했다. 고전무용계에서는 1957년에 창설된 로열 발레단(Royal Ballet)이 세계적 명성을 떨쳤다. 전후의 대부분 기간 동안 마거트 폰테인(Margot Fonteyn)이 주역 무용수로 활약했고, 나중에는 1961년에 소련에서 망명해 온 뛰어난 무용수 루돌프 누레예프(Rudolf Nureyev)가 그녀와 합류했다. 안무가로는 프레드리크 애쉬턴(Ashton)과 앤서니 튜더(Tudor)가 세계적 권위자로 꼽혔다.

전간기에 이미 작곡가의 재능을 발휘했던 브리튼29)은 전후에는 특히 오페라 작곡가로서 세계적 명성을 얻었으며, 당대의 어느 누구도 그의 탁월한 기법과 재능을 따를 수 없었다. 특히 그것은 제2차세계대전 종료 직전에 전사한 전쟁 시인 윌프리드 오우언(Wilfred Owen)의 시에 붙인 「전쟁 진혼곡(War Requiem)」(1962)에서 절정에 이르렀다. 마이클 티페트(Tippett) 또한 오페라와 실내악에 끼친 큰 공헌으로 국내외에서 명성을 누렸다. 1970년대와 1980년대에는 뮤지컬의 거장 앤드루 로이드 웨버(Andrew Lloyd Webber)가 <슈퍼스타 예수 그리스도(*Jesus Christ Superstar*)>(1971), <에비타(*Evita*)>(1978), <고양이들(*Cats*)>(1981),30) <오페라의 유령(*Phantom of the Opera*)>(1987) 등으로 세계 뮤지컬계를 휩쓸었다.

---

29) 755쪽 참조.

30) 이 작품은 T. S. 엘리어트의 원작, 『늙은 주머니쥐의 노련한 고양이들에 대한 보고서(*Old Possum's Book of Practical Cats*)』(1939)을 뮤지컬화한 것이다.

조각 분야에서는 헨리 무어[31]가 전후에도 여전히 국내외에 전시된 여러 거대한 옥외 조각으로 대가의 명성을 유지했고, 거기에 바버러 헵위스(Barbara Hepworth), 레그 버틀러(Reg Butler) 등이 가세했다. 전후 영국의 회화는 자신의 전통을 지키면서도 또한 초현실주의, 미래주의, 추상적 표현주의 등 뉴요크와 파리에서 들어온 최신의 화풍에도 적응했다. 제2차세계대전 도중에 전쟁 화가로 이름을 날린 그레이엄 서덜런드(Graham Sutherland)는 전후에 더욱 명성을 높였으며, 전전에 이미 헵위스와 더불어 대륙의 추상파 화풍과 접했던 벤 니컬슨(Ben Nicholson)은 그 자신의 특유한 화풍을 발전시킴으로써 20세기의 가장 유명한 화가의 한 사람으로 인정받았다. 이들보다 좀더 젊은 프랜시스 베이컨(Bacon)도 이 시대의 주요한 화가로서 독특한 화풍을 보여주었는데, 그의 그림 속의 인물들은 흔히 반은 사람이요 반은 짐승의 모습으로서, 한결같이 밀폐되고 균형이 맞지 않는 낮은 천장의 방안에 갇혀 있다. 그의 이런 괴기한 묘사는 전쟁 동안에 실제로 일어난 참혹한 현실에 대한 인간의 공포와 증오를 표현하고자 한 것이었다.

소설가들 역시 물질주의가 만연한 소비사회의 현실을 직시하면서, 풍요로운 삶의 즐거움보다는 오히려 암울하고 비관적인 삶의 모습들을 그려냈다. 이 시대의 가장 저명한 작가 가운데 하나인 앵거스 윌슨(Angus Wilson)은 영국 중간 계층의 속물적이며 오만하고 방탕하며 거짓된 생활 방식과 성격들을 그려냈다. 그의 첫 소설 『헴로크 이후(Hemlock and After)』(1952)는 그 자신의 동성애 생활 경험을 그린 것이었다. 또 한 사람의 저명한 소설가 아이리스 머도크(Iris Murdoch)는 평생 동안 20권의 소설을 썼는데, 그녀는 그 속에서 모든 진리·가치·의미의 기준이 현실 세계 안에서는 무너져 버리고 오직 편견과 정체성의 상실만이 남는다는 이야기들을 써냈다. 한편 1970년대에 가장 많이 읽힌 시인에 속하는 테드 휴즈(Ted Hughes)와 필립 라킨(Larkin)도 삶의 무의미와 절망 등에 대해 노래했다. 휴즈의 가장 유명한 시 「까마귀(Crow)」(1970)에서 주역인 까마귀는 신과 동물과 인간의 혼합체를 상징하고 있는데, 휴즈는 이 시에서 절대적인 죽음에 대한 삶의 무력함과 무의미함을 드러

---

31) 754쪽 참조.

|왼쪽| 테드 휴즈
|오른쪽| 해럴드 핀터

내고 있다. 한편 개인적 서정을 중시하면서도 결코 감상이나 자기 연민에 빠지지 않으려고 애쓴 라킨은 1964년에 발표한 「성령강림절 결혼식(The Whitsun Weddings)」으로 시인으로서의 명성을 얻었으며, 10년 뒤에 나온 「높은 창문(High Windows)」에서는 그 또한 늙고, 병들고, 죽어가는 삶의 허무와 고독을 보여주고 있다.

그러나 영국인들은 대체로 시보다는 연극을 더 좋아했다. 존 모티머(Mortimer)의 <천국과 지옥(Heaven and Hell)>(1976)은 신을 믿지 않는 시대에 사는 사람들의 정서적 파탄이 어떻게 종교의 필요성으로 연결되는가를 보여주었고, 소설가이기도 한 데이비드 스토리(Storey)의 희곡 『가정(Home)』(1970)은 존중받는 가정이란 제도를 정신병자들의 수용소로 묘사했다. 해럴드 핀터(Pinter)의 출세작 『방(Room)』(1957) 역시 밀실공포증적인 소외와 상실된 자아를 주제로 한 것이며, 그 밖에 그의 많은 희곡들은 아일랜드 출신의 새뮤얼 베케트(Beckett)를 선구자로 하는 부조리극 계열에 속하는 것이었다.32)

---

32) 1953년에 파리에서 초연된 베케트의 연극 <고도를 기다리며[En attendant Godot(Waiting for Godot)]>
(1953)는 두 방랑인이 신비하고 전능한 고도를 기다리면서, 바로 눈앞에 다가와 있을지도 모르는 구원의
희망에 헛되이 매달려 있음을 보여주었다.

스티븐 호킹

학문 활동

영국은 유럽의 다른 선진국들에 비해 고등교육을 받는 인구가 적었다. 개방대학을 포함하여 여러 고등교육기관이 생겨났음에도 불구하고, 영국은 여전히 18세에 도달한 국민의 20%만이 정규 고등교육을 받았는데, 이는 미국의 75%에 비하면 매우 낮은 수준이었다. 그러나 영국인들은 교육기관들이 남겨놓은 공백을 다른 것으로 메웠다. 그들은 다른 어느 나라 사람들보다 책 읽기를 좋아하고, 신문을 많이 보았다. 그들은 다양한 사회교육 강좌에 참석하고 도서관을 즐겨 찾았으며, 그 결과 현실 사회와 과거의 역사, 그리고 그들 주변의 자연 세계에 대해 어느 나라 사람들에게도 뒤지지 않는 지식을 가지고 있었다.

인문학과 사회과학 분야에서 영국의 학문적 역량은 여전히 탄탄한 편이었다. 루트비히 비트겐슈타인은 1951년에 죽었지만 그의 저작은 여전히 영국 철학계를 지배해 왔다.[33] 철학자의 기능은 철학적 담론의 언어와 문법에 관해 명석한 판별을 해내는 것이었는데, 옥스퍼드 대학의 존 오스틴(Austin)과 길버트 라일(Gilbert Ryle), 그리고 케임브리지 대학의 존 위즈덤(Wisdom) 등은 그러한 일을 훌륭하게 해냄으로써 언어분석학을 영국과 미국의 주요한 학문 분야로 만들었다.

자연과학 분야에서 영국의 학문 활동은 물리학과 천문학 등 특히 이론적인 측면에서 돋보였으며, 이는 수많은 노벨상 수상자를 낳은 것으로 입증되었다. 물리학자들은 원자에 대한 연구를 계속하여 이미 알려진 전자(electron), 양성자(proton), 중성자(neutron) 이외에 파이온(pion), 케이온(kaon), 람다(lambda), 시그마(sigma), 오메가(omega), 그리고 그 밖의 다른 입자들을 거론하곤 했다. 우주에 관해서도 일반인으로서는 좀처럼 이해하기 어려운 수많은 이론들이 발표되었다. 천문학자들은 은하계가 나선형으로 회전하며, 그 중심과 태양의 거리는 2만 7,000광년이나 된다고 주장했

---

33) 753쪽 참조.

제임스 D. 와트슨과 프랜시스 크리크

다. 어떤 학자는 우주가 끊임없는 창조 과정에 있다고 주장하는가 하면, 다른 학자
는 우주가 한 번의 대폭발(Big Bang)에 의해 생겨났다고 주장하고 있으며, 빛조차도
삼켜버리는 무한한 중력을 지닌 블랙홀(Black Hole) 이론도 제시되었다. 케임브리지
의 천체물리학자 스티븐 호킹(Stephen Hawking)은 원자보다 더 작은 미립자들이 어
떻게 블랙홀 및 우주와 관계되는가를 수학적으로 분석함으로써 아인슈타인이 발견
하려다 실패한 상대성 이론과 양자역학의 '대통합(Grand Unification)'을 추구했다. 영
국은 생물학의 발전에도 크게 기여했다. 1953년, 생물학자 프랜시스 크리크(Francis
Crick)와 모리스 윌킨즈(Morris Wilkins)는 미국인 제임스 D. 와트슨(Watson)과 함께
디옥시리보핵산(deoxyribonucleic acid: DNA)의 분자구조를 해명했다. 모든 세포의 증
식을 통제하고 유전적 성격을 결정하는 DNA의 구조를 밝혀냄으로써 생물학은 혁
명적 발전을 보게 되었으며, 1978년에 케임브리지 대학의 생리학자 로버트 에드워
즈(Edwards)와 올덤(Oldham) 병원의 부인과 의사 패트릭 스텝토우(Patrick Steptoe)는
처음으로 시험관아기를 탄생시키기도 했다.

5. 새처주의의 시대와 그 이후

새처의 집권과 새처주의

새처의 1979년 총선거의 승리[34]는 제2차세계대전 이래로 영국 정부가 유지해 온 정책 노선에 큰 변화를 가져왔다. 1940년대 이후로 영국은 대체로 중앙정부가 지속적으로 재정 지출 규모를 확대하고, 국민의 경제생활의 세부적인 면까지 간섭하는 사회를 지향해 왔다. 전후에 한동안 정권을 잡은 노동당뿐만 아니라, 1951년 이후 더 오랜 기간 동안 집권한 보수당의 지도자들까지도 그사이에 현실화된 사회주의적 제도들을 '토리 퍼터널리즘(Tory paternalism)'이라는 이름으로 사실상 받아들여 왔다. 그런데 이제 이와 같은 오랜 추세를 반전시키겠다고 공언한 정부가 들어서게 된 것이다.

1925년 링컨셔의 그랜섬(Grantham)에서 한 식료품상의 딸로 태어난 마거리트는 옥스퍼드 대학에서 화학과 법학을 공부했다. 일찍부터 정치에 관심이 많아 1950년에 하원의원이 되려고 시도했으나 실패했다. 이듬해에 기업가인 데니스 새처(Denis Thatcher)와 결혼한 후 다시 법학 공부를 시작하여 변호사가 되었다. 1959년에 처음으로 보수당 의원으로 당선되어 하원에 들어온 후 히스 정부하에서 교육과학상이 된 그녀는 학교 아동에 대한 우유급식을 폐지함으로써 여론의 심한 비판을 받은 적이 있었다.[35] 이처럼 일찍이 토리 퍼터널리즘의 수용을 거부하고 사회주의 자체를 부정한 새처는 생산수단의 국유화와 경제계획을 죄악시했으며, 복지국가를 국가와 국민에게 해로운 것으로 인식했다. 그러한 그녀가 그 후 세 번의 총선거에서 연속 승리를 거두어 11년 반 동안이나 수상직을 유지함에 따라 영국 정치에는 커다란 변화가 일어났다. 그녀의 오랜 집권 기간에 일어난 정책 변화가 비록 공언한 만큼 심대하지는 않았을지라도, 전반적인 사회 분위기에는 이른바 새처주의(Thatcherism) 시대를 이야기할 정도의 큰 변화가 일어났던 것이다.

---

34) 823쪽의 주 24) 참조.

35) 811쪽 참조. 그녀는 그것 때문에 '매기 새처, 우유 앗아간 자(Maggie Thatcher, milk snatcher)'라는 별명을 얻었다.

자유방임주의의 신봉자인 새처는 침체된 경제를 되살리기 위해 사기업을 장려하는 정책을 최우선 과제로 삼았다. 이를 위해 먼저 조세제도를 바꾸었는데, 소득세율, 특히 고소득에 대한 세율을 대폭 낮추고, 상속세도 축소했으며, 그 대신 부가가치세를 올리고, 제2차세계대전 이후 처음으로 자본의 국내외 이동을 자유롭게 풀어주었다. 물가와 임금에 대한 인위적인 통제의 효용성을 믿지 않았던 그녀는 오랫동안 영국 경제의 발목을 잡아온 인플레이션에 대해서는 통화주의(monetarism), 즉 유통되는 화폐의 양을 조절하는 방법을 통해 해결하고자 했다. 그러나 그런 방법으로 물가를 잡는다는 것은 생각보다 훨씬 더 어려운 일이었다. 정부의 의도와는 달리 임금이 큰 폭으로 올랐으며, 특히 공무원과 국영기업 종사자들이 사기업 노동자들보다 더 많은 임금 인상을 얻어냈다. 부가가치세의 인상과 산유국들의 유가 인상도 물가 상승을 부추겼다. 그 결과 집권 첫 해인 1979년에 10% 정도였던 물가 상승률이 두 해 뒤에는 무려 20%를 넘어섰다.

　　한편 통화량을 축소하기 위한 이자율 인상은 많은 기업을 파산으로 몰고 갔다. 게다가 1975년 이후 북해산 석유의 수출로 파운드화의 가치가 상승하여 1982년에는 한때 1파운드가 2.30달러까지 올랐는데, 이런 고금리와 파운드화의 강세는 수출 경쟁력을 약화시켜 산업에 큰 타격을 주었다. 1979년에서 1982년 사이에 제조업의 생산이 17.3%나 하락하고, 그 종사자 7명 가운데 1명이 일자리를 잃었다. 그래서 1979년에 130만 명이던 실업자가 한 해 뒤에는 1930년대의 대공황기 이래 처음으로 200만 명을 넘어섰고, 1983년 봄에는 무려 300만 명 이상을 헤아리게 되었으며, 이와 같은 10%대의 높은 실업률은 그 이후에도 수년간 지속되었다. 한편 이런 대량 실업은 전반적인 구매력 하락을 가져왔고, 이는 전 세계적인 경기 후퇴와 겹쳐 물가 상승을 억제했다. 그 바람에 1982년에 물가 상승률은 8%로 떨어지고, 이듬해에는 더욱 떨어져 물가 문제만은 어느 정도 해소되었다.

　　그러나 그것은 저성장이라는 엄청난 대가를 치름으로써 얻은 것이었다. 집권 첫 3년 동안 경제성장이 없었을 뿐만 아니라, 국민총생산이 4.2%나 하락했다. 냉엄한 경쟁 논리에 따라 수많은 기업들이 사라지고, 효율적인 회사들만 살아남았다. 이런 재편성을 통해 기업의 효율성을 높이고자 한 새처는 노동조합이 이를 방해하는 것을 용납하지 않았다. 정부는 1980년과 1982년의 두 고용법(Employment Act)을 통해 노동자들의 파업이나 피케팅에 대한 통제, 노조원들의 비밀투표에 의한 파업 결정, 그리고 불법 파업으로 생긴 피해에 대한 노조원들의 배상책임 등을 규정하여 노동 조합의 여러 법적 권리를 제약하거나 박탈했다. 이것은 그렇잖아도 대량 실업 상황에서 약화되고 있던 노동조합을 더욱 약화시켰다.

1981년만 해도 치솟는 물가와 속출하는 도산 기업, 그리고 실업의 홍수 속에서 새처의 직무 수행에 만족하는 사람은 국민 4명 가운데 1명 정도에 불과했다. 보수당에 대한 지지도도 그 정도에 머물러 한때 제3당보다 뒤지기도 했다.36) 1981년 봄부터 런던·리버풀·맨체스터 등지에서는 군중이 들고일어나 경찰과 맞붙어 싸웠으나, '철의 여인(Iron Lady)'으로 불린 새처는 흔들리지 않았다. 정부 내에서도 히스와 같은 이른바 '온건파(Wets)'는 그녀의 일방적인 강경책을 비판했으나, 그녀는 오히려 이들 비판자들을 몰아내고 적극적으로 지지한 이른바 '강경파(Dries)'를 전면에 불러들였다.

노동당의 좌경화와 분열

새처의 보수당이 이처럼 오른쪽으로 크게 기울어간 것에 대응이라도 하듯이 노동당은 왼쪽으로 더욱 기울어갔다. 노동당은 1979년의 총선거에서 패배한 이후 급진적인 노동조합 세력이 진출하여, 의원들이 당수를 선출하던 종래의 관행을 폐지하고 노동조합이 40%, 의원들이 30%, 그리고 당 선거인단이 30%의 지분을 차지하는 새로운 당수 선출 제도를 마련했다. 그리하여 노동당의 실제 재정 담당자로서 강력한 영향력을 행사해 온 노동조합이 이제 당수 선출을 좌지우지하게 되었다. 그 결과 1980년 캘러헌이 물러난 후 노동당은 온건파인 데니스 힐리(Denis Healey)를 누르고 당수로 선출된 마이클 푸트와 토니 벤 등과 같은 급진주의자들이 장악하게 되었다. 이렇게 좌경화한 노동당은 일방적인 핵무장 해제, EEC의 탈퇴, 상원의 폐지, 국유화의 확대, 퍼블릭스쿨과 사설 의료의 폐지 등을 강령으로 채택했다.

---

36) 1981년 자유당과 사회민주당(Social Democratic Party)이 동맹하여 제3당을 이루고 있었다.

그러나 노동당의 이와 같은 교조적 사회주의와 계급투쟁에 대한 집착은 당시의 영국 유권자들의 일반적 정서와는 어긋나는 것이었다.

노동당이 이처럼 크게 좌경화하자 이런 흐름에 반대한 윌리엄 로저스(Rodgers), 데이비드 오우언(David Owen), 셜리 윌리엄즈(Shirley Williams) 등 이른바 '3인방(Three Gangs)'은 전 노동당 각료 로이 젱킨즈(Roy Jenkins)와 함께 1981년 새로 사회민주당(Social Democratic Party: SDP)을 창당했다. 영국 정치의 기본 틀을 깨뜨리고 제3의 세력이 되고자 한 이들은 곧 자유당과 손잡고 사회민주당-자유당의 '동맹(Alliance)'을 결성했다. 1980년대 초의 이와 같은 노동당의 분열은, 1846년 곡물법 파동을 둘러싸고 일어난 보수당의 분열[37])과 1886년 아일랜드 문제로 일어난 자유당의 분열[38]) 이 제각기 상대 당에게 압도적인 승리를 안겨준 것과 비슷한 결과를 가져왔다. '동맹'은 처음에는 여론의 큰 호응을 얻었지만, 곧 약점이 드러나기 시작했다. 두 당사이에 정책상의 이견이 드러나면서 '동맹'은 명확한 강령도 마련하지 못하고, 분명한 사회경제적 이해관계를 대변하지도 못했다. 결과적으로 '동맹'은 노동당에 대한 지지를 갉아먹는 역할을 하는 데 그쳤다. 그토록 여론의 지지를 받지 못하고 있던 새처가 다음 선거에서 압도적 승리를 거두게 된 데에는 이러한 노동당의 분열이 큰 요인으로 작용했던 것이다.

포클랜드 전쟁

새처는 이처럼 야당의 분열로 큰 이득을 보았지만, 정작 그녀가 떨어진 인기를 되살리고 일거에 확고한 지도자로서 명성을 얻은 것은 남대서양에 위치한 조그마한 영국령 섬에서 일어난 뜻밖의 전쟁을 통해서였다. 1982년 4월 초 아르헨티나는 일찍부터 자기들의 주권을 주장해 오던 포클랜드 제도(Falkland Islands)에 군대를 진입시켜 소수의 영국 주둔군을 제압하고 섬을 점령했다. 이것은 그렇잖아도 사라진 옛 제국의 영광에 대한 아쉬움을 달래고 있는 영국민들의 자존심을 상하게 함으로

---

37) 622~623, 639쪽 참조.

38) 662쪽 참조.

아르헨티나 공군의 공격으로 불에 휩싸인 영국
구축함 세필드호(1982년 5월 4일)

써 그들의 격렬한 항의를 불러일으켰다. 이 사태는 외무상의 사임을 가져왔을 뿐만 아니라, 새처 자신의 장래마저 위협하는 것처럼 보였다. 그녀는 이 도전을 민첩한 외교와 신속한 군사작전으로 단호하게 대처했다. 영국의 요구로 유엔 안전보장이사회는 침입군의 즉각적인 철수를 촉구했고, 유럽공동체의 회원국들은 아르헨티나에 무역 제재를 가했다. 한편 영국은 즉시 군사작전을 전개하여 6월 중순에는 아르헨티나 수비대를 몰아내고 섬을 다시 탈환했다. 영국인들은 영국이 1833년 이래 그 섬을 점령해 온 사실과 섬 주민들이 영국의 계속적인 지배를 원한다는 점이 영국의 이런 행위를 정당화해 준다고 믿었다. 이 승리는, 한때 위대하고 자랑스러웠지만 지금은 이류 국가로 전락해 가고 있는 나라 국민들의 상처받은 자존심을 달래주었다. 새처는 이로써 당과 자신에 대한 지지도를 단박에 20%나 끌어올리면서 처칠 이래의 가장 단호한 수상이라는 명성을 얻었다. 멀리 떨어져 있는 보잘것없는 섬을 지키기 위해 대규모의 군사작전을 펴는 데 대한 비판의 목소리가 전혀 없지는 않았지만, 노동당원들 역시 대부분 이 섬을 탈환하는 데 지지했다.

　해외에서의 승리와 함께 국내의 사정도 조금은 호전되었다. 실업률은 여전히 높았지만 조금씩 떨어지고, 심한 불황 끝에 경제성장의 기미도 나타나기 시작했으며, 인플레이션도 수그러들었다. 야권의 분열, 포클랜드 전쟁의 승리, 호전의 기미를 보이는 경제 등 이런 유리한 상황 아래 1983년 6월에 실시한 총선거에서 새처는 제2차세계대전 이후의 선거 사상 최대의 승리를 거두었다. 노동당과 '동맹'의 득표율이 각각 27.6%와 25.4%로, 야권 표가 엇비슷하게 갈라진 데 힘입어 보수당은 42.4%의 낮은 득표율로도 397석을 얻었다. 이에 대해 노동당은 그나마 209석을 얻었지만, '동맹'은 23석을 건지는 데 그쳤다.

노동조합의 쇠퇴

패배한 노동당에서는 선거 패배의 책임을 지고 연로한 푸트가 물러나고, 웨일스 출신의 좀더 온건한 닐 키노크(Neil Kinnock)가 40대 초반의 젊은 나이에 당수가 되었다. 키노크의 지도 아래 노동당은 과격파들을 배제하고 정책을 온건화했다. 한편 선거의 대승으로 힘을 얻은 새처는 집권 1기에 시작했던 민영화, 즉 탈국유화 정책을 더욱 과감하게 추진해 나갔다. 이는 제2차세계대전 이후 진행되어 왔던 국유화의 흐름에 대한 최초의 반전이었다. 1987년까지 영국석유공사, 영국항공, 영국가스, 그리고 영국텔레콤 등을 포함하여 10개 주요 국영기업이 매각되었다. 이런 탈국유화 정책과 함께 기업의 효율성을 높이기 위해 기울인 정부의 노력이 어느 정도 열매를 맺기 시작하여, 1970년대에 정체했던 생산성이 1980년과 1986년 사이에 30%나 향상했다. 그 결과 영국은 철강 산업과 같은 분야에서 이제 주요 경쟁국과 어깨를 겨루게 되었다.

이런 생산성 향상에는 노동조합의 쇠퇴가 큰 요인으로 작용했다. 1970년대에는 정권에 대한 주요 위협이 될 만큼 강력했던 노동조합이 새처의 집권기를 거치면서 점점 그 힘을 잃어갔는데, 그것은 특히 1984년 광부들의 파업의 실패에서 뚜렷이 드러났다. 이해 4월에 전국광부조합(National Union of Miners: NUM)의 광부들은 아서 스카길(Scargill)의 지도 아래 파업을 벌였다. 이미 오래전부터 사양길에 접어든 석탄 산업이 석유와 천연가스에 밀려 급격한 쇠퇴의 길로 빠져들자, 정부는 많은 탄광을 폐쇄했으며, 광부들은 이에 맞서 탄광 폐쇄를 중단할 것을 요구했다. 새처는 경찰력을 동원하여 단호하게 파업을 저지했다. 광부조합의 지도자들 사이에 분열이 생기고, 상당수의 광부들이 작업 복귀를 바라는 가운데, 파업 광부들은 미적거리며 이듬해 3월까지 끌다가 아무것도 얻지 못한 채 결국 일터로 돌아가고 말았다. 1985년에 시작된 런던 인쇄공들의 파업 역시 비슷한 패배를 겪었다. 이와 같은 파업의 실패와 법적 제약으로, 1986년에 파업으로 생긴 노동 손실 일수는 1950년대 이후 최저를 기록했다. 노동조합원의 수도 현저하게 줄어들어, 1980년에 1,300만이던 조합원 수가 1987년에는 900만에 불과하게 되었다. 비록 노동력의 절반 가까이가 1980년대 말에도 노동조합에 가입해 있었고, 이는 미국의 18%에 비하면 여전히 아주 높은 비율이었지만, 1960년대와 1970년대에 노조 지도자가 휘두르던 막강한 정치적 힘은 크게 쇠퇴했다. 이제 시대적 분위기는 고용주와 노동자 사이의 대결과 투쟁보다는 파업 없는 합의와 노동의 유연성 등을 강조하는 것이었다.

노동조합의 영향력이 약해지고 생산성이 향상하기는 했지만, 영국의 경제는 1987년에 이르러서도 여전히 저성장에서 헤어나지 못하고 있었다. 1979년 이래 경제는 연평균 1.4%의 성장에 그쳤는데, 이는 1960년대의 노동당 정부 때보다 훨씬 더 낮은 것이었으며, 북해 유전에서 들어오는 막대한 부를 감안하면 더더욱 그러했다. 한편 영국은 산업구조가 지속적으로 변해가고 있었다. 제조업 공장에 고용된 노동력의 비율은 1950년대 초엽 이래 줄곧 내려가고, 금융업이나 기타 서비스업에 종사하는 인구는 꾸준히 늘어났다. 런던은 계속 은행업과 보험업, 그리고 상품 교역의 세계적 중심지의 지위를 유지했다. 1980년대에 금융 서비스와 해외투자 등에서 거두어들이는 '보이지 않는' 소득은 더욱 늘어났으며, 그에 힘입어 이 시기에 영국은 일본에 이어 세계 제2의 채권국이 되었다.

새처 정부의 복지 정책

새처는 자유방임 경제에 집착하면서 복지국가가 경제성장에 장애가 된다고 생각했지만,[39] 복지국가에 정면공격을 가하지는 못했다. 그녀는 여론이 결코 감세를 통한 복지 혜택의 축소를 원하지 않고 있다는 사실을 외면할 수 없었다. 그래서 정면공격 대신 될 수 있는 데까지 복지예산을 줄이고, 복지 시책의 실행을 늦추려

---

39) 그러나 사실 1970년대 중반에 독일과 프랑스는 국민총생산의 21%를 교육과 보건, 그리고 기타 복지사업에 썼지만, 17%밖에 쓰지 않은 영국보다 경제성장률은 두 배나 더 높았다.

고 했다. 그럼에도 불구하고 복지와 관련된 전반적 지출은 사실상 별로 줄어들지 않았다. 그것은 의료 비용의 인상, 증가하는 범죄에 대한 대처 등 사회 여러 부문에서 소요되는 비용이 계속 늘어났기 때문이다. 국민보건사업과 관련된 지출은 1980년대에 실질적으로는 오히려 크게 증가했다. 더 많은 의사와 간호사가 고용되고, 더 많은 환자가 치료를 받았다. 그러나 보수당 정부는 그런 제도를 보완하고 수정하는 데 그쳤을 뿐 그것을 좀더 효율적인 것으로 만드는 창의적인 방안들을 찾으려 하지는 않았다.

주택문제에 대해서 새처 정부는 공영주택(council house)을 세입자에게 매각하는 정책을 추진했는데, 이 정책은 상당한 인기 속에 성공적으로 시행되었다. 1979년 집권 이후 8년 사이에 75만 채 이상의 공영주택이 매각되었고, 그래서 이제 약 62%의 가정이 자기 집을 소유하게 되었다. 새로운 주택 소유자들은 새로운 중산계층으로서 새처 정부의 지지자가 되었다. 지방행정 기구도 일부 개편되었다. 정부는 1985년의 지방정부법으로, 이제껏 급진적 노동당이 지배해 온 대런던 의회(Greater London Council)40)를 폐지하고, 그와 더불어 다른 6개의 광역주의회41)도 폐지했다. 대런던 의회와 광역주의회 권한의 상당 부분은 구(borough)의회와 군의회로 이관되었지만, 그러는 가운데 지방정부의 권한은 축소되고 중앙정부의 권한이 강화되었다.

홍콩과 북아일랜드 문제

영제국의 유산을 청산하는 작업에서 마지막 주요 현안인 홍콩의 반환 문제는 1984년 새처 정부에 의해 마무리되었다. 원래 영국령 홍콩은 1842년의 난징(南京) 조약으로 홍콩 섬이 영국에 영구 할양되면서 생겨났는데,42) 그 뒤 주룽(九龍) 반도 남부가 1860년 베이징(北京) 조약으로 역시 영구 할양되고, 1898년에는 주룽 반도 북부의 신졔(新界, New Territories)와 부속 도서가 99년의 기한으로 조차됨으로써 영국령 식민지 홍콩이 형성되었다. 영국은 조차권이 끝나는 1997년에 신졔는 반환하

---

40) 631쪽의 주 1) 참조.

41) 816쪽, 주 20) 참조.

42) 639쪽 참조.

되 당초 영구 할양된 홍콩 섬과 주룽 반도 남부 지역은 그대로 유지하려고 했으나, 중국은 이에 강력히 반발했다. 오랜 협상 끝에 양국은 1984년 마침내 타협점에 이르러, 영국은 홍콩 전역을 1997년 7월 1일에 중국에 반환하고, 그 대신 중국은 반환 이후 적어도 50년 동안은 홍콩을 '특별행정지구'로 설정하여 그 사회경제 제도와 생활 방식을 유지하기로 합의했다.

홍콩 문제는 이렇게 매듭지었지만, 해결의 전망이 보이지 않은 채 오랜 집권기 내내 새처를 괴롭힌 문제는 역시 북아일랜드 사태였다. 집권 첫해부터 IRA의 요인 암살 시도에 새처의 측근 인사를 포함하여 요인들이 잇따라 희생되었다. 1981년 5월에는 IRA와 아일랜드민족해방군(Irish National Liberation Army: INLA)이 벨파스트 근처의 한 감옥에 수감된 동료로 하여금 단식투쟁을 벌이게 함으로써 그들의 주장에 대한 세계의 관심을 환기시켰다. 그러나 '철의 여인' 새처는 정치범의 지위를 인정해 달라는 수감자들의 요구를 단호히 거부하고, 10명의 젊은이가 단식으로 목숨을 끊어도 꿈쩍도 하지 않았다. 결국 IRA는 단식투쟁을 중단하고 말았다.

IRA는 그러나 테러를 포기하지는 않았다. 그들은 영국이 결국 북아일랜드를 포기할 날이 올 것이라는 희망으로 폭력을 동원한 투쟁을 끈질기게 펼쳐나갔다. 1984년 10월에는 새처 자신이 테러에 희생될 뻔했다. 보수당 연례 대회가 열리고 있던 브라이튼의 한 호텔에서 폭탄이 터졌다. 수상을 포함하여 IRA가 노렸던 요인들 대신 애꿎은 다섯 사람이 희생당했다.[43] 새처 정부는 1982년에 북아일랜드에 개신교도와 가톨릭교도가 협력하는 북아일랜드 의회(Northern Irish Assembly)를 수립하는 등 이런저런 해결책을 모색해 보았지만 별다른 성과를 거두지는 못했다. 1985년에는 힐스버러(Hillsborough) 조약으로 영국 정부와 아일랜드 공화국 정부가 아일랜드 문제의 해결에 대한 합의에 도달했지만, 이 역시 통합당의 반대에 부닥쳐 무산되었으며, 1986년에는 북아일랜드 의회마저 해산되고 말았다.

---

43) 가장 대범한 테러는 1991년 2월 수상 관저에 대한 박격포탄 공격이었다. 각료들이 걸프전(Gulf War)을 논의하고 있을 때 정원에서 박격포탄이 터졌으나, 유리창만 박살났을 뿐 다친 사람은 없었다.

경제의 호전

1986년 1월에 340만 명으로 절정에 달했던 실업자 수가 그 뒤 점차 줄어들기 시작하고, 이자율이 내려가면서 경제 상황이 호전되었다. 1980년에 22%에 달했던 인플레이션이 1986년에는 5% 수준으로 떨어졌으며, 1987년의 경제성장률은 4%에 이르렀다. 1987년 3월 새처는 모스크바를 방문하여 미국과 소련이 핵무기 감축에 대한 합의에 이를 길을 닦아놓았다. 경제 상황의 호전 속에 외교적 성과를 거두고 돌아온 새처는 6월에 다시 1년이나 앞당겨 총선거를 단행했다. 한편 노동당은 그동안 키노크의 지도 아래 상당히 온건해졌으나, 아직도 노동조합의 지배를 받고 있었으며, 대중의 호응을 받지 못하는 일방적 핵무장 해제 강령을 견지하고 있었다. 사회민주당과 자유당의 '동맹' 또한 양당 간의 정책 이견을 극복하지 못하고 자주 불협화음을 드러냈다. 야당이 이렇게 적당하게 분열되어 있었던 덕택으로 보수당은 의석이 다소 줄어들기는 했지만, 다시 한 번 압승을 거두었다. 노동당이 30.8%의 득표율로 229석을 얻고, '동맹'이 25.4%의 득표율로 22석을 얻은 데 대해, 보수당은 42.3%의 득표율로 376석을 차지했다.

선거 결과에 실망한 노동당은 즉시 당 정책을 유권자의 지지를 받을 수 있는 방향으로 바꾸어나갔다. 노동당은 일방적 핵무장 해제 강령을 폐기함과 동시에 시장 경제 원리도 수용했다. 이러한 변화는 1980년대 말엽 이후 동유럽에 밀어닥친 소비에트식 공산주의의 붕괴의 물결 속에 한결 쉽게 이루어졌다. 한편 합당의 필요성을 느낀 '동맹'의 사회민주당과 자유당은 오래 끈 힘든 협상 끝에 1988년 3월 마침내 사회·자유민주당(Social and Liberal Democrats: SLD)으로 합당했고, 7월에 자유당의 패디 애쉬다운(Paddy Ashdown)을 당수로 선출했다. 사회·자유민주당은 이듬해 10월에 자유민주당(Liberal Democrats)으로 이름을 바꾸었다.

한편 번영하는 경제 속에서 세 번이나 연달아 승리한 새처는 사회주의를 끝장내고 그동안 추진해 온 각종 개혁의 성과를 더욱 공고하게 다지는 데 힘썼다. 그녀는 경제에 대한 정부의 역할을 더욱 줄이고, 기업의 경쟁력과 효율성을 높이기 위해 할 수 있는 한 기업에 대한 규제를 풀었다. 더욱 많은 국영기업이 민영화되고, 각종 사회적 프로그램의 예산이 삭감되었다. 교육과 보건의료 분야에서도 마찬가지로 시장 원리에 입각한 변혁이 추진되었다. 영국은 정규 고등교육을 받고 있는 18세 청년의 수가 서유럽의 15개 산업국 가운데 14번째를 기록하고 있었는데도, 정부는 대학 지원 예산을 크게 삭감했다.[44] 국민보건사업에도 시장 원리가 도입되어 안과 검사에 새로 수수료가 부과되고, 의료 처방에 대한 수가가 크게 올랐으며, 대형 병원들은 지역 보건 당국의 통제에서 벗어나 독립채산제로 운영하는 것이 허용되었다.

새처 정부의 말기

그러나 새처의 창창할 것 같던 앞날은 1987년 10월 19일의 '검은 월요일(Black Monday)'과 함께 어그러지기 시작했다. 이날 뉴요크와 런던의 주식시장에서 주식 값이 폭락했는데, 이것은 이어지는 주가 폭락 사태의 전주곡이었다. 1929년의 사태[45]와 비견할 만한 주식시장의 침체는 전 세계적 현상의 일환이었다. 런던의 금융가에서는 해고 바람이 몰아치고, 이후 금융 서비스 부문은 지속적인 쇠퇴의 길로 빠져들었다. 다시 어려워지는 경제 상황 속에서 새처 정부의 평판에 결정적 타격을 가한 것은 이른바 '공동체부과금(community charge)'에 대한 논란이었다. 1988년 4월, 새처 정부는 이제까지 지방정부의 재정 충당을 위해 그 지역에 거주하는 세대주들에게 재산 정도에 따라 차등적으로 부과해 온 '세대부과세(domestic rates)' 대신에, 지역 안에 거주하는 18세 이상의 모든 주민에 똑같은 액수의 세금을 부과하는 입법을 강행했다. '인두세(poll tax)'라고 불린 이 세금은 국민들의 격한 반대에 부닥쳤을 뿐만 아니라, 심지어 보수당 내에서조차 반대의 목소리가 터져 나왔다. 전국적으로 비난의 여론이 거세게 일고, 많은 사람들이 이 현대판 인두세의 납부를 거부했다. 1990년 3월에는 런던에서 이에 반대하는 4만 군중의 시위가 벌어졌는데, 시위는 폭동으로 번져 수백 명의 항의자들이 런던 중심가에서 난동을 부렸다.

---

44) 새처 정부의 대학 지원 예산 삭감을 못마땅하게 생각한 옥스퍼드 대학은 새처에 대한 명예박사 학위 수여를 거부했다.

45) 740~741쪽 참조.

새처의 집권 제3기는 또한 많은 폭력과 각종 사고로 얼룩진 시기였다. IRA의 끊임없는 테러 외에도 '훌리건(hooligan)'이라 불린 깡패들의 난동이 곳곳에서 일어나고, 그중 광적인 축구 팬들은 국내에서뿐만 아니라 국외에까지 나가 축구장을 온통 난장판으로 만들곤 했다. 교도소 수감자들이 난동을 부린 사건도 일어났다. 이 무렵에 영국은 경찰 병력을 계속 늘렸음에도 범죄는 꾸준히 늘어났다. 영국의 인구 대비 수감자 비율은 서유럽의 다른 어느 나라보다 높았다. 교도소의 시설 역시 수십 년 동안 거의 개선되지 않아, 수감자는 물론이고 교도관들까지도 불만이 많았다. 1987년 이후 수년 사이에 집단 탈주, 교도소 점거, 집단 항의, 난동 등 일련의 사태가 여러 곳에서 일어났다. 그중에서도 특히 1990년 3월에는 맨체스터의 한 교도소에서 수감자들이 교도소 일부를 점거하여 3주 반 동안이나 버텼는데, 이것은 영국 교도소에서 일어난 최장기 점거 사건이었다. 대형 참사 또한 자주 일어났다. 열차가 충돌하고, 여객선이 침몰하고, 항공기가 추락하는 등 땅과 바다와 하늘을 가리지 않고 갖가지 재앙이 이어졌다. 그 바람에 로이드(Lloyd) 보험회사가 300년 만에 처음으로 심각한 적자에 허덕이게 되었다.

이 모든 사태가 새처의 앞날을 어둡게 만들었는데, EC에 대한 정책 역시 그녀의 입지를 굳히는 데 도움이 되지 못했다. 새처는 유럽의 통합을 강화하려는 움직임에 대해 회의적이거나 반대하는 이른바 '유럽통합기피자(Eurosceptic)'의 전형이었다. 대부분의 회원국들이 EC의 단일 통화 도입, 유럽 의회의 권력 강화, EC의 방어력 확보 등의 사안에 대해서 그 진전을 환영한 데 반해, 유독 영국만은 이 모든 것에 대해 반대했다. EC에 대한 새처의 정책에 대해서 보수당 의원들은 대체로 동조하는 편이었으나, 그녀의 이런 소극적인 자세 때문에 영국이 유럽 안에서 위험스러울 정도로 고립되어 가고 있는 것을 우려하는 목소리 또한 적지 않았다.

새처의 입지가 어려워졌다는 것은 1989년 12월의 보수당 연례의원총회에서 북웨일즈 출신의 한 평의원(backbencher) 앤서니 마이어(Meyer)로부터 당권을 도전받은 사실에서 단적으로 드러났다. 이것은 그녀가 당수로 선출된 이래 처음 받은 도전이었을 뿐만 아니라, 현직 수상으로서 당수 재선에 도전받은 최초의 경우였다. 마이어 자신을 포함하여 어느 누구도 이 도전이 성공하리라고는 믿지 않았으며, 실제로 새처는 쉽게 이 도전을 물리쳤지만, 마이어는 의외로 많은 표를 얻었다. 이는 새처의 여러 국내 정책뿐만 아니라 특히 대유럽 정책에 대한 당내의 불안과 불만을 반영하는 것이었다. 비록 실패로 끝나기는 했지만, 이런 도전으로 지도력에 손상을 입은 새처는 이듬해인 1990년에 그의 오랜 각료로서 당시에 외무상이던 써 제프리 하우(Howe)의 사임으로 다시 치명적인 손상을 입었다. 그해 10월에 새처는 로마에서 열린 EC 정상회담에서 유럽 단일 통화의 도입과 독립적인 유럽중앙은행의 설립에 대해 반대 의견을 표명했는데, 하우는 이러한 새처의 EC 정책에 항의하여 사임했던 것이다. 1979년 새처의 첫 집권 때부터 여러 각료직을 두루 거친 인물인 하우의 이탈은 새처의 신망에 크나큰 상처를 입혔다. 이어 11월에 개최된 의원총회에서 EC에 대해 호의적인 견해를 지닌 마이클 헤즐타인(Heseltine)이 하우의 지원을 업고 새처의 지도권에 도전했다. 투표 결과 새처는 204표를 얻어 152표를 얻은 헤즐타인을 여유 있게 이겼지만, 당규상 1차 투표로 당선하는 데는 네 표가 부족하여 2차 투표로 넘어가게 되었다. 파리에서 정상회담에 참석하고 있던 새처는 이 결과를 보고 곧바로 수상직과 당수직의 사임을 표명하고, 후계자로 재무상인 존 메이저(Major)를 추천했다. 이리하여 11월 27일에 2차 투표까지 치른 결과 메이저가 헤즐타인과 또 다른 경쟁자인 외무상 더글러스 허드(Hurd)를 물리치고 보수당의 새로운 지도자로 선출되었다.

새처는 11년이 넘는 집권 기간 동안, 영국에 만연해 있던 안이한 자족감과 패배주의에 도전하여 적자생존의 경쟁 원리를 도입함으로써 사회에 활력을 불어넣고자 노력했다. 그 결과 그녀는 국가의 경쟁력을 높이는 데에는 어느 정도 성공했지만, 그것으로 영국 산업의 쇠퇴를 막지는 못했다. 영국의 산업은 그녀의 집권 기간 동안에 오히려 더욱 악화되었다. 이를 나타내는 한 지표로서 제조업 종사자의 경우를 보면, 1979년에서 1991년 사이에 그 인구가 200만 명 이상 줄었고, 전체 노동력에서 차지하는 비율은 31%에서 23%로 낮아졌다.

새처는 또한 오랫동안 지속되어 온 평등을 향한 추세, 즉 영국을 하나의 '국민(nation)'으로 통합하려는 노력을 중단시켰다. 상층 10% 인구의 소득이 최하층 10% 인구의 소득보다 6배나 더 빨리 증가했다. 조세정책도 부자들 위주였다. 부자의 세금이 가장 많이 경감되었고, 1989년 이후에는 재산 정도에 따라 차등 부과되는 지방세가 빈부의 구별 없이 모든 주민이 똑같이 부담하는 '공동체부과금'으로 대체되었다. 그리하여 새처의 집권 기간 동안 절대빈곤선 이하의 인구가 33%나 늘어났다. 디즈레일리의 이른바 '두 국민(two nations)', 즉 부자와 빈자 간의 간극이 그동안 꾸준히 좁혀져 왔는데 새처 치하에서 다시 넓혀졌다. 지역적 격차도 심화되어 산업적 북부와 서부는 더욱 쇠퇴하고 빈곤해진 반면에, 남동부는 더욱 번영하고 부유해졌다. 새처는 확고하게 부자 '국민' 편에 섰고, 그 결과 영국은 1930년대 이후 그 어느 때보다 깊게 분열되었다.

외교정책에서 새처는 소련과 동유럽에서 전개된 민주화 운동에 힘을 실어주었다. 그러나 그녀는 독일의 통일에 적대감을 나타냈고, 영국과 EC의 더욱 긴밀한 결합에 대해서도 노골적인 거부감을 표시했다. 또한 그녀는 바르샤바(Warszawa) 조약이 붕괴하고 소련과 동유럽의 위험이 거의 사라진 상황에서도 NATO의 군비 강화를 주장하고, 핵무기 보유에 대한 단호한 의지를 천명했다. 이런 정책은 보수당 안의 우파를 즐겁게 해주었지만, 그럼으로써 영국을 고립의 위험에 빠뜨리고 유럽과 세계 속에서 영국의 위상을 떨어뜨렸다.

새처 이후의 보수당 정치

새처의 뒤를 이은 메이저는 정책 면에서 대체로 새처주의를 따랐으나, 그러면서도 새처의 강경 일변도의 방식을 완화하는 방향으로 나아갔다. 그네 타는 곡예사의 아들로 태어난 메이저는 런던 남부의 새로운 빈민가인 브릭스턴에 살면서 16세에 학교를 떠나 노동자로 사회에 첫발을 내디뎠다. 그는 은행원을 거쳐 정계에 들어가, 1979년에 헌팅턴에서 의원으로 당선되었다. 그 후 그는 급성장하여 의회에 진출한 지 11년 만에, 그리고 각료로 입각한 지 불과 3년 만에 47세의 나이로 권력의 최정상에까지 올랐다.

수상 취임 후 메이저가 우선 대처해야 했던 현안은 페르시아 만의 위기였다. 1990년 8월 초 이라크가 쿠웨이트(Kuwait)를 침공하여 합병하자, 미국은 유엔을 통해 이라크에 대한 제재 조치를 취하게 했으며, 사우디아라비아를 비롯한 아랍연맹

(Arab League)도 이를 비난하고 나섰다. 수개월 동안의 외교적 실랑이 끝에, 결국 33 개국으로 편성된 다국적군이 1991년 1월에 이른바 '사막의 폭풍(Desert-Storm)' 작전을 전개하여 쿠웨이트를 되찾고 이라크의 항복을 받아냈다. 미국이 주도한 이 전쟁에 영국도 적극적으로 참여했다. 야당도 포함하여 일반 국민으로부터 대체적으로 지지를 받은 걸프전에서의 성취는 한동안 메이저의 입지를 강화시켜 주었다.

그러나 걸프전의 효과는 1990년대 초의 경기후퇴로 보수당 지지층이 이탈함에 따라 오래가지 못했다. 1990년 말에만 해도 200만 정도였던 실업자 수가 다시 늘어나 1993년 초에는 300만을 넘어섰다. 1980년대에 금융 제도의 자유화와 정부의 주택 매입 장려 정책으로 개인 부채가 크게 늘어난 사람들이 위험한 처지에 놓였다. 1992년 6월에는, 공영주택 매입을 위해 빌린 대부금을 갚지 못해 채권자의 수중으로 넘어간 주택들이 연간 7만 5,000채 정도에 달했고, 할부금 지불이 6개월 이상 연체된 저당설정자의 수도 30만 명이나 되었다.

EC 문제를 둘러싸고 의견이 갈라진 보수당을 추스르는 일 또한 메이저가 해결해야 할 어려운 과제였다. 그는 1991년에 마스트리히트(Maastricht)에서 개최된 EC 정상회담에 참석했는데, EC에 대한 당의 의견이 분열되어 있는 데다가, EC를 더욱 긴밀하게 통합하려는 다른 11개국 정상들의 결의 때문에 그의 입지는 극히 제한되어 있었다. 끈질긴 협상 끝에 정상회의는 마침내 1991년 12월에 합의를 이끌어내어 흔히 마스트리히트 조약이라 불리는 '유럽연합 조약(Treaty of European Union)'을 체결했다. 여기에서 12개국 정상들은 공고하게 통합된 유럽연합(EU)을 창설하기로 합의하고, 그 유럽연합은 자체의 방위 정책과 외교정책, 단일 통화, 공동의 이민정책, 역내 지역 간의 빈부 격차를 줄이고 결속을 강화하기 위해 설치된 기금, 그리고 더욱 강화된 유럽 의회(European Parliament) 등을 보유하기로 규정했다. 다만 그런 가운데서도 영국은 단일 통화의 채택 여부, 노동자의 건강과 안전, 작업 조건, 최저임금 등을 규정한 '사회 조항(Social Chapter)'의 적용 여부에 대한 예외적 선택권(opt-out)을 확보했다. 보수당 의원들은 대부분 메이저가 마스트리히트에서 좋은 타협책을 얻어냈다고 반긴 반면, 노동당과 자유민주당의 많은 의원들은 그가 영국을 유럽으로부터 더욱 고립시켰다고 생각했다. 특히 '사회 조항'의 적용에서 영국이 예외가 된 데 대해 노동당은 강한 불만을 표시했다.

집권 1년 남짓한 동안에 메이저는 지나치게 오른쪽으로 기울어있던 당을 무난히 중도로 옮기고, 국제무대에서도 나름대로 성과를 올림으로써 새처의 후광에서 벗어나 어느 정도 독자적 입지를 강화할 수 있었다. 메이저는 1992년 3월에는 이제까지 심하게 비난받아 온 인두세를 재산에 따라 부과되는 '지자체세(Council tax)'로 대체하기도 했다.46) 그러나 다가오는 총선거를 앞에 두고, 메이저는 계속 뒷걸음질 치는 경제를 되살릴 수가 없었다. 한편 1987년의 선거에서 패배한 노동당은 키노크의 지도 아래 당의 재조직과 개혁에 주력해 왔다. 많은 여론조사는 노동당의 우세를 점쳤다. 열세를 느낀 메이저는 거리로 나와 가두연설로 일반 서민층에 다가갔다. 거창한 대중 집회를 통해 위세를 과시한 노동당의 선거전과는 대조적으로 메이저의 이 같은 서민 접근 방식의 선거전은 유권자들의 호감을 샀다. 게다가 승리를 자신한 노동당은 자유민주당과의 선거 공조에도 소극적이었다. 그리하여 1992년 4월의 총선거에서 보수당은 여론의 예상을 뒤엎고 또다시 승리를 거두었다.47) 비록 의석 과반수보다 겨우 10석을 더 얻는 데 그쳤지만, 이로써 보수당은 연 4승의 신기록과 함께 18년 장기 집권의 대기록을 세우게 되었다.

무기력한 메이저 정부

메이저는 자신의 지도력으로 재집권하는 데는 성공했지만, 선거에서 간신히 다수를 확보한 데 그침으로써 이후 행보에 여러모로 제약을 받았다. 상대적으로 온건한 메이저의 정책들은 당과 내각 안에 있는 우익 강경파들의 반대에 부닥치곤 했다. 특히 논란의 대상이 된 것은 EU 정책에 관한 문제였다. 1992년 2월에 조인된 마스트리히트 조약에 대해서는 노동당은 물론, 보수당 내의 'EU 기피자' 의원들도 비준

---

46) 퇴임한 새처는 자신이 후계자로 추천한 메이저가 새처주의에 반하는 정책들을 펴자 종종 정부 정책을 강하게 비난하여 메이저 정부를 곤혹스럽게 만들곤 했다.

47) 선거 결과는 득표율과 의석수에서 보수당이 41.9%로 336석, 노동당이 34.4%로 271석, 자유민주당이 17.8%로 20석, 기타 정당이 5.8%로 24석을 얻었다. 1987년의 선거보다 보수당이 40석을 잃고, 노동당이 41석을 늘렸다.

을 거부했다. 게다가 1992년 9월 16일 '검은 수요일(Black Wednesday)'의 파운드화 가치 폭락으로 영국이 유럽의 '환율조정기구(Exchange Rate Mechanism: ERM)'에서 탈퇴할 수밖에 없었는데, 이는 정부의 금융정책과 EU 정책에 대한 신뢰를 무너뜨렸다. 그리하여 보수당 내의 'EU 기피자' 의원들의 수가 점점 더 늘어나 마스트리히트 조약의 비준이 번번이 좌절되자, 메이저는 1993년 7월 이 문제와 관련한 신임투표를 실시하여 여기에서 패배하면 총선거를 실시할 뜻을 내비침으로써 가까스로 조약에 대한 비준을 얻어낼 수 있었다.[48] 그러는 사이에도 보수당과 메이저의 인기는 더욱 떨어져 1992년 이후에 치러진 여러 보궐선거에서 패배를 거듭한 데다 탈당하는 의원들까지 나와 다수당의 지위까지 위협받게 되었다.

이런 상황을 타개하기 위해 메이저는 "기본으로 돌아가자(Back to Basics)"라는 구호를 내걸고 나섰다. 그것은 '자기 규제와 법의 존중, 타인에 대한 배려, 자기 자신과 자기 가정에 대한 책임을 지고 이를 나라에 떠넘기지 말자'는 것이었다. 1994년에는 IRA와 휴전에 합의함으로써 북아일랜드 문제의 평화적 해결을 위한 실마리를 풀기도 했다. 1990년대 중엽부터 경제도 서서히 호전의 기미를 보이기 시작하여 실업률이 떨어지고 생산이 증가했다. 그러나 이 모든 것에도 불구하고 보수당과 메이저의 인기는 회복되지 않았다. '기본으로 돌아가자'는 구호는 오히려 이른바 '질의 대금(cash for questions)'[49]을 비롯한 각종 금전상의 부패 행위와 성적 추문 등 보수당, 특히 내각 안의 '타락(sleaze)'과 위선에 대한 언론 매체의 폭로에 빌미를 줌으로써 메이저를 더욱 난처하게 만들었다.[50] 1995년 7월 메이저는 당수직의 사임를 표명함으로써 자신의 지도력에 대한 당의 재신임을 물었다. 그는 도전자 존 레드우드(Redwood)를 물리치고 재신임에 성공했으나, 그것으로 당의 분열이 끝나지는 않았다. 정부의 처지를 더욱 어렵게 만든 것은 1996년 3월에 EU가 광우병이

---

48) 당내의 반대파들도 총선거가 실시되면 거의 낙선하게 될 것이라고 예상했기 때문에 이를 피하기 위해 조약의 비준에 동의했던 것이다.

49) 의원으로 하여금 의회에서 질의를 제기토록 하기 위해 이해 당사자가 의원에게 주는 뇌물을 말한다.

50) 메이저 자신도 1984년 보수당 원내총무로 있을 때 에드위너 커리(Edwina Currie)라는 여성 의원과 관계를 맺었다는 것이 나중에 드러났다.

발생한 영국의 쇠고기에 대해 수입 금지 조치를 취한 일이었으며, 이것은 당내 EU 기피자들의 세력을 더욱 강화시켰다. 1996년 12월에 당의 국민보건사업에 관한 정책에 반대한 한 보수당 의원이 탈당한 데 이어, 또 하나의 보궐선거에서 패배함으로써 보수당은 마침내 하원에서 다수의 지위를 잃었으며, 메이저는 당내 반대파인 EU 기피자들과 얼스터통합당의 표에 의존할 수밖에 없는 처지가 되었다.

한편 노동당은 1987년과 1992년의 선거에서 연패한 키노크가 물러나고 7월에 존 스미스(Smith)가 당수로 선출되었다. 그는 노동당의 정책 결정과 당수 및 의원 후보자의 선출 과정에 대한 노동조합의 막강한 영향력을 줄임으로써 노동당과 노동조합의 관계를 개혁하는 일을 해냈으나, 1994년에 심장마비로 급사했다. 이해 7월에 그의 뒤를 이어 당수로 선출된 앤서니(토니) 블레어[Anthony(Tony) Blair]는 옛 좌파적 이미지에서 벗어난 '중도-잉글랜드(middle-England)'의 유권자들에 대한 호소력을 높이기 위해 당의 개혁에 주력했다. 노동당을 사회주의 정당에서 중도적인 대중 정당으로 변모시키려고 한 블레어는 1995년 4월 임시당대회에서 당내 좌파 대의원들의 세찬 저항을 물리치고 생산수단의 공동 소유제를 규정한 당헌 제4조를 삭제하는 데 성공했다.[51] 사람들의 눈에 너무 급진적이면서도 무능하게 비쳐온 당의 이미지를 바꾸기 위해 그는 자기 당을 '새 노동당(New Labour)'이라고 불렀다. 블레어는 노동당의 전통적인 재정 정책과 달리, 세금의 인하와 사회적 비용 지출의 긴축을 제안했다. 그는 당과 노동조합의 연계를 완화하고 기업 단체들과의 협조를 강화함으로써 노사분규를 해결하고자 했으며, 국영기업의 민영화에 대한 노동당의 완강한 반대를 누그러뜨렸다. 블레어는 이와 같은 정치적 중도주의와 젊고 참신한 인간적 매력과 정력적인 연설로 노동당에 대한 대중의 지지를 계속 확산시켜 나갔다.

1997년 5월 1일에 실시될 총선거를 앞두고, 보수당은 당내 몇몇 의원의 부정행위에 대한 '의회규범위원회(Parliamentary Commissioner for Standards)'의 조사와 EU에 대한 당내 의견의 분열로 힘이 더욱 약화되고 있었다. 이와는 달리 여론조사에서

---

51) 797쪽과 주 9) 참조.

지지율이 계속 오르고 있던 노동당은 '새 노동당'의 깃발 아래 정권 교체와 정치 개혁을 이룩하겠다고 약속하며 유권자들에게 호소했다. 사실 '새 노동당'은 그 모호한 중도적 성격으로 말미암아 당내의 반대파들과 전통적 사회주의자들로부터 많은 비판을 받았지만, 노동당의 이러한 변모는 성공을 거두었다. 노동당의 인기가 올라가고 있는 반면, 보수당의 분열과 메이저 정부의 부패에 대한 비난의 소리는 더욱 높아갔다. 무엇보다도 많은 사람들이 18년에 걸친 보수당의 장기 집권에 싫증을 느끼고 있었다. 이리하여 블레어의 '새 노동당'은 5월의 총선거에서 압승을 거두었다.52) 패배한 메이저는 바로 수상직과 당수직을 내놓고 하원의 뒷좌석 의원으로 물러나 앉았으며, 윌리엄 헤이그(Hague)가 보수당의 당수가 되었다.

블레어의 '새 노동당'

새 노동당의 수상 토니 블레어는 에든버러의 법정변호사의 아들로 태어나, '스코틀랜드의 이튼'으로 알려진 에든버러의 '페티스(Fettes)'를 거쳐 옥스퍼드 대학에서 법학을 공부했다. 대학 시절의 그는 기타를 치고 록밴드에서 노래 부르는 중산층 출신의 신세대 젊은이였다. 1983년에 더럼 주의 세지필드(Sedgefield)에서 30세의 나이로 노동당 의원으로 당선된 후 줄곧 그곳에서 당선된 블레어는 키노크와 스미스가 이끄는 노동당의 개혁 방향에 전폭적으로 동조함으로써 당내에서의 지위 역시 급상승했다. 44세의 젊은 나이에 수상직에 오른 블레어는, 21세기의 범세계적 질서 변화에 대응하는 중도좌파의 새로운 정책 틀로서 런던경제정치대학의 앤서니 기든스(Giddens)가 제시한 '제3의 길(the third way)'을 내걸었다. 국가 통제, 높은 세금, 생산자 계층의 이익 등에 사로잡혀 있는 구좌파(Old left)나 개인주의와 자유방임적 시장경제를 고수하려는 신우파(New right)의 이념은 모두 새로운 현대사회를 이끌어가는 효과적인 이념이 되지 못한다고 판단한 그는 21세기의 새 시대에는 이와 같은 좌파나 우파의 이념적 범주를 극복하는 새로운 실용주의적 정책 노

---

52) 노동당이 44.3%의 득표율로 418석을 얻어 1992년 선거보다 147석을 더 늘린 데 대해, 보수당은 31.5%의 득표율로 165석을 얻어 전보다 171석이나 잃었다. 한편 자유민주당은 17.2%의 득표율로 46석을 얻어 이전보다 26석을 더 늘렸다.

선이 필요하다고 주장했다.[53] 그는 새 노동당의 접근 방식은 자유방임도 국가 간섭도 아니며, 정부의 역할은 거시경제의 안전성을 증진하고, 자립심을 키워주는 조세정책을 펴며, 실업자에게 수당을 주는 복지에서 탈피하여 일자리를 만들어주고 유지시켜 주는 '적극적 복지(positive welfare)' 정책을 개발하고, 교육을 비롯한 각종 기반 시설을 개선하여 국민들의 일할 수 있는 능력을 길러주고, 기업, 특히 지식 기반의 미래 산업을 육성하는 데 있다고 강조했다.

그리하여 블레어가 이끄는 노동당 정부는 청년실업 대책, 재정금융 운용의 개혁, 교육 수준의 향상, 국민최저임금제의 채택, 헌정 개혁, 국제기구에 대한 적극적 참여 등 일련의 정책 제안과 정치 개혁 계획을 발표하고 이를 실천해 나갔다. 1997년 7월부터 시작된 스코틀랜드와 웨일즈에 대한 자치권 이양(devolution)에 관한 여러 조처가 1999년 7월에 결실을 맺어 두 지역은 각기 자체의 의회와 정부를 가지게 되었으며 교육·건강·지방행정·과세 등 내치에 관한 자치권을 넘겨받았다. 북아일랜드 문제에 대해서도 블레어는 취임하자 곧 과격한 신페인당까지도 참여하는 북아일랜드의 모든 정파 간의 협의를 추진한 끝에, 1998년 4월 북아일랜드 의회와 자치정부 수립에 관한 합의에 도달했다. 얼스터통합당의 데이비드 트림블(Trimble)과 가톨릭계 온건파인 사회민주노동당(Social Democrats and Labour Party)의 존 흄(Hume) 사이에 합의된 이른바 '좋은 금요일의 합의(Good Friday Agreement)'에 따라, 5월에 실시된 북아일랜드와 아일랜드에서의 국민투표와 6월에 실시된 북아일랜드 의회의 선거를 거쳐, 7월에 트림블이 수석장관(First Minister)으로 선출되었다. 그 뒤에도 이른바 '진정한(Real)' IRA의 테러, IRA의 무장해제 지연, 트림블의 자치정부 불참 선언 등 여러 난관을 이겨내고 1999년 12월에 마침내 북아일랜드 정부에 대

---

53) 기든스가 말하는 구좌파는 국가의 개입, 케인즈적 수요 관리, 집단주의, 혼합경제, 완전고용, 평등주의, 포괄적 사회복지 등을 주장하는 낡은 스타일의 사회민주주의를 의미하며, 신우파는 최소 정부, 자유방임적 시장경제, 개인주의, 능력에 따른 불평등의 수용, 사회 안전망으로서의 복지 정책 등을 내세우는 새처주의 또는 **신**자유주의(neo-liberalism)를 의미한다. [**신**자유주의는 사회민주주의적인 색채를 어느 정도 받아들인 19세기 말과 20세기 초의 신자유주의(new liberalism)와 혼동되어서는 안 되며, 따라서 이 책에서는 양자를 구별하기 위해 다른 활자체를 사용하기로 했다.]

방한한 엘리자베스 2세 여왕과 김대중 대통령

한 자치권 이양이 이루어졌다.[54] 한편 정부는 1998년 10월부터 상원 개혁에 착수
하여 이듬해 11월에는 상원의원의 수를 700명 정도로 제한하고 성직귀족과 세습
귀족의 의원수를 각각 26명과 92명으로 줄이는 등의 성과를 이루어냈다.[55]

블레어는 외교 면에서도 적극적인 활동을 전개했다. 1997년에 집권하자마자 그
는 마스트리히트 조약의 '사회 조항' 적용에 대한 영국의 선택권 철회를 발표함으
로써 EU와의 관계 개선에 나섰다. 이해 7월에는 새처 정부 때의 약속에 따라 홍콩

---

54) 그러나 그 후에도 IRA의 무장해제와 경찰 조직에 관한 문제, 그리고 여전히 계속되는 '진정한' IRA의
   과격한 테러와 이에 대한 보복 행위, 강경파 개신교계 정파들의 자치정부에 대한 참여 거부 등의 문제로
   북아일랜드에서는 분규가 그치지 않고 있다.
55) 2001년의 총선거에서 승리한 노동당 정부는 11월에 다시 획기적인 상원 개혁에 나섰으나 성공하지 못했
   다. 858~859쪽 참조.

을 중국에 반환하는 조치를 이행했으며, 그동안 적대 관계에 있던 몇몇 나라들과의 관계도 개선했다. 1998년에는 포클랜드 전쟁으로 오랫동안 관계가 단절되어 온 아르헨티나와, 이듬해 9월에는 『악마의 시(*The Satanic Verses*)』(1988)의 작가 살만 루시디(Salman Rushdie)의 문제로 갈등을 빚어온 이란과의 관계를 정상화하고, 이어 2000년 12월에는 북한과도 외교관계를 맺었다. 한국과는 1999년 4월 엘리자베스 여왕의 방한에 이어 2000년 10월에 블레어 수상이 방한하여 한·영 양국 간의 교역·투자의 지속적 확대에 합의했다. 그는 또 2000년 3월에는 러시아를 방문하여 블라디미르 푸틴(Vladimir Putin) 대통령권한대행과 만나 러시아의 경제난 해결에 관해 협의하기도 했다. 그중에서도 특히 미국과의 우호 관계를 중시한 블레어는 1998년 12월에 유엔의 무기 사찰에 비협조적인 이라크에 대한 미국의 공중폭격전인 이른바 '사막의 여우(Desert Fox)' 작전에 적극적으로 참가하는가 하면, 이듬해 3월에는 코소보(Kosovo)에서 NATO 공군이 세르비아(Serbia)에 대해 대규모 폭격을 강행할 때에도 미국과 나란히 주도적 역할을 했다.

한편 블레어 정부는 몇 가지 어려움에 직면하기도 했다. 2000년 9월 유가 상승에 반대한 농민들과 육상 운송인들의 전국적인 정유소 봉쇄 소동 때에는 군대까지 동원하여 이를 분쇄해야만 했다. 1996년에 발생한 광우병으로 영국산 쇠고기의 수출이 금지된 데 이어, 2001년 2월에는 잉글랜드 남동부의 한 도살장에서 '구제역(口蹄疫)'이 발견되어 프랑스와 독일 등 유럽 국가들이 영국산 가축과 육류의 수입을 금지했으며, 이에 따라 EU와의 관계 개선이 주춤거리게 되었다. 600만 마리가 넘는 가축이 도살되고, 발병 지역에 대한 접근이 금지됨에 따라 관광 수입이 크게 줄어들고 농민들의 피해가 막심했다. 게다가 1999년 10월 런던의 패딩턴(Paddington) 역에서 일어난 대형 열차 충돌 사고 이후 거의 해마다 열차 사고가 일어났다.

그러나 이런 어려움을 겪으면서도 영국의 경제는 1990대 중반 이래 대체로 안정적 성장을 지속했다. 1998년에 들어와 파운드화의 가치 상승에 따른 수출 부진과 개인 소비의 감소로 경제성장이 주춤해져 1997년에 3.5%이던 GDP의 성장률이 1999년에는 2.3%로 떨어졌으나, 그 후 다시 상승하여 2002년에는 3%가 되었다. 1993년에 10%를 넘던 실업률도 1999년에는 5%대까지 떨어졌으며, 그런 뒤에도 완만한 하락세를 지속했다. 1990년에 9%까지 올라간 물가 상승률도 1997년 이후에는 대체로 3%를 밑도는 수준에서 소폭의 등락을 유지했다.

구제역이 완전히 사라지지 않은 가운데 2001년 7월에 실시된 총선거에서 노동당은 이번에도 지난 선거와 비슷한 정도의 압승을 거두었다.[56] 선거전에서 주요한 쟁점은 EU 정책에 관한 것이었다. 블레어가 선거 후 유럽 단일화폐인 유로(euro) 가입에 관해 국민투표를 실시할 의사를 밝힌 데 대해, 보수당은 이를 강력하게 반대했다. 이 문제에 관한 한 대다수 국민의 의견이 보수당에 동조적이었음에도 불구하고 이번에도 보수당이 참패한 것은 국민들의 주요 관심이 이 문제보다는 경제문제에 있었기 때문이며, 지난 노동당 정부하의 영국 경제가 안정적으로 성장해 온 것이 크게 작용한 것으로 짐작된다. 다만 이번 선거에서 나타난 또 다른 특징은 선거에 대한 국민들의 관심이 낮아져 총투표율이 1918년 이후 최저 기록인 59.4%에 불과했다는 점, 그리고 자유민주당이 의석수를 늘려 제3당의 지위를 확보했다는 점이다. 선거에 패배한 보수당에서는 헤이그가 물러나고 더욱 강경한 유럽 통합 기피자인 47세의 젊은 이언 덩컨 스미스(Iain Duncan Smith)가 새로 당수가 되었다.

제3의 길의 앞날

블레어는 연임에 성공한 최초의 노동당 수상이 되었지만, 연임 초의 몇몇 사태는 그의 수상직 제2기가 그다지 순탄하지 않을 것임을 예고하는 것처럼 보였다. 그는 선거 후 바로 농업수산식량상을 경질하고 교통지역정보부를 신설하는 등 내각을 대폭 개편했으나, 스코틀랜드 정부의 수석장관이 금융 비리 행위로 의회규범위원회의 조사를 받은 끝에 사임하는가 하면, 12월에는 노동당의 한 의원이 정부의 공공서비스 부문에 대한 고용정책의 실패에 항의하여 탈당하고 자유민주당에 입당하는 일까지 일어났다. 11월 초에 정부는 좀더 철저한 상원 개혁안을 내놓았는데, 이는 상원의원을 600명으로 줄이되, 세습귀족 의원을 없애고, 의원을 직접선

---

56) 노동당이 40.7%의 득표율로 5석이 준 413석, 보수당이 31.7%의 득표율로 1석이 는 166석을 얻었고, 자유민주당이 18.3%의 득표율로 6석이 는 52석을 얻었다.

거나 정당별 추천으로 선출하고, 총의석의 30%를 여성에게 배정하는 등 획기적인 개혁 방안이었다. 그러나 상원의원들과 보수당 및 자유민주당 의원들뿐만 아니라 일부 노동당 의원들까지도 반대하여 입법화하지 못했다.

2004년 6월 28일, 이스탄불의 NATO 정상회담에서 부시 대통령과 악수하는 블레어 총리

게다가 블레어는 내정을 소홀히 하고 대외 관계, 그것도 대외 전쟁에 전념하고 있다는 비판을 받았다. 2001년 9월 11일에 미국에 대한 동시 다발 테러가 일어나자 블레어는 즉시 미국과 손잡고 알카에다(Al-Qaeda)의 지원자로 지목된 탈리반(Taliban) 정부하의 아프가니스탄에 대한 전쟁에 참여했다. 그 후에도 그는 이라크 침공을 강행하려는 미국 대통령 조지 W. 부시 (Bush)를 적극 지지하여, 대량 살상 무기를 개발·보유하고 있다는 이유를 들어 사담 후세인(Sadam Hussein) 정부를 축출하기 위한 미국의 이라크 침공을 정당화하는 데 앞장섰다. 2003년 3월, 드디어 그는 미국의 이라크 침공 전쟁에 영국군을 참가시킴으로써 유엔의 승인 없이 시작된 전쟁에 반대하는 국내외의 비난 여론에 직면하고, '부시의 푸들'이라고 비아냥거리는 소리를 듣게 되었다. 특히 2002년 9월에 영국 정부가 발표한 이른바 '9월 서류(September dossier)'가 이라크의 대량 살상 무기에 대한 정보를 과장 조작했다고 BBC가 보도하고, 정부와 BBC가 공방을 벌이는 가운데 2003년 7월에 국방부 소속의 무기전문가 데이비드 켈리(Kelly)가 자살하는 사태까지 벌어지자 블레어 정부의 정직성과 신뢰성에 대해 커다란 의문이 제기되어 블레어는 심각한 정치적 위기에 몰렸다.[57] "테러에 맞서 자유와 민주주의를 지

---

57) 켈리 자살 사건의 진상 규명을 위한 조사위원회가 오랜 활동 끝에 2004년 1월 28일, 「허튼 보고서 (Hutton Report)」를 발표했는데, 이 보고서는 정부의 혐의를 벗겨주고 BBC에 오보의 책임이 있음을 비판했다. 보고서는 BBC 최고 경영진의 즉각적인 사임을 몰고 왔으나, 편파성 시비가 일면서 관련 논란을 잠재우지는 못했다.

킨다"라는 구호 아래 신보수(neo-con) 또는 **신**자유주의의 거두인 부시를 추종하여 미국의 일방적 전쟁에 적극 참여해 온 블레어에 대해, 그가 집권 초에 내걸었던 중도적 '제3의 길'에서 벗어나 지나치게 오른쪽으로 기울어지고 있다고 비판하는 영국인들, 특히 중간층 영국인들의 수가 점점 더 늘어가고 있는 것으로 보인다. 더욱이 공식적인 전쟁이 끝난 뒤에도 대량 살상 무기의 존재가 드러나지 않고 이라크인들의 저항운동이 날로 격화되어 가는 가운데, 2004년 4월에 미·영 양국군 병사들의 이라크인 포로에 대한 잔학 행위가 폭로되자 블레어에 대한 비난의 소리는 더욱 높아져, 심지어 그의 사임을 요구하는 소리까지 나오기에 이르렀다.

그리하여 하원에서 노동당의 의석이 압도적 다수를 차지하고 있음에도 불구하고, 2004년 1월, 대학교 수강료의 차등화(top-up)를 인정하는 고등교육법안(Higher Education Bill)은 단 5표의 근소한 차이로 겨우 하원의 제2독회를 통과했다. 그리고 2005년 5월에 실시된 총선거에서도,[58] 비록 노동당이 다수 의석을 얻음으로써 노동당으로서는 처음으로 3기 연속 집권이라는 기록을 세웠지만 의석은 크게 줄었으며, 블레어의 적극적인 이라크전 참여에 대한 비판의 소리가 여전히 잦아들지 않은 가운데 그의 3기 수상직의 앞날은 불투명하다.

---

58) 노동당이 35.2%의 득표율로 47석이 줄어든 356석, 보수당이 32.3%의 득표율로 33석이 늘어난 198석, 그리고 자유민주당이 22.0%의 득표율로 11석이 늘어난 62석을 얻었다.

참고문헌

국내 저서

김민제. 『영국혁명의 꿈과 현실』. 영민사, 1998.

김순곤. 『영국산업혁명사론』. 건국대학교출판부, 1979.

김종현. 『영국산업혁명연구』. 서울대학교 경제연구소, 1977.

김진식. 『인도에 대한 영국제국주의정책의 한 연구』. 지식산업사, 1990.

김현수. 『영국사』. 대한교과서, 1997.

_____. 『수상으로 읽는 영국이야기』. 청아출판사, 1999.

_____. 『유럽왕실의 탄생』. 살림, 2004.

_____. 『이야기 영국사』, 청아출판사, 2004.

김회진. 『영문학사』. 신아사, 2003.

나종일. 『영국근대사연구』. 서울대학교출판부, 1988.

박상권. 『영연방의 사회와 문화』. 한국방송통신대학교출판부, 1992.

박상익. 『언론자유의 경전, 아레오파기티카』. 소나무, 1999.

박영배. 『앵글로색슨족의 역사와 언어』. 지식산업사, 2001.

박우룡. 『영국: 지역·사회·문화의 이해』. 소나무, 2002.

_____. 『전환시대의 자유주의: 영국의 신자유주의와 지식인의 사회개혁』. 신서원, 2003.

박지향. 『영국사: 보수와 개혁의 드라마』. 까치, 1992.

_____. 『제국주의: 신화와 현실』. 서울대학교출판부, 2000.

_____. 『슬픈 아일랜드』. 새물결, 2002.

박형지·설혜심. 『제국주의와 남성성: 19세기 영국의 젠더 형성』. 아카넷, 2004.

설혜심. 『온천의 문화사』. 한길사, 2001.

_____. 『서양의 관상학: 그 긴 그림자』. 한길사, 2002.

양동휴 외. 『산업혁명과 기계문명』. 서울대학교출판부, 1997.

영국사학회 엮음. 『자본, 제국, 이데올로기: 19세기 영국』. 혜안, 2005.

오주환. 『영국근대사회연구』. 경북대학교출판부, 1992.

이동섭. 『영국의 종교개혁』. 수서원, 1990.

이승영. 『17세기 영국의 수평파운동』. 민연, 2001.

이영석. 『산업혁명과 노동정책: 19세기 영국의 공장법연구』. 도서출판 한울, 1994.

＿＿＿. 『다시 돌아본 자본의 시대: 근대영국사회경제사연구』. 소나무, 1999.

＿＿＿. 『역사가가 그린 근대의 풍경』. 푸른역사, 2003.

임희완. 『청교도혁명의 종교적 급진사상 ─ 윈스탄리를 중심으로 ─』. 집문당, 1985.

＿＿＿. 『영국혁명의 수평파운동』. 민음사, 1988.

＿＿＿. 『영국혁명과 종교적 급진사상』. 새누리, 1993.

조경래. 『영국절대왕정사연구』. 상명여자대학교출판부, 1992.

한국영어영문학회. 『영국문학사』. 신구문화사, 1959.

한동만. 『영국, 그 나라를 알고 싶다』. 서문당, 1996.

허구생. 『빈곤의 역사, 복지의 역사』. 도서출판 한울, 2002.

홍사중. 『영국혁명사상사』. 전예원, 1982.

홍성표. 『중세영국농민의 생활수준연구』. 탐구당, 1987.

홍치모 『근대영국의 정치와 종교』. 성광문화사, 1980.

＿＿＿. 『스코틀랜드 종교개혁과 영국혁명』. 총신대학교출판부, 1991.

국내 번역서

Ashley, Sir William. *The Economic Organization of England: An Outline History*. with Three Supplementary Chapters by G. C. Allen. 3rd ed., London, 1949, 배복석 옮김. 『영국경제사』. 법문사, 1960.

Ashton, T. S. *The Industrial Revolution 1760~1830*. London, 1948, 최영호 옮김. 『산업혁명』. 일한도서출판사, 1959.

Aylmer, G. E. *A Short History of Seventeenth-Century England*. New York, 1963, 임희완 옮김. 『청교도혁명에서 명예혁명까지』. 삼문, 1986.

Carlyle, Thomas. *On Heroes, Hero-Worship and the Heroic in History*. London, 1841, 박상익 옮김. 『영웅의 역사』. 소나무, 1997.

Cole, G. H. D. *A Short History of the British Working-class Movement 1789~1947*. revised ed., London, 1947, 김철수 옮김. 『영국 노동운동사』(상·하). 광민사, 1980.

Daiches, David. *A Critical History of English Literature*. 2nd ed., New York, 1970, 김용철·박희진 옮김. 『영문학사』. 종로서적, 1987.

Dean, Phyllis. *The First Industrial Revolution*. Cambridge, 1965, 나경수·이광우 옮김. 『영국의 산업혁명』. 민음사, 1987.

Dobb, Maurice(ed.). *The Transition from Feudalism to Capitalism*. A Symposium by Sweezy, Dobb, Takahashi, Hilton and Hill, 1954, 김대환 옮김. 『자본주의 이행논쟁: 봉건제로부터 자본주의로의 이행』. 동녘, 1984.

Dobb, Maurice. *Studies in the Development of Capitalism*. London, 1946, 이선근 옮김. 『자본주의 발전연구』. 광민사, 1980.

Harrison, J. F. C. *The Common People: A History from the Norman Conquest to the Present*. London, 1983, 이영석 옮김. 『영국민중사』. 소나무, 1989.

Hill, Chrisropher. *The English Revolution 1640*. London, 1940, 홍치모·안주봉 옮김. 『영국혁명 1649』. 새누리, 1998.

Howard, Christopher. *Splendid Isolation*. New York, 1967, 김상수·김원수 옮김. 『대영제국의 영광스러운 고립』. 한양대학교출판원, 1995.

Kaye, Harvey J. *The British Marxist Historians*. Cambridge, 1984, 양호석 옮김. 『영국의 마르크스주의 역사가들』. 역사비평사, 1988.

Kuczynski, Jürgen. *Das Entstehen der Arbeiter Klasse*. München, 1967, tr. by T. A. Ray, *The Rise of the Working Class*, 박기주 옮김. 『노동계급 등장의 역사』. 푸른산, 1989.

Macpherson, C. B. *The Political Theory of Possessive Individualism: Hobbes to Locke*. Oxford, 1962, 이유동 옮김. 『소유적 개인주의의 정치이론』. 인간사랑, 1991.

Mantoux, P. *La révolution industrielle au XVIIe siècle en Angleterre*. Paris, 1906, tr. by R. V. Vernon, *The Industrial Revolution in the Eighteenth Century*, London, 1928, 정윤형·김종철 옮김. 『산업혁명사』(상·하). 창작사, 1987.

Martin, R. *Royal Scotland*. Edinburgh, 1983, 김현수 옮김. 『왕실 스코틀랜드 영국사』. 대한교과서, 1993.

Maurois, Andre. *Histoire de l'Angleterre*. Paris, 1937, 신용석 옮김. 『영국사』. 홍성사, 1981.

Morgan, Kenneth O.(ed.). *The Oxford History of Britain*. Oxford, 1984, 영국사학회 옮김. 『옥스퍼드 영국사』. 도서출판 한울, 1994.

Pelling, H. *A History of British Trade Unionism*. London, 1963, 박홍규 옮김. 『영국노동운동의 역사』. 영남대학교출판부, 1992.

Postaan, M. M. *The Medieval Economy and Society: An Economic History of Britain in the Middle Ages*. Harmondsworth, Middlesex, 1972, 이연규 옮김. 『중세의 경제와 사회』. 청년사, 1989.

Schultz, H. J. *A History of England*(Barnes & Nobles College Outline Series). Newport, Ky, 1968, 최문형 옮김. 『영국사』. 신구문화사, 1975.

Smith, Simon C. *British Imperialism 1750~1970*. Cambridge, 1998, 이태숙·김종원 옮김. 『영국제국주의』. 동문선, 2001.

Speck, W. A. *A Concise History of Britain 1707~1975*. Cambridge, 1993, 이내주 옮김. 『진보 와 보수의 영국사』. 개마고원, 2002.

Stone, Lawrence. *The Causes of the English Revolution 1529~1642*. New York, 1972, 홍한유 옮김. 『영국혁명의 제원인 1529~1642』. 법문사, 1982.

Strachey, Lytton. *Eminent Victorians: Cardinal Manning, Florence Nightingale, Dr. Arnold, General Gordon*. Harvest, 1918, 이태숙 옮김. 『빅토리아시대의 명사들』. 경희대학교출 판국, 2003.

Thompson, E. P. *The Making of the English Working Class*. London, 1963, rev. ed., 1968, 나종 일 외 옮김. 『영국노동계급의 형성』(상·하). 창작과비평사, 2000.

Toynbee, Arnold. *Lectures on the Industrial Revolution of the 18th Century in England*. London, 1908, 9th ed., 1927, 오덕영 옮김. 『산업혁명사: 근세영국경제사』. 문연사, 1956.

White, R. J. *The Horizon Concise History of England*. New York, 1971, 나종일 옮김. 『영국소사』. 삼성문화문고, 1980.

Woodwaard, E. L. *History of England*, New York, 1962, 홍치모·임희완 옮김. 『영국사개론』. 총신대학교출판부, 1991.

국내 논문

국내에서 출간된 영국사 관계 논문은 역사학회 엮음, ≪역사학보≫의 「회고와 전망」(서양사: 영국사) 부문과 함께 김현수, 『영국사』(대한교과서, 1997)의 참고문헌을 이용할 수 있다.

외국 문헌

영국사 관계 외국 문헌은 너무 방대하여, 여기에는 필자들이 주로 참조한 저서 일부만을 수록한다.

Cannon, John and Ralph Griffiths. *The Oxford Illustrated History of British Monarchy*. Oxford, 1988.

Clapham, J. *A Concise Economic History of Britain 1760~1950*. London, 1952.

Clark, Sir George(ed.). *The Oxford History of England*. 15 vols., Oxford, 1934~1965.

_____. *English History: A Survey*. Oxford, 1971.

Elton, Geoffrey. *The English*. Padstow, Cornwall, 1992.

Feiling, Keith. *A History of England*. London, 1959.

Grant, Alexander and Keith J. Stringer(eds.). *Uniting the Kingdom? The Making of British History*. London, 1995.

Haigh, Christopher. *The Cambridge Historical Encyclopedia of Great Britain and Ireland*. Cambridge, 1985.

Harvey, Sir Paul. *The Oxford Companion to English Literature*. 4th ed., revised by Dorothy Eagle, Oxford, 1967.

Halliday, F. E. *A Concise History of England*. Norwich, 1980.

Hibbert, Christopher. *The Story of England*. London, 1992.

Johnson, Paul. *A History of the English People*. London, 1972.

Kearney, Hugh. *The British Isles: A History of Four Nations*. Cambridge, 1989.

Lehmberg, Stanford E. and Thomas W. Heyck. *The Peoples of the British Isles: A New History*, 3 vols., Belmont, California, 1992.

Lipson, E. *The Economic History of England*. 3 vols., London, 1915~1931.

Mingaay, G. E. *A Social History of English Countryside*. London, 1990.

Morton, A. L. *A People's History of England*. London, 1938.

Prall, Stuart E. and David Harris Wilson. *A History of England*. 2 vols., Fort Worth, Texas, 1991.

Randle, John. *Understanding Britain: A History of the British People and their Culture*. Oxford, 1981.

Roberts, Clayton and David Roberts. *A History of England*. 2 vols., Englewood Cliffs, New Jersey, 1991.

Trevelyan, G. M. *History of England*. London, 1926.

_____. *English Social History*. 3rd ed., London, 1946.

Tucker, Albert. *A History of English Civilization*, New York, 1972.

White, R. J. *A Short History of England*. Cambridge, 1967.

이 밖의 일반 통사와 시대별·주제별 참고문헌으로 국내에 소개된 것으로는, 영국사학회 옮김, 『옥스퍼드 영국사』, 박지향, 『영국사』와 김현수, 『영국사』의 각 참고문헌을 참고할 수 있다.

연 표

1770	노스 내각 성립.
1773	보스턴차사건.
1774	필라델피아에서 제1차 대륙회의.
1776	제2차 대륙회의. 미국의 독립선언. 미국의 독립 전쟁 시작. 스미스의 『국부론』 출간. 페인의 『상식』 발표.
1779	크롬프턴, 뮬 방적기 만듦.
1780	고든 폭동.
1781	요크타운에서 영국군 패배.
1782	제2차 로킹엄 내각 성립.
1783	베르사유 조약.
1784	소피트 내각 성립. 인도법 통과.
1760~1820	광범한 인클로저 관련 법 제정.
1780~1830	산업혁명의 진행.
1785	카트라이트, 역직기 발명.
1787	윌버퍼스의 노예무역 폐지운동 전개.
1788	유형수들의 시드니 정착. 조지 3세의 정신착란증 발병.
1789	프랑스 혁명 시작.
1790	버크의 『프랑스 혁명에 관한 성찰』 출간.
1791	페인의 『인간의 권리』 출간.
1792	하디, 통신협회 결성.
1793	프랑스와 전쟁 시작. 제1차 대프랑스 동맹 결성.
1795	'스피넘런드' 제도의 시행. 대흉작.
1798	맬서스의 『인구론』 출간.
1799	제2차 대프랑스 동맹 결성. 소득세 제도 도입.
1799, 1800	결사금지법 제정.

19C

1801	아일랜드와 통합.
1802	아미앵의 강화조약.
1803	프랑스와 전쟁 재개.
1805	제3차 대프랑스 동맹. 트러펠거 해전에서 승리.
1806	나폴레옹의 베를린칙령 공포.
1807	노예무역 폐지.
1811~1816	러다이트 폭동.
1812	제4차 대프랑스 동맹.
1812~1827	리버풀 내각.

1815	워털루 전투에서 나폴레옹 패배. 빈 회의. 곡물법 제정.
1816	동부에서 농업 노동자들의 폭동.
1817	블랭키티어들의 행진. 리카도우의 『경제학 원리』 출간.
1819	피털루의 학살. '6개법'의 제정.
1820	조지 3세 사망. 조지 4세 즉위.
1821~1823	아일랜드의 기근.
1823	어코널, 가톨릭협회 결성. 반노예제협회 조직.
1824	결사금지법 폐지.
1825	스톡턴과 달링턴 사이의 철로 개설.
1828	심사법 폐기.
1829	가톨릭교도해방법 제정.
1830	조지 4세 사망. 윌리엄 4세 즉위. 리버풀과 맨체스터 사이 철도 개설. 프랑스, 7월혁명.
1831	스윙 폭동.
1832	개혁법 통과(1차 선거법 개정).
1833	노예제 폐지. 방직공장에서 9세 미만 아동노동을 금지하는 공장법 제정. 옥스퍼드 운동 시작.
1834	전국노동조합대연합 결성. '톨퍼들의 순교자들'의 유배형. 신구빈법 제정.
1835	시자치단체법 제정.
1837	윌리엄 4세 사망. 빅토리아 여왕 즉위. 디킨즈의 『올리버 트위스트』 출간.
1838	인민헌장 공표.
1839	반곡물법연맹 결성. 차티즘 운동.
1840	신문에 1페니 인지세 부과. 아편전쟁 시작.
1841	필의 토리 내각 성립.
1842	여성과 10세 미만 아동의 탄광 노동 금지.
1843	존 스튜어트 밀의 『논리학 체계』 출간.
1845~1846	아일랜드 감자 기근.
1846	곡물법 폐지. 보수당의 분열.
1847	여성과 18세 미만 청소년의 노동시간을 10시간으로 제한. 새커리의 『허영의 도시』, 브론테의 『제인 에어』 출간.
1848	공중보건법의 제정. 차티즘 운동 좌절.
1849	항해법의 폐지.
1851	런던 산업박람회.

1885	카르툼에서 고든 사망. 버마 병합.
	솔즈베리의 1차 소수파 보수당 정부.
1886	글래드스턴의 3차 자유당 정부. 아일랜드 자치법안 패배. 자유당의 분열.
1886~1892	솔즈베리의 2차 보수당 및 자유통합파 정부.
1887	영국동아프리카회사 특허장 획득.
1888	주의회법 제정.
1890	새 공장법 제정.
1891	오스카 와일드의 『도리언 그레이의 초상』 출간.
	하디의 『더버빌가의 테스』 출간.
1892~1894	글래드스턴의 4차 소수파 자유당 정부.
1893	2차 아일랜드 자치법안 상원에서 부결됨. 독립노동당 결성.
1893~1901	피케팅 불법화, 파업으로 인한 손해에 대한 노조의 배상 책임 규정.
1894	러시아와 프랑스의 2국동맹.
1894~1895	로우즈버리의 소수파 자유당 정부.
1895	제임슨 침공 사건.
1895~1902	솔즈베리의 3차 통합당 연립정부.
1896	여성참정권단체전국연합 결성. 노사조정법 제정.
1896~1898	수단 정복.
1898	파쇼다 사건.
1899	예이츠의 『갈대밭의 바람』 발표.
1899~1902	제2차 보어 전쟁.
1900	카키 선거. 노동대표위원회 구성.

20C		
1901	빅토리아 여왕 사망. 에드워드 7세 즉위. 태프 베일 사건.
1902~1905	밸포어의 통합당 정부.
1902	밸포어의 교육법 제정. 영일동맹. 홉슨의 『제국주의 연구』 출간.
1903	근로자보상법 제정. 체임벌린의 '관세 개혁' 캠페인.
	팽크허스트, 여성사회정치동맹 결성.
1904	영국과 프랑스 우호협상 체결.
1905	아일랜드의 신페인당 창립. 모로코 위기.
1905~1908	캠벌-배너먼의 자유당 정부.
1906	독립노동당이 노동당으로 개편됨. 노동쟁의법, 노동자배상법 제정.
1907	영국·프랑스·러시아의 삼국협상 성립.
1908~1915	애스퀴스의 자유당 정부.

1908	노령연금법 제정.
1909	로이드 조지의 '인민예산'안 제출.
1910	남아프리카연방 수립. 에드워드 7세 사망. 조지 5세 즉위.
1910~1913	각종 노동자들의 파업.
1911	의회법 제정. 국민보험법 제정. 모로코 위기.
1912~1913	발칸 전쟁.
1912~1914	여성 참정권 운동 격화.
	제3차 아일랜드 자치법 통과되었으나 보류됨.
1914	사라예보에서 페르디난트 대공 암살. 제1차세계대전 일어남.
1915	거국 내각 성립.
1916	솜의 전투. 유틀란트의 해전. 로이드 조지가 연립정부 수상이 됨.
	더블린의 무장봉기.
1917	파숀달러의 전투(영국군의 대손실). 미국의 참전. 전시사회주의 정책.
1918	제1차세계대전 끝남. '쿠폰 선거'에서 로이드 조지 정부의 승리.
	교육법 제정(5세에서 14세까지 의무교육).
	국민대표법 제정. 여성 투표권의 확대.
1919	베르사유 조약. 신페인당, 아일랜드 공화국 선언.
	아일랜드공화국군(IRA) 편성. 금본위제 폐지.
1921	광부들의 파업. '검은 금요일', 부두 노동자와 철도 노동자의 파업 철회
	로 삼자동맹이 깨어짐.
1922	보너 로 수상이 됨. 혼인법(남성과 동일한 여성 이혼청구권 인정).
	비트겐슈타인의 『논리철학논고』, T. S. 엘리어트의 「황무지」,
	조이스의 『율리시즈』 출간. 아일랜드 자유국 수립.
1923	볼드윈의 보수당 내각 성립.
1924	먹도널드의 1차 노동당 정부. 볼드윈의 보수당 재집권.
1925	금본위제 복귀. 새로운 국민보험법 제정. 로카르노 조약.
1926	각종 노동자들의 총파업. BBC 설립.
1927	노동쟁의법 새로 제정.
1928	평등선거법 제정(여성에게도 남성과 같은 선거권 부여).
	로런스의 『채털리 부인의 연인』 저술.
1929	먹도널드의 2차 노동당 정부 수립. 지방정부법 제정.
1931	재정 위기. 불황의 시작. 금본위제 포기. 먹도널드의 거국 내각.
1932	오타와 회의에서 보호관세제 채택.
1933	실업자 수 300만.
1934	실업법 제정(정부보조금 감축).

1935	볼드윈의 수상 취임. 인도정부법. 와트슨-와트와 티자드, 레이더 개발.
	독일군이 라인란트 진주.
1936	조지 5세 사망. 에드워드 8세 퇴위. 조지 6세 즉위.
	재로우의 기아 행진.
	케인즈의 『고용과 이자 및 화폐에 관한 일반 이론』 출간.
1937	체임벌린, 보수당 정부의 수상이 됨. 에이레 독립공화국이 됨.
1938	체임벌린, 독일·프랑스·이탈리아와 뮌헨 회담.
1939	독일, 체코슬로바키아 점령. 독소불가침조약 체결. 독일, 폴란드 침입.
	제2차세계대전 발발. 영국, 독일에 선전포고.
1940	체임벌린 수상직 사임. 처칠 수상 취임. 영국군 나르비크에서 철수.
	독일군 전격전으로 프랑스 침입. 프랑스와 휴전협정.
	됭케르크 철수. '브리튼 전투'. 이탈리아의 참전.
1941	미국의 대여법 제정. 독일군의 러시아 침입. 일본의 진주만 공격.
	소련과 미국의 참전. 대서양헌장 작성.
1941~1943	'대서양의 전투'.
1942	일본군, 홍콩·말래야·버마·싱가포르 점령. 「베버리지 보고서」.
1943	스탈린그라드의 독일군 항복. 무솔리니의 몰락. 이탈리아와 휴전.
1944	영미군 노르망디 상륙. 독일의 V-1, V-2 공격. 버틀러 교육법.
1945	제2차세계대전 끝남. 히로시마(廣島)에 원자탄 투하. UN 설립.
	총선거에서 노동당의 승리로 애틀리가 수상 취임.
1946~1948	산업 국유화. 국민의 내핍 생활.
1946	국민보험법, 국민보건사업법 제정.
1947	인도와 파키스탄의 독립.
1948	버마(미얀마)와 실론(스리랑카)의 독립. 국민대표법 제정.
	국민보건사업법 발효. 파운드화의 평가절하. 마셜 계획에 의한 원조.
1949	의회법 개정. NATO의 창설. 오웰의 『1984년』 출간.
1950	한국전쟁 발발. 영국군, 한국전에 참가.
1951	브리튼 축제. 보수당의 승리로 처칠 수상이 됨.
1952	조지 6세 사망. 엘리자베스 2세 즉위. 원자탄 실험 성공.
1953	한국전쟁 휴전 성립. 크리크와 윌킨즈, 와트슨과 함께 DNA 구조 해명.
1954	영국군의 이집트 철수 합의.
1955	이든 수상 취임.
1956	영·프 군대 수에즈 침공했다가 철수. 수단의 독립.
	오즈번의 『성난 얼굴로 돌아보라』 발표.
1957	먹밀런 수상 취임. 수소탄 실험 성공. 가나의 독립. 말래야의 독립.

	로열 발레단 창설.
1958	노팅 힐에서 흑인 이주민들의 폭동.
1959	총선거에서 보수당 압승.
1960	키프로스, 독립공화국이 됨. ≪신좌파평론≫ 창간.
1961	남아프리카 공화국이 영연방에서 탈퇴. 시에라리온, 탕가니카의 독립.
	비틀즈 데뷔.
1962	우간다의 독립. 자메이카, 트리니다드-토바고의 독립. 연방이민법 제정.
	브리튼의 「전쟁 진혼곡」 발표.
1963	프랑스가 영국의 EEC 가입 신청을 거부. 프러퓨모우의 스캔들.
	모스크바 조약(핵실험 제한). 작위법 제정. 더글러스-흄의 수상 취임.
	케냐의 독립. 말레이시아 연방 창건.
	E. P. 톰슨의 『영국 노동계급의 형성』 출간.
1964	윌슨의 노동당이 총선거에서 승리. 탄자니아통일공화국 건국.
	잠비아, 말라위의 독립.
1965	경제성장을 위한 '국가계획' 수립. 감비아의 독립.
1966	총선거에서 윌슨의 노동당 압승. 기아나(가이아나)의 독립.
	국민전선 결성. 인종관계법 제정.
1967	EEC 가입 신청 다시 거부됨. 철강 산업의 재국유화.
	파운드화의 평가절하.
1968	대학생들의 반항운동.
1969	얼스터에서 가톨릭교도와 개신교도 사이의 충돌. 사형 제도의 폐지.
	북해에서 석유 발견.
1970	부두 노동자들의 파업. 총선거에서 보수당 승리로 히스 내각 성립.
1971~1972	인플레이션 심화.
1971	산업관계법 제정(파업에 대한 여러 규제).
1972	런던데리에서의 '피의 일요일' 참사. 전국광부노동조합의 파업.
1973	영국, EEC 가입. 북아일랜드에서의 IRA의 테러 활동 격화. 석유파동.
1974	전국광부노동조합의 파업. 윌슨의 노동당, 두 번의 총선거에서 승리.
	지방정부의 재조직. 테러방지법 제정.
1975	인플레이션 격화, 실업률 상승. '영국병'에 대한 논란.
	윌슨의 '사회계약'. 성차별금지법, 고용보호법 제정.
1976	경제 위기. IMF의 원조. 윌슨의 사임. 캘러헌, 수상이 됨.
1978	공공서비스 축소와 임금 인상 제한에 반대한 노동자들의 파업('불만의 겨울').
	에드워즈와 스텝토우, 시험관아기 탄생시킴.

1979	스코틀랜드와 웨일즈에 자치권 이양. 사우솔에서의 폭동.
	총선거에서 보수당 승리로 새처의 수상 취임.
1980	북해 석유 개발로 석유 자원의 자립. 고용법(피케팅 제한) 제정.
	푸트가 노동당 당수가 됨.
1981	사회민주당 창립. 브릭스턴의 폭동. IRA 수감자들의 단식투쟁.
	웨버의 <고양이들> 발표.
1982	포클랜드 전쟁. 북아일랜드 의회 수립. 고용법(손해배상규정) 제정.
1983	총선거에서 보수당 압승. 키노크가 노동당 당수가 됨.
1984~1985	광부 파업.
1985	아일랜드 공화국과 힐스버러 조약 체결.
	지방정부법(대런던 의회와 광역주의회 폐지) 제정.
1986	북아일랜드 의회 해산. 주식시장의 대폭발(Big Bang).
1987	총선거에서 보수당 승리로 새처 재집권.
	'검은 월요일'(주식 값의 대폭락).
1988	공동체부과금(인두세) 논란.
	사회민주당과 자유당, 사회·자유민주당으로 합당(자유민주당으로 개칭).
1990	새처, 수상직 사임. 메이저, 수상 취임. 맨체스터 교도소 수감자 난동.
1991	걸프 전쟁. 마스트리히트 조약 합의.
1992	공동체부과금을 지방세로 대체. 총선거에서 보수당 승리.
	스미스, 노동당 당수가 됨. 영국, ERM으로부터 탈퇴.
1993	실업자 수 300만을 넘어섬.
1994	IRA와 휴전 합의. 블레어가 노동당 당수가 됨.
1995	노동당 당헌 제4조 삭제.
1996	광우병 발생. EU가 영국산 쇠고기 수입 금지.
1997	총선거에서 노동당의 압승. 블레어, 수상 취임.
	헤이그, 보수당 당수가 됨.
	마스트리히트 조약의 '사회 조항'에 대한 선택권 철회. 홍콩의 반환.
	스코틀랜드와 웨일즈에 자치권 이양.
1998	북아일랜드 자치정부 수립 합의. 트림블, 수석장관으로 선출됨.
	상원 개혁. 아르헨티나 및 이란과 관계 개선.
	이라크에 대한 '사막의 여우' 작전에 참여.
1999	코소보에서 NATO 공군의 폭격 주도. 엘리자베스 여왕의 한국 방문.
	북아일랜드 정부에 자치권 이양.
2000	북한과 수교. 블레어의 방한.

21C	2001	구제역 발견으로 프랑스와 독일 등이 영국산 가축과 육류 수입 금지.
		총선거에서 노동당의 압승. 스미스가 보수당 당수가 됨.
		미국에 대한 동시 다발 테러. 미국의 아프간 전쟁에 참여.
	2002	'9월 서류' 발표.
	2003	미국의 이라크 침공전에 적극 참가.
	2005	총선거에서 노동당 승리. 블레어, 수상 연임.

계 보

튜더 왕가와 스튜어트 왕가

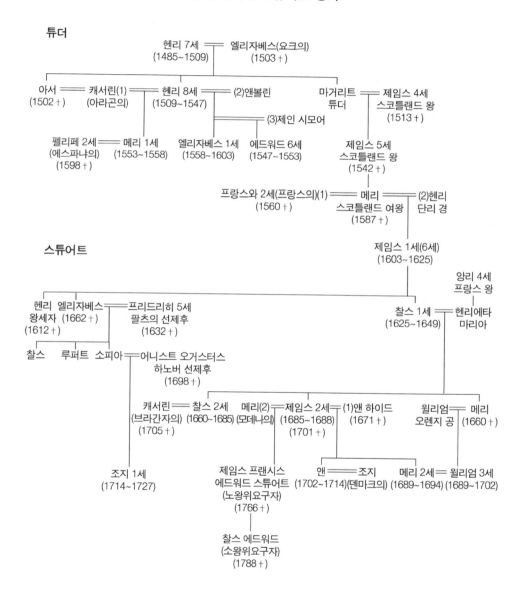

하노버(윈저) 왕가

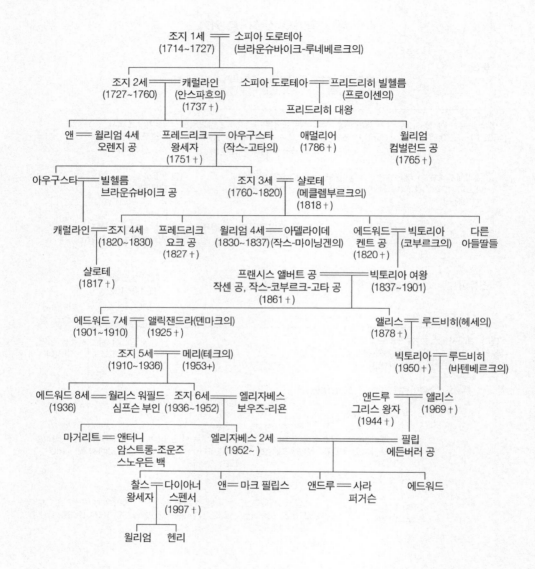

조지 1세 ━━━ 소피아 도로테아
(1714~1727)　(브라운슈바이크-루네베르크의)

조지 2세 ━━━ 캐럴라인
(1727~1760)　(안스파흐의)
　　　　　　　(1737✝)

소피아 도로테아 ━━━ 프리드리히 빌헬름
　　　　　　　　　　 (프로이센의)

프리드리히 대왕

앤 ━━━ 윌리엄 4세
　　　 오렌지 공

프레드리크 ━━━ 아우구스타
왕세자　　　　 (작스-고타의)
(1751✝)

애멀리어
(1786✝)

윌리엄
컴벌런드 공
(1765✝)

아우구스타 ━━━ 빌헬름
　　　　　　　 브라운슈바이크 공

조지 3세 ━━━ 샬로테
(1760~1820)　(메클렘부르크의)
　　　　　　　(1818✝)

캐럴라인 ━━━ 조지 4세
　　　　　　 (1820~1830)

프레드리크
요크 공
(1827✝)

윌리엄 4세 ━━━ 아델라이데
(1830~1837)　(작스-마이닝겐의)

에드워드 ━━━ 빅토리아
켄트 공　　　 (코부르크의)
(1820✝)

다른
아들딸들

샬로테
(1817✝)

프랜시스 앨버트 공 ━━━━━ 빅토리아 여왕
작센 공, 작스-코부르크-고타 공　　(1837~1901)
(1861✝)

에드워드 7세 ━━━ 앨릭잰드라(덴마크의)
(1901~1910)　　 (1925✝)

앨리스 ━━━ 루드비히(헤세의)
(1878✝)

조지 5세 ━━━ 메리(테크의)
(1910~1936)　 (1953+)

빅토리아 ━━━ 루드비히
(1950✝)　　　(바텐베르크의)

에드워드 8세 ━━━ 월리스 워필드　　조지 6세 ━━━ 엘리자베스
(1936)　　　　 심프슨 부인　　(1936~1952)　보우즈-리온

앤드루 ━━━ 앨리스
그리스 왕자　 (1969✝)
(1944✝)

마거리트 ━━━ 앤터니
　　　　　　 암스트롱-조운즈
　　　　　　 스노우든 백

엘리자베스 2세 ━━━━━━━ 필립
(1952~)　　　　　　　　 에든버러 공

찰스 ━━━ 다이애너
왕세자　　 스펜서
　　　　　 (1997✝)

앤 ━━━ 마크 필립스

앤드루 ━━━ 사라
　　　　　 퍼거슨

에드워드

윌리엄　　헨리

빅토리아 여왕의 후손

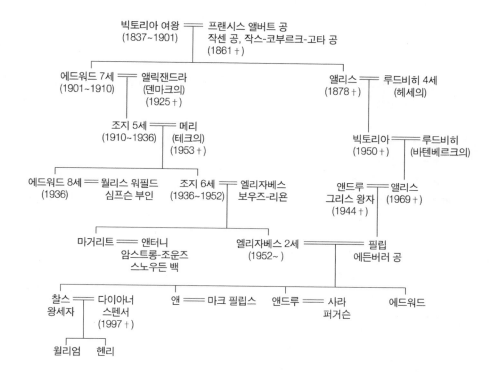

빅토리아 여왕 ══ 프랜시스 앨버트 공
(1837~1901)　　　작센 공, 작스-코부르크-고타 공
　　　　　　　　　(1861 +)

에드워드 7세 ══ 앨릭잰드라
(1901~1910)　　(덴마크의)
　　　　　　　　(1925 +)

앨리스 ══ 루드비히 4세
(1878 +)　　(헤세의)

조지 5세 ══ 메리
(1910~1936)　(테크의)
　　　　　　　(1953 +)

빅토리아 ══ 루드비히
(1950 +)　　(바텐베르크의)

에드워드 8세 ══ 월리스 워필드
(1936)　　　　심프슨 부인

조지 6세 ══ 엘리자베스
(1936~1952)　보우즈-리욘

앤드루 ══ 앨리스
그리스 왕자　(1969 +)
(1944 +)

마거리트 ══ 앤터니
　　　　　암스트롱-조운즈
　　　　　스노우든 백

엘리자베스 2세 ══ 필립
(1952~)　　　　에든버러 공

찰스 ══ 다이애너
왕세자　스펜서
　　　　(1997 +)

앤 ══ 마크 필립스

앤드루 ══ 사라
　　　　퍼거슨

에드워드

윌리엄　헨리

영국 역대 수상

이름	당	재임 기간
써 로버트 월포울	휘그당	1721, (1730)~1742
스펜서 콤프턴(윌밍턴 백작)	휘그당	1742~1743
헨리 펠럼	휘그당	1743~1754
토머스 펠럼-홀리스(뉴카슬 공작)	휘그당	1754~1756
윌리엄 캐븐디쉬(데번셔 공작)	휘그당	1756~1757
토머스 펠럼-홀리스(뉴카슬 공작)	휘그당	1757~1762
존 스튜어트(뷰트 백작)	토리당	1762~1763
조지 그렌빌	휘그당	1763~1765
찰스 와트슨-웬트워스(로킹엄 후작)	휘그당	1765~1766
윌리엄 피트(대)(채텀 백작)	휘그당	1766~1768
오거스터스 헨리 피츠로이(그래프턴 공작)	휘그당	1768~1770
프레드리크 노스(노스 경)	토리당	1770~1782
찰스 와트슨-웬트워스(로킹엄 후작)(재임)	휘그당	1782
윌리엄 페티-피츠모리스(셸번 백작)	휘그당	1782~1783
윌리엄 헨리 캐븐디쉬-벤팅크(포틀랜드 공작)	토리당	1783
윌리엄 피트(소)	토리당	1783~1801
헨리 애딩턴	토리당	1801~1804
윌리엄 피트(소)(재임)	토리당	1804~1806
윌리엄 윈덤 그렌빌(그렌빌 남작)	휘그당	1806~1807
윌리엄 헨리 캐븐디쉬-벤팅크(포틀랜드 공작)(재임)	토리당	1807~1809
스펜서 퍼시벌	토리당	1809~1812
로버트 뱅크스 젱킨슨(리버풀 백작)	토리당	1812~1827
조지 캐닝	토리당	1827
프레드리크 존 로빈슨(고드리치 자작)	토리당	1827~1828
아서 웰즐리(웰링턴 공작)	토리당	1828~1830
찰스 그레이(그레이 백작)	휘그당	1830~1834
윌리엄 램(멜번 자작)	휘그당	1834

이름	당	재임 기간
아서 웰즐리(웰링턴 공작)(재임)	토리당	1834
써 로버트 필	토리당	1834~1835
윌리엄 램(멜번 자작)(재임)	휘그당	1835~1841
써 로버트 필(재임)	토리당	1841~1846
존 러슬 경	휘그-자유당	1846~1852
에드워드 제프리 스미스 스탠리(다비 백작)	보수당	1852
조지 해밀턴 고든(애버딘 백작)	필파/연립	1852~1855
헨리 존 템플(파머스턴 자작)	휘그당	1855~1858
에드워드 제프리 스미스 스탠리(다비 백작)(재임)	보수당	1858~1859
헨리 존 템플(파머스턴 자작)(재임)	자유당	1859~1865
존 러슬(러슬 백작)(재임)	자유당	1865~1866
에드워드 제프리 스미스 스탠리(다비 백작)(3임)	보수당	1866~1868
벤저먼 디즈레일리	보수당	1868
윌리엄 유어트 글래드스턴	자유당	1868~1874
벤저먼 디즈레일리(재임)	보수당	1874~1880
윌리엄 유어트 글래드스턴(재임)	자유당	1880~1885
로버트 개스코인-세슬(솔즈베리 후작)	보수당	1885~1886
윌리엄 유어트 글래드스턴(3임)	자유당	1886
로버트 개스코인-세슬(솔즈베리 후작)(재임)	보수당	1886~1892
윌리엄 유어트 글래드스턴(4임)	자유당	1892~1894
아치볼드 필립 프림로우즈(로우즈버리 백작)	자유당	1894~1895
로버트 개스코인-세슬(솔즈베리 후작)(3임)	보수/통합당	1895~1902
아서 제임스 밸포어	보수/통합당	1902~1905
써 헨리 캠벌-배너먼	자유당	1905~1908
허버트 헨리 애스퀴스	자유당	1908~1915
허버트 헨리 애스퀴스(재임)	자유/거국 정부	1915~1916
데이비드 로이드 조지	자유당	1916~1922
앤드루 보너 로	보수당	1922~1923
스탠리 볼드윈	보수당	1923~1924
제임스 램지 먹도널드	노동당	1924
스탠리 볼드윈(재임)	보수당	1924~1929
제임스 램지 먹도널드(재임)	노동당	1929~1931
제임스 램지 먹도널드(3임)	노동/거국 정부	1931~1935

이름	당	재임 기간
스탠리 볼드윈(3임)	보수/거국 정부	1935~1937
네빌 체임벌린	보수/거국 정부	1937~1940
윈스턴 처칠	보수/거국 정부	1940~1945
클레먼트 애틀리	노동당	1945~1951
써 윈스턴 처칠(재임)	보수당	1951~1955
써 앤서니 이든	보수당	1955~1957
해럴드 먹밀런	보수당	1957~1963
써 앨럭 더글러스-흄	보수당	1963~1964
해럴드 윌슨	노동당	1964~1970
에드워드 히스	보수당	1970~1974
해럴드 윌슨(재임)	노동당	1974~1976
제임스 캘러헌	노동당	1976~1979
마거리트 새처	보수당	1979~1990
존 메이저	보수당	1990~1997
토니 블레어	노동당	1997~

찾아보기

| ㅂ |

저자 약력

나종일(羅鍾一)

1926년생

서울대학교 문리대 사학과 졸업

펜실베니아대학교 석사

서울대학교 문학박사

전남대학교 문리대 조교수

서울대학교 인문대 교수

현재 서울대학교 명예교수

주요 논저: 『영국근대사연구』(1988)

　　　　　　『세계사를 보는 시각과 방법』(1992)

송규범(宋奎範)

1948년생

서울대학교 인문대 서양사학과 졸업

서울대학교 석사, 문학박사

현재 서원대학교 역사교육과 교수

주요 논저: 「존 로크의 정치사상」(1991)

　　　　　　「홉하우스의 신자유주의」(1993)

한울아카데미 740

영국의 역사 [하]

ⓒ 나종일·송규범, 2005

지은이 | 나종일·송규범
펴낸이 | 김종수
펴낸곳 | 한울엠플러스(주)

초판 1쇄 발행 | 2005년 7월 20일
초판 3쇄 발행 | 2020년 3월 26일

주소 | 10881 경기도 파주시 광인사길 153 한울시소빌딩 3층
전화 | 031-955-0655
팩스 | 031-955-0656
홈페이지 | www.hanulmplus.kr
등록 | 제406-2015-000143호

Printed in Korea.
ISBN 978-89-460-6880-3 94920

* 책값은 겉표지에 표시되어 있습니다.

철도 분포(1825~1914)

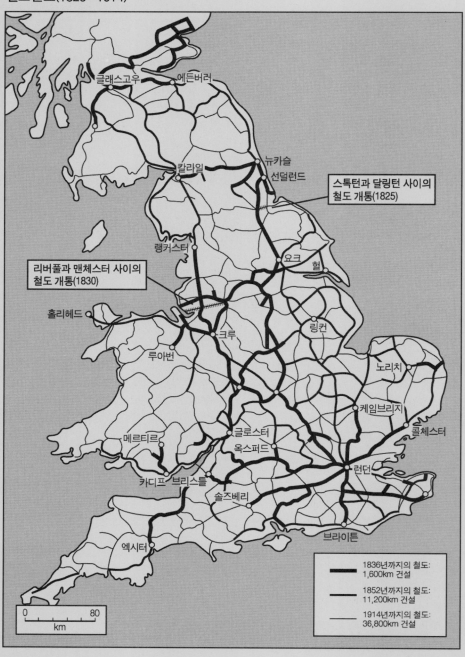

글래스고우
에든버러
칼라일
뉴카슬
선덜런드

스톡턴과 달링턴 사이의
철도 개통(1825)

랭커스터
요크
헐

리버풀과 맨체스터 사이의
철도 개통(1830)

홀리헤드
크루
링컨

루아번
노리치

메르티르
케임브리지
콜체스터

글로스터
옥스퍼드
런던

카디프 브리스틀
솔즈베리

엑시터
브라이튼

0   80
km

━━━ 1836년까지의 철도:
      1,600km 건설

━━ 1852년까지의 철도:
      11,200km 건설

── 1914년까지의 철도:
      36,800km 건설

1987년 연연방

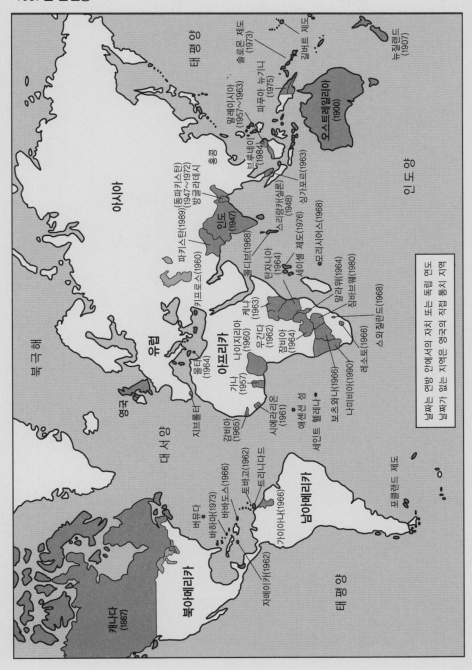

솔로몬 제도 (1973)

길버트 제도

뉴질랜드 (1907)

파푸아 뉴기니 (1975)

말레이시아 (1957~1963)

오스트레일리아 (1900)

브루나이 (1984)

태평양

인도양

싱가포르(1963)

스리랑카(실론) (1948)

모리셔스(1968)

세이셸 제도(1976)

파키스탄(1989)[동파키스탄] (1947~1972)[방글라데시]

인도 (1947)

몰디브(1968)

탄자니아 (1964)

잔지바르(1964)

말라위(1964)

짐바브웨(1980)

키프로스(1960)

케냐 (1963)

우간다 (1962)

스와질란드(1968)

홍콩

아시아

몰타 (1964)

나이지리아 (1960)

레소토 (1966)

지브롤터

가나 (1957)

카메라운

나미비아(1990)

유럽

아프리카

감비아 (1965)

시에라리온 (1961)

어센션 섬

보츠와나(1966)

북해

영국

세인트 헬레나

대서양

날짜는 연방 안에서의 자치 또는 독립 연도

날짜가 없는 지역은 영국의 직접 통치 지역

버뮤다

북아메리카

바하마(1973)

바베이도스(1966)

토바고(1962)

트리니다드

가이아나(1966)

캐나다 (1867)

자메이카(1962)

남아메리카

포클랜드 제도

태평양